भारत के प्रसिद्ध किले

भारत के प्रसिद्ध किले

गुणाकर मुळे

संपादन

शांति गुणाकर मुळे

राजकमल प्रकाशन

ISBN : 978-81-267-2264-8

मूल्य : ₹1395

पहला संस्करण : 2012
दूसरा संस्करण : 2021

प्रकाशक : राजकमल प्रकाशन प्रा. लि.
1-बी, नेताजी सुभाष मार्ग, दरियागंज
नई दिल्ली-110 002

शाखाएँ : अशोक राजपथ, साइंस कॉलेज के सामने, पटना-800 006
पहली मंजिल, दरबारी बिल्डिंग, महात्मा गांधी मार्ग, प्रयागराज-211 001
36 ए, शेक्सपियर सरणी, कोलकाता-700 017

वेबसाइट : www.rajkamalprakashan.com
ई-मेल : info@rajkamalprakashan.com

कवर व पेज डिजाइन : मुकेश कुमार

मुद्रक : बी.के. ऑफसेट
नवीन शाहदरा, दिल्ली-110 032

BHARAT KE PRASIDDHA KILE
Famous Forts of India by Gunakar Muley
Edited by Shanti Gunakar Muley

मंदाकिनी, देवयानी तथा अंशुमान
को
सस्नेह समर्पित

प्राक्कथन

आज हमें इतिहास और पुरातत्व की जो जानकारी मिलती है, उसमें किलों का बड़ा महत्व रहा है। दुर्ग, गढ़, कोट तथा फोर्ट मुख्यतः राज-शक्ति का प्रतीक और राजसत्ता के केंद्र रहे हैं। सभी किलों के निर्माण का तरीका लगभग एक जैसा ही है। किला मतलब चारों ओर से घिरा हुआ परकोटा, उसमें बड़ा-सा फाटक, जिसको शत्रु तोड़ न सके और जहां से दुश्मन पर सशक्त हमला किया जा सके। भीतर घुसने के लिए घुमावदार रास्ता सभी किलों में होता है। सभ्यता के विकास के साथ जब राज्य-शक्ति का उदय हुआ तो उसी समय किले की संरचना का विकास हुआ। किले युद्धों, त्याग तथा बलिदान की घटनाओं के मूक साक्षी हैं।

संकट के समय गिरिदुर्ग राज-परिवार तथा राजकोष की रक्षा करते थे और शत्रु-सेना को आगे बढ़ने से भी रोकते थे। किले का इतिहास हमारी पुरातन-पुरावशेष की कहानी है, किले सत्ता के आखिरी स्तम्भ थे। वैदिक काल से 19वीं सदी तक हमारे देश के राज्य और राजाओं की स्थिति के बारे में एक दिलचस्प कहानी सुनाते हैं, उस समय की वास्तुकला, सामाजिक, सांस्कृतिक, राजनैतिक, ऐतिहासिक सभ्यता और ज्ञान-विज्ञान का परिचय देते हैं। किलों का स्थापत्य भारतीय एकता व अखंडता का प्रतीक है। किले हमारी ऐतिहासिक और सांस्कृतिक धरोहर का अनमोल खजाना हैं।

भारत के प्रत्येक किले में हमारे देश के अतीत का एक विशेष इतिहास छिपा हुआ है, जिन्होंने जाने कितने आक्रमण सहे, जहां अनेक लड़ाइयां हुईं, कत्लेआम हुए और राजवंशों ने वैभवपूर्ण दिन गुजारे।

प्राचीन भारतीय इतिहास के रूप में आज जो जानकारी किलों से मिलती है उसे भुलाया नहीं जा सकता। किलों के खंडहर भारतीय राजवंशों के उतार-चढ़ावों की दिलचस्प दास्तान कहते हैं, अपने समय का सच्चा इतिहास बताते हैं। फिर भी हमारे किले अब खंडहर बन गए हैं, भूत-बंगले हो गए हैं। कुछ किले पुरातत्व विभाग के अधीन होकर भी अपनी किस्मत को रो रहे हैं।

किलों का कितना बड़ा महत्व है, इतिहास और पुरातत्व अध्येताओं के लिए, यह वही समझ सकते हैं। किले हमारी संस्कृति, सभ्यता और सामाजिक व्यवस्था के लिए बहुत ही महत्वपूर्ण भूमिका निभा रहे हैं, फिर भी आज हम किलों के बारे में अनभिज्ञ हैं। इसीलिए मेरे पति श्री गुणाकर मुळे जी ने **''भारत के प्रसिद्ध किले''** नामक पुस्तक लिखने की सोची।

श्री गुणाकर मुळे जी सांस्कृतिक स्रोत एवं प्रशिक्षण केंद्र में, अध्यापकों के लिए आयोजित प्रशिक्षण शिविरों में लगभग एक दशक तक वैज्ञानिक विषयों पर व्याख्यान देते रहे। विज्ञान प्रसार, विज्ञान प्रौद्योगिकी विभाग, भारत सरकार के दो साल तक फैलो रहे।

इस दौरान उन्हें महाराष्ट्र के किले देखने और लिखने का अवसर मिला। सी.सी.आर.टी. ने उनके इस कार्य को करने का सारा खर्च वहन किया। उनके साथ एक फोटोग्राफर भी था। लगभग सभी किलों पर उन्होंने खुद चढ़ाई भी की थी। Myasthenia Gravis की बीमारी के समय वह डाक्टर को बड़े गर्व से कहते! मैं कमजोर नहीं था...मैंने सभी किलों पर पैदल चलकर चढ़ाई की और उन्हें देखा था। इस कार्य को करने में उन्हें बहुत हर्ष और गर्व महसूस हुआ। इस दौरान उन्हें बहुत-सी कठिनाइयों का सामना भी करना पड़ा।

श्री गुणाकर मुळे जी को इतिहास और पुरातत्व की जगहों को देखने का हमेशा शौक रहा। कोई भी संस्थान उन्हें बुलाता, तो वह उस संस्थान को ऐतिहासिक इमारतें दिखाने का प्रस्ताव अवश्य रखते। संस्थान वाले उनका यह प्रस्ताव मानते और उसे पूरा करते।

मैंने और मेरे बेटे ने ज्यादातर किले और ऐतिहासिक स्थान उनके साथ देखे और समझे। उन्होंने सिनेमा तो शायद जिंदगी में आठ-दस बार ही देखा होगा, लेकिन पूरा हिंदुस्तान–किले, संग्रहालय, मंदिर, मस्जिद, गुरुद्वारे, गिरजाघर और शैलाश्रय-जागेश्वर के रास्ते, भीम बेटका, पंचमढ़ी, आदमगढ़ (होशंगाबाद) इत्यादि में देखे, बाद में उन पर अच्छे लेख व लेखमालाएं भी लिखीं। अपने इस ज्ञान को उन्होंने पाठकों तक पहुंचाया। उनका कहना था कि जिसने भारत के इन स्थानों को नहीं देखा–समझो, कुछ नहीं देखा।

यही सोचकर उन्होंने संपूर्ण पाण्डुलिपि तैयार की। इसी बीच उन्हें गंभीर बीमारी का सामना करना पड़ा। 16 अक्टूबर 2009 को वह चिरनिद्रा में सो गए। अब हमारी जिम्मेदारी थी; कि इस पाण्डुलिपि को एक ग्रंथ के रूप में पूरा करके पाठकों के सामने लाएं।

उन्होंने तीन अध्याय अपनी परिकल्पना के अनुसार पूरे किए। उसके बाद भारत के प्रसिद्ध किलों को मैंने (शांति गुणाकर मुळे) एक वर्ष लगाकर पूरा किया। कुछ किले अनुक्रम के अनुसार नहीं लिखे गये थे–असीरगढ़, बुरहानपुर, गढ़ा-मंडला, हिंगलाजगढ़, रतनपुर का गजगढ़, उड़ीसा, हरियाणा, जूनागढ़, परिंडा, बीदर, बेल्लूर और केरल आदि को पाण्डुलिपि सहित तैयार किया। पुस्तक की, दिल्ली के किले को छोड़कर, सारी टिप्पणियां और संदर्भ तथा फोटो और नक्शे मैंने ही तैयार किए। सभी की सामग्री हमारे पास थी ही, उनमें अगर कुछ त्रुटियां रह गई हों तो मुझे सूचित करेंगे।

किलों से संबंधित सभी ग्रंथ, पत्र-पत्रिकाएं और जनरल हमारे पुस्तकालय में हैं। इसके अलावा कुछ पुस्तकें सी.सी.आर.टी. के पुस्तकालय से प्राप्त की थीं। उनके लिए मैं आभार प्रकट करती हूं।

इस पुस्तक को तैयार करने में, इसे यह रूप देने में मेरे कम्प्यूटर–सहायक श्री मुकेश कुमार का विशेष योगदान रहा।

आशा है कि इस पुस्तक को भी पाठक उनकी दूसरी कृतियों की तरह ही इतिहास और पुरातत्व के क्षेत्र में उपयोगी पाएंगे।

–शांति गुणाकर मुळे

2 मई, 2012
'अमरावती', सी-210, पांडव नगर
दिल्ली-110092

अनुक्रम

अध्याय-1 : **विषय-प्रवेश** **13-26**

गुफाओं से गढ़ों तक का सफर

अध्याय-2 : **दिल्ली के किले** **27-48**

1. लालकोट 29
2. रायपिथौरा 31
3. सीरी 31
4. तुग़लकाबाद 33
5. जहांपनाह 34
6. फीरोजाबाद 35
7. पुराना किला-सलीमगढ़ 37
8. शाहजहानाबाद-लाल किला 39

अध्याय-3 : **राजस्थान के किले** **49-110**

1. चित्तौड़गढ़ 51
2. कुंभलगढ़ 57
3. आमेर और जयगढ़ 63
4. रणथंभौर 70
5. बूंदी का तारागढ़ 74
6. जोधपुर का मेहराणगढ़ 79
7. बीकानेर का जूनागढ़ 86
8. जैसलमेर का सोनगढ़ 91
9. डीग और भरतपुर के किले 97

अध्याय-4 : **मध्य प्रदेश व छत्तीसगढ़ के किले** **111-162**

1. ग्वालियर का किला 113
2. मांडवगढ़ 123
3. चंदेरी 132

4. असीरगढ़	137
5. बुरहानपुर	140
6. गढ़ा-मंडला के दुर्ग	143
7. हिंगलाजगढ़	147
8. रतनपुर का गजगढ़	152
अध्याय-5 : **उत्तर प्रदेश के किले**	**163-200**
1. कालिंजर	165
2. इलाहाबाद	170
3. चुनार	176
4. आगरा	178
5. फतेहपुर-सीकरी	184
6. झांसी	190
अध्याय-6 : **हरियाणा के किले**	**201-212**
1. हांसी	203
2. हिसार	207
अध्याय-7 : **बिहार और बंगाल के किले**	**213-226**
1. रोहतासगढ़	215
2. गौड़	221
अध्याय-8 : **उड़ीसा के किले**	**227-234**
1. शिशुपालगढ़	229
2. कटक का किला	231
अध्याय-9 : **महाराष्ट्र के किले**	**235-334**
1. देवगिरि-दौलताबाद	237
2. शिवनेरी	245
3. राजगढ़	250
4. रायगढ़	253
5. कोंढाणा-सिंहगढ़	260
6. लोहगढ़-विसापुर	266
7. पुरंदर-वज्रगढ़	269
8. पन्हाळा	272
9. प्रतापगढ़	276
10. त्र्यंबक और चाकण	280
11. अजिंक्यतारा-सातारा	282

12. अहमदनगर 284
13. परिंडा 287

14. **समुद्री दुर्ग** **290-306**
मुरुड़-जंजीरा 290
सिंधुदुर्ग 295
सुवर्णदुर्ग 299
विजयदुर्ग 302
कुलाबा-अलीबाग 305

15. **विदर्भ के किले** **307-318**
गाविलगढ़ 308
नरनाळा 312
बाळापुर 315
माहूर 317

17. **पूर्वी महाराष्ट्र के किले** **319-334**
पौनी और नगरधन के भूमिदुर्ग 320
बल्लाळपुर, चंद्रपुर और माणिकगढ़ 322

अध्याय-10 : **गुजरात के किले** **335-352**
1. अहमदाबाद 337
2. पावागढ़-चांपानेर 343
3. जूनागढ़-ऊपरकोट 347

अध्याय-11 : **आंध्र प्रदेश के किले** **353-364**
1. गोलकुंडा 355
2. वरंगल 361

अध्याय-12 : **कर्नाटक के किले** **365-388**
1. गुलबर्गा 367
2. बीदर 372
3. बीजापुर 375
4. विजयनगर 378
5. श्रीरंगपट्टण 382

अध्याय-13 : **केरल के किले** **389-398**
1. बेकल 391
2. पल्लीपुरम् 394

3. चंद्रगिरि 395
4. पालघाट 397

अध्याय-14 : **तमिलनाडु के किले** **399-408**
1. जिंजी 401
2. वेल्लूर 404

अध्याय-15 : **भारत में विदेशियों के किले** **409-424**
1. गोवा के किले 412
2. वसई का किला 414
3. सद्रास का किला 416
4. मद्रास का किला 417
5. मुंबई का किला 419
6. कोलकाता का किला 420
7. दीव-दमन 421

परिशिष्ट **425-458**
1. दुर्ग शब्दावली 427
2. हिंदी-अंग्रेजी पारिभाषिक शब्दावली 430
3. चित्र-सूची 434
4. सहायक ग्रंथ 446
5. अनुक्रमणिका 450

विषय-प्रवेश

भारत के प्रसिद्ध दुर्ग-स्थल

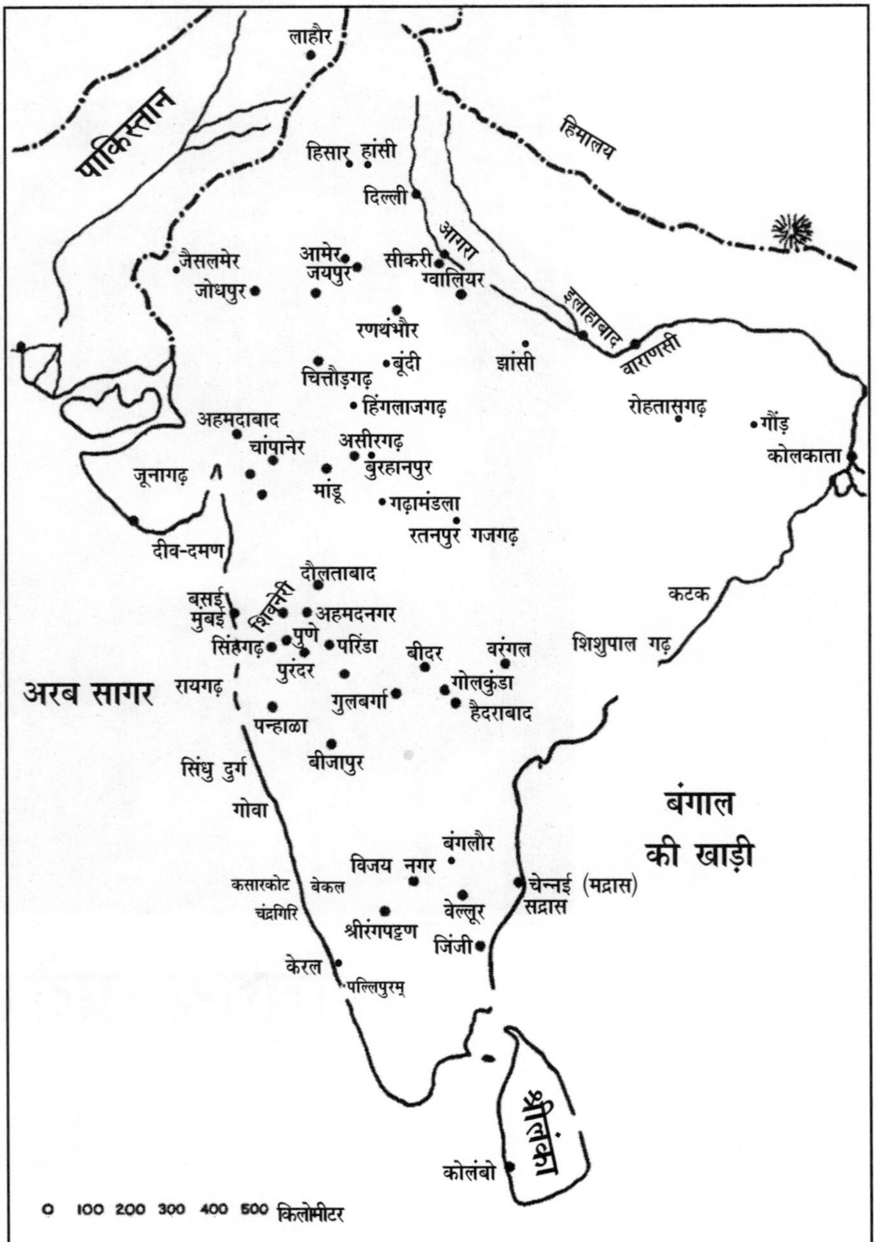

अध्याय-1

विषय-प्रवेश

गुफाघरों से गढ़ों तक का सफर

आरंभ में आदमी किसी जलाशय या नदीतट के नजदीक रहता था। खूंखार जानवरों और अन्य आपदाओं से अपने बचाव के लिए उसने प्राकृतिक गुफाओं को अपना घर बनाया था। दस-पंद्रह हजार साल पहले के ऐसे प्राचीन गुफाघर, जिन्हें 'शैलाश्रय' कहते हैं, हमारे देश के भीमबेटका, पचमढ़ी, आदमगढ़ (होशंगाबाद), आदि अनेक स्थानों में मिले हैं।

फिर मानव ने खेती शुरू कर दी। साथ ही, स्थायी निवास के लिए झोपड़ियां बनने लगीं। कई झोपड़ियों ने मिलकर एक बस्ती का रूप ले लिया। हिंसक जंतुओं से रक्षा के लिए बस्तियों के इर्द-गिर्द झाड़ी-बांस का बाड़ा बनाया जाता था। फिर बस्तियों के बीच लड़ाइयां होने लगीं, तो इस बाड़े या घेरे ने मिट्टी-रोड़े की ऊंची दीवार का रूप ले लिया।

कुछ बस्तियां फैलकर कस्बे और नगर बन गईं, नगर-राज्य बन गईं। चूंकि इनमें आपस में अक्सर शत्रुता चलती थी, इसलिए नगरों के चारों ओर परकोटे बनाए गए–आरंभ में मजबूत लकड़ी के और बाद में रोड़े-पत्थरों के। गांवों में ऊंचे स्थानों पर गढ़ियां बनाई जाती थीं। परकोटे बाहरी शत्रु से रक्षा के लिए ही नहीं, प्रजा के विद्रोह या आक्रोश से शासक-वर्ग को बचाने के लिए भी बनाए जाते थे। किले के भीतर प्रायः एक और छोटा किला बनाया जाता था। नगर की बाहरी रक्षा-पंक्ति के टूटने पर अथवा जनता के विद्रोह करने पर शासक-वर्ग के सदस्य इस भीतरी किले में, जिसे 'बालाकिला'[1] कहते हैं, शरण लेते थे।

चित्र 1.1 : शैलाश्रय-गुफाघर, भीमबेटका (मध्यप्रदेश)

'किला' शब्द अरबी भाषा का है, जिसका अर्थ है–'लड़ाई के समय रक्षा का एक सुरक्षित स्थान'। इसी से 'किलेदार' और 'किलेबंदी' जैसे शब्द बने हैं। किले के लिए संस्कृत का शब्द है 'दुर्ग', जो 'दुर्गम्' शब्द से बना है, जिसका अर्थ है–जहां पहुंचना कठिन हो (दुःखेन गच्छत्यत्र)। 'दुर्ग' शब्द पहली बार हमारे देश के सबसे प्राचीन ग्रंथ **ऋग्वेद** में देखने को मिलता है।[2] वैदिक काल में 'पुर' शब्द का अर्थ था–बाड़ा और खाई

से घिरी हुई बस्ती।[3] इंद्र ने ऐसे अनेक पुरों को नष्ट किया था, इसलिए उसे 'पुरंदर' कहा गया। दुर्ग के लिए अन्य प्रचलित शब्द हैं–कोट और गढ़।[4] लैटिन और फ्रांसीसी भाषाओं के फोर्टिस् (fortis) शब्द से अपनाए गए अंग्रेजी के फोर्ट (fort) शब्द का अर्थ है–'मजबूत'।

प्राचीन काल से ही यह पहचान लिया गया था कि दुर्ग राज्य का एक महत्वपूर्ण अंग होता है। **महाभारत, रामायण** और **पुराणों** में दुर्गों के बारे में काफी जानकारी मिलती है। **मनुस्मृति,** कौटिल्य के **अर्थशास्त्र** और वास्तुशास्त्र से संबंधित ग्रंथों में दुर्गों के बारे में उपयोगी सूचनाएं हैं। इनमें एक स्वतंत्र विषय के रूप में 'दुर्गविद्या' की चर्चा की गई है। हमारे देश के प्राचीन ग्रंथों में प्रमुख रूप से दुर्गों के छह प्रकार बताए गए हैं[5] –

1. **गिरिदुर्ग** : पहाड़ की चोटी पर बना दुर्ग।
2. **जलदुर्ग** : नदी, सरोवर या समुद्र के जल से घिरा हुआ दुर्ग।
3. **धन्वदुर्ग** : मरुभूमि अथवा दलदली भूमि पर बना दुर्ग।
4. **महीदुर्ग** : सामान्यतः भूमि पर बना दुर्ग। इसे **स्थलदुर्ग** भी कहते हैं।
5. **वनदुर्ग** : वह दुर्ग जिसके चारों ओर घने जंगल हों।
6. **नरदुर्ग** : ऐसे साहसी आदमियों की बस्तियों से घिरा दुर्ग जो जरूरत के समय राजा की सहायता कर सके।

मनुस्मृति में गिरिदुर्ग को अधिक गुणों वाला बताया गया है; इसमें नाना प्रयत्नों से शत्रु का संहार किया जा सकता है।[6] कौटिल्य ने गिरिदुर्ग और जलदुर्ग को सबसे उत्तम बताया है। उन्होंने अपने **अर्थशास्त्र** (लगभग 300 ई. पू.) में दुर्गों के निर्माण के बारे में महत्वपूर्ण सूचनाएं दी हैं। यह भी बताया है कि दुर्ग में आवश्यक वस्तुओं का भरपूर संग्रह होना चाहिए और

चित्र 1.2 : वास्तुशिल्पों में दुर्ग-दृश्यों का अंकन

जरूरत पड़ने पर दुर्ग से निकल भागने के लिए उसमें गुप्त मार्ग बनाए जाने चाहिए।[7]

कामंदकी का **नीतिसार**, जो मौर्यकाल के बाद लिखा गया राजतंत्र का ग्रंथ है, राज्य के सात अंगों में दुर्ग को शामिल करता है, और बताता है : "दुर्ग के बिना राजा उसी प्रकार असहाय है, जिस प्रकार तूफान द्वारा भगाए जाने वाले बादल। एक अच्छे दुर्ग में जल और खाद्य वस्तुओं का पर्याप्त भंडार, हथियार और दूसरी युद्ध-सामग्री का भरपूर संचय, बहादुर सैनिकों की रक्षक-सेना और गुप्त शरण-स्थल तथा बाहर निकलने के लिए मार्ग होने चाहिए।"[8]

प्राचीन भारत के दुर्गों की दीवारें और उनके प्रवेश-द्वार कैसे थे, इसके दृश्य सांची, भरहुत आदि के शिल्पांकनों में देखने को मिलते हैं। सांची के एक दृश्य में नगर को पत्थरों की एक मजबूत दीवार से घेरे हुए दिखाया गया है। कुशीनगर का प्रवेश-द्वार इतना ऊंचा था कि उसमें से हाथी, उस पर सवार महावत सहित, मजे में गुजर सकता था। सांची के एक दृश्य में एक स्त्री को परकोटे के पास की परिखा से पानी भरते हुए दिखाया गया है। कौटिल्य के **अर्थशास्त्र** में बताया गया है कि परिखा में मगरमच्छ पालने चाहिए, ताकि शत्रु उसे तैरकर पार न कर सके।

चित्र 1.3 : स्त्री परकोटे की परिखा से पानी भरते हुए

सन् 1921-22 में पश्चिमोत्तर भारत में, वेदों की रचना से काफी पहले की, एक प्राचीन सभ्यता का पता चला। इसे 'सिंधु सभ्यता' या 'हड़प्पा संस्कृति' के नाम से जाना जाता है। बाद में स्पष्ट हुआ कि चार-पांच हजार साल पुरानी यह सभ्यता अफगानिस्तान से लेकर पश्चिमी उत्तर प्रदेश और कश्मीर से लेकर नर्मदा नदी तक फैली हुई थी। अभी लोहे की खोज नहीं हुई थी; औजार तांबे, कांसे और पत्थरों के बनते थे। तब भी सिंधु सभ्यता के लोगों ने योजनाबद्ध तरीके से अपने नगर बसाए थे और वे पकाई हुई ईंटों का इस्तेमाल

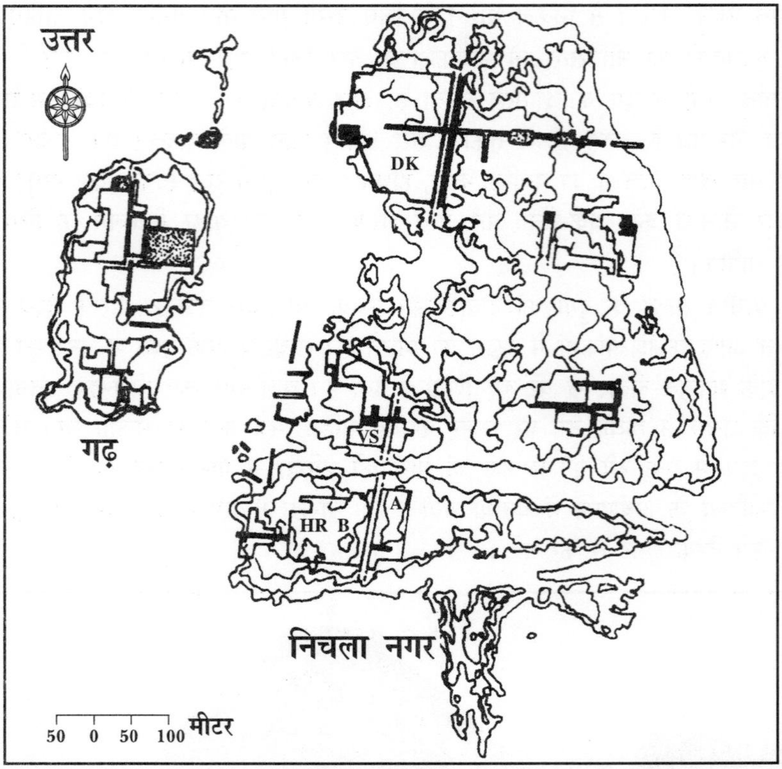

चित्र 1.4 : मोहेंजो-दड़ो की अभिन्यास योजना

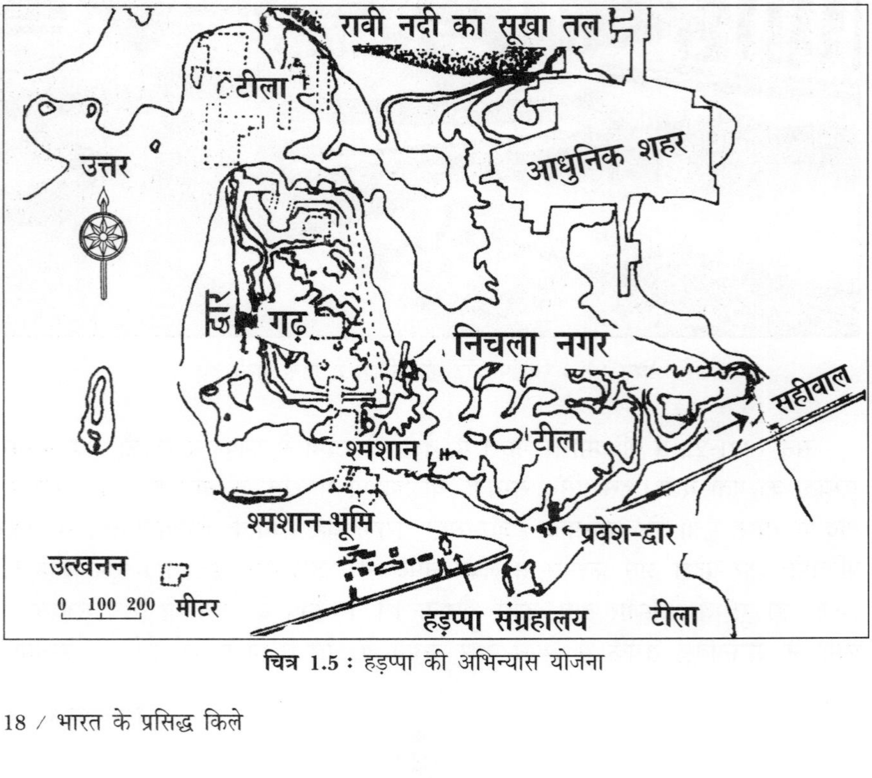

चित्र 1.5 : हड़प्पा की अभिन्यास योजना

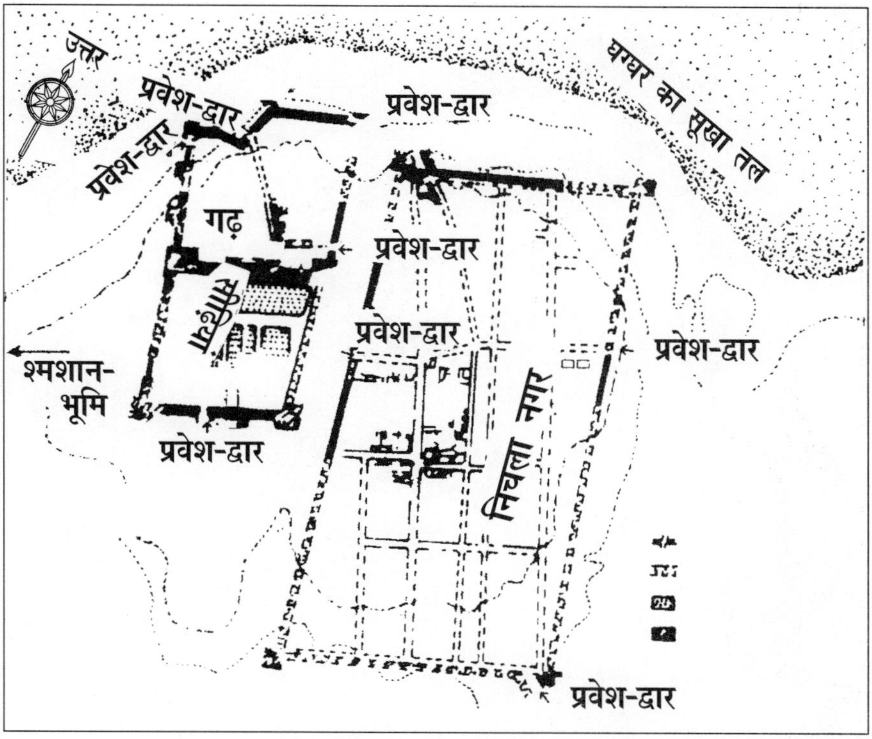

चित्र 1.6 : कालीबंगा की अभिन्यास योजना

करते थे। कोट दीजी, मोहेंजो-दड़ो, हड़प्पा, लोथल, रोपड़, कालीबंगा, धौलावीरा आदि स्थानों में सिंधु सभ्यता के नगरों के अवशेष मिले हैं। इनमें से कोट दीजी, मोहेंजो-दड़ो और हड़प्पा जैसे कई स्थल पाकिस्तान में चले गए हैं। स्वतंत्र भारत में लोथल (सौराष्ट्र), कालीबंगा (राजस्थान), धौलावीरा (कच्छ) आदि अनेक नए सिंधु स्थलों की खोज 1947 ई के बाद हुई।

भारत में मिले दुर्ग या किले के सबसे प्राचीन अवशेष सिंधु सभ्यता के ही हैं। सिंधु सभ्यता के करीब एक दर्जन नगरों की खुदाई में परकोटे के अवशेष मिले हैं। किलेबंदी के सबसे प्राचीन अवशेष हड़प्पा - काल (2600-1900 ई.पू.) के कुछ पहले के कोट दीजी स्थान से प्राप्त हुए हैं। सिंधु सभ्यता के मोहेंजो - दड़ो, हड़प्पा और

चित्र 1.7 : लकड़ी की बाड़ से घिरा वैदिक काल का एक गांव (पुर)

चित्र 1.8 : हवाई जहाज से लिया गया शिशुपालगढ़ (भुवनेश्वर, उड़ीसा) के उत्खनन का छायाचित्र

कालीबंगा जैसे प्रमुख नगरों के दो भाग रहे हैं—पश्चिम की ओर मिट्टी की ईंटों के ऊंचे चबूतरे पर बना आयताकार 'दुर्ग' और पूर्व की ओर मुख्य आबादी वाला 'निचला शहर'। ऊंचे चबूतरे वाले दुर्ग को 'गढ़ी' कहना बेहतर होगा। गढ़ी में शासक-वर्ग के लोग रहते थे।

मोहेंजो-दड़ो और हड़प्पा जैसे कुछ प्रमुख नगरों में केवल गढ़ी (दुर्ग) को ही दीवार से घेरा गया था, मगर कालीबंगा में निचले शहर की भी घेराबंदी की गई थी। सिंधुजनों ने धूप में सुखाई और आवें में पकाई, दोनों ही प्रकार की ईंटों का इस्तेमाल किया है—न केवल अपने मकानों के निर्माण में, बल्कि दुर्ग की दीवार बनाने में भी। दुर्ग की दीवार काफी चौड़ी थी और प्रवेश-द्वार के दोनों तरफ बुर्ज बने हुए थे।

वैदिक काल में गांव लकड़ी के बाड़ों से घिरे हुए होते थे। ऐसे गांवों को वेदों में 'पुर' कहा गया है। ये पुर बड़े आकार के भी होते थे। आम तौर पर बाड़ों का उपयोग बाहरी हमलों, जंगली पशुओं और लुटेरों आदि से रक्षा के लिए होता था। पशुओं को सुरक्षित रखने के लिए भी बाड़ों का उपयोग होता था। गांव में प्रवेश के लिए फाटक होता था।

सिंधु सभ्यता के अवसान के बाद भारत में दुर्ग वाले नगरों का 600 ई.पू. के आसपास

पुनः उदय होता है। ईसा-पूर्व छठी सदी में राजगृह (राजगीर, बिहार) मगध की राजधानी थी और चारों ओर से पहाड़ियों से घिरी हुई थी। नगर को इन पहाड़ियों के ऊपर से गुजरने वाली रोड़े-पत्थरों से बनी एक काफी ऊंची दीवार द्वारा घेरा गया था। उस दीवार के अवशेष आज भी देखे जा सकते हैं।

छठी सदी ई.पू. के दुर्गों के अवशेष एरण (प्राचीन ऐरिकिण, सागर जिला, मध्य प्रदेश), कौशांबी (इलाहाबाद, उत्तर प्रदेश), अहिच्छत्र (बरेली जिला, उत्तर प्रदेश), उज्जैन (मध्य प्रदेश), वैशाली (बिहार), राजघाट (वाराणसी), शिशुपालगढ़ (भुवनेश्वर के पास, उड़ीसा) आदि स्थानों की खुदाई में भी मिले हैं।

शिशुपालगढ़ (राजा खारवेल के हाथीगुंफा अभिलेख में उल्लिखित प्राचीन कलिंगनगर)

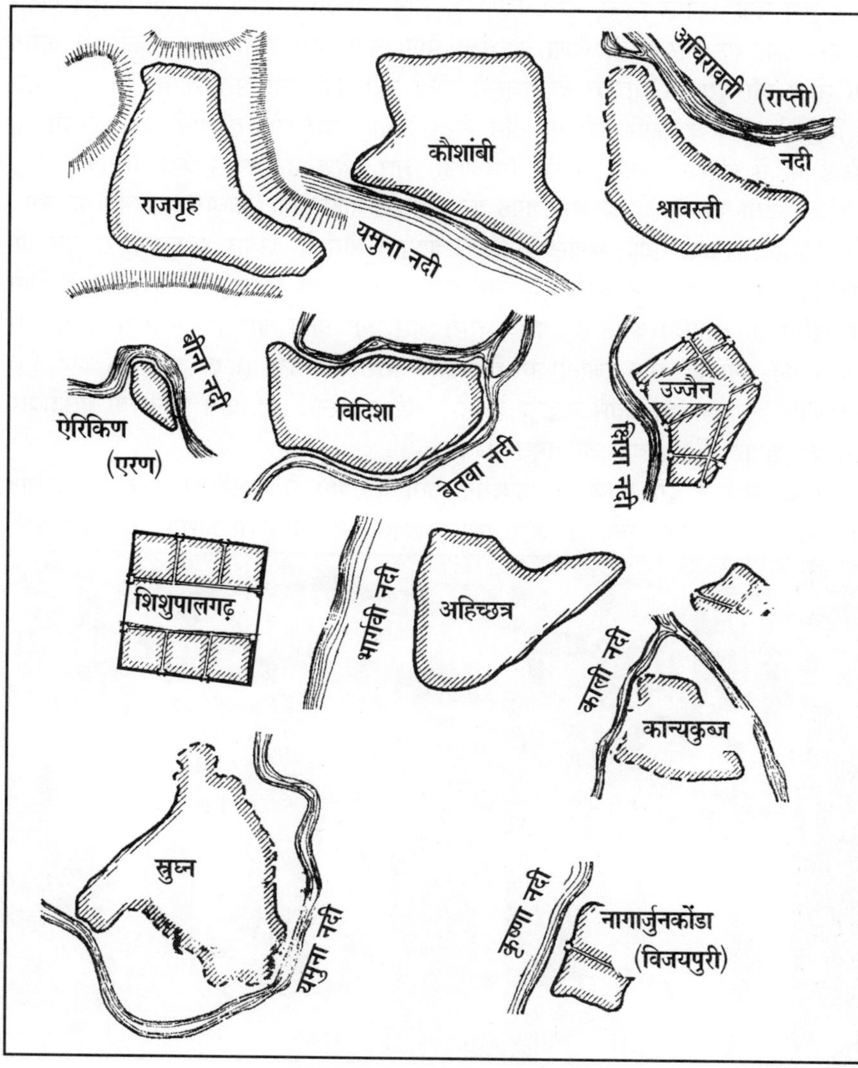

चित्र 1.9 : प्राचीन भारत के दुर्ग-नगर

के उत्खनन में मजबूत रक्षात्मक दीवार वाले एक लगभग वर्गाकार दुर्ग के अवशेष मिले हैं। दुर्ग की प्रत्येक दीवार करीब 1.4 किलोमीटर लंबी है और उसके प्रत्येक कोने पर एक बुर्ज बना है। साथ ही, प्रत्येक दीवार में समान अंतर के दो स्थानों पर दोहरे फाटक रहे थे और उनके भीतरी भाग में प्रहरियों के लिए बैठकें थीं। शुरू में, ईसा-पूर्व तीसरी सदी में, इस दुर्ग की 35 मीटर चौड़ी और 8 मीटर ऊंची दीवार मिट्टी से बनाई गई थी। आगे जाकर उसे रोड़े-पत्थरों से ढक दिया गया था। तीसरे दौर में दुर्ग की इस दीवार में भीतर और बाहर से पकाई हुई ईंटें जोड़ दी गई थीं। समूचा दुर्ग एक नदी-धारा से घिरा हुआ था, जो एक प्राकृतिक परिखा का काम करती थी। शिशुपालगढ़ का यह दुर्ग लगभग सात सदियों तक (ईसा-पूर्व तीसरी सदी से ईसा की चौथी सदी तक) आबाद रहा।

एरण नगर (सागर जिला, मध्य प्रदेश) को तीन दिशाओं में मिट्टी की एक मजबूत दीवार से घेरा गया था और चौथी दिशा की रक्षा बीना नदी द्वारा होती थी। परकोटे से करीब 16 मीटर की दूरी पर परिखा थी, जिसमें बीना नदी का पानी भरा रहता था। अहिच्छत्र में मिट्टी के बांध के ऊपर ईंटों की तीन मीटर ऊंची दीवार थी। कौशांबी और उज्जैन की खुदाई भी में परिखा (खाई), प्राकार (परकोटा) और प्रवेश-द्वार के अवशेष मिले हैं।

ईसा-पूर्व चौथी सदी में राजगृह को त्यागकर पाटलिपुत्र (आधुनिक पटना) को मगध की राजधानी बनाया गया। मेगास्थनीज, जो चंद्रगुप्त मौर्य के दरबार में यूनानी राजदूत था, पाटलिपुत्र नगर का वर्णन करते हुए लिखता है–"भारत का सबसे बड़ा नगर वह है जिसे पालिबोथ्रा (पाटलिपुत्र) कहते हैं। इसके चारों ओर एक चौड़ी खाई है। नगर के चारों ओर लकड़ी की बनी हुई एक रक्षा-दीवार है। उसमें 570 अट्टालक (बुर्ज) तथा 64 द्वार हैं।" पाटलिपुत्र की यह रक्षा-दीवार लकड़ी के मोटे लट्ठों से बनाई गई थी। पटना के बुलंदीबाग क्षेत्र की खुदाई में इस बात के सबूत भी मिले हैं।

मौर्य काल में दुर्ग राज्य के आवश्यक अंग बन गए थे। कौटिल्य ने राज्य के सात अंगों में दुर्ग को स्थान दिया है और इसे राजकोष और सेना से अधिक महत्वपूर्ण माना

चित्र 1.10 : मौर्य काल के एक दुर्ग-नगर का परकोटा, परिखा और प्रवेश-द्वार

है। कौटिल्य ने अपने **अर्थशास्त्र** में दुर्गों के विभिन्न अंगों का विस्तृत वर्णन किया है और बाहरी आक्रमणों से इनके बचाव के अनेक उपाय सुझाए हैं।

वाल्मीकि की **रामायण** में अयोध्या, किष्किंधा, लंका जैसी नगरियों का जो बढ़ा-चढ़ा वर्णन है उससे भी पता चलता है कि उस समय के नगरों और दुर्गों की रक्षा के लिए उनके चारों ओर खाइयां खोदी जाती थीं। रक्षा-दीवारों के ऊपर बुर्ज बनाए जाते थे। इनके ऊपर से शत्रु की हलचल पर नजर रखी जाती थी। नगर के चारों ओर प्रवेश-द्वार (गोपुर) बनाए जाते थे। **महाभारत** के शांतिपर्व में कहा गया है कि जो नगरी दुर्ग वाली हो, सुदृढ़ परकोटे और परिखा से घिरी हो, बलवान मनुष्यों तथा हाथी-घोड़ों से सुशोभित हो, उसी में राजा को निवास करना चाहिए।[9]

उत्तर भारत के अधिकतर नगर बारहमासी नदियों के तट पर बसे हुए थे। ये नगर मिट्टी और ईंटों से निर्मित विशाल परकोटों से घिरे हुए थे। दक्षिण भारत के परकोटे वाले नगर गंगाघाटी के परकोटे वाले नगरों से कुछ बाद के हैं। नागार्जुनकोंडा (आंध्र प्रदेश) से इक्ष्वाकुओं की राजधानी विजयपुरी के जो अवशेष मिले हैं वे ईसा की तीसरी-चौथी सदी के हैं। दीवार से घिरा हुआ यहां का दुर्ग लगभग चतुर्भुजाकार था और उसके दो प्रवेश-द्वार थे।

मौर्यों के बाद उत्तर भारत में शुंगों का और आंध्र-महाराष्ट्र में सातवाहनों का राज्य स्थापित हुआ। इनके समय के दुर्गों का स्वरूप सांची, भरहुत और अमरावती के बौद्ध स्तूपों के शिल्पांकनों में देखने को मिलता है। यूनानी खगोलविद एवं भूगोलवेत्ता टॉलेमी (ईसा की दूसरी सदी) बताता है कि सातवाहनों के साम्राज्य (200 ई.पू. से 225 ई.) में दीवारों

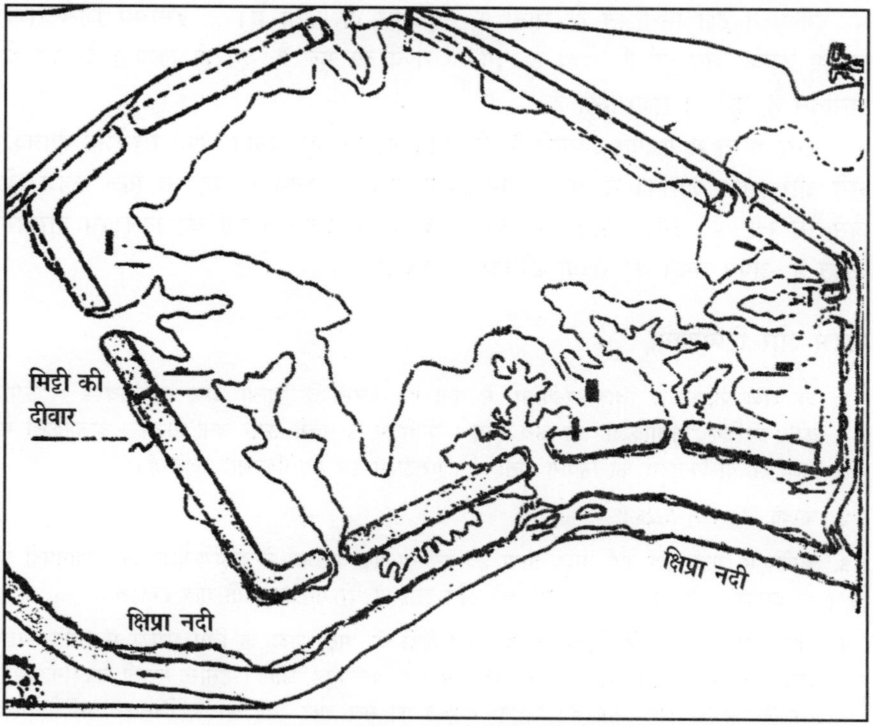

चित्र 1.11 : उज्जैन के दुर्ग की अभिन्यास योजना

से घिरे तीस नगर थे। जुन्नर (नाशिक जिला, महाराष्ट्र) के आसपास के कुछ गिरिदुर्गों (पहाड़ी किलों) का इतिहास सातवाहन काल तक पीछे जाता है। जुन्नर के नजदीक का शिवनेरी किला, जहां 1630 ई. में छत्रपति शिवाजी का जन्म हुआ था, सातवाहनों के समय का ही है।

गुप्त-वाकाटक युग (लगभग 300 ई. से 500 ई. तक) में देश का राजनीतिक माहौल कुछ शांत था, इसलिए दुर्गों को शायद कम महत्व दिया गया। लेकिन कवि कालिदास (लगभग 400 ई.) ने अपनी रचनाओं में जिन नगरों का वर्णन किया है उससे पता चलता है कि इनकी रक्षा के लिए जो दुर्ग बनाए जाते थे वे प्राकार (परकोटे), परिखा, प्रवेश-द्वार आदि से सम्पन्न होते थे।

गुप्त साम्राज्य के टूटने के बाद देश में कई क्षेत्रीय राज्यों का उदय हुआ। राजनीतिक अस्थिरता बढ़ गई थी। इसके साथ ही दुर्गों का महत्व भी बढ़ता गया। दक्खन में ईसा की सातवीं-आठवीं सदी से दुर्ग-निर्माण का एक नया दौर शुरू हुआ। चालुक्य, राष्ट्रकूट, यादव और शिलाहार शासकों ने बहुत सारे दुर्गों का निर्माण किया। फिर 1347 ई. से दक्खन में बहमनी सुलतानों का शासन स्थापित हुआ, तो उन्होंने नए युद्ध-साधनों के अनुरूप दुर्गों के स्थापत्य में कई सुधार किए। उसके बाद मराठों ने पहले से निर्मित दुर्गों को मजबूत किया और अनेक नए दुर्ग बनाए। शिवाजी (1630-80 ई.) ने दुर्गों के बल पर ही स्वराज्य की स्थापना की थी। मराठा राजतंत्र पर 1715 ई. में रचित अपनी मराठी पुस्तक **आज्ञापत्र** में रामचंद्रपंत अमात्य ने लिखा है : "संपूर्ण राज्य का सार है दुर्ग। शत्रु का हमला होने पर दुर्ग-रहित देश निराश्रित हो जाता है, उद्ध्वस्त हो जाता है। ... इसलिए जिसे राज्य चाहिए उसके लिए दुर्ग ही राज्य है; दुर्ग ही राज्य का मूल है; दुर्ग ही खजाना है; दुर्ग ही सैन्यबल है; दुर्ग ही राज्यलक्ष्मी है; ...।"[10]

उत्तर भारत में राजपूत शासकों ने भी अपने बहुत-से दुर्ग बनाए। फिर खिलजी, तुगलक, सूरी और मुगल शासकों ने अपने-अपने किले बनवाए। इनमें से बहुत-से किले आज भी जैसे-तैसे खड़े हैं। इनके खंडहर भारतीय राजवंशों के उतार-चढ़ावों की दिलचस्प दास्तान कहते हैं, अपने समय का सच्चा इतिहास बोलते हैं।

संदर्भ और टिप्पणियां

1. यह शब्द फारसी के 'बाला-ए-किला' से बना है। फारसी के 'बाला' शब्द का अर्थ है : 'ऊपर का'। इसलिए 'बालाकिला' का अर्थ हुआ : 'गिरिदुर्ग में सबसे ऊपर बना किला'। बालाकिला में राजा अथवा किलेदार का निवास होता था। मराठी में इसे 'बालेकिल्ला' कहते हैं।
2. **ऋग्वेद**, 4.34.7; 5.25.2.
3. ऋग्वेद में 'पुर' शब्द कई जगह आया है। दुर्ग या गढ़ के अर्थ में ब्राह्मण-ग्रंथों और उपनिषदों में भी इसका उल्लेख है। वैदिक 'पुर' बाड़े और खाई से घेरे गए अस्थायी गांव होते थे।
4. 'कोट' शब्द संस्कृत के 'कोट्ट' से बना है। हिंदी के 'गढ़' शब्द के लिए मराठी में सर्वत्र 'गड' शब्द का प्रयोग होता है; जैसे, रायगड, सिंहगड, प्रतापगड आदि। इसीसे मराठी का 'गडकरी' (गिरिदुर्ग-सेवक) शब्द बना है। वस्तुतः संस्कृत का मूल शब्द 'गड' ही है, जिसका अर्थ है 'घेरा हुआ स्थान'।

5. धन्वदुर्गं महीदुर्गमब्दुर्गं वार्क्षमेव वा। **मनुस्मृति**, 7.70.
नृदुर्गं गिरिदुर्गं वा समाश्रित्य वसेत्पुरम् ॥ **मनुस्मृति**, 7.70.
धन्वदुर्गं महीदुर्गं गिरिदुर्गं तथैव च। **महाभारत**, शांतिपर्व, 86.5.
मनुष्यदुर्गं अब्दुर्गं वनदुर्गं च तानि षट् ॥ **महाभारत**, शांतिपर्व, 86.5.

6. सर्वेण तु प्रयत्नेन गिरिदुर्गं समाश्रयेत्।
एषां हि बाहुगुण्येन गिरिदुर्गं विशिष्यते ॥ **मनुस्मृति**, 7.71.

7. **अर्थशास्त्र**, अधिकरण 2, प्रकरण 3 (दुर्गविधानम्) व 4 (दुर्गनिवेशः).

8. जलवद् धान्यधनवद् दुर्गं कालसहं महत्।
दुर्गहीनो नरपतिर्वाताभ्रावयवै समः ॥ **कामन्दकीय नीतिसारः**, सर्ग 4, 59-60.
जलन्नायुधयन्त्राढ्य धीरयोधैरधिष्ठितम्।
गुप्तिप्रधानमाचार्या दुर्गं समनुमेनिरे ॥ **कामन्दकीय नीतिसारः**, सर्ग 4, 59-60.

9. यत्पुरं दुर्गसम्पन्नं धान्यायुधसमन्वितम्।
दृढप्राकारपरिखं हस्त्यश्वरथसंकुलम् ॥
...राजा तत्पुरं स्वयमाविशेत् ॥ **महाभारत**, शांतिपर्व, 86.6.

10. रामचंद्र नीळकंठ अमात्य, **आज्ञापत्र**, पुणे, 1980, प्रकरण 8.

दिल्ली के किले

लालकोट | रायपिथौरा | सीरी | तुग़लकाबाद
जहांपनाह | फीरोजाबाद | पुराना किला-सलीमगढ़
शाहजहानाबाद-लाल किला

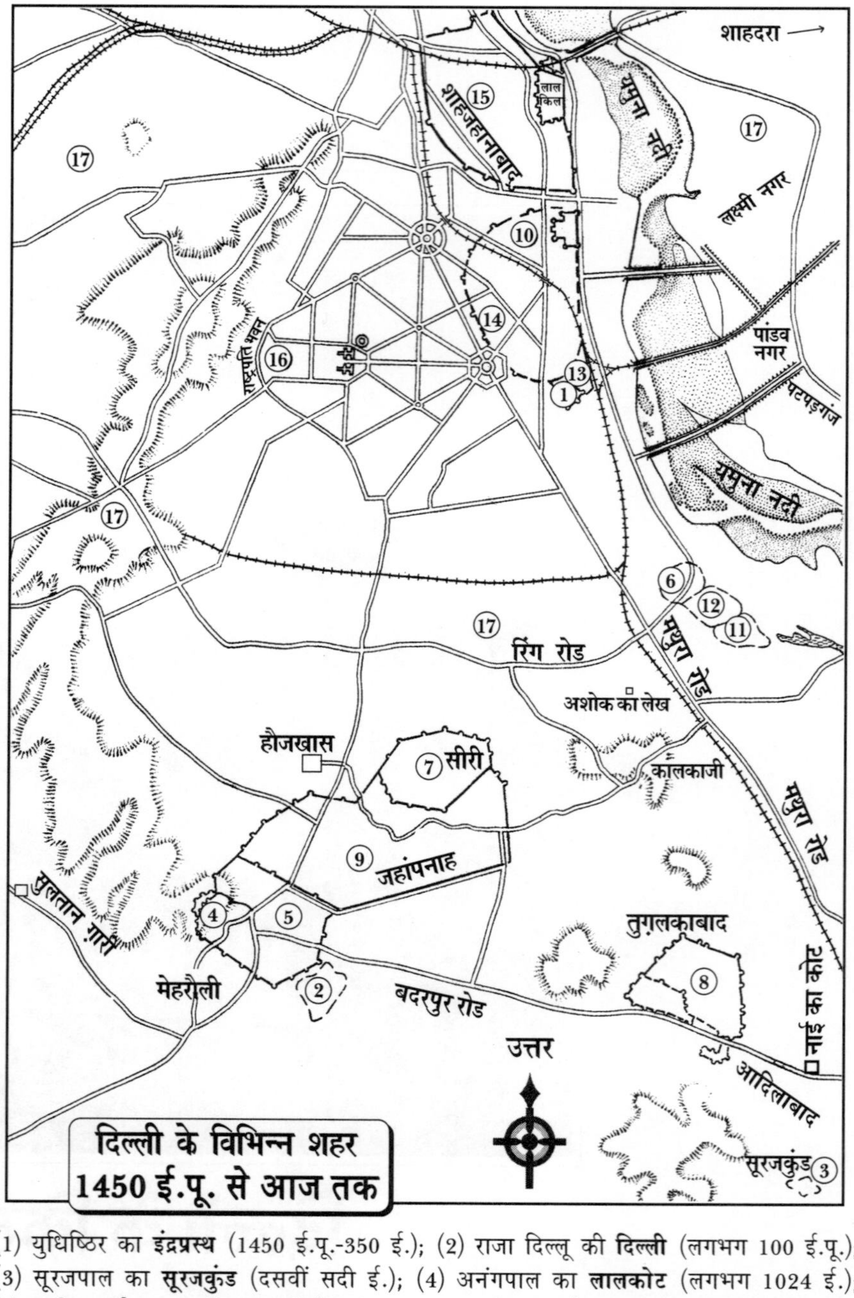

दिल्ली के विभिन्न शहर
1450 ई.पू. से आज तक

(1) युधिष्ठिर का **इंद्रप्रस्थ** (1450 ई.पू.-350 ई.); (2) राजा दिल्लू की **दिल्ली** (लगभग 100 ई.पू.); (3) सूरजपाल का **सूरजकुंड** (दसवीं सदी ई.); (4) अनंगपाल का **लालकोट** (लगभग 1024 ई.); (5) पृथ्वीराज चौहान का **किला रायपिथौरा** (लगभग 1170 ई.); (6) क़ैकुबाद का **कीलूगढ़ी** (1287 ई.); (7) अलाउद्दीन खिलजी का **सीरी** (1303 ई.); (8) गयासुद्दीन तुग़लक का **तुग़लकाबाद** (1321 ई.); (9) मुहम्मद तुग़लक का **जहांपनाह** (1334 ई.); (10) फीरोज तुग़लक का **फीरोजाबाद** (1354 ई.); (11) खिज़्रखां सैय्यद का **खिज़्राबाद** (1415 ई.); (12) मुबारकशाह का **मुबारकाबाद** (1433 ई.); (13) हुमायूं का **दीनपनाह** (1530 ई.); (14) शेरशाह सूर का **शेरगढ़ (दिल्ली)** (1542 ई.); (15) शाहजहां का **शाहजहानाबाद** (1648 ई.); (16) **नई दिल्ली** (1911 ई.); (17) **आजादी के बाद का विस्तार** (1947 ई. से)।

अध्याय-2

दिल्ली के किले

दिल्ली संसार का एक अद्‌भुत नगर है। दिल्ली को कम-से-कम सात बार बसाए जाने का वर्णन मिलता है। कई इतिहासकारों का मानना है कि आसपास की बस्तियों और किलेबंदियों को मिलाया जाए, तो दिल्ली के करीब पंद्रह शहरों के बारे में जानकारी मिलती है। नया शहर बसाने के लिए प्रायः पुराने शहर की इमारतों के मलबे और साज-सामान का इस्तेमाल किया गया।[1] जब भी नया शहर बसाया गया, तो उसकी रक्षा के लिए नया किला भी बनाना पड़ा। दिल्ली में जितने किले बनाए गए, उतने शायद दुनिया के किसी भी अन्य नगर में नहीं बने। दिल्ली किलों का नगर है।

दिल्ली का इतिहास लगभग साढ़े तीन हजार साल पीछे जाता है। **महाभारत** (आदिपर्व, अध्याय 206) में पांडवों की राजधानी इंद्रप्रस्थ (खांडवप्रस्थ) का वर्णन है।[2] माना जाता है कि दिल्ली का पुराना किला इंद्रप्रस्थ के स्थान पर बसा हुआ है। पता चलता है कि बीसवीं सदी के आरंभ तक पुराने किले में इंदरपत नामक एक गांव मौजूद रहा है। पुराने किले की खुदाई (1969-73 ई.) में मौर्य काल से लेकर आरंभिक मुगल काल (ईसा-पूर्व तीसरी सदी से ईसा की सोलहवीं सदी) तक के पुरावशेष प्राप्त हुए हैं। खुदाई में लगभग 1000 ई.पू. के माने जाने वाले चित्रित धूसर भांड के ठीकरे भी मिले हैं। दिल्ली से सन् 1966 में सम्राट अशोक (273-36 ई.पू.) का एक लघु शिलालेख भी मिला है।[3]

दिल्ली के कोई दस किलों के बारे में जानकारी मिलती है। इन किलों के साथ कई राजवंशों की कहानियां जुड़ी हुई हैं। दिल्ली कई राजवंशों की राजधानी रही है, इसलिए यहां के किले, न केवल दिल्ली का, बल्कि काफी हद तक देश के एक बड़े भूभाग का इतिहास भी बयान करते हैं। इनमें कई किले अब खंडहर बन चुके हैं, लगभग नष्ट हो गए हैं। फिर भी कुछ किले अभी भी अच्छी स्थिति में हैं।

लालकोट

तोमर (तंवर) राजपूतों ने ईसा की आठवीं सदी में दिल्ली के दक्षिणी सिरे के अरावली के पहाड़ी क्षेत्र पर कब्जा कर लिया था। पता चलता है कि तुग़लकाबाद से करीब 3 किलोमीटर दक्षिण-पूर्व में स्थित सूरजकुंड का निर्माण सूरजपाल तोमर ने ईसा की दसवीं सदी में करवाया था।[4] फिर अनंगपाल तोमर (द्वितीय) ने 1051 ई. के आसपास वर्तमान कुतुब मीनार के क्षेत्र में एक आयताकार मजबूत किला बनवाया, जो **लालकोट** के नाम से प्रसिद्ध

हुआ। इसे दिल्ली का पहला नियमित किला और दिल्ली का पहला शहर माना जा सकता है।[5] आज कुतुब मीनार के पास की मस्जिद ('कुव्वत-उल-इस्लाम' यानी 'इस्लाम की शक्ति') में जो लौहस्तंभ खड़ा है उसे एक अज्ञात स्थान के विष्णु मंदिर से अनंगपाल ही अपनी राजधानी में उठा लाया था।[6] लालकोट के परकोटे के बचे-खुचे भागों को कुतुब मीनार की ऊपरी मंजिलों से देखा जा सकता है। परकोटे में बुर्ज थे, सात प्रवेश-द्वार थे और बाहर परिखा थी। लालकोट के भीतर के महल और मंदिर अब नष्ट हो गए हैं। इसके भीतर मंदिरों का जो परिसर था, उसकी जगह अब कुतुब मीनार और उससे जुड़े स्मारक खड़े हैं।

चित्र 2.1 : लौहस्तंभ

अभिलेखों से जानकारी मिलती है कि मध्ययुग में तोमरों द्वारा स्थापित दिल्ली के पहले शहर का नाम **ढिल्ली** या **ढिल्लिका** था और इसका समावेश हरियाणा प्रदेश के अंतर्गत होता था।[7] 'ढिल्ली' से ही आज का 'दिल्ली' शब्द बना है। दिल्ली का एक अन्य नाम **योगिनीपुर** भी रहा है। कहा जाता है कि यह नाम मेहरौली (मिहिरपुरी) के पास आज भी विद्यमान योगमाया मंदिर के नाम पर पड़ा था।[8]

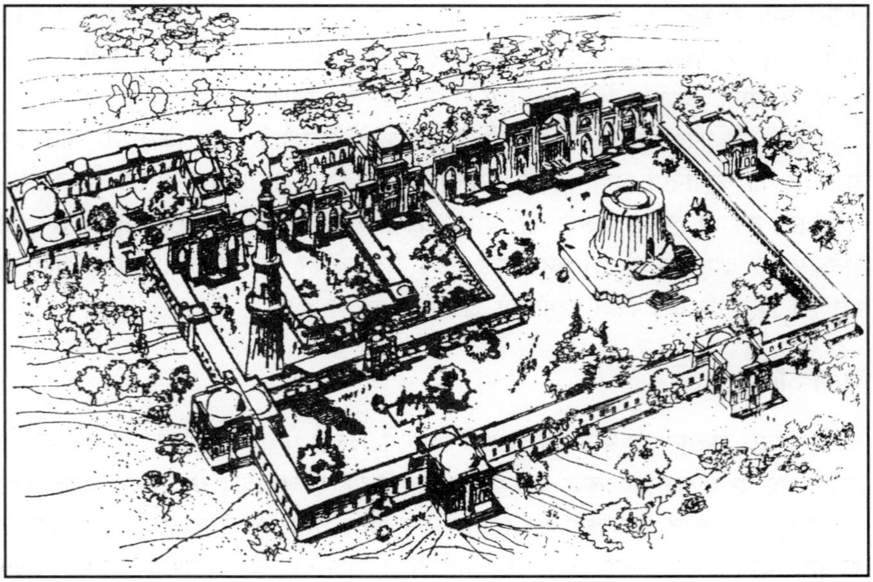

चित्र 2.2 : कुतुब मीनार का परिसर

रायपिथौरा

शाकंभरी (आधुनिक सांभर, राजस्थान) के चौहान या चाहमान शासक विग्रहराज-चतुर्थ (या बीसलदेव : लगभग 1153-64 ई.) ने 1164 ई. में अंतिम तोमर राजा को हराकर दिल्ली पर अधिकार कर लिया। इस बात का उल्लेख दिल्ली के फीरोजशाह कोटला में स्थित अशोक-स्तंभ पर अंकित 1164 ई. के एक नागरी लेख में आया है। पहले यह अशोक-स्तंभ अंबाला के पास के तोपड़ा नामक स्थान पर था; बाद में फीरोज तुग़लक (1351-88 ई.) इसे दिल्ली ले आया था। बीसलदेव के बाद उसका पौत्र पृथ्वीराज चौहान (तृतीय) दिल्ली का प्रसिद्ध राजा हुआ, जिसे 'रायपिथौरा' के नाम से भी जाना जाता है। रायपिथौरा ने लालकोट का विस्तार करके जो किला बनवाया वह **किला रायपिथौरा** के नाम से जाना जाता है। लगभग चौकोर आकार के इस पिथौरागढ़ के दक्षिण-पश्चिम कोने में लालकोट रहा है। इसके परकोटे की दीवार पांच से छह मीटर मोटी तथा 18 मीटर तक ऊंची थी और इसके बाहर चौड़ी खाई थी। पता चलता है कि पिथौरागढ़ के परकोटे में 13 प्रवेश-द्वार थे, जिनमें से कुछ आज भी देखे जा सकते हैं।

सन् 1192 में मुहम्मद ग़ोरी ने तरावड़ी के युद्धक्षेत्र में पृथ्वीराज चौहान को हराया। मुहम्मद के वापस चले जाने पर दिल्ली के राज्य की जिम्मेदारी उसके गुलाम व सेनापति कुतुबुद्दीन ऐबक ने संभाली (1193 ई.)। सन् 1206 में मुहम्मद की मृत्यु के बाद कुतुबुद्दीन दिल्ली का पहला सुलतान बना। उसके गुलाम वंश के तुर्क सुलतानों ने करीब नब्बे साल तक दिल्ली पर शासन किया। उन्होंने कोई बड़ा किला नहीं बनाया। वे पिथौरागढ़ को ही राजधानी बनाकर राज्य करते रहे। उन्होंने पिथौरागढ़ के भीतर के मंदिरों और महलों को नष्ट-भ्रष्ट करके अपने महल, मस्जिद, मीनार और मकबरे खड़े किए, मगर वहां के लौहस्तंभ को यथावत् रहने दिया। कुतुब मीनार और उसके नजदीक की 'कुव्वत-उल-इस्लाम' ('इस्लाम की शक्ति') मस्जिद उन्हीं के समय के स्मारक हैं।

कुतुबुद्दीन (1206-26 ई.) के बाद इल्तुतमिश, रजिया, नासिरुद्दीन और बलबन (1265-87 ई.) दिल्ली के सुलतान हुए और उन्होंने पिथौरागढ़ से ही शासन किया। मगर बलबन का उत्तराधिकारी क़ैकुबाद, जो बहुत विलासी और अकर्मण्य शासक था, 1287 ई. में अपनी राजधानी पिथौरागढ़ से करीब 8 किलोमीटर दूर यमुनातट के पास के **कीलूगढ़ी** स्थान पर ले गया। उसने कीलूगढ़ी में यमुना के तट पर एक खूबसूरत महल बनवाया। शुरू में खिलजी वंश का पहला शासक जलालुद्दीन कीलूगढ़ी में ही ठहरा था। उसने भी नदीतट पर महल, मस्जिद व बाग बनवाए थे। अब कीलूगढ़ी के कुछ ही स्मारक टीलों व एकाकी भग्नावशेषों के रूप में देखने को मिलते हैं—जामिया मिलिया इस्लामिया और ओखला नहर के आसपास।

सीरी

गुलाम वंश के पतन के बाद 1290 ई. से दिल्ली पर खलजी या खिलजी वंश के अफगानी तुर्कों का शासन शुरू हुआ। जलालुद्दीन के उत्तराधिकारी अलाउद्दीन खिलजी (1296-1316 ई.) ने 1303 ई. के आरंभ में जब चित्तौड़ पर चढ़ाई की, तब दिल्ली पर मंगोलों के

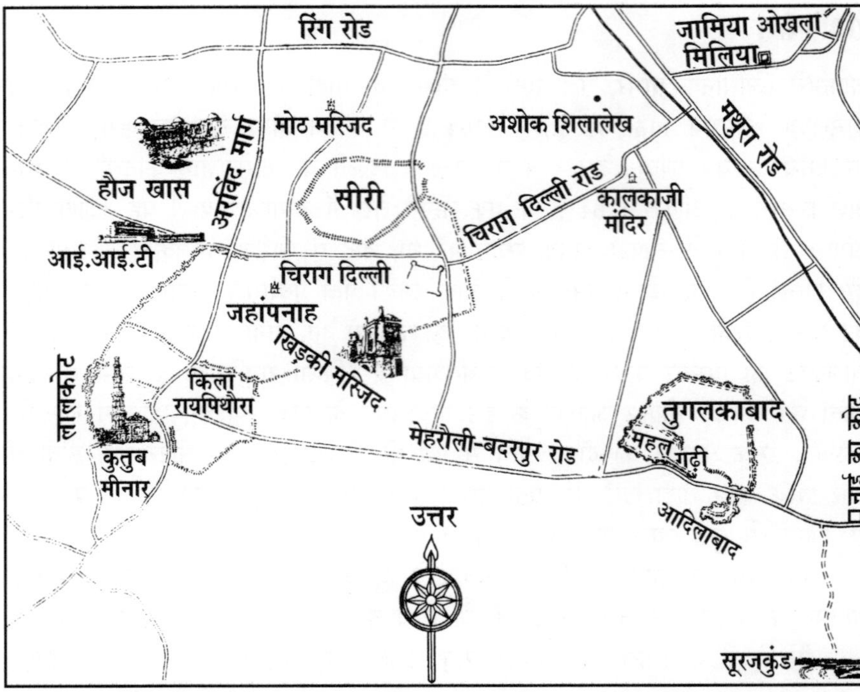

चित्र (नक्शा) 2.3 : लालकोट, किला रायपिथौरा, सीरी, जहांपनाह और तुग़लकाबाद-आदिलाबाद

जबरदस्त हमले हुए। दिल्ली को अरक्षित जानकर अलाउद्दीन ने 1304 ई. में पिथौरागढ़ के उत्तर-पूर्व में और हौज खास के दक्षिण-पूर्व में एक नगर बसाया और उसे एक मजबूत परकोटे से घेर दिया। पुराने सीरी नामक गांव के स्थान पर बसाए जाने के कारण यह **सीरी** किले के नाम से जाना जाता है। रोड़े-पत्थर से बनी इसकी लगभग अंडाकार घेरेवाली दीवार का अब कुछ ही भाग कहीं-कहीं देखने को मिलता है। दीवार में जगह-जगह बुर्ज बने थे। दीवार के ऊपरी हिस्से में जो कंगूरे बने थे उनमें तीर छोड़ने के लिए छिद्रों की व्यवस्था की गई थी। यहां पहली बार दीवार के ऊपर निर्मित 'अग्निज्वाला' जैसे कंगूरे देखने को मिलते हैं।

सीरी किले के सात दरवाजे थे और इसके अंदर करीब हजार खंभों वाला 'क़स्रे-हजार सुतून' नामक दो मंजिला एक शानदार महल बनाया गया था। शहर को पानी पहुंचाने के लिए खिलजी सुलतान ने एक लंबा-चौड़ा तालाब खुदवाया, जो 'हौज खास' या 'हौजे-अलाई' के नाम से जाना जाता है। इस किले के लगभग सभी स्मारक नष्ट हो गए हैं।[9] बाद में शेरशाह सूरी (1540-45 ई.) ने दिल्ली में अपना नया नगर बसाया, तो सीरी की भवन-सामग्री का भरपूर इस्तेमाल किया। दिल्ली में एशियाई खेलों का आयोजन हुआ, तो सीरी के भीतर विदेशी सहभागियों के लिए आवास बनाए गए थे। तब से सीरी की फिर से पहचान बढ़ी है।

अलाउद्दीन खिलजी ने कुतुब मीनार के पास बनी 'कुव्वत-उल-इस्लाम' मस्जिद का विस्तार करके उसके लिए तीन नए दरवाजे बनवाए, जिनमें से दक्षिण दिशा में बना शानदार 'अलाई दरवाजा' आज भी कायम है।[10] अलाउद्दीन ने उसी एहाते में कुतुब मीनार से दुगुनी बड़ी मीनार का निर्माण-कार्य भी शुरू कर दिया था, मगर पूरा नहीं हो पाया।

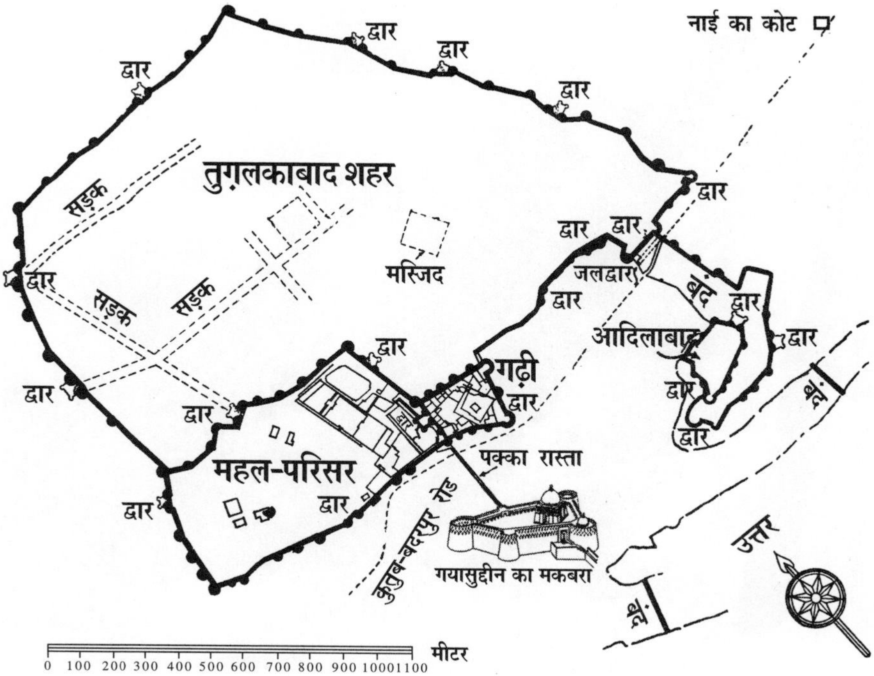

चित्र (नक्शा) 2.4 : तुग़लकाबाद और आदिलाबाद के किले

तुग़लकाबाद

खिलजी वंश के बाद 1321 ई. में तुग़लक वंश का एक सैनिक गयासुद्दीन तुग़लक (1321-1325 ई.) दिल्ली का सुलतान बना। उसने आगे के दो सालों में कुतुब मीनार से करीब आठ किलोमीटर पूर्व में, वर्तमान मेहरौली-बदरपुर सड़क के पास की एक चट्टानी पहाड़ी पर **तुग़लकाबाद** के नाम से एक नया नगर और किला स्थापित किया। रोड़े और पत्थरों से बना इसका परकोटा 6.5 किलोमीटर लंबा और 10 से 15 मीटर ऊंचा है। इसमें कई बुर्ज और दरवाजे बनाए गए थे। इस किले के तीन भाग थे। सड़क से किले में जाने वाले वर्तमान प्रवेश-मार्ग के पूर्वी भाग में दीवार और बुर्जों वाली एक ऊंची गढ़ी थी। इसके उत्तर में सीधी सड़कों वाला शहर था। गढ़ी के पश्चिम में दीवार के भीतर महल, धान्य के कोठे, गुप्त स्थान और तहख़ाने थे। तुग़लकाबाद का केवल परकोटा ही अब जैसे-तैसे बचा हुआ है। सन् 2001 में भारत सरकार के पुरातत्व विभाग ने तुग़लकाबाद में नए सिरे से उत्खनन करवाया है।

तुग़लकाबाद किले के दक्षिण में खुद गयासुद्दीन तुग़लक द्वारा बनवाया उसका मकबरा है, जो बुर्जों वाले परकोटे से घिरा होने के कारण एक छोटे किले-जैसा दिखाई देता है। इसमें प्रवेश के लिए एक ऊंचा और मजबूत दरवाजा बना है। पहले यह मकबरा एक बड़ी झील के बीच में स्थित था और तुग़लकाबाद किले से वहां पहुंचने के लिए एक पक्का रास्ता बना हुआ था। अब कुतुब-बदरपुर सड़क उसको काटते हुए गुजरती है।

चित्र 2.5 : तुग़लकाबाद के किले की भग्न दीवार

जहांपनाह

गयास तुगलक के बेटे मुहम्मद तुग़लक (1325-51 ई.) ने तुग़लकाबाद के दक्षिण में एक छोटा किला बनवाया और उसका नाम **आदिलाबाद** रखा, क्योंकि वह अपने को आदिल (न्याय करने वाला) कहता था। एक टीले पर बना यह किला अब टूटी-फूटी दशा में है। आदिलाबाद के पूर्व में एक पहाड़ी पर 'नाई का कोट' या 'धोबी का कोट' नामक एक छोटे गढ़ के अवशेष हैं। इसे संभवतः मुहम्मद तुग़लक ने आदिलाबाद के पहले अपने निजी निवास के लिए बनवाया था।

मुहम्मद तुग़लक ने एक और काम किया। उसने पिथौरागढ़ और सीरी के दोनों तरफ दीवारें खींचकर, दोनों को मिलाकर और उनके बीच की सारी जमीन को इस घेरे में लेकर एक विस्तृत शहर खड़ा कर दिया। इसे **जहांपनाह** का नाम दिया गया। इस तरह, पिथौरागढ़, सीरी और जहांपनाह, तीनों नगर-दुर्ग मिलकर एक हो गए। जहांपनाह की दीवार और इमारतों के अवशेष अब कुछ ही जगहों पर देखने को मिलते हैं।

मुहम्मद तुग़लक के शासनकाल (1325-51 ई.) में ही मोराको का प्रसिद्ध पर्यटक इब्नबतूता (जन्म 1303 : मृत्यु 1377 ई.) भारत-यात्रा पर आया था और उसने यहां लगभग नौ साल गुजारे थे। उसने तत्कालीन दिल्ली के चार नगरों और उसमें विद्यमान स्मारकों का वर्णन किया है।[11]

इब्नबतूता ने मुहम्मद तुग़लक के शासन का वर्णन किया है। उसने उस घटना का भी वर्णन किया है जब मुहम्मद तुग़लक अपनी राजधानी और दिल्ली की प्रजा को दक्खन के देवगिरि (दौलताबाद) नगर ले गया था (1327-28 ई.) और कुछ साल बाद पुनः वापस

चित्र 2.6 : फीरोजशाह कोटला की तीन मंजिली इमारत पर खड़ा अशोक-स्तंभ

ले आया था (1335-37 ई.)। इब्नबतूता बताता है : "उसने (मुहम्मद तुग़लक ने) दिल्ली उजाड़ने का विचार कर नगर-निवासियों के मकान मोल ले उनका पूरा-पूरा मूल्य दे दिया और समस्त जनता को दौलताबाद जाने की आज्ञा दी। जब लोगों ने वहां जाना अस्वीकार किया तो उसने मुनादी करा दी कि तीन दिन के पश्चात नगर में कोई व्यक्ति न रहे। तत्पश्चात उसने दिल्ली निवासियों को पुनः लौटने का आदेश दिया।"[12] इस तरह दिल्ली एक तरह से दुबारा बसी।

फीरोजाबाद

तीसरे तुग़लक सुलतान फीरोजशाह (1351-88 ई.) ने 1354 ई. में एक नया नगर बसाया– **फीरोजाबाद**। दिल्ली की आबादी अब बहुत बढ़ गई थी, इसलिए यह नगर हौज़ खास से लेकर उत्तर में हिंदूराव अस्पताल तक फैला हुआ था। इस नगर का किला शाहजहानाबाद के दिल्ली दरवाजे के दक्षिण में यमुना के तट पर बनाया गया और अब **फीरोजशाह कोटला** के नाम से जाना जाता है। भीतरी किले की मोटी दीवार के अंदर जामी मस्जिद और महल थे। इस किले की पश्चिम दिशा के मुख्य दरवाजे के दोनों ओर बुर्ज थे, आज भी हैं। पूर्वी दिशा में नदी में उतरने के लिए परकोटे के पास सीढ़ियां बनाई गई थीं। किले में एक गोलाकार बावली भी है, जिसके अंदर कमरे बने हुए हैं।

आज फीरोजशाह कोटला का मुख्य आकर्षण है–सम्राट अशोक (ईसा-पूर्व तीसरी सदी) का स्तंभ। यह स्तंभ पिरामीड के आकार की एक तीन मंजिली इमारत के ऊपर खड़ा किया गया है। फीरोजशाह के आदेश से बड़ी हिकमत से इसे अंबाला जिले के तोपड़ा नामक गांव से यमुना नदी के रास्ते दिल्ली लाया गया था। इस स्तंभ पर अशोक के 7 ब्राह्मी लेख खुदे हुए हैं। साथ ही, बीसलदेव चाहमान के भी 1164 ई. के तीन लघुलेख

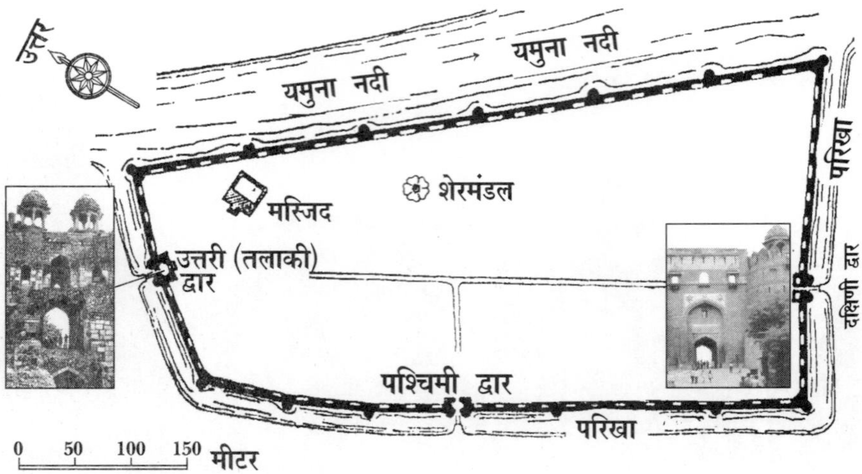

चित्र (नक्शा) 2.7 : पुराना किला, जो पहले यमुनातट पर स्थित था।

इस पर उकेरे हुए हैं। पता चलता है कि फीरोज ने इस अशोक-स्तंभ के ऊपर सोने का कलश चढ़वाया था। उसी ने एक अन्य अशोक-स्तंभ मेरठ के पास से लाकर हिंदूराव अस्पताल के पास की पहाड़ी पर खड़ा किया गया था। फीरोजशाह के समय में देश का कोई भी पंडित इन स्तंभों पर खोदे हुए अशोक के ब्राह्मी लेखों को पढ़ नहीं पाया था। इन स्तंभलेखों को ईस्ट इंडिया कंपनी के अधिकारी जेम्स प्रिंसेप (1799-1840 ई.) के प्रयासों से पहली बार 1837-38 ई. में ही पढ़ पाना संभव हुआ।[13]

चित्र 2.8 : पुराने किले का पश्चिमी दरवाजा

पुराना किला

सबसे पुरानी दिल्ली, जिसे **इंद्रप्रस्थ** कहा जाता था, संभवतः पुराने किले के स्थान पर बसी हुई थी। माना जाता है कि **महाभारत** में पांडवों के जिस इंद्रप्रस्थ नगर का वर्णन है वह पुराने किले के स्थान पर ही बसा हुआ था। पुराने किले की खुदाई (1969-73 ई.) में 1000 ई. पू. से लेकर आरंभिक मुगल काल तक की पुरावस्तुएं मिली हैं। यहां से मौर्य, शुंग, कुषाण और गुप्त काल के मृत्भांड व सिक्के मिले हैं। आगे के राजपूत और सल्तनत काल के भी पुरावशेष मिले हैं। मुगल बादशाह हुमायूं (1530-40 व 1555-56 ई.) ने पुराने किले के टीले पर 1534 ई. में एक नए किले के निर्माण का कार्य शुरू किया और उसे **दीनपनाह** नाम दिया। फिर शेरशाह सूरी (1540-45 ई.) ने उसे पूरा और पक्का किया, तो वह **शेरगढ़** कहलाया। अब यह **पुराना किला** के नाम से ही जाना जाता है। किले की दीवार करीब 2 किलोमीटर लंबी है और इसमें तीन मुख्य दरवाजे हैं—उत्तर, दक्षिण और पश्चिम दिशाओं में।[14] ये दो मंजिले दरवाजे लाल बलुआ पत्थर से बने हैं और इनके ऊपर छतरियां बनी हुई हैं। माना जाता है कि इस किले की प्राचीर और इसके भव्य दरवाजे हुमायूं ने बनवाए थे और इसके भीतर की 'किला-ए-कोहना' मस्जिद (पुराने किले की मस्जिद) और 'शेरमंडल' नामक दोमंजिली अष्टभुजाकार इमारत शेरशाह ने बनवाई थी। शेरमंडल से नीचे उतरते समय इसकी ढलवां व संकरी सीढ़ियों पर पैर फिसल जाने से हुमायूं की मृत्यु हो गई थी (जनवरी 1556)। शेरमंडल में हुमायूं ने अपना पुस्तकालय स्थापित किया था; यहां से वह आकाश के ग्रह-नक्षत्रों का भी प्रेक्षण करता था।

चित्र 2.9 : पुराने किले के दक्षिण-पश्चिमी कोने का खंडित बुर्ज (ऊपर) व झील (नीचे)

चित्र 2.10 : शेरमंडल (पुराना किला)

पुराने किले के सामने, मथुरा रोड के उस पार, खैरूल-मनाज़िल मस्जिद है, जो अकबर के समय में 1561 ई. में बनी थी। उस मस्जिद के उत्तर में लाल पत्थरों से बना एक दरवाजा

है। कहा जाता है कि यह शेरशाह द्वारा स्थापित दिल्ली का एक दरवाजा है। उस शहर का दूसरा दरवाजा, जो काबुल या 'खूनी दरवाजा' कहलाता है, मौलाना आजाद मेडिकल कालेज के सामने है। बताया जाता है कि बहादुरशाह के दो बेटों को इसी दरवाजे के पास फांसी

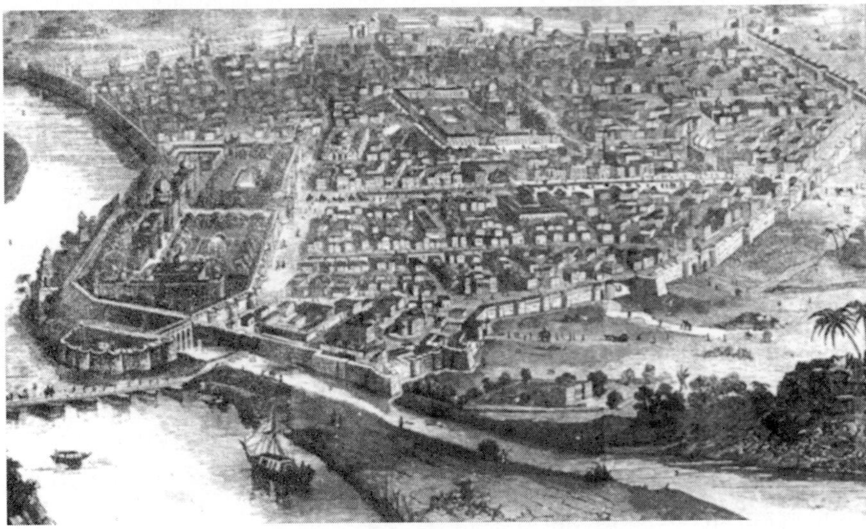

चित्र 2.11 : शाहजहानाबाद का पुराना चित्र

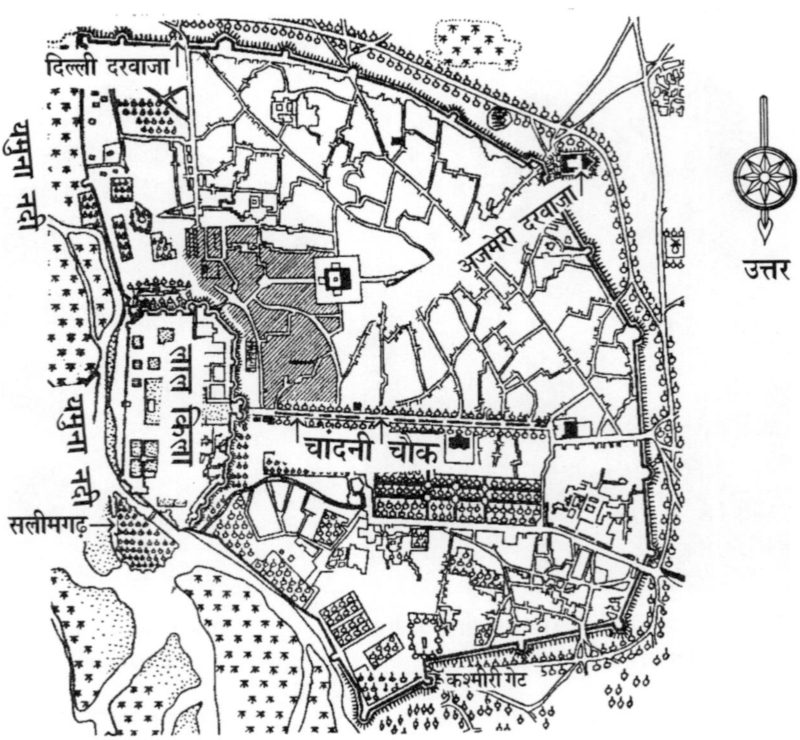

चित्र 2.12 : शाहजहानाबाद का पुराना नक्शा

दी गई थी। शेरशाह की दिल्ली का परकोटा अब नष्ट हो गया है।

शेरशाह के बेटे सलीमशाह या इस्लामशाह सूरी (1545-54 ई.) ने लाल किले के पूर्वोत्तर में यमुना के तट पर लगभग त्रिभुजाकार एक छोटा किला बनवाया था, जो **सलीमगढ़** कहलाया।[15] बाद में एक पुल द्वारा सलीमगढ़ को लाल किले के साथ जोड़ दिया गया था। सन् 1864 में जब रेल-पटरी सलीमगढ़ के ऊपर से निकाली गई, तो उस पुल को हटा दिया गया। मुगल काल में सलीमगढ़ का उपयोग राजकीय कारावास के रूप में किया जाता था।

शाहजहानाबाद–लाल किला

हुमायूं के बाद अकबर (1556-1605 ई.) और जहांगीर (1605-1627 ई.) ने अपनी राजधानी आगरे में ही रखी। कुछ दिनों तक फतेहपुर-सीकरी में भी अकबर की राजधानी रही। आगरे में 10 साल तक शासन करने के बाद शाहजहां (1628-1658 ई.) 1638 ई. में अपनी राजधानी दिल्ली ले आया और यहां उसने **शाहजहानाबाद** नामक नए नगर की नींव रखी। अगले वर्ष उसने यहां सलीमगढ़ के दक्षिण में यमुना के तट पर एक भव्य किला बनाने का निर्णय लिया और इसकी जिम्मेदारी दिल्लीवासी दो भाई उस्ताद हामिद और अहमद को सौंपी। दस साल बाद 1649 ई. में किला बनकर तैयार हो गया और पता चलता है कि इसे बनाने में उस समय के एक करोड़ रुपए खर्च हुए। इसके निर्माण में ज्यादातर लाल रंग के पत्थरों का इस्तेमाल हुआ है, इसलिए यह **लाल किला** के नाम से मशहूर हुआ।

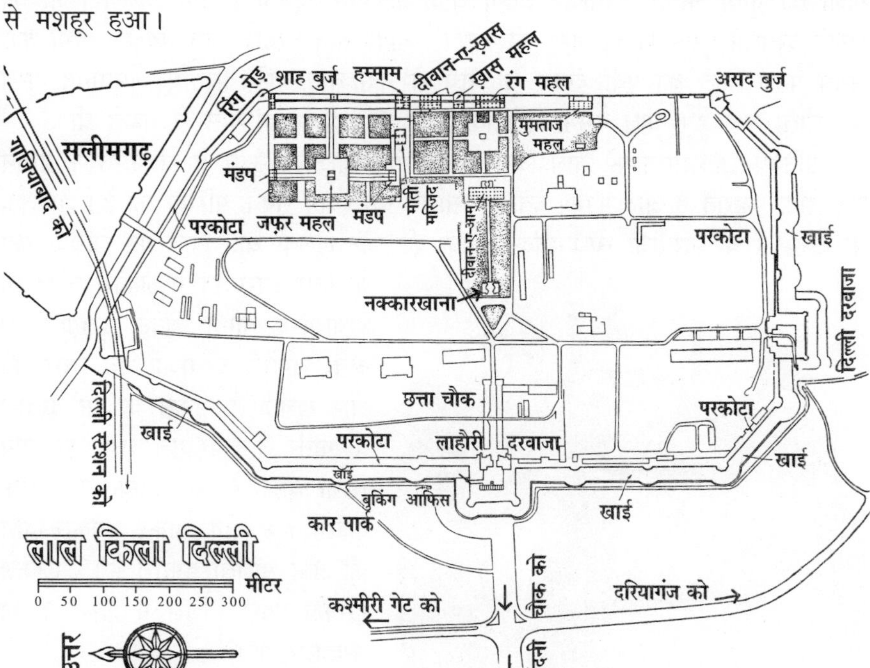

चित्र (नक्शा) 2.13 : दिल्ली का लाल किला

इस अष्टभुजाकर किले की पूर्व और पश्चिम की ओर की दीवारें ज्यादा लंबी हैं। करीब

चित्र 2.14 : लाल किले के उत्तर-पूर्वी भाग का, यमुना नदी की ओर का नजारा। दाईं ओर सामने है उस समय का शानदार तीन मंजिला शाही बुर्ज (टॉमस डेनियल द्वारा 1796 ई. में बनाया गया चित्र)

ढाई किलोमीटर लंबा इसका परकोटा शहर की ओर लगभग 33 मीटर ऊंचा और नदी की ओर 18 मीटर ऊंचा है। परकोटे के बाहर जो खाई है वह पहले नदी से जुड़ी हुई थी। शहर की ओर खुलने वाले किले के दो प्रमुख दरवाजे आज भी कायम हैं। पश्चिम दिशा का मुख्य लाहौरी दरवाजा चांदनी चौक की ओर खुलता है और दक्षिण दिशा का दिल्ली दरवाजा पुराने दिल्ली शहर की ओर।[16] बाकी तीन दरवाजे अब बंद हैं। अभी कुछ समय पहले किले की पूर्वी दीवार के नीचे से नदी तक जाने वाले एक भूमिगत रास्ते को खोला गया है। पहले यमुना नदी किले की पूर्वी दीवार के पास से बहती थी।

प्रतिवर्ष 15 अगस्त को लाल किले के लाहौरी दरवाजे के ऊपर से ही भारत के प्रधान मंत्री झंडा फहराते हैं और भाषण देते हैं, इसलिए यह स्थान सबके परिचय का है। शाहजहां के समय में यह दरवाजा सीधे चांदनी चौक की ओर खुलता था। किले की अधिक रक्षा के लिए औरंगजेब ने लाहौरी व दिल्ली दरवाजों के सामने ''घुंघट'' डलवा दिए। अतः लाहौरी दरवाजा अब उत्तर की ओर खुलता है। किले के इस दरवाजे के भीतर जाने पर छत वाला एक मार्ग (छत्ता चौक) है और उसके दोनों तरफ दूकानें हैं। आगे जाकर नक्कार-खाने की तीन मंजिली इमारत है। आजकल इसकी ऊपरी मंजिल में शस्त्रास्त्रों का संग्रहालय है।

चित्र 2.15 : लाल किले का लाहौरी दरवाजा

नक्कार-खाने के आगे के चौक के परे दीवान-ए-आम की भव्य इमारत है। इसके पिछवाड़े के मध्य में एक

चित्र 2.16 : दीवान-ए-आम, साथ में छतरी (बाईं ओर नीचे)

ऊंचे मंच पर संगमरमर की बनी एक खूबसूरत छतरी है। उसके नीचे बादशाह का तख़्त रखा गया था। बादशाह यहां बैठकर आम जनता से मिलता था, उनकी शिकायतें सुनता था। तख़्त के नीचे संगमरमर की एक चौकी है, जिस पर वजीर बैठता था।

चित्र 2.17 : दीवान-ए-खास, लाल किला, दिल्ली

आरंभ में किले के पिछवाड़े में नदी की तरफ छह महल थे और उन सब में से एक नहर (नहर-ए-बहिश्त) बहती थी। बचे हुए महलों में मुमताज महल दक्षिणी सिरे पर है। अब इसमें पुरातत्व संग्रहालय है, जिसमें प्रमुखतः मुगल काल की चीजें रखी हुई हैं। इसके उत्तर की ओर छह कक्षों वाला रंगमहल है। इसकी छतों और दीवारों पर छोटे-छोटे शीशे जोड़े गए थे, इसलिए इसे 'शीशमहल' भी कहते हैं। इसी पंक्ति में खास-महल है, जिसका बादशाह इबादत (पूजा-प्रार्थना) के लिए इस्तेमाल करता था। इसी के पीछे तीन कक्षों वाला ख्वाबगाह (शयनघर) है। इन कक्षों के उत्तर में संगमरमर की एक खूबसूरत जाली है जिसमें 'न्याय का तराजू' बना हुआ है। इसके आगे उत्तर की ओर संगमरमर के ही बने तीन हम्माम (स्नानघर) हैं।

हम्माम के पश्चिम में खलिस संगमर्मर की एक छोटी मस्जिद है, जिसे मोती मस्जिद कहते हैं। इसे औरंगजेब ने अपने निजी उपयोग के लिए बनवाया था।

लाल किले का सबसे शानदार स्मारक था—बारहदरी के आकार का दीवान-ए-खास, जहां बादशाह अपने खास लोगों से मिलता था। इसके संगमरमर के चौकोर खंभों पर खूबसूरत नक्काशी की गई है। खंभों के ऊपर की छत चांदी की बनी हुई थी। चारों कोनों के ऊपर छोटी बुर्जियां हैं, जिनके छोटे-छोटे गुंबद पहले तांबे के थे और उन पर सोने का पत्तर चढ़ा हुआ था।

दीवान-ए-खास के मध्यभाग के एक चबूतरे पर हीरे-जवाहिरात से जड़ा सोने का बेशकीमती तख़्ते ताऊस (मयूर-सिंहासन) रखा गया था। बर्नियर ने तख़्ते ताऊस के बारे में लिखा है : "छह सोने के पायों पर यह तख़्त बना था। कहते हैं कि यह बिलकुल ठोस था, इसमें याक़ूत और कई प्रकार के हीरे जड़े हुए थे। मैं उनकी गिनती और मूल्य का

चित्र 2.18 : लाल किले के मूल दीवान-ए-खास का भीतरी नजारा

निश्चय नहीं कर सकता, क्योंकि इसके निकट जाने की किसी को आज्ञा नहीं है; इससे कोई उनकी गिनती आदि का पता नहीं लगा सकता था, पर विश्वास कीजिए कि उसमें हीरे और जवाहरात बहुत थे। मुझे खूब याद है कि इसका मूल्य चार करोड़ रुपया आंका गया था। इस तख़्त को औरंगजेब के पिता शाहजहां ने इसलिए बनवाया था कि खजाने में पुराने राजाओं और पठानों के समय-समय पर नजराने से जो जवाहरात इकट्ठे हुए थे, लोग उन्हें देखें।"[17]

इसी दीवान-ए-खास के कोने के मेहराबों पर लगी संगमरमर की छोटी-सी पट्टियों पर किसी कवि[18] की ये पंक्तियां खुदी हुई हैं–

अगर फिरदौस बर-रू-ए जमीं अस्त
हमीं अस्तो हमीं अस्तो हमीं अस्त।

अर्थात्, 'यदि पृथ्वी पर कहीं स्वर्ग है, तो वह यहां है, यहां है, यहां है।'

आगे जाकर लाल किले के इसी शानदार दीवान-ए-खास को सबसे बुरे दिन भी देखने पड़े। फारस के बादशाह नादिरशाह ने हिंदुस्तान पर हमला करके 1739 ई. में, तत्कालीन मुगल बादशाह मुहम्मदशाह के समय में, दिल्ली और लाल किले को खूब लूटा और दीवान-ए-खास में स्थित तख़्ते ताऊस को उठाकर वह अफगानिस्तान होता हुआ ईरान (फारस) ले गया। नादिरशाह की लूट के बाद जो मुगल सम्पत्ति बची थी, उसे अहमदशाह अब्दाली यहीं से उठा ले गया था (1756 ई.)। फिर 1760 ई. में मराठा सेना-प्रमुख सदाशिवराव भाऊ दीवान-ए-खास की छत में लगी चांदी को उखाड़कर उसके 17 लाख सिक्के ढलवाए थे; अब वहां केवल लकड़ी की छत रह गई है। फिर जाट सरदार जवाहरसिंह (1764-68 ई.) ने दिल्ली व आगरे की लूट में बेशूमार धन व बहुमूल्य मुगल चीजें हासिल करके डीग और भरतपुर को खूब सजाया। लाल किले के इसी दीवान-ए-खास में रुहेल्ला सरदार गुलाम कादिर ने बादशाह शाहआलम द्वितीय (1759-1806 ई.) को शारीरिक यातनाएं देकर उसकी आंखें फुड़वाई थीं। यहीं पर जनरल लेक ने 1803 ई. में शाह आलम को अपनी सुरक्षा में लेकर दिल्ली व लाल किले पर ईस्ट इंडिया कंपनी का नियंत्रण स्थापित किया था।

फिर इसी दीवान-ए-खास में अंतिम मुगल बादशाह बहादुरशाह जफ़र को 1857 ई. के स्वाधीनता आंदोलन का नेता घोषित किया गया। आगे इसी दीवान-ए-खास में अंग्रेजों ने बहादुरशाह पर मुकदमा (जनवरी-मार्च 1858) चलाकर उन्हें देश से निर्वासित कर दिया। उसके बाद लाल किले का दीवान-ए-खास ब्रिटिश फौज के अधिकारियों के लिए नाच-गान व महफिलों का अड्डा बनकर रह गया!

दिल्ली की उस समय की दशा के बारे में शायर 'सौदा' ने लिखा है :

दिल्ली जो एक शहर था, आलम में इंतिख़ाब
रहते थे मुंतखब ही जहां रोजगार के
उसको फलक ने लूट के बरबाद कर दिया
हम रहने वाले हैं उसी उजड़े दियार के

लेकिन 1911 ई. में देश की राजधानी कलकत्ता से नई दिल्ली में स्थानांतरित हुई, तो यह शहर फिर से फलने-फूलने लगा। आजादी के बाद तो दिल्ली और भी तेजी से

आबाद हुई। 'साद' ने ठीक ही फरमाया है : **मिट-मिट के और भी जो उभरता चला गया। दिल्ली जो एक शहर है आलम में इंतिख़ाब।** (आलम में इंतिख़ाब = दुनिया में चुनिंदा)

सन् 1947 से लाल किले का लगभग 70 प्रतिशत हिस्सा (40 हेक्टेयर क्षेत्र) भारतीय सेना के अधिकार में रहा। सेना के अधिकार के दौरान लाल किले को भारी क्षति पहुंची। किले के भीतर की कई पुरानी इमारतों व बागों को मिटाकर उनके स्थान पर सैनिकों के लिए बैरकें बनाई गईं। अंत में, 22 दिसंबर, 2003 को सेना ने इसे खाली करके भारतीय पुरातत्व सर्वेक्षण को सौंप दिया। अब पर्यटक समूचे लाल किले को देख सकते हैं।

जून 2007 में यूनेस्को ने दिल्ली के लाल किले को 'विश्व धरोहर' स्मारक घोषित कर दिया है। दिल्ली के दो अन्य स्मारक—कुतुब मीनार और हुमायूं का मकबरा—पहले ही 'विश्व धरोहर' की सूची में शामिल कर लिये गए थे।

संदर्भ और टिप्पणियां

1. फ्रांसीस चिकित्सक बर्नियर, जिसने शाहजहां और औरंगजेव के मध्यवर्ती शासन-काल में, 1656 ई. से 1668 ई. तक, भारत-भ्रमण किया, अपने यात्रा-विवरण में शाहजहानाबाद (दिल्ली के नए नगर) के बारे में विस्तृत जानकारी देते हुए लिखता है : "शाहजहां ने अपने स्मृति-चिह्न के लिए पुरानी देहली के निकट एक नया शहर बसाया और अपने नाम के अनुसार इस शहर का नाम शाहजहानाबाद व जहानाबाद रखा। ... पर इसके बनाने के लिए सब चीजें पुरानी देहली के आसपास के खंडहरों से ली गई हैं। इससे विदेशी आदमियों को पुराने और नए शहर में कोई भेद मालूम नहीं होता।"—**बर्नियर की भारत-यात्रा**, पृ. 154.

   पता चलता है कि फीरोजशाह तुग़लक (1351-88 ई.) ने अपना नया फीरोजाबाद शहर बसाकर उसके भीतर अपना कोटला (किला) बनवाया, तो दिल्ली के पुराने शहरों के माल-समाले का भरपूर उपयोग किया था। उसी प्रकार, शेरशाह सूरी (1540-45 ई.) ने दिल्ली में अपना नया नगर (शेरगढ़) बसाया, तो पुराने सीरी नगर की भवन-सामग्री का खूब इस्तेमाल किया था।
2. **महाभारत** (आदिपर्व, अध्याय 206) के अनुसार, धृतराष्ट्र ने पांडवों को घने वन से व्याप्त खांडवप्रस्थ का राज्य प्रदान किया। इंद्र के आदेश से विश्वकर्मा ने उसका नवनिर्माण किया। तब से खांडवप्रस्थ का नाम इंद्रप्रस्थ हो गया। **महाभारत** में नवनिर्मित इंद्रप्रस्थ की प्राचीर, परिखा, प्रवेश-द्वारों, भवनों आदि का खूब बढ़ा-चढ़ा वर्णन है।
3. अशोक (273-36 ई.पू.) का यह लघु शिलालेख दिल्ली की श्रीनिवासपुरी कॉलनी के समीप (कालकाजी मंदिर के पश्चिमोत्तर में) एक अपेक्षाकृत कम ऊंची चट्टान पर खुदा हुआ है। दस पंक्तियों का यह शिलालेख ब्राह्मी लिपि और प्राकृत भाषा में है। यह अभिलेख यमुनातट (जलमार्ग) और पुराने किले से ज्यादा दूर नहीं है। इससे स्पष्ट होता है कि अशोक के समय (ईसा-पूर्व तीसरी सदी) में दिल्ली शहर राजमार्गों द्वारा देश के अन्य प्रमुख नगरों से जुड़ा हुआ था। अशोक ने दिल्ली में अपना कोई स्तंभ खड़ा नहीं करवाया; दिल्ली के दोनों मौजूदा अशोक-स्तंभ फीरोज तुग़लक यहां उठा लाया था।
4. पुराविदों का मत है कि अर्धवृत्ताकार में बने इस सूरजकुंड (गुड़गांव जिला, हरियाणा) के पश्चिम में पहले एक सूर्य-मंदिर रहा है। फीरोजशाह तुग़लक (1351-88 ई.) ने इस कुंड की मरम्मत करवाई थी। बाद में कुंड के पश्चिम में, पुराने मंदिर के स्थान पर, दीवार से घिरी एक गढ़ी का निर्माण किया गया था। सूरजकुंड के लगभग 600 मीटर दक्षिण में सिद्धकुंड है, जहां चट्टानों में से निकला शुद्ध जल जमा होता है।

5. लगता है कि अनंगपाल द्वारा 1051 ई. में दिल्ली में प्रथम दुर्ग (लालकोट) के निर्माण के बाद ही इस नगर का वैभव बढ़ता गया। महमूद गज़नी (997-1030 ई.) ने लूट-मार के इरादे से भारत के थानेश्वर, मथुरा, ग्वालियर, कालिंजर, कन्नौज, सोमनाथ आदि अनेक स्थानों पर हमले किए, मगर उसके द्वारा दिल्ली को लूटे जाने का कोई उल्लेख नहीं मिलता। अल्बेरूनी (973-1048 ई.) द्वारा लगभग 1030 ई. में रचित पुस्तक **किताबुल हिंद** (भारत) में भी दिल्ली का जिक्र नहीं है।

6. कुतुब मीनार के पास की 'कुव्वत-उल-इस्लाम' मस्जिद के प्रांगण में खड़े 7.20 मीटर ऊंचे लौहस्तंभ (जिसका 93 सेंटीमीटर भाग जमीन के अंदर गड़ा हुआ है) पर 400 ई. के आसपास के गुप्तकालीन ब्राह्मी अक्षरों में तीन संस्कृत श्लोकों की छह पंक्तियों का एक लेख खुदा हुआ है। लेख में जिस

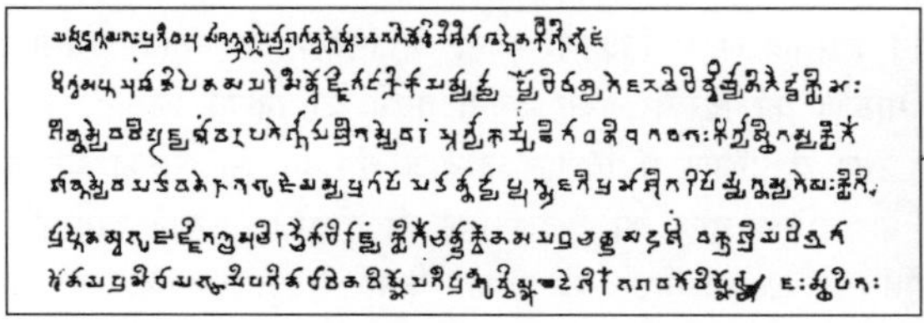

चित्र 2.19 : (दाएं) लौहस्तंभ (पृष्ठभूमि में कुतुब मीनार) और उस पर लगभग 400 ई. के गुप्त-ब्राह्मी अक्षरों में अंकित छह पंक्तियों का श्लोकबद्ध संस्कृत लेख (ऊपर बाएं)

'चंद्र' राजा का जिक्र है उसकी पहचान अधिकतर इतिहासकार चंद्रगुप्त-द्वितीय (375-414 ई.) से करते हैं। पुराविदों के अनुसार, आरंभ में यह लौहस्तंभ, जिसे लेख में 'विष्णुध्वज' कहा गया है, उदयगिरि (विदिशा) या मथुरा या गया (बिहार) या हिमालय की तराई (कांगड़ा) में 'विष्णुपदगिरि' नामक पहाड़ी पर स्थित था और राजा अनंगपाल तोमर (द्वितीय) 11वीं सदी में इसे अपनी राजधानी दिल्ली उठा लाया था। इस बात की पुष्टि लौहस्तंभ पर नागरी अक्षरों में अंकित इस लेख से भी होती है : **सम्मत् ढिल्ली 1109 अंगपाल वदी**...(अनंगपाल ने संवत् 1109, यानी 1052 ई. में दिल्ली बसाई)।

7. चाहमान (चौहान) नरेश सोमेश्वर के राज्यकाल का विक्रम संवत् 1226 (1169 ई.) का एक शिलालेख बिजौलिया गांव (जिला भीलवाड़ा, राजस्थान) से मिला है, जिसमें चाहमानों द्वारा **ढिल्लिका** (दिल्ली) को जीतने का उल्लेख है। गयासुद्दीन बलवन के शासनकाल का, 1276 ई. का, एक अभिलेख दिल्ली के पालम (पालम्ब) गांव की बावड़ी से मिला है, जिसमें हरियाणा प्रदेश में स्थित **ढिल्ली** का उल्लेख है। इसी लेख में दिल्ली का एक अन्य नाम **योगिनीपुर** बताया गया है। सरहान गांव से प्राप्त और अब दिल्ली के लाल किले के संग्रहालय में रखे हुए मुहम्मद तुग़लक (1324-51 ई.) के शासनकाल के विक्रम संवत् 1384 (1328 ई.) के शिलालेख का एक श्लोक है :

देशोऽस्ति हरियानाख्यः पृथिव्यां स्वर्गसन्निभः।
ढिल्लिकाख्या पुरी तत्र तोमरैरस्ति निर्मिता ॥

चित्र 2.20 : चोर मीनार

अर्थात्, 'इस पृथ्वी पर स्वर्ग के समान हरियाना नाम का देश है, जिसमें तोमरों के द्वारा बसाई हुई ढिल्लिका नगरी है।'

8. लालकोट के भीतर स्थित योगमाया मंदिर कुतुब मीनार से कोई 200 मीटर दूर है–कुतुब-मेहरौली रोड के पास। मौजूदा मंदिर अकबर-द्वितीय के शासनकाल (1806-37 ई.) में उसके दरबारी राजा सेढ़मल ने 1827 ई. बनवाया था, पुराने मंदिर के स्थान पर। योगमाया मंदिर के उत्तर में, मूल लालकोट के बाहर, अनंगताल नामक एक कुंड है, जो अनंगपाल द्वारा निर्मित बताया जाता है।

9. सीरी के हौज खास एनक्लेव में आज भी मौजूद एक दिलचस्प स्मारक है–खिलजी काल में बनी **चोर मीनार**। एक ऊंचे चबूतरे पर खड़ी, रोड़े-पत्थर से निर्मित इस मीनार के भीतरी भाग में सीढ़ियां बनी हुई हैं। इस मीनार की दीवार में कई सारे गोलाकार छिद्र बने हुए हैं। बताया जाता है कि पकड़े गए चोरों के सिर काटकर उन्हें इस मीनार के छिद्रों में रख दिया जाता था, ताकि इन्हें देखकर दूसरे लोग चोरी करने से डरें।

10. अलाउद्दीन खिलजी ने अपने शासनकाल में विशाल भवनों के निर्माण के अनेक प्रयास किए। उसने 'कुव्वत-उल-इस्लाम' मस्जिद को विस्तार देकर दुगुनी करने का निर्णय लिया। अपनी इस विस्तीर्ण मस्जिद के पूरब, उत्तर व दक्षिण में विशाल दरवाजे बनवाने की उसकी योजना थी, मगर अपने जीवनकाल में वह दक्षिण बाजू का केवल एक ही दरवाजा–**अलाई दरवाजा**–बनवा पाया। लाल पत्थरों से निर्मित 17.2 वर्ग-मीटर के चौकोर कमरे के आकार का यह दरवाजा, इस पर खोदे गए नस्ख़ लिपि के लेखों के अनुसार, 1311 ई. में बना। इसकी चारों दीवारों के बीचों-बीच चार सुंदर मेहराबें हैं और इन मेहराबों के दोनों तरफ लाल पत्थर में खोदी गई

चित्र 2.21 : अलाई दरवाजा, बाईं ओर; पीछे है कुतुब मीनार का निचला खंड

खूबसूरत जालियां लगी हुई हैं। मेहराबों के भीतरी भाग में कमलकलियों की सुंदर झालरें भी लगाई गई हैं। दरवाजे के चौकोर कमरे के ऊपर निर्मित अर्धगोलाकार छत अथवा गुंबद कमाल की वास्तुकला का परिचय देते हैं। अलाई दरवाजे को उचित ही "इस्लामी वास्तुकला का एक खूबसूरत नगीना" कहा जाता है।

अलाउद्दीन खिलजी ने कुतुब मीनार के उत्तर में एक भव्य 'मीनार' के निर्माण का कार्य शुरू करवा दिया था। इसका घेरा कुतुब मीनार से दोगुना है, और इसकी ऊंचाई भी दोगुना करने की सुलतान की योजना थी। लेकिन 24.5 मीटर की ऊंचाई तक इसकी मुश्किल से एक ही मंजिल पूरी हुई थी कि अलाउद्दीन की मृत्यु हो गई, 'अलाई मीनार' अधूरी रह गई। अलाई मीनार का प्रवेश-द्वार पूर्व की तरफ है, तो कुतुब मीनार का उत्तर दिशा की ओर।

11. इब्नबतूता लिखता है : "यह नगर (दिल्ली) वास्तव में एक नहीं, वरन् एक-दूसरे से मिलकर बसे हुए चार नगरों से बना है। इनमें सर्वप्रथम दिल्ली (**लालकोट** व **रायपिथौर**) है। यह प्राचीन नगर हिंदुओं के समय का है और हिजरी सन् 584 (यहां 589 हिजरी यानी 1193 ई. होना चाहिए) में मुसलमानों ने इसे जीता था। दूसरा नगर **सीरी** है। इसे दारुल खिलाफा (राजधानी) भी कहते हैं। ... तीसरा नगर **तुग़लकाबाद** है, जिसे सम्राट के पिता गयासउद्दीन तुग़लक शाह ने बसाया था। ... चौथा नगर **जहांपनाह** है, जिसमें वर्तमान सम्राट मुहम्मदशाह तुग़लक रहते हैं और यह उन्हीं का बसाया हुआ है।"**—इब्नबतूता की भारत-यात्रा,** पृ. 29-30.

12. उपर्युक्त, पृ. 109-10.

13. विस्तृत जानकारी के लिए देखिए मेरी **अक्षर-कथा** (प्रकरण : 'भारतीय पुरालिपियों का अन्वेषण'), द्वितीय संशोधित-परिवर्धित संस्करण, प्रकाशन विभाग, भारत सरकार, नई दिल्ली, 2003, पृ. 226-32.

14. उत्तरी और दक्षिणी दरवाजे बहुत समय तक बंद रहे। इनमें उत्तरी द्वार 'तलाकी दरवाजा' कहलाता था। बताते हैं कि एक बार फौज इस दरवाजे से बाहर निकली और प्रण किया कि विजय प्राप्त किए बिना इस द्वार में नहीं घूसेंगे। युद्ध में विजय नहीं मिली और द्वार बंद रह गया। परंतु पता नहीं चलता कि पुराने किले का यह 'तलाकी द्वार' किस शासक के समय में बंद हुआ था।

    इस तलाकी दरवाजे के सामने की ओर के झरोखों के ठीक ऊपर लगे संगमरमर के दो पट्टों में एक विशाल शेर (सिंह, शार्दुल) को एक बौने आदमी पर झपटते हुए दिखाया गया है। अकेले ही अपने भाले से एक शेर को मारने के बाद ही फरीद खां ने 'शेर खां' की उपाधि अर्जित की थी। अतः इस बात की भी संभावना है कि इस तलाकी दरवाजे का निर्माण शेरशाह के समय में हुआ। तलाकी दरवाजे-जैसे प्रतीक दिल्ली के किसी भी अन्य किले के द्वारों पर देखने को नहीं मिलते, मगर चंदेरी (मध्य प्रदेश) के किले के दिल्ली द्वार पर हाथी पर झपटते शार्दुल का अंकन है, और महाराष्ट्र के तो कई किलों के द्वार पर शार्दुल उकेरे गए हैं।

15. सलीमगढ़ किला यमुनातट के पास के एक चट्टानी द्वीप पर बनाया गया था। पहले यमुना इसके पूर्व में बहती थी; फिर इसके पश्चिम की ओर की खाई में भी बहने लगी (देखिए पीछे इसी अध्याय के चित्र 2.11 व 2.12)। जहांगीर ने इस खाई के ऊपर एक पुल बनवा दिया, तो समीलगढ़ का नाम 'नूरगढ़' पड़ गया। जब शाहजहां ने लाल किला बनवाया, तो जहांगीर के पुल का विस्तार करके नूरगढ़ और लाल किले को आपस में जोड़ दिया गया।

16. दिल्ली दरवाजे के बाहर दो हाथी खड़े हैं। इन्हें 1903 ई. में लॉर्ड कर्जन ने बनवाकर उन हाथियों के स्थान पर खड़ा करवाया था, जिनको औरंगजेब (1658-1707 ई.) ने तुड़वा डाला था। बाद में अंग्रेजों के शासनकाल में पुराने हाथियों के टुकड़ों को जोड़कर एक हाथी बनाया गया था,

जो दिल्ली के कई जगहों के चक्कर लगाने के बाद अंत में टूट गया।

17. **बर्नियर की भारत यात्रा**, पृ. 169-170.

18. इस कवि के बारे में सुस्पष्ट जानकारी नहीं मिलती। यज्ञदत्त शर्मा इन्हें अमीर खुसरो (1253-1324 ई.) की प्रसिद्ध काव्य-पंक्तियां बताते हैं (**Delhi and its Neighbourhood**, p. 154), तो बृजकृष्ण चांदीवाला इसे सादुल्लाह खां (शाहजहां के वजीर) का मशहूर कुतबा कहते हैं (**दिल्ली की खोज**, पृ. 187)।

राजस्थान के किले

चित्तौड़गढ़ | कुंभलगढ़ | आमेर और जयगढ़ | रणथंभौर
बूँदी का तारागढ़ | जोधपुर का मेहराणगढ़ | बीकानेर का जूनागढ़
जेसलमैर का सोनगढ़ | डीग और भरतपुर के किले

राजस्थान के विभिन्न शहर

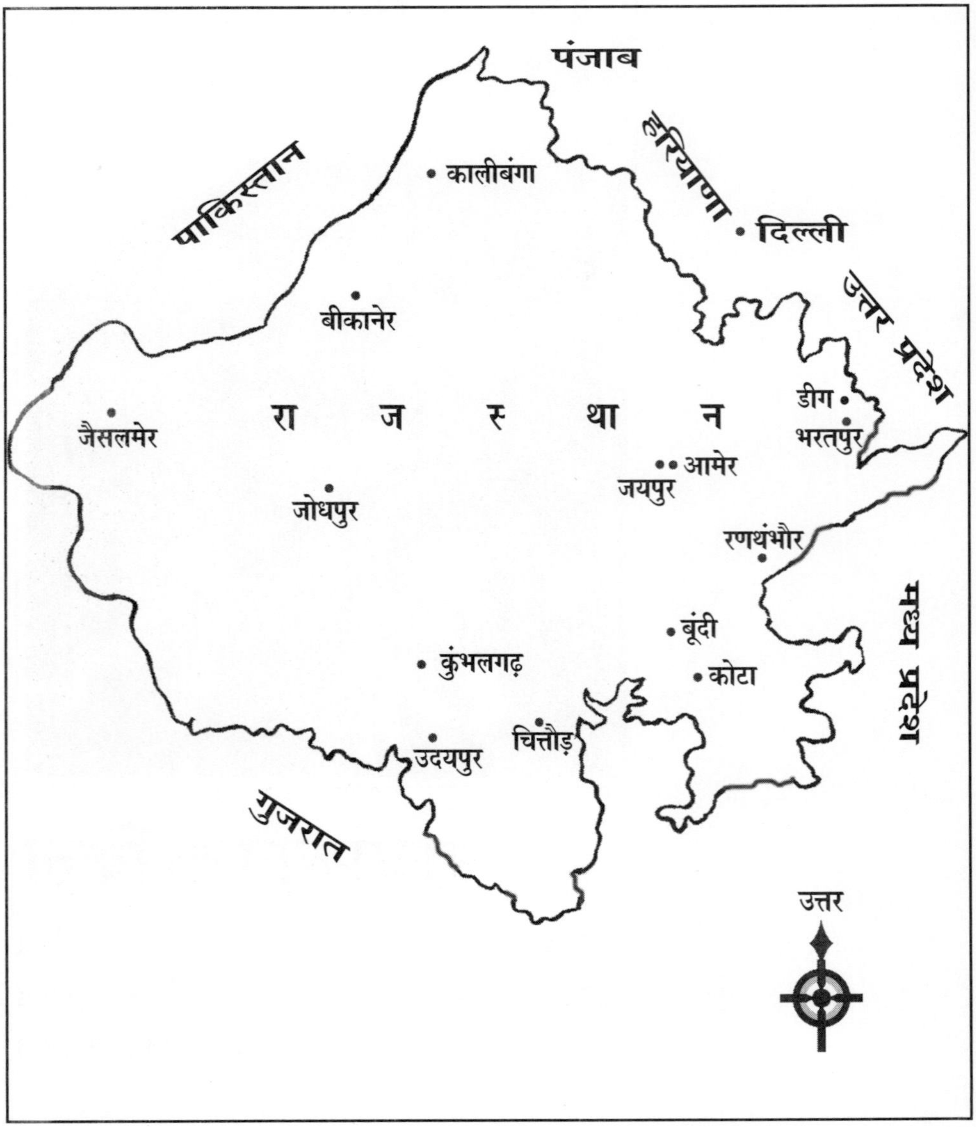

अध्याय-3

राजस्थान के किले

चित्तौड़गढ़

चित्तौड़गढ़ भारत का संभवतः सबसे प्रसिद्ध दुर्ग है। लोकोक्ति भी है–'गढ़ों में गढ़ चितौड़गढ़, और सब गढ़ैया'। इस किले के कोने-कोने से स्वदेशप्रेम, स्वाभिमान और मान-मर्यादा की रक्षा के लिए मर-मिटने वाले वीरों की कहानियां सुनाई पड़ती हैं। यहां की मिट्टी का एक-एक कण राजस्थानी रणबांकुरों के रक्त से रंगा हुआ है। चित्तौड़गढ़ का यह ऐतिहासिक दुर्ग अपने प्राकृतिक सौंदर्य और स्थापत्य-शैली के लिए सदियों से विख्यात रहा है।

अरावली की एक विशाल पृथक् पहाड़ी के पठार पर स्थित चित्तौड़गढ़ गंभीरी और बेड़च नदियों से घिरा हुआ है; समीप ही इन दोनों नदियों का संगम है।[1] दुर्ग के पश्चिम में चित्तौड़ शहर है, जहां से उदयपुर आगे 110 किलोमीटर दूर है। शहर से दुर्ग की ऊंचाई करीब 152 मीटर और समुद्र-सतह से 560 मीटर है। इसकी उत्तर-दक्षिण लंबाई 5.6 किमी. और चौड़ाई एक किमी. से कुछ कम है। करीब 11 किमी. लंबी प्राचीर से घिरा हुआ यह दुर्ग 274 हेक्टेयर क्षेत्र में फैला हुआ है। किसी समय इस किले के भीतर खेती भी होती थी।

चित्तौड़ का इतिहास काफी प्राचीन है। चित्तौड़ और इसके पूर्वी क्षेत्र से पाषाण युग के औजार मिले हैं। बेड़च नदी के क्षेत्र से ताम्रयुगीन पुरावशेष प्राप्त हुए हैं। आज से लगभग ढाई हजार साल पहले चित्तौड़ के आसपास का क्षेत्र शिवि जनपद कहलाता था और मध्यमिका (नगरी) उसका प्रमुख केंद्र थी। पता चलता है कि परमार वंश के शासक चित्रांगद मोरी (मौर्य) ने ईसा की आठवीं सदी के आरंभ में चित्तौड़ के दुर्ग का निर्माण किया था। उसी के नाम पर दुर्ग का नाम 'चित्रकोट' या 'चित्रकूट' पड़ा, जिससे बाद में 'चित्तौड़' शब्द बना। मेवाड़ के प्राचीन सिक्कों पर 'चित्रकोट' शब्द देखने को मिलता है।

चित्तौड़गढ़ से करीब 12 किमी. उत्तर-पूर्व की ओर के 'नगरी' गांव से एक प्राचीन बस्ती के अवशेष मिले हैं। प्राचीन उल्लेखों से पता चलता है कि उस बस्ती का नाम मध्यमिका था और वह प्राचीन शिवि जनपद की राजधानी थी।[2] यह भी पता चलता है कि ईसा-पूर्व दूसरी सदी में मध्यमिका पर हिंद-यूनानी शासक मिनांदर ने हमला किया था। ईसा की छठी सदी तक मध्यमिका का अस्तित्व कायम रहा। उसके बाद ही चित्तौड़गढ़ का महत्व बढ़ा। चित्तौड़गढ़ का निर्माण बहुत कुछ नगरी के खंडहरों से हासिल की गई सामग्री से हुआ है।

ईसा की सातवीं-आठवीं सदी में राजस्थान में अनेक राजघराने उभरे, जिनमें एक था मेवाड़ का गुहिल राजवंश। गुहिलवंशी बप्पा रावल ने 734 ई. में मोरी शासकों को हराकर चित्तौड़ पर

अधिकार कर लिया। मगर आगे के करीब साढ़े तीन सौ साल तक गुहिलों को नागदा (उदयपुर के उत्तर में एकलिंगजी के नजदीक) में ही रहना पड़ा, क्योंकि चित्तौड़ पर क्रमशः प्रतिहारों, राष्ट्रकूटों और परमारों का कब्जा बना रहा। परंतु बारहवीं सदी में गुहिल वंश के राणाओं ने चित्तौड़ पर पुनः अधिकार कर लिया और उसे मेवाड़ की राजधानी बनाया।

चित्तौड़गढ़ दिल्ली से मालवा और गुजरात जाने वाले पुराने मुख्य मार्ग पर स्थित था। इसलिए दिल्ली, मालवा और गुजरात के शासकों का प्रायः एक ही सपना रहा–चित्तौड़गढ़ पर कब्जा जमाना। चित्तौड़गढ़ पर जो अनेक हमले हुए उनमें तीन विशेष रूप से प्रसिद्ध हैं। तेरहवीं सदी में दिल्ली के कई सुलतानों ने चित्तौड़ पर हमले किए, पर विजय प्राप्त करने में उन्हें सफलता नहीं मिली। फिर 1303 ई. में दिल्ली के सुलतान अलाउद्दीन खिलजी शासक ने चित्तौड़ पर हमला किया। उस समय वहां राणा रतनसिंह का शासन था।

कहा जाता है कि राणा रतनसिंह की खूबसूरत रानी पद्मिनी[3] को हासिल करने के लिए अलाउद्दीन ने यह हमला किया था, परंतु यह कथा सच नहीं लगती। अलाउद्दीन बड़ा महत्वाकांक्षी था, रणथंभौर के किले को जीत चुका था और अब चित्तौड़गढ़ को लेकर पूरे राजस्थान पर अपना शासन स्थापित करना चाहता था। लड़ाई में राणा की हार हुई, तो पद्मिनी और अन्य वीरांगनाएं अग्नि में कूदकर भस्म हो गईं। चित्तौड़ का यह पहला 'साका' यानी जौहर था।[4] उसके बाद चित्तौड़ पर अलाउद्दीन के बेटे खिज्र खां[5] ने शासन किया। परंतु 1336 ई. में चित्तौड़ पर पुनः गुहिल वंशीय राणा हम्मीर का अधिकार हो गया। वह मेवाड़ के सीसोद संस्थान का स्वामी था, इसलिए उसके वंशज 'सिसोदिया' कहलाए। हम्मीर ने और उसके बाद राणा कुंभा (1433-68 ई.) और राणा सांगा (1509-28 ई.) ने मेवाड़ राज्य का दूर-दूर तक विस्तार किया। परंतु 1527 ई. में खानवा के युद्ध में बाबर से राणा सांगा के पराजित होने के बाद मेवाड़ कमजोर पड़ गया। खानवा के युद्ध के करीब दो साल बाद राणा सांगा चल बसा, तो उसका पुत्र रतनसिंह गद्दी पर बैठा। लेकिन जल्दी ही रतनसिंह का छोटा भाई राज्य का उत्तराधिकारी हुआ।

मेवाड़ को कमजोर देखकर गुजरात के सुलतान बहादुरशाह ने 1534 ई. में चित्तौड़ पर आक्रमण किया। कहते हैं कि इस अवसर पर राजमाता कर्मवती ने हुमायूं को राखी भेजकर सहायता मांगी थी। मगर दिल्ली की फौज समय पर चित्तौड़ पहुंच नहीं पाई। विलासी राणा विक्रमजीत की करारी हार हुई और वह चित्तौड़ से भाग गया। रानी कर्मवती ने बहुत-सी राजपूतानियों के साथ जौहर किया। यह चित्तौड़ दुर्ग का दूसरा 'साका' था।

हुमायूं की फौज के भय से बहादुरशाह भाग गया। विक्रमजीत चित्तौड़ लौटा। बाद में विक्रमजीत की हत्या हुई, मगर पन्ना धाय ने अपने बेटे का बलिदान देकर राजकुमार उदयसिंह को बचा लिया, जो 1537 ई. में मेवाड़ की गद्दी पर बैठा। उदयसिंह स्वतंत्रता-प्रेमी और स्वाभिमानी शासक था। आमेर (जयपुर) के शासकों की तरह मुगलों से विवाह-संबंध जोड़ना उसे स्वीकार नहीं था। मगर अकबर रोटी-बेटी के संबंधों से हिंदू और मुसलमानों को एक-दूसरे के नजदीक लाकर अपने साम्राज्य को सुदृढ़ बनाने के सपने देख रहा था।

अक्तूबर 1567 में अकबर स्वयं एक बड़ी फौज लेकर चित्तौड़ पहुंचा और दुर्ग को घेर लिया। राणा उदयसिंह ने दुर्ग की रक्षा की जिम्मेदारी वीर जयमल राठौड़ और पत्ता (फत्ताका) सिसोदिया को सौंप दी और स्वयं पहाड़ों में निकल गया। फरवरी 1568 तक,

पूरे चार महीने, घमासान युद्ध चला फिर अकबर ने साबात तैयार करने को कहा[6]। जयमल, पत्ता और दूसरे राजपूत वीर आखिरी सांस तक लड़ते रहे। अंत में दुर्ग पर अकबर का कब्जा हो गया। इस बार भी किले में जौहर हुआ। यह चित्तौड़गढ़ का तीसरा और अंतिम 'साका' था।

चित्तौड़ पर अकबर का कब्जा हो जाने के बाद राणा उदयसिंह ने नया उदयपुर नगर बसाकर उसे मेवाड़ की राजधानी बनाया। उदयसिंह की मृत्यु के बाद उसके बेटे राणा प्रताप (1572-97 ई.) ने अकबर के विरुद्ध अपना संघर्ष जारी रखा। उसने कुंभलगढ़ और दूसरे पहाड़ी दुर्गों को मजबूत बनाकर अपनी फौज को संगठित किया। तब अकबर ने राजा मानसिंह को शाही फौज सौंपकर प्रताप के दमन के लिए भेजा। अप्रैल 1576 में हल्दीघाटी में दोनों फौजों के बीच युद्ध हुआ। प्रताप की पराजय हुई। गोगूंदा और कुंभलगढ़ के किले उसके हाथ से निकल गए। परंतु मुगलों के खिलाफ प्रताप का स्वातंत्र्य संघर्ष जारी रहा।

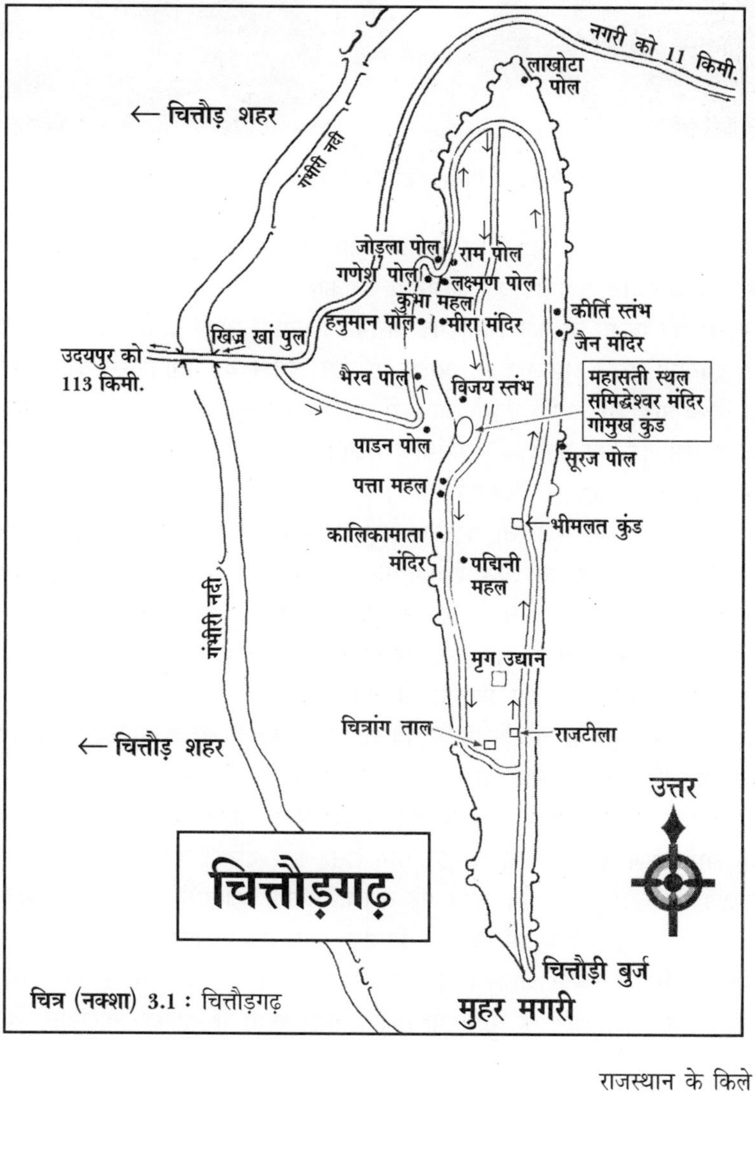

चित्र (नक्शा) 3.1 : चित्तौड़गढ़

चित्र 3.2 : चित्तौड़ का चौथा गणेश पोल दरवाजा

मृत्यु के पहले उसने कई गढ़ फिर से अधिकार में कर लिए थे। मगर प्रताप के बेटे अमरसिंह ने बादशाह जहांगीर की अधीनता स्वीकार कर ली।

अकबर की विजय के बाद चित्तौड़गढ़ वीरान हो गया। उसकी प्राचीर को राणा जगतसिंह ने फिर बनवाया, परंतु शाहजहां के आदेश से उसे ढहा दिया गया। फलस्वरूप अठारहवीं सदी में चित्तौड़गढ़ शेर आदि जंगली जानवरों की शरणस्थली बन गया था। उन्नीसवीं सदी के अंत में इस दुर्ग का आंशिक पुनर्निर्माण हुआ। अब वहां एक छोटी बस्ती है और दुर्ग भारतीय पुरातत्व सर्वेक्षण के नियंत्रण में है।

बार-बार के हमलों से चित्तौड़गढ़ को बहुत क्षति पहुंची है, फिर भी इसके गौरवशाली अतीत का स्मरण कराने वाले कई ऐतिहासिक स्मारक आज भी दुर्ग के भीतर मौजूद हैं। पश्चिम की ओर से किले पर चढ़ने के लिए गंभीरी नदी पर बने सात मेहराबों वाले करीब सात सौ साल पुराने पत्थर के पुल को पार करना पड़ता है। पता चलता है कि यह सुदृढ़ पुल अलाउद्दीन खिलजी के बेटे खिज्रखां ने बनवाया था।

पुल को पार करने के बाद करीब डेढ़ किमी. लंबी लहराती सड़क की चढ़ाई शुरू हो जाती है। ऊपर पहुंचने तक जो सात पोल यानी दरवाजे मिलते हैं उनके क्रमशः नाम हैं–पाड़न पोल, भैरव पोल, हनुमान पोल, जोड़ला पोल, गणेश पोल, लक्ष्मण पोल और राम पोल। राम पोल के आगे किले के भीतर दो समतल मार्ग उत्तर और दक्षिण की ओर जाते हैं।

दक्षिण की ओर कुछ आगे बढ़ने पर तुलजा भवानी का मंदिर आता है। इसके आगे नौलखा भंडार है। इन दोनों स्मारकों का निर्माण राणा विक्रमादित्य को छल से मारने वाले दासी-पुत्र बनवीर ने किया था। नजदीक ही राणा कुंभा का बनवाया शृंगार चौरी मंदिर है। इन स्मारकों के दक्षिण में कुंभा महल है। राणा कुंभा ने इसका जीर्णोद्धार किया था

चित्र 3.3 : कुंभा महल का भीतरी भाग

और इसमें नए भवन बनवाए थे, इसलिए यह कुंभा महल कहलाता है। यह महल राजपूत स्थापत्य-शैली का उत्कृष्ट नमूना है।

कुंभा महल के पूर्व में उदयपुर के महाराणा फतह सिंह द्वारा बनवाया फतहप्रकाश महल है। इस महल में सरकार ने एक संग्रहालय की स्थापना की है। इस महल के पास ही सतबीस देवरी नामक एक प्राचीन जैन मंदिर है। यहां से एक सड़क चित्तौड़ दुर्ग के सर्वप्रमुख आकर्षण विजय-स्तंभ (मीनार) की ओर जाती है। रास्ते में कुंभश्याम का मंदिर और मीराबाई का मंदिर है।

चित्र 3.4 : विजय-स्तंभ, चित्तौड़गढ़

विजय-स्तंभ को राणा कुंभा ने मालवा पर अपनी विजय की स्मृति में 1448 ई. में बनवाया था। नौ मंजिला, 34 मीटर ऊंचा यह स्तंभ भारतीय स्थापत्य और कारीगरी का नायाब नमूना है। इसमें ऊपर जाने के लिए 157 घुमीतर सीढ़ियां बनी हैं। इस स्तंभ के भीतरी और बाहरी भागों पर अनेक देवी-देवताओं की मूर्तियां और जन-जीवन की सुंदर झांकियां उकेरी गई हैं।

विजय-स्तंभ के समीप ही समिद्धेश्वर महादेव का मंदिर है। मंदिर के गर्भगृह के नीचे के भाग में शिवलिंग और पीछे की दीवार में शिव की विशाल त्रिमूर्ति बनी हुई है। इस मंदिर का निर्माण धार (मालवा) के विद्यानुरागी परमार राजा भोज (1010-55 ई.) ने करवाया था। पास ही महासती स्थल और विशाल

गौमुख कुंड है, जिसमें लोग स्नान करते हैं।

चित्तौड़ दुर्ग का प्रसिद्ध कालिकामाता मंदिर प्रतिहार स्थापत्य का एक उत्कृष्ट नमूना है। इसका निर्माण ईसा की आठवीं-नौवीं सदी में हुआ था। प्रारंभ में यह सूर्य मंदिर था। बाद में यहां कालिका की मूर्ति स्थापित कर दी गई। नवरात्र के दिनों में यहां मेला लगता है।

चित्र 3.5 : सरोवर के बीच छोटा पद्मिनी महल

कालिका मंदिर से दक्षिण की ओर आगे बढ़ने पर एक जलाशय के किनारे रावल रतनसिंह की रानी पद्मिनी का महल है। एक छोटा महल जलाशय के भीतर भी है। पद्मिनी महल के एक कक्ष में बड़े-बड़े कांच लगे हैं, जिनमें पानी के बीच वाले महल में खड़े व्यक्ति का प्रतिबिंब साफ दिखाई देता है। कहते हैं कि अलाउद्दीन खिलजी ने रानी पद्मिनी के प्रतिबिंब को इसी स्थान पर खड़े होकर देखा था। परंतु अनेक इतिहासकारों का मत है कि इस पद्मिनी-अलाउद्दीन कथानक में कोई सच्चाई नहीं है।

चित्र 3.6 : जैन कीर्तिस्तंभ

दुर्ग में प्रवेश के लिए उत्तर और पूर्व की ओर से भी मार्ग हैं। पूर्व के मार्ग पर बना सूरजपोल दुर्ग का सबसे प्राचीन दरवाजा है। इस दरवाजे से भीतर आने पर पास ही सात मंजिला और करीब 22 मीटर ऊंचा कीर्तिस्तंभ है। ऊपर पहुंचने के लिए इसके भीतर घुमावदार 54 सीढ़ियां बनी हुई हैं। इस स्मारक का निर्माण ईसा की बारहवीं सदी में दिगंबर जैन संप्रदाय के बघेरवाल महाजन जीजा ने किया था। कीर्तिस्तंभ प्रथम तीर्थंकर आदिनाथ का स्मारक है। इसके चारों पार्श्वों पर छोटी-बड़ी अनेक जैन मूर्तियां खुदी हुई हैं। कीर्तिस्तंभ के पास ही महावीर मंदिर है, जिसका राणा कुंभा के समय में जीर्णोद्धार किया गया था।

कीर्तिस्तंभ से उत्तर की ओर आगे बढ़ने पर लाखोटाबारी दरवाजा आता है। इस दरवाजे से भी एक रास्ता किले में पहुंचता है। लाखोटाबारी दरवाजे पर पहुंचने के साथ ही चित्तौड़ के दुर्ग की परिक्रमा पूरी हो जाती है।

कुंभलगढ़

बाबर ने खानवा के युद्ध (1527 ई.) में मेवाड़ के राणा सांगा को हराया। उसके करीब डेढ़ साल बाद ही राणा की मृत्यु हो गई। मेवाड़ के राजपरिवार में कलह शुरू हो गया। दासीपुत्र बनवीर ने सांगा के पोते विक्रमाजीत की हत्या करके चित्तौड़ की गद्दी पर कब्जा कर लिया। वह विक्रमाजीत के नन्हे बेटे उदयसिंह को मार डालने के लिए उसके शयनकक्ष में पहुंचा। परंतु पन्ना धाय ने पहले ही उदयसिंह की जगह अपने बेटे को लिटा दिया था। इस तरह बेटे की बलि देकर पन्ना ने उदयसिंह को बचा लिया और कुंभलगढ़ ले जाकर उसका लालन-पालन किया।

पन्ना धाय के अपूर्व त्याग का यह किस्सा मैंने बचपन में प्राथमिक कक्षा की अपनी पुस्तक में पढ़ा था। आगे चलकर यह भी पता चला कि कुंभलगढ़ में ही उदयसिंह का तिलक हुआ और फिर उसने बनवीर को परास्त करके चित्तौड़ वापस ले लिया। कुंभलगढ़ में ही उदयसिंह के वीर बेटे राणा प्रताप का जन्म हुआ था। कुंभलगढ़ में ही लड़ाई की

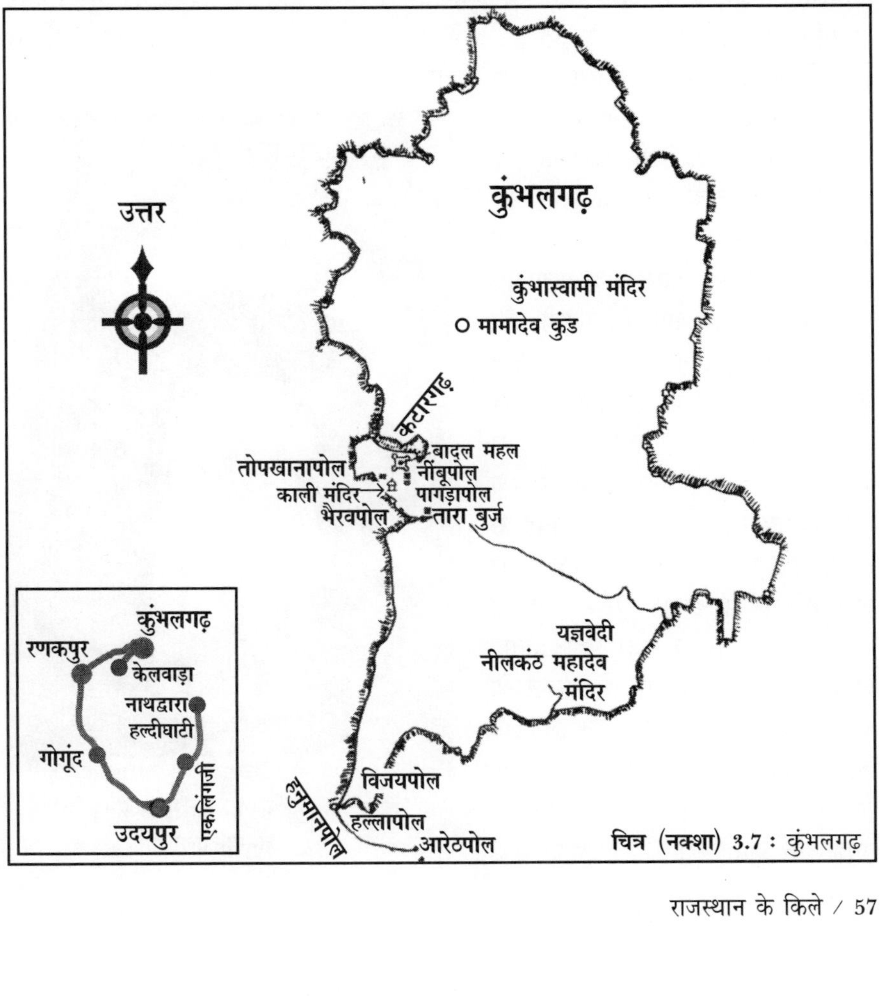

चित्र (नक्शा) 3.7 : कुंभलगढ़

तैयारी करके प्रताप अकबर की फौज का मुकाबला करने हल्दीघाटी की ओर बढ़ा था और पराजय के बाद इसी दुर्ग में लौटकर उसने अपनी सेना को पुनः संगठित किया था।

कई सालों से इच्छा थी चित्तौड़ और कुंभलगढ़ को देखने की, जो सन् 2000 में ही पूरी हो सकी। पहले चित्तौड़ की यात्रा की, फिर कुंभलगढ़ की। चित्तौड़ का दुर्ग शौर्य और बलिदान का प्रतीक है, तो कुंभलगढ़ सुदृढ़ता और सुरक्षा का। संकट के समय में कुंभलगढ़ मेवाड़ के राजपरिवार की आश्रय-स्थली रहा है। चित्तौड़ पर बार-बार हमले हुए, यहां कई जौहर भी हुए। परंतु पहाड़ी मार्ग की कठिनाई और अपनी दीवारों की मजबूती के कारण कुंभलगढ़ अपने समूचे इतिहास में लगभग अपराजेय बना रहा। स्थापत्य की दृष्टि से कुंभलगढ़, राजस्थान का ही नहीं, भारत का एक बेजोड़ दुर्ग है।

कुंभलगढ़, जिसे कुंभलमेर भी कहते हैं, उदयपुर से लगभग 90 किलोमीटर और नाथद्वारा से करीब 40 किलोमीटर उत्तर में समुद्र-सतह से 1082 मीटर ऊंची अरावली की पहाड़ी पर स्थित है। मेवाड़ और मारवाड़ की सीमा पर सादड़ी गांव के पास बसा होने के कारण इस दुर्ग का विशेष सामरिक महत्व था। दुर्ग के कुछ पहले केलवाड़ा नामक कस्बा आता है, जहां गढ़ी के भीतर बांणमाता का प्रसिद्ध मंदिर है। आगे नाले के नजदीक ही करीब 200 मीटर की चढ़ाई के बाद किले का पहला दरवाजा 'आरेठपोल' है। यहां से डेढ़ किलोमीटर आगे एक और द्वार 'हल्लापोल' है। फिर आता है किले का मुख्य द्वार 'हनुमानपोल', जहां हनुमान की मूर्ति है। आगे 'विजयपोल' दरवाजा आता है। यहां से भीतरी किले के स्मारकों का सिलसिला शुरू हो जाता है।

कुंभलगढ़ के भीतर पर्वत-शिखर पर एक और किला है, जिसे 'कटारगढ़' के नाम से जाना जाता है। यहां ऊपर तक जाने का टेढ़ा-मेढ़ा रास्ता सात दरवाजों से होकर गुजरता है। आखिरी दरवाजा पार करने के बाद दाएं-बाएं कई महलों और भवनों के अवशेष नजर आते हैं। महल की छत से पूरे दुर्ग पर ही नहीं, मारवाड़ और मेवाड़ पर दूर-दूर तक नजर डाली जा सकती है। परंतु कुंभलगढ़ के स्थापत्य की विशेषता यह है कि समुद्र-सतह से करीब एक हजार मीटर की ऊंचाई पर बसा होने पर भी इसकी हरी-भरी वादियों के कारण यह दूर से नजर नहीं आता। किले की ऊंचाई के बारे में अकबर के दरबारी विद्वान अबुल फजल ने लिखा है कि यह इतनी बुलंदी पर बना हुआ है कि नीचे से ऊपर की ओर देखने पर सिर से पगड़ी गिर जाती है।

चित्र 3.8 : कुंभलगढ़ का मुख्य प्रवेश-द्वार 'हनुमानपोल'

चित्र 3.9 : कुंभलगढ़ का शिखर-दुर्ग 'कटारगढ़'

मेवाड़ के शासक महाराणा कुंभा (1433-1468 ई.) ने इस दुर्ग का निर्माण किया, इसलिए इसे कुंभलगढ़ नाम मिला। पता चलता है कि कुंभा ने दुर्ग के लिए जिस स्थान को चुना वहां मौर्य सम्राट अशोक (ईसा-पूर्व तीसरी सदी) के दूसरे पुत्र सम्प्रति के बनवाए दुर्ग के अवशेष पहले से मौजूद थे। सम्प्रति जैन धर्म का अनुयायी था, इसलिए दुर्ग में कुछ प्राचीन जैन मंदिर भी हैं। कुंभा ने इस दुर्ग को मेर शासक से हासिल किया था, इसलिए यह दुर्ग 'कुंभलमेर' के नाम से भी जाना जाता है। कुंभा ने पुराने युग के ध्वंसावशेषों पर नए दुर्ग की नींव 1448 ई. में रखी। दुर्ग के निर्माण में दस साल लगे और यह कार्य 1458 ई. में पूरा हुआ। दुर्ग का निर्माण कुंभा के प्रमुख शिल्पी और वास्तुविद्या के पंडित मंडन की देखरेख में सम्पन्न हुआ। दुर्ग बन जाने की स्मृति में कुंभा ने विशेष सिक्के ढलवाए, जिन पर कुंभलगढ़ का नाम अंकित है।

कुंभा एक महान वास्तु-निर्माता था। मेवाड़ की रक्षा के लिए राणाओं ने जो 84 किले बनवाए उनमें से 32 किलों का निर्माण अकेले कुंभा ने कराया। उसने चित्तौड़ की दीवारों को मजबूत किया, पुराने महलों की मरम्मत करवाई और वहां एक भव्य 'विजयस्तंभ' का निर्माण कराया। वह एक महान शासक और योद्धा ही नहीं, प्रतिभाशाली कवि, विद्वान और संगीतज्ञ भी था। मगर मेवाड़ के इस सुयोग्य शासक की कुंभलगढ़ में ही उसके जेष्ठ राजकुमार ऊदा (उदयकरण) ने पीछे से वार करके हत्या कर दी। बाद में सामंतों ने पितृघाती ऊदा को हटाकर उसके भाई रायमल को राणा बनाया। राणा सांगा (1509-28 ई.), जिसे बाबर ने खानवा के युद्ध (1527 ई.) में हराया था, इसी रायमल का बेटा था। सांगा का बचपन कुंभलगढ़ में ही गुजरा। बाद में पन्ना धाय ने सांगा के पोते उदयसिंह को अपने बेटे की बलि देकर बचाया और कुंभलगढ़ में उसका पालन-पोषण किया।

कुंभलगढ़ अपनी स्थापना के समय से ही शत्रुओं की आंख की किरकिरी बना रहा।

कुंभा के शासनकाल में मांडू (मालवा) के सुलतान महमूद खिलजी ने राणा की अनुपस्थिति में कुंभलगढ़ पर आक्रमण किया, परंतु दुर्ग लेने में वह असफल रहा। नीचे के केलवाड़ा गांव की गढ़ी में तोड़-फोड़ करके वह मांडू वापस लौट गया। उसके बाद 1457 ई. में गुजरात के सुलतान कुतुबुद्दीन ने मेवाड़ पर हमला करके कुंभलगढ़ को घेर लिया। घमासान युद्ध हुआ, मगर वह भी दुर्ग लेने में असफल रहा और वापस चला गया।

चित्र 3.10 : कुंभलगढ़ के एक पुराने रेखाचित्र के साथ राणा कुंभा (बाएं) और राणा प्रताप (दाएं)। बीच में मेवाड़ का राजचिह्न।

जैसा कि पहले बताया गया है, राणा उदयसिंह के बेटे व उत्तराधिकारी राणा प्रताप का जन्म कुंभलगढ़ में ही हुआ था। वहां राजप्रासाद के रनिवास के जिस पृथक् कक्ष में प्रताप का जन्म हुआ वह आज भी मौजूद है, मगर उपेक्षित। अकबर द्वारा चित्तौड़ को जीतने के पहले ही उदयसिंह वहां से निकल गया था। बाद में उसने उदयपुर नगर बसाया। उदयसिंह के देहांत के बाद प्रताप कुंभलगढ़ पहुंच गया और वहां से मेवाड़ का शासन चलाने लगा। उस समय अकबर ने मानसिंह के नेतृत्व में एक विशाल सेना प्रताप को कुचलने के लिए भेजी। हल्दीघाटी के ऐतिहासिक युद्ध (21 जून 1576) में हार के बाद प्रताप कुंभलगढ़ लौटा और पुनः सैन्यसज्जा में जुट गया।

तब अकबर ने अपने सेनानायक शाहबाज खां को एक बड़ी फौज के साथ कुंभलगढ़

पर कब्जा करने के लिए भेजा। पक्की घेराबंदी के कारण दुर्ग में रसद पहुंचना कठिन हो गया। तब प्रताप किला छोड़कर सुरक्षित स्थान पर चला गया। इस तरह 1578 ई. में कुंभलगढ़ पर पहली बार मुगलों का आधिपत्य स्थापित हो गया। लेकिन जब शाहबाज खां को दूसरी जगह भेज दिया गया, तो कमजोर स्थिति का फायदा उठाकर प्रताप ने कुंभलगढ़ दुर्ग पुनः वापस ले लिया। तब से स्वतंत्रता प्राप्ति तक कुंभलगढ़ मेवाड़ के शासकों के ही अधिकार में रहा।

कुंभलगढ़ मिले-जुले गिरिदुर्ग व वनदुर्ग का एक उत्कृष्ट उदाहरण है। पर्वतमालाओं की गोद में बसा होने के कारण यह सही मायने में एक नैसर्गिक दुर्ग है। चित्तौड़ का किला समतल मैदान में एक विशाल पहाड़ी पर स्थित है, इसलिए इसे शत्रुसेना द्वारा आसानी से घेरा जा सकता था। मगर कुंभलगढ़ अनियमित आकार की कई पहाड़ियों से घिरा हुआ है और इन्हें लगभग 35 किलोमीटर लंबी विशाल दीवार से जोड़ दिया गया है। दीवार की चौड़ाई सात मीटर है और इसका प्राकार (ऊपरी हिस्सा) इतना चौड़ा है कि उस पर तीन-चार घुड़सवार आसानी से चल सकते हैं। दीवार में जगह-जगह ऊंचे द्वार और ढलान पर विशेष प्रकार के बुर्ज बने हुए हैं। बुर्जो का बाहरी ढांचा आधे घड़े (कुंभ) की शक्ल का है, इसलिए शत्रु उन पर सीढ़ी टिकाकर दीवार के ऊपर नहीं पहुंच सकता। कुंभलगढ़ की लंबी-चौड़ी दीवार चीन की विशाल दीवार का स्मरण कराती है।

कुंभलगढ़ दुर्भेद्य था, इसलिए जब-जब चित्तौड़ और उदयपुर में असुरक्षा की स्थिति पैदा हुई, तब-तब यह दुर्ग मेवाड़ के राजपरिवार की शरणस्थली बन गया। यहां सबसे ऊंचे शिखर पर बने छोटे दुर्ग **कटारगढ़** में राजपरिवार की सुविधा और सुरक्षा के लिए सभी साधन मुहैया थे–झाली महल, बादल महल, तालाब, तोपखाना, कैदीघर, अन्नागार, अस्तबल और मंदिर। सबसे ऊपर बना कुंभा महल (बादल महल) सादगीपूर्ण है। इसकी छत पर चित्र बने हैं। द्वार औसत आदमी की ऊंचाई से छोटे हैं। महल में छोटे-छोटे झरोखे हैं, जिनसे दूर-दूर की नैसर्गिक शोभा देखते ही बनती है।

चित्र 3.11 : कुंभलगढ़ की विशाल दीवार

कुंभलगढ़ दुर्ग के साथ एक प्रणय-कथा भी जुड़ी हुई है। बताया जाता है कि राणा कुंभा झालावाड़ की राजकुमारी को, जो मंडोर (मारवाड़ की पुरानी राजधानी, जोधपुर से 9 किलोमीटर उत्तर में) के राठौर राजकुमार की मंगेतर थी, जबरन ब्याह लाया था। राठौर ने अपनी मंगेतर को हासिल करने की कई

बार कोशिश की, किंतु असफल रहा। कुंभा ने झाली रानी के लिए कटारगढ़ में एक मालिया (महल) बनाया था। बारिश के बाद जब आसमान साफ हो जाता, तो झाली महल से मंडोर का महल साफ नजर आ जाता था। रात के समय झाली महल में जलती मशाल को भी मंडोर के महल से देखा जा सकता था।

विजयपोल से दुर्ग के भीतर पहुंचने पर मंदिरों, मंडपों और आवासीय खंडहरों का सिलसिला शुरू हो जाता है। बताया जाता है कि किसी समय दुर्ग के भीतर 365 मंदिर थे, जिनमें से कई आज भी मौजूद हैं। इनमें प्रमुख हैं—मामादेव (या कुंभास्वामी) मंदिर, विष्णु मंदिर और नीलकंठ मंदिर। नीलकंठ महादेव मंदिर के पास राणा कुंभा द्वारा निर्मित विशाल यज्ञवेदी का दो मंजिला भवन है। यज्ञ से उत्पन्न धुएं को बाहर निकालने के लिए छत में जालियां बनी हैं और ऊपर सुंदर गुंबद है।

कटारगढ़ के उत्तर में नीचे वाली भूमि में मामादेव (या कुंभास्वामी) मंदिर है। मामादेव मंदिर से थोड़ी दूरी पर एक कुंड है। यहीं पर राणा कुंभा की उसके बेटे ऊदा ने पीछे से वार करके जघन्य हत्या की थी। कुंड की सीढ़ियों पर बने झरोखों में अनेक देवी-देवताओं की पाषाण-मूर्तियां हैं। इसी मंदिर के प्रांगण के बाहर कुंभा ने पत्थर की शिलाओं पर नागरी लिपि और संस्कृत भाषा में अपनी प्रशस्ति (स्तुति) उत्कीर्ण कराई थी।[7] अब यह शिलालेख और कुंभलगढ़ के अन्य कई महत्वपूर्ण पुरावशेष उदयपुर के संग्रहालय में सुरक्षित हैं।

कुंभलगढ़ दुर्ग सुदृढ़ तो था ही, काफी हद तक स्वावलंबी भी था। इसके भीतर के ऊंचे स्थानों पर मंदिर, महल और आवास बनाए गए। इसके समतल भागों का उपयोग खेती के लिए और ढलानों का उपयोग जलाशयों के लिए किया गया। किले में आज भी खेती होती है। किले में आज भी बहुत-से परिवार बसते हैं, जिनमें कई मुसलमानों के हैं।

अब कुंभलगढ़ भारतीय पुरातत्व सर्वेक्षण के नियंत्रण में है, मगर व्यवस्था नाकाफी है। पुराने मंदिरों और आवासों की दीवारों के साथ खानपान की कई दुकानें खुल गई हैं। जिस कक्ष को राणा प्रताप का जन्म-स्थान बताया जाता है, वहां अब चमगादड़ों का स्थायी बसेरा है!

आमेर और जयगढ़

आमेर का किला जयपुर शहर से करीब 11 किलोमीटर उत्तर में एक पहाड़ी ढलान पर बसा हुआ है। दिल्ली से जयपुर जाने वाला राष्ट्रीय राजमार्ग आमेर के पास से ही गुजरता है। आमेर के दक्षिण-पश्चिम में एक ऊंची पहाड़ी की चोटी पर जयगढ़ नामक किला है। दरअसल, ये दोनों किले एक-दूसरे से जुड़े रहे हैं। राजस्थान के इस प्रदेश (ढूंढाड़) के पुराने कछवाह शासकों ने आमेर के महलों का उपयोग मुख्यतः अपने आवास के लिए किया और नजदीक के मजबूत जयगढ़ किले का अपने खजाने को सुरक्षित रखने, अस्त्र-शस्त्र तैयार करने और बंदियों को यहां कैद रखने के लिए।

आमेर के कछवाह शासकों में भारमल (1548-74), भगवानदास (1574-89), मानसिंह (1589-1614), मिर्जा जयसिंह (1621-67) और सवाई जयसिंह (1686-1743) विशेष रूप से प्रसिद्ध हैं। मुगल बादशाहों से इनके गहरे संबंध रहे हैं। राजा भारमल की बेटी (राजा मानसिंह की सगी फूफी) अकबर को ब्याही थी और उसी से जहांगीर पैदा हुआ था। राजा मानसिंह, जिसकी बहन जहांगीर को ब्याही थी, अकबर का विश्वासपात्र सेनापति था। मिर्जा राजा जयसिंह और सवाई जयसिंह भी मुगलों के सेनापति रहे। मुगलों से अच्छे रिश्ते रखने के इन्हें दो बड़े लाभ हुए। एक, ये आमेर और जयगढ़ को बाहरी आक्रमण से सुरक्षित रख पाए। दूसरे, इन्होंने बेशुमार सम्पत्ति जमा की, जिसे सुरक्षित रखने के लिए जयगढ़ किले

चित्र 3.12 : ऊपर पहाड़ी पर जयगढ़ और नीचे ढलान पर आमेर का दुर्ग (एक पुराना रेखाचित्र)

को अधिकाधिक मजबूत बनाया गया।

सवाई जयसिंह नए जमाने के शासक थे। ज्योतिषशास्त्र के प्रेमी थे। उन्होंने दिल्ली, जयपुर, उज्जैन, मथुरा और वाराणसी में चूना व पत्थर से विशाल वेधशालाएं बनवाईं। जयपुर की वेधशाला 1718 ई. के आसपास बनी। फिर नवंबर 1727 में सवाई जयसिंह ने खुले मैदान में नए जयपुर नगर की नींव रखी। नगर का निर्माण जयसिंह के बंगाली वास्तुकार विद्याधर की देखरेख में सम्पन्न हुआ। उसने नगर की अभिन्यास-योजना के लिए वास्तुविद्या के प्रसिद्ध ग्रंथ 'मानसार' में उल्लिखित "प्रस्तर" प्रकार की योजना (चौपड़-योजना) को अपनाया। नगर के क्षेत्रफल के सातवें हिस्से पर राजमहल, जलाशय, उद्यान और वेधशाला स्थित थे। जयपुर की योजना में पेशों के अनुरूप बस्तियों की व्यवस्था थी। परपंरा को निभाते हुए नए नगर के गिर्द भी एक दीवार बना दी गई, मगर अब उसकी कोई विशेष उपयोगिता नहीं है।

चित्र 3.13 : सवाई जयसिंह (1686-1743 ई.)

जयपुर नगर के बन जाने पर राजपरिवार वहां के महलों में आकर रहने लगा। आमेर के राजमहल इतिहास के स्मारक बनकर रह गए।

जयगढ़ में स्वयं महाराजा और उनके द्वारा नियुक्त दो किलेदारों के अलावा और किसी को प्रवेश की अनुमति नहीं थी। सन् 1975 तक कमोबेश यही स्थिति बनी रही। कछवाह शासकों द्वारा जयगढ़ में छिपाए गए खजाने के बारे में अफवाहें फैलती रहीं। एक पुराना 'बीजक' (महत्व की सूचना देनेवाला दस्तावेज) मिला, जिसमें बताया गया था कि सवाई जयसिंह ने इस दुर्ग में लगभग 110 करोड़ रुपयों के हीरे-जवाहरात और सोने-चांदी के सिक्के गाड़ रखे हैं। जयगढ़ को एक तिलिस्मी दुर्ग समझा जाने लगा।

जयगढ़ के रहस्य से परदा उठा 1976 ई. में। करीब डेढ़ साल तक देश-विदेश के अखबारों में इस किले की खूब चर्चा रही। बात यह थी कि 1975-76 ई. में भारत सरकार की ओर से खजाने की खोज के लिए जयगढ़ में जगह-जगह खुदाई की गई। इसके लिए तरह-तरह के यांत्रिक साधन अपनाए गए।

सन् 1976 के एक दिन की बात है। जयगढ़ के लक्ष्मी निवास महल के परिसर में खजाने की खोज का काम जारी था। वहां के एक तहखाने तक पहुंचने के लिए सीढ़ियों को तलाशा जा रहा था। एक मजदूर को उनका सुराग मिल गया, तो वह एकाएक चिल्ला उठा–'मिल गयो', 'मिल गयो'। थोड़ी दूर खड़े मजदूरों के मुखिया ने ये शब्द सुने, तो उसने समझा कि खजाना ही मिल गया है। खोज का श्रेय स्वयं लेने के इरादे से उसने बड़े अधिकारी को फौरन सूचना भेज दी–"साहब, खजाना मिल गया है।"

फिर क्या था, चहुंओर खलबली मच गई। उसी समय सेना की करीब एक दर्जन भारी ट्रकें दिल्ली की ओर लौटने लगीं, तो राजमार्ग पर कुछ समय के लिए यातायात को रोक दिया गया। अफवाह फैल गई कि ट्रकों में खजाना भरकर दिल्ली ले जाया जा रहा है। लेकिन बात ऐसी नहीं थी। उन ट्रकों में खुदाई के काम के लिए मजदूरों और मशीनों को लादकर लाया गया था। वे ट्रकें अब वापस लौट रही थीं। सारी बातें अफवाहें थीं। जयगढ़ में कोई खजाना नहीं मिला, न ही उसे दिल्ली ले जाया गया।

इसका मतलब यह नहीं है कि जयगढ़ में कभी कोई खजाना नहीं रहा या आज भी कहीं छिपा हुआ न हो। राजकोष को किलों में सुरक्षित रखना एक आम बात थी। लड़ाई में हारते समय किलेदार खजाने को अक्सर किले के किसी गुप्त स्थान में रखवा देता था। तरुण शिवाजी (1630-1680 ई.) ने सबसे पहले तोरणा किला जीता था। बताया जाता है कि वहां उन्हें सोने के सिक्कों से भरे चार घड़े मिले थे। किलों में खजाना मिलने के और भी कई किस्से सुनने-पढ़ने को मिलते हैं। जयगढ़ में कोई खजाना भले ही न मिला हो, परंतु किले की तलाशी का एक बड़ा लाभ यह हुआ कि अब इसके फाटक पर्यटकों के लिए खुल गए हैं।

आमेर और जयगढ़ का इतिहास करीब एक हजार साल पुराना है। कछवाह पहले ग्वालियर के आसपास के इलाके के शासक थे। ईसा की दसवीं या ग्यारहवीं सदी में उनमें से कुछ परिवार राजस्थान के इस ढूंढाड़ क्षेत्र में आकर बसे। उनके आने के पहले इस क्षेत्र में मीणों के छोटे-छोटे राज्य थे। जयगढ़ दुर्ग के आसपास उनकी गढ़ियों के अवशेष आज भी मौजूद हैं। कछवाहों ने मीणों से यह इलाका छीनकर आमेर की तलहटी में अपनी राजधानी स्थापित की। पुराने लेखों में आमेर के अंबिकापुर, अंबरीश, अंबावती, आम्बेर आदि कई नाम देखने को मिलते हैं। आमेर और जयगढ़ दुर्गों के निर्माण में कई कछवाह

चित्र 3.14 : आमेर के महल

शासकों का योगदान रहा है।

आमेर की रचना अन्य दुर्गों से भिन्न है। दूसरे अधिकांश दुर्गों में राजमहल परकोटे से अलग समतल भूमि पर बनाए गए हैं। परंतु आमेर में राजमहल पहाड़ की ढलान पर इस तरह बने हैं कि महलों को ही दुर्ग का रूप दे दिया गया है। पहाड़ी नाकों को संकरा रखा गया था जिससे सुरक्षा की व्यवस्था समुचित रूप से हो सके। आमेर के महलों तक पहुंचने के लिए एक घाटी पार करनी पड़ती है। घाटी में मावठा जलाशय और दिलाराम का बाग है। बाग का निर्माण मिर्जा राजा जयसिंह ने 1664 ई. में करवाया था। इसमें एक संग्रहालय भी है, जिसमें पुरानी मूर्तियां, शिलालेख आदि चीजें रखी हुई हैं।

किले के ऊपर जाने के लिए पहला दरवाजा जयपोल है। उसके भीतर जो विशाल प्रांगण है वह जलेब चौक कहलाता है। आगे राजमहलों की ओर जाने के लिए सिंहपोल नामक दरवाजे को पार करना पड़ता है। द्वार के पास ही शिलामाता का मंदिर है। मंदिर में महिषासुर-मर्दिनी की जो सुंदर मूर्ति है उसे राजा मानसिंह 1605 ई. में बंगाल-विजय के समय वहां से उठाकर लाया था।

सिंहपोल से आगे बढ़ने पर आमेर के राजमहलों का सिलसिला शुरू हो जाता है। दीवान-ए-आम संगमरमर के 40 मजबूत व सुंदर खंभों पर खड़ा है। इसका निर्माण मिर्जा राजा जयसिंह ने करवाया था। विशाल चौक के पूर्व में दीवान-ए-खास है, जहां राजा अपने सामंतों और खास लोगों से मिलता था। इसका निर्माण भी मिर्जा राजा जयसिंह ने करवाया था।

चित्र 3.15 : शीश महल, आमेर

आमेर के महलों में सबसे प्रसिद्ध है शीश महल, जिसकी छत और दीवारों पर कांच की जड़ाई का सुंदर काम किया हुआ है। एक मोमबत्ती जलाते ही आदमी की सैकड़ों छवियां चहुंओर दिखलाई पड़ती हैं। दीवान-ए-खास और गणेश पोल के ऊपर जो भवन हैं वे यश

मंदिर और सुहाग मंदिर कहलाते हैं। एक लंबे कमरे के रूप में बने यश मंदिर में सुंदर और नक्काशीदार जालियां लगी हैं, जिनमें से रानियां दीवान-ए-खास का नजारा देखती थीं। सुहाग मंदिर रानियों के मनोरंजन का स्थान था।

दीवान-ए-खास के सामने बगीचे के दूसरी तरफ जो विशाल महल है वह सुख मंदिर कहलाता है। यह राजाओं का ग्रीष्मकालीन निवास था। इसमें झरने से एक नहर आती है जो महल को ठंडा रखती है। आमेर के अन्य भवनों में राजा मानसिंह के महल, रनिवास और सेविकाओं के भवन, दालान आदि हैं, जो देखने लायक हैं।

आमेर अपने मंदिरों के लिए भी प्रसिद्ध है। बताया जाता है कि यहां के जगतशिरोमणि मंदिर में कृष्ण की काले पत्थर की जो सुंदर मूर्ति है वह चित्तौड़ से लाई गई थी और यह वही मूर्ति है जिसकी मीराबाई पूजा करती थी।

आमेर के महलों के पीछे से ही एक रास्ता **जयगढ़** की ओर जाता है। दुर्ग की ओर आगे बढ़ने पर सात मंजिली मीनार नजर आती है जो 'दीया बुर्ज' कहलाती है। जयगढ़ का निर्माण दुर्ग-स्थापत्य की प्राचीन भारतीय परंपरा के अनुसार हुआ है। इसका ऊंचा परकोटा सुरक्षा का मुख्य आधार था। दुश्मन की टोह लेने के लिए यहां पांच बुर्ज बने हैं। दुर्ग में जो चौक हैं वे एक-दूसरे से अलग हैं। यहां सुभट निवास, खिलबत निवास, लक्ष्मी निवास, ललित मंदिर, विलास मंदिर आदि सुंदर और कलात्मक भवन हैं। एक कठपुतलीघर भी है।

जयगढ़ दुर्ग का निर्माण किस कछवाह शासक ने किया, इस संबंध में अलग-अलग मत हैं। एक मत यह है कि राजा मानसिंह काबुल, कंदहार, बंगाल आदि दूर के प्रदेशों पर की गई अपनी चढ़ाइयों में बहुत सारा धन लूटकर लाया था। उस धन और अपनी राजधानी आमेर की सुरक्षा के लिए उसने जयगढ़ का निर्माण करवाया। दूसरा मत यह है

चित्र 3.16 : जयगढ़ दुर्ग में निर्मित एक मनोरम उद्यान

कि जयगढ़ का निर्माण मिर्जा राजा जयसिंह ने करवाया और उसी के नाम पर यह किला जयगढ़ कहलाया। इस बात के भी सबूत मिलते हैं कि 1727 ई. में जयपुर नगर की नींव डालने के पहले सवाई जयसिंह ने जयगढ़ दुर्ग का जीर्णोद्धार करवाया था। यह भी संभव है कि इस क्षेत्र में कछवाहों के आगमन के पहले जयगढ़ के स्थान पर मीणों का कोई छोटा-मोटा दुर्ग रहा हो। बाद में मीणा ही कछवाह शासकों के राजकोष के स्वामिभक्त व ईमानदार रक्षक रहे हैं।

जयगढ़ में कई मंदिर, महल, तहखाने और सुरंगें हैं। किले की एक मुख्य विशेषता है, भरपूर पानी एकत्र करने की यहां की व्यवस्था। यहां दो बड़े और तीन छोटे टांके हैं।[8] इनमें जो सबसे बड़ा टांका है उसकी विशाल छत भीतर पानी में डूबे 81 खंभों पर टिकाई गई है। इस टांके में जमा होने वाला पानी किले के आसपास की पहाड़ियों पर बनी छोटी-छोटी नालियों से होकर एक बड़ी नहर में पहुंचता है। किले की दीवार पर बनी सड़क-जैसी चौड़ी यह नहर नीचे उतरकर किले के भीतर पहुंचती है। टांके में पहुंचने के पहले जालियों द्वारा पानी को छानने का समुचित प्रबंध किया गया है।[1]

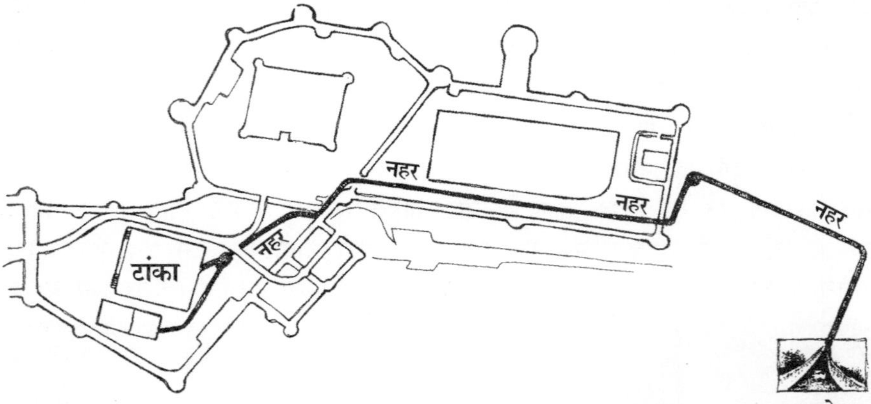

चित्र 3.17 : जयगढ़ के टांकों में पानी एकत्र करने की व्यवस्था

जयगढ़ की एक और विशेषता है, यहां बनाया गया तोपें ढालने का कारखाना, जिसे सिलहखाना (शस्त्रागार) कहते हैं। आमेर के कछवाह शासक मुगलों के प्रमुख सिपहसालार (सेनापति) थे। उन्होंने मुगल शासकों की तोपें ढालने की तकनीक को नजदीक से देखा और जाना था। उस जमाने की लड़ाई में तोपों का बड़ा महत्व था। मुगल शासकों ने तोपें ढालने की तकनीक को काफी हद तक गुप्त रखा था। मगर कछवाह शासकों ने उस तकनीक को अपनाकर जयगढ़ में गुप्त रूप से तोपें ढालने का कारखाना स्थापित किया। इसलिए भी यह दुर्ग काफी रहस्यमय बन गया था। जयगढ़ का उपयोग राजबंदियों को कैद रखने के लिए भी हुआ है।

जयगढ़ में जो अनेक तोपें ढाली गई उनमें सवाई जयसिंह द्वारा निर्मित 'जयबाण' नामक तोप सबसे प्रसिद्ध है और आज भी दुर्ग में मौजूद है। यह पहियों पर खड़ी एशिया की सबसे बड़ी तोप मानी जाती है। यह 1720 ई. में बनी थी। इसकी नाल करीब 6 मीटर लंबी है और इसका वजन 50 टन है। बताया जाता है कि केवल एक बार इस तोप का

चित्र 3.18 : जयगढ़ किले में स्थित विशाल जयबाण तोप

परीक्षण किया गया था, और तब इससे दागा गया गोला लगभग 30 किलोमीटर दूर चाकसू में जाकर गिरा था।[2]

चित्र 3.19 : जयपुर की वेधशाला (जंतर-मंतर) और ऊपर पहाड़ी पर नाहरगढ़

जयपुर शहर के उत्तर में और जयगढ़ के दक्षिण में पहाड़ी पर बसा हुआ किला **नाहरगढ़** है। किले के भीतर मौजूद नाहरसिंह भोमिया के स्मारक के कारण आज यह किला नाहरगढ़ कहलाता है। किले के भीतर सुदर्शन कृष्ण का मंदिर होने से इसे पहले 'सुदर्शनगढ़' कहा जाता था। विशाल बुर्जों और भव्य महलों वाले इस दुर्ग का निर्माण सवाई जयसिंह ने 1734 ई. में अपनी नई राजधानी जयपुर की रक्षा के लिए करवाया था। नाहरगढ़ को सैनिक साधनों से सुसज्जित कर संपूर्ण मैदानी भाग की चौकसी का प्रबंधक बनाया गया। जयपुर शहर से एक पक्का घुमावदार रास्ता नाहरगढ़ पहुंचा देता है।

रणथंभौर

दिल्ली से मुंबई जाने वाले रेलमार्ग पर, कोटा से पहले, सवाई माधोपुर नाम का एक छोटा स्टेशन है। वहां से 13 किलोमीटर की दूरी पर पहाड़ियों के बीच बसा राजस्थान का प्रसिद्ध रणथंभौर किला है। प्राचीन काल में दिल्ली या आगरा से मेवाड़ और मालवा की ओर जाने वाले रास्ते इधर से ही गुजरते थे, इसलिए सामरिक दृष्टि से रणथंभौर के किले का बड़ा महत्व था। दिल्ली के प्रायः हर शासक ने रणथंभौर पर अधिकार करने के लिए संघर्ष किया है।

समुद्रतल से लगभग 480 मीटर ऊंची पहाड़ी पर बसा हुआ रणथंभौर किला चारों ओर से पहाड़ियों से घिरा हुआ है और बीच-बीच में गहरी खाइयां और नालें हैं। रणथंभौर शब्द 'रण' और 'थंभ' (स्तंभ) के मेल से बना है। किले की ऊंची पहाड़ी का नाम 'थंभ' (स्तंभ) है और उसके नीचे की पहाड़ी का नाम 'रण' है। इस तरह 'रणथंभौर' (रण+स्तंभ+पुर) का अर्थ हुआ–'रण की घाटी में ऊंची पहाड़ी पर बसा नगर'। पं. गौरीशंकर ओझा ने लिखा है–"रणथंभौर का किला अंडाकृति वाले एक ऊंचे पहाड़ पर बना है, जिसके प्रायः चारों ओर विशाल पहाड़ियां आ गई हैं, जिनको किले के रक्षार्थ बनीं कुदरती दीवारें कहा जा सकता है।" अकबर के दरबारी अबुलफजल ने इस गिरिदुर्ग के बारे में लिखा है–"यह दुर्ग पहाड़ी प्रदेश के बीच में हैं। इसलिए लोग कहते हैं कि और दुर्ग तो नंगे हैं, मगर यह बख़्तरबंद है।"

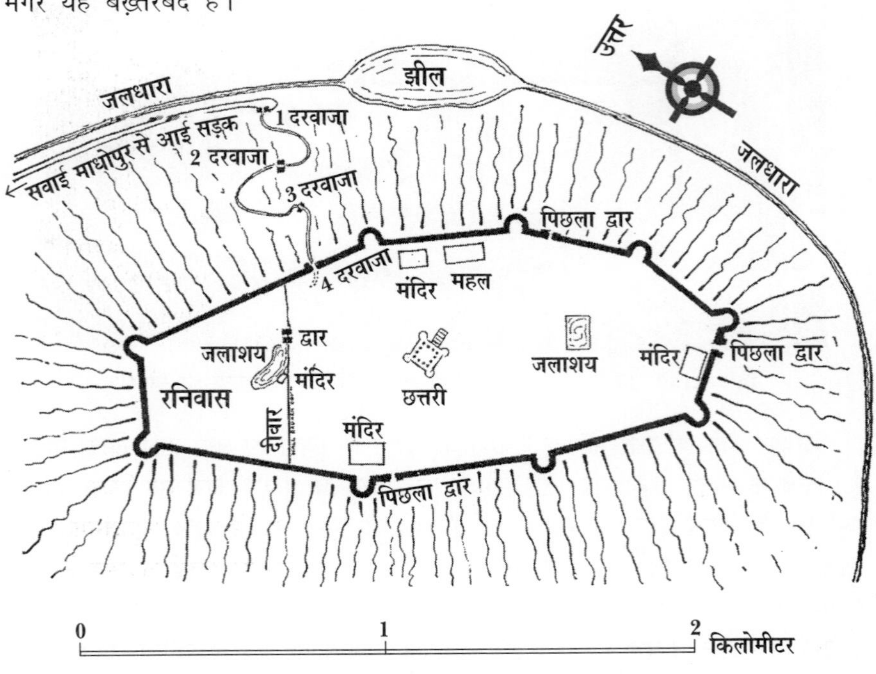

चित्र (नक्शा) 3.20 : रणथंभौर का गिरिदुर्ग

दुर्ग पर पहुंचने के लिए केवल एक ही मुख्य मार्ग है, जो पश्चिम की ओर से आकर किले की उत्तरी दिशा में नीचे पहुंचता है। उस पड़ाव की पूर्व दिशा में झील है और दक्षिण दिशा में पहाड़ी पर दुर्ग स्थित है। गाड़ी को वहीं छोड़ देने के बाद सर्पिल रास्ते से चढ़ते हुए किले तक पहुंचने में चार विशाल दरवाजों को पार करना पड़ता है। इन दरवाजों के नाम हैं– नौलखा, हाथीपोल, सूरजपोल और त्रिपोलिया। आखिरी त्रिपोलिया दरवाजे को 'अंधेरी दरवाजा' भी कहते हैं। इस दरवाजे के पास से एक सुरंगनुमा रास्ता किले के महलों तक गया है।

किले के भीतर हम्मीर महल, सुपारी महल, रानी महल, हम्मीर की कचहरी, बादल महल, जौरां-भौरां (अनाज-भंडार), 32 खंभों वाली छतरी, रनिहाड़ तालाब, पीर सदरूद्दीन की दरगाह, लक्ष्मीनारायण मंदिर (भग्नावस्था में), जैन मंदिर और दूर-दूर तक प्रसिद्ध गणेश मंदिर आदि उल्लेखनीय स्मारक हैं। किले में पद्मला, सागर, जंगाली आदि नाम के बड़े जलाशय भी हैं। अमीर खुसरो ने जानकारी दी है कि रणथंभौर दुर्ग की चाहरदीवारी 12 किलोमीटर के घेरे में मजबूत पत्थर की बनी हुई थी। दीवार के बुर्जों पर पत्थर के गोले बरसाने वाले यंत्र लगे हुए थे।

रणथंभौर दुर्ग कब बना और किसने बनाया, इसके बारे में प्रामाणिक जानकारी नहीं मिलती। अधिकांश इतिहासकारों का मत है कि ईसा की आठवीं सदी में अजमेर के चौहान शासकों ने इस दुर्ग की नींव रखी। दिल्ली के प्रसिद्ध शासक पृथ्वीराज चौहान के समय (बारहवीं सदी का उत्तरार्ध) में यह दुर्ग मौजूद था। पृथ्वीराज चौहान 1192 ई. में तरावड़ के युद्ध में मुहम्मद गोरी से परास्त होकर मारा गया, तो उसके बेटे गोविंदराज ने रणथंभौर को अपनी राजधानी बनाया।

उसके बाद रणथंभौर पर कभी चौहानों का कब्जा रहा, तो कभी दिल्ली के सुलतानों का। सामरिक दृष्टि से रणथंभौर के दुर्ग का विशेष महत्व था, इसलिए इस पर लगातार आक्रमण होते रहे। कुतुबुद्दीन ऐबक, इल्तुतमिश और बलबन जैसे सुलतान रणथंभौर पर कब्जा करने में सफल हुए, मगर उनके कमजोर पड़ते ही रणथंभौर का चौहान राज्य स्वतंत्र हो गया।

चित्र 3.21 : रणथंभौर दुर्ग का चौथा दरवाजा

राव हम्मीर देव चौहान का शासनकाल (1282-1301 ई.) रणथंभौर के इतिहास का सबसे गौरवशाली अध्याय है। हम्मीर ने अनेक लड़ाइयां लड़कर उज्जैन और आबू पर्वत तक अपने राज्य का विस्तार किया। फिर उसने सुलतान अलाउद्दीन खिलजी के विद्रोही सेनापति मीर मुहम्मदशाह को अपने यहां पनाह दी, तो उसे दिल्ली की फौज का सामना करना पड़ा। अलाउद्दीन ने 1300

चित्र 3.22 : ऊपर रणथंभौर दुर्ग, नीचे जोगी महल (विश्रामगृह)

ई. में पहली बार अपने सेनापति नुसरत खां को एक विशाल सेना के साथ रणथंभौर जीतने के लिए भेजा। लेकिन किले के भीतर से की गई पत्थरों की भारी वर्षा से वह मारा गया, तो अलाउद्दीन खुद रणथंभौर पर चढ़ आया। लगभग एक साल तक वह दुर्ग को घेरे रहा, पर उसे सफलता नहीं मिली। अंत में उसने हम्मीर के दो मंत्रियों को लालच देकर अपनी ओर मिला लिया। पराजय का समय नजदीक देखकर हम्मीर ने 'केसरिया' करने का यानी मर-मिटने तक लड़ने का निर्णय लिया। दुर्ग की महिलाओं ने जौहर किया। फिर हम्मीर अपने कुछ खास सामंतों के साथ दुर्ग से बाहर आया और शत्रुसेना से लड़ते हुए वीरगति को प्राप्त हुआ। जुलाई 1301 में रणथंभौर पर अलाउद्दीन का अधिकार हो गया।

शरण में आए व्यक्ति की रक्षा के लिए हम्मीर के इस 'हठ' यानी त्याग व बलिदान के बारे में **हम्मीरायण, हम्मीररासो, हम्मीरहठ**[9] आदि कई काव्य-पुस्तकें लिखी गईं। यह सही है कि वह एक वीर राजपूत था, परंतु पड़ोसी राज्यों पर हमले करके उसने अपनी स्थिति कमजोर बना ली थी। वह अपने योग्य मंत्रियों पर भी विश्वास नहीं करता था। उसने अपनी प्रजा पर भारी कर लगा रखे थे। **हम्मीरायण** में उल्लेख है कि अलाउद्दीन द्वारा दुर्ग की घेराबंदी किए जाने पर बनिए बाजार में बैठे हंसते रहे!

अलाउद्दीन खिलजी के बाद रणथंभौर दुर्ग पर दिल्ली के तुगलक सुलतानों का कब्जा रहा। तुगलकों की ताकत घट जाने पर रणथंभौर पर अधिकार जमाने के लिए मालवा के सुलतान और राणा कुंभा के बीच संघर्ष चला। अंत में यह किला मेवाड़ के राणा सांगा के अधिकार में चला गया। बाबर के साथ 1527 ई. में खानवा में हुए युद्ध में राणा सांगा घायल हुआ, तो उसे रणथंभौर लाया गया। सांगा की मृत्यु के बाद उसकी रानी कर्मवती ने एक संधि के तहत यह दुर्ग गुजरात के सुलतान बहादुरशाह की सौंप दिया। फिर 1542

ई. में शेरशाह ने रणथंभौर को जीत लिया। उसकी मृत्यु के बाद यह दुर्ग बूंदी के राव सुरजन हाड़ा के अधिकार में आ गया।

सुरजन हाड़ा के समय में ही रणथंभौर पर दूसरा बड़ा हमला हुआ। चित्तौड़ पर विजय प्राप्त करने के एक साल बाद ही फरवरी 1569 में अकबर एक बड़ी फौज और बड़ी-बड़ी तोपें लेकर रणथंभौर पहुंचा और दुर्ग को घेर लिया। तोपों से विशाल गोले फेंके गए तो दुर्ग की दीवार टूटने लगी, मकानों में दरारें पड़ गईं। लगभग सवा महीने तक घेरा पड़ा रहा। तब आमेर के राजा भगवानदास के प्रयासों से दोनों पक्षों में संधि हो गई। सुरजन हाड़ा ने अकबर की अधीनता स्वीकार कर ली और दुर्ग उसे सौंप दिया। उसके बाद यह दुर्ग कभी सीधे मुगल बादशाहों के अधिकार में रहा, तो कभी उनके सामंतों के अधिकार में। मुगल काल में रणथंभौर दुर्ग का शाही कारागार के रूप में भी उपयोग हुआ।

मुगल शासकों ने दुर्गों को जीतने के लिए युद्ध के नए शक्तिशाली साधनों–बारूद, भारी तोपों आदि–का बड़े पैमाने पर उपयोग किया। इसलिए कड़ा मुकाबला किए जाने पर भी चित्तौड़ और रणथंभौर जैसे सुदृढ़ दुर्गों को जीत पाना उनके लिए संभव हुआ। नए जमाने में दुर्ग अब दुर्गम और दुर्भेद्य नहीं रह गए थे। आगे जाकर इन्हें हथियाने में अंग्रेजों को ज्यादा मेहनत नहीं करनी पड़ी। आज तो इन दुर्गों का केवल इतिहास ही शेष है।

चित्र 3.23 : रणथंभौर के परकोटे के ऊपर खंडहर बने महल और मंदिर

मुगलों की अवनति के बाद रणथंभौर दुर्ग जयपुर राज्य के अधिकार में चला गया और देश के स्वतंत्र होने तक यह उन्हीं के पास रहा। बीच में कुछ समय तक यह दुर्ग मराठों के भी कब्जे में रहा। अब यह ऐतिहासिक दुर्ग भारतीय पुरातत्व सर्वेक्षण के संरक्षण में हैं।

रणथंभौर दुर्ग अब लगभग वीरान पड़ा है; इसके अधिकतर स्मारक खंडहर बन गए हैं। झाड़-झंखाड़ से व्याप्त यह दुर्ग अब बंदरों और वन्य प्राणियों की आश्रयस्थली बना हुआ है। परंतु यहां का गणेश मंदिर अब भी एक जीवंत पूजास्थल है। इस क्षेत्र के लाखों लोग आज भी यहां के गणेश की पूजा करने के बाद ही महत्व का कोई कार्य आरंभ करते हैं। विवाह या गृह-प्रवेश जैसा कोई मंगल-कार्य हो तो पहला न्योता–पहला निमंत्रण-पत्र–दुर्ग के गणेशजी को भेजा जाता है। सप्ताह के एक दिन मंदिर के पुजारी के पास ढेर सारे पत्र, मनीआर्डर और मिठाइयों के पार्सल पहुंचते हैं!

रणथंभौर का पहाड़ी क्षेत्र अरावली और विंध्य पर्वतमालाओं के संगम पर स्थित है। पानी और चारे की भरपूर सुविधा के कारण यहां बाघ, तेंदुआ, चीतल, सांभर, नीलगाय, मगरमच्छ, अजगर आदि अनेक किस्म के वन्य प्राणी पाए जाते हैं। किसी समय यह वन्यक्षेत्र जयपुर के शासकों का शिकारगाह था। सन् 1955 में यहां के 392 वर्ग-किलोमीटर क्षेत्र को 'रणथंभौर राष्ट्रीय उद्यान' घोषित कर दिया गया, जिसमें 'बाघ परियोजना' भी शामिल है।

बूंदी का तारागढ़

अरावली की सुरम्य घाटी में बसा हुआ बूंदी शहर कोटा से कोई 35 किलोमीटर पश्चिमोत्तर में है। कोटा सहित बूंदी के आसपास का यह प्रदेश लंबे समय तक हाड़ा राजपूतों द्वारा शासित रहा है, इसलिए इसे हाड़ावती या हाड़ौती के नाम से जाना जाता है। बूंदीवासी ख्यातनाम चारण कवि सूर्यमल्ल मिश्रण (जन्म : 1815 ई.) ने अपने काव्य-ग्रंथ 'वंशभास्कर' में हाड़ौती नाम के बारे में लिखा है : "हड्डन करि विख्यात हुब, हड्डवती यह देस।"

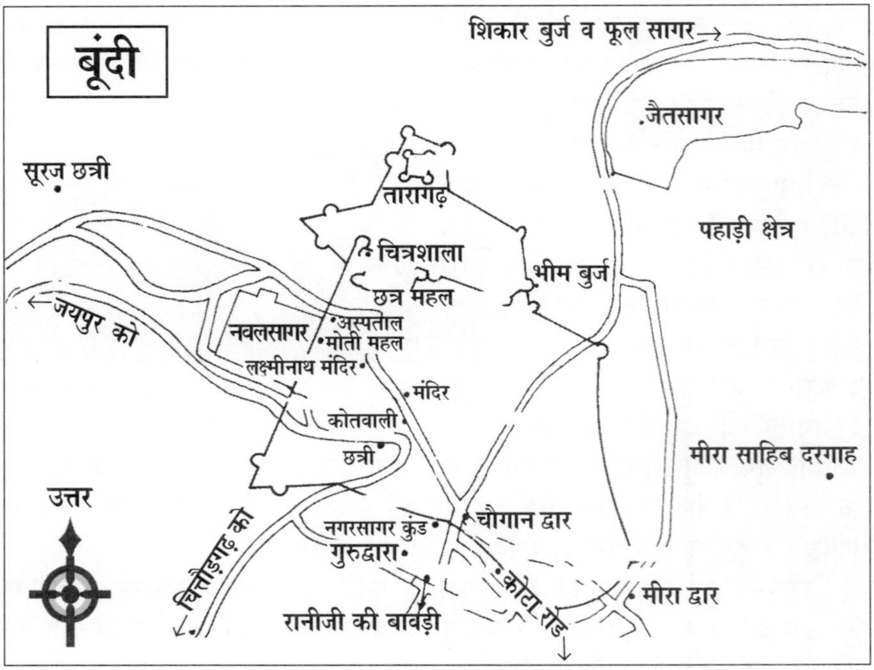

चित्र (नक्शा) 3.24 : बूंदी शहर की प्राचीर व तारादुर्ग

बूंदी एक दुर्ग-नगर है। इसकी रचना आमेर-जयगढ़ (जयपुर) के दुर्ग जैसी है–सबसे ऊपर दुर्ग, बीच में गढ़ और नीचे जलाशय। समुद्रतल से 550 मीटर ऊंची पहाड़ी पर दुर्ग बना हुआ है। धरती से यह आकाश के तारे की तरह दिखाई देता है, इसीलिए शायद इसे तारागढ़ का नाम दिया गया (अजमेर का दुर्ग भी तारागढ़ कहलाता है)। तारागढ़ के साये में जो गढ़ है उसमें कई भव्य राजमहल, मंदिर, दरवाजे, छतरियां और बावड़ियां हैं। नीचे नवल सागर नामक कृत्रिम जलाशय है, जिसमें समूचा बूंदी नगर प्रतिबिंबित होता है।

बूंदी का सिलसिलेवार इतिहास ईसा की तेरहवीं सदी से मिलता है। पहले यह स्थान मीणा सरदार जैता बूंदी या बूंदा के अधिकार में था। लगभग 1341 ई. में हाड़ा शासक देवासिंह ने मीणा सरदार और उसके परिवार के लोगों को मारकर बूंदी पर कब्जा कर लिया।

चित्र 3.25 : बूंदी : ऊपर पहाड़ी पर तारागढ़ दुर्ग, ऊपर दाईं ओर भीमबुर्ज, बीच में गढ़ के महल और नीचे नवलसागर जलाशय

आगे चलकर उसके वंशजों ने यहां पर्वत की चोटी पर एक विशाल दुर्ग का निर्माण किया। बाद में अलग-अलग हाड़ा शासकों ने पर्वत के ढलान पर भव्य राजप्रासाद बनवाए। राजस्थान के प्रसिद्ध इतिहासकार कर्नल जेम्स टॉड ने बूंदी के इन अनूठे राजमहलों के बारे में लिखा

चित्र 3.26 : तारागढ़ से नीचे का नजारा

चित्र 3.27 : बूंदी दुर्ग का प्रवेश-द्वार

चित्र 3.28 : चित्रशाला और रंगविलास उद्यान, बूंदी

है–"राजस्थान के सभी रजवाड़ों के राजमहलों में बूंदी के राजमहल सर्वश्रेष्ठ हैं।" अपने निर्माताओं के नाम से प्रसिद्ध ये महल स्थापत्य के उत्कृष्ट नमूने हैं। साथ ही, बूंदी के ये महल अपने भित्तिचित्रों के लिए भी विख्यात हैं। इनमें सबसे प्रसिद्ध है, उमेद महल की चित्रशाला (रंगविलास), जिसका निर्माण राव उमेदसिंह ने 1749-73 ई. के बीच कराया। बूंदी शैली के चित्रों ने देश-विदेश में ख्याति अर्जित कर ली है।

तारागढ़ का अधिकांश भाग सपाट है। दुर्ग में दो दरवाजे, जीवरखा महल, भीमबुर्ज,

चित्र 3.29 : चित्रशाला का भीतरी दृश्य

चित्र 3.30 : रानीजी की बावड़ी, बूंदी

छतरियां और चार पक्के जलाशय हैं। जलाशयों में सालभर पानी रहता है। दुर्ग का एकमात्र भीमबुर्ज निगरानी और तोप के गोले दागने के लिए था। बुर्ज के नजदीक छतरियां हैं। तारागढ़ से नीचे के नगर का बड़ा ही सुंदर और मोहक नजारा देखने को मिलता है। दुर्ग और उसके साये में निर्मित गढ़ के बीच में दूधा महल है, जो बूंदी की संभवतः सबसे पुरानी इमारत है।

बूंदी बावड़ियों का नगर है। नगर के चौगान दरवाजे के नजदीक 'रानीजी की बावड़ी' अपनी गहराई, भव्यता और अनूठे स्थापत्य के लिए देशभर में विख्यात है। इसकी गहराई 46 मीटर है और जलस्तर तक पहुंचने के लिए 100 से ऊपर सीढ़ियां हैं। इसका निर्माण राव अनिरुद्धसिंह की रानी नाथावतजी ने 1699 ई. में करवाया था।

चित्र 3.31 : चौरासी स्तंभों की छत्री, जो बूंदी से कोटा जाने वाले मार्ग पर स्थित है।

शुरू से ही तारागढ़ पर हमले होते रहे। कभी इस पर मेवाड़ के सिसोदिया शासकों का कब्जा हुआ, तो कभी मालवा (मांडू) के सुलतानों का। लेकिन हर बार वीर हाड़ाओं का शत्रु के साथ कड़ा मुकाबला हुआ। मेवाड़ का राणा लाखा भी, जबरदस्त प्रयासों के बावजूद, तारागढ़ दुर्ग को नहीं जीत पाया; उसे मिट्टी के एक 'नकली दुर्ग' को हासिल करके ही अपना प्रण पूरा करना पड़ा।

बूंदी के राव सुरजन हाड़ा (1554-85 ई.) ने रणथंभौर के दुर्ग पर अधिकार कर लिया था। सन् 1569 में अकबर एक बड़ी फौज लेकर रणथंभौर पहुंचा और उसे घेर लिया। करीब सवा महीने तक घेरा

चित्र 3.32 : बूंदी शैली के दो चित्र

पड़ा रहा। तब आमेर के राजा भगवानदास के प्रयासों से दोनों पक्षों में संधि हो गई। सुरजन हाड़ा ने रणथंभौर दुर्ग अकबर को सौंपकर उसकी अधीनता स्वीकार कर ली। उसने अकबर की ओर से कई युद्धों में भाग लिया। बाद में जहांगीर (1605-27 ई.) के शासनकाल में उसके बेटे खुर्रम (बाद में शाहजहां) ने बाप के खिलाफ बगावत की, तो बूंदी के राव रतनसिंह हाड़ा (1607-31 ई.) ने उसे शरण दी थी।

राव रतन के पौत्र शत्रुशाल (1631-58 ई.) ने अपने राज्य में अनेक कलाकारों को आश्रय दिया। उसके पुत्र भावसिंह (1658-81 ई.) ने अपनी कलाप्रियता से बूंदीवासियों को संगीत, काव्य और चित्रकला से सराबोर कर दिया। रीतिकाल के कवि मतिराम, जिन्होंने 'रसराज' और 'ललितललाम' जैसे उत्कृष्ट काव्य-ग्रंथों की रचना की, भावसिंह के आश्रय में थे।

आगे मुगलों के पतनकाल में जयपुर नरेश सवाई जयसिंह (1686-1743 ई.) ने बूंदी पर हमला करके अपने ही बहनोई बुद्धसिंह को गद्दी से हटा दिया। मराठों ने बुद्धसिंह को पुनः गद्दी पर बिठाने के प्रयास किए, किंतु जयसिंह ने उनकी कोशिशों को विफल कर दिया। अंततः बूंदी का राज्य अंग्रेजों के अधीन हुआ और आजादी मिलने पर यह भारत में विलीन हो गया।

जोधपुर का मेहराणगढ़

दिल्ली से लेकर खंबात की खाड़ी तक फैली हुई अरावली पर्वत की पहाड़ियां राजस्थान को लगभग दो समान भागों में बांटती हैं। पूर्वी राजस्थान के सभी क्षेत्र, कुछ रेतीले भागों को छोड़, उपजाऊ हैं। इसके विपरीत, पश्चिमी राजस्थान थार के विशाल रेगिस्तान से घिरा हुआ है। फिर भी मध्ययुग में पश्चिमोत्तर राजस्थान में जोधपुर, जैसलमेर और बीकानेर जैसे नगरों में भव्य दुर्गों, विशाल महलों और अनूठी हवेलियों का निर्माण हुआ।

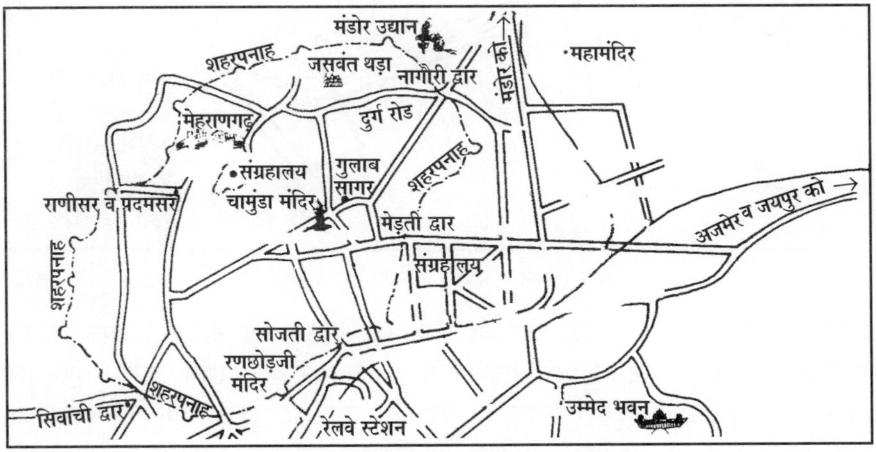

चित्र (नक्शा) 3.33 : दुर्ग-नगर जोधपुर

पश्चिमोत्तर राजस्थान के ये नगर मुख्यतः देशपार के व्यापार के कारण फले-फूले थे। ये नगर उन व्यापारी मार्गों पर बसे हुए थे जो उत्तर भारत के नगरों को गुजरात के बंदरगाहों से जोड़ते थे। साथ ही, ये उन्हें पश्चिम और मध्य-एशिया की मंडियों से भी जोड़ते थे। इसलिए राजस्थान के ये नगर व्यापार और शिल्प के केंद्र बने। बाहरी आक्रमण से रक्षा के लिए इन नगरों में दुर्ग बनाए गए। प्रतिरक्षा की दृष्टि से इन्हें दुर्ग-नगर कहा जा सकता है।

राजस्थान का जोधपुर नगर और राज्य मारवाड़ के नाम से अधिक प्रसिद्ध रहा है। यहां के धनी व्यवसायी 'मारवाड़ी' कहलाते हैं।

जोधपुर राजस्थान का दूसरा बड़ा नगर है। यहां बना किला, जिसका नाम **मेहराणगढ़** है, राजस्थान का एक प्रमुख पर्वतीय दुर्ग है। ईसा की तेरहवीं सदी के आरंभ में कनौज पर दिल्ली के सुलतानों का अधिकार हो जाने पर वहां के राठौड़वंशी शासक राजस्थान के इस मरुदेश (मारवाड़) में आ बसे और यहां उन्होंने अपना नया राज्य स्थापित किया। जोधपुर से कुछ किलोमीटर उत्तर में मंडोर (मंडोवर या मांडव्यपुर) नामक स्थान पर एक प्राचीन दुर्ग था। मारवाड़ पहुंचे राठौड़ों ने अपनी पहली राजधानी मंडोर में ही स्थापित की।[10]

आगे जाकर राठौड़ वंश के राव जोधा ने मंडोर को असुरक्षित जानकर वहां से

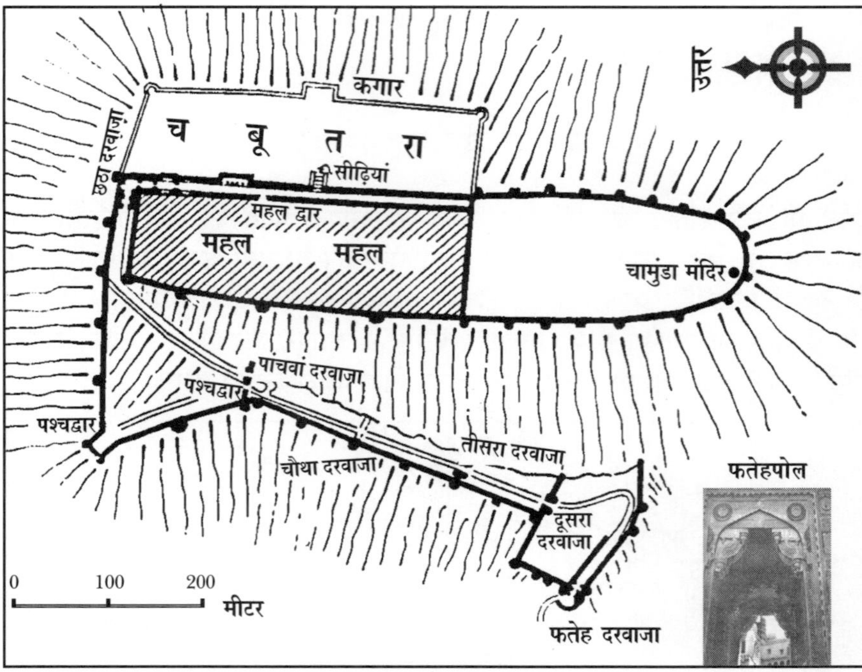

चित्र (नक्शा) 3.34 : मेहराणगढ़, जोधपुर

9 किलोमीटर दक्षिण में स्थित 'चिड़िया टूंक' या चिड़ियानाथ नामक विशाल पहाड़ी पर नया दुर्ग और उसके पास ही एक नया नगर बसाने का निर्णय लिया। तदनुसार 13 मई, 1459 को नए दुर्ग (मेहराणगढ़) की नींव रखी गई और उसके चारों ओर जो नगर बसाया गया वह राव जोधा के नाम पर जोधपुर कहलाया। मारवाड़ में राठौड़ों की शक्ति का विस्तार होने लगा। कुछ समय बाद जोधा के ज्येष्ठ पुत्र बीका ने बीकानेर में अपनी स्वतंत्र सत्ता स्थापित की और पिता ने उसे स्वीकृति प्रदान की।

दुर्ग की नींव में जिंदा आदमी को गाड़ने की प्रथा बहुत पुरानी है, दूसरे देशों में भी। माना जाता था कि नींव में नरबलि देने से किले के द्वार तथा बुर्ज मजबूत बने रहते हैं और वह किला निर्माता के वंशजों के हाथ से नहीं निकलता।[11] जानकारी मिलती है कि महाराष्ट्र के पुरंदर और लोहगढ़ किलों के प्रवेश-द्वारों के बुर्जों में नरबलि दी गई थी। कहते हैं कि मेहराणगढ़ में भी ऐसा ही हुआ। जोधपुर के इस किले की नींव में राजिया भांबी नामक व्यक्ति को जिंदा गाड़ दिया गया! इस बलिदान के बदले उसके परिवार वालों को जागीर दे दी गई। जिस जगह राजिया को गाड़ा गया उसके ऊपर खजाना और नक्कारखाने (नगाड़े रखने और बजाने की जगह) के भवन बने हैं।

मारवाड़ की जनश्रुतियों के अनुसार, आरंभ में मेहराणगढ़ का नाम 'गढ़ चिंतामणी' था। फिर इसे 'मोरध्वज' कहा गया, क्योंकि दुर्ग की आकृति मोर की तरह है। दुर्ग 500 मीटर लंबा और 230 मीटर चौड़ा है।

जोधपुर का यह सुदृढ़ दुर्ग भूमितल से 122 मीटर ऊंचा है। नगर के चारों ओर मजबूत परकोटा (शहरपनाह) है और उसमें विशाल बुर्जें बनी हुई हैं। दुर्ग में पहुंचने का मार्ग चढ़ाई

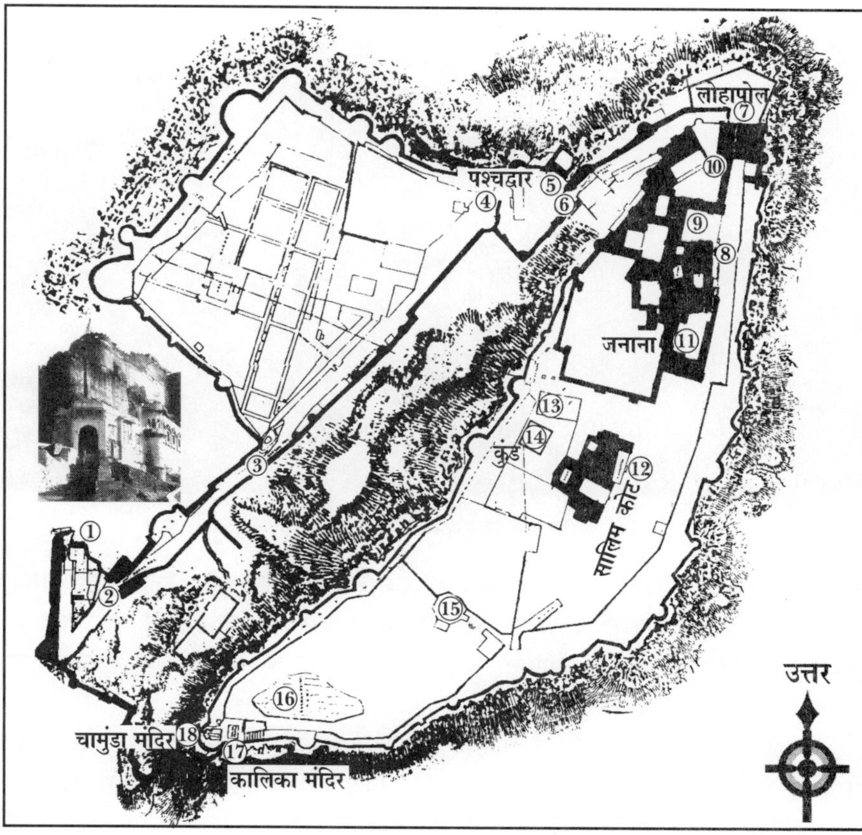

चित्र (नक्शा) 3.35 : मेहराणगढ़ : (1) फतेहपोल, (2) गोपालपोल, (3) भैंरोपोल, (4) पश्चद्वार, (6) अमृतीपोल, (7) लोहापोल, (8) सूरजपोल, (9) मोतीमहल, (10) फूल महल, (11) जनाना महल, (13) मुरलीमनोहर मंदिर, (14) कुंड, (15) अंकरणजी मंदिर, (17) कालिका मंदिर (18) चामुंडा मंदिर

का और घुमावदार है। पहले पहाड़ी के पश्चिमी भाग में दक्षिण से उत्तर-पूर्व की ओर चढ़ना पड़ता है। रास्ते में कुल 7 दरवाजे (पोल) हैं। दक्षिण-पश्चिम में शहर के अंदर से पहला दरवाजा फतेहपोल है। दुर्ग के पूर्वोत्तर में जो छठा प्रवेश-द्वार है वह लोहापोल कहलाता

चित्र 3.36 : दूसरा दरवाजा

चित्र 3.37 : पांचवां दरवाजा व पश्चद्वार (बाएं)

चित्र 3.38 : दक्षिण-पश्चिम पार्श्व से मेहराणगढ़, सामने जसवंत थड़ा

है। लोहापोल में लोहे के विशाल किवाड़ लगे हुए हैं। लोहापोल का निर्माण राव मालदेव ने 1548 ई. में शुरू किया था, जिसे आगे चलकर महाराजा विजयसिंह ने पूरा करवाया। अन्य प्रमुख द्वार हैं–ध्रुवपोल, भैंरोपोल, अमृतीपोल, सूरजपोल। पूर्व दिशा का सूरजपोल दुर्ग के महलों में पहुंचा देता है।

मेहराणगढ़ के नीचे तलहटी में जोधपुर शहर बसा हुआ है। शहर के चारों ओर मजबूत परकोटा (प्राचीर) है, जो लगभग 10 किलोमीटर की परिधि में है। इसमें 101 बुर्ज और 6 दरवाजे हैं। इन दरवाजों को उन नगरों के नाम दिए गए हैं जिधर ये खुलते हैं; जैसे, नागौरी द्वार, जालौरी द्वार, सिवांची द्वार। पूर्वोत्तर की ओर किले की तलहटी में सफेद संगमर्मर का बना जसवंत थड़ा है। यह वास्तव में जोधपुर के शासकों की छतरियों का समूह है।

चित्र 3.39 : मेहराणगढ़ के पश्चिमी पार्श्व में खूबसूरत छज्जे व झरोखे

चित्र 3.40 : जनाना महल के जालीदार झरोखे और कमरों के सामने की संकरी दीर्घाएं

राव जोधा और आगे के राठौड़ शासकों न मेहराणगढ़ में कई महल बनवाए—मोती महल, फूल महल, फतह महल, सिंगार महल, जनाना महल आदि। विशाल जनाना महल 1670 ई. में बना था। मोती महल की छत कांच की है। महलों की नक्काशी, झरोखे, छज्जे, जालियां और चित्रकारी देखते ही बनती है। राठौड़ों की कुलदेवी चामुंडा का मंदिर भी दुर्ग के भीतर ही है। यहां नवरात्र के दिनों में आज भी मेला लगता है। नवरात्र का पहला दिन : 30.8.2008 (मंगलवार) को मेहरानगढ़ के चामुंडा मंदिर के पीछे के चढ़ाई के रास्ते में भगदड़ मचने से 170 से ऊपर दर्शनार्थियों की मृत्यु। चामुंडा की मूर्ति को राव जोधा मंडोर के चामुंडा मंदिर से उठा लाया था। दुर्ग के पश्चिम में पुराने समय में राणीसर और पदमसर नामक तालाब बने थे। जलाशयों से रहट द्वारा दुर्ग के ऊपर पानी पहुंचाया जाता था। दो गहरे कुएं भी थे। मेहराणगढ़ की तोपें लंबी दूरी तक मार करने के लिए प्रसिद्ध रही हैं।

चित्र 3.41 : मेहराणगढ़ की एक तोप

जोधपुर के किले पर अनेक बार आक्रमण हुए। राव जोधा की मृत्यु (1488 ई.) के बाद बीकानेर राज्य के संस्थापक बीका ने जोधपुर पर चढ़ाई की थी, मगर बाद में सुलह हो गई।

चित्र 3.42 : दुर्गादास राठौड़ (1638-1718 ई.)

शेरशाह ने 1544 ई. में जोधपुर पर अधिकार किया था, परंतु बाद में राव मालदेव (1532-1562 ई.) ने उसे वापस ले लिया। मालदेव एक शक्ति-सम्पन्न शासक था। उसके समय में राठौड़ राज्य अपनी चरम सीमा पहुंच गया था। मालदेव का बड़ा पुत्र चंद्रसेन (1562-1583 ई.) स्वतंत्र प्रकृति का वीर था; उसने बादशाह अकबर (1555-1605 ई.) की अधीनता स्वीकार नहीं की। लेकिन जल्दी ही जोधपुर के शासकों को मुगल आधिपत्य स्वीकार करना पड़ा। चंद्रसेन के छोटे भाई उदयसिंह ने अकबर का मनसबदार बनकर 'राजा' की पदवी प्राप्त की। उदयसिंह के उत्तराधिकारी भी मुगलों की सेवा में ही बने रहे। आगे जाकर औरंगजेब (1636-1707 ई.) ने शिवाजी (1630-1680 ई.) के विरुद्ध अपने लंबे संघर्ष में मारवाड़ के शासक जसवंतसिंह (1638-1678 ई.) का भरपूर उपयोग किया।

मुगल बादशाह औरंगजेब की ओर से जसवंतसिंह काबुल अभियान पर गया, तो दिसंबर 1678 में जमरूद में उसकी मृत्यु हो गई—जसवंतसिंह को खैबर दर्रे के मुहाने पर स्थित जमरूद के किले का फौजदार बनाकर भेजा गया था। उस समय उसका कोई पुत्र नहीं था। जमरूद से राठौड़-परिवार के सदस्यों को वापस लाने की जिम्मेदारी जसवंतसिंह के मंत्री असकरण (असिकर्ण) के पुत्र दुर्गादास राठौड़ (1638-1718 ई.) को संभालनी पड़ी। अनुकूल स्थिति को देखकर औरंगजेब ने जोधपुर पर अपना अधिकार (ख़ालसा) घोषित कर दिया। लेकिन जमरूद से लाहौर लौटने पर वहां जसवंत की दो विधवा रानियों के एक-एक पुत्र हुआ। उनमें एक तो तत्काल मर गया, लेकिन दूसरे पुत्र अजितसिंह को दुर्गादास सकुशल दिल्ली ले आया, जहां औरंगजेब ने उन्हें नजरबंदी में रखा। राठौड़ सरदारों ने औरंगजेब से आग्रह किया कि वह अजितसिंह को मारवाड़ की गद्दी का उत्तराधिकारी स्वीकार करें, परंतु औरंगजेब नहीं माना। तब दुर्गादास बड़ी चतुराई से रानियों और अजितसिंह को दिल्ली से निकालकर मारवाड़ ले आया। औरंगजेब ने जोधपुर पर कब्जा करने के लिए विशाल मुगल सेना भेजी। सन् 1680 में हुए युद्ध में दुर्गादास के नेतृत्व में राठौरों ने मुगल सेना का बड़ी बहादुरी से मुकाबला किया।

उसी वक्त औरंगजेब का बेटा अकबर राजपूतों से आकर मिला। राजपूत और अकबर मिलकर औरंगजेब का तख़्ता पलट सकते थे, लेकिन औरंगजेब ने अपनी छलनीति से राजपूतों और अकबर में फूट डाल दी। दुर्गादास को पता लगा, तो वह अकबर को दक्षिण में मराठा शासक शिवाजी-पुत्र संभाजी (शासन : 1681-89 ई.) के आश्रय में ले गया, मई 1681 में। दुर्गादास ने बहुत प्रयत्न किया कि मराठा, राजपूत और अकबर की फौजें मिलकर औरंगजेब

से युद्ध करें, किंतु आलसी संभाजी इसके लिए तैयार नहीं हुआ। बाद में दुर्गादास मारवाड़ लौट आया और आगे कई साल तक औरंगजेब के विरुद्ध लड़ता रहा। औरंगजेब की मृत्यु (1707 ई.) के बाद मुगल बादशाह ने 1708 ई. में अजितसिंह को मारवाड़ का महाराजा स्वीकार कर लिया।

आगे जाकर जयपुर, जोधपुर और उदयपुर के राज्यों के बीच लड़कियों के विवाह और उत्तराधिकार को लेकर कई तरह के विवाद हुए। इस प्रतिद्वंद्विता में मराठों की दखलअंदाजी शुरू हो गई और कई राजपूत राज्यों पर उनका प्रभुत्व स्थापित हो गया। अंत में 1818 ई. में जोधपुर राज्य ने अंग्रेजों का आश्रित बनना स्वीकार करके अपनी रक्षा की। सन् 1857 के स्वातंत्र्य संग्राम के दौरान जोधपुर राज्य अंग्रेजों का वफादार बना रहा। मार्च 1949 में राजस्थान संघ में इस राज्य कर विलय हो गया।

मेहराणगढ़ आज भी अच्छी हालत में है; यह मारवाड़ के भूतपूर्व महाराजा की सम्पत्ति है। यहां एक अनूठा संग्रहालय है, जिसमें पिछले लगभग पांच सौ वर्षों की दुर्लभ वस्तुओं–अस्त्र-शस्त्र, जिरह-बख़्तर, राजसी व सैनिक परिधान, पालकियां, हौदे, गलीचे, चित्र आदि–को सजाकर रखा गया है। इस संग्रहालय को देखने से पर्यटकों को मारवाड़ के वैभवशाली अतीत की अच्छी जानकारी मिल जाती है।

बीकानेर का जूनागढ़

बीकानेर नगर की नींव जोधपुर (मारवाड़) के राठौड़ शासक राव जोधा के ज्येष्ठ पुत्र बीका ने 1485 ई. में रखी थी। उसका बनवाया कच्ची ईंटों का गढ़ दक्षिण-पश्चिम में नगर-प्राचीर के भीतर लक्ष्मीनाथ मंदिर के पास की एक ऊंची चट्टान पर आज भी मौजूद है और 'बीकाजी की टेकड़ी' कहलाता है।

बीकानेर की स्थापना का इतिहास काफी दिलचस्प है। घटना यूं है कि एक दिन जोधपुर के प्राचीन दुर्ग में महाराजा जोधा का दरबार लगा हुआ था। दरबार में महाराजा जोधा के भाई राव कांधल और जोधा का पुत्र राव बीका पास-पास बैठे हुए बातें कर रहे थे। उस समय सहसा कांधल ने अपने भतीजे बीका के कान में कोई ऐसी बात कही जिसे सुनकर चाचा-भतीजे दोनों ही हंस पड़े। जोधा ने जब दरबार में भाई कांधल और पुत्र बीका को आपसे में हंसी-मजाक की बातें करते देखा, तो उन्होंने कांधल की ओर देखकर ताना देने के अंदाज में कहा : "आज तो चाचा-भतीजे आपस में घुल-मिलकर ऐसी बातें कर रहे हैं, जैसे दोनों ही कोई नया ठिकाना जीतने या गढ़ बसाने जा रहे हैं।"

कांधल को भाई जोधा की बात लग गई। बोला : "हम काका-भतीजे कोई ऐसी बात नहीं कह रहे थे, परंतु अब आपने जब राज्य बसाने की बात हमसे कह ही दी है, तो हम

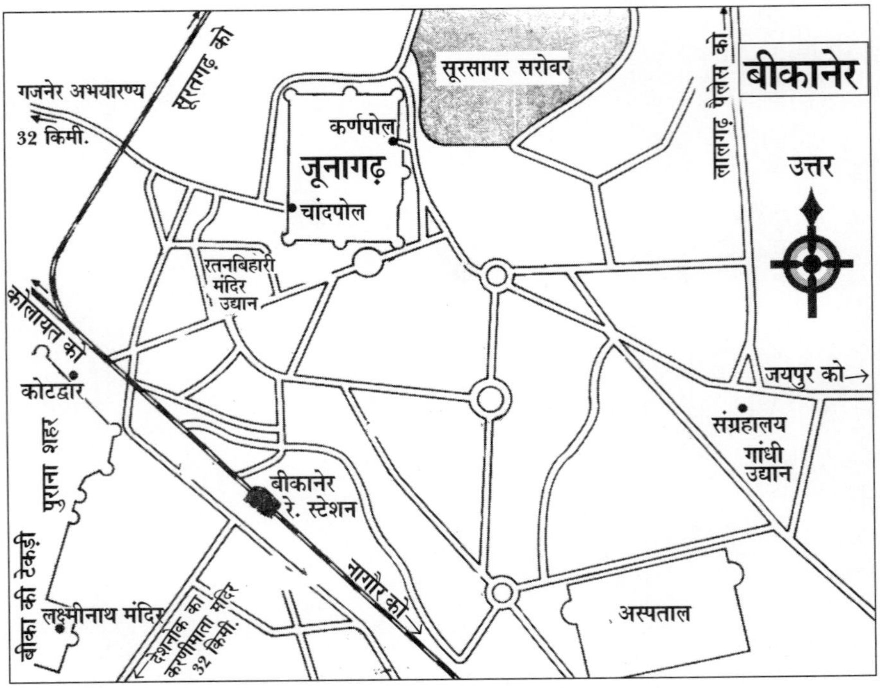

चित्र (नक्शा) 3.43 : जूनागढ़, बीकानेर

दोनों नया गढ़ बनाकर ही मिलेंगे।" ऐसा कहते हुए कांधल ने भतीजे बीका का हाथ पकड़ा और दरबार से उठकर अपने कुछ सहयोगियों को साथ लेकर नया नगर बसाने के लिए रवाना हो गया।

राव बीका ने संवत् 1542 (1485 ई.) में नए गढ़ की नींव रखी और उसी वर्ष नगर का निर्माण-कार्य शुरू हुआ। बीका का बनवाया कच्ची मिट्टी की ईंटों का वह गढ़ पुराने शहर में है और 'बीका की टेकड़ी' के नाम से जाना जाता है (देखिए नक्शा)। नए नगर का नाम राव बीका के नाम पर बीकानेर ही रखा गया। बीकानेर की स्थापना के बारे में एक दोहा भी प्रसिद्ध है :

पनैर सै पैतालिये(1545) सुद बैसाख सुनेर।
थावर बीज थरपियो बीके बीकानेर ॥

राव बीका के बाद बीकानेर के छठे शासक रायसिंह (1571-1611 ई.) ने वर्तमान भव्य दुर्ग का निर्माण करवाया, जो **जूनागढ़** कहलाता है। किसी पुराने किले के स्थान पर इस किले की नींव रखी गई थी, इसीलिए शायद इसे 'जूनागढ़' (पुराना गढ़) कहा गया; बीका के बनवाए गढ़ को 'नयागढ़' कहा जाता होगा।

जूनागढ़ के आंतरिक प्रवेश-द्वार सूरजपोल पर उत्कीर्ण इसके निर्माता रायसिंह की प्रशस्ति से पता चलता है इसकी नींव विक्रम संवत् 1645 (1588 ई.) में पड़ी थी।[12] रायसिंह मुगल बादशाह अकबर (1555-1605 ई.) और फिर जहांगीर (1605-1627 ई.) का विश्वस्त मनसबदार था। उसने मुगलों की ओर से गुजरात, काबुल और दक्खन के सैनिक अभियानों में भाग लिया था।

उत्तरी राजस्थान का बीकानेर नगर चारों तरफ से थार के रेगिस्तान से घिरा हुआ है। यह नगर उत्तर भारत, मध्य व पश्चिम एशिया और गुजरात के बंदरगाहों को जोड़ने वाले मुख्य कारवां-मार्ग पर बसा होने के कारण मध्ययुग में व्यापार का एक बहुत बड़ा केंद्र बन गया था। राजस्थान के सबसे सम्पन्न लोग व्यापारी और महाजन थे। उन्होंने यहां बड़ी-बड़ी हवेलियां बनवाईं और जैन मंदिरों के निर्माण में भी योग दिया। बीकानेर के मारवाड़ी व्यापारियों ने अपना सबसे बड़ा मंदिर, जहां उनका माल भी सुरक्षित रह सकता था, किले के अंदर ही बनवाया है।

बीकानेर का वर्तमान जूनागढ़ किला एक भूमि-दुर्ग है। चारों ओर से मरुभूमि से घिरा

चित्र 3.44 : जूनागढ़ किला, बीकानेर

चित्र 3.45 : सूरजपोल : दोनों ओर जयमल राठौड़ और पत्ता सिसोदिया की गजारूढ़ मूर्तियां

होने के कारण यह किला प्राचीन परंपरा के 'धन्वदुर्ग' की कोटि में आता है (देखिए प्रथम अध्याय)। यह चतुर्भुजाकार किला लगभग 1000 मीटर की परिधि में फैला हुआ है। परकोटा बहुत मजबूत है, जिसमें समान दूरी पर 37 विशाल बुर्जे बनी हुई हैं, जो लगभग 12 मीटर ऊंची हैं। किले के चहुंओर खाई या परिखा है, जो सात-आठ मीटर गहरी और इतनी ही चौड़ी है। किले के भीतर जाने के लिए दो प्रमुख प्रवेश-द्वार हैं–पूर्व की ओर कर्णपोल और पश्चिम की ओर चांदपोल। इनके अलावा किले के पांच आंतरिक द्वार भी हैं–दौलतपोल, फतेहपोल, रतनपोल, सूरजपोल व रतनपोल। पीले पत्थरों से निर्मित मुख्य आंतरिक द्वार सूरजपोल पर अंकित लेख में किले के संस्थापक रायसिंह के बारे में जानकारी है। इसी द्वार पर अपने पतियों के साथ सती[13] हुईं वीरांगनाओं के हाथ के छापे अंकित हैं।

चित्र 3.46 : सतियों के हाथ

पता चलता है कि आरंभ में किले का विस्तार सूरजपोल तक ही था। सूरजपोल के के दोनों तरफ चित्तौड़ में 1567 में अकबर के साथ हुए युद्ध में वीरगति पाने वाले जयमल राठौड़ और पत्ता (फत्ता) सिसोदिया की गजारूढ़ मूर्तियां स्थापित हैं।[14]

चित्र 3.47 : अनूप महल, दाईं ओर स्वर्णछत्र के नीचे राजगद्दी

बीकानेर के राजाओं ने मुगलों की अधीनता स्वीकार करके उनके साथ नजदीकी संबंध स्थापित कर लिये थे, इसलिए बीकानेर के किले पर कोई बड़ा हमला नहीं हुआ। बल्कि बीकानेर को जोधपुर और नागौर के अपने राठौर जात-बंधुओं के ही आक्रमण झेलने पड़े।

किले के भीतर बने विशाल महलों में प्रमुख हैं–रायसिंह का चौबारा, फूल महल, गज मंदिर, अनूप महल, लाल महल, गंगा निवास, मोती महल। अनूप महल में बीकानेर के राजाओं का राजतिलक होता था। इसमें रखा सुंदर हिंडोला कला का एक नायाब नमूना है। अनूप महल की दीवारों पर सोने की पच्चीकारी का काम किया हुआ है। बीकानेर के अंतिम महाराजा करणीसिंह ने लिखा भी है–"बीकानेर के किले (जूनागढ़) में स्थापत्य सौंदर्य के ऐसे अनेक रूप हैं जिन्हें देखकर इतिहासकार को फतेहपुर-सीकरी और दिल्ली के लाल किले की याद आती है।"

चित्र 3.48 : अनूप महल का कलात्मक हिंडोला

राव बीका से लेकर महाराजा करणीसिंह तक 27 राजाओं ने बीकानेर पर शासन किया। प्रत्येक राजा ने अपने शासनकाल में बीकानेर का विकास किया। बीकानेर के ये शासक मुगल दरबार से जुड़े हुए थे, इसलिए इन्होंने भवन-निर्माण में काफी हद तक

चित्र 3.49 : रतनबिहारी मंदिर, बीकानेर

मुगल शैलियों का अनुकरण किया। अनूपसिंह (1669-98 ई.) एक योद्धा ही नहीं, विद्वान व कला प्रेमी भी था। उसके समय में निर्मित भवनों में सफेद संगमरमर का उपयोग शाहजहां के समय की वास्तुशैली से मेल खाता है। बीकानेर नगर का सबसे ज्यादा विकास महाराजा गंगासिंह ने किया। बीकानेर रेलवे स्टेशन को शानदार बनाने और मरुस्थल में गंगानहर (अब इंदिरा गांधी नहर) लाने का श्रेय उन्हीं को है। प्रथम विश्वयुद्ध (1914-1918 ई.) के दौरान महाराज गंगासिंह ने बीकानेरी ऊंटों का एक रिसाला तैयार किया था, जो सोमालीलैंड (पूर्वी अफ्रीका) में बहुत उपयोगी सिद्ध हुआ।

बीकानेर अपने किले और महलों के अलावा अपने मंदिरों के लिए भी प्रसिद्ध है। बीकानेर के दक्षिण में 30 किलोमीटर की दूरी पर स्थित देशनोक कस्बे का संगमरमर से बना देवी करणी माता का मंदिर चूहों की देवी के नाम से देश-विदेश में मशहूर है।[15] बीकानेर से 52 किलोमीटर दूर स्थित है—कोलायत धाम, जिसे सांख्य-दर्शन के प्रणेता कपिल मुनि की पावन भूमि माना जाता है। नगर का भांडासर जैन मंदिर अपने अनूठे स्थापत्य के लिए जाना जाता है। नगर के दो अन्य प्रसिद्ध मंदिर हैं—पुराने शहर में लक्ष्मीनाथजी का मंदिर और जूनागढ़ व कोटद्वार के बीच में हरे-भरे उद्यान में स्थित प्राचीन रतनबिहारी मंदिर।

चित्र 3.50 : सरस्वती, 11वीं सदी

बीकानेर के संग्रहालयों में प्राचीन वस्तुओं, शस्त्रास्त्रों, देवमूर्तियों और फारसी तथा संस्कृत के हस्तलिखित ग्रंथों का बहुत बड़ा संग्रह है। अनूप संस्कृत पुस्तकालय में करीब 10,000 दुर्लभ हस्तलिखित ग्रंथों का संग्रह है। राजकीय संग्रहालय में सरस्वती की सुंदर मूर्ति है।

मध्ययुग का वैभवशाली बीकानेर शहर आज भुजिया, पापड़, रसगुल्लों, ऊंटों और ऊन की मंडी के लिए दूर-दूर तक प्रसिद्ध है। बीकानेर की पतंगबाजी भी काफी मशहूर है।

जैसलमेर का सोनगढ़

जैसलमेर का दुर्ग-नगर जोधपुर से 285 किलोमीटर पश्चिमोत्तर में थार के विशाल मरुस्थल के मध्य में स्थित है। नगर के आसपास कृषियोग्य भूमि नहीं है, जंगल भी नहीं हैं। किसानों का मुख्य धंधा पशुचारण है, और अब खनिजों का उत्खनन किया जाने लगा है। यह क्षेत्र ऊन और ऊनी वस्तुओं के उत्पादन के लिए प्रसिद्ध है।

जैसलमेर दुर्ग की नींव भाटी राजपूत रावल जैसल ने 12 जुलाई, 1155 को रखी। उससे पहले भाटी राजवंश की राजधानी नजदीक के लोद्रवा स्थान पर थी।[16] परंतु जब देखा कि वह स्थान सुरक्षित नहीं है, तो वहां से 17 किलोमीटर दक्षिण-पूर्व में स्थित 76 मीटर ऊंची त्रिकुटाचल नामक चट्टानी पहाड़ी ("मेर") पर एक दुर्ग बनाने का निर्णय लिया गया। रावल जैसल के समय में दुर्ग का विशाल प्रवेश-द्वार और कुछ महल ही बन पाए थे। जैसलमेर दुर्ग का अधिकांश निर्माण-कार्य उसके पुत्र शालिवाहन-द्वितीय के समय में पूरा हुआ। सुरक्षा की दृष्टि से बाद में भी कई चीजें जोड़ी गईं।

जैसलमेर भाटी राजवंश की राजधानी बन गया, तो व्यापारियों, महाजनों और शिल्पियों ने यहां अपनी बड़ी-बड़ी हवेलियों का निर्माण किया। सन् 1800 ई. तक लगभग 40 हजार की आबादी वाला यह नगर व्यापार और वाणिज्य का एक बहुत बड़ा केंद्र बन गया था। उस समय दिल्ली, आगरा, आमेर, जोधपुर आदि स्थानों से मुलतान और कंदहार जाने वाले

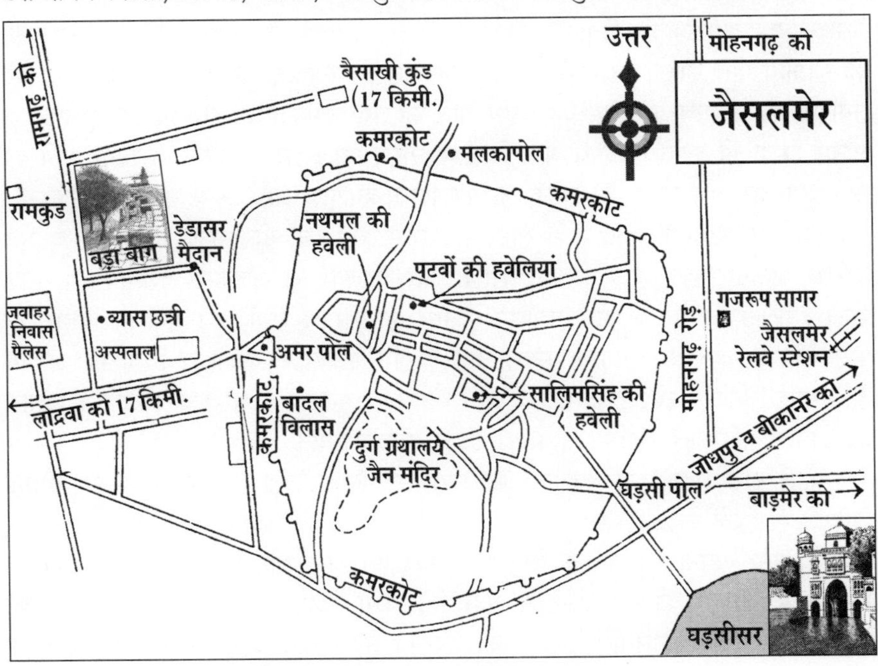

चित्र (नक्शा) 3.51 : जैसलमेर का सोनगढ़

चित्र 3.52 : जैसलमेर दुर्ग

कारवां जैसलमेर में अवश्य रुका करते थे। जब अभी मुंबई, चेन्नई (मद्रास) और कोलकाता जैसे आज के महानगर अभी अपने शैशवकाल में ही थे, तब ईरान, अफगानिस्तान और मध्य-एशिया के साथ चलने वाले व्यापार का जैसलमेर एक बड़ा केंद्र बन गया था। भारत पर अंग्रेजों का प्रभुत्व स्थापित हो जाने पर व्यापार जब समुद्र के रास्ते होने लगा, तब जैसलमेर का वैभव जाता रहा। सन् 1800 ई. की तुलना में अब शहर की आबादी घटकर लगभग आधी रह गई है!

जैसलमेर दुर्ग का स्थापत्य अनूठा है। दुर्ग-नगर चारों ओर से जिस दोहरे मजबूत परकोटे से घिरा हुआ है, वह 'कमरकोट' कहलाता है और इसमें 99 बुर्ज बने हैं। दुर्ग 5.1 वर्ग-किलोमीटर क्षेत्र में फैला हुआ है। चारों ओर से थार के मरुक्षेत्र से घिरा होने के कारण जैसलमेर दुर्ग का समावेश प्राचीन शास्त्रीय परंपरा के 'धन्वदुर्ग' के अंतर्गत होता है। कमरकोट को स्थानीय पीले रंग के पत्थरों को बिना चूने-मसाले की सहायता के जोड़कर बनाया गया है। सूर्योदय और सूर्यास्त के समय यह किला सोने की तरह चमकता है, इसलिए इसे **सोनगढ़** या **सोनार किला** भी कहते हैं। अक्षयपोल किले का मुख्य प्रवेश-द्वार है। किले के भीतर जाने का मार्ग घुमावदार और संकरा है। सूरजपोल, गणेशपोल, हवापोल आदि अन्य सुदृढ़ प्रवेश-द्वार हैं।

किले के भीतर कई महल हैं–सर्वोत्तम विलास, रंगमहल, मोतीमहल, बादल महल, गज विलास, जनाना महल आदि, जिनके झरोखों और जालियों का अलंकरण दर्शनीय है। सबसे पहले 1722-1762 ई. के बीच सर्वोत्तम विलास का निर्माण हुआ था। सर्वोत्तम विलास के पास जनाना महल है। रंगमहल सबसे बड़ा है और इसकी नक्काशी व चित्रकारी अनुपम है। इसका निर्माण 1762-1820 ई. के बीच महारावल मूलराज ने करवाया था। गज विलास का निर्माण महारावल गजसिंह ने 1884 ई. में करवाया था।

पहले सारा शहर किले के भीतर था, जैसलमेर एक 'जीवंत दुर्ग' था, परंतु अब चौथाई आबादी ही किले के अंदर है।

जैसलमेर अपनी हवेलियों के लिए भी प्रसिद्ध है। हर हवेली की बनावट और नक्काशी निराली है। पटवों की हवेली सबसे बड़ी है। अन्य मशहूर हवेलियां हैं–नथमलजी की हवेली और दीवान सालिमसिंह मेहता की हवेली। सेठ गुमानचंद पटवा जैसलमेर का एक धनाढ्य व्यापारी था। उसने और उसके पांच पुत्रों ने जरी, चांदी, सोने व अफीम के व्यापार

से प्रचुर धन कमाया। पटवों ने 1805 ई. में जैसलमेर में एक भव्य हवेली का निर्माण करने का फैसला किया। इसे बनाने में कई साल लगे। बाहर असह्य गरमी होने पर भी हवेली भीतर ठंडी बनी रहती है।

जैसलमेर राज्य का दीवान सालिमसिंह मेहता अपने क्रूर कार्यों के लिए बदनाम था। वह नगर के सेठों से खूब धन वसूलता था। सन् 1815 ई. में उसने एक पुराने मकान के ऊपर अपनी शानदार छह मंजिली हवेली बनवाई। इस हवेली का ऊपरी भाग जहाज-जैसा है, इसलिए यह प्रायः जहाज महल कहलाती है।

सात मंजिली नथमल की हवेली 1885 ई. में बनी। इनका निर्माण दो शिल्पकार भाइयों–हथी व लूलू–ने, प्रतिस्पर्धा के तौर पर, साथ-साथ किया है–एक ने बाएं भाग का, तो दूसरे ने दाएं भाग का। परंतु संपूर्ण इमारत को देखने पर ऐसा नहीं लगता कि दो अलग-अलग शिल्पकारों ने इसे बनाया है। हवेली के प्रवेश-द्वार के दोनों ओर पत्थर के दो हाथी स्थापित किए गए हैं।

हमारे पुराने शहर मौसम के अनुकूल किस तरह बनाए जाते थे, इसका जैसलमेर एक उत्तम नमूना है। यहां की इमारतें ऊंची और सड़कें संकरी हैं। इस तरह रास्ते हमेशा छाया में रहते हैं। मकान साथ-साथ बनाए गए हैं; इससे भीतर कम गरमी पहुंचती है। खिड़कियों की संख्या कम रखी गई है, ताकि भीतर तेज रोशनी न जा सके। भीतर बने चौक से रोशनी व हवा मिलती है। मकान के सामने बना ओटा या बरामदा आदमियों के बैठने के लिए होता है और महिलाएं बाहर निकली हुई खिड़कियों या झरोखों से सड़क का नजारा देखती हैं।

सन् 2001 में पश्चिमी भारत में आए जोरदार भूकंप में जैसलमेर दुर्ग के राजमहलों, हाथीपोल, सालिम सिंह की हवेली आदि कई पुराने स्मारकों को काफी क्षति पहुंची है। पर्यटकों की बढ़ती संख्या से भी नगर को नुकसान पहुंच रहा है। दुर्ग

चित्र 3.53 : पटवों की हवेलियां, प्रवेश-द्वार

चित्र 3.54 : सालिम सिंह की हवेली

चित्र 3.55 : नथमल की हवेली

चित्र 3.56 : जैसलमेर दुर्ग, ऊपर से

के भीतर पानी के निकास की समुचित व्यवस्था नहीं है; पानी पुरानी इमारतों की नींव में पहुंचकर उन्हें कमजोर बना रहा है।

जैसलमेर को कई बार हमलावरों का सामना करना पड़ा। चित्तौड़ अपने तीन साके (जौहर) के लिए प्रसिद्ध है, तो जैसलमेर अपने 'ढाई साके' के लिए। दिल्ली के सुलतान अलाउद्दीन खिलजी (1296-1316 ई.) ने जैसलमेर दुर्ग को कई साल तक घेरे रखा था। अंत में यहां के शासक मूलराज और अन्य भाटी वीरों ने हमलावर का डटकर सामना करते हुए अपने प्राण त्यागे और दुर्ग की सैकड़ों स्त्रियों ने जौहर किया। यह जैसलमेर का पहला 'साका' कहलाता है।

फीरोजशाह तुगलक के शासनकाल (1351-1388 ई.) में भी जैसलमेर पर हमला हुआ था। इस आक्रमण के दौरान भाटी वीरों ने शत्रुसेना का डटकर मुकाबला किया और दुर्ग की स्त्रियों ने जौहर। यह जैसलमेर का दूसरा 'साका' था।

जैसलमेर का तीसरा साका 'अर्ध साका' कहलाता है। कारण यह है कि इसमें वीरों ने केसरिया तो किया, किंतु जौहर नहीं हुआ। यह घटना 1550 ई. की है। कंदहार

चित्र 3.57 : सूरजपोल, दुर्ग का प्रमुख द्वार

चित्र 3.58 : घड़सीसर का प्रवेश द्वार

का अमीर अली अपदस्थ होकर जैसलमेर आया और उसने यहां शरण मांगी। शरण मिलने पर अली ने दुर्ग पर अधिकार करने का षड्यंत्र रचा, तो भाटी योद्धाओं और अली के सैनिकों में युद्ध हुआ। इस संघर्ष में भाटियों की विजय हुई।

जैसलमेर दुर्ग के भीतर कई भव्य जैन मंदिर हैं, जिनमें आदिनाथ का मंदिर 12वीं सदी का है। साथ ही, यहां प्राचीन हस्तलिखित ग्रंथों का भी एक अनमोल संग्रह है। इनमें से अनेक ग्रंथ ताड़पत्रों पर लिखे हुए हैं। जैसलमेर दुर्ग को ठीक ही 'संग्रहालय नगर' कहा जाता है। इस तरह, मरुभूमि में स्थित यह दुर्ग-नगर इतिहास, साहित्य और कला की एक अनूठी संगम-स्थली है।

जैसलमेर मरुभूमि से घिरा है, यहां एक भी बारामासी नदी नहीं है और वर्षा भी बहुत कम होती है। इसलिए जैसलमेर में पानी की आपूर्ति के लिए समय-समय पर कई जलाशयों का निर्माण हुआ। इनमें सबसे प्रसिद्ध है, दुर्ग के दक्षिण-पूर्व में स्थित **घड़सीसर** या **गड़ीसर**। करीब पांच किमी. लंबे और डेढ़ किमी. चौड़े इस जलाशय का निर्माण जैसलमेर के राजा महारावल घड़सी ने 1335 ई. में किया था; इसकी खुदाई, भराई आदि के काम में उसने स्वयं सक्रिय सहयोग दिया था। एक बड़े प्रवेश-द्वार वाले इस जलाशय के तट पर पक्के घाट, मंदिर, बारादरी, बरामदे आदि बने हुए हैं। घड़सीसर के बिना जैसलमेर की कल्पना भी नहीं की जा सकती।[17]

जैतसर सरोवर दुर्ग के पश्चिमोत्तर में है। इसके साथ एक बाग है, इसलिए इसे प्रायः 'बड़ा बाग' के नाम से ही जाना जाता है।[18] यहीं पर जैसलमेर के शासकों की छतरियां हैं।

जैसलमेर और उसके आसपास समय-समय पर और भी कई सागर बने—गजरूप सागर, अमर सागर आदि। गजरूप सागर नगर के पूर्व में है, रेलवे स्टेशन के पास। पश्चिम दिशा का अमर सागर घड़सीसर के 325 साल बाद बना। सागर की चौड़ाई की तरफ की एक भुजा सीधी खड़ी दीवार से बनाई गई है। दीवार के बड़े सपाट भाग में विभिन्न ऊंचाई पर बनी पत्थर की हाथी-घोड़े की सुंदर मूर्तियां तालाब का जलस्तर बताती हैं।

चित्र 3.59 : अमर सागर की खड़ी भुजा

जैसलमेर के निवासियों को अपने दुर्ग-नगर पर गर्व है। वे आज भी अपने भावों को कभी-कभी इस दोहे में व्यक्त करते हैं :

स्वर्ण प्रस्तर से जड़ा ये दुर्ग जैतल का।
दे रहा है परिचय सदा भाटियों की आन का ॥

डीग और भरतपुर के किले

अंग्रेजों ने भारतीय राजे-रजवाड़ों को कभी आपस में भिड़ाकर, कभी लालच दिखाकर और कभी छल-कपट से उनके किले जीतकर, आज से लगभग दो सौ साल पहले, दिल्ली के तख़्त तक की मंजिल तय कर ली थी। सितंबर 1803 में जनरल लेक ने दिल्ली का सारा राज-काज अपने हाथ में ले लिया; शाहआलम द्वितीय (1759-1806 ई.) हिंदुस्तान का नाममात्र का बादशाह बना रह गया।[19] अंग्रेजों ने यह सफलता भाड़े के भारतीय सिपाहियों और आपस में लड़-झगड़ रहे देशी राजा-महाराजाओं के सहयोग से प्राप्त की थी।

कुछ ऐसे भी भारतीय शासक थे जिन्होंने अंग्रेजों का डटकर मुकाबला किया। टीपू सुलतान ने अंग्रेजों से लड़ते हुए 1799 ई. में वीरगति प्राप्त की। इंदौर के शासक यशवंतराव होळकर[20] (1798-1911 ई.) ने आरंभ में मराठा संघ का साथ नहीं दिया था, लेकिन बाद में अक्ल आई, तो उसने अंग्रेजों को मार भगाने की ठान ली। अंग्रेजों का मुकाबला करते-करते वह दिल्ली तक पहुंच गया था। वह उत्तर भारत के राजाओं को अंग्रेजों के खिलाफ एकजुट करने में लगा हुआ था। उस समय ग्वालियर का शिंदे (सिंधिया) यदि होळकर का साथ देता, तो दिल्ली पर अंग्रेजों का कब्जा नहीं हो पाता। सन् 1803 में दिल्ली हथिया लेने के बाद अंग्रेजों को अब राजस्थान की ओर आगे बढ़ना था। पर रास्ते में पड़ता था भरतपुर का राज्य, जहां का शासक रणजीतसिंह (1776-1850 ई.) अंग्रेजों के सामने झुकने के लिए तैयार नहीं हुआ। इतना ही नहीं, उसने यशवंतराव होळकर को अपने राज्य में शरण दे दी।

चित्र 3.60 : यशवंतराव होळकर (1798-1911 ई.)

अंग्रेजों की फौजें यशवंतराव होळकर का पीछा करते हुए भरतपुर राज्य में दाखिल हुईं। आगरा से 56 किलोमीटर पश्चिम में भरतपुर है। जाट सरदार चूड़ामन (शासन : 1695-1721 ई.) ने जाटों का संगठन करके भरतपुर में एक कच्चा गढ़ बनवाया था। भरतपुर से 34 किलोमीटर उत्तर में **डीग** नामक स्थान है (दिल्ली से डीग 153 किलोमीटर और आगरा से 98 किलोमीटर दूर है)। चूड़ामन के भतीजे बदनसिंह (शासन : 1722-56 ई.) ने 1722 ई. में डीग को अपनी राजधानी बनाकर वहां खूबसूरत महल और बगीचे बनवाने शुरू किए। फिर उसके

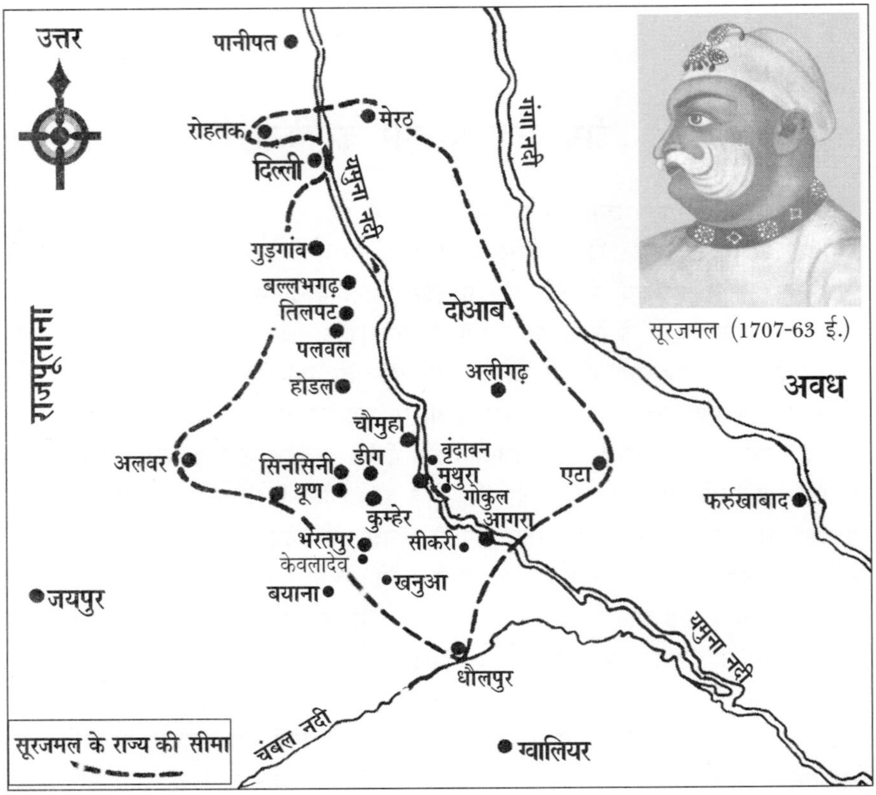

चित्र (नक्शा) 3.61 : सूरजमल का राज्य (1763 ई.), (कुं. नटवरसिंह के आधार पर)

बहादुर बेटे सूरजमल (उपनाम सुजानसिंह : 1707-63 ई.) ने भी डीग में सुदर महल बनवाए। इनमें सबसे खूबसूरत है 'गोपाल सागर' के तट पर बना 'गोपाल भवन' और उसके दोनों ओर के 'सावन' व 'भादों' नामक मंडप। गोपाल भवन के सामने सूरजमल द्वारा दिल्ली के शाही महल से उठाकर लाया गया संगमरमर का सुंदर झूला है। अन्य जाट शासकों ने भी डीग में अपने महल बनवाए। महल-परिसर के मुख्य प्रवेश-द्वार– सूरजपोल– की नक्काशी देखने लायक है।

चित्र 3.62 : प्रवेश-द्वार सूरजपोल, डीग

शाहजहां के शासन (1627-58 ई.) के बाद मुगलों के भवन-निर्माण-

चित्र 3.63 : गोपाल भवन (बीच में) और दाएं-बाएं 'सावन' व 'भादों' मंडप

कार्य में काफी शिथिलता आ गई थी। औरंगजेब (1658-1707 ई.) के समय से दिल्ली व आगरे के कलाकार बड़ी संख्या में राजपूत राजाओं और जाट सरदारों की सेवा में पहुंचने लगे थे। जाट शासकों ने डीग व भरतपुर के अपने किलों व महलों को सजाने में उनका भरपूर इस्तेमाल किया; मुगल शैली को अपनाया। मुगलों से ही उन्होंने भरपूर धन हासिल किया था।

सूरजमल ने डीग शहर के दक्षिणी भाग में 1725-30 ई. में एक मजबूत दुर्ग बनवाया। इस वर्गाकार (274 वर्ग-मीटर) दुर्ग की 20 मीटर ऊंची दीवारों और उनमें बने 12 मजबूत बुर्जों के बाहर काफी चौड़ी और गहरी खाई थी। दुर्ग के एकमात्र प्रवेश-द्वार तक पहुंचने

चित्र 3.64 : गोपाल भवन, ऊपर खड़ा है संगमरमर का मुगल झूला

चित्र 3.65 : डीग के किले का प्रवेश-द्वार

के लिए उत्तर दिशा में खाई पर एक पुल बना हुआ था।

डीग शहर को चारों ओर से घेरने वाला 7.34 किलोमीटर परिधि का मिट्टी से बना एक परकोटा भी था। किसी समय यह परकोटा काफी ऊंचा था और इसमें बुर्जें और दस दरवाजे थे। परकोटे के बाहर चौड़ी खाई थी।

बाद में सूरजमल (शासन : 1756-63 ई.) ने भरतपुर को जीतकर उसे अपनी राजधानी बनाया और वहां 1732 ई. में एक नए दुर्ग की नींव रखी।[21] किले का मुख्य निर्माण-कार्य 1740 ई. में पूर्ण हुआ।

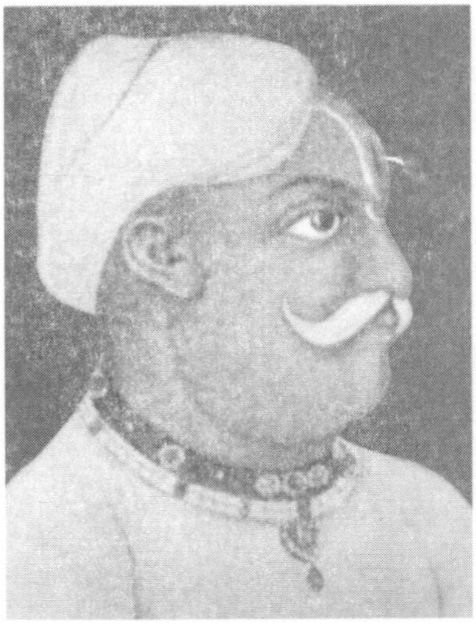

चित्र 3.66 : रणजीतसिंह (1776-1850 ई.)

नवंबर 1804 में यशवंतराव होळकर की फौज डीग के किले के आश्रय में पहुंच गई। अंग्रेजों ने उसका पीछा किया। कई दिनों तक दोनों में लड़ाई चली। अंत में होळकर की फौज डीग के किले से निकलकर भरतपुर के किले में सुरक्षित पहुंच गई। डीग के दुर्ग और आसपास के इलाके पर अंग्रेजों का कब्जा हो गया। जनरल लेक की फौज डीग से चलकर 2 जनवरी, 1805 को भरतपुर के पास पहुंची। अंग्रेजों ने रणजीतसिंह से मांग की कि वह यशवंतराव होळकर को उन्हें सौंप दे। परंतु रणजीतसिंह ने ऐसा करने इनकार कर दिया। चार दिन बाद अंग्रेजों की सेना ने भरतपुर के

चित्र 3.67 : भरतपुर के दुर्ग का प्रवेश-द्वार; सामने पानी से भरी चौड़ी खाई और उस पर बना हुआ पुल

ऊपर गोले बरसाने शुरू कर दिए।

भरतपुर के किले का निर्माण एक खास पद्धति से हुआ है। यह किला भूमिदुर्ग यानी समतल जमीन पर बने किले का एक बेजोड़ उदाहरण है। किले की दो विशाल दीवारें (परकोटे) हैं। नगर को घेरने वाली बाहरी दीवार (फ़सील) मिट्टी-गारे से बनी है। बारह किलोमीटर लंबी इस मोटी दीवार के बाहर पानी से भरी हुई काफी चौड़ी और गहरी खाई थी। लड़ाई के समय शत्रु की तोपों के गोले मिट्टी के बाहरी परकोटे में ही धंस जाते थे, जिससे भीतरी किला सुरक्षित रहता था।

नगर के पूर्वी भाग में स्थित आयताकार मुख्य दुर्ग साढ़े छह वर्ग किलोमीटर क्षेत्र में फैला हुआ है। इस भीतरी दुर्ग की दीवारें तराशे हुए पत्थर, ईंट और चूने से बनी हैं। ये करीब 10 मीटर ऊंची और 9 मीटर चौड़ी हैं। इन दीवारों का पिछला हिस्सा मिट्टी का था, जिस पर तोपों की गोलाबारी का कोई असर नहीं होता था। भीतरी दुर्ग की इन दीवारों के बाहर करीब 25 से 50 मीटर चौड़ी और 12 मीटर गहरी खाई थी, जिसमें सुजानगंगा नामक नहर का पानी भरा रहता था। दुर्ग के दो प्रवेश-द्वारों तक पहुंचने के लिए खाई पर पुल बने हैं। दक्षिणी द्वार लोहिया (या चौबुर्जा) दरवाजा और उत्तरी द्वार 'अष्टधातु दरवाजा' कहलाता है। भव्य और कलात्मक अष्टधातु दरवाजे को महाराजा जवाहरसिंह (शासन : 1764-68 ई.) 1765 ई. में मुगल खजाने को लूटने के बाद दिल्ली के लाल किले से भरतपुर ले आया था। बताया जाता है कि यह दरवाजा पहले चित्तौड़ में था। अलाउद्दीन खिलजी (शासन : 1296-1316 ई.) उसे दिल्ली उठा ले गया था।

भरतपुर के दुर्ग में 8 विशाल बुर्जें और 40 अर्धचंद्राकार बुर्जें हैं। आठ विशाल बुर्जों में प्रमुख और सबसे ऊंचा है–जवाहर बुर्ज, जिसे महाराजा जवाहरसिंह ने दिल्ली विजय के स्मारक के रूप में बनवाया था। आकाश साफ हो, तो जवाहर बुर्ज पर चढ़कर फतेहपुर

चित्र 3.68 : भरतपुर की पीतल की एक बड़ी तोप

सीकरी का बुलंद दरवाजा देखा जा सकता है। फतेह बुर्ज अंग्रेजों पर विजय की याद में 1806 ई. में बनाया गया था। सभी बुर्जों पर बड़ी-बड़ी तोपें लगी हुई थीं। कई तोपें लूटकर या खरीदकर प्राप्त की गई थीं; कुछ तोपें सूरजमल ने स्वयं ढलवाई थीं।

जैसा कि पीछे बताया गया है, अंग्रेजी फौज 2 जनवरी, 1805 को भरतपुर पहुंच गई थी। आगे के पांच दिन तक तैयारी करने के बाद 7 जनवरी से अंग्रेजी फौज ने भरतपुर के किले पर गोले बरसाने शुरू कर दिए। परंतु मिट्टी के बने बाहरी नगर-कोट ने उनकी बमबारी को विफल कर दिया। कई अंग्रेज अफसर और उनके बहुत-से सैनिक मारे गए। अंग्रेजी सेना को विवश होकर वापस लौटना पड़ा।

बारह दिन बाद 21 जनवरी को अंग्रेजी फौज ने फिर भरतपुर के किले पर हमला किया। लेकिन इस बार भी उनकी पराजय हुई। इस पराजय के बारे में जनरल लेक ने गवर्नर जनरल मार्क्विस वेल्सली को लिखा : " ··· मुझे दुःख के साथ लिखना पड़ रहा है कि खाई इतनी गहरी और चौड़ी निकली कि उसे पार करने की जितनी कोशिशें की गईं, सब बेकार गईं। ··· हम पर इतनी देर तक इतने जोर से और ठीक निशानों के साथ फ़सील की तोपों के गोले बरसते रहे कि हमारा बहुत अधिक नुकसान हुआ है।"

उसके बाद आगे एक महीने तक अंग्रेज भरतपुर का घेरा डाले वहां पड़े रहे, नई मदद प्राप्त करते रहे। फिर 20 फरवरी (1805) को अंग्रेजी सेना ने भरतपुर पर तीसरी बार हमला किया। इस बार भी उनकी फौज परकोटे को पार करके नगर में नहीं घुस पाई। अगले दिन 21 फरवरी को अंग्रेजों की फौज ने चौथी बार भरतपुर के किले पर हमला बोला, परंतु

चित्र 3.69 : भरतपुर के लोहागढ़ का प्रवेश-मार्ग

चित्र 3.70 : भरतपुर दुर्ग के एक महल का पुराना रेखाचित्र

विफलता ही हाथ लगी। उलटे रणजीतसिंह और होळकर की फौज ही परकोटे से बाहर निकलकर अंग्रेजी फौज के साथ भिड़ गई और उसे मार भगाया। पुनः तैयारी करके भरतपुर पर पांचवीं बार हमला करने की अब अंग्रेजों की हिम्मत नहीं हुई। पता चलता है कि इस युद्ध में अंग्रेजी फौज के 3203 आदमी मारे गए थे। विवश होकर अंग्रेजों को भरतपुर के महाराजा के साथ संधि करनी पड़ी।

भारत में बहुत सारे किले हैं, परंतु जो सम्मान देश के अर्वाचीन इतिहास में भरतपुर के किले को मिला, वैसा किसी भी अन्य किले को नसीब नहीं हुआ है। इस किले को हस्तगत करने के लिए अंग्रेजों की फौज ने इस पर चार बार हमले किए, परंतु चारों बार मराठों और जाटों के हाथों उनकी करारी हार हुई। अंग्रेजों की इतनी कमजोरी और फजीहत भारत के किसी भी अन्य किले ने नहीं देखी है। पता चलता है कि भरतपुर के युद्ध में अंग्रेजों पर जाट नरेश रणजीतसिंह की जीत को बड़े गौरव के साथ याद किया जाता है। ब्रज के कई कवियों और लोक-गायकों ने भरतपुर पर अंग्रेजों की चढ़ाई, जाटों की वीरता और अंग्रेजों की करारी हार का ओजपूर्ण कथन किया है। प्रेमकवि कहते हैं :

चढ़े हैं फिरंगी भयो भारत भरतपुर में, तोपन तरपि कै, हलान पै हलान की।
काली करी तृपत, फिरंगी को कुरंगी भए, एक हू कला न चली, पथरकलान की॥

अंग्रेजों ने 1805 ई. की अपनी पराजय के अपमान का बदला बीस साल बाद लिया। दिसंबर 1825 में अंग्रेजों ने भरतपुर के राजघराने में शुरू हुए आंतरिक कलह का लाभ उठाकर पुनः जोरदार हमला करके 10 जनवरी, 1826 को भरतपुर के दुर्ग पर अधिकार कर लिया। उस समय अंग्रेजों ने भरतपुर और वहां की जनता को इतनी बेरहमी से लूटा कि लोकोक्ति चल पड़ी—"भरतपुर लुट गयो रे!"

भरतपुर की 1805 ई. की लड़ाई में अंग्रेजों की चार बार हुई पराजय के कुछ स्पष्ट कारण हैं। मुख्य कारण तो यही है कि रणजीतसिंह और यशवंतराव होळकर, दोनों की सेना

के किसी भी आदमी ने उनके साथ विश्वासघात करके अंग्रेजों का साथ नहीं दिया। अंग्रेजों की करारी हार में भरतपुर के किले की खास बनावट का भी महत्वपूर्ण योगदान रहा। भरतपुर के दुर्ग के बारे में यह उक्ति प्रसिद्ध है :

दुर्ग भरतपुर अडग जिमि, हिमगिरि की चट्टान।
सूरजमल के तेज को, अब लौं करत बखान॥

अंग्रेजों से लोहा लेने वाला भरतपुर का यह किला **लोहागढ़** के नाम से जाना जाता है। मगर अब यह खंडहर बनता जा रहा है। इसके बाहर की खाई जगह-जगह मिट्टी से भर गई है। भीतरी दुर्ग की आठ विशाल बुर्जों में दरारें पड़ गई हैं और वे टूटते जा रहे हैं। दुर्ग के भीतर के कई भवनों में सरकारी दफ्तर खुल गए हैं और कई निजी मकान भी बन गए हैं। अब दुर्ग के एक भवन में संग्रहालय है।

भरतपुर शहर से कोई दो किलोमीटर दूर विख्यात **केवलादेव घाना राष्ट्रीय उद्यान** है। सन् 1981 में राष्ट्रीय उद्यान घोषित यह 'पक्षियों का स्वर्ग' 29 वर्ग-किलोमीटर क्षेत्र में फैला हुआ है और अब यह एक 'विश्व धरोहर स्थल' है। बाणगंगा और गंभीरी नदियों का पानी इस उद्यान को सींचता है। यहां 320 से भी अधिक प्रजातियों के पक्षियों की पहचान की जा चुकी है। नवंबर-दिसंबर में साइबेरिया के सारस पक्षी लगभग 4000 किलोमीटर की लंबी यात्रा करके केवलादेव पहुंचते हैं, मगर अब इन प्रवासी पक्षियों की संख्या घटती जा रही है। आज भरतपुर का मुख्य आकर्षण केवलादेव घाना ही है, परंतु कई इतिहास-प्रेमी पर्यटक अजेय लोहागढ़ के दर्शन करने भी पहुंच जाते हैं।

संदर्भ और टिप्पणियां

1. चित्तौड़गढ़ के करीब 3 किलोमीटर उत्तर में गंभीरी और बेड़च नदियों का संगम है। आगे गंभीरी नदी बनास नदी से मिलती है, और फिर चंबल में जाकर गिरती है। चित्तौड़गढ़ के पूर्व में, बनास की उपत्यका में, पाषाण-युग के औजार बड़ी तादाद में मिले हैं।
2. पतंजलि (ईसा-पूर्व दूसरी सदी) के **महाभाष्य** में उल्लेख है–'अरुनद् मध्यमिकाम्' (यवनों ने मध्यमिका को घेरा)। नगरी गांव से तांबे के कुछ ऐसे गोल सिक्के मिले हैं जिन पर कुछ प्रतीकों के अलावा लेख अंकित है–'मझिमिकाय शिबिजनपदस'। नगरी के खंडहरों से एक प्राचीन स्तूप और गुप्तकालीन तोरण के अवशेष भी मिले हैं। तात्पर्य यह कि, ईसा-पूर्व दूसरी सदी में भी चित्तौड़ व नगरी के इस क्षेत्र (बनास नदी का कांठा) में एक उन्नत सभ्यता का अस्तित्व था।
3. रानी पद्मिनी : 1275 ई. में चित्तौड़ की गद्दी पर राणा लक्ष्मणसिंह बैठा था। उसकी उम्र बारह साल की थी। इसलिए राज्य की देख-रेख उसके चाचा रतनसिंह करते थे। रतन सिंह योग्य शासक था। रतनसिंह की रानी का नाम पद्मिनी था, चित्तौड़ तथा भारत के भिन्न-भिन्न भागों में पद्मिनी की सुंदरता और वीरता की बहुत चर्चा थी। वह अपूर्व सुंदरी थी। उसका पद्मिनी नाम ही इसकी पुष्टि करता है।

   पद्मिनी रानी की अपूर्व सुंदरता की चर्चा सुनकर अलाउद्दीन ने 1303 ई. में चित्तौड़ पर हमला कर दिया, राजपूतों और अलाउद्दीन में युद्ध होता रहा। अलाउद्दीन बहुत दिनों तक घेरा डाले पड़ा रहा। इस अवसर पद्मिनी ने अद्भुत साहस और तेजस्विता का परिचय दिया। दोनों सेनाओं की शक्ति समाप्त हो जाने पर अलाउद्दीन ने कहला भेजा–अब मैं पद्मिनी नहीं चाहता केवल एक बार मुझे पद्मिनी को दिखा दो तो मैं फिर दिल्ली लौट जाऊंगा। राणा को यह बात अप्रिय और

असम्भव लगी। तब पद्मिनी ने कहा–मेरे कारण चित्तौड़ तबाह हो जाय यह मैं नहीं चाहती। आइने में मुख दिखलाने में आपको कोई आपत्ति नहीं होना चाहिए। रतनसिंह ने पद्मिनी की बुद्धिमत्ता की बड़ी सराहना की।

अलाउद्दीन चित्तौड़ के राजमहल में आया। उसका स्वागत-सत्कार हुआ। पद्मिनी एक जगह खड़ी हो गयी। सामने दर्पण था। तब अलाउद्दीन ने रानी की ओर पीठ करके दर्पण में पद्मिनी के दर्शन किये। वह रानी का मुख देख कर आश्चर्यचकित हो उठा। दर्पण पर ही उसकी दृष्टि गड़ी रही। उसने मन में निश्चय किया कि चित्तौड़ पर आधिपत्य स्थापित करके रहूंगा।

जिस समय राजा उसे किले से बाहर पहुंचाने जा रहा था, तब यवन सैनिकों ने राजा को बंदी बना लिया। अलाउद्दीन ने रतनसिंह को कहा कि अगर पद्मिनी को मेरी सेवा में भेज दिया जाय तो मैं तुम्हें छोड़ दूंगा। पद्मिनी ने वीरवर गोरा और भतीजे बादल की सम्मति से अलाउद्दीन को पत्र लिखा, मेरे कारण मेरे स्वामी के प्राणों का हरण करना चाहते हो, तब मैं यह नहीं चाहती कि मेरे कारण मेवाड़ के सूर्य का अस्त हो। मैं आत्मसमर्पण करने को तैयार हूं। लेकिन राजरानी होने के कारण मैं अपने साथ सात सौ सहचरियां और सम्भ्रान्त राजपूतों की कन्याएं और महिलाओं के साथ आऊंगी। कुछ तो मेरे साथ दिल्ली जाएंगी और कुछ चित्तौड़ वापिस लौट आएंगी। आपको आत्मसमर्पण करने से पहले मैं एक बार अपने पति के चरणों का दर्शन करूँगी। करागार के सामने किसी भी मुसलमान सैनिक का पहरा नहीं होना चाहिए।

अलाउद्दीन की लालसा इतनी प्रबल थी, कि उसने विचार किये बिना प्रस्ताव स्वीकार कर लिया। राजपूत सैनिक शस्त्रों को कपड़ों के अंदर छिपाये कहारों के भेष में डोलियां उठाकर ले चले। डोलियों के अंदर राजपूत थे। सात सौ डोलियों में सात सौ राजपूत वीर थे। सबसे आगे की सुंदर पालकी में स्वयं महारानी पद्मिनी थी। पालकी के दोनों ओर गोरा और बादल–चाचा-भतीजा घोड़े पर सवार होकर चल रहे थे।

कहा जाता है कि पद्मिनी की जगह पालकी में लोहार अपने औजारों को लेकर बैठा था। राजपूतों ने अपने राजा को कैद से छुड़ा लिया। दोनों ओर के सिपाहियों और सैनिकों में विकट मार-काट हुई, इस लड़ाई में वीरवर और गोरा लड़ाई में लड़ते हुए वीरगति को प्राप्त हुए। अलाउद्दीन के पैर उखड़ गये। रतनसिंह सकुशल किले पहुंच गये।

अलाउद्दीन इस पराजय से बड़ा दुखी था। कई वर्षों के बाद उसने चित्तौड़ पर पुनः चढ़ाई की, राजपूतों और अलाउद्दीन की सेना में घमासान युद्ध हुआ, इस युद्ध में रतनसिंह की मृत्यु अलाउद्दीन के साथ युद्ध करते हुई।

रानी पद्मिनी ने जौहर-यज्ञ किया। पद्मिनी और चित्तौड़ की राजपूत वीरांगनाओं ने, आर्य नारियों की मर्यादा की रक्षा के लिए, पवित्र सती-धर्म की रक्षा के लिए और देश का मुख उज्ज्वल रखने के लिए, अग्नि देवता को, अपने शरीर को अग्निकुण्ड में समर्पण कर दिया।

सहस्रों स्त्रियां अग्निकुण्ड में कूद पड़ीं। देखते-ही-देखते सब स्वाहा हो गया। बादशाह को उस विशाल किले में महामरघट, राख के सिवा और कुछ नहीं मिला।

4. साका अर्थात् जौहर, सती की तरह ही जौहर भी एक प्रथा थी। इस प्रथा में सामूहिक रूप से स्त्रियां उस समय अपने को अग्नि में भस्म कर देती थीं, जब शत्रुओं के आक्रमण के समय उनके पतियों के युद्ध से लौटने की आशा नहीं रहती थी और न उनका दुर्ग दुश्मनों के हाथों से बचना सम्भव था। ऐसे समय स्त्रियां, बच्चे और बूढ़े अपने आप और दुर्ग की सम्पूर्ण सम्पत्ति को अग्नि में डाल कर भस्म हो जाते थे। जौहर प्रथा से धर्म और आत्म-सम्मान की रक्षा हो सकती थी।

अलाउद्दीन खिलजी ने 1301 ई. में रणथंभौर पर आक्रमण किया। जब किले को बचाने का कोई मार्ग न रहा तो रणथंभौर का राजा अपने वीरों के साथ किले के फाटक को खोल शत्रु दल पर

टूट पड़ा था। वहां की वीरांगनाएं इसके पहले ही अग्नि में कूद कर स्वाहा हो गई थीं। 1503 ई., 1535 ई. और 1568 ई. के चित्तौड़ के तीनों साकों के अवसर पर पद्मिनी, रानी कर्मवती तथा पन्ना व कल्ला की पत्नियों के जौहर जगतप्रसिद्ध हैं।

अकबर के समय जौहर का इतना भीषण नजारा था कि चित्तौड़ दुर्ग का प्रत्येक घर और हवेली जौहर स्थल बन गए थे।

5. खिज्र खां अलाउद्दीन खिलजी (शासन 1296-1316 ई.) का सबसे बड़ा बेटा था। 1903 ई. में चित्तौड़ पर विजय प्राप्त करने के बाद अलाउद्दीन ने खिज्र खां को मेवाड़ का सूबेदार बनाया और चित्तौड़ का नाम 'खिज्राबाद' रखकर किला उसे सौंप दिया। खिज्र खां 1311 ई. तक चित्तौड़ में रहा। सन् 1307 में खिज्र खां ने गुजरात के पराजित राजा कर्ण की पुत्री देवलदेवी से विवाह कर लिया। फारसी-हिंदी के प्रसिद्ध कवि अमीर खुसरो (1253-1324 ई.) ने, जो चित्तौड़-अभियान में अलाउद्दीन के साथ थे, अपनी मसनवी 'दोलरानी खिज्र खां' में दोनों की प्रेमगाथा का सुंदर वर्णन किया है। खुसरो ने अपनी पुस्तक 'खज़ाइनुल फुतह' में अलाउद्दीन के अन्य युद्ध-अभियानों के अलावा चित्तौड़-अभियान का भी विवरण दिया है।

   चित्तौड़गढ़ की चढ़ाई शुरू करने के पहले गंभीरी नदी पर पत्थरों से निर्मित, दस मेहराबों वाला, 172.5 मीटर लंबा एक पुराना पुल पार करना पड़ता है। पता चलता है कि इस पुल का निर्माण खिज्र खां के शासनकाल में हुआ था।

चित्र 3.71 : चित्तौड़ पर अकबर के हमले के समय साबात का एक रेखाचित्र

6. साबात एक अस्थायी तौर पर बनाया गया मज़बूत ढांचा होता था। उसकी दीवारें भागते हुए सांप जैसी लहरदार होती थीं। उन पर लकड़ी और चमड़े की छत बनवाई जाती थी। मज़दूर और कारीगर 'साबात' बनाने में जुट गए। साबात धीरे-धीरे बनने लगी। वह जितनी बनती, मुगल फौज तोपें और बंदूकें लेकर उतनी ही आगे बढ़ जाती। फौज तो 'साबात' की आड़ में सुरक्षित रहती, पर मारे जाते थे, उसे बनाने वाले मजदूर और कारीगर जो खुले में काम करते थे। सैकड़ों कारीगर और मज़दूर राजपूतों के तीरों के शिकार हुए और मारे गये।

   किले के नीचे आ जाने पर मुगल बंदूकों से गोलियां दागने लगे। दोनों सेनाएं बड़ी वीरता से लड़ीं। पर जब अकबर जैसे-जैसे किले के निकट आता गया उसका पक्ष मज़बूत होता गया। परिस्थिति इतनी बिगड़ गई कि सेनापति जयमल स्वयं बचाव के लिए मोर्चे पर गया। अकबर ने निशाना साधा और उसे मार गिराया।

किले में धू-धू करती कई जगह आग जल उठी। अकबर ने पूछा, इतनी आग कैसे? राजपूत नारियां जौहर करेंगी। उन्हें आशा नहीं रही कि उनके पति युद्ध से जीवित लौटेंगे। राजपूत सेनापति जयमल अकबर के हाथों मारा गया। चित्तौड़ पर अकबर का अधिकार हो गया किन्तु उदयसिंह ने घुटने नहीं टेके। परन्तु दूसरे राजाओं ने संधि कर ली।

7. कुंभा की प्रशस्ति कटारगढ़ के उत्तर में नीचे वाली भूमि पर मामादेव मंदिर है। मंदिर से थोड़ी दूरी पर कुंड है। कुंड की सीढ़ियों पर बने झरोखों में हैं अनेक देवी-देवताओं की पाषाण मूर्तियां। मेवाड़ का राणा महान वास्तु-निर्माता था। उसने जय-स्तम्भ का निर्माण किया। कुंभा स्वामी के प्रांगण के बाहर कुंभा ने पत्थर की शिलाओं पर नागरी लिपि और संस्कृत भाषा में अपनी प्रशस्ति उत्कीर्ण कराई थी। अब यह शिलालेख और कुंभलगढ़ के अन्य महत्वपूर्ण पुरावशेष उदयपुर के संग्रहालय में सुरक्षित हैं।

   कुंभा की प्रशस्ति में दुर्ग की समीपवर्ती शृंखलाओं के बहुत सुंदर और साहित्यिक नाम मिलते हैं यथा श्वेत, नील, हेनकूट, निषाद, हिमवत, गन्धमादन इत्यादि। दुर्ग का निर्माण पूरा होने पर कुम्भा ने इस अवसर की स्मृति में विशेष सिक्के ढलवाए जिन पर कुंभलगढ़ दुर्ग का नाम अंकित किया गया था।

8. श्री अनुपम मिश्र की खोजपूर्ण पुस्तक 'राजस्थान की रजत बूंदें' में जयगढ़ के विशाल टांके के बारे में विस्तृत जानकारी है : "टांके का आगौर (पानी एकत्र करने वाला क्षेत्र) जयगढ़ की पहाड़ियों पर 4 किलोमीटर तक फैला है। बड़ी-छोटी अनेक नहरों का जाल पहाड़ियों पर बरसने वाले पानी को समेटकर किले की दीवार तक लाता है। नहरों की ढलान भी कुछ इस ढंग से बनी है कि इसमें पानी बहने के बदले धीरे-धीरे आगे 'चढ़ता' है। इस तरह पानी के साथ आने वाली साद (गंदगी) पीछे छूटती जाती है। नहरों के रास्ते में भी कई छोटे-छोटे कुंड बने हैं। इनमें भी पानी साद छोड़कर, साफ होकर आगे मुख्य टांके की ओर बहता है।" (पृ. 96)

   और, (सबसे बड़े टांके में) "साठ लाख गैलन यानी लगभग तीन करोड़ लीटर पानी समाता है।... कोई 150 हाथ लंबा-चौड़ा यह विशाल टांका चालीस हाथ गहरा है। इसकी विशाल छत भीतर पानी में डूबे इक्यासी खंभों पर टिकाई गई है। चारों तरफ गोख, यानी गवाक्ष बने हैं, ताजी हवा और उजाले को भीतर पहुंचाने के लिए। इनसे पानी वर्ष-भर निर्दोष बना रहता है। टांके के दो कोनों से भीतर उतरने के लिए दो तरफ दरवाजे हैं। दोनों दरवाजों को एक लंबा दरवाजा जोड़ता है और दोनों तरफ से पानी तक उतरने के लिए सीढ़ियां हैं। यहीं से उतरकर बहंगियों से पानी ऊपर लाया जाता है। ...

   "वर्षा से पहले (टांकों में पानी पहुंचाने वाली) नहरों की सफाई तो होती ही है, पर फिर भी पहले झले का पानी इस टांके में नहीं आता। मुख्य बड़े टांके के साथ दो और टांके हैं, एक खुला और एक बंद। इन टांकों के साथ खुलने वाली बड़ी नहर में दो फाटक लगे हैं। शुरू में बड़े टांके की ओर पानी ले जाने वाली नहर का फाटक बंद रखा जाता है और खुले टांके का फाटक खोल दिया जाता है। पहले झले का पानी नहरों को धोते-साफ करते हुए, खुले टांके में चला जाता है, और फिर उससे सटे बंद टांके में। इन दोनों टांकों का पानी पशुओं के काम आता है। जयगढ़ किला था और कभी यहां पूरी फौज रहती थी। फौज में हाथी, घोड़े, ऊंट–सब कुछ था। फिर इतने बड़े किले की साफ-सफाई भी इन पहले दो टांकों के पानी से होती थी।

   "जब पानी का पूरा रास्ता, नहरों का पूरा जाल धुल जाए, तब पहला फाटक गिरता है और दूसरा फाटक खुलता है और मुख्य टांका तीन करोड़ लीटर पानी झेलने के लिए तैयार हो जाता है। इतनी बड़ी क्षमता का यह टांका किले की जरूरत के साथ-साथ किले की सुरक्षा के लिए भी बनाया गया था। कभी किला शत्रुओं से घिर जाए तो लंबे समय तक भीतर पानी की कमी न रहे।" (पृ. 42-43)

9. **सिंघ गमन, सत्पुरुष वंच, कदलीफले इकबार।**
तिरिया तेल, हम्मीर हठ, चढ़ै न दूजी बारो॥

हम्मीर के अद्‌भुत त्याग और बलिदान से प्रेरित होकर संस्कृत, प्राकृत, राजस्थानी व हिंदी आदि भाषाओं में कवियों ने उसे अपना चरित्र-नायक बनाकर उसका (हम्मीर) का यशोगान किया है। चन्द्रशेखर कृत हम्मीर हठ प्रमुख और उल्लेखनीय है।

रणथंभौर का चौहान राजा जिसने 1282 से 1301 ई. तक अपनी मृत्युपर्यन्त राज्य किया। हम्मीर ने बड़ी आन-बान के साथ अपना शासन आरम्भ किया। उसने मालवा का एक भाग तथा गढ़मंडल जीत लिया। अपने राज्य की सीमा मालवा में उज्जैन तक और राजपूताना में आबू पर्वत तक बढ़ा ली। वह इतना शक्तिशाली था कि सुल्तान जलालुद्दीन खिलजी ने 1291 ई. में रणथंभौर किला जीतने का प्रयत्न त्याग दिया। बाद में हम्मीर देव ने सुल्तान अलाउद्दीन खिलजी की सेना के बगावत करने वाले सरदारों को शरण देकर उसकी खुली अवहेलना की। उसने सुल्तान की फौज के दो हमलों को विफल कर दिया।

अन्त में अलाउद्दीन ने छल और कपट की नीति अपनाकर हम्मीर के दो मंत्रियों रतिपाल और रणपाल को बूंदी का परगना इनायत करने का प्रलोभन देकर अपनी ओर मिला लिया। इस विश्वासघात के फलस्वरूप हम्मीर की पराजय हुई। अतः उसने केसरिया करने की ठानी। दुर्ग की नारियों ने जौहर का अनुष्ठान किया। राव हम्मीर अपने कुछ विश्वस्त सामन्तों तथा महामांशाह सहित दुर्ग से बाहर शत्रु सेना से युद्ध करता हुआ वीरगति को प्राप्त हुआ। इस प्रकार राव हम्मीर ने शरणागत वत्सलता के आदर्श का निर्वाह करते हुए राज्यलक्ष्मी सहित अपना सर्वस्व न्यौछावर कर दिया।

10. मंडोर ईसा की तेरहवीं सदी के आरंभ में कन्नौज पर दिल्ली के सुलतानों का अधिकार हो जाने पर कहा जाता है कि राठौड़ वंशी शासक राजस्थान के मारवाड़ में आ बसे और यहां उन्होंने अपना नया राज्य स्थापित किया। जोधपुर में कुछ किलोमीटर उत्तर में मंडोर नामक स्थान पर एक प्राचीन दुर्ग था। मारवाड़ पहुंचे राठौड़ों ने अपनी पहली राजधानी मंडोर में स्थापित की। राणाकुंभा, राजकुमारी को जो मंडोर के झालावाड़ राठौर राजकुमार की मंगेतर थी, जबरन ब्याह लाया था। राठौड़ ने अपनी मंगेतर को हासिल करने की कई बार कोशिश की, किन्तु असफल रहा। कुम्भा ने रानी के लिए महल बनवाया जहां से मंडोर का महल दिखाई देता है।

11. दुर्ग की नींव में जिंदा आदमी को गाड़ने की प्रथा बहुत पुरानी है। नींव में नरबलि देने से किले के द्वार तथा बुर्ज मज़बूत बने रहते हैं। वह किला उनके वंशजों के हाथों से नहीं निकलता।

महाराष्ट्र के पुरंदर और लोहगढ़ किलों के प्रवेश द्वारों के बुर्जों में भी नरबलि दी गई थी। मेहराणगढ़ में भी नरबलि दी गई थी। जोधपुर के किले की नींव में राजिया भांबी व्यक्ति को जिंदा गाड़ दिया गया था, उसके बदले उसके परिवार को जागीर दे दी थी। जहां राजिया को गाड़ा गया था, उसके ऊपर खजाना और नक्कारखाने के भवन बने हैं।

12. बीकानेर के दुर्ग-द्वार पर उत्कीर्ण रायसिंह की प्रशस्ति : अथ संवत्सरेऽस्मिन्नृपति विक्रमादित्य राज्यात् संवत 1645 वर्षे शाके 1510 प्रवर्तमाने महामह प्रदायिनि फाल्गुन मासे कृष्णपक्षे नवम्यां तिथौ बृहस्पतिवासरे अनुराधानक्षत्रे व्याघातयोगे श्री दुर्गस्य प्रथमं सूत्रपातः कृतः। ... अथ संवत 1650 वर्षे माघमासे शुक्लपक्षे षष्ठयां गुरौ रेवतीनक्षत्रे साध्यनाम्नि योगे महाराजाधिराज महाराज श्री श्री श्री 2 रायसिंहेन दुर्गप्रतोली संपूर्णीकारिता सा च सुचिरस्थायिनी भवतु ॥

13. सतीप्रथा के लिए देखिए टिप्पणी 4, पृष्ठ संख्या 105

14. सूरजपोल के दोनों तरफ जयमल राठौड़ और पत्ता (फत्ता) सिसोदिया की गजारूढ़ मूर्तियां... अकबर ...बर्नियर का उल्लेख।

15. बीकानेर शहर के दक्षिण में लगभग 32 किलोमीटर दूर **देशनोक** नामक एक कस्बा है। यहां संगमरमर

का बना करणीमाता का भव्य मंदिर है, जो अपने स्वच्छंद विचरण करते हजारों चूहों के लिए दूर-दूर तक प्रसिद्ध है। यहां सफेद चूहे का दर्शन शुभ माना जाता है।

16. जैसलमेर के किले के निर्माण के पहले लोद्रवा का शासक 'भाटी' वंश का राव दूसा था। उसके दो पुत्र थे–जैसलदेव और विजयदेव। विजयदेव का पुत्र था भोजदेव, जो बाद में राजा बना। भोजदेव के शासनकाल में किसी अज्ञात आक्रांता ने लोद्रवा पर चढ़ाई की, जिसमें भोजदेव मारा गया। हमलावरों ने लोद्रवा को लूटा और नगर को उजाड़ दिया। उसके बाद जैसल गद्दी पर बैठा, तो उसने लोद्रवा को असुरक्षित जानकर विक्रम संवत् 1212 (1155 ई.) में वर्तमान जैसलमेर दुर्ग की नींव रखी।

आज लोद्रवा जैनियों का एक प्रमुख तीर्थस्थल है। यहां कई सुंदर जैन मंदिर हैं। लोद्रवा से प्राप्त कुछ पुरावस्तुएं जैसलमेर के संग्रहालय में रखी गई हैं।

चित्र 3.72 : जैसलमेर का घड़सीसर

17. श्री अनुपम मिश्र ने अपनी अनूठी पुस्तक तालाब में घड़सीसर के बारे में अपनी विशिष्ट शैली में बड़ी महत्वपूर्ण सूचनाएं दी हैं : "बिना घड़सीसर के जैसलमेर नहीं होता। लगभग 800 बरस पुराने इस शहर के कोई 700 बरस, उसका एक-एक दिन घड़सीसर की एक-एक बूंद से जुड़ा रहा है। रेत का एक विशाल टीला सामने खड़ा है। पास पहुंचने पर समझ नहीं आएगा कि यह टीला नहीं, घड़सीसर की ऊंची-पूरी, लंबी-चौड़ी पाल है। जरा आगे बढ़ें तो दो बुर्ज और पत्थर पर सुंदर नक्कासी के पांच झरोखे और दो छोटी और एक बड़ी पोल का प्रवेश-द्वार सिर उठाए खड़ा दिखेगा। ... जैसे-जैसे कदम आगे बढ़ते जाते हैं, प्रवेश-द्वार दिखने वाली झलक में नए-नए दृश्य जुड़ते जाते हैं। ... फिर दाईं-बाईं तरफ सुंदर पक्के घाट, मंदिर, पठियाल, बारादरी, अनेक स्तंभों से सजे बरामदे, कमरे तथा और न जाने क्या-क्या जुड़ जाता है। ... दूसरे राजा तालाब बनवाया करते थे, लेकिन घड़सी ने तो इसे खुद बनाया था। महारावल रोज ऊंचे किले से उतरकर यहां आते और खुदाई, भराई आदि हरेक काम की देखरेख करते। यों वह दौर जैसलमेर राज के लिए भारी उथल-पुथल का दौर था। ... तब भी सागर बन रहा था। ... पाल बन रही थी, महारावल पाल पर खड़े होकर सारा काम देख रहे थे। राज-परिवार में चल रहे भीतरी षड्यंत्र ने पाल पर खड़े घड़सी पर हमला किया। राजा की चिता पर रानी का सती हो जाना उस समय का चलन था। लेकिन रानी विमला सती नहीं हुई। राजा का सपना रानी ने पूरा किया।" (पृ. 61-63)

पुस्तक में दो और सूचनाएं हैं : "इसी क्षेत्र से मध्य प्रदेश के जबलपुर में जाकर बसने वाले सेठ गोविंददास के पुरखों ने यहां लौटकर पठसाल पर एक भव्य मंदिर बनवाया था।"

और, घड़सीसर के पश्चिमी घाट पर बने भव्य प्रवेश-द्वार का निर्माण किसने करवाया? किसी राजा या व्यापारी ने नहीं। पत्थर पर बारीक नक्कासी और सुंदर झरोखे वाले इस सुंदर प्रवेश-द्वार का निर्माण करवाया दूर सिंध में रहने वाली 'टिलों' नामक गणिका ने!

18. जैतसर के बारे में तालाब में जानकारी है, "घड़सीसर से कोई 175 बरस बाद बना था जैतसर। यह था तो बंधनुमा तालाब ही, पर अपने बड़े बगीचे के कारण बाद में बस इसे 'बड़ा बाग' की तरह ही याद रखा गया। इस पत्थर के बांध ने जैसलमेर के उत्तर की तरफ खड़ी पहाड़ियों से आने वाला सारा पानी रोक लिया है। एक तरफ जैतसर है, तो दूसरी तरफ उसी पानी से सिंचित बड़ा बाग। दोनों का विभाजन करती है बांध की दीवार। लेकिन यह दीवार नहीं, अच्छी खासी चौड़ी सड़क लगती है, जो घाटी पार कर सामने की पहाड़ी तक जाती है। दीवार के नीचे बनी सिंचाई नाली का नाम है 'राम

नाल'। राम नाल नहर, बांध की तरफ सीढ़ीनुमा है। जैतसर में पानी का स्तर ज्यादा हो या कम, नहर का सीढ़ीनुमा ढांचा पानी को बड़े बाग की तरफ उतारता रहता है।"

19. पानीपत के तीसरे युद्ध (जनवरी 1761) में मराठा सेना को हराने के बाद अहमदशाह अब्दाली ने दिल्ली व लाल किले को खूब लूटा, शाहआलम (द्वितीय) को पुनः दिल्ली के तख़्त पर बिठाया और फिर वह अफ़ग़ानिस्तान वापस चला गया। परंतु वास्तविक शक्ति अब नजीबुद्दौला के हाथ में थी; वह दिल्ली का मीरबख़्शी व राज्यपाल बन गया था। फिर 1788 ई. में रूहेल्लों ने दिल्ली के लाल किले को लूटकर शाहआलम की आंखें फोड़ दी थीं। शाहआलम अब केवल कहने को बादशाह था; उसका शासन दिल्ली से नजदीक के पालम गांव तक सीमित रह गया था। किसी मौजी फारसी कवि ने कहा भी है –

सल्तनत-ए-शाहआलम, अज दिल्ली तो पालम।

20. अहिल्याबाई होळकर की मृत्यु (1795 ई.) के बाद उसके सेनापति तुकोजी होळकर ने राज्य की जिम्मेदारी संभाली थी। तुकोजी के औरस पुत्रों के अलावा दो दासीपुत्र थे–विठोजी और यशवंत। पुणे में तुकोजी की मृत्यु (1797 ई.) के बाद होळकर राज्य में अराजकता की स्थिति पैदा हुई; पुणे में ही तुकोजी के दूसरे पुत्र मल्हारराव का वध हुआ। उस स्थिति में राज्य की जिम्मेदारी यशवंतराव ने संभाली। शिंदे, भोंसले और पेशवा उसके विरोधी थे। यशवंत के भाई विठोजी को पेशवा बाजीराव-द्वितीय (1796-1818 ई.) ने पुणे में मरवा दिया था। तब यशवंतराव ने अपना सैन्य-संगठन करके पुणे पर हमला किया। पेशवा बाजीराव वसई भाग गया और उसने 31 दिसंबर, 1802 को अंग्रेजों के साथ संधि (वसई की संधि) कर ली। इस कुख्यात संधि के साथ ही मराठों का राज्य लगभग समाप्त हो गया था।

यशवंतराव होळकर ने अंग्रेजों के विरुद्ध अपना संघर्ष जारी रखा, लेकिन इसमें नागपुर के भोंसले और ग्वालियर के शिंदे ने उसका साथ नहीं दिया। यशवंतराव अपना सैन्य लेकर दिल्ली तक पहुंच गया था। लेकिन अंग्रेजी फौज ने उसका पीछा किया, तो उसे डीग व भरतपुर में शरण लेनी पड़ी थी। बाद में दिसंबर 1805 में अंग्रेज-होळकर संधि हो गई। लेकिन यशवंतराव ने अंग्रेजों को उखाड़ फेंकने का अपना प्रयास जारी रखा। आगे उसका स्वास्थ्य बिगड़ता गया; वह पागल-सा हो गया। अंत में 28 अक्तूबर, 1811 को यशवंतराव होळकर का देहांत हो गया।

21. कुं. नटवर सिंह ने अपनी पुस्तक **महाराजा सूरजमल** में भरतपुर के किले की स्थापना के बारे में जानकारी दी है : डीग के दक्षिण-पश्चिम में सोघर नामक एक गांव था। जाट-परिवार सोघरियों का यह गांव चारों तरफ दलदल से घिरा था; बरसात में इस गांव तक पहुंचना आसान नहीं था। रक्षा की दृष्टि से यह आदर्श स्थान था। युद्ध के समय बाणगंगा और रूपारेल, इन दो नदियों का पानी आसपास के क्षेत्र को जलमग्न करने के लिए छोड़ा जा सकता था। अठारहवीं सदी के आरंभ में ठाकुर खेमकरणसिंह सोघरिया ने आसपास के गांवों को संगठित करके यहां सबसे ऊंची जगह पर एक गढ़ बनवाया था।

सन् 1732 ई. में डीग के राजा बदनसिंह ने 25 वर्षीय अपने पुत्र सूरजमल को सोघर पर अधिकार करने के लिए भेजा। सूरजमल ने सोघर पर हमला करके उसे जीत लिया। बाद में सोघरियों के साथ सूरजमल ने सुलह कर ली। उसके बाद एक दिन सूरजमल घोड़े पर सवार होकर आसपास के जंगल में घूम रहा था, तो उसने देखा कि एक झील पर एक सिंह और एक गाय बिलकुल पास ही पानी पी रहे हैं। इस दृश्य से सूरजमल बड़ा प्रभावित हुआ। पास ही एक नागा साधु का डेरा था। सूरजमल साधु से जाकर मिला, उन्हें प्रणाम किया। साधु ने सूरजमल को आशीर्वाद दिया और सोघर में अपनी राजधानी बनाने की सलाह दी। उसके बाद सूरजमल भरतपुर के किले के निर्माण में जुट गया। (पृ. 45-46)

मध्य प्रदेश व छत्तीसगढ़ के किले

ग्वालियर । मांडवगढ़ । चंदेरी । असीरगढ़
बुरहानपुर । गढ़-मंडला । हिंगलाजगढ़
रतनपुर का गजगढ़

मध्य प्रदेश व छत्तीसगढ़ के विभिन्न शहर

अध्याय-4

मध्य प्रदेश व छत्तीसगढ़ के किले

ग्वालियर का किला

रेलगाड़ी की रफ्तार धीमी हो रही है। आगरा और झांसी के बीच का ग्वालियर स्टेशन नजदीक आ रहा है। नजरें पश्चिम दिशा की ओर मुड़ जाती हैं। शहर से सटी हुई करीब तीन किलोमीटर लंबी और कोई 100 मीटर ऊंची समतल पहाड़ी सभी का ध्यान आकर्षित कर लेती है। इसी पहाड़ी पर बसा हुआ है ग्वालियर का शानदार किला, जिसके खूबसूरत महलों को देखकर मुगल बादशाह बाबर (भारत में शासन : 1526-30 ई.) चकित रह गया था। कुतुबुद्दीन ऐबक व इल्तुतमिश के समकालीन मुस्लिम इतिहासकार सद्रुद्दीन हसन निजामी ने अपनी पुस्तक **ताजुल मआसिर** में ग्वालियर के किले के बारे में लिखा है : “हिंद के तमाम किलों की मणिमाला में यह एक सबसे खूबसूरत मोती की तरह है।”

अल्बेरूनी (973-1048 ई.) ने भी लिखा है कि ग्वालियर व कालिंजर उत्तर भारत के दो

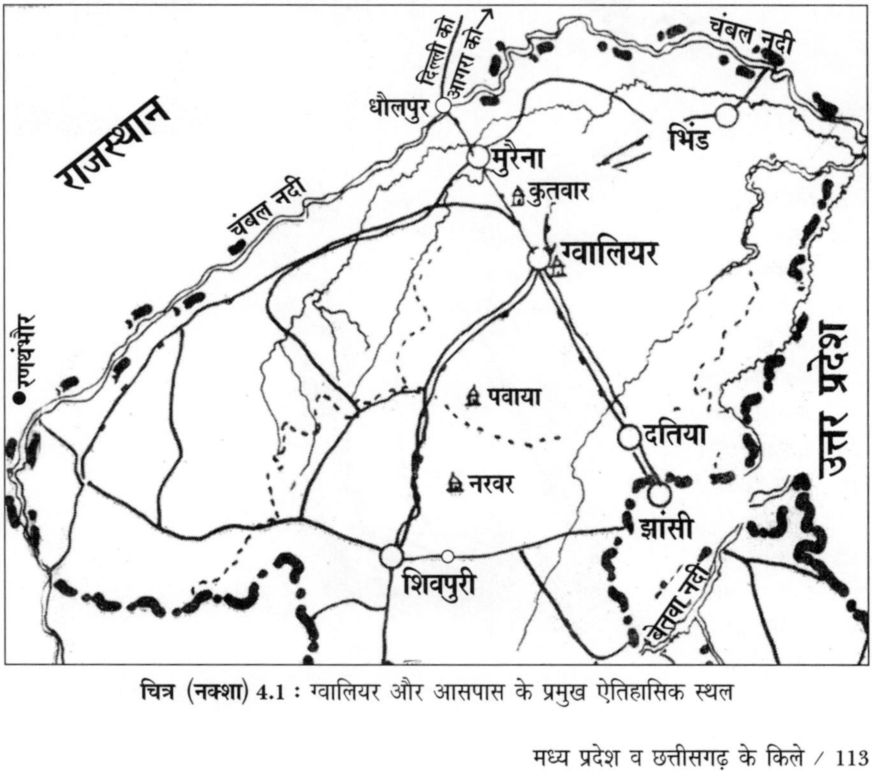

चित्र (नक्शा) 4.1 : ग्वालियर और आसपास के प्रमुख ऐतिहासिक स्थल

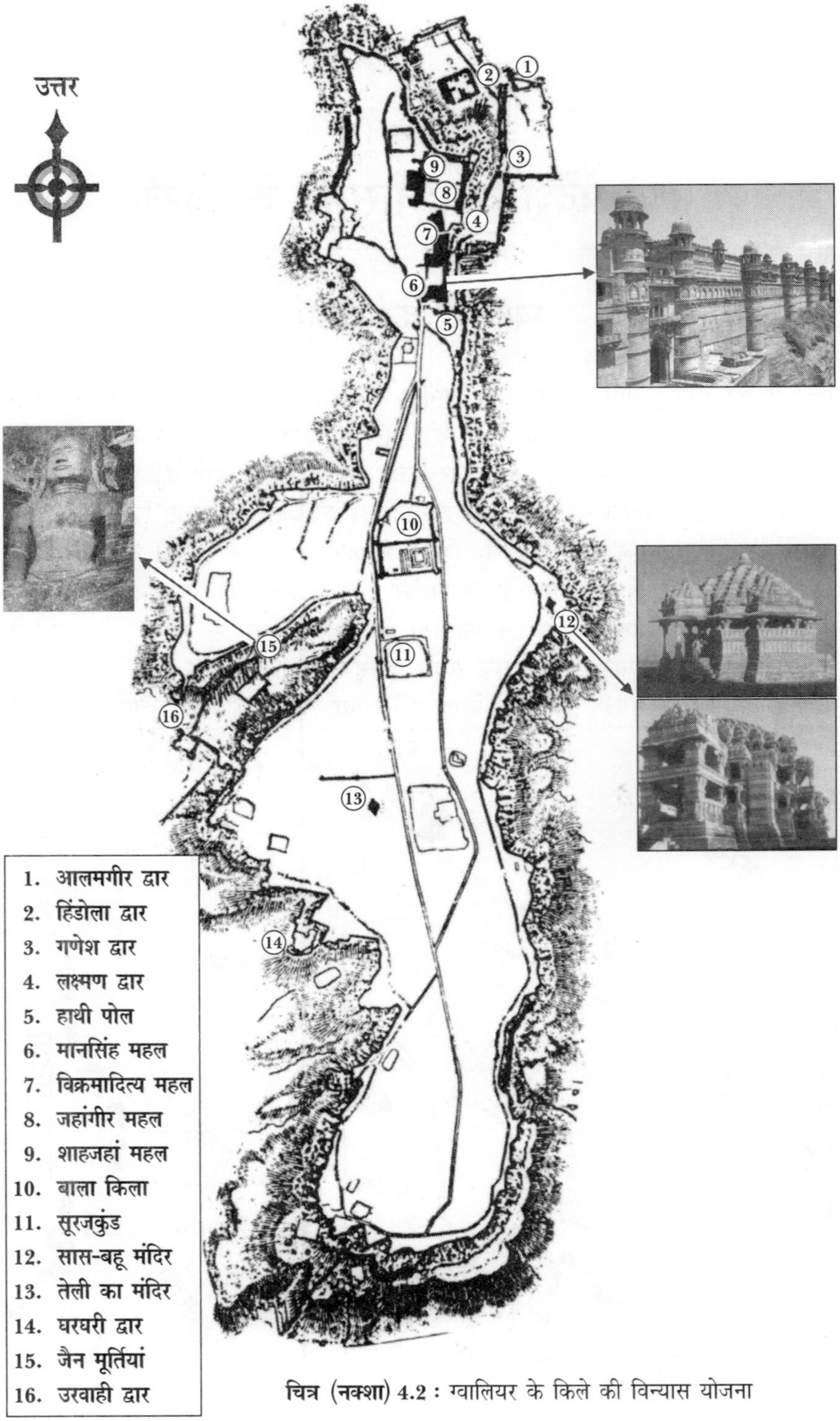

चित्र (नक्शा) 4.2 : ग्वालियर के किले की विन्यास योजना

अत्यंत प्रसिद्ध दुर्ग हैं। और, चौदहवीं सदी के पूर्वार्द्ध में भारत-यात्रा पर आया मोराको का प्रसिद्ध यात्री इब्नबतूता, जो दो बार ग्वालियर पहुंचा था, लिखता है : "ग्वालियर का दुर्ग पर्वत-शिखर पर बना हुआ है और देखने पर ऐसा प्रतीत होता है कि मानो शिला को काटकर ही इसका निर्माण किया गया है। इस दुर्ग के समीप कोई अन्य पर्वत इतना ऊंचा नहीं है। दुर्ग के भीतर एक जलाशय औार लगभग बीस कूप बने हुए हैं। प्रत्येक कूप की ऊंची दीवारों पर मंजनीक (Catapult) लगे हुए हैं। दुर्ग पर चढ़ने का मार्ग इतना प्रशस्त है कि हाथी तक सुगमता से आ-जा सकते हैं। दुर्ग के द्वार पर पत्थर काटकर इतना सुंदर महावत सहित हाथी निर्माण किया गया है कि दूर से वास्तविक हाथी-सा प्रतीत होता है। नगर दुर्ग के नीचे बसा हुआ है। यह भी बहुत सुंदर है। यहां के समस्त गृह और मस्जिदें श्वेत पत्थर की बनी हुई हैं। द्वार के अतिरिक्त इनमें किसी स्थान पर भी लकड़ी नहीं लगाई गई है। यहां की अधिकांश प्रजा हिंदू है; सम्राट की ओर से यहां छह सौ घुड़सवार रहते हैं। हिंदू राज्यों के मध्य में होने के कारण ये बहुधा युद्ध में ही लगे रहते हैं।"[1]

इब्नबतूता का यह विवरण उस समय का है जब ग्वालियर के दुर्ग में अभी मानसिंह तोमर और उसके पुत्र विक्रमजीत के भव्य महलों का निर्माण नहीं हुआ था।

चित्र 4.3 : मानसिंह द्वारा पुनर्निर्मित ग्वालियर दुर्ग का भव्य हाथीपोल

उत्तर से दक्षिण भारत जाने वाले राजमार्ग पर स्थित होने के कारण सुरक्षा की दृष्टि से ग्वालियर के किले को प्राचीन काल से ही बड़े महत्व का माना जाता रहा है। दिल्ली और आगरा से ग्वालियर पहुंचने के बाद रेलमार्ग थोड़ा दक्षिण-पूर्व की ओर मुड़कर झांसी पहुंच जाता है। और, दिल्ली और आगरा से ग्वालियर पहुंचा हुआ सड़कमार्ग थोड़ा दक्षिण - पश्चिम की ओर मुड़कर आगे इंदौर पहुंचता है। यही वजह है कि ग्वालियर के किले को "दक्षिण का द्वार" माना जाता रहा है। दिल्ली और आगरा के प्रायः हर शासक ने इस मजबूत किले को अपने कब्जे में रखने की कोशिश की है। इसने हूणों, प्रतिहारों, कछवाहों, चंदेलों, तोमरों, पठानों, मुगलों, मराठों और अंग्रेजों के शासनकाल में बहुतेरे उलट-फेर देखे। यह अनेक शूरवीरों और कला-प्रेमियों की गाथाएं अपने में समेटे हुए है। 17 जून, 1858 को ग्वालियर के किले के पास ही अंग्रेजों से लड़ते-लड़ते

झांसी की रानी लक्ष्मीबाई की मृत्यु हुई थी।

किले पर पहुंचने के दो रास्ते हैं। पैदल जाने वाले पर्यटक पूर्व दिशा के ग्वालियर द्वार (आलमगीर द्वार) से होकर किले के ऊपर पहुंच सकते हैं। इस दरवाजे के आगे चार और दरवाजे हैं–हिंडोला द्वार (या बादल द्वार), गणेश द्वार, लक्ष्मण द्वार और हाथीपोल। भव्य बुर्जों से रक्षित हाथीपोल सबसे ऊपर है। किसी समय यहां पूरी ऊंचाई का पत्थर का एक विशाल हाथी खड़ा था, इसलिए इस दरवाजे का नाम हाथीपोल पड़ा।

किले पर जाने के लिए दूसरा मार्ग पश्चिम की ओर के 'उरवाही द्वार' से है।[2] सवारी गाड़ी वाले इसी चक्करदार मार्ग से होकर किले में पहुंचते हैं। इस मार्ग के दोनों ओर की चट्टानी पहाड़ियों में अनेक जैन मूर्तियां खोदी हुई हैं। उरवाही दरवाजे के बाहर खड्गासन मुद्रा में आदिनाथ की 18.5 मीटर ऊंची मूर्ति है; यह यहां की सबसे विशाल मूर्ति है। ग्वालियर दुर्ग की इन जैन मूर्तियों का निर्माण तोमरवंशी नरेश डूंगरसिंह और उनके उत्तराधिकारी पुत्र कर्णसिंह (या कीर्तिसिंह) के शासन-काल के 33 वर्षों (1440-1473 ई.) में हुआ था। कुछ जैन मूर्तियां पूर्व की ओर के रास्ते पर भी दिखाई देती हैं। किले के दक्षिण-पूर्व में भी कलात्मक जैन मूर्तियों का एक समूह है। यहां किले की प्राचीर के बाहर एक प्राकृतिक गुफा में एक बावड़ी खुदी हुई है। किले पर जाने के तीन और दरवाजे थे, जिन्हें अब बंद कर दिया गया है।

ग्वालियर का किला कब बना और किसने बनवाया, इसके बारे में ठोस जानकारी नहीं मिलती। एक लोककथा के अनुसार, ग्वालियर के उत्तर में कोई 45 किलोमीटर दूर कुतवार (प्राचीन कुंतलपुर) स्थान के राजा सूरजसेन या सूरजपाल ने इसकी नींव रखी थी। राजा त्वचा के किसी रोग (संभवतः कोढ़) से पीड़ित था। एक दिन वह शिकार खेलते-खेलते ग्वालियर की इस पहाड़ी पर पहुंच गया। उस समय यह पहाड़ी गोपाद्रि या गोपगिरि के नाम से जानी जाती थी और यहां घना जंगल था। पहाड़ी पर एक कुंड था और वहां ग्वालिपा नामक एक साधु रहा करते थे।

साधु से भेंट होने पर सूरजसेन ने उन्हें अपने रोग के बारे में बताया। साधु ने राजा से कहा कि वह सामने के कुंड में स्नान करे। राजा ने वैसा ही किया और उसे कोढ़ से मुक्ति मिल गई। साधु के कहने पर सूरजसेन ने कुंड को पक्का करा दिया और पहाड़ी पर एक किला बनवाया। तब से वह कुंड 'सूरजकुंड' कहलाने लगा और किले का नाम गोपाद्रि, ग्वालिपा, ग्वालिया आदि से आगे बढ़कर अंत में ग्वालियर हो गया। अभिलेखों में ग्वालियर के लिए अन्य नाम मिलते हैं : **गोपगिरि**, **गोपाचल दुर्ग** व **गोपालिकेर**। मराठी में ग्वालियर का प्रचलित स्थानीय नाम **ग्वाल्हेर** है, जो संभवतः गोपालिकेर का अपभ्रंश है।

उपर्युक्त लोककथा की सच्चाई के बारे में यकीन के साथ कुछ नहीं कहा जा सकता। देश के कई दुर्गों के बारे में लगभग इसी तरह की लोककथाएं प्रचलित हैं। कुछ इतिहासकारों का मत है कि सूरजसेन सचमुच एक राजा था, जिसने 274 ई. में ग्वालियर के किले का निर्माण किया।

जो भी हो, 525 ई. से यानी आज से लगभग डेढ़ हजार वर्ष पहले से ग्वालियर के किले का सिलसिलेवार इतिहास मिलने लग जाता है। यहां कई प्राचीन अभिलेख मिले हैं, जिनसे इस प्रसिद्ध दुर्ग के बारे में प्रामाणिक जानकारी मिलती है। सूरजकुंड के पास बने

सूर्य-मंदिर के एक मंडप की दीवार में लगी हुई एक प्रस्तर-पट्टी पर अंकित एक संस्कृत लेख प्राप्त हुआ है, जिससे पता चलता है कि 525 ई. में इस किले पर हूण विजेता मिहिरकुल[3] का अधिकार था। शिलालेख में कहा गया है कि मिहिरकुल के शासन के 15वें वर्ष में मातृचेट नामक व्यक्ति ने इस सूर्य-मंदिर की स्थापना की थी। इस लेख में ग्वालियर की इस पहाड़ी को 'गोप' कहा गया है।[4]

राजा हर्षवर्धन की मृत्यु 647 ई. में हुई। उसके बाद उत्तर भारत में कई छोटे-मोटे राज्यों का उदय हुआ। करीब डेढ़ सौ साल बाद गुर्जर-प्रतिहार वंश के शासकों ने अपने राज्य का विस्तार करके कन्नौज को अपनी राजधानी बनाया। ग्वालियर के किले के चतुर्भुज मंदिर में मिले दो लेखों से पता लगता है कि 875-76 ई. में यह दुर्ग शक्तिशाली गुर्जर-प्रतिहार राजा भोज-प्रथम (जिसे 'मिहिरभोज' भी कहते हैं) के अधिकार में था। इन लेखों में इस पहाड़ी का नाम 'गोपगिरि' है।

गुर्जर-प्रतिहारों के पतन के बाद ग्वालियर के दुर्ग पर खजुराहो के चंदेल राजा धंगदेव (लगभग 950-1002 ई.) का शासन रहा। फिर यह दुर्ग कछवाह (कच्छपघात) राजपूतों के हाथों में चला गया। दुर्ग में पास-पास बने 'सास-बहू' नामक दो मंदिर हैं। यहां मिले 1093 ई. के एक लेख से पता चलता है कि उस समय इस दुर्ग पर कछवाह राजपूतों का अधिकार था। इस वंश ने करीब सौ साल तक ग्वालियर पर शासन किया।

फिर अफ़ग़ानिस्तान के सुलतान शहाबुद्दीन ग़ोरी ने ग्वालियर के दुर्ग को जीत लिया

चित्र 4.4 : सास-बहू मंदिर : ऊपर बहू का; बीच में सास का और नीचे इसका अंतर्भाग

(1195-96 ई.), तो उसके द्वारा नियुक्त दिल्ली के प्रथम गुलाम सुलतान कुतुबुद्दीन ऐबक (शासन : 1206-10 ई.) का इस पर अधिकार हो गया। मगर ऐबक ने दुर्ग पर प्रतिहारों का कब्जा कायम रहने दिया। कुछ वर्ष बाद प्रतिहारों ने अपनी स्वतंत्रता घोषित की, तो सुलतान इल्तुतमिश (शासन : 1210-35 ई.) ने 1231 ई. में ग्वालियर के दुर्ग पर चढ़ाई की। भयंकर युद्ध हुआ। राजा सारंगदेव ने लड़ते हुए वीरगति पाई। राजपूत महिलाओं ने 'जौहर' किया। उस घटना की याद दिलाने वाला जौहरताल आज भी किले में मौजूद है।

चित्र 4.5 : तात्या टोपे व रानी लक्ष्मीबाई का ग्वालियर शैली का चित्र (गूजरी महल संग्रहालय, ग्वालियर)

समरकंद के शासक तैमूरलंग ने 1398 ई. में दिल्ली पर चढ़ाई की और उसे खूब लूटा। उस आक्रमण से दिल्ली सल्तनत की जड़ें हिल गई थीं। परिस्थिति का लाभ उठाकर तोमर वंश के राजपूतों ने ग्वालियर

चित्र 4.6 : मानमंदिर व विक्रममंदिर, ग्वालियर दुर्ग

चित्र 4.7 : ग्वालियर दुर्ग के ऊपर से नीचे गूजरी महल का नजारा

के दुर्ग पर अधिकार कर लिया और 1517 ई. तक यह उन्हीं के कब्जे में रहा। तोमर राजा डूंगरसिंह और कर्णसिंह के समय में दुर्ग में बहुत सारी जैन मूर्तियों का निर्माण हुआ। फिर इस वंश का सबसे प्रतापी राजा मानसिंह तोमर (1486-1517 ई.) हुआ, जिसने इस किले में विशाल महल और बड़े-बड़े द्वार बनवाए। वह कला और संगीत का प्रेमी तथा पोषक था।

मानसिंह ने सिकंदर लोदी के हमलों से ग्वालियर दुर्ग को बचा लिया, परंतु सिकंदर के उत्तराधिकारी इब्राहीम लोदी ने जंगी तैयारी करके 1517 ई. में ग्वालियर दुर्ग को घेर लिया, तो उसी दौरान मानसिंह की अचानक मृत्यु हो गई। मानसिंह का पुत्र विक्रमजीत (विक्रमादित्य) किले को बचाने में असफल रहा, उसने आत्मसमर्पण कर दिया; ग्वालियर के तोमर शासक लोदियों के अधीन हो गए। पानीपत के युद्ध (1526 ई.) में विक्रमजीत लोदियों के साथ था, बाबर के खिलाफ लड़ा था, जिसमें उसकी मृत्यु हो गई।

चित्र 4.8 : गूजरी महल संग्रहालय की एक अनूठी मूर्ति : 'वृक्षिका', ग्यारसपुर से (लगभग 1000 ई.)

फिर भारत में मुगल राज्य के संस्थापक बाबर (शासन : 1526-30 ई.) ने ग्वालियर के दुर्ग पर अधिकार कर लिया। वह 1528 ई. में ग्वालियर के दुर्ग में आया था और उसने यहां के महलों और मंदिरों को दिलचस्पी से देखा था।[5] कुछ समय यह किला शेरशाह सूरी (1540-45 ई.) के कब्जे में भी रहा, किंतु 1558 ई. में अकबर (शासन : 1556-1605 ई.) ने पुनः इसे अपने राज्य में मिला लिया।

ग्वालियर के किले को पहले खिलजी सुलतानों ने और बाद में मुगल बादशाहों ने मुख्यतः शाही कैदखाने के रूप में इस्तेमाल किया। अलाउद्दीन खिलजी ने अपने बेटों को यहां कैद करके रखा था। अकबर, जहांगीर और औरंगजेब ने भी अपने विरोधी सरदारों व संबंधियों को यहीं पर बंदी बनाकर रखा था। काफी कोशिश के बाद जनवरी 1601 में असीरगढ़ के मशहूर गिरिदुर्ग पर अकबर का कब्जा हो गया, तो उसने शरण में आए वहां के अंतिम फारूकी शासक बहादुर खान को ग्वालियर के दुर्ग में कैद करके रखा था, सपरिवार। जहांगीर (1605-27 ई.) के आदेश से सिखों के छठे गुरु हरगोविंद साहिब भी यहां कैद में रखे गए थे।[6]

सन् 1765 में ग्वालियर के किले पर मराठा सरदार महादजी शिंदे (शासन : 1761-94 ई.) का अधिकार हो गया। अंग्रेज-मराठा युद्ध (1780 ई.) के बाद किला अंग्रेजों के हाथ में आया। परंतु सालबाई की संधि (1782 ई.) के तहत शिंदे (सिंधिया) अंग्रेजों के मित्र हो गए, तो किला पुनः उन्हें मिल गया। महादजी शिंदे के उत्तराधिकारी दौलतराव शिंदे (शासन : 1794-1827 ई.) ने 1810 ई. में ग्वालियर के निकट अपनी फौज (लश्कर) के लिए स्थायी स्थान चुना और फिर वही स्थान आगे जाकर शिंदे की राजधानी बना। ग्वालियर दुर्ग का दक्षिणी क्षेत्र आज भी लश्कर कहलाता है।

सन् 1857 के स्वाधीनता संग्राम में शिंदे शासकों ने अंग्रेजों का साथ दिया। तात्या टोपे और रानी लक्ष्मीबाई के नेतृत्व में स्वतंत्रता संग्राम के सेनानी ग्वालियर पहुंचे, तो शिंदे आगरा भाग गया। करीब एक पखवाड़े तक ग्वालियर का किला क्रांतिकारियों के कब्जे में रहा। उसके बाद किले के पास क्रांतिकारियों का अंग्रेजों से जो युद्ध हुआ उसमें 23 साल की लक्ष्मीबाई लड़ते-लड़ते 17 जून, 1858 को शहीद हो गई। किले के नीचे दक्षिण दिशा में स्थित कोटा की सराय के पास के जिस स्थान पर रानी ने प्राण त्यागे वहां आज उसकी अश्वारूढ़ प्रतिमा खड़ी है।

सैनिक दृष्टि से ग्वालियर के किले का बड़ा महत्व था, इसलिए 1886 ई. तक अंग्रेजों ने उस पर अपना कब्जा कायम रखा और फिर इसे शिंदे को सौंप दिया। अंग्रेजों ने यहां बारूदखाना, सैनिक बैरकें और यूरोपीय ढंग की कई इमारतें बनवाईं। इन्हीं बैरकों और इमारतों में अब 'सिंधिया पब्लिक स्कूल' चलता है।

सन् 1947 में भारत के स्वतंत्र होने पर ग्वालियर राज्य और किला मध्यभारत (सन् 1956 से मध्य प्रदेश) के अंग बन गए।

किले में ऐतिहासिक महत्व के अनेक स्मारक हैं। किले के छह महलों में चार हिंदू राजाओं के और दो मुसलमान शासकों के हैं। इनमें से पांच महल किले के भीतर उसकी पूर्वी ढलान पर बने हैं, जबकि छठा गूजरी महल नीचे ग्वालियर द्वार के पास है। ऊपर के महलों में सबसे भव्य है मानमंदिर[7], जिसे मानसिंह तोमर (1486-1517 ई.) ने बनवाया था। महल की पूर्वी दीवार पर गुंबद वाली छह मीनारें हैं। महल का यह भाग लगभग 100

मीटर लंबा और 26 मीटर ऊंचा है। इसकी दीवारों को नाना रंगों के पत्थरों (टाइलों) से अलंकृत किया गया था। महल की चार मंजिलें हैं—दो ऊपर और दो नीचे। नीचे की मंजिलें शाही कैदखाने के काम आती थीं। महल की ऊपरी मंजिलों में मीनाकारी, पच्चीकारी, संगतराशी आदि का काम बहुत ही कलापूर्ण है।

मानमंदिर के उत्तर में कर्णमंदिर और विक्रममंदिर हैं। पास ही मुगल काल में बने जहांगीर महल और शाहजहानी महल हैं। स्थापत्य-कला की दृष्टि से इनका कोई विशेष महत्व नहीं है।

राजा मानसिंह एक ग्रामीण गूजर कन्या पर मोहित होकर उसे अपने महल में ले आया था।[8] बाद में राजा ने उसके लिए ग्वालियर दरवाजे के पास दोमंजिला महल बनवाया, जो गूजरी महल कहलाता है। प्रसिद्ध उपन्यासकार वृंदावनलाल वर्मा (1889-1969 ई.) ने इस गूजर कन्या की कथा को आधार बनाकर 'मृगनयनी' नाम से एक रोचक उपन्यास लिखा है। अब गूजरी महल में मध्य प्रदेश सरकार का पुरातत्व संग्रहालय है।

किले में नए-पुराने कई मंदिर हैं। इनमें सास-बहू (सहस्रबाहु) के मंदिर बहुत ही मनोहर हैं। ये दोनों ही विष्णु के मंदिर हैं और पास-पास बने हुए हैं। बहू का मंदिर सास के मंदिर से छोटा है। सास के मंदिर के एक शिलालेख से पता चलता है कि इसे कछवाह नरेश महीपाल ने 1093 ई. में बनवाया था। आज इन दोनों ही मंदिरों के गर्भगृहों में कोई मूर्ति नहीं है।

थोड़ी दूरी पर 'तेली का मंदिर' है। यह किले में बनी इमारतों में सबसे ऊंचा है (30 मीटर)। ईसा की नौवीं सदी में बने इस मंदिर के निर्माण में उत्तर और दक्षिण भारत की स्थापत्य शैलियों का अनूठा मिश्रण देखने को मिलता है। यह भी विष्णु मंदिर ही है। पहले इसका नाम संभवतः 'तैलप मंदिर या 'तैलंग मंदिर' था, जो बिगड़ते-बिगड़ते 'तेली का मंदिर' हो गया। इस मंदिर की वेदी भी मूर्ति-रहित है।

चित्र 4.9 : 'तेली का मंदिर'

किले में कई तालाब और कुंड हैं, जिन्हें चट्टानों को काटकर बनाया गया है। इनमें सूरज कुंड, जौहर ताल, अनार बावड़ी, रानी ताल, कटोरा ताल आदि मुख्य हैं। इनमें हमेशा पानी भरा रहता है।

किले के अलावा ग्वालियर शहर में कई ऐतिहासिक स्मारक हैं। हिंदुस्तानी शास्त्रीय संगीत के क्षेत्र में ग्वालियर घराने का महत्वपूर्ण योगदान रहा है। दुर्ग के ग्वालियर दरवाजे के पूर्व में महान संगीतज्ञ तानसेन[9] (मृत्यु

चित्र 4.10 : सूफी संत शेख मुहम्मद गौस का शानदार मकबरा, ग्वालियर

1595 ई.) की समाधि और सोलहवीं सदी के सूफी संत शेख मुहम्मद गौस का खूबसूरत मकबरा है।[10] ग्वालियर के पास रानी लक्ष्मीबाई की शहादत और वहां बना उनका समाधि-स्मारक हमारे प्रथम स्वातंत्र्य-संग्राम (1857-58 ई.) का स्मरण कराते हैं।

मांडवगढ़

भारत के लगभग मध्य भाग में स्थित मांडव दुर्ग अपने प्राकृतिक सौंदर्य के लिए तो प्रसिद्ध है ही, आज खंडहर बने हुए इसके स्मारक भी अपने समय में बेजोड़ रहे हैं। मांडवगढ़, जिसे ज्यादातर 'मांडू' के नाम से जाना जाता है, मध्य प्रदेश के इंदौर शहर से 98 कि. मी. दक्षिण-पश्चिम में और धार (धारा) शहर से 35 कि.मी. दक्षिण-पूर्व में है।

समुद्र-सतह से लगभग 634 मीटर ऊंचे, अनियमित आकार के पहाड़ी पठार पर लगभग 27 वर्ग-किलोमीटर क्षेत्र में बसा हुआ यह दुर्ग एक ऐसी गहरी खोह द्वारा घिरा हुआ है जो इसे उत्तर में मालवा के मुख्य पठार और दक्षिण में नेमाड़ के मैदान से अलग करती है। दुर्ग समूची पहाड़ी को घेरता है। इसकी पूर्व-पश्चिम लंबाई लगभग 6 से 8 कि.मी. और उत्तर-दक्षिण चौड़ाई 6 से 8 कि.मी. है। लगभग 45 कि.मी. लंबे परकोटे और 12 दरवाजों वाला मांडवगढ़ एक गिरिदुर्ग-नगर रहा है।

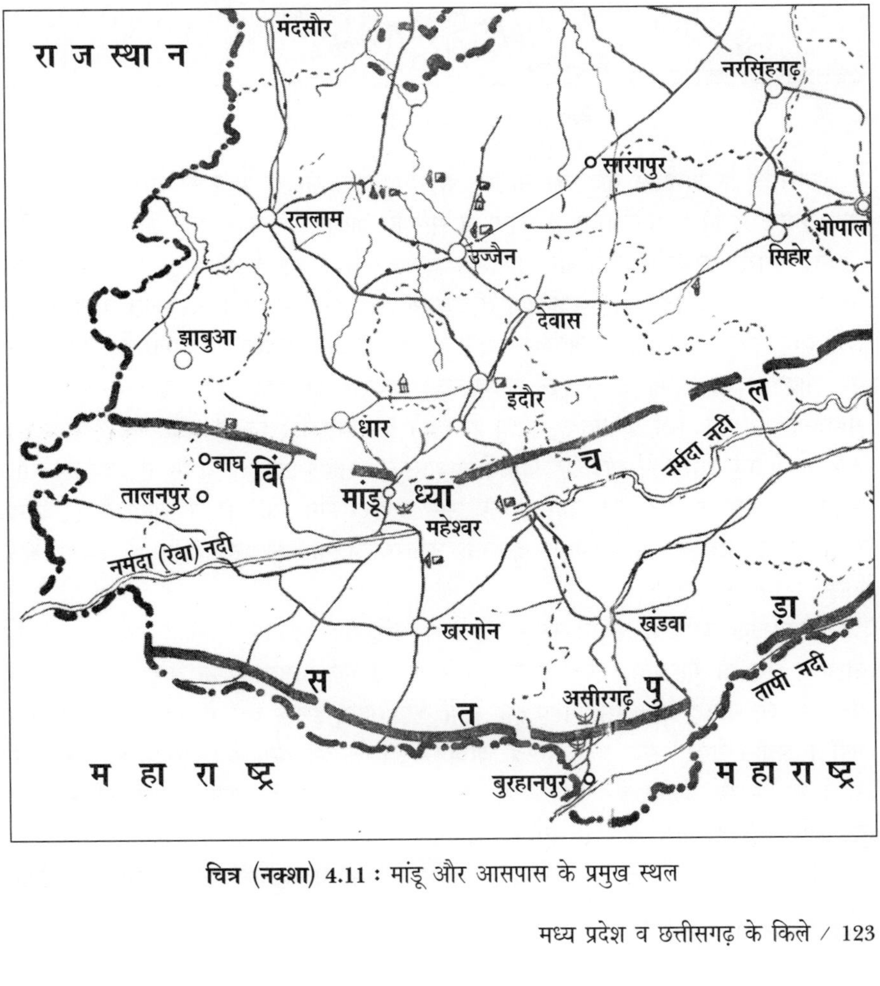

चित्र (नक्शा) 4.11 : मांडू और आसपास के प्रमुख स्थल

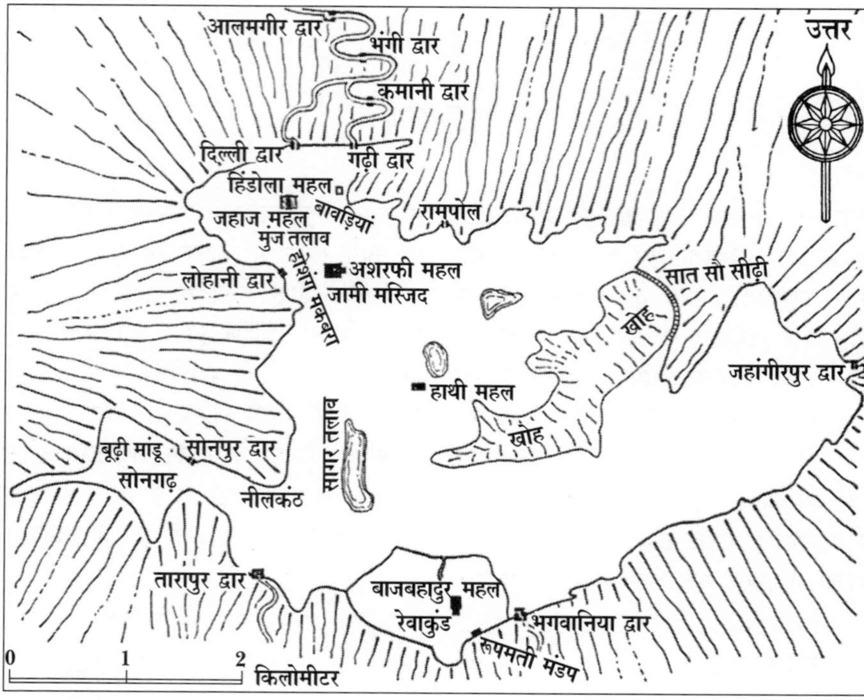

चित्र 4.12 : मांडवगढ़ के प्रमुख स्मारक

बरसात के दिनों में मांडू का मौसम और प्राकृतिक सौंदर्य बहुत ही लुभावना होता है। यही कारण है कि अपने वैभव के दिनों में मुस्लिम शासकों ने मांडू को 'शादियाबाद' यानी 'आनंद नगरी' का नाम दिया था। बादशाह अकबर ने 1562 ई. में मांडू पर अधिकार कर लिया था। पता चलता है कि खानदेश व दक्खन के अपने अभियानों पर जाते वक्त अकबर चार बार मांडू पहुंचा था। "अकबरनामा" के लेखक अबुलफजल ने लिखा है कि गुजरात पर आक्रमण करने की जल्दी होने के बावजूद अकबर बादशाह मांडवगढ़ के भव्य भवनों, सुहावनी जलवायु तथा प्राकृतिक सौंदर्य से इतने प्रभावित हुए कि वे यहां एक सप्ताह तक रुके रहे। सन् 1617 में बादशाह जहांगीर (शासन : 1605-27 ई.), बेगम नूरजहां को साथ लेकर, दल-बल के साथ मांडू पहुंचा था। उसने इस दुर्ग-नगर के बारे में लिखा है : "बारिश के दिनों में मांडू का मौसम और कुदरती नजारा जितना खूबसूरत होता है, उतना अन्य किसी स्थान का नहीं।"

सन् 555 के एक पुराने संस्कृत लेख में मांडू को 'मंडप-दुर्ग' कहा गया है।[11] एक अन्य उल्लेख से भी पता चलता है कि आज से डेढ़ हजार साल पहले मांडू की इस पहाड़ी पर एक दुर्ग मौजूद था। इसे 'मंडप-दुर्ग' क्यों कहा गया, इसके बारे में कोई स्पष्ट जानकारी नहीं मिलती। मगर आज का 'मांडव' शब्द 'मंडप' से ही बना है। मराठी में 'मंडप' को आज भी 'मांडव' कहते हैं। 'मांडव' से ही 'मांडू' शब्द बना है। कुछ मुस्लिम इतिहासकारों के ग्रंथों में 'मंडू' शब्द का भी प्रयोग हुआ है।

ईसा की दसवीं सदी के अंतिम चरण में मालवा में परमारों का शासन शुरू हुआ।

मुंज और भोज (द्वितीय) प्रबुद्ध, प्रतापी परमार राजा हुए। पहले परमारों की राजधानी उज्जैन में थी, फिर धार में स्थानांतरित हो गई। बाद में धार से 35 कि.मी. दक्षिण-पूर्व में स्थित मांडवगढ़ भी परमारों की राजधानी रहा। मांडू में मुंज की स्मृति के रूप में आज भी 'मुंज-तलाव' मौजूद है। मुंज का भतीजा भोज-द्वितीय[12] (1018-60 ई.) एक विद्यानुरागी शासक था। मांडू से भोज की आराध्यदेवी वाग्देवी (सरस्वती) की एक मूर्ति मिली है, जिस पर प्राकृत भाषा में देवी की स्तुति अंकित है। यह मूर्ति अब ब्रिटिश संग्रहालय (लंदन) में है।[13] मुंज और भोज के समय में मांडू में कई मंदिर और महल बने होंगे, जिनकी सामग्री का बाद में नई इमारतें बनाने में इस्तेमाल हुआ।

चित्र 4.13 : परमार भोज (1018-60 ई.) द्वारा प्रतिष्ठापित सरस्वती (ब्रिटिश संग्रहालय, लंदन)

सन् 1227 के आसपास दिल्ली के सुलतान इल्तुतमिश (शासन : 1210-35 ई.) ने मालवा पर चढ़ाई की और उज्जैन तथा विदिशा को लूटा। मांडू के परमार शासक देवपाल ने उससे संधि कर अपने को बचाया। फिर 1293 ई. में सुलतान जलालुद्दीन खिलजी ने मालवा पर हमला किया और मांडू तथा आसपास के इलाके को लूटा। उसके बारह साल बाद अलाउद्दीन खिलजी (शासन : 1296-1316 ई.) के सेनापति आईन-उल-मुल्क ने मांडू पर चढ़ाई की (1305 ई. में) और वहां के राजा महलक देव को मार डाला। तब से मांडू दिल्ली सल्तनत का हिस्सा बन गया।

पंद्रहवीं सदी के आरंभ से मांडू के इतिहास का नया अध्याय आरंभ हुआ। खिलजी वंश के बाद दिल्ली में तुगलक वंश का शासन शुरू हुआ। मुहम्मद-बिन-तुगलक (1325-51 ई.) के समय में मालवा में उसका सूबेदार दिलावरखां ग़ोरी था, जिसने दिल्ली की कमजोर स्थिति को देखकर 1401 ई. में अपने को मालवा का स्वतंत्र शासक घोषित कर दिया। उसकी राजधानी धार में ही थी, परंतु वह अक्सर मांडू आता था और यहां अपना दरबार लगाता था। दिलावरखां की मृत्यु (1405 ई.) के बाद उसका बेटा होशंगशाह (1405-32 ई.) गद्दी पर बैठा, तो वह अपनी राजधानी मांडू ले आया। उसने 27 साल तक शासन करके अपने राज्य का काफी विस्तार किया। होशंगशाह ने मांडू में शानदार दिल्ली दरवाजा, अपना मकबरा तथा कई महल बनवाए और एक भव्य मस्जिद (जामी मस्जिद) बनवानी शुरू कर दी थी। उसने मांडू की मजबूत किलेबंदी की। होशंगशाह की मृत्यु (1432 ई.) के बाद उसका बेटा मुहम्मद ग़ोरी सिर्फ चार साल तक ही शासन कर पाया। उसके बाद 1436 ई. से मालवा में खिलजी सुलतानों का

चित्र 4.14 : जामी मस्जिद दूर से (बाएं) और उसका भीतरी भाग (दाएं)

शासन शुरू हुआ।

मांडू के प्रथम खिलजी सुलतान महमूदशाह[14] (1436-69 ई.) ने 33 साल तक शासन करके अपने राज्य का दूर-दूर तक विस्तार किया। उसके समय में मांडू में कई नई इमारतें बनीं–सात मंजिली मीनार (सतखंडी), मदरसा (जिसे अब 'अशरफी महल' कहते हैं) और उसका अपना संगमरमर का मकबरा। उसने जामी मस्जिद और होशंगशाह के मकबरे को भी पूरा किया। बादशाह जहांगीर ने अपने आत्म-चरित्र (तुजुक-ए-जहांगीरी) में मांडू की जामी मस्जिद को बहुत सुंदर बताया है, और लिखा है : "समझा जाता है कि इस मस्जिद का निर्माण होशंगशाह ने किया था; मगर सच्चाई यह है कि इसकी नींव तो उसने रखी थी, पर इसे महमूद ने पूरा किया।"

महमूद खिलजी ने मांडू में एक बीमारिस्तान (अस्पताल) भी बनवाया था, जिसमें अलग-अलग रोगों के लिए अलग-अलग रोगीकक्ष (वार्ड) थे; पागलपन के इलाज के लिए

चित्र 4.15 : जहाज महल

भी एक पृथक् कक्ष था। इस अस्पताल में रोगियों का मुफ्त इलाज होता था।

महमूदशाह की मृत्यु (1469 ई.) के बाद उसके बेटे गयासुद्दीन खिलजी (1469-1500 ई.) ने 31 साल तक शासन किया। वह रमणियों का संग पसंद करता था। बताया जाता है कि एक समय उसके हरम में देश-विदेश की 15,000 रमणियां थीं। उसने एक हजार विदेशी औरतों (पांच सौ तुर्की और पांच सौ अबीसिनियाई) को पुरुषों के वस्त्र पहनाकर उनकी एक सशस्त्र अंगरक्षक सेना तैयार की थी। परंतु अन्य मामलों में वह धार्मिक वृत्ति का सुलतान था, शराब का सेवन नहीं करता था और उसका शासनकाल शांतिपूर्ण रहा।[15] मांडू का शानदार दो मंजिला 'जहाज महल' उसी के समय में बना।

गयासुद्दीन खिलजी (मृत्यु 1500 ई.) के बाद मांडू के शासकों में आपसी कलह का दौर चला। अंत में गुजरात के सुलतान बहादुरशाह ने 1526 ई. में मांडू पर अधिकार कर लिया और हुमायूं के हमले (1534 ई.) तक यह प्रदेश उसी के अधिकार में रहा। फिर शेरशाह सूरी ने 1542 ई. में मांडू पर कब्जा करके वहां शुजायत खान (1542-54 ई.) को अपना सूबेदार नियुक्त किया। कुछ दिन बाद वह सूबेदार स्वतंत्र शासक बन बैठा। उसके बाद उसका तीसरा बेटा बाजबहादुर (1555-61 ई.) मांडू का शासक बना।

चित्र 4.16 : बाजबहादुर का महल

बाजबहादुर संगीत का बेहद शौकीन था, जिसमें रानी रूपमती उसकी संगिनी थी। मालवा में आज भी बाजबहादुर और रूपमती के अगाध प्रेम के लोकगीत गाए जाते हैं।

बादशाह अकबर के सेनापति आदमखान ने 1561 ई. में मालवा पर चढ़ाई की और सारंगपुर की लड़ाई में बाजबहादुर को हराया। बाजबहादुर तो किसी तरह भाग निकला, मगर रूपमती शत्रु के हाथ में पड़ गई। शत्रु से अपमानित होने की बजाए उसने आत्महत्या कर लेना उचित समझा। रूपमती के हिंदी में कुछ दोहे, कवित्त व सवैये भी मिलते हैं।

मुगलों के शासनकाल में मांडू का पुराना वैभव जाता रहा। उनके समय में पुरानी कुछ इमारतों की मरम्मत हुई और कुछ नई इमारतें बनीं। दक्खन व खानदेश के अपने अभियानों के दौरान बादशाह अकबर (1555-1605 ई.) मांडू में चार बार ठहरा। जहांगीर (1605-27 ई.) को मांडू बहुत पसंद आया और वह 1617 ई. में यहां करीब सात महीने रहा। जहांगीर की इस मांडू-यात्रा में इंग्लैंड के राजा जेम्स प्रथम का राजदूत सर् टॉमस रो[16] भी उसके साथ था। शाहजहां (1627-58 ई.) यहां दो बार आया। यह भी पता चलता है कि उसने अपने चार वास्तुकारों को मांडू के भवनों का अध्ययन करने के लिए भेजा था। उनमें एक था उस्ताद हामिद, जिसने दिल्ली के लाल किले और आगरा के ताजमहल के निर्माण

में योग दिया। माना जाता है कि मांडू के स्मारकों ने ताजमहल के स्थापत्य को काफी प्रभावित किया है।

बाजबहादुर के पलायन के साथ मांडू का वैभवकाल समाप्त हो गया। जहांगीर के उत्तराधिकारियों ने मांडवगढ़ में कोई खास दिलचस्पी नहीं ली। मांडू वीरान हो गया और यहां की इमारतें खंडहर बनती गईं। सन् 1732 में मल्हारराव होळकर ने मालवा के मुगल सूबेदार दियाबहादुर को हराकर मांडू पर अधिकार कर लिया। तब से मांडवगढ़ धार के मराठा शासकों के कब्जे में रहा।

मांडू के स्मारक

मांडवगढ़ एक ऐसी अनियमित आकार की पठारी पहाड़ी पर बसा हुआ है जिसके पश्चिम में बाहर निकली हुई सोनगढ़ नामक एक ऊंची गढ़ी है और पूर्व में एक बहुत संकरी और गहरी घाटी है जो पहाड़ी के मध्यभाग तक पहुंचती है। इस घाटी के गिर्द किलेबंदी नहीं की गई है, मगर सुरक्षा के लिए इसके मुहाने पर एक पुश्ता बनाया गया है, जो "सात सौ सीढ़ी" कहलाता है। उत्तर में मालवा का पठार है, जो मांडवगढ़ की ओर धीरे-धीरे ऊपर उठता है। इसलिए दुर्ग में पहुंचने का रास्ता उत्तर की ओर से ही है। दक्षिण दिशा में नेमाड़ के पठार की ओर लगभग 365 मीटर गहरी खाई है, इसलिए उधर से दुर्ग में पहुंचना लगभग असंभव है।

मांडू की पहाड़ी का घेरा करीब 45 कि.मी. है और इसका अधिकांश हिस्सा पत्थरों की मजबूत दीवार से घिरा हुआ है। याद रहे कि यह किलेबंदी तब की गई थी जब अभी भारत में तोप और बारूद का उपयोग नहीं होता था। बाहरी तटबंदी के अलावा पहाड़ी पर दो और क्षेत्र दीवारों से घेरे गए थे। इनमें एक था उत्तर की ओर का राजनिवास-क्षेत्र और दूसरा था दक्षिण की ओर रूपकुंड के पास के राजमहल। परकोटे में पश्चिम की ओर सोनपुर व तारापुर दरवाजे, दक्षिण की ओर भगवानिया (भगवानपुर) दरवाजा और पूर्व की ओर रामपोल व जहांगीरपुर दरवाजे हैं। पश्चिम की ओर का एक संकरे भू-मार्ग से जुड़ा हुआ ऊंचा 'सोनगढ़' टापू आपातकाल में एक गढ़ी का काम करता था।

चित्र 4.17 : मांडू के दुर्ग का मुख्य दिल्ली दरवाजा

दुर्ग में पहुंचने का पुराना मार्ग उत्तर की ओर के प्रमुख दिल्ली दरवाजे से रहा है, जो अब खस्ता

चित्र 4.18 : हिंडोला महल (बाएं) और उसका सुंदर मेहराबों वाला भीतरी भाग (दाएं)

हालत में है। पहले काफी टेढ़े-मेढ़े रास्ते से आलमगीर और भंगी दरवाजों से होकर दिल्ली दरवाजे तक पहुंचना पड़ता था। बाद में, सत्रहवीं सदी में जब आलमगीर दरवाजे की मरम्मत की गई, तो भंगी दरवाजे[17] के थोड़े ऊपर से कुछ आसान चढ़ाई वाला नया मार्ग निकाला गया और उसमें दो नए दरवाजे बनाए गए–कमानी दरवाजा और दुर्ग की दीवार को भेदने वाला गढ़ी दरवाजा।

मांडू में छोटे-बड़े लगभग 75 स्मारक हैं, जिनमें से कुछ प्रमुख स्मारकों की ही यहां हम चर्चा कर पाएंगे।

दुर्ग के उत्तरी भाग में स्थित एक प्रमुख भवन है 'हिंडोला महल', जो एक प्रकार का आम दरबार था। इसकी ढलान वाली मोटी दीवारों के कारण इसे यह नाम दिया गया है। T अक्षर के आकार की इस इमारत की छत अब नष्ट हो गई है। यह इमारत गयासुद्दीन खिलजी के समय (1469-1500 ई.) में बनी थी। हिंडोला महल के पश्चिम में 'चंपा बावड़ी' है, जिसके तल तक एक भीतरी रास्ते से पहुंचा जा सकता है और 'तहखाने' में जो गुंबद वाले कमरे हैं वे गरमी के मौसम में ठंडे रहते हैं। हिंडोला महल के पास के अन्य स्मारक हैं–दिलावर खान का मकबरा, नहर झरोखा, उजली व अंधेरी बावड़ियां और गढ़ाशाह का महल व दुकान।

मुंज तलाव और कपूर तलाव के बीच में 122 मीटर लंबा और 15 मीटर चौड़ा जो दो मंजिला भवन है उसे 'जहाज महल' का नाम दिया गया है। इसे संभवतः गयासुद्दीन खिलजी ने अपने हरम के लिए बनवाया था। तालाबों में पानी भरा हो, तो चांदनी रात में नजदीक के दो-मंजिले तवेली महल से जहाज महल बहुत ही खूबसूरत नजर आता है। तवेली शब्द 'तबेला' का बिगड़ा रूप है,

चित्र 4.19 : उजाला बावड़ी

चित्र 4.20 : होशंगशाह का मकबरा (बाएं) और उसमें संगमरमर की जाली का काम (दाएं)

जिसका अर्थ है अस्तबल। नीचे घोड़े बांधे जाते थे और ऊपर पहरेदार रहते थे।

दुर्ग के उत्तरी क्षेत्र में होशंगशाह (1405-32 ई.) का संगमरमर का बना अफगान वास्तुशैली का खूबसूरत मकबरा है। इसे भारत में निर्मित संगमरमर की पहली इमारत माना जाता है। इसका भव्य गुंबद और संगमरमर की जाली का काम, आगरा के ताजमहल का स्मरण कराता है। पास ही दीवारों से घिरी हुई विशाल जामी मस्जिद है। बताया जाता है कि इसका निर्माण दमिश्क (सीरिया) की विशाल मस्जिद के अनुकरण पर हुआ था। इसे होशंगशाह ने बनाना शुरू किया था और महमूद खिलजी ने पूरा किया। मस्जिद के पूर्व में अशरफी महल है। दरअसल, यह इमारत एक मदरसा है। उसी क्षेत्र में एक सात मंजिली मीनार (सतखंडी) थी, जो महमूद ने मेवाड़ के राणा कुंभा पर अपनी 'विजय' की यादगार में बनवाई थी।

चित्र 4.21 : अशरफी महल के अवशेष

मांडू दुर्ग के दक्षिणी भाग के प्रमुख स्मारक हैं—रेवा कुंड, बाजबहादुर का महल और रूपमती का मंडप। बाजबहादुर और रूपमती के महलों में पानी की आपूर्ति रेवाकुंड से होती थी। वस्तुतः रेवाकुंड मुस्लिम शासन के काफी पहले से मौजूद था। इसके पानी को आज भी पवित्र माना जाता है। बाजबहादुर का महल बहुत ही भव्य है। शुरू में रूपमती के मंडपों का उपयोग सैनिक पहरेदारी के लिए होता था। परंतु बाद में ये

चित्र 4.22 : रूपमती का मंडप

खूबसूरत मंडप रूपमती के विश्राम-स्थल बन गए।

तुम बिन जियरा दुखत है, मांगत है सुखराज।
रूपमती दुखिया भई, बिना बहादुर बाज॥

यहां से वह एक ओर बाजबहादुर के महल को देख सकती थी, तो दूसरी ओर सुदूर दक्षिण में नेमाड़ के मैदान से बहने वाली कोई 25 कि.मी. दूर की रेवा (नर्मदा) की शुभ्र धारा को। यहां से सूर्यास्त का नजारा देखने लायक होता है।

मांडू में इधर-उधर और भी कुछ महत्वपूर्ण स्मारक हैं। पश्चिम में गहरी खाई के किनारे नीलकंठ महादेव का प्राचीन मंदिर है। पास ही अकबर (1556-1605 ई.) की हिंदू बेगम के लिए बना नीलकंठ महल है। पश्चिम की ओर ही लोहानी गुफाएं और मंदिरों के खंडहर हैं। वस्तुतः ये सब मुस्लिम शासन के पहले के अवशेष हैं।

नीलकंठ महल से नीचे नजर आने वाला घाटी का नजारा बादशाह अकबर को बहुत पसंद था। उसने यहां की दीवारों पर दक्खन व खानदेश के अपने अभियानों का विवरण खुदवाया है; साथ ही, किसी शायर की कुछ काव्य-पंक्तियां भी, जिनमें पार्थिव वैभव व गौरव की निस्सारता का दिलचस्प दर्शन है।

चंदेरी

आज देश के अनेक दुर्ग दूर-दराज में दिखाई देते हैं, खंडहर बने हुए हैं, परंतु प्राचीन काल की पथ-पद्धति–राजमार्गों और व्यापार-मार्गों–से इनका गहरा संबंध रहा है। दिल्ली से मथुरा-आगरा पहुंचने के बाद आगे दक्षिण, दक्षिण-पूर्व व दक्षिण-पश्चिम की ओर जाने के रास्ते पकड़ने के लिए पहले ग्वालियर के पास पहुंचना पड़ता था। इसीलिए ग्वालियर को "दक्षिण का द्वार"[18] माना गया था।

ग्वालियर से आगे दक्षिण-पूर्व में चंबल, बेतवा व केन की घाटियों से दोआब और गंगातट के प्रसिद्ध प्राचीन नगर कन्नौज (कान्यकुब्ज) तक पहुंचने के लिए जो मार्ग थे उनके समीप बुंदेलखंड के कई सुदृढ़ दुर्ग रहे हैं। ग्वालियर से दक्षिण-पश्चिम का रास्ता पकड़ने पर वह उज्जैन, महेश्वर और असीरगढ़-बुरहानपुर होकर आगे सूरत-जैसे[19] समुद्री बंदरगाहों तक ले जाता था। और, ग्वालियर से सीधे दक्षिण की ओर पहले विदिशा (भिलसा) और आगे विदर्भ में पहुंचा देनेवाला मार्ग देवगढ़ व चंदेरी के दुर्गों के नजदीक से होकर गुजरता था। वस्तुतः चंदेरी पहुंचकर भी उपर्युक्त तीनों मार्गों में से एक का चयन किया जा सकता था। दिल्ली व आगरा के कई शासक चंदेरी के अपने सैनिक पड़ाव में सारी तैयारी करने के बाद ही दोआब, मालवा या मेवाड़ की ओर आगे बढ़े थे। अतः प्राचीन चंदेरी नगर व वहां के गिरिदुर्ग का महत्व सुस्पष्ट है।

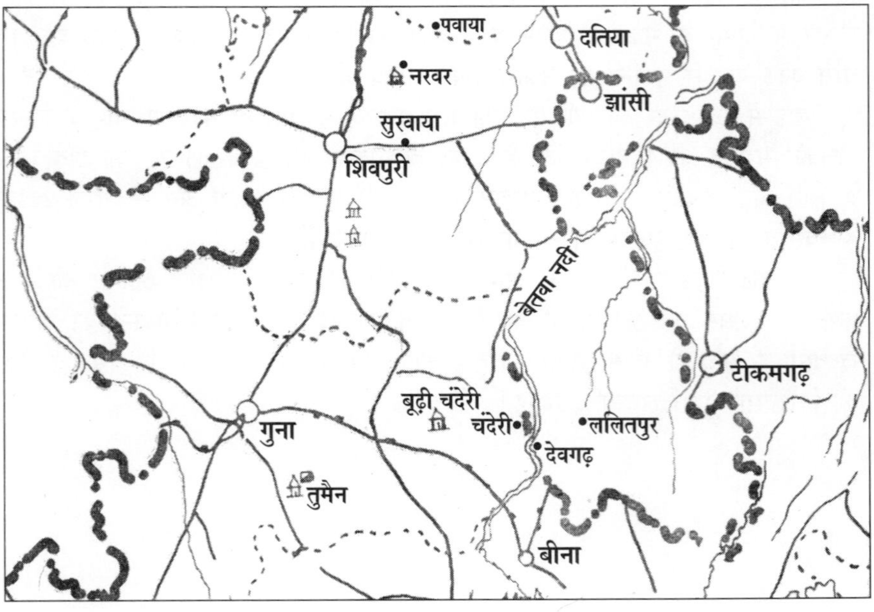

चित्र (नक्शा) 4.23 : चंदेरी और आसपास के प्रमुख स्थल

चित्र 4.24 : चंदेरी किला

ग्वालियर के आसपास से दक्षिणापथ की ओर कई मार्ग जाते थे, इस बात की पुष्टि **महाभारत** की एक कथा (नलोपाख्यान) से भी होती है। जूए में अपना सब कुछ हार जाने के बाद निषध देश का राजा नल पत्नी दमयंती से कहता है :

एते गच्छन्ति बहवः पन्थानो दक्षिणापथम्। (वनपर्व, अध्याय 61, 21, गीताप्रेस) अर्थात्, ये बहुत-से मार्ग हैं, जो दक्षिण दिशा की ओर जाते हैं।

चित्र 4.25 : बादल महल द्वार

अधिकतर विद्वानों का मत है कि नल के 'निषध' राज्य की राजधानी ग्वालियर से कोई साठ किलोमीटर दक्षिण - पश्चिम में स्थित नरवर[20] (प्राचीन नलपुर) में स्थित थी। इसलिए नल ने दमयंती को ठीक ही बताया था कि यहां से दक्षिणापथ को कई मार्ग जाते हैं।

चित्र 4.26 : कुशक महल

इतना ही नहीं, आगे राजा नल तीन प्रमुख मार्गों का ब्योरा भी देता है : एक मार्ग दक्षिण कोसल पहुंचा देता है, दूसरा मार्ग अवंती (उज्जैन) को और तीसरा मार्ग विंध्य पार विदर्भ पहुंचा देता है; उसके परे दक्षिणापथ है। आधुनिक रेलमार्ग काफी हद तक प्राचीन राजमार्गों और व्यापारी मार्गों का ही अनुसरण करते हैं।

चंदेरी के ऐतिहासिक खंडहर मध्य प्रदेश के गुना जिले में हैं। बेतवा नदी की उपत्यका में तीन ओर से पहाड़ियों से घिरा यह क्षेत्र बहुत ही सुरम्य है। चंदेरी दो हैं—बूढ़ी और नई। बूढ़ी चंदेरी के अवशेष बेतवा के पश्चिम में लगभग 100 मीटर ऊंची पहाड़ी पर फैले हुए हैं। नई चंदेरी वहां से करीब 12 किलोमीटर उत्तर-पश्चिम में है। दोनों ही प्राचीन बस्तियां हैं।

चंदेरी दुर्ग शहर से करीब 80 मीटर ऊपर एक पहाड़ी पर बसा हुआ है। किला उत्तर-दक्षिण दो किलोमीटर लंबा और पूर्व-पश्चिम एक किलोमीटर चौड़ा है। किले के चहुंओर करीब सात किलोमीटर लंबी काफी ऊंची दीवार है। इसमें तीन मजबूत बुर्ज हैं—उत्तर में कमल बुर्ज, दक्षिण में गदा बुर्ज और पश्चिम में भदभदा बुर्ज।

किले में पहुंचने के लिए पहले पांच दरवाजों को पार करना पड़ता था; अब केवल तीन दरवाजे बचे हैं। चढ़ते समय पहले 'खूनी दरवाजा' पड़ता है। कहा जाता है कि प्राचीन काल में इसी दरवाजे के पास से अपराधियों को नीचे ढकेल दिया जाता था। चंदेरी के 'फकीर दरवाजे' और 'दिल्ली दरवाजे' पर शार्दूल (हाथी को दबोच रहे बाघ) की शिल्पाकृतियां बनी हुई हैं। ऐसे शिल्प दिल्ली के पुराने किले के उत्तरी दरवाजे पर और महाराष्ट्र के अनेक किलों के प्रवेश-द्वारों पर देखने को मिलते हैं।

चित्र 4.27 : चंदेरी दुर्ग के दिल्ली दरवाजे पर शार्दूल का शिल्पांकन

चंदेरी का इतिहास काफी पुराना है। इसका प्राचीन नाम चंद्रगिरी था। कहा जाता है

कि महाभारत-काल में यह नगरी कृष्ण के विरोधी शिशुपाल की राजधानी थी। चंदेरी से मिले एक अभिलेख से पता चलता है कि ईसा की 11वीं-12वीं सदी में प्रतिहार राजा कीर्तिपाल के समय में यहां पर कीर्तिदुर्ग नामक किले का निर्माण हुआ था। उसने यहां कीर्तिसागर नामक एक तालाब भी खुदवाया। उस समय चंदेरी का नाम चंद्रपुर था।

चित्र 4.28 : दुर्ग-विन्यास

चंदेरी दिल्ली के शासकों का दक्षिण-पश्चिम भारत की ओर जाने के लिए एक प्रमुख पड़ाव था। इसलिए दिल्ली के कई सुलतान पहले चंदेरी पर कब्जा करके ही दक्षिण की ओर आगे बढ़े थे। दिल्ली सल्तनत कमजोर पड़ गई, तो चंदेरी पर मालवा के सुलतानों का कब्जा हो गया। उनके समय में चंदेरी में अनेक इमारतें बनीं।

एक विद्रोह को दबाने पर मालवा के सुलतान महमूद खिलजी (1436-69 ई.) ने अपने मंत्री मेदिनीराय को चंदेरी का सूबेदार बना दिया था। आगे चित्तौड़ के राणा सांगा की सहायता से मेदिनीराय 1520 ई. में चंदेरी का स्वतंत्र शासक बन गया। खानवा के युद्ध (1527 ई.) में राणा सांगा को हराने के बाद बाबर ने चंदेरी के किले को घेर लिया। मेदिनीराय ने उसके सुलह के प्रस्ताव को ठुकराकर साल भर लड़ाई जारी रखी। अंत में तोप के एक गोले से किले की दीवार टूट गई। तब किले में मौजूद महिलाओं ने जौहर किया और मेदिनीराय के सैनिकों ने अंतिम सांस तक लड़कर अपने प्राणों की आहुतियां दीं। किले पर बाबर का कब्जा हो गया।

चित्र 4.29 : कौशक महल

आगे जाकर चंदेरी पर बुंदेलों का अधिकार हो गया। उनके समय में यहां कई महल

बने। फिर 1811 ई. में ग्वालियर के शिंदे ने चंदेरी को जीता। सन् 1857 में क्रांतिकारियों की मदद से चंदेरी पर बुंदेला राजा मदनसिंह का कब्जा हो गया था। सन् 1858 में अंग्रेजों ने चंदेरी को जीतकर पुनः ग्वालियर के शिंदे को सौंप दिया। तब से देश के स्वतंत्र होने तक चंदेरी ग्वालियर राज्य का ही हिस्सा बना रहा।

चित्र 4.30 : शहजादी का रोजा

चंदेरी दुर्ग और शहर में अनेकानेक पुराने स्मारकों के अवशेष बिखरे हुए हैं। शहर के स्मारकों में बादल महल का दरवाजा विशेष रूप से उल्लेखनीय है। दोहरी मेहराब वाला यह दरवाजा करीब 17 मीटर ऊंचा और 8 मीटर चौड़ा है। इसके दोनों ओर दो मीनारें हैं। स्थापत्य-कला की दृष्टि से दरवाजा बहुत ही उत्कृष्ट है, मगर उस महल का कोई निशान नहीं बचा है जिससे यह जुड़ा हुआ था।

असीरगढ़

असीरगढ़ देश के प्राचीनतम दुर्गों में से एक है। यह महेश्वर के पास है। असीरगढ़-निमाड़ राज्य का एक प्रमुख किला है। 16वीं शदी में असीरगढ़ संसार के आश्चर्यों में से एक गिना जाता था। दो रम्य पहाड़ियों से घिरे हुए दुर्ग के अजेय, सुदृढ़ अभेद्य तीन किलों की स्थिति को देखते हुए कहा जा सकता है कि जिसने इस किले को बनवाया, वह बहुत ही दूरदर्शी था।

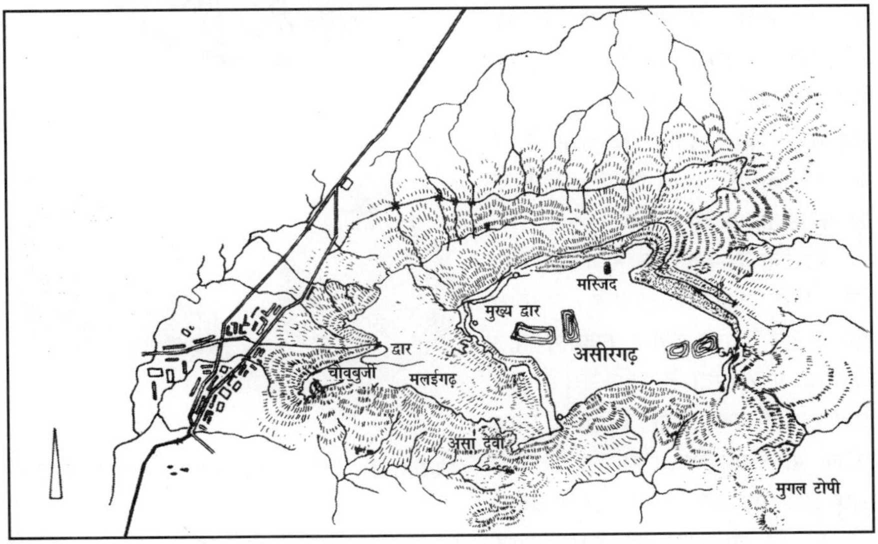

चित्र (नक्शा) 4.31 : असीरगढ़ और आसपास के प्रमुख स्थल

असीरगढ़ सतपुड़ा पर्वतश्रेणी पर स्थित है। असीरगढ़ किले को लम्बी दूरी से देखा जा सकता है। खण्डवा से दक्षिण की ओर 48 कि.मी. तथा बुरहानपुर से 20 कि.मी. उत्तर पर रणनीतिजन्य रूप से स्थित, यह दुर्ग दक्षिण के प्रवेशद्वार के रूप में जाना जाता है।

चित्र 4.32 : असीरगढ़ का किला

मुगल बादशाह, अकबर ने कई भीषण लड़ाइयां लड़ी और देश को एक शासन-सूत्र में बांधा। असीरगढ़ जीतने के लिए लोहे के चने चबाने पड़े। जब शक्तिबल से असीरगढ़ मिलना संभव नहीं जान पड़ा, तो उसने कूटनीति का सहारा लिया। एक लालची गुप्त सिपाही ने गुप्त सुरंग का राज बता दिया, तब अकबर ने दुर्ग को फतह किया। आदिलखां[21] के मकबरे की दीवार पर मुगल बादशाह अकबर द्वारा खुदवाए गये फारसी अभिलेख में उसकी असीरगढ़ दुर्ग की विजय के बारे में जाना जा सकता है। अकबर ने आठ महीने की घेराबंदी के बाद 17 जनवरी 1601 ई. में इस किले को फतह किया था।

चित्र 4.33 : अकबर द्वारा बनवाई गई सोने की मुद्राएं

खण्डवा-बुरहानपुर के मध्य असीरगढ़ रोड पर रेलवे स्टेशन आता है। उत्तर से दक्षिण जाने वाला प्राचीन राजमार्ग किले के नीचे से गुजरता है। इतिहास में इसे दक्षिण द्वार कहा गया है। उस समय दक्षिण भारत की विजय हासिल करने के लिए असीरगढ़ को जीतना जरूरी था।

दुर्ग के प्रवेश-द्वार पर केंद्रीय पुरातत्व विभाग के सूचना पट्ट में कहा गया है:- ''उत्तर भारत से दक्षिण को जोड़ने वाले प्राचीन मार्ग पर यह दुर्ग सबसे ऊंचे और शक्तिशाली गढ़ों में-से एक है। इसकी तीन किलेबंदियां हैं। सबसे ऊंचे किले का नाम असीरगढ़, बीच में कमरगढ़ और तलहटी में मलयगढ़ है।'' दक्षिणी भाग में भयावह ढलान है। चट्टानों की लम्बी ढलान के कारण दुर्ग में जाने के दो मार्ग, पूर्व और उत्तर में हैं। ऊपरी भाग का पहाड़ी शिखर प्रपाती है और ये ढलानें पहाड़ियों से सुरक्षित हैं। दूसरी पहाड़ी पर कमरगढ़ है, जिसे फारूखी सुल्तान आदिलशाह ने बनवाया था। कमरगढ़ और असीरगढ़ को मिलाने के लिए 10 मीटर ऊंची प्राचीर है। चट्टान के पास राजा गोपालदास ने बड़ा दरवाजा बनवाया था, सात दरवाजों को पार करके मुख्यद्वार तक पहुंचा जा सकता है।

दुर्ग में विक्रमादित्य के द्वारा बनाया हुआ शिव मंदिर तालाब के किनारे पर है। महाभारत के युद्ध नायक अश्वत्थामा, यहां शिवपूजन के लिए आया करते थे।[22] किले में बने शिव मंदिर को अश्वत्थामा मंदिर भी कहते हैं।

गढ़ की चोटी पर मस्जिद बनी है। उस पर लगे शिलालेख पर अरबी और संस्कृत में फारूखी बादशाहों की नामावली है। असीरगढ़ में तालाब, कुंआ और बावड़ियों की

चित्र 4.34 : गन टॉवर के नाम से प्रसिद्ध विशाल बुर्ज

काफी संख्या है।

असीरगढ़ को एक चरवाहे आसा अहीर ने सन् 1370 ईसवी में यह दुर्ग बनवाया था। 'पृथ्वीराज रासो'[23] में भी असीरगढ़ के किले का वर्णन मिलता है। यह दुर्ग भारत के सर्वाधिक पुराने दुर्गों में से एक है। इस दुर्ग पर आसा अहीर के वंशजों ने 200 सालों तक शासन किया।

असीरगढ़ दुर्ग की तरह सतपुड़ा पर्वतमाला में गोडवाना, देवगढ़, नरनाला, गोलीगढ़ और महाराष्ट्र के इलाके में ऐसे कई गढ़ हैं जो गोड़, कोल, आमीर किराल और हूण जनजातियों द्वारा बनवाये गए थे।

अलाउद्दीन ख़िलजी[24] ने सन् 1295 में देवगिरि की विजय से लौटते समय असीरगढ़ को फतह किया था और सन् 1400 में आसा अहीर के वंशजों से फारूखी बादशाह नसीरखान ने धोखे से किला छीना था। फारूखी बादशाहों ने गढ़ के परकोटे और किलेबंदी को और मजबूत किया।

दुर्ग का सर्वाधिक महत्वपूर्ण स्थान प्रमुख द्वार के निकट है जहां गन टॉवर के नाम से प्रसिद्ध एक विशाल बुर्ज, दक्षिण-पश्चिम की ओर की सुरक्षा व्यवस्था को मज़बूती देने हेतु निर्मित किया गया था। यह नुकीले कोनों वाले अनेक परकोटों से युक्त है। इस टॉवर पर बाहरी सीढ़ियों से होकर पहुंचा जा सकता है और एक नुकीले मेहराब वाले द्वार मार्ग से इसमें प्रवेश किया जा सकता है।

बुरहानपुर

बुरहानपुर ताप्ती नदी के किनारे बसा हुआ है। इस किले की नींव सन् 1400 ई. में फारुखी वंश के पहले बादशाह सुल्तान मालिक नसीर खान ने डाली थी। खान उन्हें मिला हुआ खिताब था। इस खिताब के कारण बुरहानपुर खान देश कहलाया। बुरहानपुर किला पूरे दो सौ वर्षों तक खान देश की राजधानी रहा। उस समय दिल्ली सल्तनत तैमूरलंग के आक्रमण से त्रस्त थी इसीलिए एक के बाद एक प्रांत स्वतंत्र हो रहे थे। मुगलशासन में भी बुरहानपुर को दक्षिण की राजधानी बनने का गौरव प्राप्त हुआ था।

खान देश की राजधानी का नाम दौलताबाद[25] के हजरत बुरहानुद्दीन का मकबरा होने से बुरहानपुर पड़ा था। नसीर खान की मृत्यु सन् 1430 में हुई। उन्होंने यहां 22 वर्षों तक शासन किया। उन्होंने इस बीच शाही किला, महल, जामा मस्जिद और बहुत - सी इमारतें बनवाईं। बादशाही किला, किला कम और महल ज्यादा दिखाई देता था।

चित्र 4.35 : बुरहानपुर में फारूखी का शाही किला

सन् 1731 में बना यह शहर बुरहानपुर जो आठ किलोमीटर में फैला हुआ था, कभी खानदेश की राजधानी था। अब खण्डवा जिले की एक तहसील मात्र है। शहरपनाह के सभी दरवाजे केवल इतवारी और शनिवारी गेट को छोड़कर अब सभी नष्ट हो चुके हैं।

अलीखान द्वारा बनाई हुई काली पत्थर वाली बेहतरीन जामा मस्जिद की 40 मीटर ऊंची दो मीनारें दूर से दिखाई देती हैं। मस्जिद में दो शिलालेख हैं—जो संस्कृत और अरबी में हैं। इन

शिला-लेखों में असीरगढ़ और बुरहानपुर खानदेश की विजय की गाथा का उल्लेख है।

ताप्ती नदी के किनारे अकबर के शहजादे दानियाल ने आहूखाना, मृगवन, बाग-ए-जैनाबाद, खरबूजा महल इत्यादि बनवाये थे। बुरहानपुर में शाहजादा खुर्रमशाह कई बार आया था। यहां पर उसकी बेटी रोशनआरा का जन्म हुआ था। यहीं पर शाहजहां ने अपने भाई खुसरो की हत्या करवाई थी और शाही सेनापति बूंदी के राव रतनसिंह से लड़ाई में हार गए और बूंदी में कैदी जीवन बिताया था। राव रतन सिंह बुरहानपुर के सूबेदार बने। उन्होंने अपने रहने के लिए महल बनवाया जिसके अवशेष आज भी मिलते हैं।

चित्र 4.36 : बुरहानपुर में जामा मस्जिद

सन् 1631 में जब दूसरी बार शाहजहां बुरहानपुर आया तो उसकी मलिका मुमताज-महल का प्रसव के समय निधन हो गया। लोगों के अनुसार ताजमहल भले ही आगरे में बनवाया गया हो—पर मुमताजमहल के मरने के बाद जैनाबाद के आहूरखाने में महीने तक दफन रही। बाद में उसके अवशेष आगरा भेजे गए थे।

सन् 1720 में दक्षिण विजय के बाद निजाम-उल-मुल्क आसफजाह काफी समय तक बुरहानपुर में रहा और अपनी जीत की खुशी में उसने एक महल बनवाया। स्थापत्य शिल्प की दृष्टि से बुरहानपुर में फारूखी और मुगल बादशाहों की कई यादगारें हैं।

चित्र 4.37 : बुरहानपुर में आदिलशाह और नादिरशाह का मकबरा

सतपुड़ा पहाड़ियों से ताप्ती से बहने वाले भूमिगत स्रोतों के पानी को रोक कर मूल भण्डारा, सूखा भण्डारा और चिंताहरण तालाबों का निर्माण किया गया और इससे नगर के

चित्र 4.38 : बुरहानपुर में गुरुद्वारा

धरातल से 33 मीटर की ऊंचाई पर जलदाय (जल देने वाली) प्रणाली का निर्माण किया गया।

बुरहानपुर में खरबूजा महल बहुत खुबसूरत इमारत है। ऊंचे चबूतरे पर बनी यह इमारत मूल रूप से एक मकबरा है। भवन की गोलाई खरबूजे की फांक की तरह है। इसलिए इसे खरबूजा महल कहा जाता है। भीतर की सजावट बहुत ही अनोखी और मनोहरी है। गुजरात की रूकैया बेगम की बनवाई आयताकार बीबी मस्जिद भी बहुत उल्लेखनीय है।

इसके अलावा बुरहानपुर में हजरतशाह भिखारी के पवित्र मकबरे के साथ, बोहरा-समाज का तीर्थ भी है। इस संप्रदाय के तीन प्रसिद्ध संतों जकीउद्दीन साहब, हकीमुद्दीन साहब और जीवनजी साहब की सफेद दरगाह भी देखने योग्य हैं। कबीरपंथ का प्रमुख मठ भी यहां है। गुरुगोविंद सिंह की हस्ताक्षर की हुई प्रति गुरुग्रंथ साहिब और उनकी तलवार बुरहानपुर के गुरुद्वारे में रखी हुई है। एक तरह-से बुरहानपुर कौमी एकता की जीती-जागती मिसाल है।

चित्र 4.39 : बुरहानपुर में तीन प्रसिद्ध संतों की सफेद दरगाह

अंत में बुरहानपुर का टूटता हुआ किला, खण्डर हुआ शहर, टूटती मीनारें, गुम्बद, सभी सैलानियों के दिल पर अपनी एक छाप छोड़ देते हैं। बुरहानपुर को कभी नहीं भुलाया जा सकता है।

गढ़ा-मंडला के दुर्ग

विंध्याचल सतपुड़ा क्षेत्र के पूर्वी भाग में कलचुरी और चंदेलों की हार के बाद शहर में शांति का माहौल हो गया था। दिल्ली सल्तनत के कमजोर होने के कारण राजगौड़ों का राज्य स्थापित हुआ। विंध्याचल सतपुड़ा की गोद में एक स्थानीय राज्य की आधारशिला गोंड़ों ने रखी, जो गढ़ा राज्य के नाम से प्रसिद्ध हुआ।

गढ़ा-मंडला के शासक हिंदू पौराणिक संस्कृति को अपनाते थे। वे हिंदू कर्म-कांड का पालन करते थे और हिंदू देवी-देवताओं को पूजते थे। 17वीं तथा 18वीं शताब्दी में गढ़ा के शासकों के संबंध रीवा के बघेलों और खानपुर के कलचूरियों से हुए थे।

आज गढ़ा मध्य प्रदेश के जबलपुर[26] नगर का एक उपनगर है जिसका नाम गढ़ा-मंडला रखा गया। गढ़ा की राजधानी मंडला दुर्ग थी।

गढ़ा राज्य का पहला शासक यादवराय था। यह रामनगर के शिलालेख से पता चलता है। रामनगर मध्य प्रदेश के मंडला शहर के पास है। मंडला गढ़ा राज्य की राजधानी रहा है। गढ़ा राज्य का संस्थापक यादव राय को ही माना जाता है। इससे पहले यहां कलचूरियों,

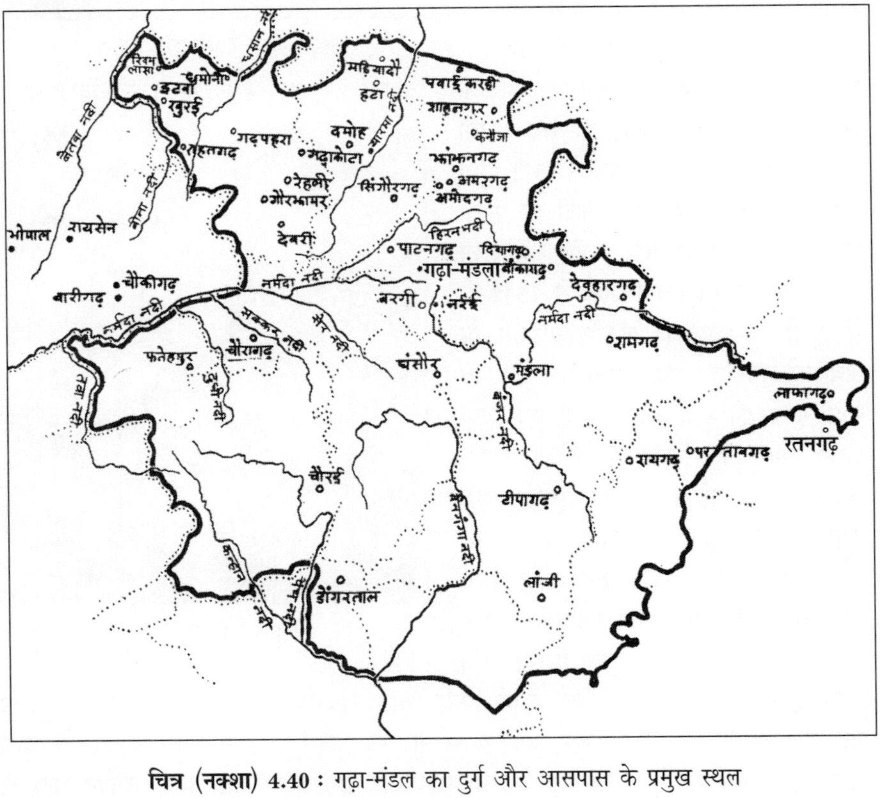

चित्र (नक्शा) 4.40 : गढ़ा-मंडल का दुर्ग और आसपास के प्रमुख स्थल

चंदेलों और सुल्तानों का शासन था। यादव राय राजपूत पुरुष और गोंड स्त्री की संतान थी। गोंड और राजपूत दोनों का रक्त था।

मंडला जबलपुर से 80-85 किलोमीटर दूर है। इसका पुराना नाम महिष्मती है।[27] यह नगर प्राचीन काल में बहुत वैभवशाली रहा। यहां का किला बंजर नदी और नर्मदा नदी के संगम पर स्थित है। नर्मदा किले को तीन ओर से घेरे हुए है। चौथी ओर एक खाई बनाई गई है जो अब सूखी पड़ी है। इस तरह यह किला चारों ओर से पानी से घिरा था। इस किले को गोंड राजाओं ने बनवाया था। किले के नीचे एक सुरंग थी, जो मदन महल तक आती थी। इसका निर्माण राजा नरेंद्रशाह ने करवाया था। मदन महल गोंड राजाओं के वैभव का प्रतीक है। यह इमारत दो अनगढ़ चट्टानों पर खड़ी है। इमारत की विशेषता है कि इसे चट्टानों को तराशने के बाद बनाया गया है। गोंड राजा नरेंद्रशाह ने बहुत दिनों तक यहां राज्य किया। गढ़ा राजा की कन्या दुर्गावती का विवाह गढ़ा कटंगा के राजा संग्रामशाह के पुत्र दलपतिशाह से 1542 ई. में हुआ था। आज गढ़ा मध्यप्रदेश के जबलपुर नगर का एक उपनगर है पर जब गढ़ा राज्य की राजधानी था तो एक बड़ा शहर था। गोंड राजाओं में हृदयशाह, मदनशाह, दलपतिशाह और उनकी रानी दुर्गावती तथा पुत्र वीरनारायण ने 45 वर्ष तक राज्य किया। इन्होंने कई किले, महल और तालाब बनवाए। रानी दुर्गावती ने मांडू के सुल्तान बाज बहादुर को हराया था। रानी दुर्गावती ने 15 वर्ष तक राज्य किया था। अबुलफजल ने गढ़ा राज्य की सीमा महागोंडवाना के पूर्व में रतनपुर, पश्चिम में रायसेन, उत्तर में पन्ना और दक्षिण के बीच बताई थी। इस राज्य में 52 गढ़ थे। महागोंडवाना के 52 गढ़ **नौ लक्खी बावन गढ़ी** के

चित्र 4.41 : गढ़ा-मंडला दुर्ग

चित्र 4.42 : मदन महल

चित्र 4.43 : गढ़ा-मंडला दुर्ग का भीतरी भाग

नाम से प्रसिद्ध थे। यहां का प्राचीन किला बादल महल कहलाता है।

मंडला में एक मंडल मिश्र हुए। उनके समय में तोते भी संस्कृत बोलते थे। मिश्र जी का आश्रम भी इसी किले में था। गोंड राजाओं का पतन भी मंडला में हुआ था। निजामशाह ने अपने भतीजे को मार कर मंडला पर राज्य किया और मंडला के किले और महल की मरम्मत करवाई थी। वह स्वयं हिंदी में कविता करता था और कवियों का सम्मान करता था। मंडला के किले में राजराजेश्वरी की स्थापना निजामशाह ने करवाई थी। निजामशाह के मरने के बाद उत्तराधिकार का झगड़ा चला। उसी समय मराठों ने हमला बोल दिया और सन् 1789 में गोंडवंश का अंत हो गया। अब मंडला एक जिला और साधारण शहर ही है।

चित्र 4.44 : रानी दुर्गावती (1524-1564 ई.)

मंडला में सागौन और शाल के घने

वन हैं। सागौन की लकड़ी बहुत कीमती होती है। वनों में शेर, चीते, हिरण और जंगली जानवर बहुत होते हैं। मंडला में कांसे के बर्तन बनते हैं और साथ ही उन पर नक्काशी का काम होता है।

चित्र 4.45 : रानी दुर्गावती की समाधि

मंडला से दूर बंजर नदी के किनारे हृदयनगर बसा है। इसे गोंड राजा हृदयशाह ने बसाया था। हृदयशाह सभी विद्याओं में निपुण था। उसकी रानी सुंदरी ने लखराज और गंगा सागर नामक दो तालाब बनवाए थे। हृदयशाह के दरबार में विद्यानाथ दीक्षित और जयगोविंद प्रमुख कवि थे।[28]

मंडला से 11 किलोमीटर की दूरी पर रामनगर है। रामनगर का 'मोतीमहल' 212 फुट लंबा और 200 फुट चौड़ा आयताकार भवन है। यह महल भी गोंडराजा हृदयशाह ने बनवाया था। रामनगर को कुछ दिनों तक अपनी राजधानी बनाया। अपने रहने के लिए तिमंजिला महल बनवाया था। रामनगर से 100 किलोमीटर दूर एक विष्णु मंदिर भी बनवाया।

मोतीमहल के पूर्व में 'बाघेलिनमहल' है। महल के पास दीवान भगतराम की कोठी है। रामनगर के किले से नर्मदा नदी बहती है। यहां का दृश्य बहुत रमणीक होता है।

हिंगलाजगढ़

प्रसिद्ध दुर्ग हिंगलाजगढ़ मंदसौर[29] जिले में मध्यप्रदेश-राजस्थान सीमा पर स्थित है। हिंगलाजगढ़ किले में प्रतिमाओं का खजाना गड़ा हुआ है, जो खत्म होने का नाम नहीं लेता। प्राच्यावशेषों से बना एक मध्ययुगीन किला कला व स्थापत्य की दृष्टि से धनी है।

'हिंगलाजगढ़' भानपुरा से 30 किलोमीटर उत्तर पूर्व में नावली गांव से लगभग 10 कि. मी. की दूरी पर स्थित है। यहां जाने के लिए नावली बस की सुविधा है। फिर आगे अपने वाहन या फिर पैदल चलकर जाना होता है। किले में या तो पाटलपोल से या फिर मण्डलेश्रीपोल से किले में जाना होता हे। मण्डलेश्री पोल से जाएंगे, तो आठ सौ मीटर की गहरी खाई पार करनी पड़ती है।

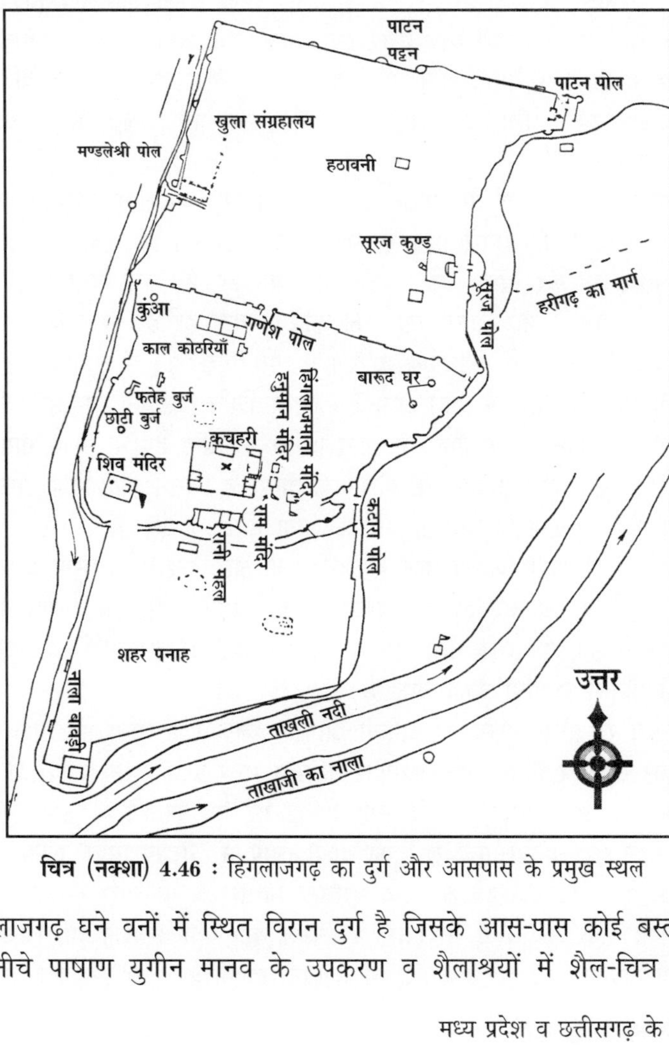

चित्र (नक्शा) 4.46 : हिंगलाजगढ़ का दुर्ग और आसपास के प्रमुख स्थल

हिंगलाजगढ़ घने वनों में स्थित विरान दुर्ग है जिसके आस-पास कोई बस्ती नहीं है। दुर्ग के नीचे पाषाण युगीन मानव के उपकरण व शैलाश्रयों में शैल-चित्र मिलते हैं।

चित्र 4.47 : हिंगलाजगढ़ का किला

दूसरी-तीसरी शताब्दी में यह परिसर बौद्ध मतावलंबियों का आश्रय स्थल था। हिंगलाजगढ़ से आगे चिब्वरनाला के शैलाश्रय में छह अभिलेख मिले हैं। ये अभिलेख विश्व के सबसे बड़े चित्रित अभिलेख हैं जिनमें चित्र लिपि का प्रयोग किया गया है। हिंगलाजगढ़ के दक्षिण में स्थित पन्ना शहर में गुप्तकालीन पात्रों के अवशेष तथा पूर्व में स्थित बादशाह नगरी के पास आखेटकालीन पात्रों के अवशेष मिले हैं। इससे पता चलता है कि प्राचीन काल में यहां बस्तियां थीं।[30]

हिंगलाजगढ़ पांच लाख वर्ग मीटर में फैला हुआ है। जो तीन ओर विशाल खाई से घिरा हुआ है। किले की दीवारें पांच से छह मीटर मोटी हैं। किले की दीवारों पर बंदूक दागने के खांचे बने हैं। ग्यारह बड़े व छोटे बुर्ज बने हुए हैं। बड़ी तथा छोटी तोपें रखने के लिए चबूतरे बने हैं और बारूद रखने की कोठियां बनी हुई हैं। किले की चारों दिशाओं में चार दरवाजे हैं। उत्तर में पाटनपोल, दक्षिण में करातपोल, पूर्व में सूरजपोल तथा पश्चिम में मण्डलेश्री पोल के नाम से जाने जाते हैं। किला शिविर, छावनी, कचहरी व पंच शहर में बंटा हुआ है। पाटनपोल के बाहर का भाग शिविर कहलाता है। भीतर के भाग से छावनी शुरू होती है। इसके और कचहरी के बीच एक दीवार है जिसमें गणेशपोल नामक दरवाजा है। गणेशपोल से रानी महल तक कचहरी कहलाता है।

कचहरी के दक्षिण में कटारा पोल है जिसे पन्ना शहर कहते हैं। पन्ना शहर व शिविर की दीवारें कच्ची थीं जो नष्ट हो गईं। पाटनपोल के दाहिनी ओर एक तालाब में एक बंदर की प्रतिमा खड़ी है। प्रतिमा के नीचे 'सम्वत् 1264 अषाढ़सुदी तृतीया' लिखा हुआ है। लेख में बंदर की प्रतिमा स्थापना का उल्लेख है।

पाटनपोल से सीधा चलने पर दाहिनी ओर मण्डलेश्रीपोल आता है। पश्चिम दिशा में बना यह द्वार सबसे सुंदर है। मण्डलेश्रीपोल के पास मध्य प्रदेश पुरातत्व विभाग के संरक्षण में, इस किले में उद्यान-संग्रहालय की स्थापना की गई है। दरवाजे के ऊपर एक बरामदा है। इसके स्तंभ पर आठवीं-नौवीं सदी की ब्राह्मी लिपि में 'शंखाप्रणमति' लिखा है। बरामदे के कमरों में पहले सैनिक रहते थे। अब पुरातत्व विभाग के कर्मचारी रहते हैं।

मण्डलेश्री पोल के पूर्व में सूरजपोल है। पहले यहां एक दरवाजा था, जिस पर चौकी बनी थी जो अब टूट गई है। 1800 ई. में यशवन्तराव होल्कर[31] ने इस द्वार के बाहर एक

दरवाजा बनवाया, जिसका नाम सूरजपोल रखा गया।

सूरजपोल के नीचे एक तिमंजिला कुण्ड बना हुआ है। यह सूरजकुण्ड के नाम से जाना जाता है और एक मात्र जल का स्रोत है। गणेशपोल के दाईं ओर कालकोठरियां बनी हैं जिनमें कैदी रखे जाते थे। इनके सामने कब्रें बनी हैं।

काल कोठरियों के पश्चिम में विशाल बुर्ज हैं जो फतह बुर्ज के नाम से जाने जाते हैं। फतेह बुर्ज के दक्षिण में शिव मंदिर है जो 1830 ई. में बनाया गया था। मंदिर के गर्भगृह के उत्तरंग पर लिखे अभिलेख से पता चलता है कि शिव मंदिर के पीछे रावला है, जहां चंद्रावतों ने अपने निवार्सन काल में निवास किया और यही निर्वासित दीवान गोपाल सिंह, संग्राम सिंह, फतेह सिंह और लक्ष्मण सिंह ने अपने संघर्ष के दिन गुजारे थे। अब यह खण्डहर बन गया है।

कचहरी के बाएं ओर राम मंदिर और हनुमान मंदिर है। राममंदिर के पीछे रानी महल बना है। इसके साथ ही भण्डार गृह है और आगे दो-तीन कमरे व बरामदा बना है। पन्ना शहर के दक्षिण में एक बावड़ी है जो नालाबावड़ी कहलाती है। मण्डलेश्री नाला ताखली नदी का संगम है।

राम मंदिर के बगल में हिंगलाज माता का मंदिर है। यह किले की अधिष्ठात्री देवी है। शाकत राजाओं ने बलूचिस्तान स्थित हिंगलाज नाम शक्तिपीठ की अनुकृति में किला बनवाया गया है। ग्यारहवीं सदी में यह स्थान शैव शिल्प का केंद्र था। यहां से बेमिसाल मूर्तियों का जखीरा मिला है। इंदौर संग्रहालय में यहां की मूर्तियों के आधार पर हिंगलाजगढ़ गैलरी भी है। जितनी मूर्तियां यहां से मिलीं उतनी देश के किसी और स्थान से नहीं मिलीं। इन्हें देखकर परमार काल में हिंगलाजगढ़ के शिल्प-कला वैभव के उत्कर्ष का अनुमान लगाया जा सकता है। किले में जो शिल्पकला विकसित हुई है, उसे हिंगलाजगढ़ शैली कहा जाता है। मजबूत पत्थरों से बने इस किले में अनेक राजवंशों के उत्थान व पतन की कहानी छिपी है।

तेरहवीं शताब्दी के उत्तरार्द्ध में हिंगलाजगढ़ जीरन के जेतसिंह पार के अधीन था जिसे हाड़ा बंगदेव के पुत्र देवी सिंह के पोते हालू ने पराजित कर हिंगलाजगढ़ और राजा भारत से खेड़ी और जीरण के किले प्राप्त कर लिए।

रावल समर सिंह 1271 में गद्दी पर बैठा था। समकालीन सिसोदा शाखा में भुवन सिंह, भीम सिंह व जय सिंह थे। रामपुरा के चंद्रावत इसी भुवान सिंह के दूसरे पुत्र चंद्रा के वंशज थे। इसी चंद्रा ने तेरहवीं शताब्दी के उत्तरार्द्ध में परमार सामंत दवामोरी को पराजित कर लिया। इसी वंश में दुर्गभाण एक प्रसिद्ध शासक हुआ। जिसने 1543 ई. में रामपुरा जीतकर रामपुरा राज्य की स्थापना की। हिंगलाजगढ़ में चंद्रावती की हवेली भी है। धीरे-धीरे मुगलों की छत्र-छाया में चंद्रावती राज्य का विस्तार होता गया। इसी समय घने वनों में स्थित देवालयों के खण्डहरों से दुर्ग का निर्माण कराया गया।

1688 ई. में जब मोहकसिंह का पुत्र गोपाल सिंह गद्दी पर बैठा तो हिंगलाजगढ़ में चंद्रावती की हवेली थी, गोपालसिंह के समय पांच शासक थे–चंद्रभान, दुदा, हरी सिंह, रूप सिंह और अमर सिंह। गोपाल सिंह चंद्रावत ने मदोरनी चौहान बाधाबाई से इसी शर्त पर विवाह किया कि उसका पुत्र छोटा होने पर भी उत्तराधिकारी बनेगा। इस शर्त ने चंद्रावत खानदान में ऐसा विष घोला कि राज्य का लालची रतनसिंह चित्तौड़ को त्याग कर औरंगजेब

के बहकावे में आ गया और **इस्लाम** कबूल कर लिया और गुहिल वंश का अंत कर दिया। रतनसिंह का शीघ्र ही अंत हो गया और उसके पुत्र बदन सिंह ने गद्दी संभाली। तब गोपाल सिंह ने अफगान दोस्त मुहम्मद की मदद से बदनसिंह को युद्ध में हरा कर मार डाला। तब दूसरे पोते संग्राम सिंह ने गोपाल सिंह का विरोध किया। इसी बीच अरि सिंह ने एक फरमान के द्वारा रामपुरा प्राप्त कर लिया यह कहकर कि वह मराठों और अफगानों को निकाल देगा।

1720 ई. में संग्राम सिंह[32] उदयपुर चले गए। महाराणा ने रामपुरा पर मेवाड़ी सेना भेज दी। गोपाल सिंह और संग्राम सिंह ने युद्ध की अपेक्षा पलायन करना ठीक समझा, फिर वह हिंगलाजगढ़ आये और 1720 ई. में हिंगलाज निर्वासित चंद्रावती को राजधानी बनाया। संग्राम सिंह और गोपाल सिंह कचहरी के सामने वाले रावले में रहते थे। यहीं 1732 में गोपाल सिंह की मृत्यु हुई।

1708 में सवाई जय सिंह ने महाराणा अमर सिंह की पुत्री चंद्रकुंवरी से इस शर्त पर विवाह किया कि उसी का पुत्र उत्तराधिकारी होगा। चंद्र कुंवरी ने माधो सिंह को जन्म दिया। उसी समय महाराणा ने रामपुरा का परगना मांग लिया। महाराणा संग्राम सिंह द्वितीय ने रामपुरा परगना राठोड़ों को जागीर में दे दिया।

संग्राम सिंह के पुत्र फतेहसिंह ने हिंगलाजगढ़ की गद्दी पर बैठने के बाद पिता संग्राम सिंह की हिंगलाजगढ़ के बाग में मूर्ति बनवा कर चोतरे पर स्थापित की। संग्राम सिंह की मृत्यु दिल्ली यात्रा के दौरान हुई। इसलिए 1754 ई. में फतेहसिंह की मृत्यु के बाद हिंगलाजगढ़ की गद्दी पर लक्ष्मण सिंह बैठा।

मल्हारराव होल्कर ने माधो सिंह को जोधपुर की गद्दी पर बैठाने के बदले रामपुरा का परगना प्राप्त कर लिया था। फतेह सिंह ने तो सहन कर लिया, लेकिन लक्ष्मण सिंह को यह गवारा न हुआ। उसने मराठों की छापामार पद्धति से मराठों को तंग करना शुरू कर दिया। मराठे तंग आकर कांटा के जंगलों में चले गए। पानीपत की लड़ाई में से भागकर आये मल्हारराव ने 1761 में ही लक्ष्मण सिंह से संधि कर ली। मल्हारराव की मृत्यु के बाद, लक्ष्मण सिंह ने महाराणा अरि सिंह के इशारे पर खुराफतें शुरू कर दीं। तब अहिल्याबाई[33] ने शीघ्र स्थिति संभाली। विद्रोह शांत करने की कोशिश की, परंतु 1771 में लक्ष्मण सिंह ने विद्रोह कर रामपुरा पर कब्जा कर लिया। लक्ष्मण सिंह की बढ़ती ताकत को देख कर स्वयं अहिल्याबाई ने सेना का नेतृत्व किया। पराजित लक्ष्मण सिंह आमद (हिंगलाजगढ़) चला गया। रानी ने वह क्षेत्र उसे जगीर में प्रदान कर शांति का प्रयास किया। 1795 में अहिल्याबाई की मृत्यु हो गई। 1801 ई. में पगारा में भवानी सिंह की मृत्यु हो गई।

चित्र 4.48 : नटराज शिव

तब मोहक सिंह द्वितीय ने बगावत की कमान संभाली पर तब तक हालात बदल चुके थे। काशीराव को हरा कर यशवंतराव प्रथम ने उत्तराधिकार के युद्ध में विजय प्राप्त कर ली। सबसे पहले चंद्रावती[34] के अशांत क्षेत्र पर अपनी पकड़ मज़बूत करने के लिए रामपुरा व दूसरे किलों का पुनः निर्माण शुरू किया और हिंगलाजगढ़ को अधिक सुरक्षित बनाया। इस समय श्यामराव महाडिक का भाई यशवंत राव महाडिक किलेदार था। यशवंत राव के बाद शीघ्र ही विट्ठो विश्वनाथ आया और हिंगलाज में काफी समय तक रहा। उसी के समय हिंगलाज माता, शिव और राम मंदिर पुनः बनाए गए।

चित्र 4.49 : उमा महेश्वर

इसी समय पटनपोल के पास का दरवाजा बंद कर दिया। मण्डलेश्री पोल के बुर्ज की कंगूरेनुमा दीवार ऊंची उठाई गई। कचहरी का निर्माण भी इसी समय हुआ।

ब्रिटिश सरकार मराठा शक्ति को खत्म करने में लगी हुई थी। पर सिंधिया ने होल्कर से दुश्मनी निकालने की वजह से अंग्रेजों की मदद की। 1804 ई. में रामपुरा पर कब्जा कर लिया और हिंगलाजगढ़ पर अधिकार जमा लिया। अंत में राजघाट संधि से संघर्ष समाप्त हुआ, परंतु यशवंत राव अंग्रेजों का स्थायी शत्रु हो गया। उसने इंद्रगढ़ और नावली के समीप खनिज का शोधन करवा कर भानपुरा में तोपें बनाने का कारखाना खुलवाया, अंग्रेजों को भगाने का सपना देखते-देखते पागल हो गया और मर गया। इसी समय मोहकमसिंह की भी मृत्यु हो गई।

यशवंत राव की मृत्यु के बाद मल्हारराव महिदपुर की पराजय व मंदसौर की संधि ने होल्करों की शक्ति को खत्म कर दिया और तब उन्हें सहायक संधि को स्वीकार करना पड़ा। अंग्रेजों की छत्र-छाया में मल्हारराव के पुत्र तुकोजीराव द्वितीय ने हिंगलाज माता का मंदिर, शिव मंदिर, राम और हनुमान मंदिर बनवाए। रानी महल का भी निर्माण करवाया।

किला अब ध्वस्त हालत में है, परंतु मंदिर, यज्ञशाला, पानी के कुण्ड, बारूद घर, फतेहबुर्ज अच्छी हालत में हैं।

रतनपुर का गजगढ़

रतनपुर विलासपुर से लगभग 22 किलोमीटर दूर उत्तर में स्थित है। इस नगर को कलचूरि शासक कमलराज के उत्तराधिकारी रतन देव ने 1020 ई. सन् में बसाया था। एक दिन मां महामाया, रतनदेव को सपने में दिखाई दीं और कहा, रतनदेव यदि तू अपने राज्य का विस्तार चाहता है तो अपनी राजधानी तूमाण से हटा कर रतनपुर में स्थापित करो। कलचूरि राजाओं ने रतनपुर को अत्यंत सुंदर ढंग से बसाया और उपवन, तालाब और मंदिर बनवाए। कलचूरि राजाओं ने सन् 1732 तक रतनपुर में राज्य किया। महाभारत में रतनपुर नगर का उल्लेख मिलता है।

चित्र 4.50 : कलचूरि काल के ऐतिहासिक जीर्ण-शीर्ण किले

छत्तीसगढ़ का प्राचीन तीर्थस्थान रतनपुर चार युगों की नगरी है। सतयुग मणिपुर, द्वापर में हीरापुर, त्रेतायुग में रतनपुर और वर्तमान समय में इसे रतनपुर के नाम से जाना जाता है।

रतनपुर में 51 सिद्ध शक्तिपीठ हैं। महामाया मंदिर, रामटेक मंदिर, कण्ठीदेवह शिव मंदिर, गज किला

चित्र 4.51 : कल्चूरि काल के ऐतिहासिक गजकिले के भीतर का उजाड़ परिदृश्य जहां कभी वैभव बिखरा रहता था, इसे रनिवास का हिस्सा माना जाता है। आज यहां की किलकारियां खामोश हो गई हैं और इमारतें खण्डहर के रूप में अपनी कहानी कहते प्रतीत हो रहे हैं।

चित्र 4.52 : महामाया मंदिर

और खूटाघाट का जलाशय प्रमुख हैं। पहाड़ों के बीच, इस नगर में अधिक तालाब हैं। इसी कारण इसे छत्तीसगढ़ का तालाबों का शहर भी कहते हैं। किसी समय महाकोशल[35] की शान समझे जाने वाले रतनपुर का गज किला अब पुरावशेष स्थित है।

कलिंग राजा का उत्तराधिकारी उसका पुत्र कमलराज 1020 ई. में राजा बना। कमलराज का उत्तराधिकारी रतनदेव प्रथम हुआ, जिसने रतनपुर नामक नगर बसाया और मां महामाया के सपने के बाद तुम्माण से अपनी राजधानी हटाकर रतनपुर को बसाया।

कमलराज के पुत्र प्रथम रतनदेव से ही कलचूरियों का शासन आरंभ होता है। इसे इतिहासकारों ने कलचूरि नाम दिया है। इसी शाखा को हैहय वंश कहा जाता है। इसके बाद पृथ्वीदेव राजा बना। रायपुर के ताम्रपत्र के अनुसार पृथ्वीदेव का काल कलचूरि संवत् 814 अर्थात् 1069 ई. था। पृथ्वीदेव ने कोसलाधिपति की उपाधि धारण की और कोसल के 2100 ग्रामों का अधिपति बना।

रतनदेव के शासकों का इतिहास 875 ई. में कोकल्लदेव से आरंभ होता है। लेकिन पौराणिक आख्यानों के अनुसार 852 ई. में रतनपुर का शासक मयूरध्वज से प्रारंभ होता है।

कलचूरि राज्य की राजधानी रतनपुर में स्थित–गज किले के चारों ओर गहरी खाइयां थीं जिनके कारण दुश्मनों से किला बिलकुल सुरक्षित था। इस किले को राजा पृथ्वीदेव ने संवत् 814 ई. में बनवाया था।

भग्न खण्डर देखने के बाद यह कल्पना की जा सकती है कि उन दिनों राजा का विशाल दरबार लगता था। महलों में महारानी, रानियां और राजकुमारियां बड़ी शान-शौकत से रहती थीं। रनिवास और महलों का वातावरण भव्य और अनुशासन सशक्त रहा होगा।

राज्य के भीतर की बड़ी-बड़ी समस्याओं को राजा ने अपने दरबार में–किस तरह

सुलझाया होगा? न्यायप्रिय राजा ने कितनी चतुराई से न्याय किया होगा? यह सब आज मौन हो गया है। स्वप्न लोक-सा किला आज धुंध के गहरे आवरण से ढक गया है।

चित्र 4.53 : शिव मंदिर

किले के सिंह दरवाजे के बुर्ज, कंगूरे सब टूटकर बिखर चुके हैं। किले की मेहराबदार मोटी दीवारें, जो चूना, बेल और गोंद से बनाई गई थीं आज खण्डर दिखाई देती हैं। प्रवेश द्वार का आकार बैठे हुए हाथी की तरह का है इसीलिए इसे गजगढ़ (हाथी किला) कहते हैं।

विशाल भू-भाग में फैले हुए इस किले में कलचूरियों का राजपरिवार रहा करता था। इसके मध्य भाग में भगवान जगन्नाथ[36] स्वामी, देवी सुभद्रा एवं भैया बलभद्र की प्रतिमा स्थापित की गई है। इस मंदिर का निर्माण राजा कल्याणसहाय ने कराया था।

जगन्नाथ मंदिर से पहले मराठा साम्राजी आनंदी द्वारा बनाया हुआ लक्ष्मीनारायण मंदिर, हनुमान एवं शिव मंदिर भी है। जगन्नाथ मंदिर के पीछे रनिवास तथा महल के अवशेष आज भी विद्यमान हैं।

सभा मण्डप में भगवान् विष्णु की काले ग्रेनाइट पत्थर से बनी दो भव्य कलात्मक प्रतिमाएं स्थापित हैं जिन्हें भगवान् एकादशी और भगवान् द्वादशी कहा जाता है। इनकी

चित्र 4.54 : बीस स्त्रियों के सामूहिक आत्मदाह का ऐतिहासक स्थान—बीस दुआरिया

सजावट और कलात्मकता देखते ही बनती है। 12वीं सदी की ये मूर्तियां कलचूरिकालीन मूर्तिकला का बेजोड़ नमूना हैं। सभागृह में अन्नपूर्णा देवी और राजा कल्याणसहाय की मूर्ति लगी है। यहां राजा-रानियों के अनेक स्मारक भी हैं। इनमें से सबसे ज्यादा महत्वपूर्ण एक बड़ा भवन है, जिसके चारों ओर भव्य तोरणद्वार व मीनारे हैं, जो लगभग साढ़े तीन सौ वर्ष पूर्व, राजा-लक्ष्मण सहाय की 20 रानियों के आत्मदाह की स्मृति में बनवाया गया है। इस स्मारक को बीस-दुआरिया कहा जाता है।[37] इसका यह नाम बीस द्वारों के आधार पर रखा गया है। बीस दुआरिया में अनेक महत्वपूर्ण शिलालेख भी मिलते हैं, जिनमें से एक सम्वत् 66 (1124 ई.) का है, जो जाज्जल्लदेव तथा उनके पुरखों से संबंधित है। इस शिलालेख का अभीष्ट जाजल्लनगर में एक मठ की स्थापना का उल्लेख करना है। दूसरा शिलालेख, पृथ्वीदेव तृतीय का है और उस पर विक्रम सम्वत् 1247 (1189-90 ई.) अंकित है। इसमें शिव मंदिर के निर्माण का उल्लेख है।

महामाया मंदिर में तीसरे शिलालेख में रतनपुर की तुलना इन्द्रापुरी से की गई है। इसके अतिरिक्त तलहरी मंडल के शासकों का बादल महल पर शिलालेख है, इसमें उक्त राजाओं का उल्लेख है। शिलालेख के अभिलेख अत्यन्त विकृत हो गए हैं। यह शिलालेख कलचूरि संवत् 915 (1163 ई.) का है। इस अभिलेख का उद्देश्य शासकों द्वारा निर्मित विभिन्न धार्मिक एवं पूर्ण संस्थाओं की संख्या सूचित करता प्रतीत होता है।

गजगढ़ के सिंह द्वार के बाद रणभूमि है, फिर भैरव दरवाजा और सिद्धि विनायक गणेश का द्वार, लक्ष्मीनारायण मंदिर, राजा का महल, बदरीनाथ मंदिर, किले के दक्षिण में सेमर दरवाजा है जो अब ध्वस्त हो गया है। गजगढ़ किले के जीर्णोद्धार का कार्य जारी है जिसमें कई पुरावशेष और गुप्त मार्गों का पता चला है।

संदर्भ और टिप्पणियां

1. इब्नबतूता की भारत-यात्रा या चौदहवीं सदी का भारत, पृ. 57-58
2. ग्वालियर के दक्षिण-पश्चिम में कोई 32 किलोमीटर की दूरी पर बरई या उरवाहा नामक एक प्राचीन जैन स्थल है। ग्वालियर के तोमर शासकों ने यहां भी कई जैन मंदिर बनवाए थे। उरवाहा की ओर का ग्वालियर दुर्ग का द्वार, इसीलिए 'उरवाही दरवाजा' कहलाता है।
3. हूण पूर्वी मध्य-एशिया की एक खानाबदोश जाति थी। इन्होंने भारत पर पहला आक्रमण ईसा की पांचवीं सदी के मध्य में किया था, जिसे स्कंदगुप्त (455-67 ई.) ने विफल कर दिया। हूणों का दूसरा आक्रमण बड़ा जबरदस्त था, जिसमें उनके नेता तोरमाण ने 500 ई. के आसपास मालवा पर अधिकार कर लिया। तोरमाण का बेटा व उत्तराधिकारी मिहिरकुल या मिहिरगुल एक क्रूर शासक था। साकल (सियालकोट) में उसकी राजधानी थी। अंत में 528 ई. के आसपास गुप्त नरेश बालादित्य और मंदसौर (मालवा) के राजा यशोधर्मा ने मिलकर उसे परास्त कर दिया। पराजित हूण भारत में ही रह गए, भारतीय जन-समुदाय में घुल-मिल गए। बाद में जिन कई राजपूत जातियों ने प्रमुखता प्राप्त की, उनकी उत्पत्ति हूणों से मानी जाती है। 'हूण' उपनाम वाले लोग आज भी जहां-तहां मिल जाते हैं।
4. शिलालेख में ग्वालियर की इस पहाड़ी पर सूर्य-मंदिर के निर्माण से संबंधित संस्कृत अंश का हिंदी अनुवाद है : "पर्वत ... पर के निवासी मातृतुल के पौत्र तथा मातृवास के पुत्र **मातृचेट** ने, नाना प्रकार की धातुओं से युक्त एवं **गोप** नाम वाले रमणीक पर्वत पर, (अपने) माता-पिता तथा अपने

तथा राजा के ... द्वारा पर्वतों में श्रेष्ठ इस पर्वत पर रहने वालों की पुण्य-वृद्धि के उद्देश्य से, सर्वोत्तम मंदिरों में प्रमुख सूर्य के प्रस्तर-निर्मित मंदिर का निर्माण करवाया।" देखिए जॉन फेथफुल फ्लीट, **भारतीय अभिलेख-संग्रह** (प्रारंभिक गुप्त शासकों के अभिलेख), अनुवादक : गिरिजाशंकर प्रसाद मिश्र, राजस्थान हिंदी ग्रंथ अकादमी, जयपुर, 1974, पृ. 197-200. ग्वालियर के दुर्ग का वह सूर्य-मंदिर अब नष्ट हो गया है।

5. बाबर ने अपनी आत्मकथा **बाबरनामा** (तुजुक-ए-बाबरी) में लिखा है : "बीमारी के बावजूद, मैंने मानसिंह और विक्रमजीत के महलों को अच्छी तरह से देखा। ये अद्‍भुत इमारतें हैं, पूर्णतः पत्थरों को तराशकर बनाई गई हैं, हालांकि ये पत्थर भारी और असमान आकार के हैं। मानसिंह का महल उत्तुंग है, सर्वोत्तम है। इसके पश्चिमी भाग की अपेक्षा इसके पूर्वी भाग में ज्यादा कारीगरी है। पूर्वी भाग, जो पूर्णतः तराशे गए पत्थरों से निर्मित है और प्लास्टर से सफेद किया हुआ है, 40 से 50 'कारी' (एक कारी = लगभग एक मीटर) ऊंचा हो सकता है। अंशतः यह चार मंजिला है; इसकी नीचे की दो मंजिलों में बहुत अंधेरा है। हम मोमबत्ती जलाकर उनमें गए। महल की एक ओर पांच गुंबज हैं और हर दो गुंबजों के बीच एक छोटा, वर्गाकार गुंबज है, हिंदुस्तान के रिवाज के अनुसार। बड़े गुंबजों पर सोने का मुलम्मा चढ़ी तांबे की चद्दरें लगाई हुई हैं। दीवारों के बाहरी हिस्से में रंगीन टाइल लगे हुए हैं; हरे रंग की टाइलों से चारों ओर केले के पेड़ों-जैसा नजारा दिखाई देता है। पूर्वी दिशा के बुर्ज में हाथीपोल है। 'पोल' का अर्थ है– 'दरवाजा'। –**Miniatures of Babur-Nama** (Tashkent, 1970) के चित्र नं. 92 के साथ 'बाबरनामा' से दिया गया विवरण।

चित्र 4.55 : ग्वालियर दुर्ग के मानसिंह व विक्रमजीत के महलों का निरीक्षण करते हुए बाबर, हाथीपोल के सामने पत्थर का हाथी, जो अब वहां नहीं है।

बाबर ने ग्वालियर के दुर्ग में पहुंचाने वाले दोनों ओर के मार्गों में चट्टानों को काटकर बनाई गई जैन मूर्तियों को बड़े कुतूहल से देखा था।

6. सिक्खों के पांचवें गुरु अर्जुनदेव पर जहांगीर ने ईर्ष्यावश बहुत अत्याचार किए थे। अर्जुनदेव के बाद उनके पुत्र हरगोबिंद छठे गुरु बने, तो उन्होंने अपने अनुयायियों को शस्त्र धारण करने के लिए प्रेरित किया तथा एक छोटी-मोटी सेना तैयार कर ली। इससे कुपित होकर जहांगीर ने उन्हें ग्वालियर के किले में बंदी बनाकर रखा। बाद में उन्हें छोड़ा जाने लगा, तो उन्होंने शर्त रखी कि उनके साथ बंदी अन्य 52 राजपूत राजाओं को भी मुक्त कर दिया जाए। उनकी शर्त मान ली गई। इस घटना के बाद गुरु हरगोबिंद 'बंदीछोड़' के नाम से भी जाने गए। रिहा होने पर उन्होंने

मुगलों के खिलाफ अपना संघर्ष जारी रखा। अंत में उन्हें कश्मीर के पहाड़ों में शरण लेनी पड़ी, जहां 1645 ई. में उनका निधन हुआ।

7. 'मंदिर' शब्द का प्रचलित अर्थ 'देवालय' है, मगर प्राचीन भारत में यह शब्द 'प्रासाद' या 'महल' के लिए भी प्रयुक्त होता था। वास्तुशास्त्र और संस्कृत कोशों में भी मंदिर शब्द भवनवाचक है। **अमरकोश** का श्लोक (पुरवर्ग, 2.4-5) है :

गृहं गेहोदवसितं वेश्म सद्म निकेतनम् ॥
निशान्तवत्स्यसदनं भवनागारमंदिरम् ।
गृहाः पुंसि च भूम्न्येव निकाय्यनिलयालयाः॥

8. कथानक प्रसिद्ध है कि राजा मानसिंह को शिकार खेलने का बड़ा शौक था। एक दिन वह दुर्ग के पश्चिमोत्तर में स्थित 'राय' गांव में शिकार खेलने पहुंच गया। गांव में उसने देखा कि दो भैंसे आपस में लड़ रहे हैं, एक-दूसरे से गुंथे हुए हैं। दर्शक भारी शोर कर रहे थे। वहां सिर पर घड़े लिये हुए कुछ गूजरियां रास्ता साफ होने का इंतजार कर रही थीं। उसी वक्त एक गूजरी ने अपना घड़ा उतारकर एक ओर रखा और वह भैंसों की ओर बढ़ी। उसने अपने मजबूत हाथों से भैंसों के सींग पकड़कर दोनों को अलग कर दिया। राजा उस गूजरी का साहस, सामर्थ्य व सौंदर्य देखकर उसकी ओर आकर्षित हो गया। उसने गूजरी के सामने विवाह का प्रस्ताव रखा। लेकिन वह विवाह के लिए एकाएक राजी नहीं हुई। उसने शर्त रखी–मैंने राय गांव की नदी का पानी पीकर ही इतना बल अर्जित किया है। यदि राय गांव की नदी से महल तक हर समय पानी पहुंचने की व्यवस्था कर दी जाए, तो वह विवाह कर सकती है। राजा ने शर्त स्वीकार कर ली। विवाह के बाद गूजरी का नाम 'मृगनयना' रखा गया और उसके निवास के लिए एक सुंदर महल (गूजरी महल) बनवाया गया। भूमिगत पाइपों के जरिए राय गांव की नदी का जल किले के 'रानी ताल' तक पहुंचाने की भी व्यवस्था की गई।

9. हिंदुस्तानी शास्त्रीय संगीत के प्रख्यात गायक तानसेन (मृत्यु 1595 ई.) का जन्म ग्वालियर के नजदीक के बेहट गांव में हुआ था। असाधारण प्रतिभा के धनी रामतनु या तन्ना (बाद में तानसेन) ने राजा मानसिंह तोमर द्वारा ग्वालियर में स्थापित संगीत विद्यालय में शिक्षा प्राप्त की और वहीं से उनकी ख्याति दूर-दूर तक फैली। बाद में वे अकबर बादशाह के सर्वाधिक प्रिय सभा-गायक बन गए। तानसेन ने अनेक ध्रुपदों की रचना की है। अंत में आगरा में उनका निधन हुआ, तो पहले व्यक्त की गई उनकी इच्छानुसार अकबर ने उनका शव अंतिम संस्कार के लिए ग्वालियर भिजवा दिया। ग्वालियर में सूफी संत शेख मुहम्मद गौस की दरगाह के पास तानसेन की समाधि बनी है। प्रतिवर्ष नवंबर-दिसंबर में तानसेन की समाधि पर संगीतोत्सव आयोजित होता है, जिसमें देश के विभिन्न भागों के संगीतज्ञ ग्वालियर पहुंचकर तानसेन को अपनी श्रद्धांजलि अर्पित करते हैं।

10. जब बाबर ने सेनापति रहीमदादखां के नेतृत्व में अपनी एक फौज ग्वालियर के दुर्ग को फतह करने के लिए आगे भेजी, तो उस समय वहां पानीपत के युद्ध (1526 ई.) में पराजित हुए इब्राहीम लोदी के सूबेदार तातारखां का शासन था। ग्वालियर के निवासी जुल्मी तातारखां से नफरत करते थे। ग्वालियर के एक सूफी संत शेख मुहम्मद गौस तथा अन्य कुछ लोगों ने भीतर से दुर्ग के दरवाजे खुलवाने में सहयोग दिया। बाद में अकबर ने शेख मुहम्मद गौस के लिए किले के पास एक खूबसूरत मकबरा बनवा दिया।

11. धार जिले के कुक्षि कस्बे के नजदीक के तालनपुर गांव में 1841 ई. में एक भील किसान को खेत में हल चलाते समय जमीन में गड़ी हुई 13 जैन मूर्तियां मिली थीं। उनमें से एक मूर्ति आदिनाथ की है, जिसकी पाद-पीठिका पर विक्रम संवत् 612 (555 ई.) का एक संस्कृत लेख खुदा हुआ है। लेख में बताया गया है कि इस मूर्ति की स्थापना चंद्रसिंह शा नामक व्यापारी ने मंडप-दुर्ग में स्थित तारापुर स्थान के पार्श्वनाथ मंदिर में की थी। यह तारापुर गांव अब भी मांडू के दक्षिण-पश्चिम कोने में एक पहाड़ी पर मौजूद है–'तारापुर द्वार' के समीप।

12. भोज-द्वितीय (1018-60 ई.) धार के परमार (पंवार) वंश का एक महान शासक था। वह विद्या का पोषक, कवियों का संरक्षक और स्वयं भी कई विषयों का प्रगाढ़ पंडित था। उसने छंद-अलंकार, गणित-ज्योतिष, वास्तुशास्त्र आदि विषयों पर पुस्तकें लिखी थीं। वास्तुशास्त्र के प्रसिद्ध ग्रंथ **समरांगणसूत्रधार** की रचना संभवतः भोज परमार ने ही की थी। उसने धार में एक संस्कृत विद्यापीठ (भोजशाला) की भी स्थापना की थी, जिसमें एक पुस्तकालय (सरस्वतीभांडार) भी था। राजा भोज ने भोजपुर (भोपाल से 28 किमी. दक्षिण-पूर्व) में बेतवा नदी पर बांध बंधवाकर एक विशाल सरोवर का निर्माण कराया था, जिसके लंबे-चौड़े पाल को पंद्रहवीं सदी के आरंभ में मालवा (मांडू) के एक सुलतान (संभवतः होशंगशाह) ने तुड़वा दिया। माना जाता है कि भोजपुर का प्रसिद्ध शिव-मंदिर भोज ने ही बनवाया था, परंतु इसके लिए कोई प्रत्यक्ष प्रमाण उपलब्ध नहीं है। अपने शासन के अंतिम दिनों में भोज को अपने शत्रुओं के एक संघ का युद्ध में सामना करना पड़ा, जिसमें पराजित होने पर उसकी मृत्यु हो गई।

13. डी. आर. पाटील ने भारतीय पुरातत्व सर्वेक्षण द्वारा प्रकाशित अपनी अंग्रेजी पुस्तक **मांडू** (पृ. 5) में लिखा है : "मांडू में राजा भोज की आराध्यदेवी सरस्वती या वाग्देवी की एक मूर्ति मिली है। मूर्ति (की पाद-पीठिका) पर प्राकृत में सरस्वती की जो स्तुति अंकित है, वह भोज के शासनकाल की स्थिति के अनुरूप है।" पाटील ने यह नहीं लिखा है कि सरस्वती की वह मूर्ति अब कहां पर है, परंतु लगता है कि लंदन के ब्रिटिश संग्रहालय में सरस्वती की जो मूर्ति मौजूद है वह मांडू में मिली सरस्वती है।

14. महमूद खिलजी सुलतान महमूद ग़ोरी (होशंगशाह का बेटा) का वजीर था। उसने अपने मालिक को ज़हर देकर मार डाला और 1436 ई. में उसकी गद्दी छीन ली। महमूद खिलजी का 33 वर्षों का लंबा शासनकाल पड़ोसी राजाओं से युद्ध करने में बीता। मेवाड़ के राणा कुंभा से भी उसकी लड़ाई हुई थी। उस (संभवतः अनिर्णीत) लड़ाई की स्मृति में उसने मांडू में एक 'सतखंडी' मीनार बनवाई थी, जिसका आज केवल आधार-खंड ही कायम बचा है। उसी युद्ध की याद में उधर चित्तौड़ में भी राणा कुंभा ने 34 मीटर ऊंचा, नौ मंजिला एक 'विजय-स्तंभ' बनवाया था, जो आज भी यथावत् कायम है।

15. गयासुद्दीन खिलजी (1469-1500 ई.) के विचित्र स्वभाव के बारे में कई किस्से बताए जाते हैं : उसने अपने निजी सेवकों को बता रखा था कि जब वह भोग-विलास और मौज-मस्ती में डूबा हो, तो वे उसके सामने एक कपड़ा रख दें और कहें कि यह उसका कफ़न है। जब वे ऐसा करते, तो वह उससे सबक लेता और ईश्वर से क्षमा मांगकर उसकी प्रार्थना में जुट जाता था। उसने अपने हरम के सेवकों को उसे नींद से जगाने का आदेश दे रखा था; और यदि वह न उठा, तो उसपर पानी डालने या उसे बिस्तर से खींच लेने को कहा था, ताकि वह ईश्वर-प्रार्थना की उपेक्षा न कर सके।

गयासुद्दीन खिलजी को स्वादिष्ट भोजन का बेहद शौक था। उसके शासनकाल की स्वाटिष्ट पक्वान्नों को तैयार करने से संबंधित **नियामतनामा** नामक एक पुस्तक मिली है, जिसमें मालवा की अपनी विशिष्ट शैली के चित्र दिए हुए हैं।

चित्र 4.56 : 'नियामतनामा' का एक चित्र, जिसमें सुलतान गयासुद्दीन खिलजी के लिए भाप से सुस्वादु चावल पकते हुए दिखाया गया है।

16. सर टॉमस रो इंग्लैंड के राजा जेम्स प्रथम का राजदूत नियुक्त होकर 1615 ई. में जहांगीर के दरबार में अजमेर पहुंचा था। उसका प्रयोजन था, अंग्रेजों के लिए भारत में व्यापारिक सुरक्षा एवं सुविधाएं प्राप्त करना। वह जहांगीर का कृपापात्र बन गया था। बादशाह के साथ व्यापारिक संधि करने में तो वह सफल नहीं रहा, मगर उसे मुगल साम्राज्य के कई नगरों में अंग्रेजी कंपनी की कोठियां स्थापित करने की अनुमति मिल गई। वह 1619 ई. में स्वदेश लौट गया।

17. पता चलता है कि भंगी दरवाजे का यह नाम इसलिए पड़ा, क्योंकि इसकी नींव में एक भंगी को जिंदा गाड़ा गया था। दुर्ग-द्वार की नींव में जिंदा आदमी को दफनाने की परंपरा काफी पुरानी है। देखिए अध्याय-3, राजस्थान के किले, टिप्पणी ... ॥

18. दिल्ली और आगरा से ग्वालियर पहुंचा हुआ सड़क मार्ग थोड़ा दक्षिण-पश्चिम की ओर मुड़कर आगे इंदौर पहुंचता है। यही वजह है कि ग्वालियर के किले को दक्षिण का द्वार माना जाता रहा है।

19. सूरत का प्राचीन नाम सूर्यपुर हैं। ताप्ती नदी जो सूरत के निकट गिरती है, सूर्य, कन्या मानी गई है। लेकिन कुछ विद्वानों का कहना है कि सूरत सुराष्ट्र या सोरठ का अपभ्रंश रूप है क्योंकि सूरत प्राचीन समय में सौराष्ट्र का मुख्य बंदरगाह तथा नगर था, यह भी कहा जाता है कि कस्तुनतुनियां के सम्राट के हरम से भाग कर यहां आई हुई सूरतनाम की एक महिला के नाम पर ही नगर का नाम सूरत पड़ा था। इस व्यापारिक बस्ती का नाम सूर्यपुर रखा था जो बाद में गुजरात के मुगल सुबेदार ने बदल कर सूरत कर दिया। सूरत **कुरान** के अध्याय को कहते हैं। 1540 ई. में बने एक किले के खंडहर यहां आज भी देखे जा सकते हैं। 1608 ई. में ईस्ट इंडिया कम्पनी यहां आयी और पहली स्थायी कोठी 1612 में बनाई। इसकी स्थापना टॉमस एल्डवर्थ ने की थी। इस कार्य के लिए उसे मुगल सम्राट जहांगीर से फरमान प्राप्त करना पड़ा था। 16वीं सदी तक तो यहां, उस समय के सभ्य संसार के प्रायः सभी देशों के निवासी देखे जाते थे। अरब, तुर्क और आर्मीनी व्यापारियों की भीड़ सूरत में क्रय-विक्रय करती हुई देखी जाती थी। औरंगजेब के समय में एक मुगल सूबेदार सूरत में रहता था। इस समय महाराष्ट्र में शिवाजी का प्रभाव बढ़ रहा था और उन्होंने तीन बार सूरत की कोठी को लूटकर अनंत धन-राशि प्राप्त की। 1669 ई. में सूरत का व्यापार शून्य रह गया, तो अंग्रेजों के अधिकारी जिरेल्ड आंजिगर ने सूरत को छोड़ बम्बई में अपना व्यापारिक केंद्र स्थापित किया। सूरत का किला तुर्की सरदार खुदाबंद ने बनवाया था। सूरत में अंग्रेजों और मुगलों के सीदी अरब सूबेदारों के झंडे साथ-साथ फहराते थे। सूरत बंदरगाह से पहली बार तम्बाकू जहांगीर के समय में भारत में लाया गया था।

20. महाभारत में वनपर्व के नायक राजा नल की राजधानी नरवर में थी। यहां का पहाड़ी किला कछवाहा-राजपूतों के अधिकार में था। 15वीं सदी में नरवर (नलपुर) मानसिंह तोमर के अधिकार में रहा। मृगनयनी और मानसिंह की प्रेम कथा से नरवर का संबंध बताया जाता है। एक प्रसिद्ध कहावत भी है–

नरपुर चढ़े न बेडनी, बूंदी छापेन छीट,
गुदनोरा भोजन नहीं एरस पके न ईंट।

राजस्थान की प्रसिद्ध प्रेम-कथा ढोलामारु का नायक ढोला नरवर नरेश का ही राजपुत्र बताया जाता है। मारु पूवालगढ़ की राजकुमारी थी। 18वीं सदी में मराठों का आधिपत्य यहां स्थापित हुआ। दौलतराव सिंधिया के समय के भी स्मारक हवापोट, एकखंबा छतरी यहां पर स्थित है।

21. आदिल खां ने 1489 ई. में बीजापुर में आदिलशाही राजवंश की स्थापना की थी। आदिल खां ने 1489 से 1685 ई. तक राज किया।

22. अश्वत्थामा द्रोणाचार्य के पुत्र थे। अश्वत्थामा जब पैदा हुए तो वह देवी घोड़े उच्चैःश्रवा की तरह हिनहिनाये, उनकी आवाज से चारों दिशाएं गूंज उठीं। तब यह आकाशवाणी हुई– यह बच्चा

अश्वत्थामा के नाम से प्रसिद्ध होगा। अश्वत्थामा कौरव और पांडवों का गुरुभाई था। वह दिव्य अस्त्रों का ज्ञाता था। महाभारत के युद्ध के समय अश्वत्थामा और उनके पिता द्रोणाचार्य कौरवों की तरफ से पांडवों के विरुद्ध लड़ाई में सम्मिलित हुए।

23. पृथ्वीराज चौहान दिल्ली और अजमेर के चौहान वंश का अंतिम शासक था जिसके दरबारी चंदवरदाई ने 'पृथ्वीराज रासो' नामक महाकाव्य की रचना की थी। इस ग्रंथ में मुख्य रूप से पृथ्वीराज चौहान की गौरवगाथा, उसके विवाह और मुसलमानों से युद्ध की घटनाओं का वर्णन है।

24. अलाउद्दीन ख़िलजी 1296 से 1316 ई. तक दिल्ली का सुल्तान रहा। वह ख़िलजी वंश के संस्थापक जलालुद्दीन ख़िलजी का भतीजा और दामाद था। 1295 ई. में अलाउद्दीन ख़िलजी ने देवगिरि के यादववंशी राजा रामचंद्रदेव पर चढ़ाई बोली दी। राजा रामचन्द्रदेव ने दक्षिण के हिंदू राजा से सहायता मांगी, लेकिन उसे किसी ने सहायता नहीं दी। अंत में सोना, चांदी, जवाहरात देकर अलाउद्दीन ख़िलजी के सामने आत्मसमर्पण कर दिया। 1296 ई. में बहुत-सा धन लेकर वह दिल्ली लौटा और फिर जलालुद्दीन ख़िलजी की हत्या कर दी और खुद दिल्ली का सुल्तान बन बैठा। जलालुद्दीन के बेटों को भी मौत के घाट उतार दिया। जलालुद्दीन के समर्थकों को घूस देकर चुप कर दिया। मंगोलों ने उसके राज्य पर बार-बार हमले किए। अलाउद्दीन ने उनको हर बार खदेड़ दिया। फिर 1308 ई. में उनको ऐसा हराया कि उसके बाद हमला करना बंद कर दिया।

अलाउद्दीन ने बहुत-से राज्यों को जीता। रणथम्भौर 1303 ई., मालवा 1305 ई., उसके बाद उज्जैन, धार, मांडू और चंदेरी को जीत लिया। 1307 ई. में देवगिरि दोबारा जीता। 1310 ई. में ओरंगल के काकतीय राज्य को ध्वस्त कर दिया। तटीय राज्यों से 1311 ई. में बहुत-सी लूट की दौलत लेकर दिल्ली लौटा। अमीर और शक्तिशाली राजा बन गया। हिमालय से कन्याकुमारी तक पूरे हिंदुस्तान का शासक बन गया। वह पढ़ा-लिखा नहीं था। लेकिन पैनी बुद्धि वाला था। उसे पता था कि वह अपने लक्ष्य पर कैसे पहुंच सकता है। उसने शराब बेचना और पीना बंद कर दिया था। निजी सम्पत्ति को अपने अधिकार में कर लिया। अलाउद्दीन ने तलवार के बल पर अपना राज्य चलाया। हुक्म तोड़ने की किसी की हिम्मत नहीं थी।

अलाउद्दीन ने अमीर खुसरो और हसन जैसे कवियों को संरक्षण दिया। 2 जनवरी 1316 ई. में अलाउद्दीन की मृत्यु हो गई। उसकी मृत्यु के साथ उसका शासन समाप्त हो गया क्योंकि उसने अपने बेटों पर भरोसा नहीं किया था। जब अलाउद्दीन की बौद्धिक क्षमता नष्ट हो गयी थी, मलिक काफूर ने उसका शासन चलाया था।

25. सुल्तान मुहम्मद तुगलक ने यादववंशी राजाओं की राजधानी देवगिरि का नाम दौलताबाद रखा था। यह गोदावरी नदी की उत्तरी घाटी में स्थित है और भौगोलिक दृष्टि से भारत का केन्द्रीय स्थल कहा जा सकता है। इस नगर ने बहुत बार उत्थान और पतन देखा। 1294 ई. में अलाउद्दीन ख़िलजी ने इसे लूटा। ख़िलजी की फौजों ने दुबारा 1318 ई. में यादव राज हरपाल देव को पराजित कर मार डाला। इसी के साथ यादव वंश का अंत हो गया और दौलताबाद दिल्ली सल्तनत के अतर्गत आ गया। बाद में सुल्तान मुहम्मद तुगलक का शासन पंजाब से बंगाल तक तथा हिमालय से लेकर कन्याकुमारी तक फैला हुआ था।

सुल्तान ने दौलताबाद में बड़े-बड़े भवन और सड़कें बनवायीं। एक सड़क दौलताबाद से दिल्ली तक बनवायी। 1631 ई. में शाहजहां दौलताबाद किले को नहीं जीत सका तो फतेह ख़ां को घूस देकर ही इस किले पर कब्जा किया। मुगल शासन के समय दौलताबाद प्रशासन का मुख्य केन्द्र रहा। औरंगजेब ने गोलकुण्डा के अंतिम शासक अब्दुल हसल को दौलताबाद के किले में कैद किया था।

1707 ई. में बुरहानपुर में औरंगजेब की मृत्यु हुई, औरंगजेब को दौलताबाद में दफनाया गया। 1760 ई. में यह नगर मराठों के अधिकार में आ गया। इसका नाम आज भी दौलताबाद है।

26. जबलपुर मध्यप्रदेश का नगर है। इसका प्राचीन नाम जाबालिपुर या जाबालिपतम था। पुराणों के अनुसार जाबालि एक ऋषि का नाम है, जबलपुर में रानी दुर्गावती ने राज्य किया था।

27. मंडला का पुराना नाम महिष्मती है। यह नगर प्राचीन काल में बहुत वैभवशाली रहा है। महिष्मती नगर नर्मदा के दक्षिणी तट पर स्थित है। लंका के प्राचीन बौद्ध इतिहास महावंश 1,2,3 में इसका उल्लेख है। अशोक के समय में बौद्ध धर्म के प्रचार के लिए महादेव स्थनिर को महिष्मती नगर भेजा गया था।

28. एक प्रसिद्ध कवि जो बंगाल के राजा लक्ष्मण सेन का समकालीन था। जयगोविंद 'गीतगोविंद' के रचयिता थे, जो आज भी अत्यन्त लोकप्रिय भक्तिमय गीतिकाव्य है। यह संस्कृत के मधुरतम गीतों की एक उत्कृष्ट रचना है। लगभग 1178-1203 के दरबारी कवि जयदेव ने इन गीतों की रचना की, जिनमें राधा और कृष्ण के अलौकिक प्रेम का वर्णन है।

29. मंदसौर गुप्तकालीन भारत का प्रसिद्ध नगर है जिसका अभिज्ञान मंदसौर (पश्चिमी मालवा, मध्यप्रदेश) से किया गया है। लैटिन के प्राचीन भ्रमणवृत्त पेरिप्लस में मंदसौर को भिन्नगल कहा गया है। (देखिए, स्मिथ, अर्ली हिस्ट्री ऑफ इंडिया, पृष्ठ 221) कालिदास ने मेघदूत में इसकी स्थिति मेघ के यात्राक्रम में उज्जयिनी के पश्चात् और चंचल नदी के पार उत्तर में बताई गई है। जो वर्तमान मंदसौर के अनुकूल है। गुप्त सम्राट कुमार गुप्त के शासनकाल (472 ई.) का एक प्रसिद्ध अभिलेख मंदसौर से मिला था जिसमें लाट देश के रेशम के व्यापारियों का मंदसौर में आकर बस जाने का वर्णन है। इन्होंने मंदसौर में सूर्य के मंदिर का निर्माण करवाया था।

मंदसौर में यशोधर्मन के काल के विजय-स्तम्भों के अवशेष भी हैं, जो उसने हूणों पर विजय प्राप्त करने की स्मृति में बनवाए थे। एक स्तंभ के अभिलेख में पराजित हूणराज मिहिरकुल द्वारा की गई यशोधर्मन की सेवा तथा अर्चना का वर्णन है।

मंदसौर से गुप्तकाल के अनेक मंदिरों के अवशेष भी प्राप्त हुए हैं जो हिंगलाजगढ़ किले के अंदर कचहरी के सामने वाली भूमि में आज भी सुरक्षित हैं। कहा जाता है कि 14वीं सदी के प्रारंभ में अलाउद्दीन खिलजी ने इस महिमामय नगर को लूट कर विध्वस्त कर दिया और एक किला बनवाया जो आज खंडहर के रूप में विद्यमान हैं। मंदसौर की गणना प्राचीन जैन तीर्थों में की गई है। मंदसौर के गांवों के लोग इसे दसौर कहते हैं। मंदसौर दसौर का रूपांतरण हैं।

मंदसौर जिला अफ़ीम की खेती के लिए प्रसिद्ध है। सारे देश में जितनी अफ़ीम पैदा होती है उसकी 3/4 केवल मंदसौर जिले में होती है। मंदसौर की अफ़ीम से 17-18 प्रकार की दवाइयां तैयार की जाती हैं।

30. पन्ना शहर 1707 ई. में औरंगजेब की मृत्यु के बाद बुंदेल-नरेश छत्रसाल के पन्ना शहर को अपनी राजधानी बनाई थी। मुगल बादशाह बहादुशाह ने 1708 ई. में छत्रसाल की सत्ता को मान लिया था। पन्ना शहर का प्राचीन नाम पद्मावती या पद्मापुरी था जो पद्मावती देवी के नाम पर पड़ा। देवी का मंदिर बस्ती के दूसरी ओर उत्तर पश्चिम में, एक नाले के पास आज भी स्थित है। वर्षा ऋतु में यह नाला देवी के मंदिर के पास एक झरने का रूप धारण कर लेता है। मंदिर से एक फर्लांग की दूरी पर हनुमान जी का मंदिर है। स्थानीय लोगों के अनुसार पन्ना शहर नाले के उस पार था जहां राज गोंड और कोली लोगों का राज्य था। 3 कि.मी. उत्तर की ओर महाराज छत्रसाल का पुराना महल था, जो आज खंडहर के रूप में है। पन्ना शहर को 18वीं व 19वीं शताब्दी में पर्णा कहते थे। पन्ना पर्णा का ही अपभ्रंश है। पन्ना-छतरपुर मार्ग में पांडव नामक एक अति प्राचीन स्थल है। पांडवों ने अपने अज्ञातवास में कुछ समय यहां बिताया था। यहीं एक अति प्राचीन 1 मीटर लंबी गुफा है जिसके अंदर कुछ अर्वाचीन मूर्तियां और शिव प्रतिमाएं हैं। आस-पास के जंगल में वन्य पशु-पक्षियों का बसेरा है। तालाब के पास एक इमारत है जिसमें दो कमरे हैं जिसकी दीवारें चार फुट मोटी हैं। सामने एक चबूतरा है जो हाल में ही

बना है। दूसरी ओर ऊंचाई से गिरता हुआ एक झरना है जो नीचे गिरता हुआ एक कुएं में जाकर समाप्त होता है।

31. होल्कर वंश तथा राज्य की स्थापना मल्हारराव ने की थी। यशवंत राव होल्कर तुकोजी राव का तीसरा बेटा था जो पिता की मृत्यु के बाद गद्दी पर बैठा। उसने 1798 ई. से 1811 ई. तक राज्य किया।

32. संग्राम सिंह वायमल्ल का पुत्र और उत्तराधिकारी। संग्राम सिंह इतिहास में राणा सांगा के नाम से प्रसिद्ध था। संग्राम सिंह ने 1508 से 1529 ई. तक शासन किया। वह महान योद्धा था। ऐसा कोई शासक नहीं जो उससे लोहा ले सके।

33. अहिल्याबाई महाराज मल्हारराव की विधवा पुत्रवधु थी। मल्हारराव की मृत्यु के बाद रानी अहिल्याबाई ने राज्य का शासन-भार सम्हाला और मृत्युपर्यंत बड़ी कुशलता से शासन चलाया। वह अपनी उदारता और प्रजावत्सलता के लिए प्रसिद्ध थी। उन्होंने भारत के विभिन्न शहरों में मंदिरों, धर्मशालाओं और अन्नस्त्रों का निर्माण करवाया। उनका एक पुत्र मल्लेराव था जिसकी 1766 ई. में मृत्यु हो गई। 1767 ई. में अहिल्याबाई ने तुकोजी होल्कर को सेनापति बनाया। अहिल्याबाई के निधन के बाद तुकोजी होल्कर इंदौर की गद्दी पर बैठा।

34. चंद्रावती आबू पर्वत के निकट है। यह नगरी प्राचीन काल में पवार राजपूतों की राजधानी थी। आबू के उग्रसेन पंवार ने पंवार राज्य की नींव डाली। राजा भोज इस वंश का प्रसिद्ध राजा था। 12वीं सदी में सोलंकियों ने पंवार राज्य का अंत कर दिया था। चंद्रावती के खंडहर आबू पर्वत के निकट हैं।

35. विंध्याचल पर्वत का वह भाग जिसमें वर्तमान रायपुर और बिलासपुर (मध्यप्रदेश) जिले में हैं। समुद्रगुप्त की प्रयाग-प्रशस्ति में कोसलकमहेन्द्र का उल्लेख है। महेन्द्र दक्षिण कौसल का शासक था। आजकल इसे (कोशल) महाकोशल कहते हैं। दक्षिण कोशल और उत्तरी कोशल की भाषा और संस्कृति लगभग एक जैसी है। आज भी महाकोशल में **'अवधी बोली'** बोली जाती है। रामचंद्र के अयोध्या के राजा बन जाने के बाद जब कुश ने महाकोशल में कुशावती नगरी बसाई तब अयोध्या के अनेकों निवासी महाकोशल में जाकर बस गए थे।

36. जगन्नाथपुरी उड़ीसा में है, इसका निर्माण उड़ीसा के राजा अनंतवर्मा चोड़-गंग ने 1076-1148 ई. में कराया था। यह वास्तुकला का अद्भुत नमूना है। कई शताब्दियां बीत जाने पर भी काल का प्रभाव इस पर बहुत थोड़ा पड़ा। सारे भारत से हजारों धर्मप्रेमी हिन्दू यात्री और विदेशी पर्यटक इसे अब भी देखने आते हैं।

37. लगभग साढ़े तीन सौ साल पहले राजा-लक्ष्मण सहाय की बीस (20) रानियों ने आत्मदाह (सती) किया था। उनकी स्मृति में बीस दुआरिया स्मारक बनाया गया। इसका नाम बीस द्वारों के आधार पर रखा गया।

उत्तर प्रदेश के किले

कालिंजर । इलाहाबाद । चुनार । आगरा
फतेहपुर-सीकरी । झाँसी

उत्तर प्रदेश के विभिन्न शहर

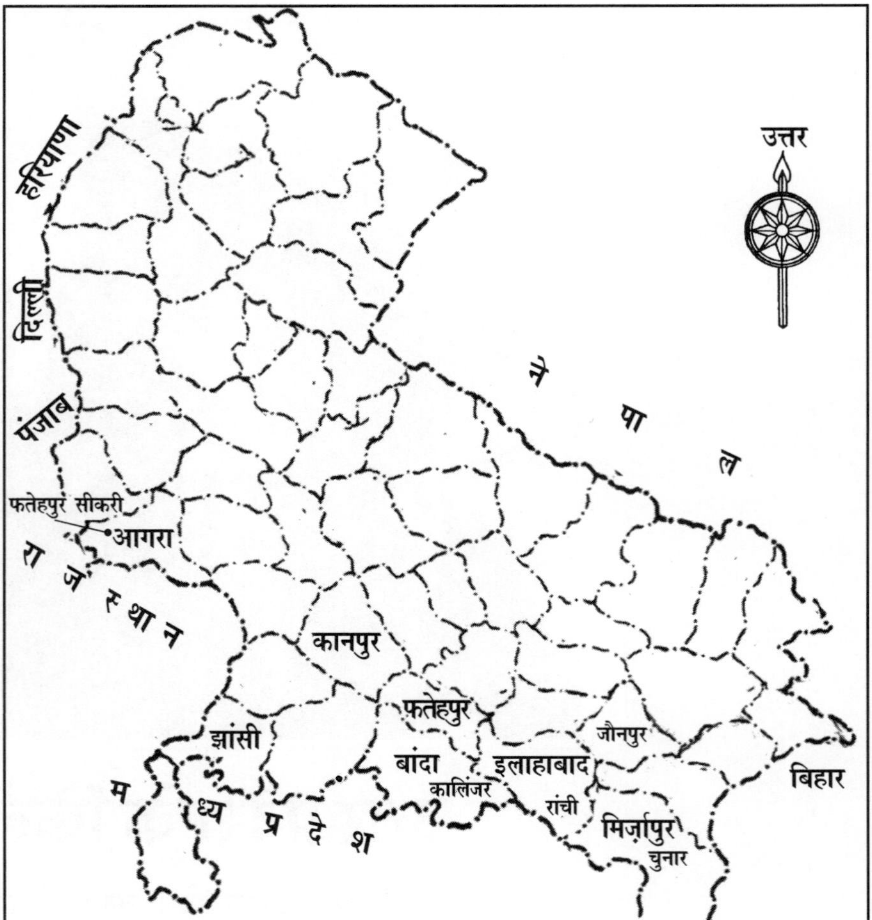

अध्याय-5

उत्तर प्रदेश के किले

कालिंजर

पुराने जमाने में अधिकतर दुर्ग ऐसी पहाड़ियों पर बनाए जाते थे जो काफी ऊंची और कठिन चढ़ाई वाली होती थीं। 'दुर्ग' शब्द संस्कृत के 'दुर्गम' शब्द से बना है, जिसका अर्थ है–'जहां पहुंचना कठिन हो'। संकट के समय गिरिदुर्ग राज-परिवार तथा राजकोष की रक्षा करते थे और शत्रुसेना को आगे बढ़ने से भी रोकते थे।

दिल्ली या आगरा से चली सेना को पूर्वी भारत या दक्षिण-पश्चिम भारत की ओर जाना होता, तो बुंदेलखंड[1] में कई पहाड़ी किलों का सामना करना पड़ता था। पूर्व की ओर के रास्ते में कालिंजर और अजयगढ़ जैसे मजबूत किले थे, तो दक्षिण तथा पश्चिम की ओर जाने वाले मार्ग में ग्वालियर, चंदेरी आदि किले। कालिंजर किले के साथ चंदेल राजाओं, महमूद गजनी[2],

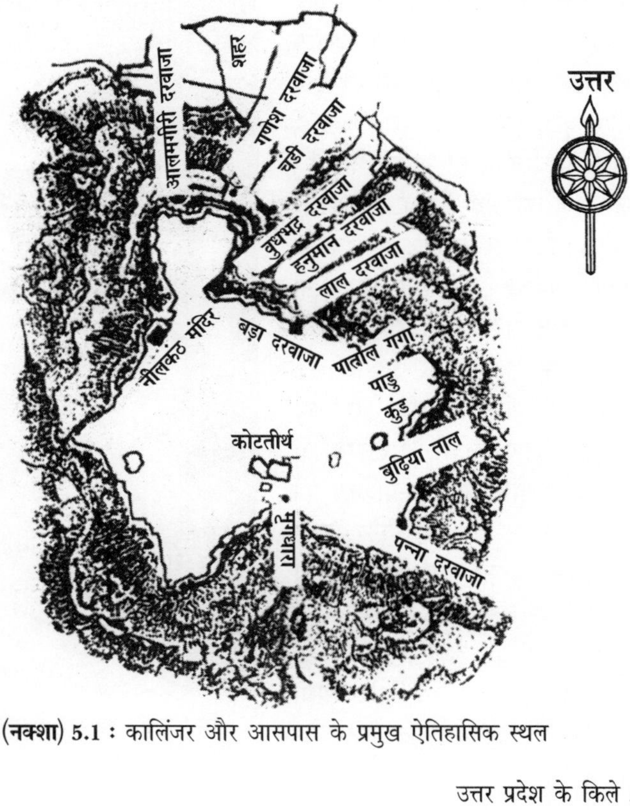

चित्र (नक्शा) 5.1 : कालिंजर और आसपास के प्रमुख ऐतिहासिक स्थल

चित्र 5.2 : कालिंजर का किला

पृथ्वीराज चौहान, कुतुबुद्दीन ऐबक[3], हुमायूं, शेरशाह, अकबर, छत्रसाल जैसे शासकों के नाम जुड़े हैं, तो चंदेरी के साथ मेदिनी राय और भारत में मुगल साम्राज्य के संस्थापक बाबर के नाम।

कालिंजर या कालंजर भारत का एक अत्यंत प्राचीन किला है। महाभारत काल में कालिंजर एक तीर्थस्थल था। इस किले में कई मंदिर, कुंड, गुफाएं और पुराने लेख हैं, जो इसकी प्राचीनता की गवाही देते हैं। कालिंजर शब्द का अर्थ है–काल को जर्जर करने वाला। किले में नीलकंठ महादेव का एक प्राचीन मंदिर है। काल को जर्जर यानी नष्ट करने वाले महादेव के नाम पर इस पहाड़ी का नाम 'कालंजराद्रि' पड़ा।

चित्र 5.3 : नीलकंठ महादेव का प्राचीन मंदिर

कालिंजर किला बांदा से 57 किलोमीटर दक्षिण-पूर्व में और रीवां से लगभग 90 किलोमीटर उत्तर-पश्चिम की ओर मैदान से करीब 220 मीटर ऊंची विंध्य पर्वतमाला की एक अलग-थलग चौरस पहाड़ी पर बसा हुआ है। पहाड़ी के निचले हिस्से तक तो किसी तरह आसानी से चढ़ सकते हैं, मगर ऊपरी हिस्सा सीधा खड़ा है, जिस पर चढ़ना अत्यंत कठिन है।

चित्र 5.4 : गणेश दरवाजा

कालिंजर दुर्ग 7 किलोमीटर के घेरे में फैला हुआ है। यह आयताकार दुर्ग पूर्व-पश्चिम में करीब डेढ़ किलोमीटर लंबा और उत्तर-दक्षिण में करीब एक किलोमीटर चौड़ा है। किले की उत्तर दिशा की तलहटी में कालिंजर नाम का कस्बा है। उसे भी परकोटे से घेरा गया है।

किले के दो मुख्य प्रवेश-द्वार हैं। एक प्रवेश-द्वार उत्तर की ओर शहर की तरफ है। दूसरा प्रवेश-द्वार, जो 'पन्ना दरवाजा' कहलाता है, दक्षिण-पूर्व की ओर है, मगर अब बंद है। मुख्य दरवाजे से जाने पर सात दरवाजे पार करने पड़ते हैं। करीब 65 मीटर की चढ़ाई करने पर पहला दरवाजा आता है। इसका निर्माण औरंगजेब के शासनकाल में हुआ था, इसलिए यह 'आलमगीरी दरवाजा' कहलाता है। आगे सीढ़ियों की कठिन चढ़ाई के बाद 'गणेश दरवाजा' आता है। थोड़ा आगे बढ़ने पर तीसरा 'चंडी (या चौबुर्जी) दरवाजा' है। इस दोहरे दरवाजे पर तीर्थयात्रियों के कई पुराने लेख खुदे हुए हैं।

चौथे 'बुधभद्र' दरवाजे तक पहुंचने के लिए कठिन खड़ी चढ़ाई है, इसलिए इसे 'स्वर्गारोहण दरवाजा' भी कहते हैं। पांचवें दरवाजे के पास एक शिला पर हनुमान की प्रतिमा उत्कीर्ण है, इसलिए इसका नाम 'हनुमान दरवाजा' पड़ा। यहां एक कुंड, एक गुफा, तीर्थयात्रियों के शिलालेख और देवी-देवताओं की मूर्तियां हैं। छठा दरवाजा लाल पत्थर से बना है, इसलिए 'लाल दरवाजा' कहलाता

चित्र 5.5 : कालिंजर का दुर्ग

है। इसके पास भैरवकुंड और भैरव की मूर्ति है। लाल दरवाजे की बाहरी दीवार पर 16 पंक्तियों का एक शिलालेख है, जिसमें 'कालंजराद्रि' नाम का स्पष्ट उल्लेख है। थोड़ी चढ़ाई के बाद अंतिम सातवां दरवाजा है, जो 'बड़ा दरवाजा' कहलाता है। सन् 1634 ई. में बने इस दरवाजे में विशाल फाटक लगे हुए हैं और दोनों ओर कई देवी-देवताओं की मूर्तियां हैं।

चित्र 5.6 : कालिंजर के किले में मंदिर

ऊपर किले के उत्तरी भाग में सीताकुंड, सीतासेज, पाताल गंगा और पांडु कुंड नामक स्थान हैं। सीतासेज एक गुफा है, जिसमें पत्थर की शय्या बनी हुई है। पाताल गंगा पत्थर को काटकर बनाया गया एक कुआं है। पांडु कुंड एक प्राचीन गोलाकार तालाब है। पूर्व की ओर एक प्राकृतिक गुफा के भीतर एक जलाशय बनाया गया है, जिसे 'बुढ़िया ताल' कहते हैं। आगे दक्षिण-पूर्वी कोण पर बंद पड़ा पन्ना दरवाजा है। यहां कई शिलालेख और मूर्तियां हैं। दक्षिण दिशा में दीवार के भीतर 'मृगधारा' नामक कुंड है, जिसमें ऊपर के कोटतीर्थ से धीरे-धीरे पानी पहुंचता रहता है। कोटतीर्थ एक बड़ा जलाशय है, जिसमें उतरने के लिए सीढ़ियां बनी हुई हैं। यहां आसपास कई मंदिरों, मूर्तियों और महलों के अवशेष हैं।

किले के पश्चिम भाग के बीच में चंदेल नरेश परमार्दिदेव (1165-1203 ई.) द्वारा निर्मित नीलकंठ महादेव का मंदिर है। मुख्य मंदिर एक छोटी गुफा के भीतर है, जिसके बाहर खंडहर बना हुआ एक मंडप है। मंदिर में स्थापित लगभग डेढ़ मीटर ऊंचा शिवलिंग चमकीले काले-नीले पत्थर से बना है। गुफा के बाहर चट्टानों को काटकर बनाया गया एक गहरा कुंड है, जिसे स्वर्गारोहण कुंड कहते हैं। कुंड के दाईं ओर पत्थर के आले में काल भैरव की 18 हाथों वाली 5.5 मीटर चौड़ी और 8 मीटर ऊंची विशाल मूर्ति उकेरी गई है। मूर्ति के गले में नरमुंडों की माला पड़ी हुई है।

इस प्रकार हम देखते हैं कि समूचा कालिंजर दुर्ग मंदिरों, महलों, कुंडों, मूर्तियों और शिलालेखों से भरा पड़ा है।

कालिंजर हमारे देश के सबसे पुराने किलों में से एक है। पता चलता है कि मौर्यों, कलचुरियों, गुप्तों और राष्ट्रकूटों का इस दुर्ग पर अधिकार रहा। फिर ईसा की नौवीं से तेरहवीं सदी तक कालिंजर दुर्ग पर बुंदेलखंड के चंदेल शासकों का अधिकार रहा। चंदेलों के समय में यहां अनेक मंदिरों और मूर्तियों का निर्माण हुआ।

सन् 1023 में महमूद गजनी ने कालिंजर पर हमला किया। उस समय किले पर चंदेल राजा गंडदेव का कब्जा था। दोनों शासकों के बीच संधि हो गई और महमूद गजनी वापस लौट गया। फिर पृथ्वीराज चौहान और चंदेल नरेशों के बीच युद्ध चले। अंत में दोनों के बीच संधि हुई। सन् 1202 में दिल्ली के सुलतान कुतुबुद्दीन ऐबक ने कालिंजर पर हमला किया। चंदेल राजा परमार्दिदेव ने मुकाबला किया, किंतु किले के भीतर के सभी कुंडों का पानी सूख जाने पर उसे आत्मसमर्पण करना पड़ा। कालिंजर दिल्ली सल्तनत का अंग बन गया। कुछ साल बाद इस किले पर पुनः चंदेलों का अधिकार हो गया।

चित्र 5.7 : राजा अमन सिंह का महल

गद्दी पर बैठते ही 1530 ई. में हुमायूं ने कालिंजर पर हमला किया, परंतु किला चंदेलों के कब्जे में ही रहा। सन् 1545 में शेरशाह की पठान फौज ने कालिंजर को घेर लिया। चंदेल राजा कीरतपाल[4] ने शरण में आने से इनकार कर दिया। दोनों फौजों में लंबे अरसे तक लड़ाई जारी रही। अंत में जब शेरशाह के आदेश से किले पर गोले दागे जा रहे थे, तो एक गोला किले के दरवाजे से टकराकर उस स्थान पर वापस आ गिरा जहां गोलों के ढेर पड़े थे। उनमें आग लगने से पास खड़ा शेरशाह बुरी तरह घायल हो गया। लेकिन युद्ध जारी रहा, जिसमें बड़ी संख्या में दोनों पक्षों के सैनिक मारे गए। चंदेलों की हार हुई; कीरतपाल मारा गया। मगर उसी दौरान 22 मई, 1545 को शेरशाह की मृत्यु हो गई। चार दिन बाद उसका बेटा जलाल खां कालिंजर में ही गद्दी पर बैठा। कालिंजर की पहाड़ी पर शेरशाह की क्रब है, किंतु उसका मकबरा सहसराम (बिहार) में है।

शेरशाह यदि आगे जीवित रहता, तो हिंदुस्तान का इतिहास कुछ दूसरा ही होता। लेकिन कालिंजर के 1545 ई. के उस निर्णायक युद्ध ने एक तरफ शेरशाह के शहंशाह बनने के सपने को समाप्त कर दिया, तो दूसरी तरफ चंदेलों का शासन भी सदा के लिए खत्म कर दिया। कालिंजर पर पुनः हुमायूं का कब्जा हो गया। सन् 1569 में यह किला अकबर के अधिकार में आ गया और आगे करीब 120 साल तक मुगलों के ही कब्जे में रहा। अकबर के समय में कालिंजर राजा बीरबल[5] की जागीर में था। मुगलों की अवनति के बाद कालिंजर पर बुंदेला छत्रसाल का अधिकार हो गया। अंत में 1812 ई. में यह किला अंग्रेजों के अधिकार में चला गया। आगे जाकर उन्होंने इसके रक्षा-साधनों को बेकार कर डाला। कालजयी कालिंजर अब खंडहर बन गया है।

इलाहाबाद

सन् 1567 की बात है। बादशाह अकबर का एक सरदार अलीकुली खां, जो कड़ा में रहता था, बागी बन गया। इलाहाबाद से लगभग 55 किलोमीटर पश्चिमोत्तर में गंगा के तट पर बसा हुआ कड़ा शहर उस समय सूबे का मुख्यालय था। वहां पुराने जमाने का एक किला भी था। अलीकुली खां का दमन करने के लिए अकबर स्वयं एक बड़ी फौज लेकर कड़े के समीप पहुंचा। दोनों दलों में घमासान युद्ध हुआ, जिसमें बादशाही सेना की जीत हुई। अलीकुली खां मारा गया।

लड़ाई से निपटकर अकबर[6] प्रयाग (इलाहाबाद का पुराना नाम) आया और दो दिन वहां ठहरकर काशी (वाराणसी) की ओर चला गया। उस समय उसने प्रयाग में गंगा और यमुना के बीच की कुछ ऊंची भूमि को सुरक्षित देखकर वहां एक सुदृढ़ दुर्ग बनाने का निश्चय किया। मगर उस समय वह विद्रोहियों से लड़ने-भिड़ने में लगा हुआ था, इसलिए अपने विचार को कार्यरूप में परिणत नहीं कर सका।

प्रयाग में गंगा-यमुना के संगम के उस पार झूंसी[7] नामक एक पुराना स्थान है। सन् 1580 ई. के लगभग नयाबत खां नामक एक सरदार प्रयाग और झूंसी का जागीरदार था। वह अकबर के विरुद्ध हो गया और उसने सेना इकट्ठी करके कड़े के किले पर आक्रमण कर दिया। अकबर ने समाचार पाकर एक बड़ी सेना भेजी। बादशाही सेना ने मिर्जापुर तक नयाबत खां का पीछा किया और उसे परास्त करके मार भगाया।

उस समय तक प्रयाग का समावेश कड़ा के सूबे (प्रांत) में ही होता था। मगर बार-बार होने वाले विद्रोहों को देखते हुए अकबर ने पक्का निश्चय कर लिया कि प्रयाग में संगम[8]

चित्र 5.8 : गंगा-यमुना के संगम की ओर की इलाहाबाद के किले की पूर्वी प्राचीर

चित्र 5.9 : इलाहाबाद के किले में स्थित एक महल

के पास एक मजबूत किला बनवाकर वहां अपनी उप-राजधानी स्थापित की जाए। कहा जाता है कि लगभग उन्हीं दिनों इलाहाबाद के किले की नींव पड़ चुकी थी।

प्रयाग के नए 'इलाहाबाद' नाम और वहां संगम के समीप बने किले की निर्माण-तिथि के बारे में इतिहासकारों में कुछ मतभेद है। मगर अकबर के इतिहासकार अबुल फजल ने 'आईन-ए-अकबरी'[9] में जो जानकारी दी है उसे अधिक प्रामाणिक माना जाता है। कोई सन्-संवत् न देकर वह लिखता है :"यह स्थान प्राचीन काल से 'पयाग' (प्रयाग) कहलाता था। बादशाह ने इसका नाम 'इलाहाबास' रखा और यहां पत्थर का एक किला बनवाया, जिसमें अनेक सुंदर महल बने हुए हैं।"

मगर 'अकबर नामा'[10] में अबुल फजल ने अकबर के राज्यकाल के 28वें वर्ष (सन् 1583 ई.) के अंतर्गत कुछ अधिक विस्तार से लिखा है : "बादशाह (अकबर) के मन में बहुत दिनों से यह विचार था कि कस्बा 'पयाग' में, जहां गंगा और यमुना एक-दूसरे से मिलकर एक होती हैं और भारत के लोग जिसको बहुत ही पवित्र समझते हैं, एक दुर्ग बनाया जाए और कुछ दिन वहां सिंहासनासीन रहें, जिससे आसपास के सिर उठाने वाले बागी लोग अधीनता स्वीकार करें।

"तदनुसार बादशाह आबान (अक्तूबर) महीने की पांचवीं तारीख को फतेहपुर सीकरी की राजधानी से तीन सौ नावों का बेड़ा लेकर यमुना के मार्ग से अज़ार (नवंबर) महीने की पहली तारीख को वहां (प्रयाग) पहुंचा और दूसरे दिन शुभ मुहूर्त में 'इलाहाबाद' के नगर की नींव डाली। वहां चार खंडों वाला किला बनवाया और प्रत्येक में सुंदर-सुंदर भवन निर्माण कराए। किले का आरंभ वहां से किया गया था जहां दो नदियां एक-दूसरे से मिलती हैं। किले के पहले खंड में 12 आनंद-वाटिकाएं बनाई गईं और प्रत्येक में सुंदर-सुंदर महल

और भव्य राज-प्रासाद स्वयं सम्राट के रहने के लिए बनवाए गए। दो खंडों में बेगमों, शाहजादों और उनके नौकर-चाकरों के लिए तथा शेष चौथे में सैनिकों के रहने के लिए स्थान बनाए गए। अन्य लोगों ने भी अपनी-अपनी शक्ति के अनुसार अच्छे-अच्छे घर बनवाए, जिससे थोड़े दिनों में एक खासा शहर आबाद हो गया।"

ऊपर की जानकारी से पता चलता है कि इलाहाबाद के किले की नींव 14 नवंबर, 1583 को पड़ी थी।

अब नए नगर के नाम का सवाल। किला बन जाने पर वहां की टकसाल से सिक्के ढलने आरंभ हो गए थे। प्रयाग में जिन मुगल बादशाहों के सिक्के मिले हैं वे अकबर, जहांगीर, शाहजहां, औरंगजेब आदि के समय के हैं। इनमें से जहांगीर से लेकर बाद के सभी मुगल सिक्कों पर 'इलाहाबाद' ही अंकित है। मगर अकबर के राज्यकाल की सोने की दो मुहरें ऐसी मिली हैं जिन पर 'इलाहाबास' अंकित है। 'आईन-ए-अकबरी' में भी यही नाम मिलता है। अतः लगता है कि अकबर ने नए नगर को 'इलाहाबास' (ईश्वर का निवास-स्थान) नाम दिया था, जो बाद में 'इलाहाबाद' हो गया। जब किला और नगर बन चुका तो अकबर ने कड़ा और जौनपुर के पुराने सूबों को तोड़कर इस स्थान को एक नए सूबे का केंद्र बनाया। अकबर के 12 सूबों (प्रांतों) में इलाहाबाद पहला सूबा था।

इलाहाबाद भले ही नया नगर हो, परंतु प्रयाग एक बहुत पुराना तीर्थस्थल है। पुराणों में प्रयाग को 'तीर्थराज' कहा गया है। माना जाता है कि यहां गंगा, यमुना और सरस्वती (पाताल से आने वाली) तीन सरिताओं का संगम हुआ है, पर सरस्वती अदृश्य है। प्राचीन काल में प्रयाग 'यज्ञभूमि' और 'तपोभूमि' के रूप में प्रसिद्ध रहा है। 'प्रयाग' शब्द का अर्थ है—वह स्थान जहां विशेष रूप से यज्ञ किए गए हों। प्रयाग के सामने गंगा के पूर्वी तट पर झूंसी नामक एक काफी पुराना स्थल है, जिसका प्राचीन नाम प्रतिष्ठानपुर था।

ईसा पूर्व छठी सदी में गंगा और यमुना के मध्य की भूमि वत्स देश कहलाती थी, जिसकी राजधानी प्रयाग से लगभग 45 किलोमीटर पश्चिम में यमुनातट पर स्थित कौशांबी

चित्र 5.10 : इलाहाबाद के पास सुल्तान पुर्वेज (Mausaleum Sultan Purvez)

नगरी थी। उस समय प्रयागतीर्थ कौशांबी[11] के अंतर्गत ही था। मौर्य काल में कौशांबी एक वैभवशाली नगर था। सम्राट अशोक (ईसा पूर्व तीसरी सदी) ने वहां अपना एक स्तंभ स्थापित किया था, जिस पर उसके और उसकी रानी कारुवाकी के ब्राह्मी लेख उकेरे हुए हैं।

ईसा की चौथी सदी में समुद्रगुप्त एक प्रतापी राजा हुआ। उसकी दिग्विजय का विस्तृत वर्णन कौशांबी के अशोक-स्तंभ पर अंकित किया गया है। बाद में, संभवतः फीरोजशाह तुगलक[12] के शासनकाल (ईसा की चौदहवीं सदी) में उस स्तंभ को कौशांबी से लाकर प्रयाग में त्रिवेणी संगम के समीप के ऊंचे स्थान पर खड़ा कर दिया गया। आज वह स्तंभ इलाहाबाद के किले के भीतर है।

ईसा की सातवीं सदी के आरंभ में उत्तर भारत में हर्षवर्धन[13] का राज्य स्थापित हुआ। उसने कन्नौज को अपनी राजधानी बनाया। तब से प्रयाग कन्नौज-राज्य के अंतर्गत हुआ। हर्ष के समय में प्रसिद्ध चीनी यात्री युवान्-च्वाङ् भारत में आया था। वह सन् 644 में हर्षवर्धन के साथ प्रयाग पहुंचा था। उसने लिखा है कि संगम के पास के एक मंदिर के आंगन में एक विशाल वृक्ष (अक्षयवट) है, जिस पर से गिरकर लोग स्वर्ग-प्राप्ति की लालसा में अपने प्राण दे देते हैं। उसने यह भी बताया है कि राजे-महाराजे और दूसरे धनाढ्य लोग यहां आकर अपना धन दान-पुण्य में दे डालते हैं। हर्षवर्धन ने भी, अपने पूर्वजों का अनुकरण करते हुए, पांच वर्ष का संचित धन एक दिन में बांट दिया।

हर्षवर्धन के देहांत (648 ई.) के बाद प्रयाग का क्षेत्र क्रमशः बंगाल के पाल शासकों, परिहार राजपूतों और कन्नौज[14] के गाहड़वाल नरेशों के अधीन रहा। कन्नौज के अंतिम राजा जयचंद्र ने कड़ा में एक किला बनवाया था। सन् 1194 ई. में शाहबुद्दीन गोरी ने जयचंद्र को हराकर काशी तक अपना अधिकार जमा लिया। तब से अकबर के समय तक मुसलमान शासकों के पूर्वीय प्रदेशों की देख-रेख के लिए कड़ा एक केंद्र बना रहा। जैसा कि पहले बताया गया है, 1583 ई. में अकबर ने प्रयाग में नए नगर इलाहाबाद और किले की नींव रखी। तब से इलाहाबाद सूबे का केंद्र बन गया।

जानकारी मिलती है कि इलाहाबाद का किला लगभग 45 साल में बना और इसके निर्माण में 6 करोड़ 20 हजार रुपए खर्च हुए। इसमें 23 महल, 3 ख्वाबगाह (शयनागार) व झरोखे, 25 दरवाजे, 31 बुर्ज, 277 मकान, 176 कोठरियां, 77 तहखाने, 20 तबेले, 1 बावली, 5 कुएं और एक यमुना की नहर थी। यह किला दिल्ली और आगरे के किलों की तरह लाल पत्थर का बना है। किले के दक्षिण में यमुना और पूर्व में गंगा नदी है। उत्तरी भाग में परिखा बनाई गई, जो यमुना से जुड़ी हुई थी।[15] किला दो नदियों के बीच में था, इसलिए इसके बनाने में अधिक लागत आई। किले की पूर्वी प्राचीर करीब 36 मीटर ऊंची है, और इधर के ही दो दरवाजों से यात्री भीतर के पातालपुरी मंदिर में जाते हैं। मुख्य प्रवेश-द्वार उत्तर की ओर है।

किले में कई महल थे, जिनमें 'चिहल सुतून' (चालीस खंभे वाला) सबसे आकर्षक था। यह नाम इसलिए कि इसके नीचे वाले खंड में 40 अठपहल खंभे चारों ओर दो पंक्तियों में खड़े थे। इसे भूरे रंग के पत्थर से अकबर ने बनवाया था। इसके ऊपर से गंगा और यमुना में बहती हुई नावों का नजारा बड़ा आनंददायक था। मगर बाद में यह महल नष्ट हो गया। इसके मसाले से किले की दीवारें मजबूत की गईं।

किले में निर्मित दूसरी भव्य इमारत 'जनानखाना' या 'रानी महल' के नाम से प्रसिद्ध है। यह इमारत भी दो खंडों की चौकोर है। फर्ग्यूसन ने लिखा है : "यह महल बहुत ही उत्तम नमूने का था। इसकी शैली ऐसी दर्शनीय और नक्काशी तथा चित्रकारी ऐसी उत्तम थी कि भारत में इस ढंग की कोई इमारत इससे बढ़कर सुंदर नहीं होगी।" यह इमारत किसी तरह आज तक टिकी हुई है।

अकबर का बेटा सलीम (जहांगीर) कई साल तक इलाहाबाद के किले में रहा। बाप से विद्रोह करके उसने 1601 ई. में यहां ताजपोशी का जश्न मनाया था। यहां की कई इमारतें उसी के समय की हैं। खुल्दाबाद की सराय और खुसरोबाग उसी के बनवाए हुए हैं। उन दिनों इलाहाबाद में किले के पश्चिम में यमुनातट के पास बड़ी-बड़ी नावें बनती थीं और गंगा द्वारा समुद्र तक पहुंचती थीं।

औरंगजेब की मृत्यु (1707 ई.) के बाद मुगल साम्राज्य का वैभव घटता गया। मराठों ने इलाहाबाद पर आक्रमण करके काफी लूटपाट की। फिर इधर के सूबेदारों के बीच कई लड़ाइयां हुईं, जिनमें किले को बहुत क्षति पहुंची। सन् 1759 में इलाहाबाद का किला और सूबा अवध के नवाब शुजाउद्दौला[16] के अधिकार में चला गया। अंत में नवंबर 1801 में अवध के नवाब सआदत अली खां के साथ हुई संधि के अनुसार इलाहाबाद के सूबे पर सदा के लिए ईस्ट इंडिया कंपनी का अधिकार हो गया।

अंग्रेजों के शासनकाल में किले में काफी परिवर्तन किया गया। महलों और मकानों को तोड़कर सैनिक गोदाम और बैरकें बनवाई गईं। किले को सैनिक छावनी बना दिया गया। सन् 1857 के स्वाधीनता संग्राम के दौरान यद्यपि शहर पर विद्रोही सैनिकों का कब्जा हो गया था, किंतु किला अंग्रेजों के हाथ में ही रहा। भारत के स्वाधीन होने पर यह किला भारतीय सेना की छावनी में बदल गया।

आज किले का एक-तिहाई हिस्सा सेना के अधिकार में है। सैनिक मुकाम होने के कारण किले में प्रवेश पर प्रतिबंध है। केवल पूर्वी भाग के प्रवेश-द्वार से ही किले में पहुंचकर यात्री पाताल मंदिर के दर्शन कर सकते हैं। तहखाने में बने इस मंदिर में कपड़े में लपेटी हुई एक सूखी डाल है, जिसे अक्षयवट[17] बतलाकर दर्शन कराया जाता है। परंतु मूल अक्षयवट किले के यमुना किनारे वाले दक्षिणी कोने में रानी महल के पास है।

चित्र 5.11 : इलाहाबाद के किले में खड़ा अशोक-स्तंभ

इलाहाबाद के किले में मौजूद ऐतिहासिक महत्व का सबसे प्राचीन स्मारक है–अशोक का स्तंभ। बलुआ पत्थर का यह स्तंभ 10.6 मीटर ऊंचा और नीचे की ओर लगभग एक मीटर व्यास का है। इसे सम्राट अशोक ने ईसा से 232 वर्ष पहले कौशांबी में स्थापित करवाया था। आज इसका ऊपरी हिस्सा नहीं है, जो संभवतः सिंह का

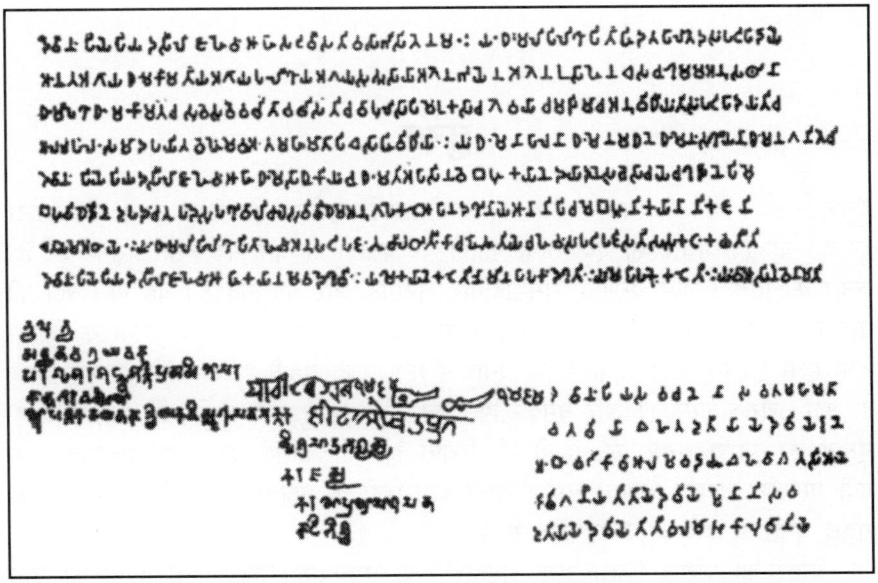

चित्र 5.12 : इलाहाबाद के अशोक-स्तंभ पर उत्कीर्ण अभिलेख : ऊपर अशोक के लेख की आरंभिक आठ पंक्तियां; नीचे दाईं ओर अशोक की रानी कारुवाकी का लेख और नीचे बाईं ओर समुद्रगुप्त के लेख का एक अंश।

सिर रहा होगा। स्तंभ पर ब्राह्मी लिपि और जनता की प्राकृत भाषा में अशोक और उसकी रानी कारुवाकी के लेख उत्कीर्ण हैं। बाद में, ईसा की चौथी सदी में, इसी स्तंभ पर कवि हरिषेण द्वारा संस्कृत में रचित समुद्रगुप्त की प्रशस्ति (राजा के वंश, कीर्ति आदि का वर्णन) अंकित की गई। अशोक और समुद्रगुप्त के इन महत्वपूर्ण लेखों को 1837 ई. के बाद ही पढ़ पाना संभव हुआ।

अशोक-स्तंभ को ठीक किस समय कौशांबी से इलाहाबाद लाया गया, इसके बारे में स्पष्ट जानकारी नहीं मिलती। लेकिन किला बनने पर जहांगीर ने 1605 ई. में स्तंभ के एक भाग को छिलवाकर वहां फारसी में अपनी वंशावली अंकित करवाई। स्तंभ पर अकबर के मंत्री बीरबल का भी तीन पंक्तियों का हिंदी लेख है।

प्रतिदिन सैकड़ों तीर्थयात्री किले के समीप संगम-स्नान के लिए जाते हैं। माघ मेला और कुंभपर्व के अवसर पर देश के कोने-कोने से आए लाखों-करोड़ों लोग इस किले के पास पहुंचते हैं। पूर्वी द्वार से वे किले के भीतर पाताल मंदिर के दर्शन भी कर लेते हैं। परंतु किले में मौजूद मूल अक्षयवट, रानी महल और अशोक-स्तंभ जैसे महत्वपूर्ण स्मारकों के दर्शन से वंचित ही रह जाते हैं!

चुनार

चुनार मिर्जापुर जिले में स्थित है। यह बनारस से 42 किलोमीटर और प्रयाग से 80 किलोमीटर दूर है। यह विंध्याचल की एक ऊंची पहाड़ी पर बसा हुआ चुनारगढ़ बहुत पुराना दुर्ग है। चुनार का प्राचीन नाम चरणद्रि, सुसुमादगिरि, नैनागढ़ और चंदलगढ़ है। यह नाम वहां की पहाड़ी का मानव-चरण के समान आकृति होने के कारण पड़ा है। चुनार गंगा के किनारे बसा हुआ है। यह कहा जाता है कि चुनार में गंगा उल्टी बहती है, यह गंगा में एक प्रभाव है, नदी उत्तर-पश्चिम की ओर घूमकर फिर पूर्व की ओर मुड़कर काशी की ओर बहती है, घुमाव का कारण चुनार की पहाड़ी की स्थिति है, इसी कारण चुनार को प्राचीनकाल में नदी मार्ग का नाका (मुहाना) समझा जाता था। हिंदी के मुहावरे–''उल्टी गंगा बहना'' का संबंध चुनार में गंगा के उल्टे प्रवाह से है।

चुनार का प्रसिद्ध किला राजा भर्तृहरि[18] के समय का माना जाता है, इनकी मृत्यु 651 ई. में हुई थी। किले के अंदर एक खूब गहरी बावड़ी और कई तहखाने हैं, जिनमें सुरंगें बनी हुई हैं। चुनारगढ़ में कई और स्मारक भी हैं। इस दुर्ग का निर्माण पाल राजाओं ने करवाया था, कहते हैं कि संन्यास लेने के बाद जब भर्तृहरि विक्रमादित्य के मनाने के बाद भी घर न लौटे तो उनकी रक्षार्थ विक्रमादित्य ने यह किला ईसा की सातवीं सदी में बनवाया था।

उस समय यहां जंगल था। किले का संबंध आल्हा-उदल[19] की कथा से भी बताया

चित्र 5.13 : चुनारगढ़ का किला

जाता है। यह स्थान जहां अल्हा की पत्नि सुनवा का महल था अब सुनवा बुर्ज के नाम से प्रसिद्ध है। इसके पास ही माड़ी स्थान है, जहां आल्हा का विवाह हुआ था। चुनार का दुर्ग प्रयाग दुर्ग की अपेक्षा अधिक दृढ़ और विशाल है। इसके दोनों ओर गंगा बहती है और एक ओर गहरी खाई है। चुनार अपने बलुआ पत्थरों की खानों के लिए बहुत प्रसिद्ध रहा है। सम्राट अशोक[20] द्वारा खड़े किए विशाल स्तंभ चुनार के बलुआ पत्थर के हैं। यह दुर्ग, चुनार में प्रसिद्ध बलुआ पत्थर का बना है और भूमितल से काफी ऊंची पहाड़ी पर स्थित है। मुख्यद्वार लाल पत्थर का बना है और उस पर सुंदर नक्काशी है। किले का परकोटा लगभग दो मीटर चौड़ा है। किले का मौजूदा ढांचा शेरशाह के समय का है। मांडो और सुनवा बुर्ज दुर्ग के भीतर स्थित हैं, यहीं राजा भर्तृहरि का मंदिर है जहां उन्होंने अपना संन्यासकाल बिताया था, किले के निकट लगभग 150 फुट गहरी बावड़ी है। किले के भीतर कई गहरे तहखाने भी हैं जिनमें सुरंग बनी हुई है।

1333 ई. के संस्कृत शिलालेख से पता चलता कि उस समय चुनार दुर्ग स्वामीराजा चंदेल के अधिकार में था। चंदेलों के समय में चुनार का नाम चंदेलगढ़ भी था। इसके बाद यहां मुसलमानों का अधिकार हो गया।

चुनारगढ़ में शेरशाह व हुमायूं ने भी लड़ाइयां लड़ीं। बिहार और बंगाल को जीतने के लिए और अधिकार में रखने के लिए चुनार को बड़ा नाका बनाया जाता था। शेरशाह ने हुमायूं को चुनार के पास हराया था जिसमें हुमायूं को भारी विपत्ति का सामना करना पड़ा था।

1575 ई. में अकबर ने चुनार को जीता और अंतिम समय तक मुगलों का अधिकार रहा। 18वीं शताब्दी में अवध के नवाबों ने इसे अवध राज्य में मिला लिया, किन्तु 1772 ई. में ईस्ट इंडिया कंपनी का यहां प्रभुत्व स्थापित हो गया।

बनारस के राजा चेतसिंह को वारेन हेस्टिंग्ज के कारण काशी को छोड़ना पड़ा। इससे काशी की प्रजा क्रोधित हो उठी और फिर हेस्टिंग्ज को भी काशी छोड़कर भागना पड़ा। इस समय हेस्टिंग्ज ने चुनार के किले में शरण ली। अंग्रेजों ने इस गढ़ को पहले सैनिक छावनी में और फिर बंदीगृह में बदल दिया।

चुनार में कई प्राचीन स्मारक हैं जिनमें से ऊंची पहाड़ी पर कामाक्षी का मंदिर है। मंदिर के नीचे दुर्गाकुंड और एक अन्य प्राचीन मंदिर है। दुर्गाकुंड और दुर्गाखोह के आस-पास अनेक पुराने मंदिरों के भग्नाशेष पड़े हुए हैं। यहां से गुप्तकाल से लेकर 18वीं शताब्दी के अनेक अभिलेख प्राप्त हुए हैं।

यहां की मस्ज़िद मुअज्जिन बहुत प्रसिद्ध है जिसमें मुगल सम्राट फर्रूखसियर[21] के मक्का से लाए हुए हसन-हुसैन के पहने हुए वस्त्र सुरक्षित रखे हैं।

चुनारगढ़ वस्तुतः एक तिलस्मी किले की तरह है। इसके साथ कई किंवदंतियां जुड़ी हैं। देवकीनंदन खत्री के 'चंद्रकांता संतति' और 'भूतनाथ' जैसे रोमांचकारी उपन्यासों का नैनागढ़ यही चुनारगढ़ है।

आगरा

आगरा केवल ताजमहल के लिए ही नहीं, अपने भव्य किले के लिए भी दुनियाभर में मशहूर है। बादशाह जहांगीर ने अपने आत्म-चरित्र 'तुजुके-जहांगीरी'[22] में आगरा का वर्णन करते हुए लिखा है : "यह हिंदुस्तान का एक खास शहर है। यहां पहले भी एक किला था, परंतु मेरे पिता (बादशाह अकबर) ने मेरे जन्म से पूर्व ही वहीं पर तराशे हुए पत्थरों का किला बनवाया। पूरी दुनिया में घूमकर आए हुए व्यक्ति कह सकते हैं कि इस किले की कोई बराबरी नहीं है।"

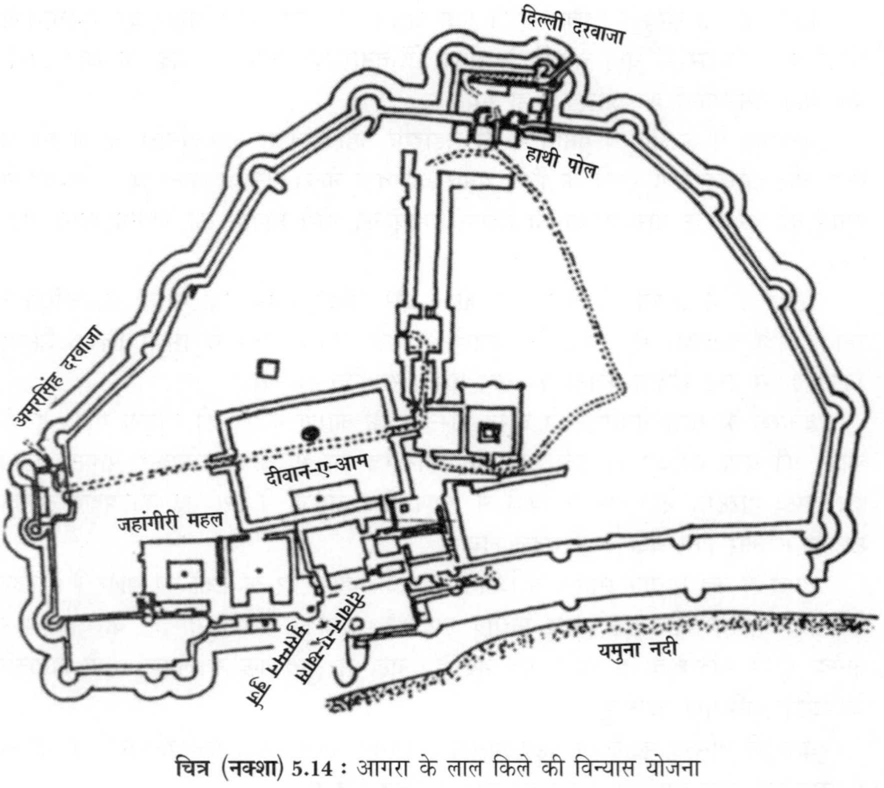

चित्र (नक्शा) 5.14 : आगरा के लाल किले की विन्यास योजना

आगरा का इतिहास काफी प्राचीन है। यमुना के तट पर बसा हुआ यह शहर सैनिक और व्यापार की दृष्टि से बड़े महत्व का था। राजस्थान, मध्य प्रदेश और गंगा की घाटी की ओर जाने के लिए यह स्थान एक तरह का प्रवेश-द्वार था, इसलिए यहां एक सुदृढ़ दुर्ग का होना आवश्यक था। पता चलता है कि आज जहां आगरा का किला है वहां पहले स्थानीय तोमर शासक बादल सिंह द्वारा 1475 ई. में ईंटों से बनवाया गया एक किला था। संभव है कि उसके पहले भी वहां कोई किला रहा हो और बादल सिंह ने उसका केवल

जीर्णोद्धार किया।

मुगलों के पहले आगरा दिल्ली के लोदी शासकों के कब्जे में था। सिकंदर लोदी (1489-1517 ई.) ने आगरा के पास अपने नाम पर सिकंदरा नाम का एक नगर बसाया (1504 ई.)। उसके उत्तराधिकारी इब्राहीम लोदी को पानीपत की लड़ाई (1526 ई.) में और राजपूत फौज को खानवा की लड़ाई (1527 ई.) में हराने के बाद बाबर ने आगरा को अपना स्थायी निवास-स्थान बनाया, जहां 1530 ई. में उसकी मृत्यु हुई। उसके बेटे हुमायूं को भगाकर शेरशाह ने दिल्ली और आगरा पर अधिकार जमा लिया। लेकिन हुमायूं ने पुनः अपना राज्य प्राप्त किया, तो दिल्ली को ही अपनी राजधानी बनाया। वहीं पर पुराने किले में 1556 ई. में उसकी मृत्यु हुई।

चित्र 5.15 : किले से ताजमहल का एक दृश्य

हुमायूं का बेटा अकबर (शासन : 1556-1605 ई.) गद्दी पर बैठा तो उसकी उम्र सिर्फ चौदह साल थी। कुछ समय बाद उसने आगरा को अपनी राजधानी बनाने का निश्चय किया। उसने 1565 ई. में वहां के पुराने किले (बादलगढ़) को तुड़वाकर उसी जगह लाल पत्थरों

चित्र 5.16 : नदी के सामने से लाल किले का दृश्य

चित्र 5.17 : जहांगीरी महल (जनानबाड़ा)

का एक सुदृढ़ किला बनाने का आदेश दिया। 'तुजुके-जहांगीरी' से जानकारी मिलती है कि अकबर को यह किला बनवाने में आठ साल लगे और कुल 35 लाख रुपए खर्च हुए। किले का निर्माण अकबर के मुख्य इंजीनियर मुहम्मद कासिम खां की देखरेख में हुआ।

अकबर शुरू में कुछ साल आगरा के किले में ही रहा। 1569 ई. में फतेहपुर-सीकरी को राजधानी बनाने का निर्णय लेकर वहां निर्माण-कार्य शुरू करवा दिया। लेकिन वह फतेहपुर-सीकरी में ज्यादा दिन नहीं रह पाया। अकबर 1570 ई. से लेकर 1600 ई. तक लड़ाइयों में उलझा रहा। जब वह पूर्वी प्रदेश में विद्रोहियों का दमन कर रहा था, तब उसने इलाहाबाद के किले की नींव रखी। जब वह पश्चिमोत्तर भारत को जीतने में जुटा हुआ था, तब वह अपनी राजधानी लाहौर ले गया और वहां एक किला बनवाया। लेकिन अंत में 1601 ई. में वह आगरा लौट आया और चार साल बाद (1605 ई. में) वहीं किले में उसका देहांत हुआ। अकबर को आगरा के पास के सिकंदरा स्थान में एक शानदार मकबरे में दफनाया गया है।

अकबर का बेटा जहांगीर कुछ साल आगरा में ही रहा, परंतु 1618 ई. के बाद वह वहां पुनः वापस नहीं लौटा। जहांगीर के उत्तराधिकारी शाहजहां को आगरा में ही बादशाह घोषित किया गया था। वह 1632 से 1637 ई. तक वहीं रहा। ताजमहल, जिसे दुनिया का एक महान आश्चर्य माना जाता है, शाहजहां ने ही बनवाया। आगरा के किले की अधिकांश इमारतें भी शाहजहां के समय में ही बनकर पूरी हुईं, हालांकि उनकी नींव अकबर और जहांगीर के वक्त डाली जा चुकी थी। शाहजहां भी अपनी राजधानी दिल्ली स्थानांतरित करना चाहता था, परंतु औरंगजेब ने उसे आगरा के किले में नजरबंदी में रखा और वहीं पर उसकी मृत्यु हुई।

अंततः औरंगजेब स्थायी रूप से अपनी राजधानी दिल्ली ले गया। आगरा मुगलों के एक सूबे का शहर बनकर रह गया। मुगलों के उत्थान और पतन के दौर आगरा को भी झेलने पड़े। भरतपुर के जाट राजा सूरजमल[23] ने 1761 ई. में आगरा पर अधिकार कर लिया। फिर आगरा मराठों के नियंत्रण में रहा। अंत में 1803 ई. में अंग्रेजों ने किला मराठों से छीन लिया। आज आगरा का किला भारतीय पुरातत्व सर्वेक्षण के नियंत्रण में है।

आगरा के किले की दोहरी प्राचीरों ने यमुना के पश्चिमी तट को अर्धवृत्ताकार में घेर रखा है। प्राचीरों की लंबाई दो किलोमीटर है। भीतरी और बाहरी प्राचीरों के बीच की

चित्र 5.18 : अमर सिंह का द्वार

9 मीटर चौड़ी जगह में खाई खुदी हुई है, जो पानी से भरी रहती थी। पूर्व की ओर यमुना नदी है। किले में प्रवेश के लिए चार दरवाजे हैं–पश्चिमोत्तर में दिल्ली दरवाजा, दक्षिण में अमरसिंह दरवाजा, और पूर्व में दरियाई तथा दर्शनी दरवाजे। दिल्ली दरवाजा अब सेना के अधिकार में है। दरियाई दरवाजा नदी में उतरने के लिए था। यमुना के दूर चले जाने पर उसे बंद कर दिया गया। दर्शनी दरवाजे के ऊपर बने बुर्ज पर से बादशाह जनता को दर्शन देता था। बाद में औरंगजेब ने उसे बंद करवा दिया। अमरसिंह दरवाजा पर्यटकों के लिए है।

दिल्ली दरवाजा किले का मुख्य दरवाजा है। इसके बाहर दोहरी दीवार है। इसके सामने के हिस्से में दोनों ओर दो बड़ी-बड़ी अष्टकोणी मीनारें हैं। किले में जाने के लिए दक्षिण की ओर अमरसिंह दरवाजा है। यह निजी इस्तेमाल के लिए था। दरअसल, यहां तीन दरवाजे हैं। दरवाजे से नौबतखाने तक जाने के लिए घुमावदार और चढ़ाई का रास्ता है।

दरवाजे का नाम जोधपुर के महाराजा अमरसिंह की याद में रखा गया है। कहते हैं कि एक बार शाहजहां के दरबार के सरदार सलावत खां ने अमरसिंह को कुछ अपमानजनक शब्द कहे। अमरसिंह ने क्रोध में आकर सलावत खां का गला तलवार से काट दिया। सिपाही उसे पकड़ने के लिए लपके। किले का मुख्य दरवाजा बंद कर दिया गया। परंतु अमरसिंह का घोड़ा उसे पीठ पर लेकर किले की ऊंची दीवार फांद गया!

अमरसिंह दरवाजे से आगे जाने पर लाल पत्थरों का बना हुआ दोमंजिला जहांगीरी महल आता है। इस इमारत को अकबर ने जहांगीर के लिए बनवाया था। इस आयताकार महल के मध्य में वर्गाकार आंगन है। यह महल हिंदू और मुस्लिम वास्तुकला का मिला-जुला स्मारक है। इसके पास ही अकबरी महल और अंगूरी बाग है। जानकारी मिलती है कि अकबर ने आगरा के किले में लगभग 500 इमारतें बनवाई थीं। उनमें से बहुत-सी इमारतों को संगमरमर की बनाने के इरादे से शाहजहां ने तुड़वा दिया। पहले की इमारतें पूर्वी भाग में

चित्र 5.19 : खास महल और अंगूरी बाग

नदी को झांकती हुई थीं। शाहजहां ने जहांगीरी महल को तो नहीं तुड़वाया, परंतु उसके उत्तर की सारी इमारतें गिरवा दीं और वहां दीवाने आम, दीवाने खास, नगीना महल, खास महल, अंगूरी महल, शीश महल, मुसम्मन बुर्ज और शानदार मोती मस्जिद बनवाई।

शाहजहां ने गद्दी पर बैठते ही 1627 ई. में दीवान-ए-आम बनवाया और उसके दस साल बाद दीवान-ए-खास। एक ऊंचे चबूतरे पर बने हुए भव्य दीवान-ए-आम में 64 खंबे हैं। यहां बादशाह का दरबार लगा करता था। दीवान-ए-खास में बादशाह निजी रूप से

चित्र 5.20 : दीवान-ए-खास

राजाओं, सामंतों और राजदूतों से मिलता था। इसकी बनावट देखने लायक है।

किले में मुसम्मन बुर्ज नामक एक महल है, जिसे जहांगीर ने अपनी प्रिय मलिका नूरजहां के लिए बनवाया था।[24] बाद में इसी में औरंगजेब ने अपने बाप शाहजहां को कैद कर रखा था। शाहजहां यहीं लेटे-लेटे ताजमहल को देखा करता था। अंत में यहीं पर उसने प्राण त्यागे। यहां काले पत्थर की एक ऊंची चौकी है, जिसे जहांगीर इलाहाबाद से यहां उठा लाया था। बादशाह शाम को इस पर बैठकर हवा खाता था और नीचे जानवरों की लड़ाई देखता था।

किले में तीन मस्जिदें हैं—मोती, मीना और नगीना। इनमें सबसे सुंदर और शानदार मोती मस्जिद है। शुद्ध सफेद संगमरमर की यह मस्जिद सात साल में बनकर तैयार हुई। इसे शाहजहां ने बनवाया था। नमाज पढ़ने का इसका भीतरी आंगन 48 मीटर लंबा और 17 मीटर चौड़ा है। मीना मस्जिद का निर्माण औरंगजेब ने अपने पिता शाहजहां के नमाज पढ़ने के लिए करवाया था। नगीना मस्जिद हरम की बेगमों और अन्य महिलाओं के नमाज पढ़ने के लिए बनी थी। यहीं से एक रास्ता मीना बाजार जाता था। मीना बाजार की शुरुआत अकबर ने की थी। यहां के बरामदों में कुलीन महिलाएं नाना प्रकार की वस्तुओं का बाजार लगाती थीं और बेगमें खरीद-फरोख्त करने आती थीं, कभी-कभी बादशाह भी।

चित्र 5.21 : आगरा के किले को बनाते हुए कामगार (पत्थर काटने वाले, पानी ढोने वाले, मलाह एवं मजदूर महिलाएं)

मुगल सम्राटों के पास अपार धन जमा हो गया था। इसलिए उन्होंने अपने किलों को खूबसूरत इमारतों से सजाया-संवारा। उन्होंने साम्राज्य-भर से अच्छे कारीगर बुलवाए। आगरा के किले की कुछ इमारतों को देखने से पता चलता है कि बंगाली कारीगरों को भी यहां लाया गया था।

मुगलों के वैभव-काल में आगरा के किले पर बाहरी हमले नहीं हुए। इस किले ने एक तरफ खूब विलासिता देखी, तो दूसरी तरफ भाई-भाई की लड़ाइयां और बाप-बेटे के संघर्षों को भी देखा। ताजमहल देखने आने वाले अधिकांश पर्यटक यहां के किले को भी देखने आते हैं। आगरा का अधिकतर इतिहास तो इसी किले के स्मारकों में मौजूद है।

फतेहपुर-सीकरी

फतेहपुर-सीकरी में स्थापित बादशाह अकबर (शासन : 1558-1605 ई.) का नया नगर-दुर्ग आगरा से करीब 37 किलोमीटर पश्चिम में और भरतपुर[25] से कोई 29 किलोमीटर पश्चिमोत्तर में है। अकबर के भी काफी पहले से सीकरी एक महत्वपूर्ण स्थान रहा है। ईसा की 12 वीं सदी में यहां सिकरवाल राजपूतों की एक छोटी-मोटी रियासत थी। फिर जल्दी ही नजदीक की बयाना रियासत के साथ ही इस रियासत पर भी दिल्ली के तुर्क सुलतानों का कब्जा हो गया। बाद में यह क्षेत्र दिल्ली के अफगान लोदी सुलतानों के अधिकार में चला गया।

सन् 1999 में फतेहपुर-सीकरी से लगभग दो सौ मीटर दूर के एक टीले के पुरातात्विक उत्खनन में ईसा की दसवीं-ग्यारहवीं सदी के एक जैन मंदिर के अवशेष मिले हैं। इनमें सबसे महत्वपूर्ण है जैनों की सरस्वती की एक अत्यंत कलात्मक मूर्ति, जो इस पर उत्कीर्ण लेख के अनुसार 1010 ई. की है।

पुराने जमाने में सीकरी का यह क्षेत्र सामरिक दृष्टि से बड़ा महत्वपूर्ण रहा है। सीकरी से 16 किलोमीटर दूर के खानवा के मैदान में राणा सांगा[26] और बाबर के बीच 17 मार्च, 1527 को युद्ध हुआ था। बाबर की जीत होने पर उसने इस स्थान के प्रति अपनी कृतज्ञता (शुक्र) व्यक्त करने के लिए इसे मिलता-जुलता नया 'शुक्री' नाम दिया, जो आगे 'सीकरी' के रूप में रूढ़ हो गया।

बाबर ने सीकरी में एक बाग बनवाया था। परंतु उसके बेटे हुमायूं ने यहां कुछ नहीं

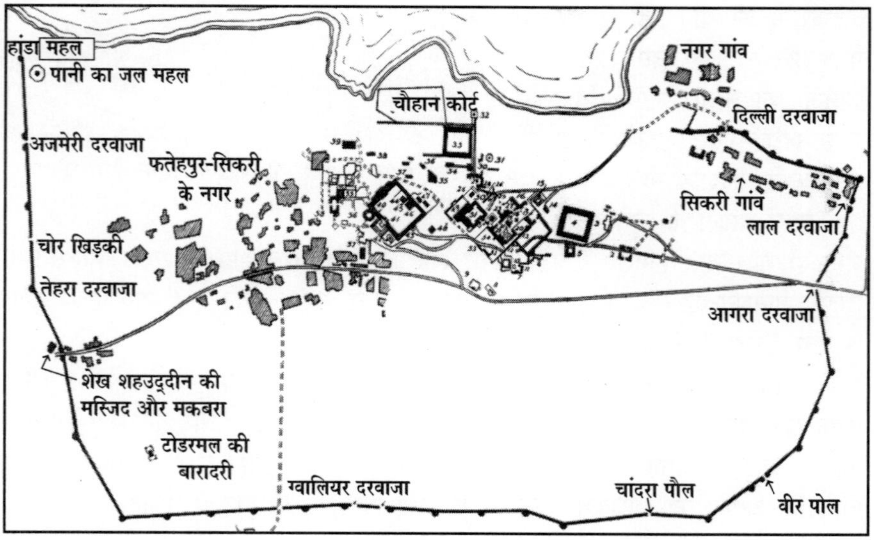

चित्र (नक्शा) 5.22 : फतेहपुर-सीकरी

चित्र 5.23 : शेख सलीम चिश्ती की दरगाह

किया। अकबर सीकरी के पास के जंगल में कभी-कभी शिकार खेलने आता था। आगरा के किले के निर्माण के लिए सीकरी की खदानों से भी पत्थर निकाले गए थे। यहां के एक सूखे टीले पर सूफी शेख सलीम चिश्ती का निवास था।

अकबर अट्ठाईस साल का हो रहा था, तब भी उसकी कोई जीवित संतान नहीं थी। वह संतों और सूफियों की दुआएं मांगने लगा। जब उसे जानकारी मिली कि सीकरी की एक चट्टान की गुफा में शेख सलीम चिश्ती का निवास है, तो वह उनके चरणों में जा गिरा। शेख ने अकबर को सुना और उसे आशीर्वाद दिया कि उसके तीन पुत्र होंगे और सभी जीवित रहेंगे। अकबर ने भी वचन दिया कि वह अपने प्रथम पुत्र का नाम शेख के नाम पर सलीम रखेगा। आगरा लौटने पर कुछ दिन बाद ही उसे पता चला कि उसकी हिंदू पत्नी गर्भवती है।

अकबर ने अपनी उस बेगम को सीकरी भेज दिया और शेख के नजदीक उसके निवास के लिए वहां एक महल (रंग महल) बनवाया। कुछ माह बाद उसने एक पुत्र को जन्म दिया, जिसका शेख के नाम पर सलीम (बाद में जहांगीर) नाम रखा गया। अगले साल दूसरे पुत्र मुराद का जन्म हुआ, तो अकबर को लगा कि सीकरी एक बहुत ही शुभ स्थल है। उसने सीकरी को अपनी नई राजधानी बनाने का फैसला किया और वहां निर्माण-कार्य शुरू करने का आदेश दिया।

सीकरी में 1570 ई. में शाही इमारतें बननी शुरू हुईं। अधिकांश निर्माण-कार्य एक-डेढ़ साल में पूरा हो गया। अकबर स्वयं निर्माण-कार्य की देखभाल करने पहुंचता था। कभी-कभी वह जोश में आकर खुद भी खदान में से पत्थर निकालने में जुट जाता था। सीकरी राजधानी

बनने पर भी आगे करीब ग्यारह वर्षों तक वहां निर्माण-कार्य जारी रहा।

अकबर 1572 ई. में सीकरी से गुजरात को जीतने के लिए गया। विजयी होकर लौटा, तो उसने सीकरी को 'फतेहाबाद' नाम दिया, जो बाद में 'फतेहपुर' में बदल गया। इस तरह, नया 'फतेहपुर-सीकरी' नाम प्रचलित हो गया।

फतेहपुर-सीकरी का दुर्ग तीन ओर से लाल बलुआ पत्थर की लगभग 6 किलोमीटर दीवार से घिरा हुआ है। पश्चिमोत्तर की ओर से एक विशाल कृत्रिम झील इसकी रक्षा-परिखा का काम करती है। परंतु गंभीर खतरे के समय इनसे यहां के निवासियों की रक्षा नहीं हो सकती थी, असली बचाव-स्थल आगरा का किला ही था। उस समय फतेहपुर-सीकरी को आगरा से जोड़ने वाले चौड़े मार्ग के दोनों ओर बहुत-सी सरायें, दूकानें और दूसरी इमारतें बनी हुई थीं।

आगरा से फतेहपुर-सीकरी जाने वाले पर्यटक प्रायः पूर्वोत्तर के आगरा दरवाजे से प्रवेश करते हैं। आगे बढ़ने पर नौबतखाना, खजाना और टकसाल के स्थान मिलते हैं। आगे रास्ता लंबे-चौड़े दीवान-ए-आम में पहुंचता है। इसके पश्चिमी भाग में बादशाह का न्याय-कक्ष है। पास ही दीवान-ए-खास है। इस सादगीपूर्ण दोमंजिली वर्गाकार इमारत के चारों कोनों पर चार मंडप बने हुए हैं। इसके मध्य में, दूसरी मंजिल के स्तर पर, अकबर के सिंहासन का

चित्र 5.24 : दीवान-ए-खास

गोल पीठ बना हुआ है, जो एक स्तंभ पर टिका हुआ है। बलुए पत्थर का यह अलंकृत स्तंभ अपने समय के शिल्पांकन का एक सर्वोत्कृष्ट नमूना है।

चित्र 5.25 : एक स्तंभ पर टिका हुआ अकबर का सिंहासन गोलपीठ

फतेहपुर - सीकरी की रिहायसी इमारतें काफी हद तक क्षेत्रीय जलवायु और रहन-सहन की विशिष्ट परिस्थितियों के अनुसार बनी हैं। ये आवास मुख्यतः तीन भागों में बंटे हुए हैं–खुला भाग (आंगन अथवा चौक), अधखुला भाग (तिबारी) और उसके पीछे बंद कोठरी या कोठरियां। फतेहपुर-सीकरी के घरों के साथ बाग नहीं थे। कुछ हद तक आंगन ही बाग का काम करता था। वहां कल-कल करते झरने और फौवारे भी नहीं हैं। वहां केवल शांत बहती नालियां और हौज हैं।

जोधाबाई का महल फतेहपुर-सीकरी का सबसे बड़ा और सबसे प्रभावशाली प्रासाद है। इसे अकबर ने अपनी हिंदू पुत्रवधू (जहांगीर की पत्नी और शाहजहां की मां) के लिए बनवाया था। इसमें और आगरा के किले के जहांगीर महल में काफी समानता है। दोनों के मध्य में आंगन हैं। जोधाबाई के महल के पश्चिमोत्तर में बीरबल का महल है। इसमें दो स्वतंत्र, परंतु आपस में जुड़े हुए कक्ष-समूह हैं।

चित्र 5.26 : फतेहपुर-सीकरी का पंचमहल

फतेहपुर - सीकरी की सर्वाधिक आकर्षक इमारत है–खंभों पर खड़ा अकबर का पांच मंजिला ग्रीष्म महल–पंचमहल। उसकी खुली चौड़ी

छतों से दूर-दूर का नजारा दिखाई देता है। सभी छतें मिलाकर एक सीढ़ीनुमा पिरामिड का निर्माण करती हैं।

फतेहपुर-सीकरी की एक और विशेष चीज है—अनूप तलाव, जिसे 'कपूर तलाव' भी कहा गया है। यह 29.10 वर्ग-मीटर का तालाब अब केवल 1.37 मीटर गहरा है। पहले यह ज्यादा गहरा रहा है। इधर के वर्षों में की गई पुरातात्विक खोजबीन से इस तालाब के नीचे तहखानों का पता चला है। इनका निर्माण यहां की तेज गरमी से बचने के लिए किया गया होगा।

फतेहपुर-सीकरी का सबसे ऊंचा और सबसे भव्य स्मारक है—बुलंद दरवाजा। इसे अकबर

चित्र 5.27 : फतेहपुर-सीकरी का बुलंद दरवाजा

ने 1573 ई. में अपनी गुजरात विजय की स्मृति में बनवाया था। नीचे की समतल भूमि से इसकी ऊंचाई 58 मीटर है। दरवाजे तक चढ़ने के लिए चौड़ी-चौड़ी तिहरी सीढ़ियां बनी हुई हैं। लाल पत्थर से बने बुलंद दरवाजे की दीवारों पर **कुरआन** की आयतों के सुंदर डिजाइन बने हुए हैं।

बुलंद दरवाजा विशाल प्रांगण वाली जामी मस्जिद में खुलता है। इस मस्जिद में बुलंद दरवाजे के अलावा पूर्व की ओर के बादशाही दरवाजे से भी पहुंचा जा सकता है। अकबर इसी

चित्र 5.28 : जामी मस्जिद

चित्र 5.29 : चमन टैंक फतेहपुर-सीकरी

दरवाजे से रोज सुबह नमाज के लिए यहां पहुंचता था। मस्जिद के उत्तरी भाग में शेख सलीम चिश्ती (मृत्यु : 1572 ई.) की मजार है। यहां की संगमरमर की जालियों की नक्काशी को बहुत ही उत्कृष्ट माना जाता है।

फतेहपुर-सीकरी का वैभव करीब एक दशक तक ही कायम रहा। पेयजल की कमी, यहां की प्रतिकूल जलवायु और कुछ राजनीतिक कारणों से अकबर इसे त्याग देने के लिए विवश हुआ। जहांगीर और शाहजहां कभी-कभी यहां आते थे, परंतु थोड़े समय के लिए। मुगलों के शासनकाल में ही फतेहपुर-सीकरी उजड़ गई थी। सौभाग्य से, अकबर ने यहां की इमारतें इतनी मजबूत बनवाईं कि वे आज भी लगभग ज्यों-की-त्यों कायम हैं।

झांसी

झांसी या झांसी के किले का नामोल्लेख होते ही रानी लक्ष्मीबाई का पुण्य स्मरण हो आता है। भारत के प्रथम स्वातंत्र्य संग्राम के दौरान मार्च 1858 में झांसी के मजबूत दुर्ग के बल पर रानी लक्ष्मीबाई[27] की सेना ने अंग्रेजों की फौज का बारह दिन तक डटकर मुकाबला किया था। रानी की सहायता के लिए तात्या टोपे की फौज समय पर पहुंच जाती, तो झांसी में भी अंग्रेजों की हार सुनिश्चित थी। झांसी पर आक्रमण करने वाली अंग्रेजी फौज के सेनापति जनरल ह्यू रोज ने भी कहा था कि झांसी के दुर्ग की गणना भारत के प्रसिद्ध दुर्गों में होती है।

जानकारी मिलती है कि बंगरा पहाड़ी पर झांसी के दुर्ग की नींव ओरछा के महाराजा वीरसिंह जू देव ने 1613 ई. में रखी थी। वीरसिंह ने सलीम (बाद में जहांगीर) के कहने पर अकबर के नवरत्न अबुल फजल की हत्या कर दी थी। बाद में सलीम बादशाह बना तो उसने वीरसिंह को ओरछा का राजा बना दिया। तब वीरसिंह ने ओरछा से 19 किलोमीटर दूर की इस बंगरा पहाड़ी पर अपनी राजधानी की सुरक्षा-चौकी के रूप में एक छोटे गढ़ का निर्माण कर वहां एक महल बनवाया।

मगर झांसी के दुर्ग में मिले चंदेलकालीन अभिलेख और अलंकृत पाषाण-स्तंभों से पता चलता है कि यहां ईसा की नौवीं-दसवीं सदी में भी कुछ स्मारक मौजूद थे।

'झांसी' नाम के बारे में एक आख्यान प्रचलित है। जैतपुर के महाराजा वीरसिंह के

चित्र 5.30 : झांसी के दुर्ग का एक पुराना चित्र

चित्र 5.31 : लक्ष्मीबाई व गंगाधर राव के विवाह का दृश्य।

अतिथि बनकर ओरछा आए थे। अतिथि को प्रभावित करने के लिए वीरसिंह ने जैतपुर के महाराजा से पूछा, "उस दूर की बंगरा पहाड़ी पर मैंने जो नया महल बनवाया है, क्या उसे आप यहां से देख सकते हैं?"

जैतपुर[28] के महाराजा ने आंखों को मिचकाकर और उन पर हाथ की छाया करके बंगरा पहाड़ी को देखा और कहा, "हां, एक झांई-सी नजर आ रही है।" बीरसिंह को यह झांई-सी (अस्पष्ट छाया) नाम पसंद आ गया। इसी 'झांई-सी' से आगे जाकर 'झांसी' नाम अस्तित्व में आया।

बुंदेलों ने एक समझौते के तहत 1742 ई. में झांसी का इलाका पुणे के पेशवा को प्रदान किया। पेशवा का प्रतिनिधि नारोशंकर झांसी का पहला मराठा शासक था। उसने झांसी दुर्ग का विस्तार करके नए फाटक, बुर्ज, महल, मंदिर आदि बनवाए। नारोशंकर द्वारा निर्मित भाग शंकरगढ़ कहलाता है।[29] सन् 1769 में रघुनाथ हरि नेवाळकर झांसी का शासक बना। उसके और उसके भाई शिवरामभाऊ के शासनकाल में झांसी की काफी उन्नति हुई। लेकिन आगे झांसी के कमजोर शासकों को अंग्रेजों के साथ समझौते करने पड़े।

शिवरामभाऊ के ज्येष्ठ पुत्र रघुनाथराव 1838 ई. में निस्संतान मर गए, तो अंग्रेजों की कंपनी सरकार ने उनके छोटे भाई गंगाधरराव को झांसी का राजा स्वीकार कर लिया। गंगाधर की पहली पत्नी मर गई, तो लक्ष्मीबाई के साथ उसका दूसरा विवाह हुआ। उस समय गंगाधर 40 साल का और लक्ष्मीबाई 14 साल की थी। इनके एक पुत्र हुआ, मगर वह तीन महीने बाद ही मर गया। तब इन्होंने दामोदर नामक एक बालक को दत्तक पुत्र के रूप में गोद ले लिया।

सन् 1853 में गंगाधर का देहांत हो गया। रानी लक्ष्मीबाई ने इस बात की काफी कोशिश की कि ईस्ट इंडिया कंपनी की सरकार उसके दत्तक पुत्र को राजा स्वीकार कर ले, परंतु लॉर्ड डलहौजी नहीं माना और उसने झांसी को अंग्रेजी राज्य में मिला लेने का फैसला किया। रानी लक्ष्मीबाई ने सुना, तो उसके क्रोधपूर्ण उद्‌गार निकले–''मेरा झांसी नहीं देऊंगी।'' मगर उस समय (दिसंबर 1854) वह विवश थी। लक्ष्मीबाई किला छोड़कर शहर के अपने रानी महल में रहने चली गई, मगर सन् 1858 के आरंभ में वह पुनः किले में रहने चली आई।

चित्र 5.32 : रानी लक्ष्मीबाई

देश में जगह-जगह अंग्रेजों के खिलाफ संघर्ष की तैयारियां शुरू हो गई थीं। भीतर-ही-भीतर क्रांति की आग सुलग रही थी। लक्ष्मीबाई क्रांति के नायकों के संपर्क में थी। कानपुर में 4 जून, 1857 को क्रांति का श्रीगणेश हुआ।[30] उसी दिन झांसी में भी क्रांति का विस्फोट हुआ। उसके चार दिन बाद सायंकाल को झांसी में घोषणा की गई–"ख़ल्क (सृष्टि) खुदा की, मुल्क बादशाह का; हुकूमत महारानी लक्ष्मीबाई की।" रानी ने झांसी के शासन की बागडोर स्वयं संभाल ली। उसने 14,000 की सेना खड़ी की और लगभग 50 तोपें भी तैयार कर लीं। उसने स्त्रियों की भी एक सैनिक टुकड़ी तैयार की।

फिर वह समय भी आया जब अंग्रेजों ने पुनः पलटकर क्रांतिकारियों पर हमला करना शुरू कर दिया। ह्यू रोज के नेतृत्व में अंग्रेजों की फौज मार्च 1858 में झांसी के पास पहुंच गई। रानी भी लड़ाई के तैयार थी। एक चट्टान पर बना हुआ झांसी का दुर्ग बहुत मजबूत था। दीवारें पांच से छह मीटर मोटी थीं। दुर्ग में बने मजबूत बुर्जों पर से तोपें दागी जा सकती थीं। रानी ने एक नई बुर्ज बनवाई थी, जिसका नाम 'सफेद बुर्ज' रखा था। उसमें युद्ध की भारी सामग्री एकत्र की गई थी।

दुर्ग नगर से घिरा हुआ था। पश्चिम की ओर से चट्टान की सपाट ऊंचाई दुर्ग की रक्षा करती थी। दक्षिण दिशा के खुले स्थान से नगर का परकोटा प्रारंभ होता था। एक टीला भी गढ़ की तरह बना लिया गया था और उस पर पांच तोपें चढ़ा दी गई थीं। नगर के परकोटे में बीच-बीच में बुर्जियां बनी थीं, जिनमें युद्ध की सामग्री जमा थी।

ह्यू रोज 21 मार्च (1858) को झांसी नगर के सामने पहुंच गया। दूसरे दिन से घमासान लड़ाई शुरू हो गई। रानी ने दुर्ग से तोपें दागना शुरू कर दिया। आठ दिन तक दिन-रात युद्ध चलता रहा। सायंकाल के समय 23 साल की रानी गोलंदाजों के पास जाकर उनका उत्साह बढ़ाती थी। 30 मार्च तक दुर्ग और नगर की कई बुर्जियां टूट-फूट गई थीं तथा कई तोपें बेकार हो चुकी थीं। कई हजार सैनिकों की जानें गईं। गोला-बारूद कम पड़ने

चित्र 5.33 : झांसी में अंग्रेजों से लड़ती घोड़े पर सवार रानी लक्ष्मीबाई

लगा। रानी ने पेशवा से मदद मांगी। तात्या टोपे 20,000 की सेना के साथ झांसी की ओर रवाना हो गया। लेकिन वह बेतवा के पोखरों में जाकर फंस गया। ह्यू रोज की सेना के साथ हुए बेतवा के युद्ध में तात्या की फौज टूट गई। वह रानी को कोई मदद नहीं पहुंचा सका। इससे अंग्रेजों की हिम्मत बढ़ गई। एक भेदिये से अंग्रेजों को नगर-कोट के एक कमजोर स्थान का पता चल गया। उसे तोड़कर 2 अप्रैल को अंग्रेजों के सैनिकों ने नगर में प्रवेश किया। अब नगर के अंदर लड़ाई शुरू हुई। महल पर हमला हुआ। अंग्रेजों के सैनिक नागरिकों की हत्या और लूटमार करने लगे।

महल पर अंग्रेजों का कब्जा हो जाने के बाद रानी लक्ष्मीबाई ने झांसी में रुकना उचित नहीं समझा। अपने सगे-संबंधियों और कुछ सैनिकों को साथ लेकर रानी रात के समय नगर से बाहर निकल गई। उस समय घोड़े पर सवार रानी की पीठ पर उसका दत्तक पुत्र दामोदर बंधा हुआ था। वह भांडेरी फाटक से निकलकर सरपट काल्पी की ओर बढ़ गई। इधर रानी की विश्वस्त दासी झलकारी ने लक्ष्मीबाई का रूप धारण करके मोर्चा लिया। अंत में 2 अप्रैल को झांसी के दुर्ग पर अंग्रेजों का अधिकार हो गया। झलकारी बाई ने अंग्रेजों से लड़ते हुए अपने प्राणों की आहुति दी।

बुंदेलखंड में स्वतंत्रता संग्राम की नवोदित वीरांगना झलकारी बाई के बारे में कीर्तन मंडली में पुरुष और महिलाएं कीर्तन की धुन में धुन मिलाते हुए गीत गाते हैं–

'जय झलकारी, जय दुर्गाकाली की जय, अंग्रेजों का गर्व तूने चूर-चूर किया।'

बांदा के गांव का यह दृश्य झांसी, जालौन, हमीरपुर और ललितपुर के किसी भी गांव का हो सकता है। आल्हा-ऊदल और रानी लक्ष्मीबाई की तरह बुंदेलखंड के लोकगीतों में पिछले एक दशक से झलकारी बाई की वीरता के गीत गाए जाते हैं–

'मचा झांसी में घमासान, चहुं ओर मची किलकारी थी।
अंग्रेजों से लोहा लेने, रण में लड़ी झलकारी थी।'

बुंदेलखंड की नवोदित कवयित्री अर्चना वर्मा की यह कविता सुभद्रा कुमारी चौहान की कविता की प्रसिद्ध पंक्तियों से मेल खाती है–

'खूब लड़ी मर्दानी, वह तो झांसी वाली रानी थी,
बुंदेले हरबोलों के मुंह, हमने सुनी कहानी थी।'

झलकारी बाई कोरी जाति की थी, लेकिन वह रानी लक्ष्मीबाई की विश्वस्त दासी थी। रानी के दो विश्वस्त मुसलमान तोपची गुलाम गौस खान और खुदाबख्श भी दुर्ग की रक्षा में शहीद हो गए। किले में इनकी समाधियां बनी हैं।

क्रांति के दौरान ग्वालियर के शिंदे राजा ने अंग्रेजों की मदद की थी, इसलिए 1861 ई. में झांसी का किला उसे सौंप दिया गया। मगर 1886 ई. में अंग्रेजों ने झांसी का किला पुनः अपने अधिकार में ले लिया और उसमें अपनी फौज रखी।

आगे रानी लक्ष्मीबाई क्रांतिकारियों की सेना के साथ काल्पी से ग्वालियर गई। अंग्रेजी सेना भी ग्वालियर की ओर बढ़ी। ग्वालियर के पास कोटा की सराय में एक नाले के किनारे दोनों सेनाओं की अश्वारोही टुकड़ियों के बीच लड़ाई हुई। क्रांतिकारियों की उस टुकड़ी में रानी लक्ष्मीबाई भी थी। उसने 17 जून, 1858 को अंग्रेजों से लड़ते-लड़ते ही अपने प्राण त्यागे। पास ही एक पेड़ के नीचे उसका दाहसंस्कार हुआ। अंग्रेजों को उसकी मृत्यु का समाचार तीन दिन बाद मिला।

लक्ष्मीबाई की मृत्यु के बाद क्रांति का स्वरूप बदल गया। आगे कई महीनों तक छापामार युद्ध जारी रहा, मगर अंग्रेजों के खिलाफ पहला स्वातंत्र्य संग्राम अब एक तरह से समाप्त हो गया था।

संदर्भ और टिप्पणियां

1. बुंदेलखंड उत्तर प्रदेश के दक्षिण और मध्य प्रदेश के पूर्वोत्तर का पहाड़ी इलाका जिसमें छोटी-बड़ी रियासतें थीं। बुंदेलखंड बुंदेल राजपूतों के नाम से प्रसिद्ध है। बुंदेल राज्य की स्थापना 14वीं शती में हुई थी। बुंदेलों का पूर्वज पंचम बुंदेल था।
2. महमूद गजनी सुल्तान प्रमीर सुबुक्तगीन का बेटा था जो 986-87 में गजनी की गद्दी पर बैठा। स्वतंत्र राजसत्ता के लिए उसने सुल्तान की पदवी ग्रहण की और 1030 ई. उसकी मुत्यु हुई। अंतिम समय तक राज्य किया। महमूद गजनी ने भारत पर कई चढ़ाइयां कीं। 1001 ई. में राजा जयपाल को पेशावर में हराया, फिर अनंगपाल को हराया। उसने थानेश्वर, मथुरा, कन्नौज, ग्वालियर और कालिंजर को अपने अधीन कर लिया। फिर काठियावाड़ (सौराष्ट्र) पर चढ़ाई कर सोमनाथ के मंदिर के शिवलिंग को तोड़ डाला और मंदिर तथा नगर की संपत्ति लूट ले गया। वह विद्वानों का आदर करता और वास्तुकला का प्रेमी था। उसने अपनी राजधानी गजनी में खूबसूरत इमारतें और पुस्तकालय बनवाए।
3. कुतुबूद्दीन ऐवक दिल्ली का पहला गुलाम मुसलमान सुल्तान शहाबुद्दीन मुहम्मद गोरी की सेवा में

तुर्किस्तान से खरीद कर लाया गया था। योग्यता के कारण वह मालिक का कृपापात्र बन गया। 1192 की तराई की दूसरी लड़ाई की विजय के बाद, भारत में युद्ध जारी रखने का भार वह कुतुबुद्दीन ऐवक को सौंप गया था। स्वयं खुरासान वापिस चला गया। कुतुबुद्दीन ने अपने मालिक का कार्य बड़ी योग्यता से संभाला। उसने अपने मालिक को कन्नौज, ग्वालियर अन्हिलवाड, अजमेर तथा कालिंजर फतह करने में मदद दी।

शहाबुद्दीन मुहम्मद गोरी की मृत्यु के बाद, कुतुबुद्दीन ऐबक भारतीय साम्राज्य का उत्तराधिकारी नियुक्त हुआ। कुतुबुद्दीन ऐबक ने 1206 ई. से 1210 ई. में मृत्यु होने तक राज्य किया। वह बुद्धिमान राजनीतिज्ञ था। इसीलिए उसने शहाबुद्दीन मुहम्मद गौरी के सहयोगियों से विवाह संबंध स्थापित किए और अंतिम समय तक राज्य किया।

4. कीरतपाल बुंदेलखंड का राजा था। 1545 ई. में शेरशाह ने जब कालिंजर का किला लेने की कोशिश की तो कीरतपाल ने उसकी फौजों का डटकर मुकाबला किया और घायल हो गया। बाद में शेरशाह के बेटे ने कीरतपाल को मार दिया।

5. बीरबल एक राजपूत सरदार था, जो अपनी इच्छा से बादशाह अकबर की सेवा में आ गया, फिर अकबर का स्नेहपात्र बन गया। अकबर ने उसे राजा की पदवी दी। बीरबल प्रतिभाशाली कवि था। अकबर ने उसे कविराय की उपाधि से सम्मानित किया, 1586 ई. में बीरबल को सेना का नायक बनाकर पश्चिमोत्तर सीमा के युसुफजाई कबीले पर चढ़ाई के लिए भेजा गया, वहां वह युद्ध में मारा गया।

6. अकबर भारत में मुगल साम्राज्य और राजवंश का वास्तविक संस्थापक था। हुमायूं की मृत्यु के बाद वह 1556 ई. में राजगद्दी पर बैठा। उसके पास उस समय कोई खास इलाका नहीं था लेकिन पानीपत की दूसरी लड़ाई में हेमू पर विजय पाई जो अफगान के सूर राजवंश का समर्थक था। अब अकबर पंजाब, दिल्ली, आगरा और आस-पास के इलाके का स्वामी हो गया। अपने राज्य को मज़बूत बनाया और राज्य को गंगा-यमुना के संगम–इलाहाबाद, ग्वालियर अजमेर तक फैलाया। 1592 ई. तक पूरे उत्तर भारत को अपने राज्य में मिला लिया। कुछ वर्षों बाद काबुल कंधार, ब्लूचिस्तान पर कब्जा कर लिया। इसके बाद दक्षिण भारत में अहमदनगर, खानदेश के असीरगढ़ को जीता। यह अंतिम विजय थी। 1605 ई. में उसकी मृत्यु हो गई।

   अकबर महान् विजेता ही नहीं कुशल प्रशासक भी था। राजस्व बढ़ाने के लिए राजा टोडर मल की मदद से अकबर ने भूमि की नाप जोख और पैमाइश कराकर माल की नई व्यवस्था की। लगान की वसूली सरकारी अफसर करते थे। जजिया नामक कर जो हिंदुओं पर लगाया जाता था खत्म कर दिया। हिंदू-नर-नारियों को सम्मान दिया। हिंदू राजाओं से विवाह संबंध स्थापित किए।

   हिंदू और इस्लाम दोनों धर्मों की अच्छी बातों को लेकर नया मत चलाने का प्रयत्न किया। 1581 ई. में 'दीने इलाही' का प्रचलन किया। बहुत थोड़े लोगों ने 'दीने इलाही' को कबूल किया। लेकिन सभी धर्मों के प्रति सहिष्णुता और उदारता दिखाने के कारण मानव-जाति का उद्धार करने वालों में अपना प्रमुख स्थान बना लिया।

7. झूंसी प्रयाग में गंगा के दूसरे तट पर अति प्राचीन स्थान है। इसका प्राचीन नाम प्रतिष्ठानपुर था। महाभारत में प्रतिष्ठान का तीर्थ के रूप में उल्लेख है :

   एवमेव महाभाग प्रतिष्ठाने प्रतिष्ठिता।

   यहां चंद्रवंशी राजाओं की राजधानी थी। पौराणिक कथा के अनुसार चंद्रवंश में पुरुखा एल प्रथम राजा हुए जो मनु की पुत्री इला के पुत्र थे। ययाति के पांच पुत्रों में से पुरु ने प्रतिष्ठानपुर और समीपवर्ती प्रदेश पर अपना शासन स्थापित किया था। झूंसी में प्रागैतिहासिक काल की कई गुफाएं भी हैं।

8. संगम : प्रयाग गंगा-यमुना के संगम पर बसा हुआ प्राचीन तीर्थ स्थान है। प्राचीन साहित्य में केवल गंगा-यमुना का संगम माना गया है। मध्य काल में गंगा-यमुना और सरस्वती का संगम माना है जिसे त्रिवेणी कहते हैं। बाल्मीकि रामायण, महाभारत, प्राचीन पुराणों तथा कालिदास के ग्रंथों में प्रयाग में गंगा-यमुना के ही संगम का वर्णन है। गगा-यमुना के संगम में स्नान करने को मुक्तिदायक माना जाता है।

माघ मेला और कुम्भपर्व के अवसर पर देश के कोने-कोने से लाखों करोड़ों लोग इस संगम में स्नान करने से मुक्त होते हैं।

9. आईन-ए-अकबरी में 1602 ई. तक की अकबर की नीतियों तथा घटनाओं की विस्तृत जानकारी मिलती है। अबुल-फजल ऐसा कोई मामला नहीं रखना चाहता था, जिससे अकबर की बेइज्जती हो। आईन-ए-अकबरी आर्थिक वर्णनों से भरा है, लेकिन सामान्य लोगों के जीवन और स्थिति, विशेषकर किसानों और कामगार लोगों के बारे में कुछ नहीं बताती। आईन-ए-अकबरी में वैज्ञानिक और प्रौद्योगिक विषयों पर अनेक खंड मिलते हैं। इसमें सांख्यिकीय आंकड़े हैं, जो इतिहास के लिए महत्वपूर्ण स्रोत हैं। इसका तीसरा भाग अकबरनामा अपने आप में अनूठा संकलन है। प्रशासन पद्धति और सरकारी विभागों के नियंत्रण के तंत्रों की जानकारी है। हिंदुओं के धार्मिक और दार्शनिक पद्धतियों पर लेख है।

10. अकबर नामा : अकबर के शासनकाल का इतिहास है जो दोस्त और दरबारी अबुल फ़जल ने लिखा था। लेखक को अकबर की बहुत-सी निजी जानकारी थी। कुछ पक्षपात किया है फिर भी तिथियों और भौगोलिक जानकारी के लिए यह विश्वसनीय है।

11. कौशांबी : प्राचीन भारत का प्रमुख नगर था। कौशांबी यमुना नदी के किनारे पर स्थित थी। वैदिक साहित्य से पता चलता है कि कौशांबी नगर विद्या का केंद्र था। रामायण और महाभारत में भी कौशांबी का जिक्र है। परीक्षित के वंश के छठे राजा निचक्षु ने हस्तिनापुर नष्ट हो जाने पर कौशांबी को अपनी राजधानी बनाया था।

बुद्ध के समय में कौशांबी भारत के एक सर्वाधिक महत्वपूर्ण एवं समृद्ध नगरों में से एक था। कौशांबी में कई विहारों का निर्माण किया गया जो कि बुद्ध के प्रति अगाध श्रद्धा और भक्ति की अभिव्यक्ति थी। गौतम बुद्ध ने यहां अनेकों व्याख्यान दिए जिससे कौशांबी में बड़ी संख्या में अनुयायी बने। उदयन के शासन काल में कौशांबी की समृद्धि और व्यापार में बृद्धि हुई।

यमुना के तट पर स्थित होने के कारण कौशांबी व्यापार का प्रमुख केंद्र थी। जलमार्ग द्वारा भी कौशांबी में व्यापार किया जाता था। अशोक ने कौशांबी में स्तंभ के ऊपर अपने लेख खुदवाए थे।

कुषाणों ने भी कौशांबी में शासन किया। यहां से राजा कनिष्क के सिक्के मिले। चौथी शताब्दी पूर्व यहां गुप्तों ने भी शासन किया।

हम कह सकते हैं कि कौशांबी बुद्ध पूर्व युग में एक नगर था और मौर्यो और गुप्तों के काल में इसका विकास हुआ। सातवीं शताब्दी में यह नगर उजड़ चुका था और अधिकांश विहार ध्वस्त हो चुके थे।

12. फीरोजशाह तुगलग : तुगलक वंश के दूसरे सुल्तान मुहम्मद का चचेरा भाई और उत्तराधिकारी था। इसने 1351 ई. से 1388 ई. तक मृत्युपर्यंत शासन किया। फीरोजशाह के पिता गयासुद्दीन का छोटा भाई था। फीरोजशाह शांति प्रेमी सुल्तान था। सिंध के विद्रोह को दबाने के लिए मुहम्मद तुगलक फौज़ को लेकर वहां गया था लेकिन वहां उसकी अचानक मृत्यु हो गई थी। उस फौज को दिल्ली वापिस लाना था। 1361 से 1363 ई. तक फीरोजशाह तुगलक ने लम्बी लड़ाई लड़ी और वहां के विद्रोही शासक जाम बावनिया को आत्मसमर्पण करना पड़ा। जाम ने सालाना नजराना देना मंजूर किया। फिर 1353 ई. में बंगाल पर दुबारा राज्य हथियाने की कोशिश की, लेकिन असफल रहा।

फिर फीरोज ने दक्षिण मुस्लिम बहमनी सुल्तानों और विजयनगर के हिन्दू राजाओं पर विजय प्राप्त करने की कोशिश नहीं की। ये लोग मुहम्मद तुगलक के शासन काल में स्वतंत्र हो गये थे। फीरोजशाह दिल्ली सल्तनत के विघटन को नहीं रोक सका।

13. हर्षवर्धन कन्नौज और थानेश्वर का राजा था (606-47 ई.) और प्रभाकर वर्धन का दूसरा पुत्र। बड़े भाई राज्यवर्धन की मृत्यु के बाद राज्य का शासन भार हर्षवर्धन ने संभाला। गौड़ बंगाल के राजा शशांक ने बड़े भाई का वध किया था और उसकी छोटी बहन राज्यश्री अपने प्राणों की रक्षा के लिए किसी अज्ञात स्थान में भाग गई थी, उसके पति कन्नौज के राजा ग्रहवर्मा को मालवा के राजा ने हराने के बाद मार दिया था।

    शासन संभालने के बाद छह वर्ष तक वह शशांक से युद्ध करता रहा। बाद में हर्षवर्धन ने बल्लभी, मगध, कश्मीर, गुजरात और सिंध को जीत लिया। वह अपने लंबे राज्यकाल में बराबर युद्ध करता रहा। इस प्रकार उसने विशाल साम्राज्य की स्थापना की, उसकी सीमाएं उत्तर में हिमाच्छादित पर्वतों तक दक्षिण में नर्मदा के तट और पूर्व में गंजाम तथा पश्चिम में बल्लभी तक विस्तृत थीं। कन्नौज इस विशाल साम्राज्य की राजधानी थी, योग्य शासक होने के कारण उसने महाराजाधिराज की पदवी धारण कर ली थी।

    हर्षवर्धन सभी धर्मों का आदर करता था। उसने यात्रियों, दीन-दुखियों तथा रोगियों की सेवा-सुविधा के लिए स्थान-स्थान पर धर्मशालाएं, कुएं तथा चिकित्सालय आदि का प्रबंध किया। वह दान देता था। पांच वर्षों में राज्यकोष के धन को प्रयाग संगम पर महोत्सव करके दान कर डालता था।

    हर्षवर्धन उच्चकोटि का कवि भी था। उसने संस्कृत में रत्नावली, नागानंद तथा प्रियदर्शिका नाम से तीन नाटकों की रचना की है। कवियों और विद्वानों का आश्रयदाता था।

14. कन्नौज : उत्तर भारत का अत्यंत प्राचीन और प्रसिद्ध नगर, इसका मूल नाम कान्यकुब्ज था, जो ब्राह्मणों का भी केंद्र स्थल बन गया था। अब यह छोटा नगर है और वहां अधिकतर मुसलमान रहते हैं। महाभारत और पतंजलि में भी इसका उल्लेख है। चीनी यात्री फाहियान इस नगर में आया तो उसे केवल दो बौद्ध-विहार ही मिले। यह उतना बड़ा नगर नहीं था जितना युवान्-च्वाङ के समय था। युवान्-च्वाङ यहां सात साल रहा। यहां सैकड़ों हिंदू तथा बौद्ध मंदिर थे और गंगा के तट पर मीलों तक विहार-ही-विहार नजर आते थे। इस परिवर्तन का श्रेय हर्षवर्धन को प्राप्त था। यह नगर ऐश्वर्य और समृद्धि के कारण 'महोदय श्री' भी कहा जाने लगा, प्रतिहार राजाओं (816-1090 ई.) ने फिर उत्तर भारत को प्रधान नगर बना दिया। बारहवीं शताब्दी में कन्नौज गाहड़वाल राजपूतों के अधिकार में आ गया जो राठौर के नाम से प्रसिद्ध है। राठौर राजा जयचंद्र, शहाबुद्दीन से पराजित हुआ और मारा गया। इस शहर में अब पुरानी इमारतों के खंडहर बच गए हैं।

15. परिखा : दुर्ग निवेश हेतु भूमि-चयन के बारे में प्रचुर दिशा-निर्देश हैं। ऋषियों और सम्राट भोज-देश ने भूमि चयन, भू-परीक्षण की युक्तियां बताई हैं। भूमि चयन के बाद दुर्ग के निर्माण की शुरुआत परिखा खनन से होती थी। अर्थशास्त्र और समटांगण सूत्रधार में तीन परिखा बनाने और ब्रह्मवेवर्त में सात परिखा बनाने का उल्लेख है। इलाहाबाद के किले के दक्षिण में यमुना और पूर्व में गंगा नदी है। उत्तरी भाग में परिखा बनाई गई है, जो यमुना से जुड़ी हुई थी।

16. शुजाउद्दौला अवध का तृतीय स्वतंत्र नवाब और नवाब सफदरजंग का पुत्र तथा उत्तराधिकारी था। शुजाउद्दौला ने 1759 ई. में इलाहाबाद के किले पर अधिकार कर लिया। शुजाउद्दौला ने सदैव अपने वंश के हितों पर ही ध्यान दिया। उसने संधियों के बलबूते पर राज्य को चलाया।

17. इलाहाबाद के किले में अक्षयवट का वृक्ष भी है। मूल अक्षयवट किले के दक्षिणी कोने में है। पातालपुरी मंदिर से इस वृक्ष में से एक कुन्दा काटकर स्थापित किया गया। इस कुंदे को असली

अक्षयवट बतलाकर दर्शन कराया जाता है। मूल अक्षयवट तो किले के रानी महल के पास है। पौराणिक कथा के अनुसार महाप्रलय के समय भगवान विष्णु अक्षयवट पर शिशु रूप में अंगूठा चूसते बाल लीला करते हैं।

त्रेता युग में श्रीरामचंद्र ने वन जाते समय अक्षयवट की पूजा की थी। चीनी यात्री ह्वेनसांग और अलबेरुनी ने भी अक्षयवट का जिक्र किया है। कहते हैं कि हिंदू स्वर्ग-प्राप्ति के लिए बड़ा कष्ट सहते हैं और इस वृक्ष से कूद कर प्राण देते हैं। महात्म्य शताध्यायी में भी अक्षयवट का विर्णन है। यमुना नदी के सरस्वती घाट की ओर से अक्षयवट का कुछ भाग दिखाई देता है।

18. भर्तृहरि एक प्रसिद्ध संस्कृत कवि थे, जो ईसा की सातवीं शताब्दी में हुए। उनकी प्रसिद्ध कृति **'शतकत्रय'** के साथ ही भट्टि काव्य भी कही जाती है जिसकी रचना भर्तृहरि ने संस्कृत व्याकरण पढ़ाने के उद्देश्य से की थी। मैकडोने के अनुसार भर्तृहरि कवि के अतिरिक्त वैयाकरण तथा तत्वज्ञानी थे। (मैकडोनेल-हिस्ट्री आफ संस्कृत लिटरेचर)।

19. आल्हा-उदल : चुनार के 52 खंभों के सोनावां मंडप का संबंध मोहबे के आल्हा-उदल से है। कहा जाता है कि नैनागढ़ के राजा ने मोहबे के आल्हा की वागदत्ता पत्नी सोनवां का अपहरण कर लिया था और उससे शादी करने के लिए उसके नाम पर सोनवां मंडप बनवाया था। इधर आल्हा-उदल ने नैनागढ़ पर चढ़ाई की और सोन राजा को हराकर सोनवां को मुक्त कराया था। इस लड़ाई में अनेकों राजा मारे गए। मृत राजाओं के संदर्भ में आज भी आल्हा लोकगीतों में बुलंद स्वर में गया जाता है :

    कठिन मावसी है नैनागढ़,
    राजा इंदरमल का दरबार।
    बारह दूल्हा सिर के भौरी,
    नदी जल गोह में दिये बहाय।

20. सम्राट अशोक – देखिए अध्याय 2 दिल्ली के किले पृष्ठ संख्या 44

21. फर्रूखसियर (1713-1719 ई.) : नौवां मुगल बादशाह और अजीमुश्शान का पुत्र था जो शाह आलम प्रथम की मृत्यु के बाद उत्तराधिकार के लिए युद्ध में 1712 में मारा गया। अपने अल्प शासनकाल में फर्रूखसियर ने सिख नेता बंदा बहादुर (बैरागी) को उसके एक हजार अनुयायियों के साथ गिरफ्तार कर 1715 ई. में सबको मरवा दिया था। ईस्ट इंडिया कंपनी ने फर्रुखसियर से बहुत लाभ उठाया।

22. तुजुक-ए-जहांगीरी में जहांगीर की स्वयं की यादें। जो उसके शासन के इतिहास का प्रमुख स्रोत है। शासक ने तुजुक को स्वयं लिखा। अपने शासन के 12वें साल तक जब तक उसके स्वास्थ्य ने साथ दिया। बाद में, उसने इसे अपने विश्वस्त्र अधिकारी, मुतामद खान से बोलकर लिखवाया। यह बहुत हद तक जहांगीर के शासन की अच्छी तस्वीर पेश करती है। मुख्य घटनाएं विद्रोह से जुड़ी हैं। शासकीय अधिकारियों की भूमिका, उनकी प्रोन्नति और दंड, साथ ही साथ भारत की अन्य विदेशी सत्ताओं के साथ कूटनीतिक संबंध को प्रांजल शैली में वर्णित किया गया है। यह मुगल शासन की संस्कृति पर दृष्टि और जहांगीर का सौंदर्यबोध, शिक्षा और प्रकृति में रुचि आदि का वर्णन करती है।

23. सूरजमल 1761 ई. में पानीपत की तीसरी लड़ाई के समय भरतपुर का जाट राजा था। वह बड़ा चतुर राजनीतिज्ञ था। उसके पास बहुत ज्यादा दौलत थी, मराठा तथा अहमदशाह दोनों ही सूरजमल से सहायता चाहते थे। वह पहले मराठों की सहायता करने को तैयार हो गया लेकिन बाद में मराठों के दंभपूर्ण व्यवहार के कारण अपने को लड़ाई से अलग कर लिया। सूरजमल एक सफल शासक था। वह जाट सरदार बदनसिंह का गोद लिया पुत्र तथा उत्तराधिकारी था। उसने 1756 से 1763 ई.

तक जाटों का नेतृत्व और राज्य का विस्तार किया, जिसमें आगरा, धौलपुर, मैनपुरी, हाथरस, अलीगढ़, इटावा, मेरठ, रोहतक, फर्रुखनगर, रेवाड़ी, गुड़गांव तथा मथुरा सम्मिलित थे। दिल्ली के पड़ोस में इतने बड़े राज्य की स्थापना से पता चलता है कि वह कितना कुशाग्र-बुद्धि, विवेकशील, दूरदर्शी और योग्य शासक था।

24. नूरजहां सम्राट जहांगीर की पत्नी थी। उसका असली नाम मेहरुन्निसा था। उसके पिता मिर्जा गयासबेग, फारस के निवासी थे। जब वह भारत आ रहे थे तो रास्ते में कंदहार में नूरजहां का जन्म हुआ। गयासबंग को अकबर के दरबार में उच्च पद मिल गया। 1605 ई. में गयासबेग मालमंत्री बन गया और उसे एतमादुद्दौला की उपाधि दी गई। सत्रह साल में मेहरुन्निसा का विवाह एक ईरानी साहसी नवयुवक अलीकुली से हो गया। जिसे जहांगीर के राज्य में शेर अफगन की उपाधि और बर्दवान की जागीर दी गयी थी। 1607 में जहांगीर के दूतों ने शेरअफगान को एक युद्ध में मार डाला। पति की मृत्यु के बाद मेहरुन्निसा दिल्ली के शाही परिवार में आ गई और रानी सलीमा बेगम की परिचारिका बनी। उसके सौंदर्य के प्रति आकर्षित होकर जहांगीर ने 1611 ई. में उससे विवाह कर लिया और उसका नाम बदल कर पहले नूरमहल और फिर नूरजहां रखा।

अ‍साधारण सुंदरी होने के अलावा नूरजहां बुद्धिमती, शील और विवेक संपन्न भी थी। उसकी साहित्य, कविता और ललित कलाओं में विशेष रुचि थी। 1619 ई. में उसने फतेहपुर सीकरी में एक गोली से शेर को मार दिया था। इन सभी गुणों के कारण उसने पति पर पूर्ण प्रभुत्व जमा लिया था। जहांगीर के शासन को संभाला। सिक्कों पर भी उसका नाम खोदा जाने लगा और महल में दरबार करने लगी। उसके पिता और भाई को दरबार में उच्च स्थान दिया गया और उसकी भतीजी का विवाह शाहजादे खुर्रम से हो गया। नूरजहां ने पहले पति से उत्पन्न अपनी बेटी का विवाह जहांगीर के छोटे बेटे शाहजादा शहरयार से कर दिया।

1627 ई. में जहांगीर की मृत्यु के बाद नूरजहां की राजनीतिक प्रभुता जाती रही। शेष जीवन उसने लाहौर में बिताया।

25. भरतपुर जाट सियासत का मुख्य नगर, जिसकी स्थापना चूड़ामणि जाट ने लगभग 1700 ई. में की थी। उसने भरतपुर की नींव एक सुदृढ़ गढ़ी के रूप में डाली थी। यह स्थान आगरे से लगभग 40 किलोमीटर पर स्थित था। गढ़ी के चारों ओर एक परिखा थी। बाद में चूड़ामणि ने मोटी व मिट्टी की दीवार से घेर लिया। वह बचपन से ही लूटमार किया करता था। फिर वह लूट का सामान इस गढ़ी में इकट्ठा करने लगा। आस-पास के गांव से चर्मकारों को यहां लाकर बसाया और गढ़ी की रक्षा का भार उन्हें सौप दिया। जब उसके सैनिकों की संख्या चौदह हजार हो गई तो चूड़ामणि एक विश्वस्त सरदार को गढ़ी का अधिकार दे कर खुद लूटमार करने के लिए घेरा और बूंदी की तरफ चला गया।

भरतपुर की सेना बढ़ाने, राजधानी को सुंदर तथा शानदार बनाने का काम राजा सूरजमल ने किया जो भरतपुर का सर्वश्रेष्ठ शासक था। 1803 ई. में लार्ड लेक ने भरतपुर किले का घेरा डाला। इस समय भरतपुर और परवर्ती प्रदेश आगरे तक राजा जवाहर सिंह का राज्य था। किले की मिट्टी की दीवारें तोपों के गोलों से टूटती न देख कर लेक ने इसकी नींव में बारूद भर कर इन्हें उड़ा दिया। इस युद्ध के बाद भरतपुर रियासत अंग्रेजों के अधिकार में आ गई।

26. राणा सांगा मेवाड़ का पराक्रमी शासक था। उसने विविध विजयों के द्वारा अपनी शक्ति और प्रभुत्व का विस्तार किया। अनेक राजपूत राजा और सामंत उसके नेतृत्व में 1527 ई. के इतिहास प्रसिद्ध खानवा युद्ध में बाबर के विरुद्ध लड़े। लेकिन खानवा युद्ध में पराजय हुई और मेवाड़ की शक्ति क्षीण हो गई।

27. लक्ष्मीबाई झांसी की रानी थी। वह इस बात से बहुत दुखी थी कि 1853 ई. में उसके पति गंगाधर

राव की मृत्यु के बाद लार्ड डलहौजी ने जब्ती का सिद्धांत लागू करके उसका राज्य हड़प लिया था। इसलिए वह सिपाही-विद्रोह से मिल गई और सर ह्यूरोज़ के नेतृत्व में अंग्रेजी फौज का डटकर वीरतापूर्वक मुकाबला किया। जब अंग्रेजी फौज किले में घुस गई तो लक्ष्मीबाई किला छोड़कर कालपी चली गई और वहां से युद्ध जारी रखा। जब कालपी छिन गई तो तांत्या टोपे के सहयोग से शिंदे की राजधानी ग्वालियर पर हमला कर दिया। लक्ष्मीबाई के हमला करने पर वह अपने प्राणों की रक्षा के लिए आगरा भागा और वहां अंग्रेजों की शरण ली। लक्ष्मीबाई की वीरता को देखकर शिंदे की फौज विद्रोहियों से मिल गई।

लक्ष्मीबाई ने नाना साहब को पेशवा घोषित किया और महाराष्ट्र की ओर बढ़ गई, ताकि मराठों में विद्रोह की अग्नि फैल जाए। ह्यूरोज़ ने ग्वालियर फिर ले लिया और मुरार और कोटा की दो लड़ाइयों में रानी की सेना को पराजित किया। 17 जून 1858 ई. की लड़ाई में रानी लक्ष्मीबाई मारी गई। विद्रोही सिपाहियों व सैनिक नेताओं में रानी सबसे श्रेष्ठ और बहादुर थी। उसकी मृत्यु से मध्य भारत में विद्रोह की रीढ़ टूट गई।

28. जैतपुर एक छोटा-सा देशी राज्य था जिसे लार्ड डलहौजी ने 1850 ई. में जब्ती का सिद्धांत लागू करके ब्रिटिश भारतीय राज्य में मिला लिया था।

29. शंकरगढ़ भूतपूर्व नागौर रियासत में उचहरा के निकट स्थित है। शंकरगढ़ में जैन संप्रदाय से संबंधित अनेक ध्वंसावशेष प्राप्त हुए हैं। यहां गुप्तकालीन मंदिरों के अवशेष भी मिले हैं। यह मंदिर दैवगढ़ के प्रसिद्ध मंदिर से पूर्व का है। प्रवेश-द्वार की पत्थर की चौखट पर सुंदर नक्काशी की हुई है जो गुप्तकालीन मंदिरों की विशेषता है।

30. कानपुर : उत्तर प्रदेश में गंगा तट पर स्थित एक प्राचीन नगर है। ब्रिटिश शासन के समय में यह नगर, भारत का प्रमुख सैनिक केंद्र रहा। 1857 ई. के स्वतंत्रता संग्राम में कानपुर ने प्रमुख भूमिका अदा की। जिस समय स्वतंत्रता संग्राम छिड़ा, कानपुर के निकट पेशवा बाजीराव के पुत्र नाना साहब रहते थे। उन्होंने अपने को पेशवा घोषित किया और कानपुर में विद्रोही सिपाहियों का नेतृत्व अपने हाथ में लिया। 8 जून 1857 ई. को ब्रिटिश फौजी अड्डे को घेर लिया। 27 जून को ब्रिटिश नागरिकों ने इस शर्त पर आत्मसमर्पण कर दिया कि उन्हें इलाहाबाद सुरक्षित जाने दिया जाएगा। लेकिन ब्रिटिश नागरिकों पर, जाते समय बमबारी कर दी गई। चार नागरिकों को छोड़कर सबकी मृत्यु हो गई थी। इस पर अंग्रेजों ने हमला कर कानपुर शहर पर फिर कब्जा कर लिया। कानपुर औद्योगिक केंद्र है। 1931 ई. में यहां भयानक साम्प्रदायिक दंगा हुआ जिसमें कांग्रेसी नेता शंकर विद्यार्थी शहीद हुए।

हरियाणा के किले

हांसी । हिसार

हरियाणा के विभिन्न शहर

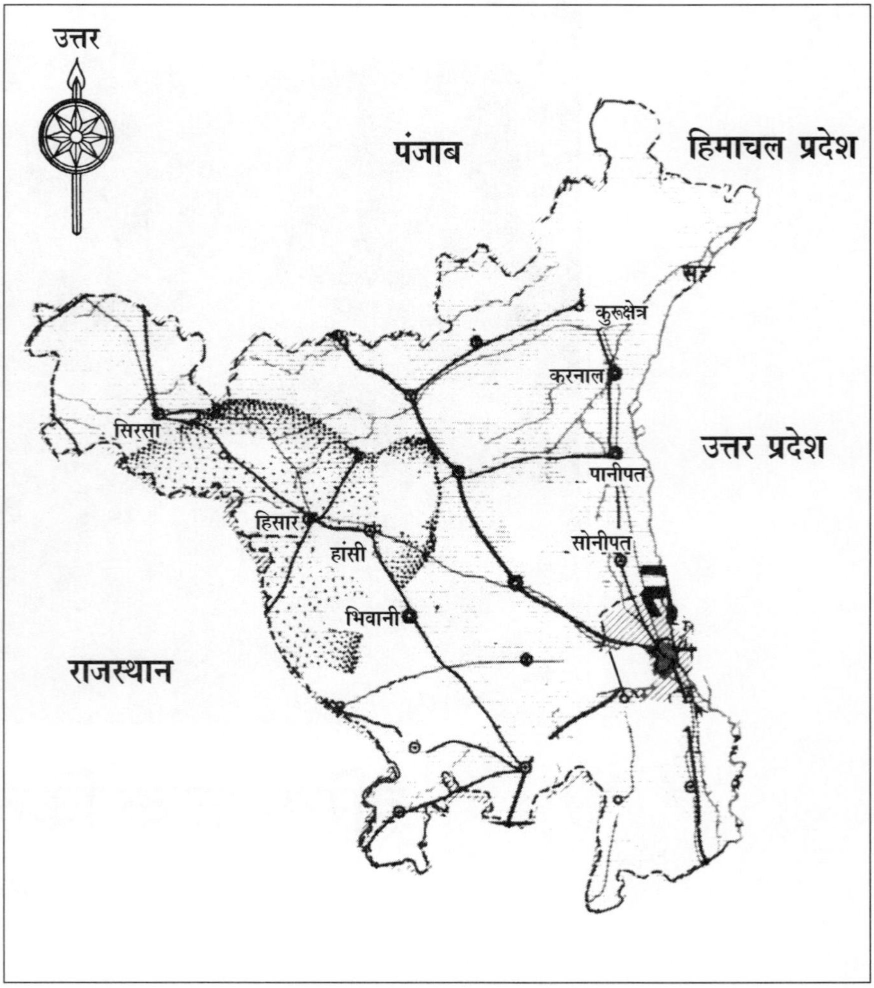

अध्याय-6

हरियाणा के किले

हांसी

हांसी (हरियाणा) मध्यकालीन नगर है। पाणिनि ने इसे ही शायद असिका कहा है। यह उत्तर भारत के प्राचीन नगरों में से एक है। हांसी का किला बहुत ऊंचे टीले पर बना हुआ है। इसके चारों ओर गहरी खाइयां बनी हैं। किले का आकार आयताकार है और 12 हेक्टेयर क्षेत्र में फैला

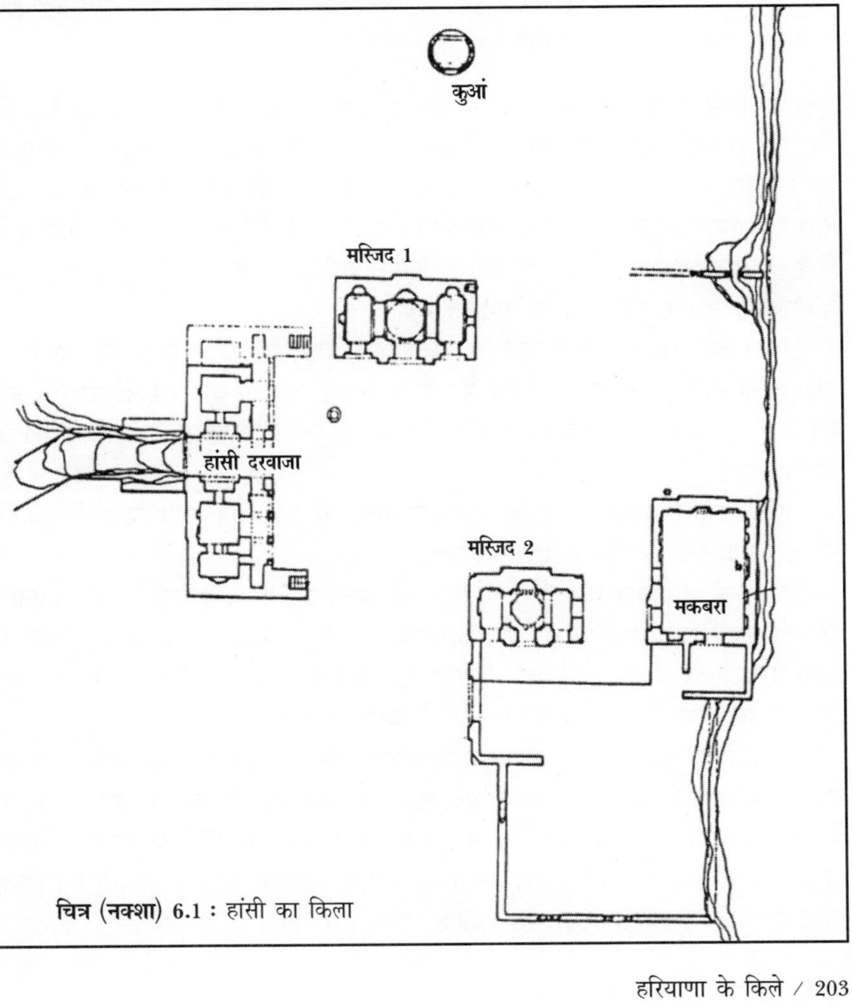

चित्र (नक्शा) 6.1 : हांसी का किला

चित्र 6.2 : हांसी का किला

हुआ है। किले के बुर्ज अर्द्ध गोलाकार में उत्तर-पश्चिम और पूर्वी दीवार पर बने हुए हैं। दक्षिण की ओर से किले के अंदर जाया जा सकता है। बारादारी के पास से उत्तर की तरफ एक सड़क बनाई गई है। किले के पश्चिमी वार्ड में एक कुआं है, जो मुगलों ने बनवाया था। इसके पास ही आयताकार टैंक भी बनाया गया था। टैंक किले के बीच में और कुआं आंगन के अंत में है। आंगन का ढलान टैंक की तरफ है, जिससे बारिश का पानी टैंक में इक्ट्ठा हो जाता है। ढक्कन से ढक कर पानी को सुरक्षित रखा जाता है।

किले के उत्तर की ओर टीले पर राजशाही लोगों के लिए मकान बने हुए हैं। जो 200 x 50 मील में आयताकार जगह में बने हैं। उत्तरी तरफ से बुर्ज मकानों की रक्षा करता है। उत्तर-पूर्व और उत्तर-पश्चिम में एक मीनार बनी है जिससे किले की गतिविधियों को देखा जा सकता है।

हांसी में तोमरवंश के राजा आनंदपाल ने दिल्ली में व्यवस्थित राज्य किया।[1] कुशानों ने भी बड़ी कुशलता से हांसी में शासन किया।

हांसी की पृथ्वीराज चौहान[2] राज्य मातामह आनंदपाल ने 12वीं शती ई. में स्थापना की थी, जो राय पिथौरा के राजा थे। वह हिंदू राज्यों के अंतिम राजा थे। यह किला पृथ्वीराज के नाना ने पृथ्वीराज चौहान को उपहार में दिया था। बाद में मुहम्मद गौरी ने इसे नष्ट-ध्वस्त कर दिया।[3] इस किले में मुगलकालीन स्मारक भी देखे जा सकते हैं।

हांसी किले की 1926 ई. में मरम्मत करवाई और कुछ इमारतों को दोबारा बनवाया। मरम्मत के समय किले की नींवों से जो ईंटें मिलीं वह 18' x 9" x 3" की थीं। इससे पता लगता है कि यह किला पृथ्वीराज चौहान से भी पहले बनाया गया था। किले की मरम्मत के समय यहां से कांसे और तांबे की मूर्तियां मिलीं जो 8वीं व 10वीं सदी ई. की लगती हैं। किले में लाट की मस्जिद की मीनार है जो, अशोक स्तम्भ जैसी लगती है।

चित्र 6.3 : बड़सी दरवाजा-हांसी

किले में एक बड़ा हाल है जिसे बारादारी कहते हैं। इस स्थान से 1982 ई. में 57 कांसे की मूर्तियां मिली थीं, जो जैन तीर्थंकरों की थीं। पास में मिरन साहिब की दरगाह और एक और मस्जिद बनी हुई है।

बड़ंसी गेट हांसी किले के पूर्व में दिल्ली-हिसार मार्ग पर स्थित है। हांसी का मुख्य द्वार, हांसी बाजार के बीचों-बीच खुलता है, बड़ंसी (बारसी) दरवाजा 1304-1305 ई. में हजरत शेख जलाल उल-द्दीन मुहम्मद साहिब ने बनवाया था। उस समय सुलतान **अलाऊद्दीन**[4] का शासन था। बारसी गेट की ऊंचाई 30 मीटर और द्वार के दोनों ओर नीले रंग के गुम्बद बने हैं। ऊपरी भाग खुले हुए कमल की तरह है। नीचे आदमी हाथ में तलवार लेकर शेर से लड़ने को तैयार है, ऐसा लगता है।

नगर के पश्चिम में ऐतिहासिक स्मारक मीनारें हैं, जो चार कुतुब से जाना जाता है। कुतुब जमाल-उद-दीन हांसी (1187-1261 ई.), बुरहान उल-दीन (1261-1300 ई.), कुतब

चित्र 6.4 : चार कुतुब दरगाह

उद-दीन मुनवर (1300-1303 ई.) और नूर-उद-दीन (1325-1397 ई.) में सूफी संतों के लिए बनी थी। बाद में दरगाह में कई बदलाव किए गए। ये समाधि (कब्र) छोटी मस्जिद से संबंधित है, इस जगह पर बाबा फरीद प्रार्थना करते और ध्यान लगाते थे। इनमें से सबसे बड़ी मस्जिद को फिरोजशाह तुगलक ने बनवाया था, जो बहुत प्रसिद्ध है। बाड़े के अंदर एक मीर तिजारह का मकबरा बना है, जो सुल्तान हमीद उद-दीन ने बनवाया था। जो हांसी का मुख्य ताजारह था। यह मकबरा उन्होंने अपने गुरु की याद में बनवाया था। यहां बेगम शकीननेर के दो जुड़वां मकबरे भी देखने योग्य हैं, चार छतरियों को चार दीवान और एक दीवान जाना जाता है। हांसी में अब पर्यटक ही दिखाई देते हैं।

चित्र 6.5 : नागोरी दरवाजा

मुसलमान इतिहास लेखकों के ग्रंथों में इस नगर का उल्लेख है। इब्नबतूता ने नगर की समृद्धि और अपार जनसंख्या का उल्लेख किया है। आज यह पुरातत्व विभाग के संरक्षण में है।

हिसार

हिसार राजधानी दिल्ली से 167 किलोमीटर उत्तर-पश्चिम में स्थित है। हिसार का किला राष्ट्रीय मार्ग दस पर बसा है। हिसार का पुराना (मूल) नाम हिसारी था।

इस किले को फ़िरोजशाह तुगलक ने (1351-58) में बसाया था। कहा जाता है, हिसार के पास के वनों में फ़िरोजशाह आखेट करने आया करता था। उसे यह स्थल बहुत पसंद आया। यहां पर उसने किला बनवाया जहां कालांतर में आबादी हो गयी। यहां पर लारा कुर्द (बड़ी संख्या), लारा कालान (छोटी संख्या) और मुस्लिम गुर्जरों का निवास था।

हिसार के पास अग्राहा[5] नामक स्थान है जिसे प्राचीन समय में अग्रोदक कहा जाता था। यहां बानावाली, शखीगढ़ी, सीसवल, अंगरोहा और हांसी नगर थे। यह नगर महाभारत कालीन माना जाता है। अलक्षेंद्र के आक्रमण के समय (327 ई.पू.) इस स्थान पर आगेयगण का राज्य था। 'एषुकारिभक्त', हिसार का ही प्राचीन नाम है। इसे कुरु प्रदेश का एक बड़ा नगर कहा गया है। यहां की संस्कृति हड़प्पा कालीन संस्कृति है और हिसार सरस्वती नदी के किनारे बसा है।

फ़िरोजशाह तुगलक ने नए-नए नगर, दुर्ग और नहरें बनवायीं। उसने फतेहाबाद[6] और हिसार आबाद किए। सतलुज से झज्जर तक एक नहर और दूसरी यमुना नदी से हिसार

चित्र 6.6 : हिसार का किला

चित्र 6.7 : लाट की मस्जिद में श्री सूरजभान एवं श्री गुणाकर मुळे

तक बनवाई क्योंकि यहां पर पानी का बहुत अभाव था।

फ़िरोजशाह तुगलक का जन्म 1309 ई. में हुआ था। उसकी माता बीवी नेहा हिंदू-प्रधान राममल भट्टी की बेटी थी। उसके पिता नसरुद्दीन राजब ग्यासुद्दीन के छोटे भाई थे। जन्म के समय फ़िरोजशाह का नाम कमालुद्दीन था। जब फ़िरोजशाह सात साल के थे, तो उनके पिता का देहांत हो गया। उनका पालन-पोषण उनके चाचा ग्यासुद्दीन ने किया। सुल्तान मुहम्मद तुगलक बिना संतान के अल्लाह को प्यारे हो गए। इसलिए 23 मार्च 1351 ई. में फ़िरोजशाह तुगलक दिल्ली के सिंहासन पर बैठा।

20 सितम्बर 1388 ई. को फ़िरोजशाह का देहांत हो गया। उनका मकबरा दिल्ली में बनवाया गया। फ़िरोजशाह तुगलक ने हिसार में किले इसलिए बनवाए, क्योंकि हिसार एक व्यापारिक नगर था। हिसार सुलेमान के रास्ते पर बसा हुआ था। जो दिल्ली से सीरसा, भावलपुर और सुल्तान की सीमा से होता हुआ ईरान जाता था।

सुल्तान को शिकार का बहुत शौक था और हिसार में जंगली जानवर, विभिन्न तरह के पक्षी नील गाय, कालीवक, चिंकारा और खरगोश मिलते थे।

कहावत है, कि शिकार खेलते समय राजा को एक ग्वालिन से प्रेम हो गया था। जब फ़िरोजशाह दिल्ली का राजा बना तो गुर्जरी से अपने साथ दिल्ली रहने के लिए कहा। गुर्जरी ने मना कर दिया। राजा ने उसके लिए गुर्जरी महल बनवाया और हिसार का विकास किया।

फ़िरोजशाह ने हिसार में लाट की मस्जिद का निर्माण किया। मस्जिद लाट की तरह बनी है। इसके स्तम्भ भी हैं जो देखने में अशोक की लाट की तरह से लगते हैं, जिन्हें अगरोहा से लाकर यहां स्थापित किया गया था।

जहाज कोठी को जार्ज थॉमस ने बनवाया था जो सिरसा और रोहतक नगर का शासक था। उसने हिसार में जहाज कोठी अपने रहने के लिए बनवाई थी। जार्ज थॉमस इटली

चित्र 6.8 : जहाज की कोठी

का रहने वाला था इसलिए समुद्र में तैरते हुए जहाज की तरह की कोठी बनवायी। अंग्रेज जामेश एकीनर जार्ज थॉमस को हरा कर, इस राज्य का शासक बन गया। वह जहाज कोठी में तब तक रहा जब तक उसने हांसी में रहने के लिए महल नहीं बनवाया।

हिसार के कालेज के पास 14वीं सदी की परानपीर बादशाह का गुम्बद है जिसे बादशाह ने अपने गुरु शेर बहलोल और दानाशेर की याद में बनवाया। वे एक सूफी संत थे, जिन्होंने ग्यासुद्दीन तुगलक को दिल्ली का राजा बनाने की सलाह दी थी।

शेरशाह के वंशज खिज्र खां[7] ने 1410 ई. में हिसार पर अपना अधिकार कर लिया। लेकिन अकबर के समय हिसार दिल्ली के अधीन हो गया। औरंगजेब की मृत्यु (1707 ई.) तक नवाब शाहद खां, इस क्षेत्र पर राज्य करता रहा। वहां के लोग समृद्ध और सुखी थे।

चित्र 6.9 : हिसार की प्राचीन गुम्बद

1760 ई. तक फौजदार खां तथा उसके वंशजों ने हिसार पर राज्य किया। इसके बाद भरतपुर के वीर जाट राजा सूरजमल का हिसार पर प्रभुत्व हो गया।

दिल्ली के शाहआलम

चित्र 6.10 : हिसार का गुर्जरी महल

के समय विभिन्न राज्यों में विभिन्न राजाओं का शासन रहा। बहादुरगढ़ में नवाब बहादुर खां, झज्जर में बेगम समरू के पति वास्टर हार्ट, गोहाना महम, रोहतक और दिल्ली में नवाब खां के राज्यपाल रहे। हिसार महाराजा रणजीत सिंह के वंशजों के अधीन रहा।[8]

1797 ई. में युवा अंग्रेज जार्ज थॉमस ने हिसार पर शासन किया जो 1781-1782 ई. में इंग्लैंड से भारत आया था। उसने अपने निवासस्थान के लिए जहाज कोठी का निर्माण किया। जाटों को अपनी सेना में भर्त्ती करके उत्तरी भारत के युद्धों को जीतकर 1803 में हिसार, सिरसा, फतेहाबाद पर कब्जा कर लिया। शेष राज्यों पर भी। 1821 तक स्थानीय राजाओं के झगड़ों का अंग्रेजों ने फायदा उठाया और दृढ़ता से राज्य किया।

1857 ई. में हिसार वासियों ने अंग्रेजों के खिलाफ जंग लड़ी। 1886 ई. में पंजाब केसरी लाला लाजपतराजय ने आर्य समाज मंदिर की नींव डाली। आज हिसार में दो विश्वविद्यालय हैं। हरियाणा कृषि विश्वविद्यालय है। हिसार में एशिया की सबसे बड़ी ऑटो-मार्किट भी है।

संदर्भ और टिप्पणियां

1. आनन्दपाल सिंधु नदी के तट पर स्थित उद्भांडपुर या ओहिंद के हिंदू शाही राजवंश के राजा जयपाल का पुत्र और उत्तराधिकारी था। वह 1002 ई. में गद्दी पर बैठा था। सुलतान गजनवी ने उसके पिता जयपाल को 1001 ई. में हराया था। इसीलिए गद्दी पर बैठने पर आनन्द पाल का पहला काम, सुलतान महमूद को हरा कर बदला लेना था।

   आनन्दपाल ने उज्जैन, ग्वालियर कन्नौज, दिल्ली और अजमेर के हिंदू राजाओं को इकट्ठा किया और सुलतान की सेना से पेशावर के मैदान में मुकाबला किया। 40 दिन तक सेनाएं एक

दूसरे के सामने डटी रहीं। अंत में भारतीय सेनाओं ने सुल्तान की सेना पर हमला बोल दिया। जिस समय हिंदू सेना विजय के निकट थी उसी समय जिस हाथी पर आनन्दपाल और उसका पुत्र ब्राह्मणपाल बैठा था वह पीछे मुड़कर भागने लगा। यह देखते ही भारतीय सेनाएं छिन्न-भिन्न हो कर भागने लगीं। युद्ध में युवराज ब्राह्मणपाल मारा गया। सुलतान की विजयी सेना आनन्दपाल के राज्य में घुस आयी। कांगड़ा और भीमनगर के किलों और मंदिरों पर हमला करके उन्हें लूटा। आनन्दपाल ने इस पर भी हार नहीं मानी और पहाड़ियों से मुसलमानों का प्रतिरोध करता रहा। कुछ वर्ष बाद उसकी मृत्यु हो गई। पृथ्वीराज चौहान राय पिथौरा का राजा बना।

2. पृथ्वीराज चौहान सामर, अजमेर और दिल्ली का शासक था। उसका मुख्य प्रतिद्वंद्वी कन्नौज का राजा जयचंद्र था। उसकी पुत्री संयोगिता ने पिता की इच्छा के विरुद्ध जाकर सभा में उसका वरण किया था। पृथ्वीराज 1175 ई. में उसका अपहरण कर लाया था। पृथ्वीराज महान् योद्धा था। उसने 1182 ई. में चंदेल राजा परमाल को हराकर उसकी राजधानी महोबा पर अधिकार कर लिया था। शहाबुद्दीन मुहम्मद गौरी को 1182 ई. में तराइन की लड़ाई में हरा दिया था लेकिन अगले साल तराइन की लड़ाई में पृथ्वीराज हार गया और मारा गया।

3. मुहम्मद गौरी भारत में मुसलमानी राज्य और दिल्ली सल्तनत का संस्थापक था। वह महान् विजेता और कुशल सैन्य-संचालक था। तराइन के प्रथम युद्ध में पृथ्वीराज ने मुहम्मद गौरी को पराजित किया लेकिन दूसरे तराइन के युद्ध में पृथ्वीराज को हरा दिया। 1203 ई. में सुल्तान गयासुद्दीन की मृत्यु के बाद मुहम्मद गौरी और गोर-गजनी उत्तरी भारत का शासक बना। वह बहुत दिनों तक शासक नहीं रह सका। लाहौर से गजनी जाते समय विद्रोही खोकरों ने उसकी छुरा मार कर हत्या कर दी। मुहम्मद गौरी की सबसे बड़ी उपलब्धि यह है कि उसने भारत में मुसलमानी राज्य की स्थापना की, जो आगे 600 वर्षों तक कायम रहा।

4. अलाउद्दीन—देखिए, अध्याय 3, राजस्थान के किले, टिप्पणी 3 पृष्ठ संख्या 104-105, अध्याय 4, मध्यप्रदेश के किले, टिप्पणी 24 पृष्ठ संख्या 160

5. अग्राहा प्राचीन अग्रोदक है। महाभारत काल में यहां का राजा अग्रसेन था और उसकी राजधानी अग्राहा थी। यवन-सम्राट अलक्षेंद्र के भारत पर आक्रमण के समय (327 ई. पू.) यहां आग्रेय गणराज्य था। चीनी यात्री चेमाङ् ने भी अग्रोदक का उल्लेख किया है। अग्राहा, हिसार के निकट है। अग्र और अग्रोदक दो गणतंत्र थे। सम्मिलित रूप से उन्होंने अपने सिक्के चलाए। उनका राज्य स्वतंत्र गणतंत्र था। हिसार, हरियाणा जिले में अग्रोह नामक स्थान से प्राचीन जनपद के सिक्के मिले हैं। पाणिनि में भी अग्र और अग्रोदक का उल्लेख है। पतंजलि, बौधायन और महाभारत में भी इन गणों का उल्लेख है।

6. फतेहाबाद : यह नगर फिरोजशाह तुगलक का बसाया हुआ माना जाता है। 1351 से 1388 ई. तक फिरोजशाह तुगलक ने यहां राज्य किया।

7. ख़िज़्र खां देखिए अध्याय 3, राजस्थान के किले टिप्पणी नं. 5 पृष्ठ संख्या 106

8. महाराजा रणजीत सिंह (1780-1839), रणजीत सिंह पंजाब के सिख राज्य का संस्थापक था। जब वह 12 वर्ष का था, उसके पिता का देहांत हो गया। बाल्यावस्था में वह सिक्ख मिसलों के छोटे समूह का सरदार बन गया। अफगान शासक जमानशाह के निरंतर आक्रमण से पंजाब में अराजकता फैल गई तब रणजीत सिंह ने 1799 ई. में लाहौर पर अधिकार कर लिया और उपशासक बन गया। इसके बाद रणजीत सिंह को लगातार सफलताएं मिलती गईं। अमृतसर और जम्मू पर शासन करने लगा। सिख रियासतों में छोटे-छोटे झगड़े होते रहते थे। इससे फायदा उठाकर रणजीत सिंह ने उन क्षेत्रों में सैनिक अभियान करके लुधियाना पर अधिकार कर लिया। अंग्रेजों को यह अच्छा नहीं लग रहा था। उसने मेटकाफ के नेतृत्व में अंग्रेजी सेना रणजीत

सिंह के राज्य में भेजी, तो रणजीत सिंह ने अंग्रेजों से चिरस्थायी मैत्री संधि कर ली फिर काश्मीर, पेशावर, मुल्तान पर अधिकार कर लिया।

रणजीत सिंह यथार्थवादी राजनीतिज्ञ था, जिसे संभव और असंभव की भली परख थी। उसने अंग्रेजों से कभी कोई युद्ध नहीं किया और न ही उनकी सेनाओं को किसी बहाने अपने राज्य में घुसने दिया। उसका राज्य पेशावर से सतलुज तक और काश्मीर से सिंध तक फैला हुआ था। उनके राज्य में मजबूत शासन व्यवस्था स्थापित नहीं हो पाई और न ही वह सिखों में राष्ट्रीय भावना जगा सका। फिर भी उसकी गणना भारतीय इतिहास की महान् विभूतियों में की जानी जाती है।

बिहार और बंगाल के किले

रोहतासगढ़ । गौड़

बिहार, बंगाल के विभिन्न शहर

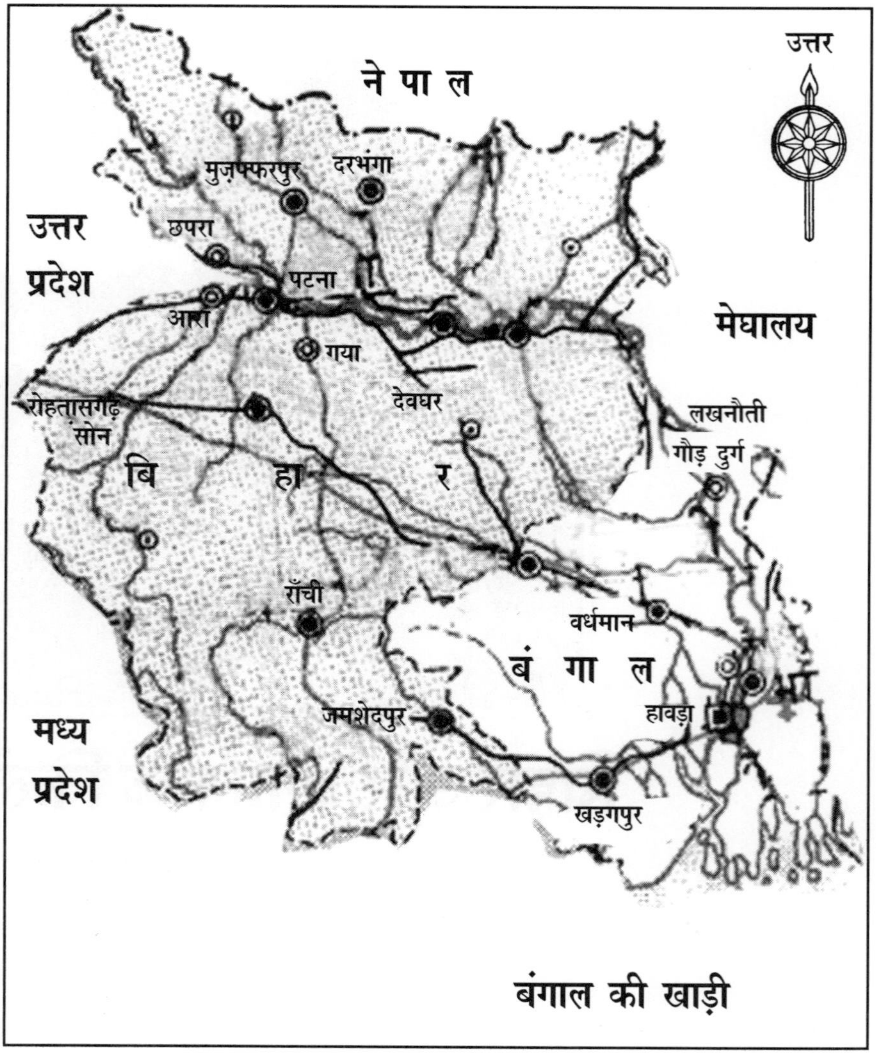

अध्याय-7

बिहार और बंगाल के किले

रोहतासगढ़

फरीद खां सासाराम (शाहाबाद जिला, बिहार) के एक साधारण अफगान जागीरदार का बेटा था। अकेले ही एक शेर को मारकर उसने 'शेर खां' की उपाधि हासिल की थी। सन् 1534 तक शेर खां का शासन बिहार तक ही सीमित रहा। फिर उसने बंगाल की राजधानी गौड़ (मालदा के पास) के किले को जीतकर वहां से बहुत-सा धन प्राप्त किया। जल्दी ही वह बिहार और बंगाल का बेताज बादशाह बन गया। गंगातट के पास का चुनार (वाराणसी और मिरजापुर के बीच) का मजबूत किला पहले से ही उसके कब्जे में था।

शेर खां ने चुनार के किलेदार सारंगखान की विधवा बेगम लाडमलका से शादी कर ली थी। इस वैवाहिक संबंध से चुनार व आसपास का क्षेत्र उसके अधिकार में आ गया था। साथ ही, चुनार से उसे बहुत सारा धन भी हासिल हुआ था।

शेर खां की बढ़ती शक्ति को कुचल देने के इरादे से सन् 1537 में बादशाह हुमायूं ने उस पर हमला बोल दिया। तब हुमायूं को चुनार और गौड़ में उलझाए रखने का बन्दोबस्त करके शेर खां अपने लिए एक नया मजबूत आधार खोजने में जुट गया। उसकी नजर सासाराम के करीब 38 किलोमीटर दक्षिण-पश्चिम में सोन नदी के पश्चिमी तट के पास के एक ऊंचे

चित्र 7.1 : बारादरी, रोहतासगढ़

पहाड़ी-पठार पर बसे रोहतासगढ़ पर पड़ी। किला एक हिंदू राजा के अधिकार में था। शेर खां ने राजा से शरण मांगी, और शरण मिलने पर उस गढ़ को हथिया लिया।

दंतकथा यह भी है कि शेर खां ने हिंदू राजा के पास संदेश भेजा कि जब तक वह लड़ाई में फंसा हुआ है, तब तक उसके परिवार और खजाने को गढ़ में शरण दी जाए। राजा मान गया, तो शेर खां ने कई सौ डोलियां गढ़ पर भेजीं। शुरू की कुछ डोलियों में, गढ़-रक्षकों को भ्रम में डालने के लिए, वृद्ध महिलाएं भेजी गईं; बाकी में गुप्त वेश में अफगान सैनिक। किले के भीतर पहुंचकर अफगानियों ने दुर्ग-रक्षकों को काबू में कर लिया; हिंदू राजा भाग गया। तब शेर खां अपनी बेगमों और खजाने के साथ किले पर पहुंचा।

रोहतासगढ़ पर कब्जा करने के बाद सन् 1538 में शेर खां ने दक्षिणी बिहार का पहाड़ी झारखंड प्रदेश जीत लिया। फिर उसी साल झारखंड से निकलकर उसने समूचे बिहार और जौनपुर पर अधिकार कर लिया। हुमायूं जब गौड़ को फतह करके लौट रहा था, तो बक्सर (बिहार) के नजदीक कर्मनाशा नदी तट के चौसा गांव के पास शेर खां ने उसका रास्ता रोका। हुमायूं की हार हुई और वह पश्चिम की ओर भागा। बंगाल, बिहार, जौनपुर और अवध पर शेर खां का अधिकार हो गया। वह 'शेरशाह' का नाम धारण करके गौड़ की गद्दी पर बैठा। अगले वर्ष, 1540 ई. में, गंगा की लड़ाई में हुमायूं को हराकर शेरशाह हिंदुस्तान का बादशाह बन गया।

स्पष्ट है कि शेर खां को पहले शेरशाह और फिर दिल्ली का बादशाह बनाने में रोहतासगढ़ ने बड़े महत्व की भूमिका अदा की। बिहार की कैमूर पर्वत-श्रेणी के एक पहाड़ी पठार पर निर्मित रोहतासगढ़ शेरशाह की ही नहीं, शाहजहां, बंगाल के नवाब मीर कासिम और सन् 1857 के स्वतंत्रता संग्राम के महान सेनानी बाबू कुंबरसिंह के अनुज अमरसिंह की भी आश्रय-स्थली रहा है। बादशाह अकबर ने मानसिंह को पूर्वी प्रांत का सूबेदार बनाकर भेजा, तो उसने रोहतासगढ़ को अपना मुख्यालय बनाया। मानसिंह ने रोहतासगढ़ की मजबूत किलेबंदी कराके वहां कई शानदार इमारतें बनवाईं।

चित्र 7.2 : रोहितासन मंदिर

समुद्र-सतह से करीब 480 मीटर की ऊंचाई पर निर्मित रोहतासगढ़ काफी पुराना किला है, परंतु इसे किसने और कब बनवाया, इसके बारे में कोई स्पष्ट जानकारी नहीं मिलती। जनश्रुति इस गढ़ को अयोध्या के सूर्यवंशी राजा हरिश्चंद्र के पुत्र रोहित या रोहिताश्व से जोड़ती है। गढ़ के रास्ते में एक पृथक् पहाड़ी पर 'रोहितासन' नाम का एक मंदिर भी है। मगर ज्यादा

संभावना यही है कि यह मूलतः रोहितेश्वर यानी रोहित पहाड़ी के अधिष्ठाता (शिव) का मंदिर रहा है। किले की चढ़ाई के रास्ते में जो 'हरिश्चंद्र मंदिर' है वह शायद विष्णु का मंदिर था।

दिलचस्प बात यह है कि बिहार के इस क्षेत्र में बसने वाले खखार, ओराँव और चेरो जनजाति के लोग बताते हैं कि उनके पूर्वज रोहतासगढ़ के मालिक थे। पहाड़ी के फुलवारी नामक गांव से 1169 ई. का एक लेख मिला है, जिससे पता चलता है कि जपिला के खयारवाल-वंशी नायक प्रतापधवल ने रोहतासगढ़ तक एक सड़क बनवाई थी। प्रतापधवल का उल्लेख करने वाले और भी कुछ लेख इस क्षेत्र से मिले हैं। संभवतः 'खयारवाल' से ही 'खरवाल' और 'खखार' शब्द बने हैं। इससे पता चलता है कि ईसा की बारहवीं-तेरहवीं सदी में रोहतासगढ़ और आसपास के प्रदेश पर प्रतापधवल तथा उसके वंशजों का शासन था।

चित्र 7.3 : महाराज महेश्वरनाग की लाहौर मुहर

मगर रोहतासगढ़ का इतिहास और भी पीछे जाता है। किले की एक चट्टान पर गोल सांचे में खुदा हुआ एक लेख मिला है, जिसमें बैल की आकृति के नीचे शब्द हैं—श्रीमहासामन्त शशाङ्कदेवस्य (श्री महासामंत शशांक देव का)। लेख के अक्षर ईसा की सातवीं सदी के हैं। काफी संभव है कि महासामंत शशांक देव

चित्र 7.4 : महासामंत शशांक देव की रोहतासगढ़ स्थित मुहर

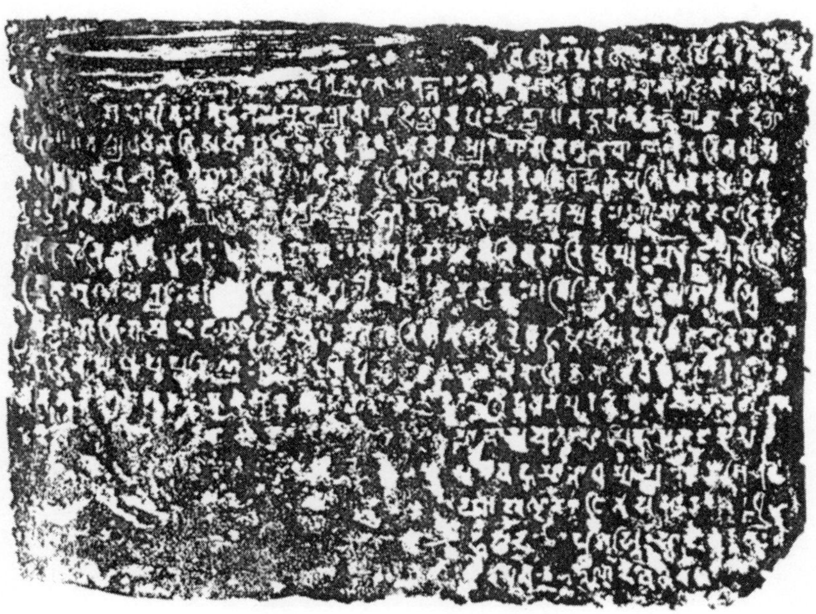

चित्र 7.5 : प्रकटादित्य का सारनाथ लेख

वास्तव में हर्षवर्धन का समकालीन बंगाल का राजा शशांक ही हो। यह भी पता चलता है कि शशांक के पूर्वज रोहितगिरी (रोहतास पहाड़ी) के वासी थे। अतः लगता है कि ईसा की सातवीं सदी तक रोहतास पहाड़ी पर गढ़ का निर्माण हो चुका था।

शेरशाह ने अपने शासनकाल (1540-45 ई.) में रोहतासगढ़ पर दस हजार 'तोड़ेदार बंदूकधारी' और भारी खजाना रखा था। उसने मजबूत किलेबंदी करवाई और यहां कई नई इमारतें बनवाईं। शेरशाह के सेनापति हैबत खान ने 1543 ई. में किले पर जामी मस्जिद का निर्माण करवाया।

हुमायूं के दिन पलटे। वह फिर से हिंदुस्तान का बादशाह बना। उसके बेटे अकबर (शासनकाल : 1556-1605 ई.) ने बिहार-बंगाल को अधिकार में कर लिया और राजा मानसिंह को अपने इस पूर्वी प्रांत का सूबेदार नियुक्त किया। मानसिंह ने रोहतासगढ़ को राजधानी बनाकर उसे खूब सजाया। उसने परकोटे की मरम्मत करवाके मजबूत दरवाजे व बुर्ज बनवाए

चित्र 7.6 : रोहतासगढ़ का तख़्तपादशाही महल

और किले के भीतर कई इमारतों का निर्माण कराया। मानसिंह ने किले के भीतर के तालाबों को गहरा करवाके उनकी मरम्मत करवाई और एक बाग भी लगवाया। जानकारी मिलती है कि परकोटे के भीतर खेती भी होती थी।

मानसिंह की मृत्यु के बाद रोहतासगढ़ बादशाह के वजीर के प्रबंध में चला गया। वह यहां एक किलेदार नियुक्त करता था। बादशाह जहांगीर की बेगम नूरजहां नहीं चाहती थी कि उसका तीसरा बेटा शाहजादा खुर्रम (बाद में शाहजहां) राज्य का उत्तराधिकारी बने। बादशाह जहांगीर भी उससे नाराज रहने लगा। फलतः खुर्रम ने विद्रोह कर दिया और बीबी अर्जुमंद बानो (बाद में मुमताजमहल) और बच्चों को साथ लेकर वह बिहार चला गया और वहां रोहतासगढ़ में शरण ली। किलेदार सैयद मुबारक ने गढ़ की चाबी खुर्रम को सौंप दी। उसका छोटा बेटा मुरादबख्श़ वहीं पैदा हुआ था। जब शाही सेना ने रोहतासगढ़ पर हमला किया तो खुर्रम परिवार सहित दक्षिण की ओर भाग गया।

रोहतासगढ़ जहांगीर के अधिकार में आ गया तो उसने वहां अपना एक किलेदार नियुक्त किया। किला और आसपास के प्रदेश की रक्षा के लिए गढ़ पर चार हजार बंदूकची तैनात थे। वहां की आबोहवा स्वास्थ्यप्रद न होने के कारण उन्हें चार महीने बाद बदल दिया जाता था। किले में कुछ तोपची सपरिवार स्थायी रूप से रहते थे। वे वहां की जलवायु के अभ्यस्त हो गए थे।

सन् 1757 में प्लासी के युद्ध के बाद अंग्रेजों ने पहले मीर जाफर को और फिर मीर कासिम को बंगाल का नवाब बनाया। जब मीर कासिम ने अंग्रेजों पर प्रतिबंध लगाने शुरू किए तो दोनों में ठन गई। कासिम बाजार के युद्ध में मीर कासिम की हार हुई तो वह पटना की ओर भागा। अंग्रेजों के साथ अगले युद्ध की तैयारी करते समय उसने अपने परिवार, अपने साथियों के परिवार और खजाने को रोहतासगढ़ में रखा था, क्योंकि उस समय भी इस गढ़ को जीतना बहुत कठिन माना जाता था।

पहले उधुआ नाला में और अंत में बक्सर में अंग्रेजों से हारकर मीर कासिम अवध की ओर भाग गया। उसकी बीबी रोहतासगढ़ से खजाने को लेकर चली और अपने पति से जाकर मिली। उसके बाद दीवान शाहमल ने गढ़ अंग्रेजों को सौंप दिया। कैप्टन गोडार्ड वहां करीब दो माह रहा। उसने और उसके सैनिकों ने रोहतासगढ़ के गोदाम तहस-नहस कर डाले और वहां के स्मारकों को भारी क्षति पहुंचाई।

उसके बाद रोहतासगढ़ लगभग वीरान पड़ा रहा। फिर सन् 1857 के स्वाधीनता संग्राम के दौरान बाबू कुंवरसिंह और उनके छोटे भाई अमरसिंह ने रोहतासगढ़ में पनाह ली। कुंवरसिंह तो जल्दी ही रीवां की ओर चले गए, परंतु अमरसिंह और उनके साथियों ने गढ़ की किलेबंदी करके उसे अपना अड्डा बनाया। अमरसिंह के करीब ढाई सौ छापामार सैनिक कुछ अवधि तक गढ़ में स्थायी तौर पर टिके रहे। उसके बाद रोहतासगढ़ भारत के आजाद होने तक अंग्रेजों के अधीन रहा।

रोहतासगढ़ एक विस्तृत पहाड़ी पठार पर बसा हुआ है। इस गिरिदुर्ग का विस्तार उत्तर-दक्षिण आठ किलोमीटर और पूर्व-पश्चिम साढ़े छह किलोमीटर है। किले के प्रवेश-द्वार तक सड़क बनी हुई है। एक के बाद एक कई प्रवेश-द्वार हैं, जिनमें प्रमुख हैं—कठौलिया दरवाजा, लाल दरवाजा और सिंह दरवाजा। किले के मध्यभाग में स्थित मुख्य भवन-परिसर है—महलसरा,

चित्र 7.7 : रोहतासगढ़ का गाज़ी दरवाजा

जिसके अंतर्गत हाथिया पोल, बारादरी, सभाकक्ष (तख्त बादशाही), आईना महल, नाचघर (दीवान-ए-आम), फूल महल आदि इमारतें आती हैं। ये इमारतें अब खंडहर-सी हो गई हैं।

रोहतासगढ़ पूर्वी भारत का सबसे मजबूत किला रहा है। यह गढ़ एक प्रकार से पूर्वी भारत के सैनिक अभियान के लिए प्रमुख प्रवेश-द्वार था।

गौड़

बंगाल के पश्चिम और पश्चिमोत्तर क्षेत्र और वहां के निवासियों का प्राचीन नाम गौड़ था। बंग नाम का प्रयोग सिर्फ पूर्वी और मध्य बंगाल के लिए होता था। कवि बाण के 'हर्ष-चरित' में हर्षवर्धन (ईसा की सातवीं सदी का पूर्वार्ध) के समकालीन गौड़-नरेश शशांक का, जिसकी राजधानी कर्णसुवर्ण (मुर्शिदाबाद) में थी, उल्लेख है।

बाद में, 750 ई. के आसपास से, गौड़ प्रदेश पर बौद्ध मतावलंबी पाल वंश के राजाओं का शासन शुरू हुआ। पाल नरेशों ने 'गौडेश्वर' की उपाधि धारण की थी। पाल-नरेश धर्मपाल और उसके पुत्र देवपाल के समय में (लगभग 752 से 849 ई. तक) गौड़ उत्तर भारत का एक शक्तिशाली राज्य बन गया था।

फिर 1100 ई. के आसपास में बंगाल में सेन वंश का शासन शुरू हुआ। बारहवीं सदी के उत्तरार्ध में लक्ष्मणसेन ने दूर-दूर तक अपने राज्य का विस्तार किया। बंगाल की प्राचीन राजधानी मालदा के दक्षिण में गौड़ नामक स्थान पर थी। उस समय यह स्थान गंगा के बाएं तट के पास था, परंतु अब गंगा वहां से पश्चिम की ओर सरक गई है। लक्ष्मणसेन ने गौड़ में नए भवनों और मंदिरों का निर्माण करवाके उसे 'लक्ष्मणावती' नाम दिया, जो बाद में 'लखनौती' में बदल गया।

लक्ष्मणसेन विद्यानुरागी शासक था। प्रसिद्ध काव्य 'गीतगोविंद' के रचयिता जयदेव उसके राजकवि थे। लक्ष्मणसेन अपने बाद के जीवन में विलासी बन गया था। सन् 1202 के एक दिन दोपहर को राजा अपनी राजधानी नदिया में भोजन कर रहा था, तो इख्तियारुद्दीन मुहम्मद बिन बख्तियार खिलजी ने सिर्फ 17 घुड़सवारों को लेकर महल पर अचानक हमला

चित्र 7.8 : गौड़ दुर्ग का दाखिल दरवाजा

बोल दिया। लक्ष्मणसेन महल के चोर दरवाजे से निकलकर पूर्वी बंगाल भाग गया। मुहम्मद बख्तियार खिलजी मुहम्मद गोरी की ओर से बंगाल का सूबेदार बनकर गौड़ (लखनौती) में रहने लगा। बंगाल पर दिल्ली सल्तनत का शासन स्थापित हो गया और गौड़ में एक किले की नींव पड़ी।

बंगाल एक सम्पन्न देश था। कहा जाता है कि पुंड्र या पौंड्र (पौंडा या ईख) का प्रचुर उत्पादन करने वाले इस प्रदेश से गुड़ का भारी निर्यात होता था, इसलिए समूचे बंगाल और उसकी राजधानी को गौड़ कहा जाने लगा।

बंगाल पर दिल्ली सल्तनत का शासन आगे के करीब 200 साल तक, 1399 ई. तक, चला। लगातार की बाढ़ों और नदी द्वारा मार्ग बदलते रहने से राजधानी गौड़ को हमेशा संकटों का सामना करना पड़ता था। इसलिए सुलतान अलाउद्दीन अली शाह (1341-45 ई.) अपनी राजधानी गौड़ से पांडुआ (मालदा के उत्तर में) ले गया। आगे के करीब

चित्र 7.9 : गौंड़ की राजधानी पांडुआ

सौ साल तक बंगाल की राजधानी पांडुआ (फीरोजाबाद) में ही रही।

आगे जाकर बंगाल में स्वतंत्र सल्तनत की स्थापना हुई, तो नसीरुद्दीन महमूद शाह के शासनकाल (1433-59 ई.) के आरंभिक वर्षों में राजधानी पुनः गौड़ (लखनौती) में स्थानांतरित की गई। नसीरुद्दीन ने गौड़ में एक नई पद्धति का नगर बसाकर वहां एक ऊंचे स्थान पर दुर्ग के भीतर राजप्रासाद का निर्माण करवाया। हुसेन शाह और उसके बेटे नुसरत शाह के शासनकाल (1493 से 1532 ई. तक) में गौड़ में काफी खुशहाली रही। उनके समय में यहां दुर्ग में कई नई इमारतें बनीं। ये इमारतें बढ़िया ईंटों से बनी हैं। गौड़ उस समय जन्नताबाद (स्वर्गपुरी) के नाम से जाना जाता था।

गौड़ के वैभव से आकर्षित होकर 1537 ई. में हुमायूं ने गौड़ पर हमला करके उस पर अधिकार कर लिया। हुमायूं वापस लौटा, तो शेरशाह ने गौड़ पर आक्रमण करके वहां से बेशुमार धन प्राप्त किया। अकबर ने 1576 ई. में गौड़ पर कब्जा किया, तो उसके पहले ही यह नगर प्लेग से लगभग निर्जन और बरबाद हो चुका था। गौड़ के स्मारक खंडहर बनते गए और चहुंओर जंगल खड़े हो गए। बताया जाता है कि लगभग दो सौ साल पहले सर विलियम जोन्स ने गौड़ को पुनः 'खोज' निकाला।

चित्र 7.10 : गौड़-दुर्ग का फीरोजशाह मीनार

गौड़ का किला एक महीदुर्ग था। यह चारों ओर से मिट्टी के मजबूत परकोटे से घिरा हुआ था। यह परकोटा दोनों तरफ की नदी-धाराओं से नगर की रक्षा करता था। पता चलता है कि सुलतान जिस महल में रहता था वह 'बाईस गजी' (22 गज की) नामक करीब 12 मीटर ऊंची दीवार से घिरा हुआ था। लगभग एक वर्ग-किलोमीटर क्षेत्र में फैले इस सुलतानी गढ़ में बड़े-बड़े तालाब और बाग-बगीचे थे। दीवार के बाहर परिखा थी। गढ़ के चार दरवाजे, जिनमें प्रमुख है 'दाखिल दरवाजा', आज भी टिके हुए हैं। दाखिल दरवाजे से ही महल के भीतर जाने का रास्ता था।

गौड़ में पहले कई बार खुदाई का काम हुआ है। परंतु सन् 2003 के आरंभिक महीनों में पुरातत्व सर्वेक्षण द्वारा यहां 'बाईस गजी' दीवार के पास की गई खुदाई में कई नई बातों

चित्र 7.11 : कदम रसूल मस्ज़िद

का उद्‌घाटन हुआ है। पता चलता है कि गढ़ के संभवतः तीन भाग थे। एक भाग में आम दरबार की इमारत थी। दूसरे भाग में सुलतान का निवास और तीसरे भाग में जनाना महल था। दुर्ग के भीतर कई सुंदर मीनारें और मस्जिदें बनी थीं। खुदाई में यह भी पता चलता है कि दुर्ग के भीतर के भवन मजबूत ईंटों से निर्मित गोलाकार चबूतरों की नींव पर खड़े किए गए थे। दुर्ग के पास ही चमकीली टाइलें बनाने का एक कारखाना था।

किसी समय गौड़ (लखनौती) पूर्वी भारत का सबसे वैभवशाली नगर था। यहां से हासिल की गई अपार दौलत के बल पर ही शेरशाह सूरी हुमायूं को हराने और हिंदुस्तान का बादशाह बनने में समर्थ हुआ था।

संदर्भ और टिप्पणियां

1. शेर खां भारतीय इतिहास में शेरशाह नाम से प्रसिद्ध हुआ। वह 1539 ई. से 1545 ई. तक भारत का बादशाह रहा। शेर खां ने सुरवंश की नींव डाली तथा 1556 ई. तक उत्तर भारत पर राज्य किया। उसका प्रारम्भिक नाम फरीद खां था। वह बिहार प्रांत में सासाराम के एक साधारण अफगान जागीरदार का पुत्र था। पिता की जागीर में ही उसे शासन प्रबंध का प्रशिक्षण मिला लेकिन पिता के उदासीन व्यवहार के कारण शेर खां ने घर छोड़ दिया।

   1522 ई. में उसने बहार खां के यहां नौकरी कर ली और अकेले ही एक शेर को मार डालने के कारण बहार खां ने उसे शेर खां की उपाधि प्रदान की। इसके बाद शेर खां ने बाबर के यहां सेवा कार्य किया। बाबर ने उसकी पैतृक (सासाराम) की जागीर देकर पुरस्कृत किया।

   बिहार लौटकर शेर खां ने शासक जलाल खां के यहां नौकरी कर ली और चुनार के शासक ताज

खां की विधवा से विवाह करके चुनार का महत्वपूर्ण किला भी प्राप्त कर लिया। 1531 ई. में जब हुमायूं ने चुनार पर हमला किया तो शेर खां ने बड़ी चतुराई से अपनी रक्षा की और दुर्ग का स्वामित्व भी सुरक्षित रखा। दो साल बाद शेर खां ने बंगाल के शासक महमूदशाह को सूरजगढ़ के युद्ध में पराजित किया। हुमायूं ने फिर आक्रमण किया, लेकिन शेर खां ने बड़ी चतुराई से चौसा नामक स्थान पर हुमायूं को बुरी तरह पराजित किया। अब शेर खां कन्नौज से लेकर आसाम तक पूर्वी भारत का वास्तविक शासक बन गया। अब शेरशाह ने, शेरशाह की उपाधि धारण करके अपनी स्वतंत्र सत्ता की घोषणा कर दी। अगले वर्ष शेरशाह ने हुमायूं को कन्नौज के निकट बिलगाम नामक स्थान पर पराजित किया और दिल्ली की ओर बढ़कर पंजाब पर अधिकार कर लिया, फिर मालवा और रायसीन पर अधिकार कर लिया, फिर सिंध मुल्तान और मारवाड़ को भी जीत लिया। लेकिन कालिंजर किले पर अधिकार करते समय बारूद में विस्फोट होने के कारण शेर खां की मृत्यु हो गई।

इस प्रकार इतने थोड़े दिनों में शेर खां ने मुगलों को दिल्ली से खदेड़ बाहर किया और भारत का सम्राट बन गया। वह केवल वीर योद्धा ही नहीं, कुशल शासक भी थी।

2. झारखंड उड़ीसा का एक भाग था। इसका उल्लेख मध्ययुगीन साहित्य में मिलता है।

मेवाड़ ढुंडार, मारवाड़ और बुंदेल खंड,
झारखंड बांधौधनी चाकरी इलाज की –शिवराजभूषण।

यह नाम अब भी प्रचलित है। संभवतः घने जंगलों का इलाका होने से ही यह झारखंड कहलाता है।

3. जौनपुर नगर गोमती के किनारे बसा है। इस नगर की नींव 14वीं शताब्दी में जूनाखां ने डाली, जो बाद में मुहम्मद तुगलक के नाम से दिल्ली का सुलतान हुआ, तैमूर के हमले के समय इसका शासन ख्वाजा के हाथ में था। ख्वाजा ने दिल्ली की बहुत सेवा की। तैमूर के हमले के कारण सल्तनत में अव्यवस्था फैल गई और उससे लाभ उठाकर ख्वाजा स्वतंत्र हो गया और शर्की राज की स्थापना की। अंत में सुलतान वहलोल लोधी ने उसकी स्वतंत्रता खत्म कर दी। शर्की वंश के समय जौनपुर कला और संस्कृति का बड़ा केंद्र रहा। उसकी वास्तुकला की विशिष्ट शैली का विकास किया जिसका शानदार नमूना अटाला मस्जिद है।

4. मानसिंह राजा विहारीमल का गोद लिया हुआ पौत्र था। 1562 ई. में राजा बिहारीमल ने बादशाह अकबर की अधीनता स्वीकार कर ली और अपनी लड़की उसे व्याह दी। इस तरह मानसिंह ने बादशाह की सेवा स्वीकार की। मानसिंह ने मुगल साम्राज्य की बहुमूल्य सहायता की, वह महान सेनापति था और मुगलों को अनेक युद्धों में विजय दिलवायी। तब उसे काबुल और बंगाल जैसे महत्वपूर्ण सूबों की सूबेदारी सौंपी गयी। मानसिंह ने अफगानों को पराजित करके उनसे मुगलों की अधीनता स्वीकार करवायी। वह मुगल साम्राज्य का एक प्रमुख समर्थक हिंदू था।

5. शशांकदेव बंगाल का यशस्वी राजा था जिसने उस प्रदेश की सीमाओं के बाहर अपना राज्य विस्तार किया था। 606 ई. से पूर्व वह गौड़ अथवा बंगाल का शासक बना था। उसकी राजधानी कर्णसुवर्ण थी। पश्चिम में उसका राज्य मगध और दक्षिण में उड़ीसा की चिलका झील तक था। पश्चिम में साम्राज्य विस्तार करने के लिए उसने मौरवरियों को शत्रु और मालवा के शासक देवगुप्त से संधि कर ली।

देवगुप्त ने मौखरि प्रतिद्वंदी ग्रहवर्मा को पराजित करके उसे मार डाला था और अपने मित्र के साथ आगे बढ़कर शशांक ने कन्नौज पर अधिकार कर लिया। शशांक ने राजवर्धन को मार डाला। इस पर उसके भ्राता हर्षवर्धन ने कामरूप के शासक भास्कर वर्मा से संधि कर ली जो शशांक की शक्ति से भयभीत था। इस प्रकार दोनों ओर से आक्रमण की आशंका से शशांक पीछे हटकर अपनी राजधानी वापिस आ गया। शशांक ने गौड़, मगध और चिल्ला झील तक मृत्युपर्यंत राज्य किया।

6. कासिम बाजार पश्चिमी बंगाल के मुर्शिदाबाद जिले में भगीरथी के तट पर स्थित था। मुर्शिदाबाद नगर बंगाल के नवाबों की राजधानी थी। ब्रिटिश, फ्रांसीसी और डच, सभी लोगों ने यहां अपने कारखाने स्थापित किए। यहां से भागीरथी नदी बहती थी। 1813 ई. में जिसकी धारा हट कर शहर से 3 मल दूर चली गई, इसके कारण व्यापारिक क्षेत्र के रूप में कासिम बाजार की पुरानी महत्ता समाप्त हो गई।

7. मुर्शिदाबाद बंगाल में भगीरथी नदी के तट पर स्थित है। इसकी नींव 1704 ई. में मुर्शिक कुली जाफर खां ने डाली थी। आरंभ में यह नगर दीवान का मुख्य कार्यालय था। लेकिन मुर्शिदकुली खां पदोन्नति करके बंगाल का नवाब बन गया। 1773 ई. में मुर्शिदाबाद बंगाल की राजधानी रही। नगर में नवाब का महल भव्य है। यह हजार दुआरी के नाम से प्रसिद्ध है। मुर्शिदाबाद के आम के बाग प्रसिद्ध हैं।

8. मुहम्मद गौरी अध्याय 6, देखिए हरियाणा के किले, टिप्पणी नं. 3 पृष्ठ सं. 211

9. हुसेनशाह बंगाल का सुल्तान जिसने 1493 ई. से 1519 ई. तक शासन किया। वह पहले बंगाल के सुलतान शम्सुद्दीन का बड़ा वजीर था। शम्सुद्दीन बड़ा खराब था। इसलिए सरदार ने उसे मार डाला और हुसेनशाह को बंगाल की गद्दी पर बैठाया। उसने अपना नाम सुल्तान अलाउद्दीन हुसेनशाह रखा और हुसेनशाह वंश का आरंभ किया जो 1539 ई. तक बंगाल पर शासन करता रहा।

उड़ीसा के किले

शिशुपालगढ़ । कटक का किला

उड़ीसा के विभिन्न शहर

अध्याय-8

उड़ीसा के किले

शिशुपालगढ़

शिशुपालगढ़ भुवनेश्वर से दो किलोमीटर की दूरी पर स्थित है। ये ऊंचे टीले पर बना है। इसके चारों ओर खाई है, गन्धावती नदी, जिसे आजकल गनगुय नदी के नाम से जानते हैं। ये नदी किले के पश्चिम और दक्षिण में खाई की तरह काम करती है।

चित्र 8.1 : वायुयान से दिखता हुआ प्राचीन भुवनेश्वर का दृश्य

शिशुपालगढ़ कलिंग की प्रसिद्ध राजधानी थी। भुवनेश्वर के निकट इस प्राचीन नगर के ध्वंसावशेष ईसापूर्व तीसरी सदी के हैं। शिशु-पालगढ़ (उड़ीसा) में जो रक्षात्मक दीवार बनाई गयी थी वह लगभग वर्गाकार थी। दुर्ग की प्रत्येक दीवार करीब 1.4 किलोमीटर लंबी है। दीवार के प्रत्येक कोने में एक बुर्ज और प्रत्येक भुजा में दो द्वार थे। साथ ही, प्रत्येक दीवार में समान अंतर पर दो स्थानों पर दोहरे फाटक थे और उसके भीतरी भाग में प्रहरियों के लिए बैठकें थीं। शुरू में ईसा-पूर्व तीसरी सदी में, इस दुर्ग की 35 मीटर चौड़ी और आठ मीटर ऊंची दीवार मिट्टी से बनाई गई थी। आगे रोड़े-पत्थरों से ढक दिया, फिर पक्की ईंट-जोड़ दी गई।

चित्र 8.2 : शिशुपालगढ़ का पश्चिमी दरवाजा

इस नगर का संबंध महाभारत के शिशुपाल से नहीं जान पड़ता क्योंकि इसका अस्तित्व काल तीसरी

शती ई.पू. से चौथी शती ई.पू. तक है। शिशुपालगढ़ से तीन मील दूर धोंली नामक स्थान है, जो अशोक के शिलालेख (कलिंग अभिलेख) के लिए प्रख्यात है। इस अभिलेख में इस स्थान का नाम तोसलि कहा गया है। उस समय इस स्थान के आस-पास एक विशाल नगर स्थित रहा होगा, जैसा कि खंडहरों और निकटतम ऐतिहासिक स्थलों से पता चलता है। केसरीवंशीय नरेश शिशुपाल केसरी के नाम पर ही शिशुपालगढ़ का नाम रखा होगा।

चित्र 8.3 : धौली में अशोक का अभिलेख

शिशुपालगढ़ से छः किलोमीटर की दूरी पर खंडगिरि और उदयगिरि की पहाड़ियां हैं जहां दो प्रसिद्ध गुफाओं में ईसापूर्व के अभिलेख मिले हैं। हाथी गुफा नामक गुफा से कलिंगराज खाखेल का और बैकुंठपुर गुफा में उसकी रानी का अभिलेख अंकित है। ये गुफाएं तीसरी सदी ई.पू. में आजीवक साधुओं के रहने के लिए अशोक ने बनवाई थीं। जैसा अभिलेख से पता चलता है कि इस नगर का नाम कलिंग नगर था। लोग मकानों में रहते थे। वे मिट्टी के बर्तनों का इस्तेमाल करते थे जो खासतौर से भूरे और लाल रंग के होते थे। इस नगर की जनसंख्या उस समय लगभग 25,000 होगी। ये नगर आयताकार था। यहां के घर पत्थरों के टुकड़ों और ईंटों से बनाए गए थे। उनमें दो-तीन कमरे और एक वरांडा होता था। सड़कें अच्छे ढंग से बनाई गई थीं। उनपर पहिए वाले छकड़े चलते थे। नगर के बीच में बड़ा हाल होता था जहां पर लोग खास उत्सव के समय इकट्ठे होते थे। चाहे कुछ हो, हम कह सकते हैं कि शिशुपालगढ़ में उड़ीसा का एक नगर बसा हुआ था जो शिशुपालगढ़ कहलाता था। शिशुपालगढ़ का यह दुर्ग लगभग सात सदियों तक (ईसा-पूर्व तीसरी सदी से ईसा-पूर्व चौथी सदी तक) आबाद रहा।

चित्र 8.4 : खंडगिरि और उदयगिरि की पहाड़ी पर रानी गुफा

कटक का किला

कटक का दुर्ग बहुत पुराना है। यह जी.टी.रोड पर स्थित है। कटक का किला खंडहर के रूप में एक मील में फैला हुआ है सिर्फ उसके अन्दर जाने का रास्ता और चारों ओर की खाई सही स्थिति में है। किले के उलटी तरफ बारहवाटी स्टेडियम (मैदान) है।

कटक उड़ीसा की मध्ययुगीन राजधानी है जिसे पद्मावती भी कहते हैं। यह महानदी और उसकी शाखा काठजुड़ी के संगम पर बसा हुआ है। इसे 941 ई. में. केशरीवंशीय नरेश नृपति केशरी ने बसाया था। कटक का दुर्ग बहुत पुराना है। किन्तु अब यह मिट्टी का ढूह मात्र रह गया है। नगर से एक मील पर काठजुड़ी तट पर अनंग भीमदेव (1211-1238) राज्य या मुकुन्ददेव (1560-1568) के बनाए हुए बारहवाटी नामक दुर्ग के खंडहर हैं। यहां का राजा गंगवंशीय था। इसने अपने शासन काल में (1180 ई.) में इस किले को बनवाया था। जगन्नाथपुरी के वर्तमान मंदिर का निर्माता भी यही (मुकुंद देव) कहा जाता है। 1835 ई. तक कटक के आदिवासियों में नरबलि की प्रथा प्रचलित थी। 1871 ई. तक जुआंगजाति के आदिम निवासी यहां रहते थे।

अधिकतर किलों को मुगलों और मराठों ने नष्ट कर दिया। बाद में दूसरे राजाओं ने भी इस किले की ओर ध्यान नहीं दिया। 1803 ई. में अंग्रेजों ने इसे नागपुर के भोंसले राजा से छीन लिया। कटक अंग्रेजों के अधिकार में आ गया। कटक के पास विरूपा नदी भी है जिस पर प्राचीन बांध बना है। 1818 में कुजनगा के राजा खुर्दा के राजा और 1819 में सुगुजा के राजा अपने परिवार के साथ इस किले में कैद रहे थे।

1829 ई. में लाइट हाऊस से सैनिक हाऊस तक सड़क की मरम्मत करने के लिए

चित्र 8.5 : कटक के बाराबाटी किले का दरवाजा

चित्र 8.6 : भगवान् जगन्नाथपुरी मंदिर का मुख्य द्वार

इस किले के पत्थरों का इस्तेमाल किया गया था। उसी साल किले के खजाने को ढूंढ़ने के लिए किले की खुदाई की गई। धन-सम्पत्ति को इंग्लैंड ले जाया गया। 1857 में सुपरिंटेंट ने किले की दीवारों को भी तुड़वा दिया। 1873 में यह किला मिट्टी का टीला बन गया। आज यह किला मिट्टी का ढूह मात्र है, लेकिन उड़ीसा राज्य के लिए इसका भी ऐतिहासिक महत्व है।

संदर्भ और टिप्पणियां

1. धौली को धवलगिरि भी कहते हैं। पहाड़ी की एक चट्टान पर अशोक की चौदह मुख्य धर्मलिपियों में से 1, 10, 14 और कलिंग लेख अंकित हैं। कलिंग लेख में कलिंग युद्ध और अशोक के हृदय परिवर्तन का मार्मिक वर्णन है। कलिंग युद्ध की स्थली धौली की चट्टान के पास ही स्थित रही होगी। अभिलेख में इस स्थान का नाम तोसलि है। यह स्थान भुवनेश्वर के निकट और प्राचीन शिशुपालगढ़ के खंडहरों से लगभग दो मील दूर दया नदी के तट पर स्थित है, अशोक के हृदय-परिवर्तन के बाद ही इस नदी का नाम दया नदी पड़ा। धौली की पहाड़ी को अश्वात्मा पर्वत भी कहते हैं।

2. खंडगिरि शिशुपालगढ़ के खंडहरों से 6 मील पश्चिम की ओर उदयगिरि के निकट एक पहाड़ी

है जिसकी गुफाओं में प्राचीन अभिलेख है। यह जैन सम्प्रदाय से संबंधित है। जैन तीर्थंकर महावीर यहां रहे थे। यह देश प्राचीन काल में कलिंग के अंतर्गत था।

3. उदयगिरि विदिशा नगरी का ही उपनगर था। पहाड़ियों के अंदर बीस गुफाएं हैं जो हिंदू और जैन-मूर्तिकारी के लिए प्रसिद्ध है। मूर्तियां विभिन्न पौराणिक कथाओं से संबंद्ध हैं और चौथी शताब्दी ई. की हैं। गुफा नं. 4 में शिवलिंग की प्रतिमा है। प्रवेश द्वार पर एक मनुष्य वीणावादन करता हुआ दिखाया गया है। इसलिए इसे वीन की गुफा कहते हैं। पांचवीं गुफा में बराहवतार की सुंदर झांकी है। इसमें वराह भगवान् के नर और वराह रूप अंकित हैं। जैन तीर्थंकर पार्श्वनाथ की मूर्ति के प्रतिष्ठापित किए जाने का उल्लेख है।

4. भुवनेश्वर के समीप नीलगिरि, उदयगिरि में 66 गुफाएं हैं। यह तीसरी सदी ई. की हैं। इनका संबंध जैन संप्रदाय से है और कलिंग खारवेल का प्रसिद्ध अभिलेख है। अशोक के समय में तोसलि नाम की नगरी बसी हुई थी।

5. नरबलि : देखिए अध्याय 3, राजस्थान के किले, टिप्पणी नं. 11, पृष्ठ सं. 108

6. भोंसले उस परिवार का नाम है, जिसमें शिवाजी उत्पन्न हुए थे। इस परिवार की एक शाखा बाद में नागपुर में जाकर बस गई थी और भोंसले राज परिवार के नाम से प्रसिद्ध हुआ।

7. जगन्नाथपुरी : देखिए अध्याय 4, मध्यप्रदेश की टिप्पणी नं. 36, पृष्ठ सं. 162

महाराष्ट्र के किले

देवगिरी-दौलताबाद | शिवनेरी | राजगढ़ | रायगढ़ | कोंढाणा-सिंहगढ़
लोहगढ़-विसापुर | पुरंदर-वज्रगढ़ | पन्हाळा | प्रतापगढ़ | त्र्यंबक और चाकण
अजिंक्यतारा-सातारा | अहमदनगर | परिंडा

समुद्री दुर्ग : मुरुड-जंजीरा | सिंधुदुर्ग | सुवर्णदुर्ग | विजयदुर्ग | कुलाबा-अलीबाग

विदर्भ के किले : गाविलगढ़ | नरनाळा | बालापुर | माहूर

पूर्वी महाराष्ट्र के किले : पौनी व नगरधन | बल्लाळपुर | चंद्रपुर और माणिकगढ़

महाराष्ट्र के विभिन्न शहर

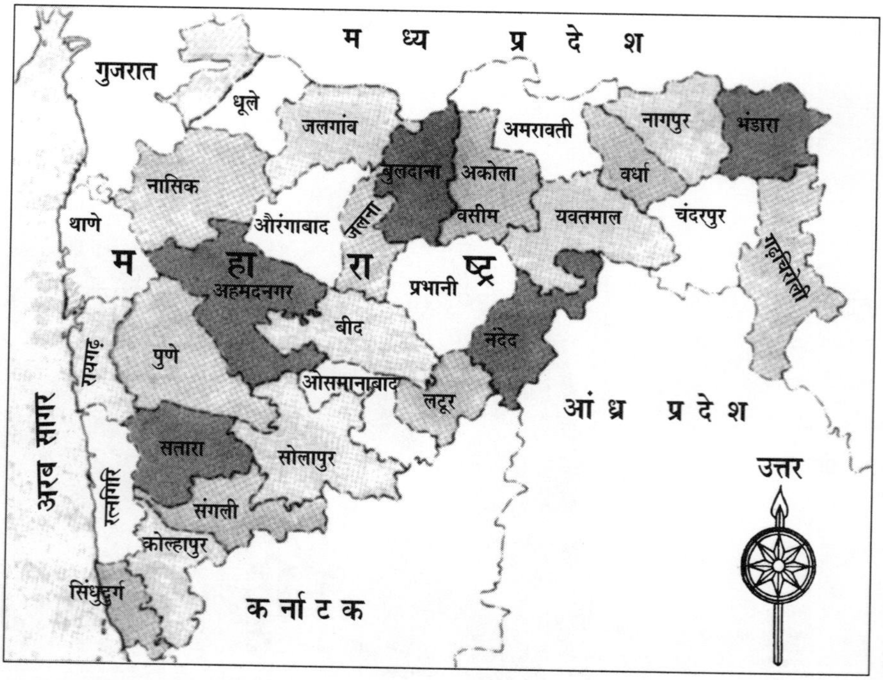

अध्याय-9

महाराष्ट्र के किले

देवगिरी–दौलताबाद

पुरानी दिल्ली के कम-से-कम दो किले–सीरी और आदिलाबाद–दक्खन के देवगिरि किले से लूटकर लाए गए धन से बने थे। यह भी कहा जा सकता है कि देवगिरी से हासिल की गई बेशुमार दौलत ने ही अलाउद्दीन खिलजी को 1296 ई. में दिल्ली का सुलतान बनाया था।

बात 1294 ई. की है। दिल्ली के सुलतान जलालुद्दीन खिलजी[1] का भतीजा अलाउद्दीन तब कड़ा (इलाहाबाद के पश्चिमोत्तर में गंगातट पर) का हाकिम था। अलाउद्दीन को जानकारी मिली

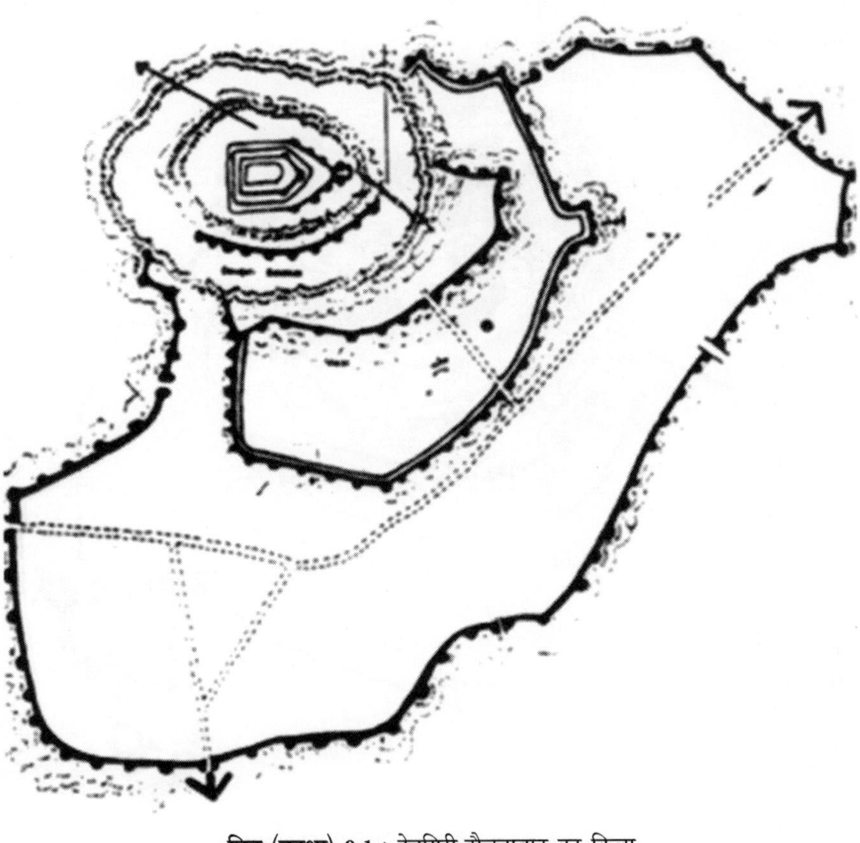

चित्र (नक्शा) 9.1 : देवगिरी-दौलताबाद का किला

चित्र 9.2 : देवगिरी-दौलताबाद का किला

थी कि देवगिरि के यादव शासकों के पास बेशुमार संपत्ति है। उसने सुलतान को बिना बताए दो-तीन हजार घुड़सवारों की फौज लेकर दक्खन की ओर प्रस्थान किया और जल्दी ही देवगिरि के पास पहुंच गया। देवगिरि की सेना राजकुमार शंकरदेव[2] के नेतृत्व में दक्षिण की चढ़ाई पर गई हुई थी, इसलिए राजा रामचंद्रदेव सीधे युद्ध करने में असमर्थ था। राजा ने अपने को देवगिरि के अजेय दुर्ग में बंद कर लिया।

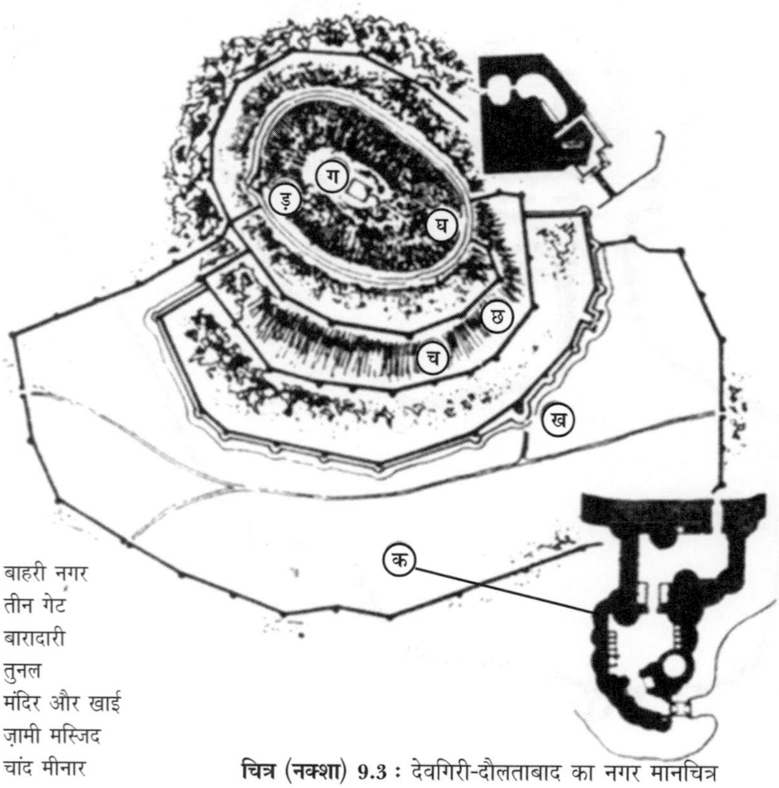

क. बाहरी नगर
ख. तीन गेट
ग. बारादारी
घ. तुनल
ड. मंदिर और खाई
च. ज़ामी मस्जिद
छ. चांद मीनार

चित्र (नक्शा) 9.3 : देवगिरी-दौलताबाद का नगर मानचित्र

अलाउद्दीन ने देवगिरि दुर्ग को घेर लिया और शहर को खूब लूटा। उसी समय हमलावर से डरे हुए एक व्यापारी ने उसकी गाड़ियों में लदे बोरों को किले के पास उतारा। राजा के आदमियों ने उन्हें अनाज के बोरे समझकर उठा लिया, मगर बाद में पता चला कि उनमें नमक भरा हुआ है! किले में अनाज की कमी हो जाने के कारण राजा समझौते के लिए तैयार हो गया। उसने अलाउद्दीन को काफी धन-दौलत दी। उसी समय राजकुमार शंकरदेव देवगिरि लौटा और उसने अलाउद्दीन पर हमला बोल दिया। लड़ाई में शंकरदेव की हार हुई। पुनः जो समझौता हुआ उसमें देवगिरि के राजा ने अलाउद्दीन को 6 टन सोना, 12 टन चांदी, 7 मन मोती, 2 मन हीरे-जवाहरात, रेशम के 1000 थान, 50 हाथी और 1000 घोड़े सौंपने के अलावा एलिचपुर[3] (अब अचलपुर, अमरावती जिला, महाराष्ट्र) के इलाके का उत्पन्न वार्षिक खिराज के रूप में देना स्वीकार किया।

चित्र 9.4 : दौलताबाद का बाहरी नगर का दृश्य

उत्तर भारत के किसी इस्लामी शासक का दक्खन की ओर वह पहला फौजी अभियान था। देवगिरि से लूट लाए धन का उपयोग करके अलाउद्दीन ने सुलतान की फौज को अपने पक्ष में कर लिया और चाचा जलालुद्दीन का खून करके 1296 ई. में खुद दिल्ली का सुलतान बन बैठा। फिर देवगिरि के ही धन का उपयोग करके उसने दिल्ली के सीरी गांव में एक नया नगर बसाया, वहां एक शानदार महल बनवाया और उसे एक मजबूत परकोटे से घेर दिया। बाद में अलाउद्दीन के सेनापति मालिक काफूर ने तीन बार देवगिरि और दक्षिण भारत पर हमले किए। अंत में देवगिरि का राज्य दिल्ली सल्तनत का हिस्सा बन गया।

दिल्ली और देवगिरि के संबंधों की दूसरी घटना ज्यादा दिलचस्प है। मुहम्मद तुगलक के समय (1325-51 ई.) में दिल्ली का शासन दक्षिण भारत में दूर तक फैल गया था। मगर हिंदू शासकों के लगातार विद्रोह के कारण दक्षिण के इलाकों को अधिकार में रख पाना मुहम्मद

तुगलक के लिए कठिन हो रहा था। सनकी स्वभाव के सुलतान ने इसका एक उपाय खोजा। उसने अपनी राजधानी दिल्ली से देवगिरि ले जाने का फैसला किया। उसने 1328 ई. में दिल्ली के निवासियों को देवगिरि जाने का हुक्म सुनाया। लोग दिल्ली छोड़ना नहीं चाहते थे, मगर कोई इलाज नहीं था। बहुतों को कठोर दंड दिया गया। दिल्ली से करीब 1150 किलोमीटर दूर देवगिरि जाने में लोगों को अपार कष्ट हुए।

सुलतान ने दिल्ली और देवगिरि के बीच सड़क बनवाई। देवगिरि में किले के पास एक नया नगर बसाया और उसे दौलताबाद का नाम देकर साढ़े चार किलोमीटर लंबे एक परकोटे से घेर दिया। मगर दिल्ली से वहां गए लोग सुखी नहीं थे। वहां पानी की भी किल्लत थी। अंत में आठ-नौ साल बाद सुलतान ने लोगों को दिल्ली लौटने की इजाजत दे दी। कहावत मशहूर हो गई–"दिल्ली से दौलताबाद और दौलताबाद से दिल्ली!"

देवगिरि का किला महाराष्ट्र के औरंगाबाद शहर से 14 किलोमीटर पूर्वोत्तर में शंकु के आकार की एक अलग-थलग पहाड़ी पर स्थित है। पहाड़ी पास के मैदान से एकाएक करीब 190 मीटर ऊपर उठी हुई है। किलेबंदी तीन दीवारों और बहुत-सारे बुर्जों से हुई चौड़ी खाई, खड़ी कगार और ठोस चट्टान को काटकर भूमिगत मार्ग बनाया गया। इस मार्ग के ऊपरी सिरे पर लोहे की जाली रखी जाती थी, उस पर आग जलाकर शत्रु को नीचे ही रोक दिया जाता था। पहाड़ को काटकर बनाई गई एलोरा (मराठी में 'वेरूळ') की विख्यात गुफाएं देवगिरि-दौलताबाद से केवल 16 किलोमीटर दूर हैं। अजंता (अजिंठा) की गुफाएं भी ज्यादा दूर नहीं हैं। इसलिए एलोरा और अजंता[4] को देखने आने वाले पर्यटक देवगिरि के इस अद्भुत गिरिदुर्ग को देखने का अवसर हाथ से जाने नहीं देते।

देवगिरि का दुर्ग कब और किसने बनाया, इसके बारे में इतिहास में स्पष्ट जानकारी नहीं मिलती। मौर्यों के पतन के बाद महाराष्ट्र में सातवाहनों का शासन लगभग 450 साल (237 ई. पू. से 230 ई.) तक चला। उनके समय में महाराष्ट्र के भाजा, कार्ले, कान्हेरी, जुन्नर आदि कई स्थानों में पहाड़ों को काटकर बौद्ध गुफाएं बनाई गई थीं। संभव है कि उसी समय देवगिरि में भी पहाड़ी को काटकर कुछ गुफाएं बनाई गई हों। दुर्ग के दक्षिणी भाग में कुछ प्राचीन गुफाएं आज भी देखी जा सकती हैं। दुर्ग के दक्षिण-पश्चिम भाग में, खाई के भीतर, पहाड़ को काटकर बनाया गया एक गुफा-मंदिर आज भी मौजूद है।

चित्र 9.5 : चट्टान को काटकर बनाया गया भूमिगत मार्ग

सातवाहनों के बाद इस क्षेत्र में वाकाटकों, चालुक्यों और राष्ट्रकूटों का

शासन रहा। राष्ट्रकूटों के समय (ईसा की आठवीं सदी का उत्तरार्ध) में ही पहाड़ी को काटकर एलोरा का अद्भुत कैलाश मंदिर (शिव मंदिर) बनया गया था। देवगिरि दुर्ग के चहुंओर पहाड़ी को काटकर बनाया गया खड़ा कगार राष्ट्रकूटों के समय का ही होगा। इस दुर्ग में ऊपर बालेकिला तक जाने के लिए बना भूलभुलैया-जैसा सुरंगी मार्ग भी संभवतः उसी समय का है। पहले वहां कुछ बौद्ध गुफाएं रही होंगी।

चित्र 9.6 : दौलताबाद का शंकवाकार बुर्ज

राष्ट्रकूटों के बाद 950 ई. के आसपास से इस क्षेत्र में यादवों का शासन शुरू हुआ। भिल्लम-पंचम (1185-93 ई.) एक शक्तिशाली यादव शासक था। उसने देवगिरि में अपना राज्याभिषेक करवाके उसे अपनी राजधानी बनाया। देवगिरि महाराष्ट्र के लगभग केंद्रभाग में स्थित है। सिंघण-द्वितीय के शासनकाल (1210-46 ई.) में यादव साम्राज्य अपने वैभव के शिखर पर पहुंच गया था, उत्तर में नर्मदा नदी से लेकर दक्षिण में कृष्णा नदी तक फैल गया था। देवगिरि के दुर्ग का अधिकतर निर्माण-कार्य सिंघण-द्वितीय के समय में ही हुआ जान पड़ता है।

पहले हम बता चुके कि किस प्रकार अलाउद्दीन खिलजी ने 1294 ई. में देवगिरि पर हमला किया और अंत में वहां के यादव राज्य का अंत कर दिया। फिर मुहम्मद तुगलक ने दिल्ली की अधिकांश आबादी को देवगिरि ले जाकर उसे अपनी राजधानी बनाने का प्रयास किया और नगर को नया नाम दिया—दौलताबाद, यानी धन-दौलत वाला नगर। उसके बाद 1347 ई. में दौलताबाद का यह दुर्ग दक्खन के बहमनी शासकों के अधिकार में चला गया। बहमनियों की पांच शाखाएं होने पर दौलताबाद का किला अहमदनगर की निजामशाही के हिस्से में गया। फिर 1633 ई. में इस किले पर मुगलों का अधिकार हुआ और औरंगजेब की मृत्यु (1707 ई.) तक यह उन्हीं के कब्जे में रहा। उसके बाद 1724 ई. में इस पर हैदराबाद के निजाम का अधिकार हो गया।

देवगिरि-दौलताबाद का किला आज भी काफी अच्छी स्थिति में है। इसे दक्खन का सबसे मजबूत किला माना गया था। युद्ध के सामान्य तरीकों और साधनों से इस किले को जीत पाना संभव नहीं था। इसकी किलेबंदी तीन दीवारों से की गई है, जिनमें अनेकानेक बुर्ज हैं। ये दीवारें किले की ऊंचाई तक पहुंचती हैं।

बाहरी दीवार (प्राचीर) अंडाकार है और इसका पूरा घेरा करीब साढ़े चार किलोमीटर का

है। यह तुगलक शासनकाल की है। बाहरी और भीतरी दीवार के बीच में जो महल, मंदिर, मस्जिद आदि बने थे वे अब खंडहर बन गए हैं। पता चलता है कि किले में प्रवेश के लिए पहले सात या आठ दरवाजे थे, मगर अब केवल दो दरवाजे कायम हैं। इनमें एक का नाम रोझा दरवाजा है और दूसरे का मक्का दरवाजा।

चित्र 9.7 : दौलताबाद के किले का सुरंग द्वार

ऊपरी किले के चहुंओर पत्थर को काटकर करीब 12 मीटर गहरी और काफी चौड़ी खाई बनाई गई है। खाई में पानी कम-ज्यादा करने की व्यवस्था की गई थी। खाई के ऊपर पुल का निर्माण इस तरह किया गया था कि शत्रु के पहुंचने पर वह खाई के पानी में डूब जाता था। खाई के ऊपर अब जो पुल है वह आधुनिक काल का है, पर पुराने पुल पर पहुंचने के लिए बनी सीढ़ियां अब भी देखी जा सकती हैं। खाई में मगरमच्छ भी छोड़े गए थे।

खाई के परे पत्थर को काटकर तैयार की गई दीवार एकदम खड़ी और चिकनी है। उसके बारे में लिखा गया है कि उस पर आदमी तो क्या, सांप या चींटी भी नहीं चढ़ सकते। किले के ऊपरी भाग (बालेकिला) तक पहुंचने के लिए पहाड़ को काटकर बनाए गए सुरंगों वाले रास्तों की सीढ़ियों से गुजरना पड़ता है। भूलभुलैया-जैसी इन सुरंगी रास्तों में अंधकार रहता है, इसलिए मशाल का इस्तेमाल करना पड़ता है। शत्रु यदि किसी तरह इस सुरंगी मार्ग में पहुंच भी जाए तो उसे गलत रास्तों में भटकाकर मार डालने की भी व्यवस्था की गई है। सुरंगी मार्ग के ऊपरी सिरे पर लोहे की मोटी जाली रखी हुई है। उस पर आग जलाकर सुरंग के भीतर गर्म हवा भरी जा सकती थी। देवगिरि-दौलताबाद के इस किले में पत्थर को काटकर बनाई गई सुरंग का अनोखा इंतजाम एक तिलस्मी कथानक की तरह जान पड़ता है।

चित्र 9.8 : दौलताबाद का भूलभुलैया सुरंगी रास्ता

सुरंग से निकलकर और सीढ़ियों वाले काफी चौड़े मार्ग से ऊपर चढ़ने पर किले के ऊपरी स्थान के पास बारह कोनों वाली बारादरी नामक

चित्र 9.9 : दौलताबाद, जुम्मा मस्जिद का प्रांगण, पुराने अलंकृत स्तंभों सहित

चित्र 9.10 : मेढ़े के सिरवाली 'किला शिकन' तोप

एक खूबसूरत इमारत है। शाहजहां और औरंगजेब को यह इमारत बहुत पसंद थी। बारादरी से करीब सौ सीढ़ियां चढ़ने पर किले का सबसे ऊपरी स्थान (बालेकिला) है। यहां छत पर एक बड़ी तोप रखी हुई है।

निचले किले के भीतर के प्रमुख स्मारक हैं–चांद मीनार, चीनी महल और मेढ़ा तोप। चांद मीनार, जो करीब 63 मीटर ऊंची है, अलाउद्दीन बहमन शाह ने दौलताबाद को जीतने की याद में 1435 ई. में बनवाई थी। पूरे देश में यह अपने तरह की अकेली मीनार है। मीनार की दूसरी दिशा में जुम्मा मस्जिद है, जिसके नक्का-शीदार स्तंभ किसी पुराने मंदिर के हैं। उसके पास ही पत्थरों से निर्मित एक विशाल तालाब है। निचले किले के सिरे पर स्थित 'चीनी महल' में औरंगजेब ने 1687 ई. में गोलकुंडा (हैदराबाद के पास का किला) के अंतिम शासक अब्दुल हसन तानाशाह को कैद कर रखा था। नजदीक के एक बुर्ज पर मेढ़े के मुंह वाली 'किला शिकन' (दुर्ग भंजक) नामक एक विशाल तोप है।

चित्र 9.11 : मेढ़े के मुंह वाली 'किला शिकन' (दुर्गभंजक तोप)

किसी समय, कुछ समय के लिए ही सही, देश की राजधानी का गौरव प्राप्त करने वाला दौलताबाद शहर अब एक छोटा-सा

चित्र 9.12 : दौलताबाद का प्रेक्षणीय स्थल (दौलताबाद अब छोटा-सा देहात)

देहात है। मगर किले के कई स्मारक अभी भी कायम हैं। देवगिरि-दौलताबाद के नजदीक कई प्रेक्षणीय स्थल हैं। यहां से एलोरा की विश्व-प्रसिद्ध गुफाएं सिर्फ 16 किलोमीटर दूर हैं। औरंगाबाद के पास भी प्राचीन बौद्ध गुफाएं हैं। औरंगाबाद में ही ताजमहल के अनुकरण पर बना औरंगजेब की बीवी का मकबरा है। खुल्दाबाद, जहां औरंगजेब की कब्र है, दौलताबाद से 13 किलोमीटर के अंतर पर है। रास्ते में ही मराठी के प्रसिद्ध कवि एकनाथ (1532-99 ई.) के गुरु जनार्दन स्वामी की समाधि है।[5] जनार्दन स्वामी देवगिरि के किले में ही रहते थे। एकनाथ ने बारह साल तक उनके सान्निध्य में रहकर ज्ञानार्जन किया था।

शिवनेरी

शिवाजी दुर्गराज थे। मुख्यतः दुर्गों के बल पर ही उन्होंने महाराष्ट्र में 'हिंदवी स्वराज्य' की स्थापना की थी। पचास साल के अपने अल्प जीवन के कुल 18,306 दिनों में से कम-से-कम 8557 दिन उन्होंने किसी-न-किसी किले पर बिताए। उनका जन्म (1630 ई.) शिवनेरी किले पर हुआ था और मृत्यु (1680 ई.) रायगढ़ पर। अपनी प्रथम राजधानी राजगढ़ में वे सबसे ज्यादा समय तक रहे—कुल 2827 दिन। दूसरा नंबर शिवनेरी का है, जहां उन्होंने अपने बाल्यकाल के लगभग सात साल (2508 दिन) गुजारे।

शिवाजी के चरित्र-निर्माण में शिवनेरी दुर्ग ने बड़े महत्व की भूमिका अदा की। उनका बचपन शिवनेरी और आसपास के पहाड़ी परिसर में बीता। उस वातावरण में बालक शिवाजी अन्य लड़कों के साथ पशु-पक्षियों के पीछे दौड़ते, उनकी-सी आवाजें निकालते, मिट्टी के

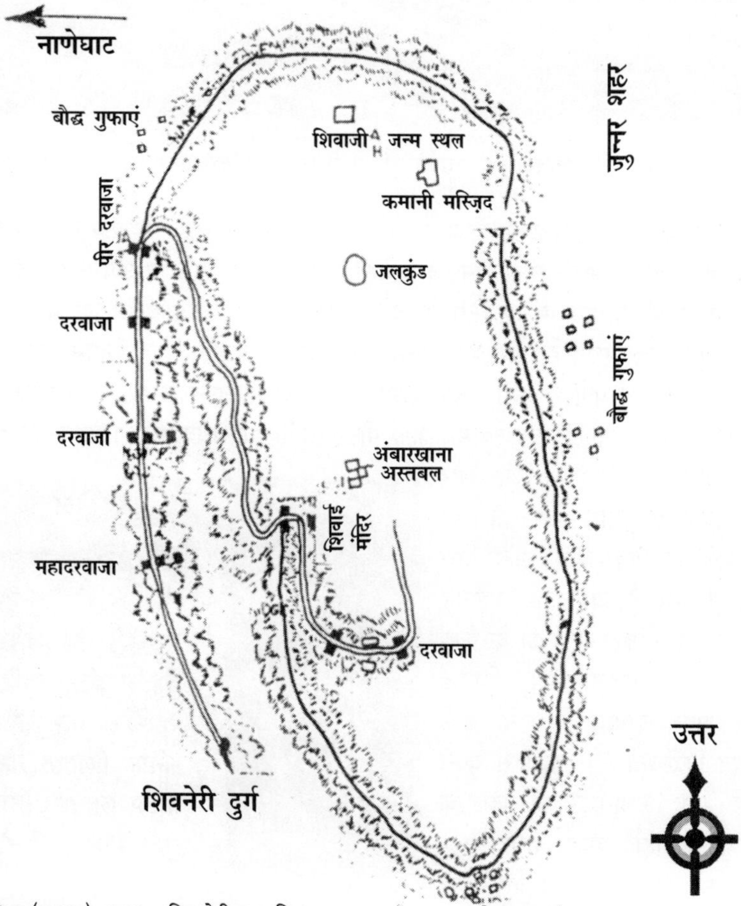

चित्र (नक्शा) 9.13 : शिवनेरी का किला

चित्र 9.14 : शिवनेरी किले में प्रवेश के लिए दरवाजा

हाथी-घोड़ों के खिलौने बनाकर खेल के ही किले जीतते, धूपछांह, गेंद फेंकना, लकड़ी घुमाना आदि खेल खेलते और अपना मनोरंजन करते। सर रिचार्ड टेंपल ने अपनी पुस्तक 'शिवाजी और मराठों का उत्थान' में शिवनेरी के बारे में लिखा है : "आप देखेंगे कि यह दुर्ग कितना ढलुआं एवं ऊंचा-नीचा है और एक जननायक के जन्म के लिए यह कितना उपयुक्त था।"

शिवनेरी दुर्ग पुणे से करीब 85 किलोमीटर उत्तर में जुन्नर शहर के नजदीक है।[6] यह त्रिभुजाकार किला सह्याद्रि की लगभग 300 मीटर ऊंची एक पृथक् पहाड़ी पर स्थित है। इसका चौड़ा आधारभाग दक्षिण की ओर और संकरा शीर्षभाग उत्तर की ओर है। किले की दीवार काफी ऊंची और फिसलन वाली है, जो चट्टानें काटकर बनाई गई है। किले में प्रवेश के लिए महादरवाजा, परवन, पीर, शिवाई आदि सात दरवाजे हैं। ये सभी मजबूत किलेबंदी और बुर्जों से युक्त रहे हैं। एक किलोमीटर की चढ़ाई के बाद पहला महादरवाजा आता है।

चित्र 9.15 : शिवनेरी दुर्ग के दरवाजे पर 'शरभ' का शिल्पांकन

दूसरे और तीसरे दरवाजों पर 'शरभ' की शिल्पाकृतियां उकेरी हुई

हैं। बाघ और सिंह से मिलते-जुलते इस काल्पनिक पशु की आकृतियां महाराष्ट्र के अन्य कई दुर्गों के प्रवेश-द्वारों पर भी देखने को मिलती हैं। इन आकृतियों में प्रायः दिखाया जाता है कि शरभ (जिसे 'शार्दुल' भी कहते हैं) अपने पंजों में हाथियों को पकड़े हुए है। शरभ को विजयी सत्ता का और पकड़े हुए हाथियों को पराजित सत्ता का प्रतीक माना जाता था।

पांचवें शिवाई नामक दरवाजे से किले की तीसरी किलेबंदी शुरू होती है। इस दरवाजे के फाटक में लोहे की नुकीली कीलें ठुकी हुई हैं, ताकि वह हाथी की टक्कर को सह सके। उस समय युद्ध में हाथी का उपयोग होता था। हाथी के मस्तक पर जो चिलखत (कवच) होता था उसमें भी कीलें जुड़ी होती थीं।

पांचवें दरवाजे को पार करने के बाद एक रास्ता दाईं ओर जाता है। थोड़ी दूरी पर देवी शिवाई का प्राचीन मंदिर है। शिवाई को इस दुर्ग की मुख्य देवी माना जाता है। जान पड़ता है कि उसी के नाम पर बालक शिवाजी का नाम रखा गया।

ऊपर पहुंचने के लिए दो और दरवाजे पार करने पड़ते हैं। छठा दरवाजा 85 मीटर की ऊंचाई पर और सातवां दरवाजा आगे 25 मीटर की ऊंचाई पर है। अंतिम दरवाजे को पार करके थोड़ी बाईं ओर जाने पर अस्तबल और अंबारखाना (मालगोदाम) के कमरों की कतारों के खंडहर नजर आते हैं। नजदीक ही मुस्लिम काल के शासकों के महलों के अवशेष हैं।

दुर्ग को तब तक सुरक्षित नहीं समझा जाता था, जब तक उसमें पानी की पर्याप्त व्यवस्था न हो। शिवनेरी पर चट्टान को काटकर लगभग 30 कुंड और तालाब बनाए गए थे। अंग्रेजों ने उसमें से कई जलकुंड नष्ट कर दिए। मगर कुछ अब भी बचे हुए हैं, जिनमें से दो के नाम गंगा और यमुना हैं।

दुर्ग में अब कुछ ही स्मारक शेष बचे हैं। एक सिरे पर अंबारखाना है, तो दूसरे सिरे पर वह स्थान जहां 19 फरवरी, 1630 को शिवाजी का जन्म हुआ था। जन्मस्थान की पुरानी इमारत ढह गई थी। आधुनिक काल में शिवभक्तों ने उसका पुनर्निर्माण करके उसे नया रूप दे दिया। शिवाजी के जन्मस्थान के पास ही महाराष्ट्र शासन द्वारा

चित्र 9.16 : शिवाजी का जन्मस्थान पुनर्निर्मित

निर्मित 'शिवकुंज' नामक एक नया मंदिर है। इसमें माता जीजाबाई और बालक शिवाजी की पंचधातु की मूर्तियां हैं।

थोड़ी दूरी पर दो मीनारों वाली मुगल काल की एक मस्जिद है। मीनारें 7 मीटर ऊंची हैं और उनके बीच के 9 मीटर के फासले को मेहराबों से जोड़ा गया है। करीब 35 मीटर ऊपर चढ़ने के बाद मजार और ईदगाह है। कुछ दूरी पर एक 'चौथरा' है। सन् 1650 में जब इस क्षेत्र के महादेव कोली कबीले के सैकड़ों आदमियों ने मुगलों के खिलाफ विद्रोह किया था, तब उन्हें शिवनेरी दुर्ग में मौत के घाट उतार दिया गया था। उसी स्थान पर यह चौथरा बना है। इससे यह भी पता चलता है कि महादेव कोली लोगों का इस दुर्ग से सरोकार रहा है।

चित्र 9.17 : शिवाजी और माता जीजाबाई की पंचधातु से बनी मूर्ति

शिवनेरी किले पर पहुंचने का एक और रास्ता है। किले के पूर्वोत्तर में जुन्नर शहर है। वहां से शिवनेरी की ओर आगे बढ़ा जाए, तो आधी चढ़ाई के बाद दाईं ओर एक पैदल रास्ता मिलता है, जो सीधी चढ़ाई के बाद किले पर पहुंचा देता है। इस रास्ते से जाने पर, सीढ़ियों की खड़ी चढ़ाई के पहले, बाईं ओर कई बौद्ध गुफाएं हैं। ऐसी बौद्ध गुफाएं शिवनेरी की पश्चिम और दक्षिण दिशाओं की ढलानों पर भी हैं। इन गुफाओं में कई अभिलेख भी मिले हैं। इनसे पता चलता है कि ईसा की आरंभिक तीन सदियों में यह स्थान एक प्रसिद्ध बौद्ध केंद्र रहा है।

चित्र 9.18 : शिवनेरी की कमानी मस्ज़िद

शिवनेरी किले का इतिहास बहुत पुराना है। मौर्यों के बाद सातवाहन शासकों ने महाराष्ट्र

और आंध्र प्रदेश पर 236 ई. पू. से 230 ई. तक, लगभग साढ़े चार सौ साल तक, शासन किया। उनकी एक राजधानी गोदावरी तट के पैठन (प्राचीन प्रतिष्ठान) नगर में थी, तो दूसरी राजधानी शिवनेरी दुर्ग के समीप के जुन्नर नगर में। शिवनेरी के पश्चिमोत्तर में नाणेघाट है। प्राचीन काल में पैठण[7], नाशिक आदि नगरों को समुद्रतट के शूर्पारक (आधुनिक सोपारा, मुंबई के उत्तर में), कल्याण आदि बंदरगाहों को जोड़ने वाला व्यापारी मार्ग शिवनेरी दुर्ग के पास के इस नाणेघाट से ही गुजरता था। यह व्यापारी मार्ग यहां बहने वाली कुकड़ी नदी की घाटी से होकर जाता है। नाणेघाट के इस मार्ग पर बहुत-सी गुफाएं और जीवधन, चावड़, हडसर, शिवनेरी आदि कई गिरिदुर्ग हैं। पता चलता है कि सातवाहनों ने इस क्षेत्र में अनेक दुर्ग बनवाए थे।[8] आज से लगभग दो हजार साल पहले शिवनेरी दुर्ग का निर्माण भी उन्हीं के समय में हुआ होगा। सातवाहनों के बाद इस क्षेत्र में चालुक्यों और राष्ट्रकूटों का शासन रहा। फिर शिवनेरी पर देवगिरि के यादवों की सत्ता रही। उनके बाद यह दुर्ग बहमनी सुलतानों के अधिकार में चला गया। बहमनी सत्ता के पांच भाग हो जाने पर शिवनेरी किला अहमदनगर के निजामशाह के अधिकार में आया। निजामशाह ने 1595 ई. में यह किला मालोजी भोसले (शिवाजी के दादा) को जागीर के रूप में सौंपा और फिर यह शाहजी (शिवाजी के पिता) को उत्तराधिकार में मिला। परंतु शिवाजी के जन्म के समय शाहजी शिवनेरी में मौजूद नहीं थे। वे अन्यत्र लड़ाइयों में उलझे हुए थे। उन्होंने अपनी गर्भवती पत्नी (जीजाबाई) की सुरक्षा की जिम्मेदारी शिवनेरी के किलेदार विजयराज को सौंपी। वह उनका रिश्तेदार था। जैसा कि पहले बताया गया है, बालक शिवाजी के आरंभिक छह-सात साल शिवनेरी दुर्ग पर ही गुजरे।

बाद में शिवनेरी दुर्ग मुगलों के अधिकार में चला गया। इस दुर्ग का सामरिक दृष्टि से बड़ा महत्व था, इसलिए औरंगजेब ने यहां बड़ी संख्या में सैनिक तैनात कर रखे थे। जन्मस्थान और बाल्यकाल की क्रीड़ास्थली होने के कारण शिवाजी को इस दुर्ग से विशेष लगाव था। उन्होंने मुगलों से इसे वापस लेने के तीन बार प्रयास किए, किंतु सफलता नहीं मिली। मराठे इस किले को 1762 ई. में ही वापस ले सके। अंत में 1818 ई. में पेशवाशाही का अंत हुआ, तो मराठों के अन्य अनेक किलों के साथ-साथ शिवनेरी भी अंग्रेजों के अधिकार में चला गया। उन्होंने महाराष्ट्र के गिरिदुर्गों के अधिकांश रक्षा-साधनों, प्रवेश-द्वारों और जलकुंडों को तहस-नहस कर डाला।

मगर शिवाजी का जन्मस्थान होने के कारण शिवनेरी के साथ महाराष्ट्रवासियों का भावनात्मक लगाव बरकरार रहा। नए महाराष्ट्र राज्य के गठन की घोषणा 27 अप्रैल, 1960 को इसी दुर्ग में की गई थी।

राजगढ़

महाराष्ट्र के गिरिदुर्गों में राजगढ़ का अपना एक विशिष्ट स्थान है। दक्खन के किलों की वास्तुशैली की सभी प्रमुख विशेषताएं इस किले में मौजूद हैं। सह्याद्रि की मुरुम नामक एक शाखा-पर्वतश्रेणी पर स्थित राजगढ़ पुणे से करीब 35 कि.मी. दक्षिण-पश्चिम में स्थित है। समुद्र-सतह से 1317 मीटर की ऊंचाई पर बसे राजगढ़ की तीन माचियां और एक बालेकिल्ला है। किले के चार प्रवेश-द्वारों के नाम हैं—गुंजण, पाली, आळु और कालेश्वरी या दिंडी। प्रथम दो दरवाजे पद्मावती माची पर पहुंचाते हैं, तीसरा दरवाजा संजीवनी माची पर और आखिरी दरवाजा सुवेला माची पर पहुंचाता है। राजगढ़ पंख फैलाए हुए आकाश में उड़ रहे एक पक्षी की तरह दिखाई देता है—पद्मावती और संजीवनी माचियां उसके दो पंखों की तरह हैं और बालेकिल्ला और सुवेला माची मानो उसका मुख्य शरीर हैं।

किले के चारों भागों में पुराने स्मारकों—निवास-स्थल, सदर यानी राजकीय कार्यालय, बाजार, धान्य-कोठार, दारुखाना (गोला-बारूद रखने का स्थान), मंदिर, आदि—के अवशेष पाए जाते हैं। किले पर तालाबों, कुंडों और कुओं के माध्यम से पर्याप्त पानी उपलब्ध था।

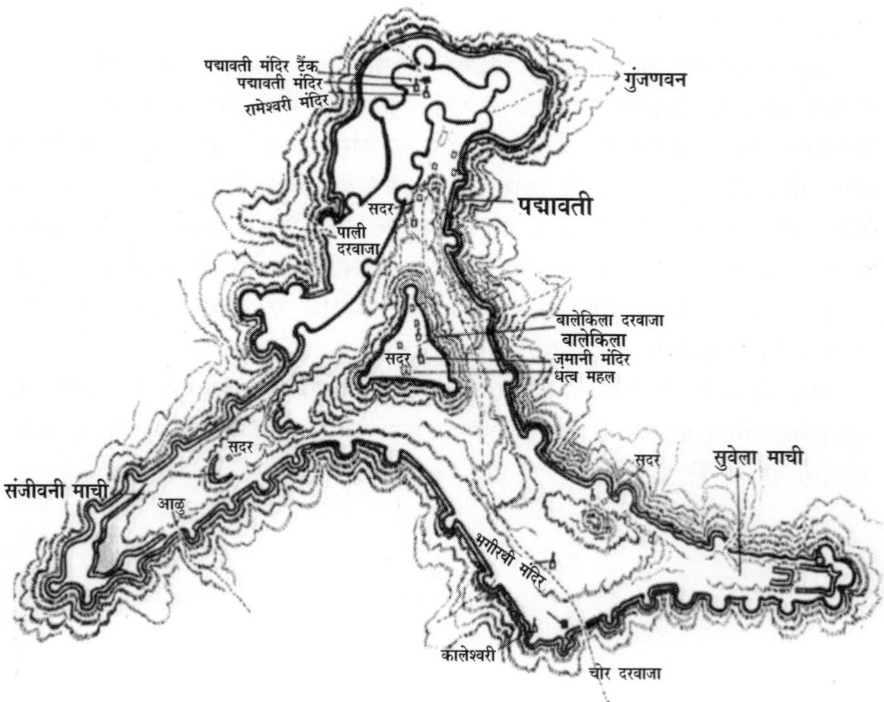

चित्र (नक्शा) 9.19 : राजगढ़ का किला

चित्र 9.20 : राजगढ़ का पाली दरवाजा

पद्मावती माची पर पानी की बेहतर व्यवस्था थी, इसलिए किले की अधिक गतिविधियां वहीं पर थीं।

राजगढ़ किला, जिसका पुराना नाम मुरुमदेव था, पहले निजामशाही और आदिलशाही शासकों के अधिकार में रहा है। सन् 1648 तक यह पक्के तौर पर शिवाजी (1630-1680 ई.) के नियंत्रण में आ गया था और 1670 ई. तक उन्होंने यहां निर्माण-कार्य जारी रखा। उन्होंने इसे नया नाम दिया–राजगढ़। राज्याभिषेक (1674 ई.) के पहले लगभग पचीस साल तक राजगढ़ किला शिवाजी की राजधानी रहा। अपने 50 साल (18,306 दिनों) के अल्प जीवन के किलों पर बिताए गए कुल दिनों में से सबसे अधिक 2827 दिन शिवाजी ने राजगढ़ पर गुजारे।

चित्र 9.21 : दोहरी दीवार और बुर्जों से घिरी संजीवनी माची

चित्र 9.22 : राजगढ़ का बालेकिला

मराठा काल की कई प्रमुख घटनाएं इस किले से जुड़ी हुई हैं। सन् 1659 में शिवाजी राजगढ़ से ही अफजल खान[9] का मुकाबला करने प्रतापगढ़ पहुंचे थे। शिवाजी के आगरा के लिए रवाना होने और वहां से लौट आने की ऐतिहासिक घटनाएं यहां राजगढ़ में ही घटित हुईं। शिवाजी के दूसरे बेटे राजाराम का जन्म राजगढ़ में ही हुआ। पुरंदर की संधि (1665 ई.) के अंतर्गत शिवाजी ने 23 किले मुगल सत्ता को सौंप दिए थे, मगर राजगढ़ उन्होंने नहीं दिया! पेशवा काल में राजगढ़ ने कोई महत्व की भूमिका अदा नहीं की। मुख्य कारण यह था कि तब तक राजनैतिक क्रियाकलाप गिरिदुर्गों से भूमिदुर्गों और शहरों की ओर स्थानांतरित हो गए थे। राजगढ़ किला 1947 ई. तक भोर के सचिव परिवार के अधिकार में रहा।

रायगढ़

किस्सा करीब साढ़े तीन सौ साल पहले का है। स्थान–सह्याद्रि पर्वतमाला की एक बहुत ऊंची पहाड़ी पर बसा हुआ रायगढ़ किला। शिवाजी ने इसे 1656 ई. में जीता था और यहां तटबंदी मजबूत करके नई इमारतें बांधने का काम अपने सूबेदार आबाजी सोनदेव को सौंपा था। शिवाजी का आदेश था–"किले में पहुंचने के लिए एक ही रास्ता होना चाहिए।" साथ ही, उनकी रणनीति थी–"मित्र के लिए किले में प्रवेश आसान होना चाहिए, परंतु शत्रु के लिए असंभव।"

किले को मजबूत करवाने का काम पूरा हुआ तो उसकी अभेद्यता की जांच करने का शिवाजी ने फैसला किया। ढिंढोरा पिटवा दिया कि किले के मुख्य दरवाजे के अलावा किसी दूसरे रास्ते से जो कोई भी, सीढ़ी और रस्सी का उपयोग किए बिना, किले में घुस सकेगा उसे सोने के सिक्कों से भरी एक थैली और सोने का एक कड़ा इनाम में दिया जाएगा।

तलहटी के एक गांव में रहने वाले अछूत जाति के एक बालक ने शिवाजी से किले में घुसने की इजाजत चाही। इजाजत लेकर जब वह लड़का चला तो आबाजी के होंठों पर अहंकार की मुस्कराहट खेल रही थी। मगर मुस्कराहट के गायब होने में ज्यादा समय नहीं

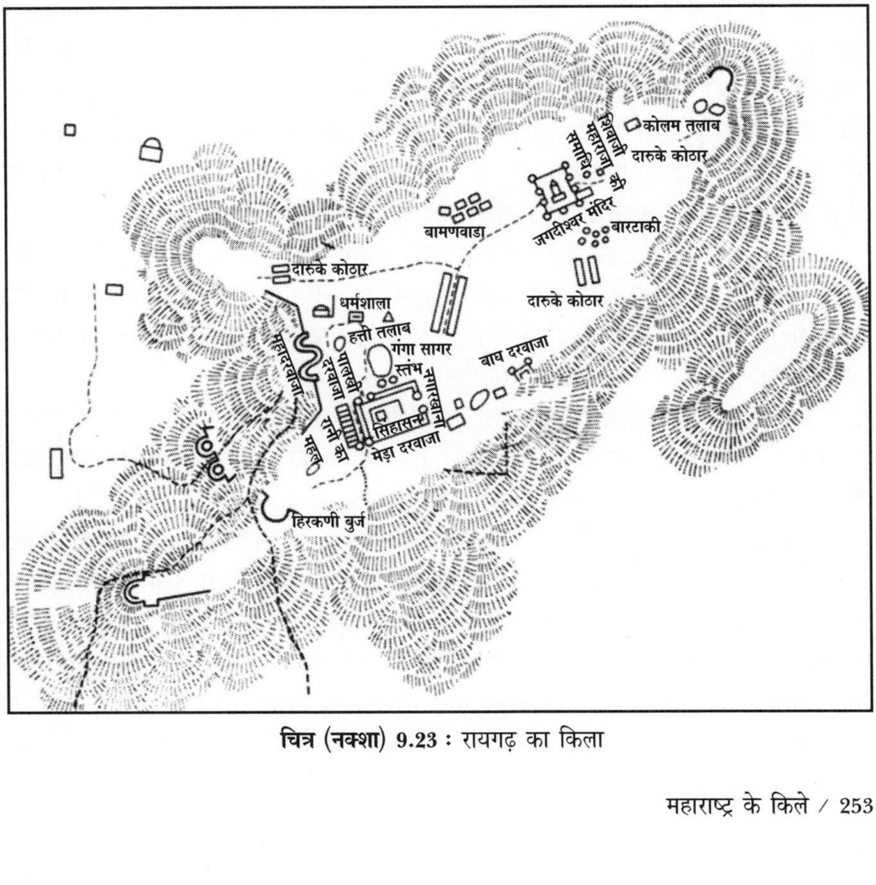

चित्र (नक्शा) 9.23 : रायगढ़ का किला

चित्र 9.24 : रायगढ़ का किला

लगा। कुछ ही देर बाद बालक ने किले पर चढ़कर उसकी चोटी पर झंडा फहरा दिया। उसे इनाम मिल गया। शिवाजी ने उस रास्ते को कायम का बंद करवा दिया।

कुछ दिन बाद उसी तरह की एक और घटना घटी, जिससे पता चला कि किले के निर्माण में कुछ कमी रह गई है। रायगढ़ की पश्चिमी तलहटी में वाडी नामक एक गांव है। वहां की हिरकणी नामक एक ग्वालिन किले में रोज दूध बेचने जाती थी। एक दिन वह दूध बेच चुकी, तो देखा कि रात हो चुकी है और किले के सारे फाटक बंद कर दिए गए हैं! रात को फाटक खोलने की सख्त मनाही थी। ग्वालिन यह सोचकर परेशान थी कि घर उसकी बूढ़ी सास और छोटा बच्चा उसके लौटने की राह देख रहे होंगे। कैसे भी हो उसे किले से बाहर निकलना ही था। अपनी जान जोखिम में डालकर वह रेंगते हुए एक खड़ी चट्टान पर से नीचे उतरी और उसी रात घर पहुंच गई।

अगले दिन शिवाजी को जब इस घटना की सूचना मिली तो उन्होंने हिरकणी को बुला भेजा, उससे खुद पूछताछ की और उसके साहस की स्तुति करके उसे इनाम दिया। फिर शिवाजी ने उस रास्ते पर एक बुर्ज बनवा दिया। रायगढ़ का वह बुर्ज आज भी खड़ा है और 'हिरकणी बुर्ज'[10] के नाम से जाना जाता है।

महाराष्ट्र के इतिहास में रायगढ़ किले का विशेष महत्व है। यहीं पर 1670 ई. में शिवाजी ने अपने नए 'हिंदवी स्वराज्य'[11] की राजधानी स्थापित की थी। इसी गिरिदुर्ग पर 1674 ई. में शिवाजी का राज्याभिषेक हुआ और यहीं पर 1680 ई. में उनकी मृत्यु हुई।

रायगढ़ का किला मुंबई से 210 किलोमीटर दक्षिण में और महाड शहर से 27 किलोमीटर उत्तर में है। सह्याद्रि पर्वतमाला की जिस पृथक् पहाड़ी पर यह किला बसा हुआ है उसकी समुद्र-सतह से ऊंचाई 845 मीटर है। पहाड़ी के ऊपर पठार का क्षेत्रफल 5.12 वर्ग किलोमीटर है और उसके तीन प्रमुख 'कंधे' यानी ऊंचे उठे हुए कोने हैं—पश्चिम में हिरकणी, उत्तर में टकमक और पूर्व में भवानी। किले की तलहटी के पाचाड़ गांव में शिवाजी की मां जीजाबाई की समाधि और उनके लिए बनाए गए महल के अवशेष हैं। वहां से दो किलोमीटर

दूर के चित दरवाजे तक पक्का रास्ता है। चित दरवाजा अब भग्नावस्था में है। आगे लंबी चढ़ाई के बाद आधी दूरी पर पहला नाना दरवाजा आता है। इसके दोनों तरफ छह मीटर ऊंचा परकोटा है। आगे करीब 325 मीटर की चढ़ाई के बाद रायगढ़ का प्रमुख प्रवेश-द्वार महादरवाजा आता है। किले में प्रवेश के लिए चोर दरवाजों के अलावा केवल यही एक मार्ग है। महादरवाजे के दोनों ओर दो विशाल बुर्ज और परकोटे की दीवार है। मगर आगे करीब सौ मीटर की चढ़ाई के बाद ही किले की चोटी पर पहुंचा जा सकता है। शिवाजी की राजधानी रहे इस गिरिदुर्ग के अनेक वैभवशाली स्मारक अब खंडहर बन गए हैं।

रायगढ़ का आरंभिक इतिहास अस्पष्ट है। पहले इसका नाम रायरी यानी रायगिरि (राजा की पहाड़ी) था। पता चलता है कि 12वीं सदी में रायरी में शिर्के पालेगार (विद्रोही पहाड़ी सरदार) परिवार का निवास था। फिर यह गिरिदुर्ग विजयनगर साम्राज्य के अधीन चला गया। तदनंतर 1436 ई. में इसे बहमनी सुलतान अलाउद्दीन-द्वितीय ने जीत लिया। आगे निजामशाही, आदिलशाही आदि सत्ताओं का यहां शासन रहा। अंत में 1656 ई. में शिवाजी ने रायरी को आदिलशाही के सरदार जावळी के चंद्रराव मोरे से छीन लिया। सामरिक दृष्टि से रायरी के महत्व को पहचानकर शिवाजी ने 1662 ई. में इसे अपनी राजधानी बनाने का निश्चय किया और इसे नया नाम दिया—रायगढ़। किले को सुदृढ़ बनाने का कार्य शुरू हुआ।

1670 ई. में शिवाजी अपनी राजधानी राजगढ़ से रायगढ़ ले आए। रायगढ़ पर ही 1674 ई. में उनका राज्याभिषेक हुआ। यहीं पर 1680 ई. में पचास साल की आयु में, उनका देहांत हुआ। उसके बाद 1689 तक रायगढ़ शिवाजी के बेटे संभाजी के अधिकार में रहा और फिर मुगलों के अधिकार में चला गया। मराठों ने 1735 ई. में रायगढ़ पर पुनः कब्जा कर लिया, परंतु उसका वैभव अब नष्ट हो गया था। पेशवा काल में रायगढ़

चित्र 9.25 : रायगढ़ के भग्नावशेष

पर राजकीय कैदियों को बंदी बनाकर रखा जाता था। कुछ दिनों तक नाना फडणीस भी सपरिवार यहां रहे और उस दौरान उन्होंने यहां कुछ इमारतों की मरम्मत करवाई। अंत में मई 1818 में कर्नल प्रॉथर के नेतृत्व में अंग्रेजों की फौज ने मराठों को हराकर इस किले पर अधिकार कर लिया। उस समय तोपों की गोलाबारी से रायगढ़ की इमारतों को भारी क्षति पहुंची।

आगे करीब आठ दशकों तक रायगढ़ पूर्णतः उपेक्षित रहा। फिर 1897 ई. में लोकमान्य तिलक आदि की प्रेरणा से रायगढ़ पर पहली बार शिवाजी-जयंती का उत्सव सम्पन्न हुआ।[12] उसके बाद धीरे-धीरे इस गिरिदुर्ग के ऐतिहासिक स्मारकों पर नया प्रकाश पड़ता गया, उनकी सुरक्षा के प्रयास शुरू हुए। आज रायगढ़ एक प्रसिद्ध पर्यटन-स्थल बन गया है।

अपने वैभव के दिनों में रायगढ़ पर 300 से भी अधिक मकान और स्मारक थे। लेकिन नगारखाना, मीनार, मंदिर, बुर्ज तथा अन्य कुछ छोटे-मोटे वास्तु के अलावा बाकी भग्नावस्था में पड़े हुए हैं। जैसा कि पहले बताया गया है, महादरवाजे को पार करके ही किले में पहुंचा जा सकता है। इस दरवाजे के दोनों ओर 22 मीटर ऊंचे दो बुर्ज हैं। भीतर पहरेदारों के लिए दोनों तरफ ड्योढ़ियां हैं। महादरवाजे के दक्षिण में एक और द्वार है, जिसे चोर दरवाजा कहते हैं।

महादरवाजे से भीतर जाने पर कुछ ऊंचाई पर बाईं ओर टकमक कोना और दाईं ओर हिरकणी बुर्ज दिखाई देते हैं; बालेकिल्ला (किले में सबसे ऊंचे स्थान पर बना छोटा किला) भी दिखाई देता है। मगर महादरवाजे से एक किलोमीटर की चढ़ाई के बाद ही रायगढ़ के सबसे ऊंचे सपाट स्थान पर पहुंचा जा सकता है। सबसे पहले फरास मदारशाह की दरगाह के दर्शन होते हैं। शिवाजी जब आगरा की कैद से भाग निकले थे तब उनका यह सेवक फरास मदारशाह उनकी शय्या पर लेटा था। शिवाजी ने रायगढ़ में एक मस्जिद भी बनवाई थी।

मदारशाह की दरगाह के पास ही चट्टान को तोड़कर बनाया गया हाथी तालाब है। आगे करीब तीस मीटर के अंतर पर गंगासागर नामक तालाब है और आज भी उसका पानी अच्छा है। गंगासागर के दक्षिण में बारह कोनों के आधार वाली दो ऊंची मीनारें हैं, जिनका ऊपरी भाग गिर गया है। बताया जाता है कि पहले ये पांच मंजिली थीं। मीनारों की संपूर्ण रचना, विशेषकर इनकी खिड़कियों की बनावट, मुस्लिम वास्तुशैली की है।

चित्र 9.26 : गंगासागर तालाब

चित्र 9.27 : दो मंजिली मीनार बाहर कोने वाली दो ऊंची मीनारें

मीनारों के पश्चिम में 31 सीढ़ियां चढ़ने पर बालेकिल्ले का पालखी दरवाजा लगता है। बालेकिल्ले का क्षेत्रफल 300 × 150 मीटर है और इसके चहुंओर तटबंदी की गई थी। भीतर भग्न इमारतों की दो कतारें हैं। दाईं तरफ रानियों के सात महल थे और बाईं तरफ नौकरों के कमरे। सबके लिए संडास, सफाई आदि की उत्तम व्यवस्था की गई थी।

बालेकिल्ले के मध्य भाग में सिंहासन की जगह है। उसके चहुंओर का चौकोर चबूतरा आज भी अच्छी स्थिति में है। सिंहासन के सामने की खुली जगह में जो फव्वारे लगे हुए थे उनके निशान आज भी मौजूद हैं। फव्वारों के पूर्व में 16 मीटर ऊंचा भव्य नगारखाना (प्रवेश द्वार के ऊपर बनी गैलरी, जहां बैठकर संगीतज्ञ निश्चित समय पर वाद्य बजाते थे) और बालेकिल्ले का मुख्य प्रवेश-द्वार है। यहीं पर शिवाजी का दरबार लगता था। सिंहासन के उत्तर में शिवाजी के महल के भग्नावशेष हैं। जैसा कि पहले बताया गया है, रायगढ़ पर ही वाराणसी के गागाभट के पौरोहित्य में 6 जून, 1674 को शिवाजी का भव्य राज्याभिषेक समारोह सम्पन्न हुआ था।

रायगढ़ में स्थित मीनारों और नगारखाने की वास्तुशैली सासानी (ईरानी) और मुस्लिम पद्धति की है। इसलिए कुछ इतिहासकारों का मत है कि ये स्मारक शिवाजी के पहले से ही दुर्ग में मौजूद थे। परंतु कुछ इतिहास-कारों की यह भी मान्यता है कि शिवाजी ने ये इमारतें मुसलमान

चित्र 9.28 : मीनार में ईरानी वास्तुशैली

वास्तुकारों से बनवा ली होंगी। जो भी हो, शिवाजी ने दक्खन के मुसलमान शासकों का भले ही विरोध किया हो, किंतु इस्लाम और उसकी संस्कृति से उन्हें नफरत नहीं थी। उन्होंने कुरान[13], मुस्लिम महिलाओं और पीरों का हमेशा ही सम्मान किया। उनके सैनिकों और अंगरक्षकों में मुसलमान भी काफी संख्या में थे।

चित्र 9.29 : शिवाजी की अष्टकोणाकार समाधि

रायगढ़ के नगारखाना के पूर्व में थोड़े अंतर पर कुशावर्त[14] तालाब है। पास ही शिवाजी के अष्टप्रधानों के भवन थे। आगे कुछ नीचे की ओर बारूदखाने के कोठार के अवशेष हैं। अंग्रेजों ने 1818 ई. में सामने की पहाड़ी से इस बारूदखाने पर भारी गोलाबारी करके इसे ध्वस्त कर दिया था। पास ही चट्टानों में खोदे गए बारह कुंड हैं, जिनमें हमेशा पानी रहता है।

बालेकिल्ले के पश्चिमोत्तर में पीलखाने (हाथीशाला) की इमारत के भग्नावशेष हैं। शिवाजी की सैन्य-व्यवस्था में हाथी का कोई खास महत्व नहीं था, फिर भी उन्होंने अपनी राजधानी में कुछ हाथी रखे थे। पीलखाने के पूर्वोत्तर में दुर्ग में स्थित बाजारपेठ की दो समांतर कतारों के अवशेष हैं। यहां कुल 44 दुकानें थीं। दोनों कतारों के बीच 21 मीटर चौड़ा पक्का रास्ता है।

चित्र 9.30 : शिवाजी के बाध्या वफादार कुत्ते का स्मारक

बाजारपेठ के आगे पूर्वोत्तर की ओर ऊंची दीवार से घिरा हुआ जगदीश्वर महादेव का मंदिर है। उसके प्रवेश-द्वार के पास हनुमान की एक मीटर ऊंची खूबसूरत पाषाण मूर्ति

है। मंदिर के चहुंओर नृत्यांगना के निवास के लिए बनाए गए कमरे हैं। मंदिर की दीवार में एक शिलालेख है, जिसमें शिवाजी के राज्याभिषेक की तिथि का उल्लेख है।

मंदिर के पूर्वी द्वार के आगे थोड़े अंतर पर शिवाजी की अष्टकोणाकार समाधि है, जिस पर ऊंची छतरी बनाई गई है। इसी स्थान पर 8 अप्रैल, 1680 को शिवाजी का दाह-संस्कार हुआ था। शिवाजी की समाधि के पास ही उनके वाघ्या नामक वफादार कुत्ते का स्मारक है।

शिवाजी और संभाजी के शासन के बाद रायगढ़ का वैभव जाता रहा। नवंबर 1689 में औरंगजेब के सरदार जुल्फिकार खान ने किले को जीत लिया। उसके बाद मराठों द्वारा 1735 ई. में पुनः हस्तगत किए जाने तक यह गिरिदुर्ग औरंगजेब के सरदार जंजीरा के सिद्दी के अधिकार में रहा (जंजीरा का मशहूर समुद्री दुर्ग रायगढ़ से करीब 50 किलोमीटर पश्चिम में है)। पेशवाकाल में रायगढ़ पर कोई विशेष निर्माण-कार्य नहीं हुआ। अंत में मई 1818 में अंग्रेजों द्वारा की गई जबरदस्त बमबारी से इस किले के अधिकांश स्मारक तहस-नहस हो गए।

यहां महत्व की एक बात का उल्लेख आवश्यक है। अंग्रेजों ने 1818 ई. तक महाराष्ट्र के लगभग सभी दुर्गों पर अधिकार कर लिया था। तब उन्होंने सोचा–'इन दुर्गों को कायम रखकर इनमें सेना रखी जाए, इनकी मरम्मत की जाए, तो काफी धन खर्च करना पड़ेगा। और, यदि इन्हें यूं ही खाली छोड़ा जाए तो ये बागियों और पहाड़ी डाकुओं के बसेरे बन जाएंगे। इसलिए इन्हें नष्ट कर देना ही ठीक होगा।' यही कारण है कि आज महाराष्ट्र के प्रायः सभी दुर्ग खंडहर बने हुए हैं। फिर भी इतिहास और भावी पीढ़ी के लिए काफी कुछ बचाया जा सकता है। रायगढ़ तो शिवतीर्थ है। इसके खंडहर बने स्मारक आगे सदियों तक शिवाजी के शौर्य और स्वातंत्र्य-प्रेम का स्मरण कराते रहेंगे।

कोंढाणा-सिंहगढ़

औरंगजेब की कैद से छूटकर शिवाजी राजगढ़ वापस आ चुके थे। आगरा जाने से पहले 1665 ई. में उन्होंने जो 23 किले राजा जयसिंह को सौंपे थे[15] वे अभी मुगलों के कब्जे में थे। उन्हीं में से एक था–पुणे के नजदीक का कोंढाणा किला। एक दिन माता जीजाबाई बेटे से बोली–"शिवबा, कोंढाणे जैसा मजबूत किला मुगलों के हाथ में रहे, यह अच्छा नहीं। उसे वापस ले लो।"

शिवाजी भी कोंढाणे को वापस लेने के लिए तड़प रहे थे। परंतु इस किले को जीतना आसान काम नहीं था। वह सोचने लगे, यह काम अपने किस सरदार को सौंपा जाए ? उन्हें तानाजी मालुसरे का ख्याल आया। तानाजी आरंभ से ही शिवाजी का साथी था। बड़ा होशियार और बहादुर योद्धा था। शिवाजी के सौंपे हुए हर काम को वह प्राणपण से पूरा करता था।

मगर उस समय तानाजी अपने एकलौते बेटे रायबा के विवाह की तैयारी में जुटा हुआ था। चार दिन बाद ही लग्न था। तानाजी को लगा, शिवाजी महाराज और मां साहेब को भी लग्न में आमंत्रित करना चाहिए। वह शेलारमामा को साथ लेकर राजगढ़ पर शिवाजी

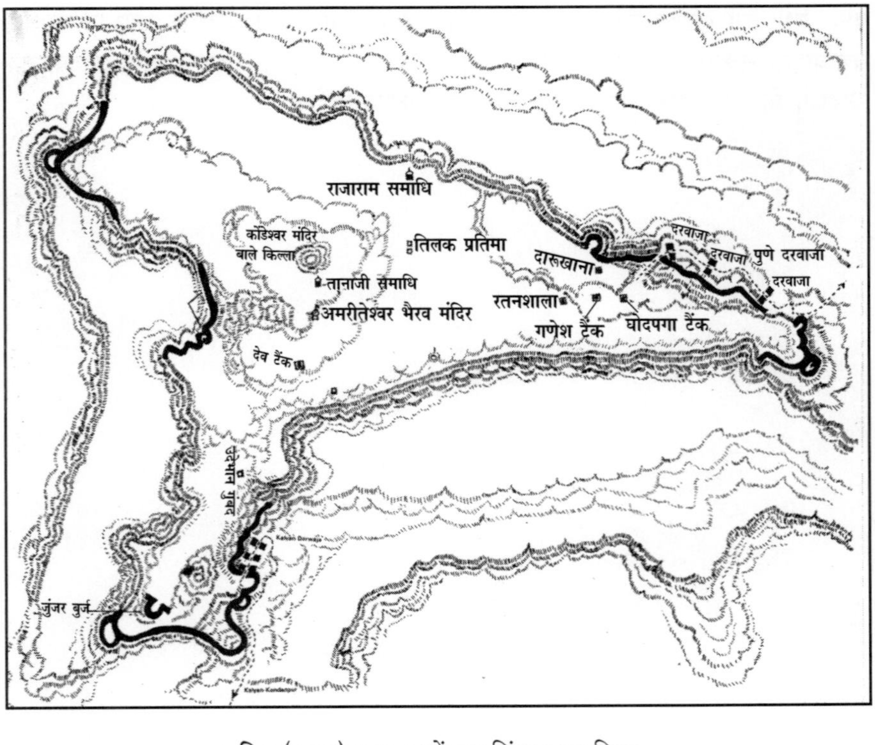

चित्र (नक्शा) 9.31 : कोंढाणा-सिंहगढ़ का किला

चित्र 9.32 : कोंढाणा-सिंहगढ़ का विजेता – तानाजी मालुसरे

के पास पहुंचा। शेलारमामा ने शिवाजी को लग्न का आमंत्रण दिया। तब शिवाजी बोले–"शेलारमामा, आप रायबा का विवाह निबटा लीजिए। मैं नहीं आ सकूंगा, क्योंकि मुझे कोंढाणे की लड़ाई पर जाना है।"

शिवाजी के शब्द सुनते ही तानाजी बोल उठा–"महाराज, जब तक मैं जिंदा हूं, तब तक आपको ऐसे जोखिम के काम पर जाने की जरूरत नहीं है। अब पहले कोंढाण का लग्न होगा, उसके बाद रायबा का। कोंढाणे की लड़ाई पर मैं ही जाऊंगा। मुझे आशीर्वाद दीजिए।"

तानाजी कोंढाणे की चढ़ाई पर निकला। वहां मुगलों का किलेदार था उदयभान राठौर। उसने किले की रक्षा का पक्का बंदोबस्त कर रखा था। तानाजी सोचने लगा, किले के ऊपर पहुंचे तो कैसे? पश्चिम की ओर बहुत ऊंची कगार थी, इसलिए उधर पहरा नहीं था। तानाजी ने उस कगार से ही किले में चढ़ने का निश्चय किया और अपने छोटे भाई से बोला–"सूर्याजी, तुम पांच सौ सैनिकों को लेकर कल्याण दरवाजे के पास पहुंचो। मैं दो सौ साथियों को लेकर कगार चढ़कर किले में पहुंचता हूं और कल्याण दरवाजा खोल देता हूं। तुम लोगों के भीतर आने पर शत्रु का सफाया कर देंगे।" सूर्याजी और तानाजी अपने-अपने रास्ते पर चल पड़े।

चित्र 9.33 : सिंहगढ़ के दो कल्याण दरवाजे

यह 4 फरवरी, 1670 की घटना है।

रात का वक्त था।

तानाजी और उसके साथी किले की पश्चिमी कगार के पास पहुंचे। पांच-छह तरुण कगार चढ़ने के लिए सामने आए। फिर एक-दूसरे के कंधों पर चढ़ते हुए वे ऊपर पहुंच गए और वहां एक पेड़ से रस्सा बांधकर उसे नीचे छोड़ा गया। फिर उस रस्से के सहारे तानाजी और उसके साथी ऊपर चढ़ गए। (यह भी बताया जाता है कि ऊपर चढ़ने के लिए 'यशवंती' नामक गोह का उपयोग किया गया था। गोह की कमर में रस्सा बांधकर उसे ऊपर फेंका गया। जब चट्टान की दरार में उसके पैर मजबूती से गड़ गए, तब तानाजी और उसके साथी रस्से के सहारे ऊपर चढ़ गए।)

लड़ाई शुरू हो गई। तानाजी के कुछ सैनिक कल्याण दरवाजे की ओर दौड़े। उदयभान को पता चल गया। नगाड़े बज उठे। दोनों पक्षों के सैनिक भिड़ गए। तानाजी और उदयभान के बीच आमने-सामने का युद्ध शुरू हो गया। दोनों ही शूरवीर। अंत में दोनों ही एक-दूसरे के प्रहारों से भयंकर जख्मी होकर गिर पड़े।

तानाजी को धराशायी देखकर उसके सैनिक भागने लगे। मगर उसी समय कल्याण दरवाजे से सूर्याजी और उसके साथी वहां पहुंच गए। भाई को मरा हुआ देखकर सूर्याजी को बहुत दुःख हुआ। मगर वह शोक मनाने का समय नहीं था। उसने पश्चिमी कगार पर लटका रस्सा काट दिया और भागते सैनिकों को ललकारा–"वापस लौटो। मैंने रस्सा काट दिया है। या तो कगार से कूदकर जान दे दो या शत्रु पर टूट पड़ो।"

सैनिक वापस लौटे। घनघोर युद्ध हुआ। तानाजी के सैनिकों ने कोंढाणा किला जीत लिया। शिवाजी को जब समाचार मिला कि गढ़ तो मिल गया है, पर सिंह जैसा शूरवीर तानाजी मारा गया, तो उनके उद्‌गार निकले–"गढ़ पाया, पर सिंह खोया !" (मराठी में, "गड आला, पण सिंह गेला !")। तब से कोंढाणा का नया नाम प्रचलित हुआ–सिंहगढ़। यह भी संभव है कि इस घटना के पहले ही कोंढाणा का सिंहगढ़ कहा जाने लगा हो।

सिंहगढ़ किला पुणे से करीब 24 किलोमीटर दक्षिण-पश्चिम में सह्याद्रि की भुलेश्वर नामक पहाड़ी पर समुद्री सतह से 1380 मीटर की ऊंचाई पर स्थित है। यह किला मुख्य भुलेश्वर श्रेणी की एक पृथक् पहाड़ी पर बना है, इसलिए सुरक्षा की दृष्टि से इसे श्रेष्ठ माना जाता रहा है। इसकी ढलुआ चट्टानी दीवार चिकनी और तराशे हुए पत्थरों की है। गढ़ में पहुंचने के लिए दो मार्ग हैं–एक, पूर्वोत्तर की ओर के पुणे दरवाजों से और दूसरा, दक्षिण की ओर के कल्याण दरवाजों से।

सिंहगढ़ किला कब बना, इसके बारे में पक्की जानकारी नहीं मिलती। यहां कोंडेश्वर का प्राचीन मंदिर है, जिसके नाम पर इस किले का नाम कोंढाणा पड़ा। दिल्ली के सुलतान मुहम्मद-बिन-तुगलक[16] ने 1328 ई. में जब कोंढाणा पर हमला किया, तब नाग नायक कोळी यहां का किलेदार था। सुलतान की फौज आठ महीने तक किले को घेरे रही। जब किले के भीतर का अनाज समाप्त हो गया, तभी किलेदार आत्मसमर्पण करने के लिए मजबूर हुआ।

बाद में कोंढाणा किला अहमदनगर के सुलतान के अधिकार में रहा। फिर शिवाजी के पिता शाहजी भोंसले जब अहमदनगर सल्तनत के संरक्षक बने, तो कोंढाणे पर उनका कब्जा हो गया। बाद में वे बीजापुर के सुलतान के मातहत हुए,[17] तो किला आदिलशाही सुलतानों के अधिकार में चला गया। अंत में, 1647 ई. में शिवाजी ने कोंढाणे के हवलदार

चित्र 9.34 : सिंहगढ़ के बुर्ज का दूरदृश्य

सिद्दी अंबर को रिश्वत देकर किला अपने कब्जे में कर लिया। उस समय उसकी आयु सिर्फ 17 साल थी।

कोंढाणे से जुड़ी हुई एक घटना काफी दिलचस्प है। शिवाजी का दमन करने के लिए औरंगजेब ने अपने मामा शायस्ता खां को दक्षिण का सूबेदार बनाकर भेजा। उसने शिवाजी के पुणे स्थित लाल महल पर कब्जा करके उसके चहुंओर अपनी फौज का पड़ाव डाला। तीन साल होने को आ रहे थे, तब भी शायस्ता खां वहां से हिलने का नाम नहीं ले रहा था। शिवाजी का मुकाम तब कोंढाणा (सिंहगढ़) में था। उन्होंने शायस्ता खां को मार भगाने की एक साहसिक योजना बनाई।

वह 5 अप्रैल, 1663 की रात थी। शिवाजी अपने 400 साथियों को लेकर कोंढाणे से पुणे के लिए रवाना हो गए। वह मुगल फौज को चकमा देकर लाल महल के पास पहुंचे। उन्हें अपने महल के चप्पे-चप्पे की जानकारी थी। वे उस कमरे में पहुंचे जहां शायस्ता खां सो रहा था। उन्होंने अपनी तलवार निकाली। तब तक पहरेदारों को हमले का पता चल गया था। शोरगुल से खान जाग गया। "शैतान! शैतान!" चिल्लाते हुए वह खिड़की के रास्ते बाहर कूदने लगा। उसी समय शिवाजी ने उस पर वार किया। खान के हाथ की तीन उंगलियां कट गईं और उसका बेटा भी मारा गया। शिवाजी और उसके साथी उसी रात कोंढाणा वापस आ गए। शायस्ता खां की थू-थू हो गई। औरंगजेब ने उसका तबादला बंगाल में कर दिया।

शायस्ता खां जब अभी पुणे में ही था,[18] तो जसवंत सिंह के नेतृत्व में मुगल फौज ने कोंढाणे को हासिल करने का प्रयत्न किया था। छह महीने तक किले की घेराबंदी जारी रही। राजपूत सैनिकों ने किला काबिज करने की बहुत कोशिश की, किंतु सफलता नहीं मिली। इससे सहज पता चल जाता है कि यह किला कितना मजबूत रहा है।

शायस्ता खां की दुर्गति के बाद शिवाजी को सबक सिखाने के लिए औरंगजेब ने राजा

जयसिंह और दिलेर खां को एक बड़ी फौज सौंपकर दक्षिण की ओर भेजा। शाही फौज ने पुरंदर किले को घेर लिया। लड़ाई में शिवाजी की सेना हारने लगी, तब शिवाजी ने जयसिंह के साथ संधि कर ली। उस संधि के तहत शिवाजी ने अपने 23 किले मुगलों को सौंप दिए। उनमें एक था–कोंढाणा। यह 12 जून, 1665 की घटना है और 'पुरंदर की संधि' के नाम से प्रसिद्ध है। उसके बाद ही अगले साल शिवाजी आगरा के लिए रवाना हुए थे।

आगरा से वापस लौटने के बाद 1670 ई. में जो पहला किला शिवाजी ने मुगलों से वापस छीन लिया, वह था–तानाजी के पराक्रम का प्रतीक कोंढाणा (सिंहगढ़)। उसके बाद किले वापस लेने का सिलसिला शुरू हो गया। शिवाजी के द्वितीय पुत्र राजाराम का जन्म (1670 ई.) राजगढ़ में हुआ था और उसकी मृत्यु (1700 ई.) सिंहगढ़ हुई थी।

शिवाजी के बड़े बेटे संभाजी के वध (1689 ई.) तक सिंहगढ़ मराठों के ही कब्जे में रहा। उसके बाद इस पर मुगलों का अधिकार हो गया, परंतु 1693 ई. में मराठों ने इसे पुनः जीत लिया। तब दिसंबर 1702 ई. में स्वयं औरंगजेब सिंहगढ़ पहुंचा और तीन-चार माह के घेरे के बाद सिंहगढ़ को कब्जे में करके उसे नया नाम दिया–बख़्श-दा-बख़्श (खुदा का तोहफा)। मगर दो साल बाद मराठों ने किले को पुनः जीत लिया और फरवरी 1818 ई. तक यह उन्हीं के अधिकार में रहा।

5 नवंबर, 1817 को पुणे के पास के खिड़की नामक स्थान पर मराठों और अंग्रेजों का युद्ध हुआ। मराठों की हार हुई। पुणे में पेशवाओं का शासन समाप्त हो गया। मराठे अपनी कुछ तोपें सिंहगढ़ के पास ले गए। उनका पीछा करते हुए अंग्रेजी फौज 18 जनवरी, 1818 को सिंहगढ़ पहुंच गई। किले में करीब 1200 सैनिक थे। उन्होंने अंग्रेजों की करीब चार हजार की फौज का जी-जान से मुकाबला किया। अंग्रेजों की तोपें करीब एक सप्ताह तक सिंहगढ़ पर गोले दागती रहीं। अंत में, 1 मार्च, 1818 को लड़ाई बंद हो गई। पेशवा के सैनिकों ने किला छोड़ दिया और उस पर अंग्रेजों का कब्जा हो गया। सिंहगढ़ को हासिल करने के बाद आगे के थोड़े ही दिनों में मराठों के सभी किलों पर अंग्रेजों का कब्जा हो गया।

अंग्रेजी तोपों की भारी बमबारी से सिंहगढ़ के लगभग सभी प्राचीन स्मारक नष्ट हो गए। जहां-तहां मंदिरों, महलों और मीनारों के अवशेष बिखरे हुए हैं। किले में देवटांकी, गणेशटांकी आदि नाम के कई जलाशय हैं। पश्चिमी भाग में तानाजी की और उत्तरी भाग में राजाराम की समाधि है। गुफाओं के अंदर घोड़ों के अस्तबल बने हुए हैं। मध्य भाग में सबसे ऊपर बालेकिल्ले का स्थान है।

किले में पहुंचने के लिए दो चक्करदार रास्ते हैं–उत्तर-पूर्व की ओर पुणे दरवाजों से और दक्षिण दिशा में कल्याण दरवाजों से। दोनों ही मार्गों में तीन-तीन फाटक हैं। पुणे दरवाजों की अपेक्षा कल्याण दरवाजों की ओर से चढ़ाई कम है। सभी फाटकों की हालत खस्ता हो गई है, फिर भी पुणे दरवाजे पर तीसरा फाटक अभी लगभग अपनी पहले की स्थिति में कायम है। ठोस और तराशे हुए पत्थरों से बने ये प्रवेश-द्वार बुर्जों से घिरे हुए हैं। किले की परिधि ढाई किलोमीटर से अधिक है।

लोकमान्य बाल गंगाधर तिलक (1856-1920 ई.) को सिंहगढ़ से विशेष लगाव था। यहां उनका बंगला है, जो उन्होंने रामलाल नायक से 1890 ई. में खरीदा था। वे आराम और स्वास्थ्य-लाभ के लिए अक्सर यहां ठहरते थे। गांधी को जब भी पुणे के कारावास

में रखा गया, तब वे सिंहगढ़ की देवटांकी से पीने के लिए पानी मंगवाते थे।

मराठा शासनकाल में सिंहगढ़ ने पुणे के प्रहरी की भूमिका अदा की है। न केवल पेशवाओं के लिए, बल्कि पुणे के सेठ-साहूकारों के लिए भी सिंहगढ़ एक सुदृढ़ आश्रयस्थल था। जब भी पुणे पर शत्रुसैन्य के हमले की संभावना होती, तब पेशवा और पुणे के श्रीमंत लोग अपना धन लेकर सिंहगढ़ पहुंच जाते थे। अब सिंहगढ़ को एक राष्ट्रीय उपवन के रूप में विकसित किया गया है। पास ही खड़कवासला में देश की सुरक्षा के लिए सैनिक तैयार करने वाली राष्ट्रीय रक्षा अकादमी है।

चित्र 9.35 : सिंहगढ़ का प्रथम पुणे दरवाजा

सिंहगढ़ से जुड़ी वीरगाथाएं महाराष्ट्र में आज भी श्रद्धापूर्वक सुनी और पढ़ी जाती हैं। हरि नारायण आप्टे के प्रसिद्ध मराठी उपन्यास "गड आला पण सिंह गेला" ने सिंहगढ़ की कीर्ति और तानाजी की शौर्यगाथा को महाराष्ट्र के जन-जन तक पहुंचा दिया है। पुणे और मुंबई के बीच चलने वाली एक रेलगाड़ी का नाम 'सिंहगढ़ एक्सप्रेस' है।

लोहगढ़-विसापुर

शिवनेरी की तरह लोहगढ़ भी महाराष्ट्र का एक प्राचीन गिरिदुर्ग है। रेलमार्ग या सड़क से पुणे से मुंबई जाते समय, लोणावळा से पहले, बाईं ओर की पहाड़ी पर लोहगढ़ साफ नजर आता है। इस दुर्ग के नजदीक विसापुर नामक एक और किला है। इन दोनों किलों के बीच के निचले भाग में लोहगडवाडी नामक गांव है, जहां से एक रास्ता लोहगढ़ की ओर जाता है और दूसरा विसापुर दुर्ग की ओर। विसापुर किला लोहगढ़ से बड़ा और कुछ अधिक ऊंचाई पर बसा हुआ है। जिस पर्वत-शृंखला पर ये जुड़वां किले स्थित हैं उसकी एक ओर इंद्रायणी[19] नदी की घाटी है और दूसरी ओर पवना नदी की।

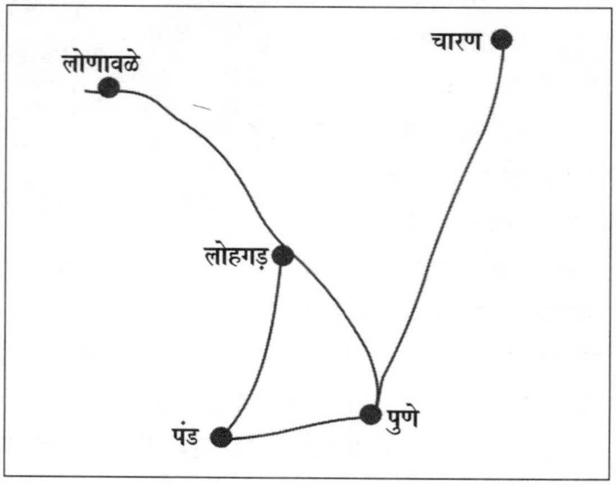

चित्र (नक्शा) 9.36 : लोहगड़ का किला

पुणे-मुंबई सड़क-मार्ग से लोहगडवाडी गांव की ओर चढ़ते समय बाईं ओर भाजा की प्रसिद्ध बौद्ध गुफाएं हैं। ये गुफाएं लगभग 2200 साल पुरानी हैं। सड़क-मार्ग की एक ओर भाजा की गुफाएं हैं, तो दूसरी ओर, कुछ दूर की पहाड़ी पर, कार्ले की लगभग दो हजार साल पुरानी बौद्ध गुफाएं। प्राचीन काल में ऐसी बौद्ध गुफाएं प्रायः व्यापारी मार्गों के नजदीक बनती थीं। प्राचीन काल में कार्ले और भाजा की बौद्ध गुफाओं के पास से एक व्यापारी मार्ग गुजरता था—जुन्नर शहर नजदीक के नाणेघाट से होकर जाने वाले प्राचीन व्यापारी मार्ग की तरह। जिस तरह

चित्र 9.37: लोहगढ़ का मुख्य दरवाजा

चित्र 9.38 : लोहगढ़ की पवनी नदी

नाणेघाट के समीप शिवनेरी, जीवधन आदि दुर्ग बने, उसी तरह कार्ले-भाजा के पास से गुजरने वाले व्यापारी मार्ग पर भी लोहगढ़ और विसापुर जैसे दुर्ग बने। ये दुर्ग भी करीब दो हजार साल पुराने हैं और संभवतः सातवाहन शासकों ने बनवाए थे। फिर ये किले क्रमशः चालुक्यों, राष्ट्रकूटों, यादवों और बहमनियों के अधिकार में रहे।

चित्र 9.39 : लोहगढ़ मुख्य दरवाजे तक ले जाने वाली सीढ़ियां

बाद में इन किलों पर निजामशाही और आदिलशाही सुलतानों का कब्जा रहा। सन् 1648 में शिवाजी ने इन पर अधिकार कर लिया। परंतु 1665 ई. में 'पुरंदर की संधि' के तहत ये किले औरंगजेब के अधिकार में चले गए। मई 1670 में मराठों ने इन्हें पुनः जीत लिया और 1818 ई. तक ये उन्हीं के कब्जे में रहे। उस साल अंग्रेजों की फौज ने अधिक ऊंचाई वाले विसापुर दुर्ग पर पहले हमला

चित्र 9.40 : लोहगढ़ किले के ऊपर से इसके प्रवेश-द्वारों की अनोखी व्यूह-रचना का भव्य दृश्य

करके उसे जीत लिया और वहां से लोहगढ़ पर बमबारी शुरू कर दी। तब मराठे लोहगढ़ छोड़कर चले गए। लोहगढ़ 1845 तक अंग्रेजों की फौज का अड्डा बना रहा।

लोहगढ़ के चार मुख्य प्रवेश-द्वारों की व्यूह-रचना विशेष प्रकार की है। प्रवेश-द्वारों की ऐसी योजना महाराष्ट्र के अन्य किसी दुर्ग में देखने को नहीं मिलती। यहां के प्रथम गणेश दरवाजे के बारे में एक किस्सा प्रसिद्ध है। पेशवा के मंत्री नाना फडणीस[20] (1742-1800 ई.) जब इसे बनवा रहे थे, तब इसके बुर्ज टिक नहीं पा रहे थे। नाना ने सपना देखकर जाना कि यहां एक तरुण दम्पति की बलि देनी जरूरी है। तब सावळे नाम के शिलेदार (अश्वारोही सैनिक) ने अपने पुत्र और बहू को बुर्ज की नींव में दफनाया। बदले में उसे नजदीक के लोहगांव की पाटिलकी मिली! इससे मिलते-जुलते किस्से अन्य कई किलों के बारे में भी सुनने को मिलते हैं।

शिवाजी के समय में और बाद में पेशवाकाल में लोहगढ़ का उपयोग प्रायः राजकोष को सुरक्षित रखने के लिए होता था। सूरत से लूटकर लाए धन को शिवाजी ने पहले लोहगढ़ पर ही रखा था; बाद में वे उसे राजगढ़ ले गए। नाना फडणीस को लोहगढ़ के परिसर से विशेष प्रेम था। उसने किले में कुछ इमारतें, कुंड और एक बावली बनवाई। किले के ऊपरी भाग (बालेकिला) में एक छोटा मंदिर और मुसलमान पीर की कब्र है। किले की पश्चिम दिशा में मजबूत तटबंध वाला एक लंबा और संकरा पर्वत-स्कंध है, जिसे उसके प्राकृतिक आकार के कारण, मराठी में विंचूकाटा (बिच्छू का डंक) कहते हैं।

लोहगढ़ पर नाना फडणीस ने जो बावली बनवाई थी उसके पानी को बहुत गुणकारी माना जाता है। श्रद्धालु लोग उस पानी को बर्तनों या बोतलों में भरकर ले जाने के लिए किले के माथे पर पहुंचते रहते हैं। मुसलमान पीर की दुआएं पाने के लिए भी बड़ी तादाद में हिंदू और मुसलमान किले की चढ़ाई करते हैं। लोहगढ़-विसापुर दुर्गों का पवना नदी की ओर का परिसर बहुत ही रम्य है। इसे एक खूबसूरत पर्यटन स्थल के रूप में विकसित किया जा सकता है।

पुरंदर-वज्रगढ़

सन् 1661 में बीजापुर के आदिलशाह के साथ थोड़ी सुलह कर लेने के बाद शिवाजी उत्तर में मुगलों का सामना करने में जुट गए। आगे के पांच सालों में उन्होंने तीन ऐसे साहसिक काम किए जिससे मुगल बादशाह औरंगजेब बौखला गया। पहले उसने अपने मामा शाहिस्ताखां को एक बड़ी फौज देकर शिवाजी को सजा देने के लिए दक्खन भेजा। मुगल फौज ने पुरंदर किले को घेर लिया, परंतु वह उसे जीत न सकी। फिर शाहिस्ताखां जब पुणे के 'लाल महल' में डेरा डाले हुए था, तब शिवाजी ने अप्रैल 1663 की एक रात को अचानक हमला करके उसकी उंगलियां काट डालीं। उसी वर्ष औरंगजेब के एक सेनापति जसवंतसिंह[21] ने सिंहगढ़ पर हमला किया, तो उसे हार का मुंह देखना पड़ा। अगले वर्ष (जनवरी 1664 में) शिवाजी ने सूरत को लूटकर अपार धनराशि प्राप्त की।

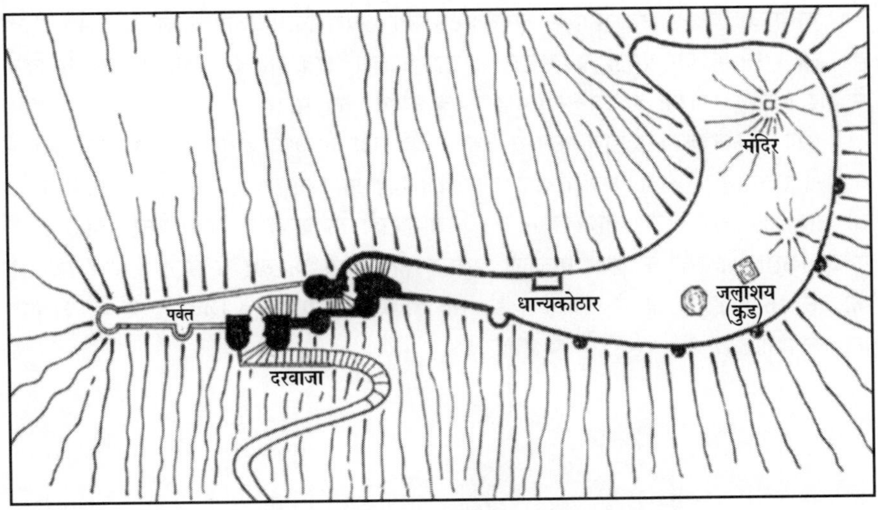

चित्र (नक्शा) 9.41 : पुरंदर-वज्रगढ़ का किला

तब औरंगजेब ने शिवाजी को कुचलने के लिए राजा जयसिंह और दिलेर खान[22] के नेतृत्व में एक बड़ी फौज रवाना कर दी। मुगल फौज ने अप्रैल 1665 में पुरंदर किले को घेर लिया। यह गिरिदुर्ग पुणे से करीब 40 किमी दक्षिण-पूर्व में है। एक विशाल पहाड़ी पर बने इस किले की ऊंचाई समुद्र-सतह से 1400 मीटर और पास के मैदान से लगभग 700 मीटर है। दरअसल, यह एक जुड़वां किला है। पुरंदर के पूर्व की ओर पहुंची एक सपाट पहाड़ी पर वज्रगढ़ नामक एक और किला है। पुरंदर किले के दो भाग हैं : (1) ऊपर का बालेकिला, जिसके चारों ओर खड़ी कगार है; और (2) 'माची' यानी निचले भाग की समतल भूमि का काफी चौड़ा क्षेत्र, जहां किले की छावनी थी। माची का भाग नीचे के

चित्र 9.42 : पुरंदर का गिरिदुर्ग

मैदान से 300 मीटर ऊपर है। इस विस्तृत क्षेत्र के पूर्व में एक पहाड़ी पर बना वज्रगढ़ या रुद्रमाल किला है।

माची के छावनी क्षेत्र से एक घुमावदार रास्ता ऊपरी किले (बालेकिल्ले) की ओर जाता है। इस रास्ते में जो प्रमुख प्रवेश-द्वार है वह 'दिल्ली दरवाजा' कहलाता है। ऊपरी किले में कई प्राचीन स्मारक हैं, जिनमें प्रमुख है—केदारेश्वर का मंदिर।

पुरंदर किले का इतिहास कम-से-कम 13वीं सदी से शुरू होता है। चौदहवीं सदी में बहमनी सुलतानों ने यहां कुछ परकोटे और बुर्ज खड़े किए थे। 1484 ई. से आगे के करीब सौ साल तक यह किला अहमदनगर की निजामशाही के कब्जे में रहा। फिर 1596 ई. में पुरंदर किला शिवाजी के दादा मालोजी भोसले को जागीर के रूप में मिला। मगर शिवाजी को इसे 1646 ई. में अपने प्रयास से ही पुनः हासिल करना पड़ा। शिवाजी के बेटे संभाजी का जन्म (1657 ई.) पुरंदर में ही हुआ था।

चित्र 9.43 : पुरंदर के बालेकिल्ले पर पहुंचने का एक प्रवेश-द्वार

अब अप्रैल 1665 में राजा जयसिंह और दिलेर खान की विशाल मुगल फौज ने पुरंदर को घेर लिया, तो शिवाजी भारी मुसीबत में फंस गए। जो युद्ध हुआ उसमें पुरंदर का वीर किलेदार मुरार बाजी मारा गया। सर्वनाश का समय देखकर जितना हो सके उतना बचाने के उद्देश्य से शिवाजी 11 जून, 1665 को राजा जयसिंह से प्रत्यक्ष मिले। आगे के दो दिनों में संधि की शर्तें तय हुईं। इस 'पुरंदर की संधि' के तहत शिवाजी ने अपने 23 किले मुगलों को सौंप दिए। उनमें पुरंदर और वज्रगढ़ किले भी शामिल थे। आगरा की कैद से छूट आने के बाद 1670 ई. में शिवाजी ने पुरंदर को पुनः हासिल कर लिया। बाद में यह किला पेशवाओं का प्रिय आरामगाह बन गया था। किले के निचले हिस्से में (माची पर) मुरार बाजी की स्मृति में उनकी एक योद्धारूप मूर्ति स्थापित की गई है।

अंग्रेजों ने 1818 ई. में पुरंदर को अपने अधिकार में ले लिया था। दूसरे महायुद्ध के दौरान जर्मन युद्धबंदियों को यहां कैदी बनाकर रखा गया था। एक जर्मन कैदी डॉ. एच. गोएट्ज ने पुरंदर का व्यापक अध्ययन किया और इस दुर्ग के बारे में एक पुस्तक लिखी। स्वतंत्रता-प्राप्ति के बाद यहां राष्ट्रीय केडेट कोर (एन. सी. सी.) का प्रशिक्षण केंद्र रहा।

पन्हाळा

प्रतापगढ़ में 10 नवंबर, 1659 को अफजल खान पर विजय प्राप्त करने के बाद शिवाजी चुपचाप नहीं बैठे। अपनी फौज को एकत्र करके दूसरे ही दिन उन्होंने दक्षिण की ओर आगे बढ़कर आदिलशाही राज्य के किले जीतना शुरू कर दिया। उन्होंने विशालगढ़ का मजबूत किला जीत लिया। उसके बाद कोल्हापुर से लगभग 19 कि.मी. पश्चिमोत्तर में स्थित पन्हाळगढ़ किला भी जीत लिया। यह घटना अफजल खान के वध के केवल 18 दिन बाद की, यानी 28 नवंबर, 1659 की है। शिवाजी ने स्वयं वहां पहुंचकर किले को मजबूत बनाने का काम शुरू कर दिया।

पन्हाळगढ़ दक्खन का संभवतः सबसे बड़ा गिरिदुर्ग है। समुद्र-सतह से करीब 850 मीटर की ऊंचाई पर स्थित इस त्रिभुजाकार किले का घेरा साढ़े सात कि.मी. लंबा है। अपनी आधी लंबाई तक यह किला अपनी खड़ी ढलान और उस पर बनी दीवार से सुरक्षित है। शेष आधी लंबाई में इसे पत्थरों की मोटी दीवार और बुर्जों से मजबूत बनाया गया है। किले में दोहरी दीवार वाले तीन भव्य प्रवेश-द्वार थे, जिनमें से दो आज भी मौजूद हैं। पूर्व दिशा में जो प्रमुख 'चार दरवाजा' था उसे 1844 ई. के हमले में अंग्रेजों ने पूरी तरह नष्ट कर दिया। पश्चिम दिशा का 'कोंकण-तीन दरवाजा' आलीशान और बहुत मजबूत है। उत्तर की तरफ 'वाघ दरवाजा' है। किले के खंडहर बने स्मारकों में सबसे प्रभावशाली हैं–तीन विशाल अंबारखाने यानी धान्य-कोठार, जिनमें से एक का नाम 'गंगा कोठी' है। किले के

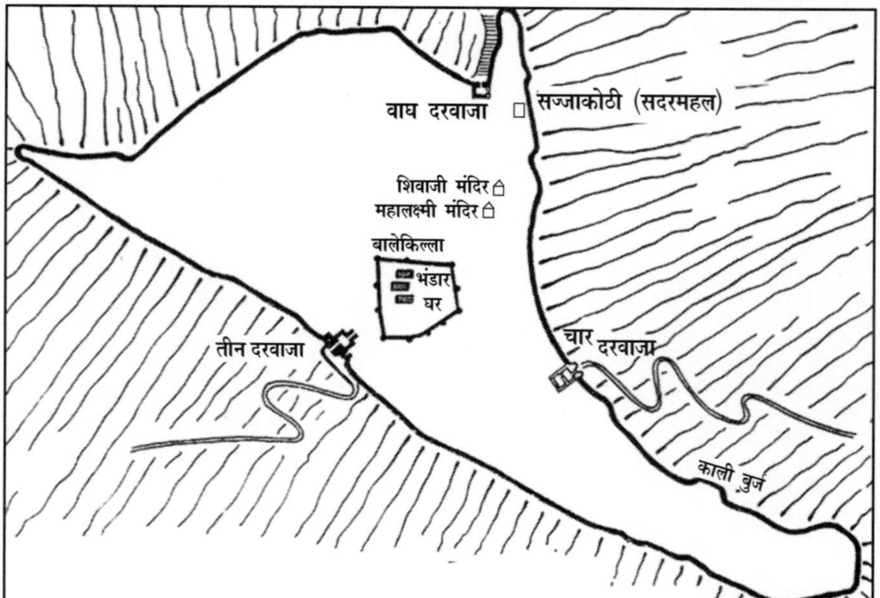

चित्र (नक्शा) 9.44 : पन्हाळा का किला

चित्र 9.45 : पन्हाळा के 'तीन दरवाजा' प्रवेश-द्वार का बाहरी दृश्य

पूर्वोत्तर कोने में 'सज्जा कोठी' नामक दो मंजिली एक इमारत है, जहां शिवाजी ने अपने गुमराह बेटे संभाजी को नजरबंदी में रखा था।

पन्हाळा का इतिहास काफी पुराना है। ईसा की चौथी सदी में सातारा-कोल्हापुर का दक्षिण महाराष्ट्र का यह प्रदेश (प्राचीन कुंतल देश) पहले के राष्ट्रकूटों के आधिपत्य में था। आगे ईसा की सातवीं सदी में यह प्रदेश बादामी के चालुक्य नरेश पुलकेशी-द्वितीय के कब्जे में चला गया।

फिर इस प्रदेश पर कोल्हापुर के शिलाहरों का शासन स्थापित हुआ, तो उनके शासक जतिग-द्वितीय (1000-1020 ई.) ने पन्हाळा दुर्ग (प्राचीन नाम 'प्रनालक' अथवा 'पद्मनाल') को जीत लिया। जानकारी मिलती है कि पन्हाळा में 1178 ई. से 1212 ई. तक शिलाहार शासक भोज (द्वितीय) की राजधानी थी।

मराठी के प्रख्यात कवि मोरोपंत (1729-94 ई.) का जन्म इसी किले में हुआ था। उनके जीवन के आरंभिक 24 वर्ष यहीं पर गुजरे। राजतंत्र से संबंधित पुस्तक ''आशापत्र' के लेखक रामचंद्र अमान्य की समाधि भी यहीं पर है। इस पुस्तक में अमान्य ने दुर्ग-निर्माण के बारे में उपयोगी जानकारी दी है। आज पन्हाळा एक गिरिस्थल बन गया है।

शिलाहारों के बाद पन्हाळा में देवगिरि के यादवों का शासन रहा। शक्तिशाली यादव नृपति सिंघण ने 1112 ई. में शिलाहार सेना को हराकर पन्हाळा दुर्ग को हासिल कर लिया

चित्र 9.46 : पन्हाळा के किले में बनी श्रृंगार व अंधार बावड़ी

और राजा भोज को पकड़कर उसी किले में कैद करके रखा। पन्हाळगढ़ पर आज भी वह स्थान दिखाया जाता है जहां भोज को बंदी बनाकर रखा गया था।

यादवों के बाद पन्हाळगढ़ पर बहमनियों का शासन रहा। 1489 ई. में यह किला बीजापुर की आदिलशाही के अधिकार में चला गया। फिर नवंबर 1659 ई. में इस पर शिवाजी का कब्जा हो गया। आगे कुछ महीने तक वे पन्हाळगढ़ में ही टिके रहे। शिवाजी को पन्हाळा की जलवायु पसंद थी। राजगढ़, शिवनेरी और रायगढ़ के बाद शिवाजी ने अपने जीवन के सबसे ज्यादा 604 दिन पन्हाळा में गुजारे। अपने अंतिम सालों में वे रायगढ़ की अपेक्षा पन्हाळा में ही अधिक रहे।

शिवाजी द्वारा अफजल खान का वध और पन्हाळगढ़ को जीतने का समाचार सुनकर बीजापुर दरबार में बहुत खलबली मच गई। शिवाजी को पकड़ने के लिए बीजापुर दरबार ने सिद्दी जोहार के नेतृत्व में एक बड़ी फौज पन्हाळगढ़ भेजी और उसने किले को चार

चित्र 9.47 : पन्हाळा की सज्जा कोठी, जहां शिवाजी ने अपने बेटे संभाजी को नजरबंद करके रखा था

माह तक घेरे रखा। तब शिवाजी बारिश की एक रात को पन्हाळा से निकलकर विशालगढ़ की ओर प्रयाण कर गए। इस पलायन के दौरान शिवाजी के वीर सेनानी बाजी प्रभु ने शत्रु की फौज को एक दर्रे के मुख पर रोके रखने में अपनी जान दे दी। अंत में आदिलशाह ने शिवाजी से संधि कर ली और पन्हाळा दुर्ग उन्हें सौंप दिया।

संभाजी के वध (1689 ई.) और राजाराम की मृत्यु (1700 ई.) के बाद औरंगजेब ने मराठों के किलों पर कब्जा करना शुरू किया। काफी कठिनाई के बाद अप्रैल 1700 में सातारा के किले को लेने के बाद मुगल फौज ने पन्हाळगढ़ को घेर लिया। मार्च 1701 में खुद औरंगजेब भी वहां पहुंच गया। अंत में मई 1701 में पन्हाळगढ़ पर मुगलों का कब्जा हो गया। लेकिन औरंगजेब की मृत्यु (1707 ई.) के बाद एक-दो महीनों के भीतर ही मराठों ने पन्हाहगढ़, सातारा, पुरंदर, सिंहगढ़ आदि किले मुगलों से वापस ले लिये। स्वतंत्रता-प्राप्ति तक पन्हाहगढ़ पर कोल्हापुर राजकुल का कब्जा रहा। अब पन्हाळा एक हिल-स्टेशन जैसा बन गया है, इसलिए यहां पर्यटकों के लिए प्रायः सभी सुविधाएं उपलब्ध हैं।

प्रतापगढ़

शिवाजी (1630-1680 ई.) अपने राज्य का विस्तार कोंकण के समुद्रतट तक करना चाहते थे। इसके लिए उन्होंने 1656 ई. में सह्याद्रि पर्वतमाला का घने जंगलों वाला जावळी क्षेत्र अपने अधिकार में कर लिया। अब उन्हें यहां के दर्रों से गुजरने वाले रास्तों पर नजर रखने के लिए वहां एक मजबूत किला बनवाना था। उनकी नजर कोयना नदी[23] की घने जंगलों वाली घाटी के पश्चिमोत्तर सिरे पर स्थित 'भोरप्या' या 'ढोरप्या' नामक एक ऊंची, गोलाकार और सपाट पहाड़ी पर पड़ी। उन्होंने

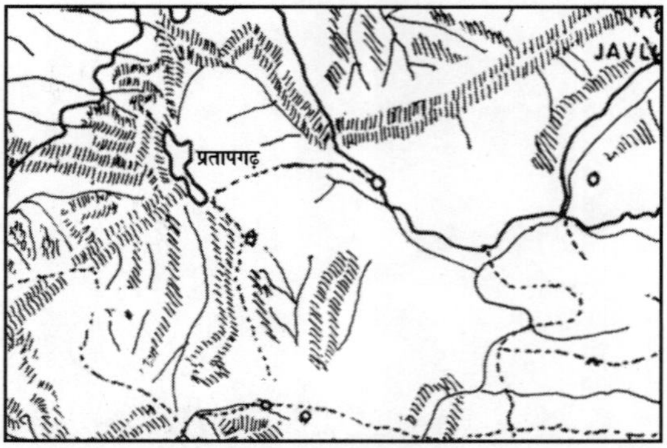

चित्र (नक्शा) 9.48 : प्रतापगढ़

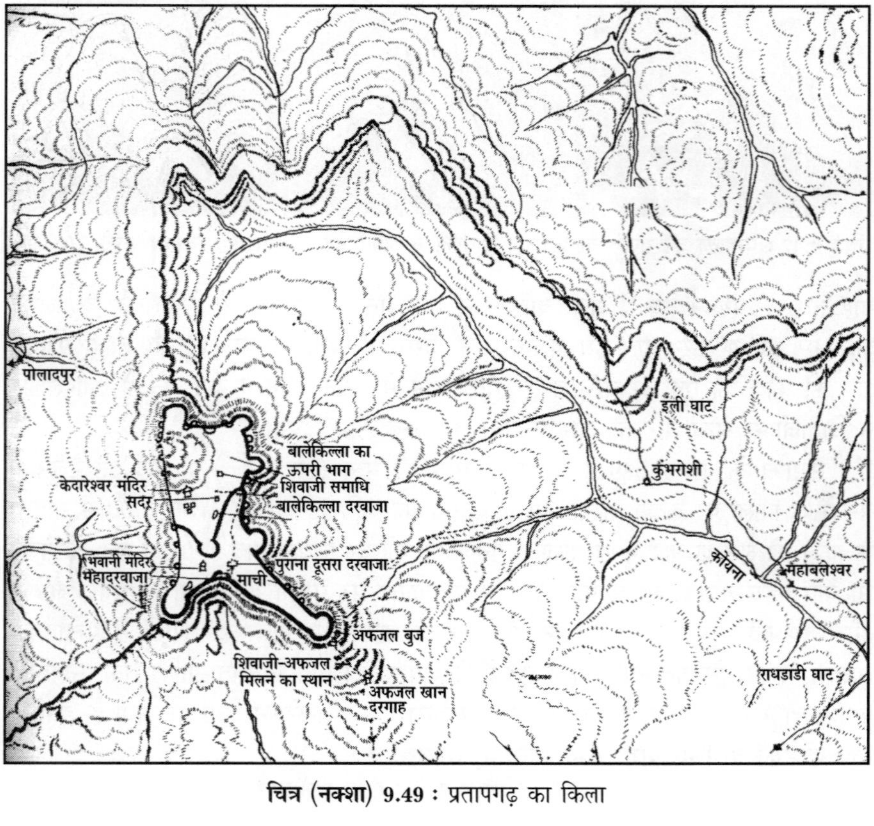

चित्र (नक्शा) 9.49 : प्रतापगढ़ का किला

चित्र 9.50 : प्रतापगढ़ का दूरदृश्य

मोरोपंत पिंगळे को आदेश दिया–"इस पहाड़ी पर एक मजबूत किला बनाना है। यह काम हमारे कुशल वास्तुविद हिरोजी इंदुलकर को सौंप दो।" हिरोजी एक सुयोग्य स्थपति थे और मोरोपंत पिंगळे बाद में शिवाजी के पेशवा (प्रधानमंत्री) बने।

दो साल के भीतर ही किला बनकर तैयार हो गया। उसे नाम दिया गया–प्रतापगढ़। यह गिरिदुर्ग हिल-स्टेशन महाबळेश्वर[24] से 24 कि.मी. पश्चिम में और पुणे से करीब 145 कि.मी. दक्षिण में है। इस किले की मुख्य विशेषता है–इसकी दोहरी तटबंदी और चारों ओर बनी दीवारें, जिनकी ऊंचाई स्थान-स्थान की प्राकृतिक स्थिति के अनुसार कम-ज्यादा रखी गई थी। बालेकिल्ला यानी ऊपरी किला पहाड़ी के पश्चिमोत्तर शिखर पर बनाया गया और इसका विस्तार 180 वर्ग-मीटर है। निचला किला दक्षिण-पूर्वी कगारों पर बना है और इसकी दीवारों और बाहर को निकली इसकी बाँहों (स्कंधों) पर मजबूत बुर्ज बनाए गए हैं। निचले किले के पूर्वी

चित्र 9.51 : प्रतापगढ़ के किले की दीवार पर उत्कीर्ण शार्दूल का प्रतीक

भाग में शिवाजी का बनवाया भोंसलों की कुलदेवी भवानी का मंदिर है। अब किले के काफी नजदीक तक पक्की सड़क पहुंचती है।

चित्र 9.52 : प्रतापगढ़ किले में बना कुलदेवी भवानी का मंदिर

किला बनने के कुछ ही महीने बाद शिवाजी एक बड़ी मुसीबत में फंस गए। बीजापुर के आदिलशाही दरबार ने शिवाजी को जिंदा या मुरदा पकड़ लाने की जिम्मेदारी बलाढ्य सरदार अफजल खान को सौंपी। भारी सैन्य लेकर वह वाई के इलाके में पहुंचा और वहां की हिंदू जनता को उसने सताना करना शुरू कर दिया। शिवाजी को चिंता हुई। वे राजगढ़ से प्रतापगढ़ पहुंचे और अफजल खान का मुकाबला करने की तरकीब सोचने लगे। वह चाहते थे कि अफजल खान अपना सैन्य लेकर प्रतापगढ़ के आसपास के घने जंगल में पहुंच जाए। उन्होंने अपने दूतों के जरिए अफजल खान से बातचीत शुरू कर दी।

चित्र 9.53 : अफजल खान से मुलाकात के पहले शिवाजी द्वारा धारण किए गए रक्षा-साधन

अंत में प्रतापगढ़ दुर्ग के नजदीक की एक खुली चट्टान पर दोनों का मिलना पक्का हो गया। शर्तें तय हुई कि मुलाकात के समय दोनों के साथ सिर्फ दो-दो अंगरक्षक रहेंगे और सैन्य काफी दूर रहेगा। अफजल खान ने सोच रखा था कि वह छोटे कद वाले शिवाजी को अपनी मजबूत बांहों में दबोचकर मार डालेगा। शिवाजी भी उसके कपट को भांप गए थे, इसलिए वह अपने अंगरखे के भीतर लोहे का बख्तर, सिर के साफे के अंदर शिरस्राण और पंजे में ऊपर से अंगूठी-जैसे दिखने वाले लोहे के बाघनख पहनकर गए थे।

वह 10 नवंबर, 1659 का दिन था। अफजल खान शामियाने में पहले पहुंचा, अपने दो अंगरक्षकों के साथ, जिनमें एक था मशहूर तलवारबाज सैयद बंडा। फिर शिवाजी अपने वकील और अंगरक्षक जिवा महाला के साथ शामियाने के दरवाजे पर पहुंचे। उन्होंने ऐसा दिखाया कि जैसे वे अफजल खान से डर गए हैं। तब उनके कहने पर अंगरक्षकों को वहां से हटा दिया गया। शिवाजी आगे बढ़े। खान ने भी आगे बढ़कर उन्हें गले लगाने का नाटक किया। मगर असल में उसने शिवाजी की गरदन को अपनी मजबूत बांह में कसना शुरू

कर दिया और दूसरे हाथ से उनकी कमर में कटार से हमला किया। भीतर लोहे का बख्तर होने से शिवाजी बच गए। उन्होंने तत्काल अपने बाघनख खान के पेट में घुसेड़ दिए, जिससे उसकी अंतड़ियां बाहर निकल आईं। वह चिल्लाया–"मार डाला, बचाओ, बचाओ"।

चित्र 9.54 : प्रतापगढ़ का अफजल खान बुर्ज और उसके दाईं ओर नीचे वह स्थान जहां खान और शिवाजी की मुलाकात हुई थी।

खान की आवाज सुनकर सैयद बंडा दौड़कर आया और वह शिवाजी पर वार करने ही वाला था कि उनके अंगरक्षक जिवा महाला ने वहां पहुंचकर एक ही वार में बंडा का काम तमाम कर डाला। अफजल खान का वध करके शिवाजी किले पर वापस गए और घाटी में जगह-जगह पर पहले से तैनात सैन्य को सूचना देने के लिए तोप दागी गई। शिवाजी के सैन्य ने अफजल खान की फौज का दूर तक पीछा करके उसे भारी नुकसान पहुंचाया। अफजल खान के वध का समाचार मिलने पर बीजापुर में हाहाकर मच गया। शिवाजी एक चमत्कारी पुरुष माने जाने लगे।

चित्र 9.55 : प्रतापगढ़ बालेकिल्ले पर शिवाजी की अश्वारोही प्रतिमा

शिवाजी इस्लाम के विरोधी नहीं थे। उन्होंने उस स्थान पर अफजल खान की कब्र बनवाई जहां उसका वध हुआ था। किले के जिस बुर्ज के नीचे दोनों की भेंट हुई थी वह आज भी 'अफजल खान बुर्ज' कहलाता है। अफजल खान पर शिवाजी की विजय की तीन सौवीं जयंती की स्मृति में प्रतापगढ़ दुर्ग के सबसे ऊंचे स्थान (बालेकिल्ले) पर 1959 ई. में शिवाजी की अश्वारोही प्रतिमा स्थापित की गई।

त्र्यंबक और चाकण

त्र्यंबकेश्वर तीर्थ के समीप स्थित त्र्यंबक अथवा ब्रह्मगढ़ गिरिदुर्ग नासिक[25] शहर से 32 कि. मी. उत्तर में है। किला एक ऐसी ऊंची पहाड़ी पर बना हुआ है जिसके लगभग चारों ओर खड़ी चट्टानी कगार है। इसके अलावा, किले को दीवार और बुर्जों से भी सुरक्षित बनाया गया था। किले पर जाने के केवल दो प्रवेश-मार्ग हैं। दक्षिण दिशा का मुख्य प्रवेश-मार्ग लगभग खड़ी कगार को काटकर बनाई गई करीब 300 सीढ़ियों से और चट्टान को ही काटकर बनाए गए द्वारों से होकर जाता है। उत्तरी मार्ग पर केवल एक द्वार है और वहां चट्टान को काटकर बनाए गए एक संकीर्ण मार्ग से होकर ऊपर पहुंचना पड़ता है। किला अब भग्नावस्था में है। किले के ऊंचे स्थान से आसपास के अंजनेरी, हरिहर[26]और अन्य कुछ गिरिदुर्गों का भव्य दृश्य देखने को मिलता है।

त्र्यंबक किले का निर्माण काफी हद तक देवगिरि (दौलताबाद) गिरिदुर्ग की पद्धति के अनुसार हुआ है, इसलिए लगता है कि यह राष्ट्रकूट-यादव काल में बना है। यादवों के बाद यह निजामशाही सुलतानों, मुगलों और मराठों के अधिकार में रहा। त्र्यंबक और इसके आसपास के किले उत्तरी कोंकण के प्रवेश-मार्ग पर स्थित होने के कारण सैनिक दृष्टि से इनका बड़ा महत्व रहा है। सन् 1818 में अंग्रेजों ने काफी कड़े मुकाबले के बाद त्र्यंबक को जीत लिया, तो फिर आसपास के किलों ने जल्दी ही आत्मसमर्पण कर दिया। गोदावरी नदी त्र्यंबक की पहाड़ी से ही निकलती है।

चाकण गांव और यहां का स्थलदुर्ग पुणे से 29 कि.मी. उत्तर में है। लगभग वर्गाकार यह किला भीतरी तथा बाहरी दीवारों और बुर्जों तथा इसके कोनों में बने टावरों से सुरक्षित था। दीवार के बाहर चौड़ी खाई भी थी। किला अब खंडहर बन गया है।

चाकण काफी पुराना किला है और यह कई राजवंशों के कब्जे में रहा है। पता चलता है कि अबीसीनीया के एक सरदार ने 1295 ई. में यहां किलेबंदी की थी। सन् 1595 में

चित्र 9.56 : त्र्यंबक गिरिदुर्ग का दूरदृश्य

चित्र 9.57 : चाकण स्थलदुर्ग का खंडित परकोटा

यह किला शिवाजी के पितामह मालोजी भोसले को जागीर में मिला था। फिर बीजापुर के आदिलशाह से चाकण परगने की जागीर शाहजी को मिली। शाहजी ने दादाजी कोंडदेव को शिवाजी का संरक्षक और अपनी जागीर का कारभारी नियुक्त किया था। दादाजी कोंडदेव ने[27] चाकण के किले की जिम्मेवारी फिरंगोजी नरसाला को सौंपी थी।

मार्च 1647 में दादाजी कोंडदेव की मृत्यु हुई, तो जागीर का कारभार सत्रह साल के शिवाजी ने संभाल लिया। जागीर का मतलब इतना ही था कि वहां का आयकर जागीरदार अपने खुद के खर्च के लिए प्रयोग कर सकता है। मगर किले पर राजा का ही अधिकार समझा जाता था।

शिवाजी ने आगे बढ़कर आदिलशाही किलों पर भी कब्जा करना शुरू दिया। उन्होंने पुणे के नजदीक के कोंढाणा (सिंहगढ़) और पुरंदर किले हथिया लिये। पुणे और जुन्नर की सुरक्षा के लिए चाकण के भूमि-दुर्ग (संग्रामदुर्ग) का जो महत्व था उसे शिवाजी भली-भांति जानते थे। उन्होंने किलेदार फिरंगोजी नरसाला को लालच देकर किला अपने अधिकार में कर लिया, मगर फिरंगोजी को ही किलेदार बने रहने दिया।

यहां एक महत्वपूर्ण घटना तब घटी जब 1660 ई. में औरंगजेब के सेनापति शाहिस्ता खां ने दो महीने तक चाकण के दुर्ग को घेरे रखा। फिरंगोजी नरसाला ने मुगल फौज का डटकर मुकाबला किया, मगर अंत में उसे किला शाहिस्ता खां को सौंप देना पड़ा। शाहिस्ता खां ने फिरंगोजी के शौर्य की खूब स्तुति की और उसे मुगल सेना में ऊंचे ओहदे का प्रलोभन दिया। परंतु फिरंगोजी ने प्रस्ताव को स्वीकार नहीं किया।

अहमदनगर से कोंकण जाने वाले सबसे कम दूरी के मार्ग पर स्थित होने के कारण चाकण स्थलदुर्ग का सैनिक दृष्टि से बड़ा महत्व था। अंत में अंग्रेजों ने इस किले को 1818 ई. में मराठों से छीन लिया।

अजिंक्यतारा-सातारा

सातारा गिरिदुर्ग, जिसे 'अजिंक्यतारा' भी कहते हैं, सातारा शहर के दक्षिणी सिरे से काफी नजदीक है। समुद्र-तल से 994 मीटर की ऊंचाई पर स्थित यह किला पूर्व से पश्चिम करीब 1000 मीटर लंबा है और करीब 500 मीटर चौड़ा है। अपने वैभव के दिनों में यह किला तराशे पत्थरों की खड़ी मजबूत दीवार और बुर्जों से सुरक्षित था। किले के दो द्वार थे। ऊंचे पुश्तों से संरक्षित मुख्य प्रवेश-द्वार पश्चिमोत्तर कोने के पास है और अब वहां तक पक्की सड़क जाती है। दक्षिण-पूर्व के कोने में बना द्वार बाहर निकलने के लिए था। किले के भीतर जो भवन, कुएं, तालाब, मंदिर आदि थे वे अब भग्नावस्था में हैं। किले के सबसे ऊंचे स्थान पर आज एक वायरलेस रिले स्टेशन है।

सन् 1192 के एक अभिलेख के अनुसार, पन्हाळा से शासन करने वाले शिलाहार शासक भोज-द्वितीय (लगभग 1175-1212 ई.) ने सातारा-कोल्हापुर परिसर में कम-से-कम 15 किले बनवाए थे, जिनमें एक सातारा-अजिंक्यतारा भी था। बहमनी सुलतानों ने इस किले का विस्तार और नवीनीकरण किया। सन् 1673 में शिवाजी ने सातारा के किले पर अधिकार कर लिया। उसके बाद इस किले ने शिवाजी के दक्षिण के सैनिक अभियानों में काफी महत्व की भूमिका अदा की।

शिवाजी के दूसरे पुत्र राजाराम की मृत्यु (1700 ई.) के बाद उसकी पत्नी ताराबाई[28] ने मराठा शासन के सूत्र अपने हाथ में ले लिये। तब औरंगजेब ने मराठों के किले कब्जे में करने की योजना बनाई। शहाजादा आजम[29] के नेतृत्व में 1700 ई. के आरंभ में मुगल फौज ने सातारा के किले को घेर लिया; फिर औरंगजेब भी वहां पहुंच गया। मराठों ने

चित्र 9.58 : अजिंक्यतारा किले का दृश्य

चित्र 9.59 : अजिंक्यतारा-सातारा किले का मुख्य प्रवेश-द्वार

बाहर से और किले के भीतर से मुगलों को खूब सताया। अंत में 21 अप्रैल, 1701 को सातारा के किलेदार सुभानजी ने शाहजादा आजम को किला सौंप दिया।

सातारा के घेरे के बारे में जदुनाथ सरकार ने लिखा है : "इस घेरे का नेतृत्व औरंगजेब जैसे कुशल और अनुभवी सेनापति के हाथ में होने पर भी यहां मुगल सेना की बड़ी दुर्दशा हुई। मुगलों के पास जंगी तोपखाना था। तट को तोड़कर या किले पर हमला करके या तोपों से बमबारी करके किले पर कब्जा करना–इनमें से एक भी बात मुगलों के लिए संभव नहीं हुई। मुगल सेना किले को पूरी तरह घेर भी नहीं सकी। अंतिम समय तक मराठे किले से बाहर जा सकते थे और बाहर से किले में आ सकते थे। उलट, जैसे मुगल फौज की ही घेराबंदी हो गई थी। बाहर मराठों की टुकड़ियां हमेशा गश्त लगाती रहती थीं। छावनी में रसद लाने के लिए संरक्षक टुकड़ियों की सहायता लेनी पड़ती थी। आने-जाने के रास्तों को सुरक्षित रखने के लिए कुशल सरदारों के नेतृत्व में हमेशा सैन्य भेजना पड़ता था। चाहे रसद पहुंचाने वाले आदमी हों या सामान ढोने वाले बैल हों या हाथी आदि जानवर हों–कोई भी भरपूर संरक्षण के बिना छावनी के बाहर पैर नहीं रख सकता था।"

सातारा किले पर औरंगजेब का अधिकार हो गया, तो उसने अपने तीसरे बेटे शाहजादे आजम के नाम पर इसे 'आजमतारा' नाम दिया। संभव है कि 'अजिंक्यतारा' शब्द 'आजमतारा' से बनाया गया हो।

औरंगजब की मृत्यु (1707 ई.) के एक दो महीने बाद ही मराठों ने सातारा, पन्हाळा, पुरंदर आदि कई किले मुगलों से वापस ले लिये। सातारा के किले में 1749 से 1848 तक सातारा के भोंसले राजाओं की गद्दी रही। उसके बाद यह किला ईस्ट इंडिया कंपनी के अधिकार में चला गया।

अहमदनगर

पं. जवाहरलाल नेहरू की एक पुस्तक है–'डिस्कवरी आफ इंडिया' (भारत की खोज), जिसमें आरंभ से लेकर 1944 ई. तक के भारतीय इतिहास के प्रमुख पड़ावों की जानकारी है। पुस्तक के 'समर्पण' में पंडितजी ने लिखा है : "9 अगस्त, 1942 से 28 मार्च, 1945 तक की अवधि में अहमदनगर किले के कारावास के मेरे साथियों और सहबंदियों को।"

वे दूसरे महायुद्ध के दिन थे। जून 1942 में भारतीय राष्ट्रीय कांग्रेस की कार्यकारिणी सभा ने एक प्रस्ताव पास करके अंगेजों से मांग की थी–'भारत छोड़ो'। नतीजा यह हुआ कि सरकार ने कांग्रेस कार्यकारिणी के नेहरू, अबुल कलाम आजाद, गोविंद वल्लभ पंत आदि लगभग सभी सदस्यों को गिरफ्तार करके अहमदनगर के किले में बंद कर दिया। नेहरूजी ने उसी किले में सन् 1944 के पांच महीनों में अपनी उपर्युक्त पुस्तक लिखी।

किलों का उपयोग सिर्फ सुरक्षा के लिए ही नहीं, अक्सर जेल के रूप में भी हुआ है। मराठों और अंग्रेजों के शासनकाल में अहमदनगर के किले का जेल के रूप में कुछ ज्यादा ही उपयोग हुआ। पेशवा के मंत्री नाना फडणीस ने इस किले में राजपरिवार के कई व्यक्तियों को बंदी बनाकर रखा था। मगर वह अवसर भी आया, जब नाना फडणीस को भी दौलतराव शिंदे[30] ने इसी किले में बंद कर दिया था!

अहमदनगर शहर पुणे से लगभग 116 कि.मी. उत्तर-पूर्व में है। पंद्रहवीं सदी के अंतिम चरण में दक्खन का बहमनी राज्य जब पांच भागों में खंडित हो गया, तो उसकी एक शाखा 'निजामशाही' कहलाई। इसकी स्थापना 1490 ई. में सुलतान अहमद निजामशाह ने की थी। उसने कुछ गांवों को मिलाकर अपने नाम पर नया अहमदनगर शहर बसाया और उसे अपनी राजधानी बनाया। निजामशाही के करीब डेढ़ सौ वर्षों के शासनकाल में इस नगर की खूब वृद्धि हुई।

चित्र 9.60 : अहमदनगर किले का विशाल बुर्ज

चित्र 9.61 : अहमदनगर के किले का मुख्य प्रवेश-द्वार, जिसके दो दरवाजे समकोण में बने हुए हैं

एक वैभवशाली नगर की सुरक्षा के लिए एक मजबूत किला भी चाहिए था। किले का निर्माण अहमद निजामशाह[31] के समय से शुरू हो गया था। पहले मिट्टी का परकोटा बनाया गया। फिर हुसैन निजामशाह (1553-65 ई.) के समय में पत्थरों से एक मजबूत दीवार बनवाकर उसके बाहर काफी चौड़ी और गहरी खाई का निर्माण किया गया।

चित्र 9.62 : भीतरी दराजे के बाएं पार्श्व की दीवार पर जल-निकास के लिए बना शिल्प जिसमें व्याघ्र द्वारा हाथी को कुचलते दिखाया गया है

अहमदनगर किला बनावट की दृष्टि से भारत का संभवतः सबसे मजबूत महीदुर्ग है। जो किले समतल भूमि पर बनते थे उन्हें महीदुर्ग या भूमिदुर्ग (मराठी में 'भुईकोट') कहा जाता था। यह किला नगर के पूर्व में छावनी क्षेत्र के मध्य में स्थित है। अंडाकार आकृति वाले इस किले की दीवार लगभग पौने दो किलोमीटर लंबी है। इसे 24 बुर्जों ने मजबूती प्रदान की है। दीवार के बाहर की खाई कमोबेश 40 मीटर तक चौड़ी और 5 से 7 मीटर तक गहरी है। खाई के परे के पुश्ते पर पेड़ लगे हुए हैं। बारीकी से तराशे गए पत्थरों से निर्मित किले की विशाल ठोस दीवार खाई के तल से 25 मीटर ऊंची है।

किले के दो दरवाजे हैं—एक पश्चिम की ओर, दूसरा पूर्व की ओर। दोनों दरवाजों तक पहुंचने के लिए खाई के ऊपर ऐसे झूला-पुल बने थे जिन्हें उठाया जा सकता था। प्राकार यानी दीवार का ऊपरी भाग काफी चौड़ा है और उसमें छोटे गोले दागने के लिए सुराख बने हुए हैं। किले के दरवाजों में लोहे के नुकीले कोणकील लगे हुए हैं।

प्रसिद्ध फारसी इतिहासकार फरिश्ता (1570-1612 ई.) कई साल तक अहमदाबाद और बीजापुर में रहा। उसने 'तारीखे फरिश्ता' के नाम से भारत में मुसलमानी शासनकाल का

इतिहास लिखा है। उसमें अहमदनगर के किले की बढ़िया बनावट की प्रशंसा करते हुए फरिश्ता लिखता है : "पता चलता है कि इसकी मूल योजना बनाने में और बाद में जब-तब मरम्मत करवाने में पुर्तगाली इंजीनियरों की मदद ली गई।"

अहमदनगर के किले में कई ऐतिहासिक घटनाएं घटीं, मगर उनमें सबसे महत्वपूर्ण है– मुगलों के साथ चांद बीबी[32] का संघर्ष। चांद बीबी अहमदनगर के तीसरे सुलतान हुसैन निजामशाह की बेटी थी और बीजापुर के सुलतान अली आदिलशाह को ब्याही थी। पति की मृत्यु हो जाने पर 1584 ई. में वह अहमदनगर आकर गद्दी के असली हकदार बालक बहादुर की संरक्षक बन गई। अहमदनगर निजामशाही सरदारों के आपसी कलह का अखाड़ा बन गया था। मौका देखकर बादशाह अकबर के दूसरे बेटे मुराद के नेतृत्व में मुगल फौज ने 1595 ई. में अहमदनगर के किले को घेर लिया। चांद बीबी की रक्षासेना ने मुगल सेना के छक्के छुड़ा दिए। एक दिन मुगलों ने सुरंग लगाकर एक दीवार में रास्ता बना लिया, तो चांद बीबी ने 25 मीटर ऊंची और चार मीटर चौड़ी दीवार की रातोंरात मरम्मत करवा ली, ताकि दूसरे दिन सुबह शत्रु का मुकाबला किया जा सके। चार महीने के घेरे के बाद मुराद को मजबूर होकर चांद बीबी के साथ संधि करनी पड़ी (फरवरी 1596)।

चार साल बाद 1600 ई. में अकबर के तीसरे बेटे दानियाल के नेतृत्व में मुगल फौज ने दुबारा अहमदनगर पर आक्रमण किया। इस बार भी चांद बीबी ने डटकर मुकाबला किया। मगर एक औरत शासन करे, यह बात उस जमाने में दरबारियों को बर्दाश्त नहीं थी। लड़ाई के दौरान ही उसके विद्रोही दरबारियों ने नमाज अदा कर रही चांद बीबी की हत्या कर दी। अहमदनगर के किले पर मुगलों का कब्जा हो गया।

चित्र 9.63 : चांद बीबी का महल

सन् 1759 में पेशवा बालाजी बाजीराव के चचेरे भाई सदाशिव भाऊ ने अहमदनगर के किले को मुगल किलेदार से खरीद लिया। फिर 1797 ई. में यह किला दौलतराव शिंदे के अधिकार में चला गया। उसके बाद 1803 ई. में जनरल वेलजली ने इसे जीत लिया, परंतु इस पर मराठों का अधिकार कायम रहा। अंत में, पुणे संधि (जून, 1817 ई.) के अंतर्गत बाजीराव पेशवा (द्वितीय) ने यह किला अंग्रेजों को सौंप दिया। आजकल अहमदनगर का किला भारतीय सेना के अधिकार में है। किले के भीतर की नई व पुरानी कई इमारतें काफी-कुछ अच्छी हालत में हैं।

परिंडा

महाराष्ट्र के दुर्ग में परिंडा का अपना एक विशिष्ट स्थान है। परिंडा बरसी नगर से पश्चिम की ओर 18 किलोमीटर की दूरी पर स्थित है। दक्षिण के किलों की तुलना में एक छोटा मगर बड़ा मज़बूत किला है। यह आयताकार और सुंदर नमूने का बना है। किले की दीवारें दोहरी तटबंदी और मोटी परतवाली बनी है। परिंडा किले में 26 बड़े बुर्ज हैं। किले के

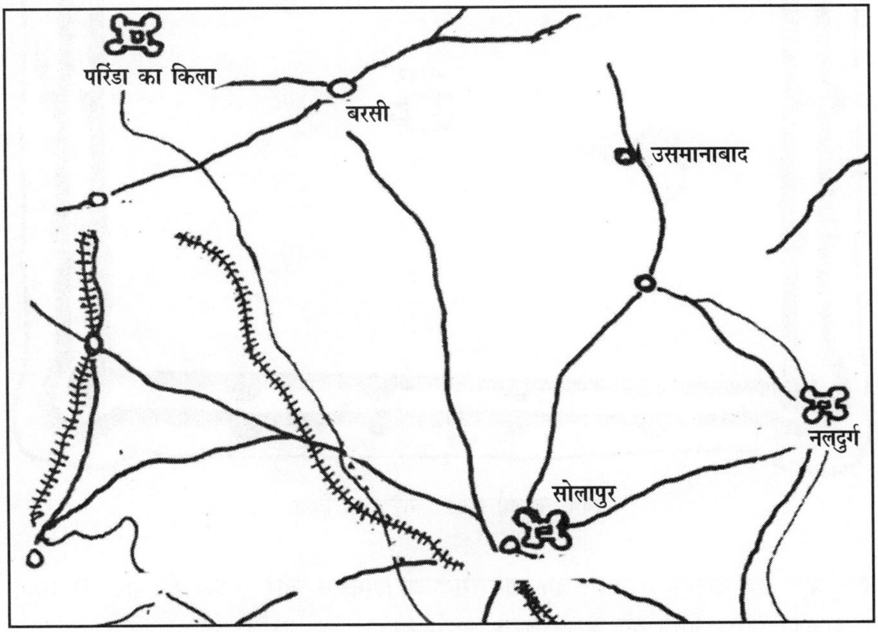

चित्र (नक्शा) 9.64 : परिंडा का किला

चारों ओर चौड़ी और गहरी खाइयां बनी हैं।

बाहरी दीवार एक-दूसरे के समान्तर जाती हैं। उसके साथ-साथ दीवारों में चौड़ा फासला भी छोड़ा हुआ है। अन्दरी दीवार के बुर्ज बाहरी दीवार से ऊंचे बने हुए हैं। इन दीवारों में बीच-बीच में बराबर की दूरी पर झरोखे हैं।

15वीं शताब्दी के मध्यकाल में परिंडा किले को बहमानी[33] राजाओं ने बनवाया था। उन्होंने इस किले का अच्छी तरह से रख-रखाव किया

उसमानाबाद[34] में स्थित परिंडा किले का शाहजी के लिए बहुत महत्व था। जब 1633 में आदिलशाही बीजापुर में राज्य कर रहा था तब उस समय शाहाजी किले के मुख्य अधिकारी थे, तब परिंडा निजामशाही की राजधानी था। फिर मुगलों ने बुद्धि और बल से परिंडा पर अधिकार कर लिया। शाहजहां के समय परिंडा किले में 1650 सैनिक थे। लेकिन 20

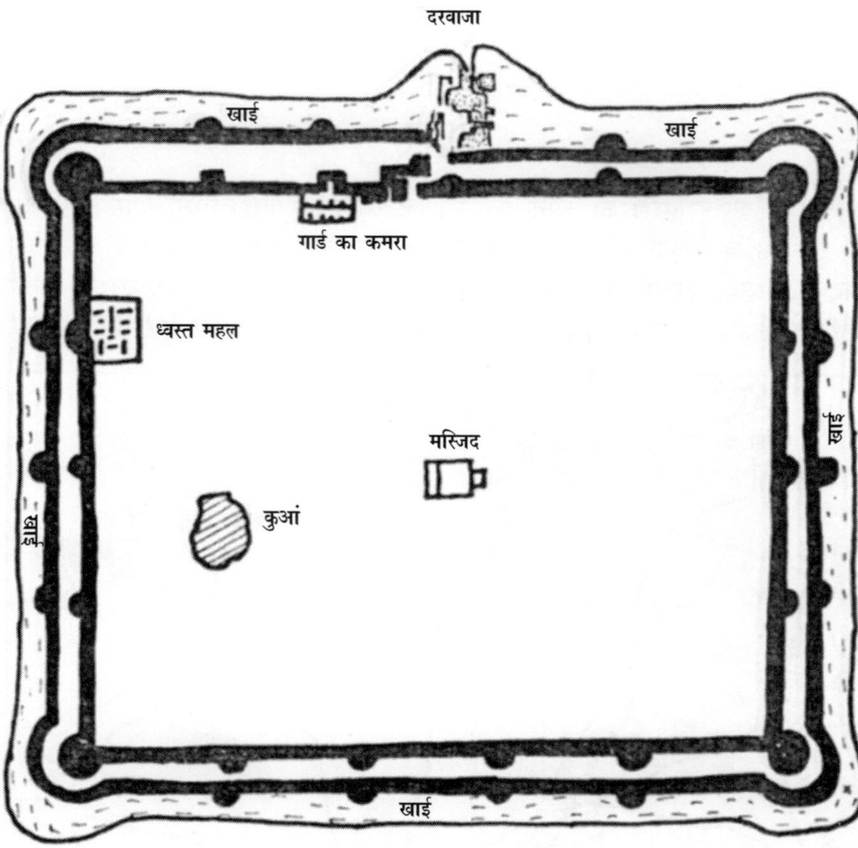

चित्र (नक्शा) 9.65 : परिंडा का किला

साल बाद जब दक्षिण में औरंगजेब वायसराय था। मौसम और समय की मार को सहने के बावजूद परिंडा किले की हालत बहुत अच्छी थी।

परिंडा किले में जाने का सिर्फ एक ही रास्ता है, जो किले के बीचों-बीच उत्तरी तरफ है। अन्दर जाने का एक दरवाजा है। किले की इमारत दो-मंजिली है। यह डी (D) आकृति का बना हुआ। बाहर खुला मैदान है। दरवाजे में बड़ी मज़बूत जंजीर है जो दरवाजे को अच्छी तरह बंद करती है। ऊपरी मंजिल में छिद्र और बालकनियां बनी हुई हैं, जो उत्तर की तरफ मैदान में बाहर की ओर खुलती हैं। मैदान के अंत में थोड़ी दूरी पर सीधी तरफ एक और दरवाजा है।

परिंडा किला अपनी कुछ खास तोपों के लिए जाना जाता है। मालिक मैदान अजदहापेकर, लान्डेकुश जो मैदान के बीच में रखी है। एक तोप का नाम तो उसके इंजीनियर हुसेन अरब के नाम पर रखा गया। दक्षिण के इतिहास में मालिक मैदान की तोप का विशेष महत्व है। आज भी उसे किले के अन्दर देखा जा सकता है। कुछ इतिहासकारों का कहना है कि यह असली नहीं है। 1932 ई. में इसे परिंडा से लाकर बीजापुर में स्थापित कर दिया गया था।

किले के बीचों-बीच एक मस्ज़िद बनी हुई थी। जिसे, मुगलों के बाद बनाया गया। किले के उत्तर-दक्षिण में लोगों के रहने के लिए मकान बने हुए हैं। महल की बाईं ओर कुआं है जिसका व्यास 40 फुट है और यह अण्डाकार बना है। किले का पूर्वी मैदान उबड़-खाबड़ बना हुआ है। अंदर परदे वाली दीवार के साथ जाने वाला रास्ता उबड़-खाबड़ मैदान से अचानक हमले से बचाव करता है।

शिवाजी ने अपने शासन को मज़बूत बनाने के लिए जल सेना के लिए समुद्री किलों का निर्माण किया था। आजकल यह किले जल सेना के अधिकार में है।

चित्र 9.66 : ध्वस्त परिंडा किला

चित्र 9.67 : परिंडा किले के ऊपर रखी तोप

समुद्री दुर्ग

मुरुड-जंजीरा

शिवाजी (1630-1680 ई.) ने अपने पचास वर्षों के जीवनकाल में अनेक किले जीते, अनेक किलों की मरम्मत करवाई और कई नए किलों का निर्माण करवाया। उनका अधिकांश जीवन किलों पर ही बीता। उनका जन्म एक किले (शिवनेरी) पर हुआ और देहांत भी एक किले (रायगढ़) पर। रायगढ़ पर ही 1674 ई. में उनका राज्याभिषेक हुआ और उसी किले में उनकी राजधानी थी। वे किलों को राज्य का आधारस्तंभ मानते थे। शिवाजी को 'दुर्गराज' कहा जाता है।

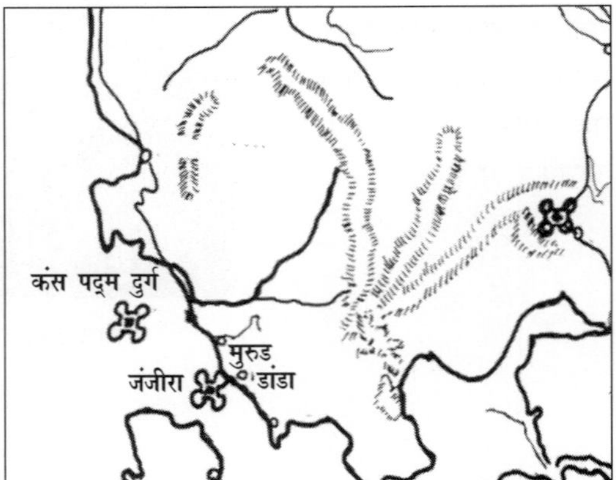

चित्र (नक्शा) 9.68 : मुरुड-जंजीरा

मगर शिवाजी को अपनी मृत्यु के समय तक इस बात का बड़ा अफसोस रहा कि, कई बार प्रयत्न करने पर भी, वे महाराष्ट्र के एक किले को जीत नहीं पाए, हालांकि वह किला उनकी राजधानी रायगढ़ से मुश्किल से 30 किलोमीटर की दूरी पर था। इस किले के लगभग 350 वर्षों के इतिहास में मराठे ही नहीं, कोई भी अन्य सत्ता–पुर्तगाली, फ्रांसीसी, अंग्रेज और मुगल–इसे जीत नहीं पाए। सन् 1947 में देश

चित्र 9.69 : मुरुड-जंजीरा जल दुर्ग

चित्र 9.70 : मुरुड-जंजीरा जल दुर्ग का पूर्व की ओर से नजदीकी दृश्य जहां समुद्र के पानी ने दीवार के जलस्तर वाले पत्थरों को खोखला कर दिया है

के आजाद होने तक इस किले की अपनी स्वतंत्र सत्ता कायम रही।

यह अजेय दुर्ग है–मुरुड़-जंजीरा, संक्षेप में 'जंजीरा'। यह जलदुर्ग मुंबई से 165 किलोमीटर दक्षिण में महाराष्ट्र के रायगढ़ जिले के मुरुड़ बंदरगाह के पास समुद्र में एक चट्टानी द्वीप पर स्थित है। 'जंजीरा' शब्द अरबी भाषा के 'जजीरः' शब्द से बना है, जिसका अर्थ है–द्वीप अथवा वह भूमि जो समुद्र से घिरी हो।

प्राचीन काल से ही यह पहचान लिया गया था कि दुर्ग राज्य का एक महत्वपूर्ण अंग है। कौटिल्य के अर्थशास्त्र[35] और कई पुराणों में दुर्ग-निर्माण के बारे में जानकारी दी गई है। अर्थशास्त्र में चार प्रकार के दुर्गों का वर्णन है–जलदुर्ग, गिरिदुर्ग, धन्वदुर्ग और वनदुर्ग। धन्वदुर्ग, मरुभूमि अथवा दलदली भूमि से घिरा होता था और वनदुर्ग घने जंगलों से। कौटिल्य ने जलदुर्ग और गिरिदुर्ग को सबसे महत्वपूर्ण बताया है। महाराष्ट्र में इन्हीं दो प्रकार के दुर्गों की संख्या सबसे ज्यादा है। कौटिल्य के अनुसार जलदुर्ग नदी या सरोवर के जल से घिरा होता है। परंतु महाराष्ट्र के जलदुर्ग समुद्र के जल से घिरे हुए हैं, इसलिए इन्हें 'समुद्री दुर्ग' कहना उचित होगा। ऐसे कुछ प्रमुख समुद्री दुर्ग हैं–कुलाबा-अलीपुर, मुरुड़-जंजीरा, विजयदुर्ग, सुवर्णदुर्ग और सिंधुदुर्ग। इनमें सबसे महत्वपूर्ण और मजबूत रहा है–जंजीरा।

महाराष्ट्र की कोंकण पट्टी[36], जिसके एक ओर सह्याद्रि पर्वतमाला है और दूसरी ओर अरब सागर, उत्तर में दमन से लेकर दक्षिण में गोवा तक फैली हुई है। यद्यपि कोंकण की भूमि ऊबड़-खाबड़ और पहाड़ी है, परंतु इतिहास व संस्कृति की दृष्टि से यह सदैव दक्खन के पठार से जुड़ी रही है। इसमें बहुत सारी नदियां तथा खाड़ियां हैं, और नौका-निर्माण के लिए सागौन की पर्याप्त लकड़ी उपलब्ध रही है। इसलिए प्राचीन काल से ही कोंकण तट पर सोपारा (शूर्पारक), कल्याण[37] और भड़ौच (भरुकच्छ) जैसे प्रसिद्ध बंदरगाह रहे हैं।

मध्ययुग में कोंकण का अधिकतर समुद्री-व्यापार अरबों के हाथों में चला गया था। अपनी बेहतर नौ-शक्ति के बल पर उन्होंने इस क्षेत्र के विदेशी व्यापार, विशेषकर मसालों के व्यापार पर, कब्जा कर लिया। फिर चौदहवीं सदी में इस्लाम को अपना चुके अबीसीनिया

(अब इथियोपिया, अफ्रीका) के नाविक भारत के पश्चिमी तट पर पहुंचने लगे। उन दिनों सफल व्यापारी होने के लिए अच्छा लड़ाकू होना भी आवश्यक था। भारत में पहुंचे ये साहसी अबीसीनियाई लोग 'सिद्दी' (शायद 'सैयद' का अपभ्रंश) कहलाए। इन्हें 'हब्शी' भी कहा जाता है। सिद्दी सैनिक भारतीय शासकों की फौजों में महत्व के पद प्राप्त करने लगे। भारत में आकर उच्च पद पर पहुंचने वाला ऐसा ही एक सिद्दी था—मलिक अंबर (1549-1626 ई.), जो अहमदनगर की निजामशाही का कई साल तक वजीर और संरक्षक रहा।

पता चलता है कि पंद्रहवीं सदी में उत्तरार्ध में कोळी सरदार यानी मछुआरों के मुखिया रामाऊ ने मुरुड़ के पास के इस द्वीप (जजीरा) पर लकड़ी का एक कोट बनवाया था। फिर अहमदनगर के निजामशाह के एक सेनापति पीरखान ने इस पर अधिकार करके यहां एक किला बनाया और उसे 'जजीरा मेहरुबा' (प्यारा द्वीप) नाम दिया। फिर 1617 ई. में निजामशाह ने यह किला अपने सिद्दी वजीर मलिक अंबर को सौंप दिया। तब से सिद्दी इस जलदुर्ग के मालिक बन गए। उन्होंने जंजीरा की मजबूत किलेबंदी की, वहां अपनी राजधानी स्थापित की और उसे अपना नौसैनिक अड्डा बना दिया। वे कभी बीजापुर की आदिलशाही के साथ होते, कभी अहमदनगर की निजामशाही के साथ, तो कभी मुगलों के साथ। मगर मराठों के साथ उनकी हमेशा ही दुश्मनी रही।

पुर्तगालियों के आगमन तक अरबिया से लेकर इंदोनेशिया तक के विदेशी व्यापार पर अरबों का एकाधिकार रहा। फिर सोलहवीं सदी के आरंभ में पुर्तगालियों ने वसई, दमन आदि कई बंदरगाहों पर कब्जा करके विदेशी व्यापार पर अधिकार जमा लिया। फिर सत्रहवीं सदी में अंग्रेज, फ्रांसीसी और डच[38] आए, जिन्होंने भारत के पश्चिमी तट पर अपने-अपने गोदाम स्थापित किए।

मुगलों की शक्ति जमीन तक ही सीमित थी। उन्होंने नौसेना के निर्माण पर कोई ध्यान नहीं दिया। बीजापुर[39] और अहमदनगर के सुलतान शनैः-शनैः शक्तिहीन होते जा रहे थे। कोंकण की समुद्री पट्टी में पुर्तगाली शक्ति अच्छी तरह स्थापित हो गई थी। डचों और अंग्रेजों ने भी अपने व्यापारी केंद्र स्थापित कर लिये थे। जंजीरा के सिद्दी समुद्री यातायात के साथ ज्यादती से पेश आ रहे थे और कोंकण तट के निवासियों को लूट-खसोट रहे थे।

ऐसी परिस्थिति में शिवाजी ने कोंकण को जीतने और समुद्र पर अपना शासन स्थापित करने का निश्चय किया। उन्होंने नौका-निर्माण और बंदरगाहों पर कब्जा करने का कार्यक्रम आरंभ कर दिया। कल्याण और पनैवेल में नौकाएं बनने लगीं। उन्होंने कम-से-कम एक दर्जन नए समुद्री दुर्गों की स्थापना की। उनमें मालवण के पास बना सिंधुदुर्ग सबसे मजबूत

चित्र 9.71 : मुरुड-जंजीरा दुर्ग के ऊपर बंदूकें

चित्र 9.72 : पद्मदुर्ग

था। उन्होंने कई पुराने समुद्री दुर्गों की मरम्मत करवाई। मगर शिवाजी के पास इतने साधन और फुरसत का इतना समय नहीं था कि वह बड़ी-बड़ी नौकाएं बनवाते और तटवर्ती समुद्र से आगे बढ़कर खुले समुद्र के बारे में सोचते। महत्व की बात यह है कि उन्होंने मराठा नौसेना की स्थापना की।

शिवाजी की नौसेना ने पुर्तगालियों और अंग्रेजों को कई बार टक्कर दी। मगर 1658 और 1678 ई. के बीच, कई बार कोशिश करने पर भी, शिवाजी सिद्दियों के जंजीरा जलदुर्ग पर अधिकार नहीं कर पाए। जब शिवाजी का बेटा संभाजी भी जंजीरा को लेने में असफल रहा, तो उसने जंजीरा से 9 किलोमीटर उत्तर में 'कांसा' या 'पद्मदुर्ग' नामक एक छोटा द्वीपदुर्ग बनवाया। परंतु मराठों के इतिहास में कांसा ने कोई महत्वपूर्ण भूमिका अदा नहीं की। बाद में कांसा भी सिद्दियों के अधिकार में चला गया। इतना ही नहीं, सिद्दियों ने, शिवाजी की मृत्यु के महज आठ साल बाद, 1688 ई. में उनकी राजधानी रायगढ़ को भी जीत लिया और आगे 44 साल तक वह गिरिदुर्ग उनके अधिकार में रहा। सन् 1947 में देश के आजाद होने तक जंजीरा में सिद्दी नवाबों का राज्य कायम रहा। मुरुड़ के पास उनका शानदार महल आज भी मौजूद है।

जंजीरा पहुंचने के लिए मुरुड़ के पास के राजापुरी गांव की जेटी से पालों वाली नाव लेनी पड़ती है। दुर्ग करीब एक किलोमीटर दूर है। यहां समुद्र काफी उग्र रहता है। एक अंडाकार चट्टानी द्वीप पर स्थापित इस जलदुर्ग का मुख्य द्वार, जो पूर्व दिशा में राजापुरी की ओर खुलता है, दो बुर्जों के बीच में है, और यह तभी नजर आता है जब लगभग 25 मिनट की

चित्र 9.73 : जंजीरा किले के भीतर मीठे पानी का विशाल ताल

यात्रा के बाद आपकी नाव इसके एकदम नजदीक पहुंचती है। इस मुख्य द्वार के दोनों ओर की दीवारों पर पंजों में हाथी पकड़े हुए शार्दुल (बाघ) की शिल्पाकृतियां उकेरी हुई हैं। इस प्रकार का शिल्पांकन, जिसका अर्थ सुस्पष्ट नहीं है, महाराष्ट्र के कई किलों के दरवाजों पर देखने को मिलता है। संकट की स्थिति में खुले समुद्र की ओर बाहर निकल जाने के लिए दुर्ग के पिछवाड़े में भी एक छोटा दरवाजा (पश्चद्वार) है। जमीन की ओर से नाकेबंदी होने पर इस पिछले दरवाजे से सिद्दी शासक[40] समुद्र के रास्ते रसद प्राप्त कर सकते थे।

जंजीरा दुर्ग की दीवार में कुल 19 गोलाकार बुर्ज हैं, और ये अब भी अच्छी हालत में हैं। ज्वार के समय भी दुर्ग की सुदृढ़ दीवार पानी से करीब 10 मीटर ऊपर रहती है। समुद्र की लहरों के प्रबल प्रहारों ने दीवार के जलस्तर वाले पत्थरों को कुछ खोखला कर दिया है, किंतु वे अब भी मजबूत हैं।

जंजीरा अब खंडहर बन गया है। लेकिन इसके वैभव के दिनों में यह दुर्ग एक संपन्न शहर-जैसा था। यहां सभी सुविधाएं मुहैया थीं—महल, मस्जिद, मकान, मीठे पानी का बड़ा तालाब, छोटे खेत आदि। इस्तेमाल में न आने के कारण महल टूट-फूट गया है। रानी महल, जिसमें एक शानदार हमामखाना (स्नानागार) था, झाड़-झंखाड़ से घिर गया है और इसकी दीवारों पर अब काई के थर जम गए हैं। मस्जिद भी अब मूक है; यहां बांग देने वाला अब कोई नहीं है।

एक और महत्वपूर्ण सुविधा के कारण भी जंजीरा अजिंक्य रहा। वह है, दुर्ग के भीतर मौजूद मीठे पानी का एक विशाल तालाब। करीब 15 मीटर गहरे इस वृत्ताकार तालाब में आज भी पानी है, हालांकि काई जमने के कारण वह अब पीने योग्य नहीं रह गया है। चारों ओर से खारे पानी के समुद्र से घिरे होने पर भी इस द्वीपदुर्ग के तालाब का पानी मीठा हो, यह बात बहुतों के लिए विस्मयजनक हो सकती है। मगर वास्तविकता यह है कि कोंकण तट के पास के ये सभी चट्टानी द्वीप समुद्र में पहुंचे हुए मुख्य भूमि के ही हिस्से हैं। इनके और मुख्य भूमि के बीच समुद्र ज्यादा गहरा नहीं है। इसलिए सभी समुद्री किलों में खोदे गए कुओं और तालाबों में पेयजल उपलब्ध है।

किले के करीब 60 मीटर ऊंचे छोटे से पठार पर बालेकिल्ले का स्थान है। यहां एक विशाल तोप आज भी पड़ी हुई है। बालेकिल्ले के सबसे ऊंचे स्थान से बंदरगाह, खाड़ी और मुख्य भूमि पर उठी हुई पहाड़ियों का नजारा बहुत ही चित्ताकर्षक है। मन करता है, समुद्र से घिरे इस दुर्ग में रातभर रहकर इसके अतीत के सपने देखे जाएं। किंतु किसी समय का संपन्न और वैभवशाली यह जंजीरा जलदुर्ग अब वीरान पड़ा हुआ है।

सिंधुदुर्ग

छत्रपति शिवाजी के पौत्र और संभाजी के पुत्र शाहू महाराज के आदेश से रामचंद्र पंत अमात्य ने शिवाजी के शासकीय विचारों के बारे में 1715 ई. में मराठी में 'आज्ञापत्र' नामक एक पुस्तक लिखी। उसमें वे बताते हैं–"संपूर्ण राज्य का सार हैं दुर्ग"। आगे लिखते हैं–"जहाजी बेड़ा राज्य का एक स्वतंत्र अंग होता है जिसके पास जहाजी बेड़ा होगा, वही समुद्र पर अधिकार जमा सकता है।"

कई बार कोशिश करने पर भी शिवाजी सिद्दियों के जंजीरा द्वीपदुर्ग को जीत नहीं पाए। तब उन्होंने वैसा ही अपना एक मजबूत समुद्री किला बनाने का निर्णय लिया। नवंबर 1664 में वे मालवण बंदरगाह पहुंचे। मालवण शहर मुंबई से 510 किलोमीटर दक्षिण में और गोवा

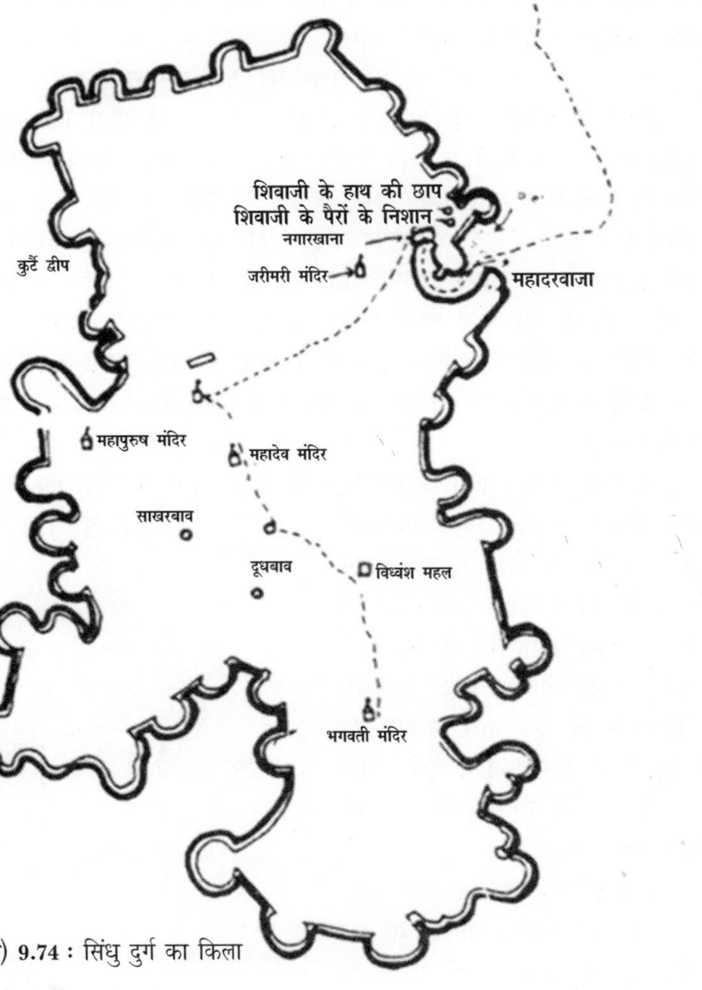

चित्र (नक्शा) 9.74 : सिंधु दुर्ग का किला

चित्र 9.75 : सिंधु दुर्ग का दो बुर्जों के बीच छिपा हुआ मुख्य दरवाजा

से 130 किलोमीटर उत्तर में है। अब कोंकण रेल से मालवण पहुंचा जा सकता है।

शिवाजी ने मालवण के पास के समुद्री द्वीपों का मुआयना किया। उन्हें तट से करीब एक किलोमीटर दूर का 'कुरटे' नामक द्वीप पसंद आ गया। किले की स्थापना के लिए 25 नवंबर, 1764 को द्वीप पर भूमि-पूजन का कार्य सम्पन्न हुआ।

किले के निर्माण की जिम्मेदारी हिरोजी इंदुलकर को सौंपी गई। उसी साल सूरत से लूटकर लाया धन किले के लिए मुहैया किया गया। निर्माण-कार्य में कोई बाधा न आए, इसलिए मालवण में पांच हजार मावळे सैनिक भी तैनात कर दिए गए। उसके बाद शिवाजी अपने दूसरे कामों में जुट गए। मगर सिंधुदुर्ग की ओर उनका ध्यान बराबर बना रहा। बढ़िया चूने और लोहे का भरपूर इस्तेमाल हो, नींव के पत्थरों की जुड़ाई में पिघला सीसा डाला जाए, आदि के बारे में वे चिट्ठी लिखकर हिरोजी को हिदायतें देते रहे। पता चलता है कि इस किले के निर्माण के लिए शिवाजी ने गोवा से 100 पुर्तगाली विशेषज्ञों को बुलवाया था। ऐसी मान्यता है कि सिंधुदुर्ग को बनाने में 3000 कारीगरों ने तीन साल तक रात-दिन काम किया।

शिवाजी बीच-बीच में कोंकण पट्टी में आकर किले के निर्माण-कार्य का निरीक्षण कर जाते थे। मगर जून 1665 में मिर्जा राजा जयसिंह के साथ संधि हो जाने पर उन्हें आगरा जाकर औरंगजेब की कैद में रहना पड़ा। कैद से छूटकर वे सीधे राजगढ़ पहुंच गए। जानकारी मिलती है कि 29 मार्च, 1667 को सिंधुदुर्ग का निर्माण-कार्य पूर्ण हुआ। उस समय जो समारोह हुआ उसमें शिवाजी उपस्थित थे।

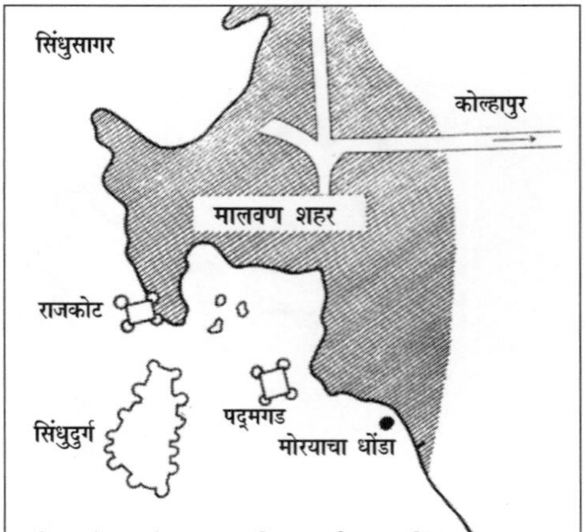

चित्र (नक्शा) 9.76 : सिंधु दुर्ग का परिसर

मालवण के घाट से नाव लेकर धोनतारा और पद्मगढ़ नामक दो छोटे द्वीपों के बीच के एक तंग और उथले

जलमार्ग से होकर किले तक पहुंचना होता है। पूर्वोत्तर दिशा में दो बुर्जों के बीच बना प्रवेश-द्वार (दिल्ली दरवाजा) शहर की दिशा में होकर भी उससे छिपा हुआ है। प्रवेश-द्वार के ऊपर जो नगारखाना है वह बाद का बना हुआ है। प्रवेश-द्वार के उत्तर में परकोटे के ऊपर दो छोटे गुंबदों के अंदर शिवाजी के पैर और हाथ के छाप सुरक्षित हैं। शिवाजी जब किले का निरीक्षण करने आए होंगे, तो गीले मसाले पर उनके हाथ व पैर के निशान पड़े होंगे। मिस्त्रियों ने उन्हें ज्यों-का-त्यों सुरक्षित रखा।

चित्र 9.77 : सिंधु दुर्ग में शिवाजी की बिना दाढ़ी की मूर्ति

किले के अंदर शिवाजी का एक मंदिर (शिवराजेश्वर मंदिर) है, जो देश में अपनी तरह का अकेला है। उसमें शिवाजी की पत्थर की जो मूर्ति है वह बिना दाढ़ी की है और कोळी समुदाय के किसी सरदार-जैसी दिखाई देती है। इस मूर्ति की रोज पूजा होती है। पूजा के बाद मूर्ति को मुखौटा चढ़ाया जाता है। एक मुखौटा सोने का है, दूसरा चांदी का। मूर्ति के पास ही म्यान सहित एक तलवार रखी हुई है। यह मंदिर शिवाजी के दूसरे पुत्र राजाराम के शासनकाल (1689-1700 ई.) में बना था।[41]

सिंधुदुर्ग की एक अनोखी चीज है, यहां का दो शाखाओं वाला नारियल का एक पेड़। किले के भीतर और भी कुछ मंदिर, कुछ कुंड और तीन बाव (बावड़ियां) हैं। पास-पास बनी इन तीन बावड़ियों के सुंदर नाम हैं—दूधबाव, दहीबाव और साखरबाव। ये क्रमशः मुसलमानों, हरिजनों और सवर्णों के लिए बनी थीं। मगर अब इनमें कोई भेद नहीं रह गया है। शिवाजी ने हिंदुओं और मुसलमानों में कभी कोई भेदभाव नहीं किया। उनके अंगरक्षकों

चित्र 9.78 : सिंधु दुर्ग की पश्चिमी दीवार के बाहर 'रानीची वेळा' नामक एक छोटा सा बालू-तट है, जहां रानी ताराबाई समुद्र-स्नान करती थीं।

और नौदल के अधिकारियों में मुसलमान भी थे। सिंधुदुर्ग में आज भी कुछ पुश्तैनी मुसलमान परिवार बसते हैं।

सिंधुदुर्ग चार किलोमीटर लंबी तटबंदी के भीतर बीस हेक्टेयर क्षेत्रफल में फैला हुआ है। इसकी टेढ़ी-मेढ़ी दीवार 9 मीटर ऊंची तथा 3 मीटर चौड़ी है, और इसमें 42 बुर्ज हैं। विशेष बात यह है कि दीवार की नींव के पत्थरों की जुड़ाई में जगह-जगह पिघले सीसे का उपयोग किया गया है। दीवार पर चढ़ने-उतरने के लिए 45 जगहों पर सीढ़ियां बनाई गई हैं। साथ ही, पहरेदारों के लिए करीब चालीस शौचालय बनाए गए हैं।

चित्र 9.79 : कान्होजी आंग्रे (1667-1729 ई.)

दुर्ग के दक्षिणी परकोटे की तलहटी में बाहर निकलने के लिए एक गुप्त मार्ग है। बाहर एक छोटी-सी चौपाटी है (मराठी में 'वेळा')। राजाराम की पत्नी ताराबाई इस दुर्ग में कुछ समय रही थी। तब वह दुर्ग के बाहर की इस चौपाटी पर समुद्र-स्नान के लिए जाती थी, इसलिए इसे मराठी में 'राणीची वेळा' कहते हैं।

सिंधुदुर्ग और समुद्रतट के बीच में 'पद्मगढ़' नामक एक छोटा-सा दुर्ग बनाया गया था, जो अब खंडहर बन गया है। पद्मगढ़ एक प्रकार से सिंधुदुर्ग का प्रहरी था और वहां नौका-निर्माण और उनकी मरम्मत का काम होता था। समुद्रतट पर और भी कुछ छोटे किले हैं।

सिंधुदुर्ग में विजयदुर्ग-जैसी कोई बड़ी लड़ाई नहीं हुई। शिवाजी के बाद यह किला राजाराम व उसकी पत्नी ताराबाई, आंग्रे परिवार, पेशवा और कोल्हापुर[42] के भोसलों के अधिकार में रहा। सन् 1765 में थोड़े समय के लिए सिंधुदुर्ग पर अंग्रेजों का अधिकार हो गया, तो उन्होंने इसे 'फोर्ट ऑगस्टस' का नाम दिया। सन् 1818 में अंग्रेजों ने मराठों का राज्य समाप्त कर दिया। तब दूसरे किलों के साथ-साथ सिंधुदुर्ग पर भी अंग्रेजों का स्थायी कब्जा हो गया। उन्होंने महाराष्ट्र के अन्य किलों की तरह इस किले के भी रक्षा-साधनों को तहस-नहस कर डाला।

सुवर्णदुर्ग

समुद्री किला सुवर्णदुर्ग महाराष्ट्र के रत्नागिरी[43] जिले के हर्णे बंदरगाह के समीप है। यह प्राकृतिक बंदरगाह माहीमारी और अपने मत्स्य-उद्योग के लिए काफी प्रसिद्ध है। किला बहुत मजबूत है। इसकी दीवार ठोस चट्टान को काटकर उठाई गई है और बड़े-बड़े चौकोर प्रस्तर-खंडों का उपयोग करके परकोटे को ऊंचा किया गया है। चुनाई के लिए किसी मसाले का इस्तेमाल नहीं हुआ है। किले की दीवार में कई बुर्ज बने हैं और इसकी पश्चिम दिशा में, खुले समुद्र की ओर, एक दरवाजा बना हुआ है। पूर्व की ओर का मुख्य प्रवेश-द्वार, जो भूमि की ओर से छिपा हुआ है, उत्तराभिमुख है। दरवाजे की दहलीज पर एक कच्छप की शिल्पाकृति उकेरी हुई है और उसके बगल की दीवार में मारुति (हनुमान) की मूर्ति बनाई गई है। किले के भीतर कई इमारतें, जलकुंड और बारूदखाना तथा शस्त्रागार के लिए स्थान थे। सभी इमारतें नष्ट हो गई हैं। आज सुवर्णदुर्ग वीरान पड़ा हुआ है। दुर्ग तक पहुंचने के लिए मुश्किल से ही कोई नाव मिलती है।

सुवर्णदुर्ग का निर्माण 17वीं सदी के आरंभ में संभवतः बीजापुर के आदिलशाही शासकों ने किया था। शिवाजी ने इस किले को जीतकर

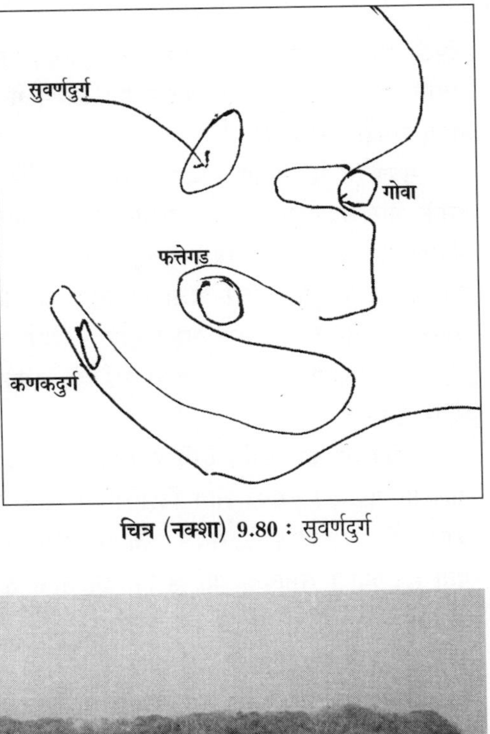

चित्र (नक्शा) 9.80 : सुवर्णदुर्ग

चित्र 9.81 : सुवर्णदुर्ग का दूरदृश्य

चित्र 9.82 : सुवर्णदुर्ग की बुर्जों सहित गोवा किले की एक दीवार

उसकी मरम्मत करवाई और इसे एक मजबूत जलदुर्ग में बदल डाला। सुवर्णदुर्ग भी मराठा नौसेना का एक प्रमुख गढ़ बन गया। आरंभ में यह कान्होजी आंग्रे (1667-1729 ई.) का मुख्य समुद्री किला था।[44]

सुवर्णदुर्ग के समीप समुद्रतट पर तीन छोटे किले हैं—गोवा, कणकदुर्ग और फतहगढ़। इनके और सुवर्णदुर्ग के बीच में तीन-चार सौ मीटर का जलांतराल है। इन तीन छोटे किलों में तट पर बना गोवा सबसे मजबूत था। इसके दो दरवाजे हैं—एक पूर्व दिशा में जमीन की ओर और दूसरा उत्तर दिशा में समुद्र की ओर, सुवर्णदुर्ग की दिशा में। समुद्री द्वार के बगल की दीवार पर बाघ, गरुड़ और हाथियों की शिल्पाकृतियां उकेरी हुई हैं। किले के भीतर की पुरानी इमारतें नष्ट हो गई हैं। इसका दक्षिणी भाग समुद्र-सतह से करीब 15 मीटर ऊंचा है।

कणकदुर्ग की स्थिति ऐसी है मानो हर्णे बंदरगाह से एक छोटी पहाड़ी चट्टान समुद्र में डाल दी गई है। इसकी तीन दिशाओं में समुद्र है और अब इसके केवल दो खंडित बुर्ज कायम हैं। इस किले के सबसे ऊंचे स्थान पर एक दीपस्तंभ है। फतहगढ़ पूर्णतः नष्ट हो गया है। ज्यादा संभावना यही है कि इन तीनों तटवर्ती छोटे किलों को, सुवर्णदुर्ग की सुरक्षा के लिए, कान्होजी आंग्रे ने बनवाया था।

सन् 1755 की घटना है। सुवर्णदुर्ग और विजयदुर्ग किले कान्होजी आंग्रे के पौत्र तुळाजी के अधिकार में थे। आंग्रे और पेशवा में अनबन चल रही थी। पेशवा ने अंग्रेजों के साथ सांठ-गांठ करके सुवर्णदुर्ग और विजयदुर्ग पर कब्जा करने की योजना बनाई। 'भाई के साथ भाई की भिड़ंत' का यह एक और उदाहरण था।

कमोडोर जेम्स के नेतृत्व में अंग्रेजों के जहाज मुंबई से 29 मार्च, 1755 को सुवर्णदुर्ग के समीप पहुंच गए। जल्दी ही पेशवा के जहाज भी वहां पहुंच गए। तुळाजी की मराठा नौसेना सुवर्णदुर्ग की रक्षा में तैनात थी। परंतु जब देखा गया कि अंग्रेजों और पेशवा के जहाज मिलकर एकसाथ हमला करने वाले हैं, तो तुळाजी ने वहां से हटकर अपने जहाज दक्षिण में विजयदुर्ग की ओर ले जाने का फैसला किया। तब अंग्रेजों के जहाजों ने नजदीक

के तीन किलों पर भारी बमबारी की। वहां के बारूदखाने में आग लगने से वे किले नष्ट हो गए।

उसके बाद अंग्रेजों के जहाजों ने मुख्य किला सुवर्णदुर्ग पर भारी बमबारी शुरू कर दी। फिर उनके एक साहसी दल ने किले में प्रवेश करके उस पर अधिकार कर लिया। 3 अप्रैल, 1755 को सुवर्णदुर्ग का पतन हो गया। कहा जा सकता है कि उसके साथ ही मराठा नौसेना का भी अंत हो गया।

सुवर्णदुर्ग पर अंग्रेजों के कब्जे को भारतीय नौसेना के इतिहास में बड़े महत्व का माना जाता है। बाद में कमोडोर जेम्स की विधवा पत्नी ने इंग्लैंड के केंट नामक स्थान पर एक स्मारक खड़ा करके उस पर भारत में अपने पति की प्रमुख उपलब्धियों को अंकित कराया, तो उसमें 3 अप्रैल, 1755 को सुवर्णदुर्ग पर अंग्रेजों की विजय का विशेष रूप से उल्लेख किया।

विजयदुर्ग

सन् 1757 में 23 जून को पश्चिम बंगाल के पलासी गांव के नजदीक नवाब सिराजुद्दौला[45] और अंग्रेजों की फौजों के बीच लड़ाई हुई। रॉबर्ट क्लाइव की चालबाजी से अंग्रेजों की विजय हुई और नवाब की हार। इतिहासकार हमें बताते हैं कि उसी साल से बंगाल में अंग्रेजों का शासन शुरू हो गया था।

मगर भारत के पश्चिमी तट पर स्थित समुद्री किला विजयदुर्ग कुछ दूसरी ही कहानी कहता है। भारत में अंग्रेजों का राज्य क्यों और कैसे स्थापित हुआ, इसे समझने के लिए उस कहानी को जानना निहायत जरूरी है।

विजयदुर्ग किला महाराष्ट्र के रत्नागिरि शहर से 48 किलोमीटर दक्षिण में समुद्रतट पर बसा हुआ है। यह स्थान एक बढ़िया बंदरगाह भी है। वाघोटन नदी के मुहाने के पास की एक चट्टान पर बना यह किला तीन ओर समुद्र से और पूर्व की ओर एक खाई से घिरा हुआ था। खाई अब भर दी गई है। पूर्व दिशा के प्रवेश-द्वार को पार करने के बाद रास्ता बीच की ऊंची दीवार के पास से होता हुआ पश्चिमोत्तराभिमुख भीतरी दरवाजे तक पहुंचता है। तेहरी मजबूत तटबंदी वाले इस किले के 27 बुर्ज थे, जिनमें से तीन बहु-मंजिले थे। किले के अंदर कई भवन और भंडार-गृह थे। एक विश्रामगृह को छोड़कर अब बाकी सभी इमारतें नष्ट हो गई हैं। पानी के लिए किले के अंदर कई बड़े कुंड और कुएं बनाए गए थे।

इन समुद्री किलों में पेयजल मिल जाता है, तो इसमें आश्चर्य की कोई बात नहीं है। बात यह है कि समुद्रतट और उत्तर-दक्षिण चली गई सह्याद्रि पर्वतमाला के बीच मुश्किल से एक किलोमीटर चौड़ी ढलान वाली पट्टी है। बहुत-सी जगहों पर पहाड़ी चट्टानें पश्चिम की ओर समुद्र के भीतर तक पहुंच गई हैं। ऐसी ही चट्टानों पर और अधिकतर इन्हीं के पत्थरों से पश्चिमी समुद्रतट के पास विजयदुर्ग, सिंधुदुर्ग, जंजीरा, सुवर्णदुर्ग आदि अनेक समुद्री किलों का निर्माण हुआ है। भीतर ही भीतर जमीन के साथ जुड़े होने के कारण इनमें खोदे गए कुंडों और कुओं में मीठा पानी मिल जाता है।

कुछ साल पहले किले के पश्चिमोत्तर में, 100 मीटर की दूरी पर, पानी के चार मीटर अंदर, पत्थरों की 3 मीटर चौड़ी और 122 मीटर लंबी एक दीवार खोजी गई है। यह दीवार क्यों और किस तरह बनाई गई थी, यह अभी स्पष्ट

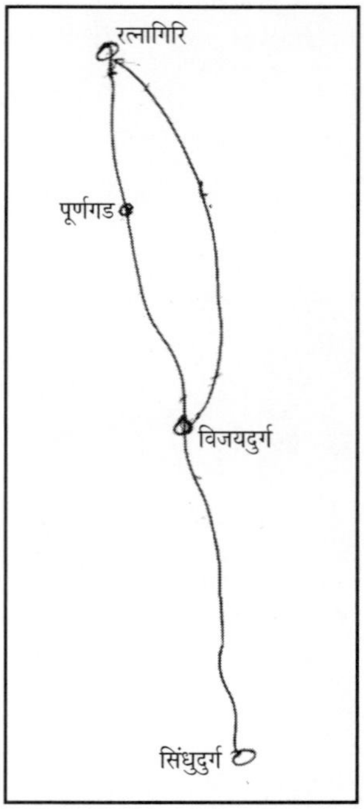

चित्र (नक्शा) 9.83 : विजयदुर्ग

चित्र 9.84 : विजयदुर्ग का दृश्य, सामने हैं मछुआरों की नौकाएं

नहीं हो पाया है। संभव है कि किले के नजदीक पहुंचकर तटबंदी पर हमला करने वाले जहाजों को नष्ट कर देने के लिए पानी के भीतर ये दीवारें बनाई गई हों। वाघोटन नदीतट पर, किले से तीन किलोमीटर पूर्व की ओर, एक गोदी बनाई गई थी। वहां मराठों की नौकाएं बनाई जाती थीं और उनकी मरम्मत होती थी।

पता चलता है कि विजयदुर्ग किला दक्षिणी महाराष्ट्र पर शासन करने वाले शिलाहार शासक भोज-द्वितीय के समय (लगभग 1175-1212 ई.) में बना था। फिर यह यादवों और बहमनियों के के अधिकार में रहने के बाद बीजापुर के आदिलशाही शासकों के कब्जे में चला गया। नजदीक ही 'गिर्ये' नामक गांव है, इसलिए पहले इस किले को 'घेरिया' के नाम से जाना था। फिर 1653 ई. में शिवाजी ने इसे आदिलशाही से जीतकर इसके बुर्जो तथा परकोटों को मजबूत बनाया और इसे नया नाम दिया–विजयदुर्ग।

शिवाजी (1630-1680 ई.) ने अपना राज्य मुख्यतः दुर्गों के बल पर ही खड़ा किया था। उनका ध्यान जब पश्चिमी समुद्रतट की ओर गया, तो उन्होंने देखा कि वहां के सबसे मजबूत समुद्री किले जंजीरा पर सिद्दी नवाबों का कब्जा है। पुर्तगाली, अंग्रेज और डच भी पश्चिमी तट के कई स्थानों पर अपने अड्डे स्थापित कर चुके थे और उनके जहाज भारतीय समुद्र में बेरोक-टोक घूमते रहते थे। मुगल बादशाहों ने नौसेना के निर्माण पर कोई ध्यान नहीं दिया था।

ऐसी स्थिति में शिवाजी ने कोंकण को जीतने और पश्चिमी समुद्रतट पर अपना शासन स्थापित करने का निश्चय किया। उन्होंने नौका-निर्माण का और बंदरगाहों पर कब्जा करने का काम शुरू कर दिया। कल्याण और पनवेल में नौकाएं बनने लगीं। पुर्तगालियों और अंग्रेजों के साथ कई बार उनकी मुठभेड़ हुई। चार बार प्रयत्न करने पर भी शिवाजी को सिद्दियों से जंजीरा दुर्ग लेने में सफलता नहीं मिली।

शिवाजी ने नौकाओं के निर्माण और समुद्री दुर्गों की स्थापना और उनकी मरम्मत का काम जारी रखा। उन्हें इतना समय नहीं मिल पाया कि वे बड़ी-बड़ी नौकाएं बनवाते और तटवर्ती समुद्र से आगे बढ़कर खुले समुद्र के बारे में सोचते। मगर महत्व की बात यह है कि उन्होंने मराठा नौसेना की स्थापना की। उन्हें ठीक ही 'भारतीय नौसेना का पिता' कहा

जा सकता है।

चित्र **9.85 :** विजयदुर्ग की दीवार और उसके बुर्ज

मराठा नौसेना का उत्कर्ष कान्होजी आंग्रे (1667-1729 ई.) के समय हुआ। शिवाजी के पोते शाहू ने उसे मराठा नौसेना का 'सरखेल' (प्रधान) बना दिया था। कान्होजी ने एक शक्तिशाली बेड़ा तैयार किया और कई समुद्री दुर्गों को मजबूत बनाया। उसने यूरोप की जहाजी शक्तियों के कई हमलों को विफल कर दिया। उसके बेटों ने भी मराठा नौशक्ति को मजबूत बनाए रखा।

लेकिन अब मराठा राज्य पेशवाओं के कब्जे में था। उनका ज्यादा ध्यान उत्तर भारत की ओर था। यूरोप की समुद्री शक्तियों के असली मकसद को वे ठीक से पहचान नहीं पा रहे थे। वे मराठा नौसेना को मजबूत नहीं बना रहे थे। कान्होजी और उसके उत्तराधिकारियों से उनकी अनबन थी। वे आंग्रे की शक्ति को तोड़ना चाहते थे।

सन् 1755 ई. की बात है। उस समय मराठा नौसेना का प्रधान था तुळाजी आंग्रे और पेशवा था बाळाजी बाजीराव। तुळाजी को हराने के लिए पेशवा ने अंग्रेजों से मदद मांगी और उनसे संधि भी कर ली। उस समय सुवर्णदुर्ग और विजयदुर्ग मराठा नौसेना के प्रमुख अड्डे थे। पेशवा की फौज और अंग्रेजों की नौसेना ने मिलकर अप्रैल 1755 में पहले सुवर्णदुर्ग पर अधिकार कर लिया और फिर फरवरी 1756 में विजयदुर्ग पर भी हमला बोल दिया– समुद्र की ओर से अंग्रेजों के जहाजों ने और जमीन की ओर से पेशवा की फौज ने।

जंजीरा के बाद विजयदुर्ग पश्चिमी तट पर सबसे मजबूत किला है। तुळाजी को हराना बहुत कठिन था। लेकिन अंग्रेजों ने एक चाल चली। एक जलता हुआ जहाज आंग्रे के जहाजों की ओर मोड़ दिया। आंग्रे का जहाजी बेड़ा जलकर नष्ट हो गया। फिर किले में मौजूद बारूद के भंडार में आग लगा दी गई। अंत में तुळाजी को हार माननी पड़ी। विजयदुर्ग पर अंग्रेजों का कब्जा हो गया। मराठों का जहाजी बेड़ा बरबाद हो गया।

विजयदुर्ग के युद्ध के दौरान अंग्रेजों के जहाजी बेड़े में कैप्टन रॉबर्ट क्लाइव मौजूद था। कहते हैं कि वही सबसे पहले किले में पहुंचा था। एक साल बाद यही क्लाइव पलासी के युद्ध (1757 ई.) में विजय प्राप्त करके बंगाल पर अधिकार जमा लेता है। पेशवा यदि अंग्रेजों की मदद नहीं लेता, तो क्या यह नौबत आती? यह एक सच्चाई है कि अंग्रेजों ने भारत का राज्य यहां के नासमझ सामंतों और भाड़े के सिपाहियों के सहयोग से प्राप्त किया था।

विजयदुर्ग 1818 ई. तक पेशवा के अधिकार में रहा और उसके बाद अंग्रेजों के कब्जे में चला गया।

कुलाबा-अलीबाग

कुलाबा किला मुंबई से 112 किलोमीटर दक्षिण में स्थित अलीबाग शहर के समीप एक चट्टानी द्वीप पर बना हुआ है। इसका विस्तार उत्तर-दक्षिण में 275 मीटर और पूर्व-पश्चिम में 100 मीटर है। भाटे के समय इस किले तक पैदल पहुंचा जा सकता है, तांगे भी चलते हैं। किले की दीवार अलग-अलग जगह 6 से 8 मीटर तक ऊंची है। इसके चौड़े परकोटे में 17 बुर्ज हैं। पूर्वोत्तर कोने में बना इसका मुख्य प्रवेश-द्वार 'महादरवाजा' कहलाता है। शहर की दिशा में भी एक छोटा दरवाजा है। किले की दीवार के निर्माण में चूने के गारे का इस्तेमाल नहीं हुआ है। इस समुद्री दुर्ग के भीतर मीठे पानी की टंकी, एक कुआं और कई मंदिर हैं। यहां का गणपति मंदिर अब भी अच्छी स्थिति में है। किले के प्राकार के उत्तरी किले में खुले समुद्र की ओर मुंह किए आज भी दो अंग्रेजी तोपें देखी जा सकती हैं। दुर्ग के बाहर दक्षिण दिशा में नौकाओं की मरम्मत करने के लिए एक गोदी बनी हुई थी, जिसका एक भाग भाटे के समय आज भी नजर आ जाता है।

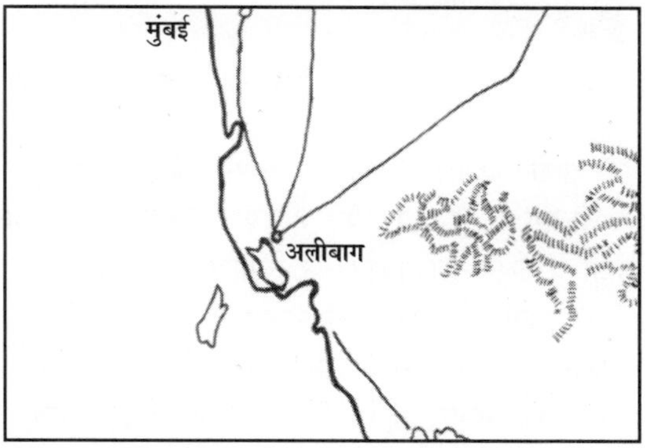

चित्र (नक्शा) 9.86 : कुलाबा-अलीबाग

मुख्य किले के पूर्वोत्तर में, थोड़े अंतर पर, एक गढ़ी-नुमा छोटा समुद्री किला है, जो

चित्र 9.87 : कुलाबा किले का महादरवाजा

चित्र 9.88 : कुलाबा किले का दक्षिणी द्वार

सरजाकोट कहलाता है। उसे कभी-कभी कुलाबा का 18वां बुर्ज भी कहा जाता है। सामने अलीबाग के तट पर बने हीराकोट किले से की जानेवाली बमबारी से कुलाबा किले की रक्षा के लिए सरजाकोट का निर्माण हुआ था।

छत्रपति शिवाजी द्वारा निर्मित कुलाबा ही अंतिम किला था। उनकी मृत्यु अप्रैल 1680 में हुई। कुलाबा किले का निर्माण-कार्य उसके कुछ ही समय पहले पूर्ण हुआ था। किले का महत्व आंग्रे परिवार के काल में बढ़ा और तब यह मराठा नौसेना का प्रमुख गढ़ बन गया। कान्होजी आंग्रे (1667-1729 ई.) ने कुलाबा को एक मजबूत नौसैनिक अड्डा बना दिया था। पुर्तगाली[46], सिद्दी और अंग्रेज, तीनों ने ही कभी अकेले तो कभी मिलकर कुलाबा पर कब्जा करने की कोशिशें कीं, मगर किसी को भी सफलता नहीं मिली।

चित्र 9.89 : कुलाबा किले के उत्तरी कोने पर स्थित दो अंग्रेजी तोपें

कान्होजी आंग्रे की मृत्यु के बाद उनके तीन बेटों–सखोजी, मानाजी और संभाजी–में झगड़े शुरू हो गए। कुलाबा किला सखोजी और मानाजी के हिस्से में आया और विजयदुर्ग संभाजी के हिस्से में गया। संभाजी ने कुलाबा पर दो बार हमला किया, किंतु इस पर कब्जा करने में वह सफल नहीं हुआ। अंत में कान्होजी-द्वितीय जब 1840 ई. में निस्संतान मर गया, तभी कुलाबा किला अंग्रेजों के अधिकार में चला गया।

कुलाबा किले में आंग्रे परिवार के लिए महल, उनके अधिकारियों के लिए मकान, शस्त्रागार, धान्य-कोठार आदि की सुविधाएं थीं। अब पुरानी कोई भी इमारत बची नहीं है। कुलाबा पर आंग्रे परिवार का शासन करीब डेढ़ सौ साल तक रहा। वे 'कुलाबकर' के नाम से भी जाने जाते थे।

विदर्भ के विभिन्न शहर

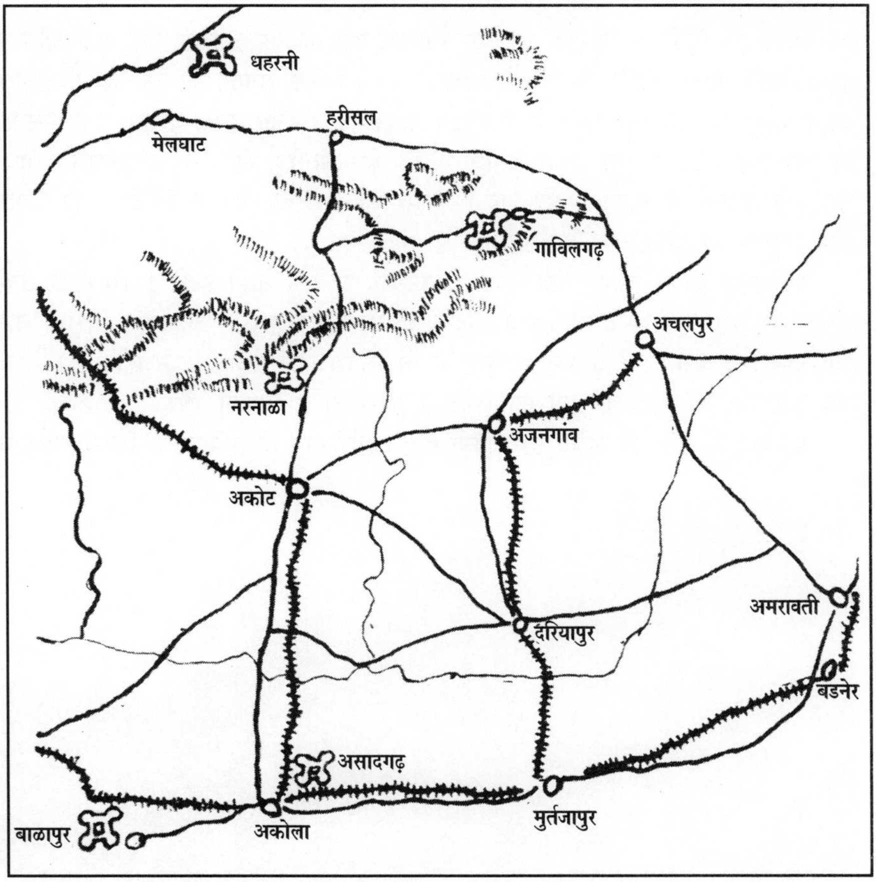

चित्र (नक्शा) 9.90 : विदर्भ के किले

विदर्भ के किले

गाविलगढ़

सन् 1857 में अंग्रेजों के खिलाफ शुरू हुए स्वातंत्र्य-युद्ध का वह आखिरी दौर था। क्रांति के महान सेनानी तात्या टोपे[47] महाराष्ट्र में पहुंचकर अपने सैनिक संगठन को फिर से शक्तिशाली बनाना चाहते थे। अक्तूबर 1858 के एक दिन नर्मदा नदी को पार करके वे सतपुड़ा में मेळघाट की ओर आगे बढ़े। समाचार सुनकर अंग्रेजों में बड़ी सनसनी फैल गई। उन्हें डर लगा कि तात्या टोपे कहीं मेळघाट के मजबूत गाविलगढ़ किले पर कब्जा न कर ले। उन्होंने किले की दीवारों और इमारतों को तहस-नहस कर डाला।

गाविलगढ़ किला विदर्भ (महाराष्ट्र के अमरावती जिले में सतपुड़ा की 1110 मीटर ऊंची पहाड़ी पर बसा हुआ है। यह किला विदर्भ की प्राचीन राजधानी अचलपुर (पुराना नाम 'एलिचपुर') से करीब 30 किलोमीटर उत्तर में चिखलदरा हिल-स्टेशन के नजदीक है।[48] शत्रु यदि अचलपुर पर हमला करे, तो गाविलगढ़ में शरण ली जा सकती थी।

महाराष्ट्र में छोटे-बड़े करीब 350 किले हैं। अक्सर मान लिया जाता है कि महाराष्ट्र के

चित्र 9.91 : गाविलगढ़ का किला

पुराने किलों की ही मरम्मत करवाई; उनके बनवाए गए किले ज्यादा नहीं हैं। महाराष्ट्र में सातवाहनों, यादवों और बहमनियों के समय से किले बनते आ रहे थे। पूर्वी महाराष्ट्र के कई किले गोंड[49] और गवळी जनजातियों के पूर्वजों ने बनवाए थे।

चित्र 9.92 : गाविलगढ़ का दिल्ली दरवाजा

लोक-परंपरा बताती है कि गाविलगढ़ किला आज के पिछड़े हुए पशुचारी गवळी या अहीर लोगों के पूर्वजों ने बनाया था। खानदेश का गवळीगढ़ और बुरहानपुर के पास का प्रसिद्ध असीरगढ़ मूलतः इन्हीं लोगों के बनवाए हुए किले हैं। सदियों पहले गवळी लोगों ने अपने पशुओं की सुरक्षा के लिए आज के गाविलगढ़ के स्थान पर मिट्टी की दीवार वाला एक किला बनाया था, जो बाद में गवळीगढ़ या गाविलगढ़ के नाम से जाना गया। किले के आसपास आज भी गवळी लोगों के कुछ गांव हैं।

विदर्भ के इतिहास में गाविलगढ़ के किले का विशेष महत्व है। एक हजार साल पहले यह किला देवगिरि के यादव शासकों के अधिकार में था। फिर यह बहमनियों के कब्जे में चला गया। आगे यह किला मुगलों और भोंसलों के अधिकार में भी रहा। माना जाता रहा कि, "जो गाविलगढ़ का मालिक, वह विदर्भ बरार का मालिक।" किसी समय विदर्भ को "सूबा गाविलगढ़ अथवा गावेल" कहा जाता था।

गाविलगढ़ का सिलसिलेवार इतिहास पंद्रहवीं सदी से मिलता है। उस समय महाराष्ट्र पर बहमनियों का शासन था। नौवां बहमनी सुलतान अहमदशाह (1422-36 ई.) अपने राज्य की उत्तरी सीमा को सुदृढ़ बनाना चाहता था। वह राजधानी गुलबर्गा से अचलपुर (एलिचपुर) पहुंचा और यहां सालभर रहा। जानकारी मिलती है कि अहमदशाह ने 1425-28 ई. में गाविलगढ़ का जीर्णोद्धार कराया।

प्रायः हर किले के निर्माण के संबंध में कोई-न-कोई दंतकथा सुनने को मिलती है। गाविलगढ़ के बारे में भी एक मनोरंजक दंतकथा है। एक दिन अहमदशाह घूमते-घूमते गाविलगढ़ की तलहटी में जा पहुंचा। उस वक्त उसे एक पेड़ पर पहले कभी भी न देखा गया एक सुंदर पक्षी दिखाई दिया। उसने साथ के लोगों को वह पक्षी पकड़ने की आज्ञा दी। उन लोगों ने उस पक्षी पर कुछ शिकारी पक्षी छोड़े। मगर वह अनोखा पक्षी उनकी पकड़ में नहीं आया और लगातार ऊपर की ओर ही उड़ता चला गया। घोड़े पर सवार अहमदशाह भी उसके पीछे-पीछे ऊपर चढ़ने लगा। अंत में वह पक्षी वहां के सबसे ऊंचे एक पेड़ पर जाकर बैठ गया।

अहमदशाह को बड़ा आश्चर्य हुआ। उसने अपने साथियों से कहा—"लगता है, यह ऐसी जगह है जिसे कोई शत्रु जीत नहीं पाएगा। इसलिए मैं यहां एक मजबूत किला बनवाऊंगा।" अहमदशाह ने गाविलगढ़ की मरम्मत शुरू करवाई। यह 1425 ई. की बात है।

कुछ साल बाद बहमनी राज्य कमजोर पड़ गया, तो प्रांतों के सूबेदारों ने अपने को स्वतंत्र घोषित करना शुरू कर दिया। बहमनी राज्य पांच भागों में बंट गया। विदर्भ के बहमनी सुलतान

फतेहउल्ला इमाद-उल-मुल्क ने भी अपने को स्वतंत्र घोषित करके 'इमादशाह' का खिताब धारण किया और राजधानी अचलपुर में 'इमादशाही' की स्थापना की। तब राज्य की सुरक्षा के लिए फतेहउल्ला ने 1488 ई. में गाविलगढ़ और नरनाळा किलों का विस्तार करके उनकी मरम्मत करवाई।

मगर इमादशाही सौ साल तक भी नहीं टिकी। गाविलगढ़ किला 1574 ई. में अहमदनगर की निजामशाही के अधिकार में चला गया, 1599 ई. में मुगलों के अधिकार में और 1756 ई. में मराठों के अधिकार में आया। फिर 1803 ई. में अंग्रेजों ने गाविलगढ़ को मराठों से जीत लिया।

13 दिसंबर, 1803 में जनरल वेलसली और कर्नल स्टिवेन्सन की फौजों ने गाविलगढ़ पर हमला किया। अचलपुर का नवाब अंग्रेजों की मदद कर रहा था। किला बहुत मजबूत था। रघूजी भोसले की ओर से गाविलगढ़ का मुख्य रक्षक था बेनीसिंह नाम का एक वीर राजपूत। किले में भोंसलों का खजाना भी था। वेलसली ने नवाब के एक गोंड नौकर को लालच देकर उत्तर दिशा से किले पर हमला बोलने के एक विशेष स्थान की जानकारी हासिल की।

अंत में तीन दिन के घमासान युद्ध के बाद किले पर अंग्रेजों का अधिकार हो गया। उसके बाद तलहटी के देवगांव नामक देहात में भोंसले और अंग्रेजों के बीच संधि हुई, जिसके अनुसार गाविलगढ़ व नरनाळा किले भोंसले के ही कब्जे में रहे, परंतु विदर्भ का शेष प्रदेश अंग्रेजों के अधिकार मे चला गया। बीसवीं सदी के आरंभ में ये दोनों किले अंग्रेजों को मिल गए। शुरू में हम बता ही चुके हैं कि तात्या टोपे के मेळघाट में पहुंचने की खबर मिलने पर अंग्रेजों ने गाविलगढ़ के रक्षा-साधनों को तहस-नहस कर डाला था।

गाविलगढ़ के दो भाग हैं–भीतरी किला और बाहरी किला। भीतरी किला कुछ अधिक ऊंचाई पर है। बाहरी किले की एक और तीसरी दीवार है, जो उत्तर की ओर से इसकी रक्षा करती थी। किले के दो मुख्य दरवाजे हैं : मध्य में 'दिल्ली दरवाजा' और दक्षिण-पश्चिम दिशा में 'पीर फतेह दरवाजा'। किले के बचे हुए स्मारकों में सबसे विशिष्ट है एक भव्य मस्जिद, जो भीतरी किले के दक्षिणी भाग में सबसे ऊंचे स्थान पर है। पठान वास्तु शैली की इस मस्जिद

चित्र 9.93 : गावलगढ़ किले की पठानी शैली की भव्य मस्जिद

के आगे के भाग में सात मेहराब हैं। मस्जिद की दो मीनारों में से अब केवल एक ही बची है। सुंदर जाली से निर्मित इसकी चौकोर छतरी मस्जिद के गुंबद के थोड़े ऊपर तक पहुंचती है।

किले में कम-से-कम आठ तालाब थे, जिनमें से दो आज भी अच्छी हालत में हैं। किले में कुछ तोपें आज भी देखी जा सकती हैं, जिनमें सबसे बड़ी इसके दक्षिणी सिरे पर है। किला अब खंडहर बन गया है, वीरान पड़ा है। यह पहाड़ी क्षेत्र 'मेळघाट व्याघ्र परियोजना' के अंतर्गत आता है, इसलिए किले के भीतर कभी-कभार कोई बाघ, तेंदुआ या भालू नजर आ जाता है।

चित्र 9.94 : गाविलगढ़ किले के दक्षिणी सिरे पर स्थित विशाल तोप

अचलपुर (एलिचपुर) का इतिहास एक प्रकार से विदर्भ का इतिहास है। अपने वंश के प्रथम शासक नवाब सुलतान खान ने सन् 1754 में एलिचपुर के सुलतानपुरे में (सर्पण नदी के दक्षिणी छोर पर) एक किला बनवाया था। फिर सुलतान खान के बेटे इस्माइल खान ने शहर के चारों ओर एक ऊंची और मजबूत दीवार, जिसमें चार दरवाजे थे, बनवा दी। उस दीवार के कई हिस्से और दरवाजे आज भी कायम हैं।

नरनाळा

सतपुड़ा की जिस निचली पर्वतश्रेणी पर गाविलगढ़ किला बसा है, उसी पर पश्चिम की ओर की एक अलग पहाड़ी पर नलनाळा किला है। बताया जाता है कि किसी समय ये दोनों किले एक पहाड़ी सुरंग के जरिए एक-दूसरे से जुड़े हुए थे, परंतु अब उसके कोई निशान नहीं मिलते।

नरनाळा किला समुद्र-सतह से 973 मीटर की ऊंचाई पर है और यह 392 एकड़ क्षेत्र में फैला हुआ है। दरअसल, इस किले के तीन भाग हैं—पूर्व की ओर जाफराबाद, मध्य में नरनाळा और पश्चिम की ओर तेलीगढ़। यह विशाल किला लगभग 9 मीटर ऊंची दीवारों, 67 बुर्जों और छह बड़े दरवाजों से सुरक्षित था।

नरनाळा के दरवाजों में सबसे महत्वपूर्ण है 'शाहणुर' अथवा 'महाकाली' दरवाजा। इसे इमादशाही के संस्थापक फतेहउल्ला इमाद-उल-मुल्क[50] ने 1487 ई. में बनवाया था। सफेद बलुआ पत्थरों से निर्मित इस दरवाजे पर अरबी में लेख खुदे हुए हैं और उसके दोनों ओर कोठरियां और गैलरियां बनी हुई हैं, जो कि संभवतः सुरक्षाकर्मियों द्वारा उपयोग में लाई जाती थीं। इस दरवाजे की विशेषता यह है कि इसके दोनों ओर लटकते छज्जों वाली दो-दो खूबसूरत खिड़कियां हैं।

परंपरा के अनुसार नरनाळा बहुत पुराना किला है। देवगिरि के यादव शासकों के बाद यह किला बहमनी सुलतानों के अधिकार में आया। जानकारी मिलती है कि अहमदशाह बहमनी

चित्र 9.95 : नरनाला किले का शाहणुर अथवा महाकाली दरवाजा

चित्र 9.96 : नरनाला किले का महाकाली दरवाजे के बाएं पार्श्व में लटकते छज्जों वाली दो नक्काशीदार खिड़कियां

ने गाविलगढ़ के साथ-साथ इस किले की भी मरम्मत करवाई थी। फिर इमादशाही के संस्थापक फतेहउल्ला का इस पर अधिकार हो गया, तो उसने 'महाकाली' दरवाजे का निर्माण करवाके किले में कुछ इमारतें बनवाईं। आगे जाकर यह किला मुगलों के अधिकार में चला गया। फिर 1701 ई. में परसोजी भोसले (प्रथम) ने इस किले को मुगलों से जीत लिया।[51] मगर 1803 ई. में गाविलगढ़ के साथ-साथ यह किला भी अंग्रेजों के अधिकार में चला गया।

अकबर के शासनकाल में नरनाळा बरार (विदर्भ) सूबे की एक सरकार (जिला) थी। यहां औरंगजेब भी कुछ दिन रहा। जिस महल में वह रहा था वह अब खंडहर बन गया है। किले में दक्षिण की ओर मुंह किए हुए नौ गज लंबी एक तोप है, इसलिए उसे 'नौ गजी तोप' कहते हैं। तोप पर लिखे हुए एक फारसी लेख से पता चलता है कि उसे औरंगजेब के समय में यहां स्थापित किया गया था। किले में तोप ढालने की दो भट्ठियों के अवशेष मौजूद हैं। मस्जिद, बारादरी, अस्तबल और सराफखाने (टकसाल) की इमारतें अब खंडहर बन चुकी हैं।

नरनाळा में एक दिलचस्प स्थल है 'खूनी बुर्ज'। यहां अपराधियों को मृत्युदंड दिया जाता था। ऐसे अपराधी के हाथ-पैर बांधकर उसे किनारे पर से नीचे की गहरी खाई में ढकेल दिया जाता था। उस आदमी का क्या हाल होता होगा, यह जानने के लिए एक बड़े पत्थर को नीचे फेंककर देखा जा सकता है। शिवाजी द्वारा निर्मित प्रतापगढ़ किले में और दूसरे कई किलों में भी ऐसे मृत्युदंड-स्थल ('कडेलोट') देखे जा सकते हैं।

किसी समय नरनाळा के तीनों भागों में कुल 22 तालाब और कुंड थे, मगर अब चार-पांच ही शेष रह गए हैं। नरनाळा का एक और आकर्षक स्थल है–'शक्कर तालाब' के पास स्थित

बुरहानुद्दीन औलिया की मजार, जिसे 'कुत्ते का मंदिर' भी कहा जाता है। लंबे समय से लोगों का विश्वास रहा है कि इस मजार के दर्शन करने पर कुत्ते, सियार या चूहे का काटा हुआ व्यक्ति चंगा हो जाता है। इसलिए दूर-दूर से लोग यहां पहुंचते रहते हैं।

चित्र 9.97 : नरनाला किले की 'नौ गजी तोप'

नरनाळा और गाविलगढ़ के अलावा विदर्भ में और भी कई किले हैं। बाळापुर (अकोला जिला) का किला, जिसकी नींव औरंगजेब के बेटे आजमशाह ने 1721 ई. में डाली थी और जिसे अचलपुर के नवाब इस्माइल खान ने 1757 ई. में पूरा किया था, आज भी अच्छी हालत में है। इस्माइल खान ने अचलपुर (पुराना एलिचपुर) के चारों ओर भी एक मजबूत परकोटा बनवाया था। उस परकोटे के कई हिस्से और दरवाजे आज भी कायम हैं।

अकोला में मोर्णा नदी के किनारे जो किला है उसे औरंगजेब के शासनकाल में असद खान[52] ने सन् 1697 में बनवाया था। किले का बहुत-सा भाग नष्ट हो गया है, मगर महल के अवशेष अब भी देखे जा सकते हैं। कुछ बुर्जों की मरम्मत की गई है और किले के मुख्य हिस्से को बगीचे में बदल दिया गया है।

बाळापुर

बाळापुर तहसील का शहर है और यह जिले के स्थान अकोला (विदर्भ, महाराष्ट्र) से 26 किलोमीटर दूर है। माण और म्हैस नदियों के संगम पर बसा हुआ बाळापुर एक इतिहास-प्रसिद्ध शहर है और यहां का भव्य स्थलदुर्ग विदर्भ और खानदेश का संभवतः सबसे मजबूत किला है। औरंगजेब के बेटे आजमशाह ने 1721 ई. में इस किले की नींव डाली थी और एलिचपुर (अब अचलपुर, जिला अमरावती) के नवाब इस्माइल खान ने 1757 ई. में इसे पूरा किया। किला काफी-कुछ अच्छी हालत में है और आजकल इसके भीतर कुछ सरकारी दफ्तर हैं।

चित्र 9.98 : बाळापुर का किला

दो नदियों के बीच की ऊंची भूमि पर स्थित इस किले के भारी-भरकम परकोटे और बुर्ज अपने समय की सर्वोत्तम ईंटों से निर्मित हैं। इस किले के एक के भीतर एक तीन दरवाजे हैं। बाहरी अथवा नीचे का किला दशभुजाकार है और इसके प्रत्येक कोण पर एक बुर्ज बना हुआ है। दीवारों की ऊंचाई के स्तर पर बना भीतरी किला पंचभुजाकार है और इसके प्रत्येक कोण पर एक बुर्ज है। सबसे ऊपर की दीवारें 3 मीटर चौड़ी हैं और उनके प्राकार में, तीन अलग-अलग दिशाओं में अस्त्र छोड़ने के लिए, बहुत-सारे रेखा-छिद्र बनाए गए हैं। किले के भीतर तीन कुएं

चित्र 9.99 : बाळापुर किले का प्रमुख प्रवेश-द्वार

चित्र 9.100 : बाळापुर किले के दोहरे तटबंद उनके बुर्जों सहित

चित्र 9.101 : बाळापुर किले की भीतरी दीवार, प्रवेश-द्वार

और एक मस्जिद है। बारिश के दिनों में किला बाढ़ के पानी से घिर जाता है–सिर्फ एक जगह आने-जाने के लिए रास्ता खुला रहता है। जिस बाला देवी से शहर को बाळापुर नाम मिला है उसका मंदिर दक्षिण दिशा में किले के ठीक नीचे है।

आईन-ए-अकबरी में उल्लेख है[53] कि बाळापुर बरार के सूबे का एक सबसे सम्पन्न परगना है। बाळापुर को अहमदनगर राज्य से हासिल करने के बाद अकबर का बेटा मुराद[54] यहां बस गया था। उस समय बाळापुर स्थानीय नदी से निकाले गए पत्थरों से निर्मित अपनी कलात्मक वस्तुओं के लिए प्रसिद्ध था। अपने उत्तम कपड़े और हाथकागज के उत्पादन के लिए भी बाळापुर ने दूर-दूर तक ख्याति अर्जित कर ली थी।

माहूर

माहूर गांव, जिसे 'माहोर' भी कहते हैं, महाराष्ट्र के मराठवाड़ा विभाग के नांदेड़[55] जिले के किनवट शहर से 45 किलोमीटर पश्चिमोत्तर में है। माहूर मराठवाड़ा और विदर्भ की सीमा पर है। पहले माहूर एक बड़ा नगर और दक्षिणी विदर्भ का सूबा था। सह्याद्रि की एक पूर्वी पर्वत-श्रेणी पर स्थित यहां का गिरिदुर्ग काफी पुराना है और कम-से-कम यादवों के समय से इसका अस्तित्व रहा है। बाद में यह किला कई सत्ताओं—गोंड, बहमनी, आदिलशाही और निजामशाही—के कब्जे में रहा। तदनंतर इस पर मुगलों और उनके प्रतिनिधियों का अधिकार हो गया। यह गिरिदुर्ग तीन दिशाओं में पैनगंगा नदी से घिरा हुआ है।

दो जुड़वां पहाड़ियों पर बना यह विशाल किला प्राचीरों, प्राकारों और बुर्जों से सुरक्षित था। इसके दो मुख्य प्रवेशद्वार थे—एक दक्षिण दिशा में और दूसरा उत्तर दिशा में। उत्तरी द्वार अभी काफी अच्छी हालत में है। दक्षिण दिशा की करीब पांच मीटर चौड़े प्रकार वाली दीवार भी अभी टिकी हुई है। किले में जो महल, मस्जिद, धन्यागार, बारूदखाना आदि थे वे सभी खंडहर बन गए हैं। किले के लगभग मध्यभाग में 'ईजाळ तलाव' नामक एक बड़ा जलाशय है।

चित्र 9.102 : माहूर किले के दक्षिण-पश्चिम दिशा के परकोटे और बुर्ज के अवशेष, चित्र में बुर्ज के पीछे की दूसरी पहाड़ी पर रेणुका मंदिर है।

उत्तर भारत से दक्खन जाने वाले एक महत्वपूर्ण मार्ग पर

चित्र 9.103 : माहूर किले का 'हाथी दरवाजा' उत्तरी प्रवेश-द्वार

स्थित होने के कारण माहूर का इतिहास काफी पुराना है। प्रमाण मिलते हैं कि माहूर, जिसका प्राचीन नाम 'मातापुर' था, सातवाहनों और राष्ट्रकूटों के समय में एक महत्वपूर्ण स्थान था। किले के समीप की एक पहाड़ी पर स्थित रेणुकादेवी (एकवीरा) का मंदिर यादवों के समय में बना था। माहूर को दत्तात्रेय का निवास-स्थान माना जाता है। महाराष्ट्र के महानुभाव संप्रदाय का माहूर एक प्रमुख केंद्र है।

कुछ समय तक गोंडों के अधिकार में रहने के बाद 15वीं सदी में माहूर बहमनियों के कब्जे में चला गया, तो उन्होंने इसे एक सूबा बना दिया। निजामशाही, आदिलशाही और ईमादशाही के मध्य में स्थित होने के कारण 16वीं सदी में इन तीनों सत्ताओं के बीच हुए संघर्ष में माहूर की बड़ी क्षति हुई। उसके बाद 17वीं सदी में माहूर पर मुगलों और उनके सूबेदारों का अधिकार हुआ। जब शाहजहां ने अपने बाप जहांगीर के खिलाफ बगावत की तो उसने अपनी बेगम और बच्चों के साथ, जिनमें छह साल का औरंगजेब भी था, माहूर के किले में शरण ली थी।

माहूर के बस-स्टैंड से करीब दो किलोमीटर की दूरी पर एलिफेंटा[56] की तरह की चट्टान को काटकर बनाई गई राष्ट्रकूट काल की दो गुफाएं हैं।

पूर्वी महाराष्ट्र के विभिन्न नगर

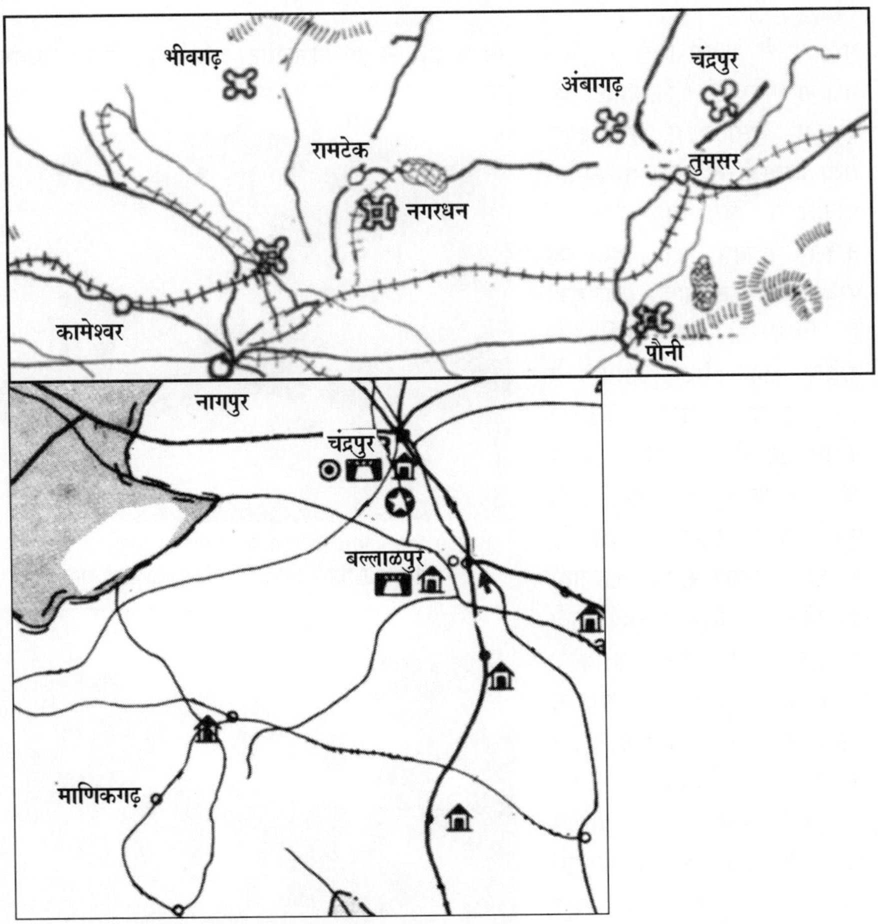

चित्र (नक्शा) 9.104 : पूर्वी महाराष्ट्र के किले

पूर्वी महाराष्ट्र के किले

पौनी और नगरधन के भूमिदुर्ग

महाराष्ट्र के भंडारा जिले का पौनी स्थान नागपुर से 82 किलोमीटर दक्षिण-पूर्व में है। वैनगंगा नदी से करीब तीन किलोमीटर की दूरी पर बसा हुआ पौनी शहर भव्य दरवाजों से युक्त मध्ययुगीन परकोटे से घिरा था। मगर अब केवल पश्चिम की ओर का परकोटा ही कुछ साबुत बचा हुआ है। किले की दीवार कहीं-कहीं करीब 20 मीटर ऊंची है और उसके बाहर चहुंओर करीब 20 मीटर चौड़ी खाई रही है। वह पुरानी खाई अब एक मौसमी झील में बदल गई है, और 'बाळ समुद्र' कहलाती है। किले का निर्माण 18वीं सदी के आरंभ में गोंड राजा बख्त बुलंद ने करवाया था और लगभग 1840 ई. में रघुजी भोसले ने इस पर कब्जा कर लिया था।

चित्र 9.105 : पौनी के दुर्ग का दूरदृश्य; सामने है मौसमी झील, जो पहले किले के बाहर की खाई थी

पौनी एक काफी प्राचीन स्थल है। इधर के वर्षों में यहां एक बहुत बड़े बौद्ध स्तूप के अवशेष मिले हैं, जिससे पता चलता है कि यह स्थान बौद्ध धर्म का एक प्रसिद्ध केंद्र रहा है। पौनी के परकोटे से इस

चित्र 9.106 : किले का चौड़ा प्राकार और उसकी ऊंची कगार

क्षेत्र पर शासन करने वाले वाकाटक नरेश प्रवरसेन-द्वितीय (लगभग 420-50 ई.) का एक ताम्रपट भी मिला है। अतः यह संभव है कि परकोटे का भीतरी कच्चा भाग मध्ययुग से काफी पहले का हो।

चित्र 9.107 : नगरधन किले की सामने की दीवार, मुख्य प्रवेश-द्वार।

नगरधन का प्राचीन नाम नंदिवर्धन था। वर्तमान नगरधन गांव नागपुर से 34 किलोमीटर दक्षिण-पूर्व में है। यह प्रसिद्ध पर्वतीय तीर्थस्थल रामटेक के 5 कि.मी. दक्षिण में है। नगरधन का वर्तमान भूमिदुर्ग, पूर्व की ओर से नागपुर की सुरक्षा की दृष्टि से, संभवतः रघुजी भोसले ने 1740 ई. में बनवाया था। इस वर्गाकार किले की बाहरी दीवार बुर्जों से सुरक्षित रही है और भीतरी दीवार इमारतों की रक्षा करती थी। किले का मुख्य दरवाजा पश्चिमोत्तर दिशा में है और आज भी अच्छी स्थिति में है। किले के भीतर कुएं-नुमा एक मंदिर है, जिसमें मूर्ति को उसकी एक कगार में स्थापित किया गया है। किले की बाकी इमारतें नष्ट हो गई हैं।

चित्र 9.108 : नगरधन किले का मुख्य प्रवेश-द्वार (आंतरचित्र)

मौजूदा किले से थोड़ी दूरी पर एक जगह दिखाई जाती है, जहां से यदा-कदा बड़े आकार की पुरानी ईंटें प्राप्त होती हैं। कहा जाता है कि यह वाकाटकों की प्राचीन राजधानी और उनके दुर्ग का स्थान है।

बल्लाळपुर, चंद्रपुर और माणिकगढ़

महाराष्ट्र के चंद्रपुर (पुराना नाम चांदा) जिले में स्थित ये तीनों किले जनजाति मूल के हैं। अपने कागज कारखाने और इस परिसर की कोयला खानों के लिए प्रसिद्ध बल्लाळपुर कस्बा जिला-मुख्यालय चंद्रपुर से 16 कि.मी. दक्षिण-पूर्व में है। सन् 1437-62 की कालावधि में बल्लाळपुर में गोंड राजा खांडक्या बल्लाळशाह की राजधानी थी। उसने यहां वर्धा नदी के पूर्वी तट पर दीवारों और बुर्जों से युक्त एक वर्गाकार भूमिदुर्ग बनाया था। एक-दूसरे के समकोण में बने किले के दो प्रवेश-द्वार आज भी कायम हैं। नदी तक जाने के लिए पीछे की तरफ भी एक द्वार है। किले का परकोटा भी अभी टिका हुआ है, मगर भीतर की सभी पुरानी इमारतें नष्ट हो गई हैं।

चित्र 9.109 : बल्लाळपुर किले का वर्धा नदीतट के समीप का तटबंद और बुर्ज

चंद्रपुर की स्थापना का श्रेय भी खांडक्या बल्लाळशाह को ही है। जब राजधानी बल्लाळपुर से

चित्र 9.110 : बल्लाळपुर किले के मुख्य द्वार का भीतरी दृश्य

चंद्रपुर स्थानांतरित हुई, तो बल्लाळ राजाओं ने यहां भी ऊंची दीवारों और बुर्जों वाले एक विशाल भूमिदुर्ग का निर्माण किया। किले के चारों दिशाबिंदुओं में चार भव्य द्वार बनाए गए। पुरानी इमारतें नष्ट हो गई हैं, परंतु द्वार और परकोटे के कुछ भाग अभी टिके हुए हैं। अठारहवीं सदी के मध्य में नागपुर के रघुजी भोसले ने चंद्रपुर पर कब्जा कर लिया। अंत में 1818 ई. में चंद्रपुर किला अंग्रेजों के अधिकार में चला गया। चंद्रपुर अब पूर्वी महाराष्ट्र का एक औद्योगिक स्थल है और यह अपने प्राचीन महाकाली मंदिर के लिए भी प्रसिद्ध है।

चित्र 9.111 : चंद्रपुर किले के परकोटे का एक

माणिकगढ़ चंद्रपुर से करीब 35 कि.मी. दक्षिण-पश्चिम में है और आजकल इसके नजदीक स्थापित एक सीमेंट कारखाने के लिए अधिक जाना जाता है। नागा जनजाति के राजाओं द्वारा 9वीं सदी में निर्मित माणिकगढ़ गिरिदुर्ग समुद्र-तल से 507 मीटर की ऊंचाई पर स्थित है। मजबूत दीवारों और बुर्जों से इसकी किलेबंदी हुई थी। किले के भीतर कई तालाब और भवन थे। परंतु पुराने सभी स्मारक पूर्णतः नष्ट हो गए हैं और दुर्ग वन्य-पशुओं की शरणस्थली बन गया है। घने जंगलों से होता हुआ एक पक्का रास्ता किले के मुख्य द्वार के काफी नजदीक तक पहुंचता है। नजदीक ही एक प्राचीन विष्णु मंदिर है।

चित्र 9.112 : माणिकगढ़ किले का भग्न प्रवेश-द्वार

संदर्भ और टिप्पणियां

1. जलालुद्दीन खिलजी दिल्ली का सुलतान और खिलजी राजवंश का संस्थापक था। उसका मूल नाम फिरोजशाह खिलजी था। दिल्ली के सरदार ने कैकाबाद की हत्या करने के बाद उसे सुलतान बनाया था। तब उसने अपना नाम जलालुद्दीन रखा था। गद्दी पर बैठने के समय उसकी आयु 70 वर्ष की थी, लेकिन फिर भी वह स्वभाव से नरम और साहसपूर्ण कार्य करने के लिए सक्षम था। जलालुद्दीन ने मंगोलों के हमले को विफल कर दिया और मंगोलों को दिल्ली में बसने को कहा और मुसलमान बनने को भी कहा। उसके दो बेटे थे, लेकिन भतीजे और दामाद अलाउद्दीन ने विश्वासघात करके 1296 में जलालुद्दीन की हत्या कर दी और दिल्ली का उत्तराधिकारी बन गया।
2. शंकर देव देवगिरि के यादव शासक रामचन्द्र देव का बेटा (उत्तराधिकारी) था। दिल्ली के सुलतान अलाउद्दीन खिलजी को शंकरदेव ने नियमित रूप से कर नहीं दिया। इसलिए सुलतान ने उसके राज्य पर आक्रमण कर दिया। 1312 ई. में उसे पराजित किया और मार डाला। फिर उसका राज्य दिल्ली सलतनत में मिल गया।
3. एलिचपुर अमरावती के उत्तर में स्थित मध्यकाल का प्रसिद्ध नगर है। अलाउद्दीन खिलजी ने देवगिरि पर आक्रमण करते समय एलिचपुर को घेर लिया था। एलिचपुर राजा रामचन्द्र देव के राज्य में था और महाराष्ट्र की सीमा पर बसा था। देवगिरि नरेश से संधि की और संधि के बदले सेना के खर्च का जिम्मा ले लिया।

   जैन ग्रंथों में एलिचपुर को एलजिपुर कहा है। प्राचीन तीर्थमाला संग्रह में **'एलजिपुर कांरजा नयर धनवन्त लोक वसति'**।
4. एलोरा और अजंता : एलोरा औरंगाबाद से बीस किलो मीटर पर है। एक पहाड़ी को काट कर चौंतीस ब्राह्मण, बौद्ध और जैन गुफाओं (मंदिरों) में परिवर्तित करने में शिल्पियों को एक हजार वर्ष लगे।

   तीन धर्मों का संगम होने के कारण एलोरा हमेशा एक तीर्थ स्थल बना रहा और अजंता की भांति इसे भुलाया नहीं जा सकता। एलोरा में 34 मंदिर हैं जिनमें 16 हिंदू मंदिर, 13 बौद्ध और 5 जैन मंदिर हैं जिनमें कैलाश नामक हिंदू मंदिर सबसे बड़ा और सुंदर है। मंदिर की लंबाई एक सौ बयालीस फुट, चौड़ाई बासठ फुट और ऊंचाई सौ फुट है। उसके द्वारों, झरोखों, सीढ़ियों और ऊंचे खंम्भों से मन चंकित भी होता है और मुग्ध भी।

चित्र 9.113 : एलोरा में कैलाश मंदिर

   मंदिर के तीन प्रतिमा मंडपों में बयालीस से अधिक धार्मिक दृश्यों को अंकित किया गया है। अन्य

मंदिरों में नृसिंहावतार, शिव-पार्वती का विवाह, मार्कण्डेय-उद्धार के दृश्य, भैरव और इन्द्र-इन्द्राणी की मूर्तियां, बड़ी गंभीर और भव्य हैं।

बौद्ध गुफाओं में स्तूप में बुद्ध की विशाल प्रतिमा उत्कीर्ण हैं। जैन गुफाएं, कैलाश मंदिर, इन्द्र सभा और जगन्नाथ सभा विशेष रूप से देखने योग्य है। जिस पहाड़ी पर जैन गुफाएं बनी हैं उस पर पारसनाथ की मूर्ति उत्कीर्ण है।

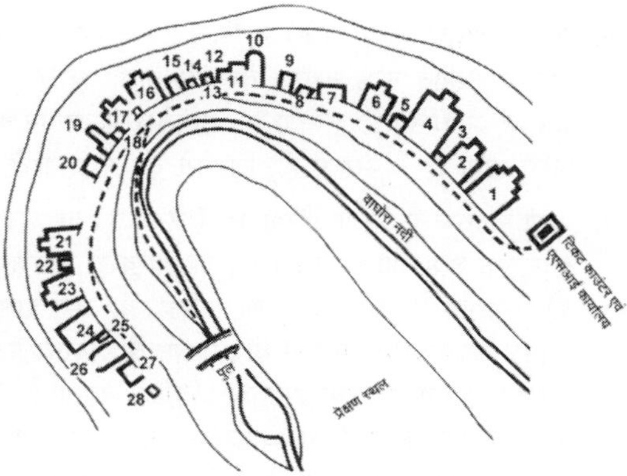

चित्र 9.114 : अजंता गुफाओं का भौगोलिक नक्शा

अजंता औरंगाबाद शहर से 107 किमी की दूरी पर शिलाखंडों को तराश कर बनाया गया है। अजंता गुफाओं को एक विशाल घोड़े के नाल के आकार में तैयार किया है। ये गुफाएं बौद्ध वास्तुकला, चित्रकला और शिल्पकला के उत्कृष्ट उदाहरण हैं। इन गुफाओं में बुद्ध को समर्पित पूजा कक्ष, धैत्य-कक्ष, विहार (बौद्ध मठ) स्थित है।

चित्र 9.115 : इस भित्तिचित्र में भगवान बुद्ध पर स्वर्ग से पुष्प वर्षा होते हुए दिखाया गया है।

दीवारों एवं भीतरी छतों पर बुद्ध के जीवन की घटनाओं और बौद्ध धर्म के दिव्य चित्रों को तराशा गया है। चित्रकारी में **जातक कथाओं**, बोधिसत्व के पूर्व जन्म की विविध कथाओं का चित्रांकन किया गया है। सैकड़ों वर्षों तक इन गुफाओं को भुला दिया गया। लेकिन 1819 ई. में ब्रिटिश सेना अधिकारी जॉन स्मिथ जब खोज अभियान पर निकले तो अचानक ही इन गुफाओं तक पहुंच गए। यह गुफाएं प्राकृतिक दृश्य के साथ एक घाटी भी थीं।

इस घाटी से एक झरना निकलता है जो नीचे की ओर जाकर एक तालाब बन जाता है, इस तालाब को **सप्तकुंड** कहते हैं। हमे अपनी इस कलात्मक ऐतिहासिक विरासत को सुरक्षित रखना है जिससे आने वाली पीढ़ियां इनसे प्रेरणा ले सकें।

5. एकनाथ (1532-99 ई.) महाराष्ट्र के प्रसिद्ध संत और धर्म सुधारक थे। उनका जन्म पैठण में हुआ। ब्राह्मण होते हुए भी उन्होंने जातिभेद की तीव्र निंदा की और भगवद्गीता के प्रचार में लगे रहे। उन्होंने 'महार' जाति के व्यक्ति के साथ भोजन किया। जिनका देहांत 1608 ई. में हुआ। उन्होंने अपनी कविताओं और उपदेशों से शिवाजी के नेतृत्व में मराठा शक्ति को बढ़ावा देने में भारी योगदान दिया।

चित्र 9.116 : महाराष्ट्र के लोकप्रिय संत एकनाथ

6. जुन्नर महाराष्ट्र के पूणे जिले में स्थित है। जुन्नर का प्राचीन नाम जीर्णनगर था। इस स्थान से एक गुफा में क्षहरात नरेश नहपान के मंत्री अयम का एक अभिलेख मिला था जिससे नहपान का इस क्षेत्र पर आधिपत्य सिद्ध होता है। अभिलेख में नहपान को महाक्षत्रप कहा गया है। यह 124 ई. का प्रतीत होता है। जुन्नर में ही, शिवनेरी दुर्ग में शिवाजी का जन्म हुआ था।

7. पैठण महाराष्ट्र के जिला औरंगाबाद में स्थित है। यह गोदावरी नदी के तट पर स्थित एक अति प्राचीन व्यापारिक तथा धार्मिक स्थान है। यह वारकारी सम्प्रदाय का तीर्थ स्थल और प्रसिद्ध संत एकनाथ की जन्मभूमि है। यहां की पैठणी साड़ियां भी बहुत प्रसिद्ध हैं। पैठण को पोतन भी कहते हैं। यहां अश्मक जनपद की राजधानी थी। पुराणों के अनुसार पैठण की स्थापना ब्रह्मा ने की थी। **महाभारत** में पैठण में सब तीर्थों के पुण्य को प्रतिष्ठित बताया है। बौद्ध साहित्य में पैठण को गोदावरी तट पर स्थित दक्षिणापथ का मुख्य व्यापारिक केंद्र बताया गया है।

   पुरातत्व संबंधी खुदाई में पैठण से आंध्र नरेशों के सिक्के भी मिले हैं। जिन पर स्वास्तिक, बोधिद्रुम और अन्य चिन्ह अंकित हैं। अन्य अवशेष प्राप्त हुए जिनमें मिट्टी की मूर्तियां, माला की गुरियां, हाथी दांत और शंख की बनी वस्तुएं तथा मकानों के खण्डहर उल्लेखनीय हैं।

8. सातवाहन राजाओं ने मध्यप्रदेश, सौराष्ट्र और मगध तक का प्रदेश जीता। महाराष्ट्र ही नहीं, भारत के इतिहास में भी सातवाहन राजाओं के राज्यकाल को स्वर्णकाल के रूप में याद किया जाता है। इन राजाओं की राजधानी मराठावाड़ा के प्रतिष्ठान नामक स्थान में थी, जिसे आज पैठण के नाम से जाना जाता है।

   सातवाहन राजाओं के बाद कोंकण और नासिक भागों पर राजा ईश्वरसेन का राज्य था। लगभग 250 ई. में उसने एक स्वतंत्र राज्य की स्थापना कर कलचुरिया चेदि संवत् आरंभ किया।

   इसके बाद वाकाटक राजवंश की स्थापना विंध्यशक्ति नाम के व्यक्ति ने की। चौथी से छठी शताब्दी के अन्त तक राज्य करने वाले इस राजवंश के राजाओं ने महाराष्ट्र के सब भागों को संगठित किया। उनकी राजधानी चांदा के निकट स्थित भंडक नामक स्थान में थी।

   वाकाटक राज्यकाल में भी कला और संस्कृति की खूब उन्नति हुई। अजंता की मूल गुफाओं को पहले वाकाटक राजा प्रवरसेन ने ही खुदवाया था। उसने सन् 280 से 440 ई. तक राज्य किया और चार बार अश्वमेध व एक बार वाजपेय यज्ञ कर धर्ममहाराज और सम्राट की पदवी पाई। प्रवरसेन को सम्राट मानने वाले महाराष्ट्रीय राजा थे–स्वामीदास, मुलुण्ड और रुद्रदास, जो खान देश के आसपास के भागों पर राज्य करते थे।

9. अफजल खान बीजापुर सुलतान का सेनापति था जिसे दस हजार सैनिकों के साथ शिवाजी का दमन करने के लिए भेजा गया था, जो उस समय विद्रोही शक्ति के रूप में उभर रहे थे। अफजल खान सफलता प्राप्त करता हुआ सतारा से आगे निकल गया। लेकिन शिवाजी प्रतापगढ़ किले में सुरक्षित थे। जब अफजल खान शिवाजी को किले से बाहर निकालने में असफल रहे तो अफजल खान ने संधि का प्रस्ताव रखा। लेकिन शिवाजी को अफजल खां की धोखेबाजी का संदेह हो गया था। इसलिए उन्होंने अपने कपड़ों के नीचे बख्तर पहन लिया था और हाथ में बघनखा लगा लिया था ताकि अफजल खान की तरफ से घात होने पर उसका प्रतिकार कर सकें। जब शिवाजी अफजल खां से मिले तो अफजल खान ने शिवाजी को बाहों में भर कर कसकर दबाया जिससे शिवाजी का दम निकल जाय। तब शिवाजी ने पंजे में लगे बघनखे से अफजल खान का पेट फाड़ दिया और मार डाला। उसके बाद खुले युद्ध में मराठों ने बीजापुर की फौज को पराजित कर दिया।

10. ग्वालिन किले में रोज दूध लेकर आती थी। एक दिन शरद पूर्णिमा के उत्सव का नृत्य देखते देर हो गई और किले का फाटक बंद हो गया। दरबारियों से कहा–जरा-सा दरवाजा खोल दो, मेरी सास और मेरा बच्चा राह देखता होगा। मुझे उनके पास जाना है। दरबारियों ने दरवाज़ा नहीं खोला तब

वह किले की दीवार के सहारे-सहारे चलती रही और पूरब की ओर पहुंची। झाड़ी में घड़ा रखकर दीवार पर चढ़ गई। अपनी जान जोखिम में डालकर सरकने लगी। वह बाहर आ गई। संभल कर पहाड़ी पार कर ली और अपने घर, बेटे तथा सास के पास पहुंच गई। अगले दिन शिवाजी को इस घटना की सूचना मिली तो हिरकणी को बुला भेजा। उससे पूछताछ की और उसके साहस की प्रशंसा की। फिर शिवाजी ने उस रास्ते पर एक बुर्ज बनवाया जिसका नाम हिरकणी बुर्ज रखा। अब न शिवाजी मौजूद हैं, न हिरकणी ग्वालिन। लेकिन हिरकणी बुर्ज आज भी रायगढ़ में मौजूद है।

11. महाराष्ट्र के इतिहास में रायगढ़ में 1670 ई. में शिवाजी ने अपने नए **'हिंदवी स्वराज्य'** की स्थापना की थी।

12. लोकमान्य तिलक का जन्म 23 जुलाई 1856 ई. में महाराष्ट्र के रत्नागिरि नामक स्थान में हुआ। उनके पिता गंगाधर संस्कृत के बड़े पंडित थे। बचपन में उन्हें बाल कहते थे। इसलिए उनका नाम बाल गंगाधर पड़ा। अच्छी शिक्षा प्राप्त की। उन्होंने स्कूल व कालेज खोले। पत्रिकाएं निकालीं मराठी में 'केसरी' और अंग्रेजी में 'मराठा' समाचारपत्र निकाला जिसमें जोशीले लेख लिखकर अपने पराधीन गरीब देशवासियों को जगाया। महाराष्ट्र में प्लेग फैलने के समय लोकमान्य तिलक ने गांव-गांव घूम कर लोगों की सेवा की।

    गांधी से पहले लोकमान्य तिलक ने स्वराज्य का नारा लगाया 'स्वराज्य मेरा जन्मसिद्ध अधिकार है। मैं इसे लेकर ही रहूंगा।' जीवनभर तिलक स्वराज्य की, भारत की आजादी की लड़ाई लड़ते रहे। **गीता** में तिलक की अपार श्रद्धा थी और गीता को कर्मयोगी नाम से पुकारते थे। विदेशी सरकार ने राजद्रोह का मुकदमा चलाया और ढाई साल की सजा मिली।

    जेल से लौटकर आंदोलन शुरू किया। स्वतंत्रता के देवता ने शिवाजी की जयंती मनानी शुरू की और साथ ही गणेश उत्सव की शुरुआत की। महाराष्ट्र के दोनों उत्सव आज भी मनाए जाते हैं।

    1 अगस्त 1920 में मुम्बई में महान् विद्वान व स्वतंत्रता के योद्धा लोकमान्य तिलक का स्वर्गवास हो गया।

13. **कुरान** मुसलमानों की सबसे पवित्र पुस्तक है। उसमें उनके पैगंबर हजरत मुहम्मद साहब की वाणी संगृहीत है। इस्लामी धर्मशास्त्र तथा राजशास्त्र कुरान पर आधारित है। इस किताब को 'खुदा का कलाम' माना जाता है, जो पैगंबर मुहम्मद साहब पर उतारी गई है।

14. कुशावर्त **महाभारत** में अनुशासन पर्व में उल्लिखित हरिद्वार और कनखल के निकट एक तीर्थस्थल–
    गंगाद्वार कुशावर्ते विल्वके नील पर्वत,
    कनखले रुनात्वा धूतपाप्मा द्विवंब्रजेत्।
    यह हरिद्वार में गंगा का वर्तमान कुशाघाट हो सकता है।

15. जयसिंह मेवाड़ का महाराजा था। अपने पिता राजसिंह की गद्दी पर बैठा। जयसिंह ने औरंगजेब की फौज से मुकाबला किया और 1681 ई. के अंत में संधि कर ली। संधि के बदले उसने जजिया के बदले मुगल बादशाह को तीन परगने सौंप दिए। तब आक्रमणकारी मुगल सेना मेवाड़ से वापिस लौट आयी।

16. मुहम्मद-बिन-तुगलक ने 1332 ई. में फारस पर आक्रमण करने के लिए एक विशाल सेना और अत्यधिक धन इकट्ठा किया। लेकिन बाद में फारस पर हमला न करके कुमायूं पर हमला किया और जीत भी हासिल कर ली। इसका नतीजा यह हुआ कि सुलतान ने कर वसूलने और धन इकट्ठा करने के लिए जनता पर बहुत अत्याचार किए। उन्हीं दिनों जब सुलतान सिंध में विद्रोह का दमन करने के लिए व्यस्त था तभी उसे विषम ज्वर हो गया और उससे उसकी मृत्यु हो गई।

17. बीजापुर राज्य की स्थापना यूसुफ आदिलशाह ने की थी जो मूल रूप में गुलाम था, लेकिन अपनी योग्यता के बल पर बीजापुर में बहमनी सुलतानों का हाकिम बना। 1489 ई. में उसने अपने को

स्वतंत्र घोषित करके आदिलशाली राजवंश के अंतर्गत बीजापुर को पृथक राज्य बना लिया। आदिलशाही सुलतान, शियालें और ईरान की संस्कृति के प्रेमी थे।

मराठों और शिवाजी की ऐतिहासिक गाथाओं के संबंध में बीजापुर का नाम बराबर सुनाई देता है। बीजापुर के सुलतान की सेनाओं को कई बार शिवाजी ने परास्त करके अपने छिने हुए किले वापिस ले लिये थे। बीजापुर के सरदार अफजल खां को प्रतापगढ़ के किले के पास शिवाजी ने बड़े कौशल से मारकर मराठा इतिहास में ख्याति प्राप्त की थी। 1686 ई. में मुगल सम्राट औरंगजेब ने बीजापुर की स्वतंत्र राजसत्ता का अंत कर दिया था। यहां की सभी इमारतें प्राचीन किले के अंदर स्थित हैं। आदिलशाही सुलतान सामान्यतः सहिष्णु थे। यूसुफ आदिलशाही ने एक मराठी महिला से शादी की थी जो उसके पुत्र और उत्तराधिकारी इस्माईल आदिलशाह की मां थी।

बीजापुर में एक अच्छा पुस्तकालय था, जिसकी कुछ पुस्तकें अब भी ब्रिटिश संग्रहालय में उपलब्ध हैं। बीजापुर में ललित कला तथा वास्तुकला की एक शैली विकसित हुई है। इस काल की इमारतें अपनी भव्यता के लिए प्रसिद्ध हैं।

18. शायस्ता खां औरंगजेब का मामा था। 1660 ई. में औरंगजेब ने उसे विशेष रूप से शिवाजी का दमन करने के लिए दक्षिण का सूबेदार नियुक्त किया। प्रारंभ में शायस्ता खां को सफलता मिली किन्तु वर्षा काल में वह पूना लौट गया तब शिवाजी ने रात्रि में अचानक उस पर हमला कर दिया। बड़ी मुश्किल से शायस्ता खां ने अपनी रक्षा की, लेकिन अपनी तीन अंगुलियों को खोना पड़ा और उसका पुत्र भी मारा गया। इसके बाद शायस्ता खां को बंगाल भेज दिया गया। जहां उसने 30 वर्षों तक सफलतापूर्वक शासन किया। उसने समुद्री लूट-मार करने वाले पुर्तगाली डाकुओं का दमन किया और अराकान के राज से चिरगांव जिला भी छीन लिया। 1694 ई. में 90 वर्ष की आयु में वह आगरे में मर गया।

19. इंद्रायली पूना के निकट बहने वाली महाराष्ट्र की प्रसिद्ध नदी है। आणंदी तथा कई प्राचीन तीर्थ स्थान इस नदी के तट पर बसे हैं।

20. नाना फडणीस महाराष्ट्र के राजनेता थे, जो पानीपत की तीसरी लड़ाई के समय पेशवा की सेना में नियुक्त थे। युद्धभूमि से वापिस लौटने पर 1773 ई. में नारायणराव पेशवा की हत्या करवाकर उसके चाचा राघोबा ने जब स्वयं गद्दी हथियाने की कोशिश की तो उसने उसका विरोध किया। नाना फडणीस ने नारायण की मृत्यु के बाद पुत्र माधवराव नारायण को 1774 ई. में पेशवा की गद्दी पर बैठा कर राघोबा की चाल को विफल कर दिया। फिर नाना फडणीस पेशवा का मुख्य बना और 1774 ई. से 1800 ई. में अंतिम समय तक मराठा राज्य का शासन-संचालन करता रहा। जबकि उसके मराठा सरदार विरोधी थे, विशेषकर महादजी शिंदे।

    अंग्रेजों के विरुद्ध भी नाना फडणीस ने मराठा युद्ध का संचालन किया और सालबाई की संधि से युद्ध की समाप्ति हुई। राघोबा को पेंशन और मराठों को साष्टी के अलावा कुछ खोना नहीं पड़ा।

    1784 ई. में नाना फडणीस को मैसूर के शासक टीपू सुलतान से युद्ध करना पड़ा। टीपू के विरुद्ध उसने अंग्रेजों और निजाम का साथ दिया जिससे मराठों को टीपू के राज्य का भू-भाग मराठों को मिला। नाना फडणीस के कठोर नियंत्रण से तंग आकर माधोराव पेशवा ने आत्महत्या कर ली। माधोराव का पुत्र पेशवा बना। नाना फडणीस ने मराठों को एक सूत्र में बांधे रखा। 1800 ई. में नाना फडणीस की मृत्यु हो गई और इसके साथ ही मराठों की क्षमता, चतुराई और सूझ-बूझ का अंत हो गया।

21. जसवंत सिंह मारवाड़ का राजा था। जोधपुर उसकी राजधानी थी। वह शाहजहां की सेना में ऊंचे पद पर था। शाहजहां के बीमार होने पर गद्दी के लिए लड़ाई छिड़ गई। उस समय जसवंत सिंह राजधानी में था। उसे औरंगजेब के पास भेजा गया और जिम्मेदारी दी गई कि औरंगजेब उत्तर की

तरफ न आये। परन्तु जसवंत सिंह धर्मर की लड़ाई में हार गया। वह औरंगजेब की सेवा में रहा। उसे मुगलों की सेना में सबसे प्रमुख राजपूत सरदार माना गया। उसे शाहजादा मुअज्जम के साथ शिवाजी से लड़ने को भेजा गया लेकिन उसे सफलता नहीं मिली। जसवंत सिंह को खैबर के दर्रे के मुहाने पर स्थित जमरूद के किले का फौजदार बना कर भेजा गया। वही 1678 ई. में उसकी मृत्यु हो गई। औरंगजेब ने उसके राज्य को जब्त करने व उसके बेटे अजित सिंह को मुसलमान बनाने की योजना बनाई परन्तु उसकी योजना सफल नहीं हुई। बल्कि राजपूताने में लम्बी लड़ाई चली, जिसने मुगल साम्राज्य को कमजोर बना दिया।

22. दिलेर खान एक मुगल अमीर, जिसे औरंगजेब ने राजा जयसिंह के साथ शिवाजी के विरुद्ध लड़ने को भेजा था। 1665 ई. में पुरन्दर की संधि के लिए शिवाजी को बाध्य करने का श्रेय जयसिंह के साथ दिलेर खान को भी जाता है। परन्तु 1670 में पुनः शिवाजी (मराठों) और मुगलों में युद्ध हुआ। दिलेर खान शाहआलम का सहायक बनकर युद्ध में आया था। इस युद्ध में दिलेर खान को सफलता नहीं मिली। पुरंदर की संधि के अनुसार शिवाजी ने पुराने किलों को छीन लिया और 1674 ई. में शिवाजी ने स्वतंत्र नरेश बनकर अपना राज्याभिषेक किया।

23. कोयना–प्राचीन ककुझती नदी यह भेप्या नामक एक ऊंची पहाड़ी से निकलती है।

24. महाबलेश्वर महाराष्ट्र का रमणीक गिरिनगर है। इसकी ऊंचाई समुद्रतल से 4500 फुट है। इसकी खोज 1824 ई. में जनरल पी लोडविक ने की थी। 1828 ई. में मुंबई के गवर्नर सर मालकम ने सतारा के राजा से इसे लेकर बदले में उसे दूसरा स्थान दे दिया। महाबलेश्वर के समीप एक पहाड़ी से दक्षिण भारत की प्रसिद्ध नदी कृष्णा निकलती है। महाबलेश्वर ग्राम में महाबलेश्वर शिव का प्राचीन मंदिर है।

25. नासिक महाराष्ट्र प्रदेश में गोदावरी नदी के तट पर बसा एक प्राचीन नगर है। यह हिंदुओं का पवित्र तीर्थ स्थान है। **रामायण** में वर्णित पंचवटी जहां सीता, राम और लक्ष्मण बनवास के समय रहते थे, वह नासिक के पास है। नासिक में सीता गुफा है जिसके अंदर दो गुफाएं हैं। एक में सीता की मूर्तियां हैं और दूसरी में पंचरत्नेश्वर महादेव का मंदिर है। नासिक से 3 कि.मी. दूर गोदावरी के तट पर, गौतम ऋषि का आश्रम है। नासिक में 200 ई. पूर्व से द्वितीय सदी की पांडुलेण नामक बौद्ध गुफाओं का एक समूह है। जैनों के आठवें तीर्थंकर चंद्रप्रमस्वामी और कुशी विहार नामक चैत्य हैं।

    नासिक में सबसे सम्पन्न मालेगांव का मंदिर है। नासिक में त्र्यंबकेश्वर महादेव का ज्योतिर्लिंग भी स्थित है। यह नगर क्षत्रप नहान की राजधानी था। चालुक्य सम्राट पुलकेशी द्वितीय और राष्ट्रकूट शासकों के काल में इस नगर की महत्ता बनी रही।

26. हरिहर यह स्थान सुंदर चालुक्यकालीन मंदिरों के लिए प्रसिद्ध है जो तत्कालीन वास्तुकला का अच्छा उदाहरण है। इसकी विशालता तथा भव्यता परम प्रशंसनीय है। हरिहर चीतलदुर्ग के निकट मुम्बई-मैसूर राज्यों की सीमा पर स्थित है।

27. दादा कोंडदेव एक मराठा ब्राह्मण और मराठा नेता शिवाजी का गुरु और अभिभावक था। उसने अपने शिष्य शिवाजी के मन में बचपन से साहस और पराक्रम के विचारों के साथ-साथ प्राचीन भारत के महान् हिंदू वीरों के प्रति श्रद्धा की भावना पैदा की। उसने शिवाजी को गाय और ब्राह्मण को पूज्य बताया। उसी से प्रेरित होकर शिवाजी ने भारत में स्वराज्य स्थापित करने का संकल्प लिया। दादाजी कोंडदेव ने शिवाजी के छोटे से राज्य का शासन सुव्यवस्थित करके उसकी भावी प्रणाली की आधारशिला रखी।

28. ताराबाई शिवाजी के द्वितीय पुत्र राजाराम की पत्नी थी। राजाराम की मृत्यु के बाद अल्पवयस्क पुत्र शिवाजी तृतीय की संरक्षिका एवं प्रतिशासक बनी। उसके नाम से मराठा राज्य का शासन संभाला। मुगल सम्राट औरंगजेब से युद्ध किया। इसमें उसे सफलता, सम्मान और धन मिला। जब मुगलों ने

शम्भू जी को मुक्त कर दिया तब ताराबाई बड़ी विकट स्थिति में पड़ गईं क्योंकि शाहू जी ने अपनी पैतृक सम्पत्ति का अधिकार मांगा। अपना पक्ष कमजोर होने के कारण ताराबाई को शाहू को मराठा साम्राज्य का छत्रपति स्वीकार कर लेना पड़ा। फिर भी वह अपने पुत्र को सतारा के राजपद पर बनाए रखने में सफल रहीं।

ताराबाई ने मराठा राज्य की एकजुटता और अखण्डता को बनाए रखा और मराठा राज्य की अमूल्य सेवा की। बाद में राजा शाहू ने शिवाजी तृतीय को गोद लेकर अपना उत्तराधिकारी बनाया।

29. शाहजाद आजम मुगल बादशाह औरंगजेब का तीसरा बेटा था, जिसने अपने पिता की मृत्यु के बाद तख्त के लिए अपने बड़े भाई शाहजादा मुअज्जम से युद्ध किया और आगरा के निकट जाजऊ की लड़ाई में हारा और मारा गया।

30. दौलत राव शिंदे महादजी शिंदे के भाई तुकोजी का पौत्र 1794 ई. में महादजी के मरने के बाद ग्वालियर का राजा बना। गद्दी के समय दौलत राव युवक था और उसने मृत्युपर्यंत शासन किया। उसका राज्य उत्तर से दक्षिण तक फैला हुआ था। दौलत राव के पास विशाल सेना थी जिसका प्रशिक्षण फ्रांसीसी अफसर दब्वाज ने किया था। पेरों फ्रांसीसी सेना का कमांडर था। वह पूना के पेशवा को अपने अधिकार में रखना चाहता था। लेकिन इंदौर के जसवंतराव ने ऐसा नहीं होने दिया। पेशवा का मुख्यमंत्री नाना फड़णीस भी इसमें बाधक था। नाना फड़णीस की मृत्यु के बाद 1802 ई. में पूना के परकोटे के बाहर युद्ध हुआ और पेशवा वाज़ीराव द्वितीय डरकर भाग गया। अंग्रेजों की शरण में जाकर वसई की संधि की जिसके अनुसार अंग्रेजों ने पूना की गद्दी पर बैठाने का वायदा किया। बदले में अपने खर्च पर पूना में अंग्रेज पलटन को रखना स्वीकार किया। लेकिन शिंदे, होल्कर और भोंसलों ने बसई संधि का विरोध किया क्योंकि इससे मराठों की स्वाधीनता समाप्त हो जाती थी। दौलतराव वसई, आरगांव और लासवाड़ी के युद्ध में हार गया। फिर उसे अजुनगांव की संधि करनी पड़ी। दौलतराव अंग्रेजों को कोई हानि नहीं पहुंचा सका। 1827 ई. में दौलतराव शिंदे की मृत्यु हुई तब वह ग्वालियर का राजा था।

31. अहमद निजामशाह का असली नाम मालिक अहमद था। वह बीदर के दक्षिणी मुसलमानों का नेता था। उसने 1841 ई. में वजीर मुहम्मद गवां की हत्या कर दी थी। पिता की मृत्यु के बाद बहमनी राज्य के सुलतान महमूद को हराकर उसने अपने स्वतंत्र राज्य की स्थापना की और राजधानी का नाम अहमदनगर रखा। अपना नाम अहमद निजामशाह और राजवंश का निजामशाही। 1499 ई. में देवगिरि और दौलताबाद को जीतकर अपने राज्य में मिला लिया और हर प्रकार से अपने राज्य को मजबूत बनाया। 1506 ई. तक उसने राज्य किया।

32. चांद बीबी शासक हुसैन निजामशाह की पुत्री थी। उसका विवाह बीजापुर के सुल्तान अली आदिलशाह से 1557 ई. में हुआ था। पति की मृत्यु के बाद अपने बेटे इब्राहीम आदिलशाह की अभिभाविका बन गई। बीजापुर का शासक मंत्री चलाते थे।

1584 ई. में अकबर ने अहमद पर हमला कर दिया। संकट की इस घड़ी में चांद बीबी ने अहमद नगर की सेना का नेतृत्व किया और बड़ी बहादुरी से लड़ी। अंत में चांदबीबी ने बरार को होकर संधि कर ली। संधि के कुछ समय बाद फिर लड़ाई शुरू कर दी। चांदबीबी की सुरक्षा व्यवस्था इतनी सुदृढ़ थी कि अपने जीते जी मुगल सेना को अहमदनगर पर कब्जा नहीं करने दिया। किन्तु उग्र भीड़ ने चांदबीबी को मार डाला। उसके बाद अहमदनगर पर मुगलों का कब्जा हो गया।

33. बहमनी राज्य का आरंभ करने वाला दिल्ली सुलतान मुहम्मद तुगलक वंश का अधिकारी हसन गंगू था जो बहमनी वंश का था। उसने सबसे पहले महाराष्ट्र पर राज्य किया। इस वंश के अधिकांश राजा विद्वान और कला के पुजारी थे। उनकी राजधानी गुलवर्गा में थी। उन्होंने दो सौ वर्षों तक राज्य किया। बाद में राज्य पांच लोगों में बँट गया। बीदर की बरीदशाही, बीजापुर की आदिलशाही और

गोलकुंडा कुतुबशाही और बरार एलिचपुर की इमामशाही मुगलकाल में इन राज्यों का अन्त हो गया।

34. उसमानाबाद एक ऐतिहासिक नगर, जो अपनी जैन और वैष्णव (गुप्तकालीन) गुफाओं के लिए प्रसिद्ध है। इस स्थान पर डाबरलेण, नगरलेण और लचंदलेण नाम की प्राचीन जैन और वैष्णव गुफाएं हैं। जिसका समय 500 ई. से 600 ई. तक माना गया है। 14वीं शदी की शममुद्दीन की दरगाह भी यहां है।

35. कौटिल्य का अर्थशास्त्र राजतंत्र और राज्य के संचालन के बारे में मुख्य स्त्रोत-सामग्री मिलती है। कौटिल्य का अर्थशास्त्र एक संस्कृत ग्रंथ है। इसके लेखक कौटिल्य या चाणक्य है, जो जाति से ब्राह्मण थे। चाणक्य ईसा-पूर्व चौथी सदी के अंतिम समय में चंद्रगुप्त मौर्य का मंत्री था, चाणक्य की शिक्षा तक्षशिला में हुई थी। चाणक्य को कुच, क्रकारी, उग्र-स्वभाव वाला आचार्य कहा जाता था। जिसने चंद्रगुप्त को दृढ़ता-पूर्वक मगध सिहांसन पर बिठाया था। इस ग्रंथ में राजतंत्र के सिद्धांतों का विवरण है जिसे समस्त पृथ्वी पर प्रभुत्व स्थापित करने और शासन करने के उद्देश्य से लिखा गया। अर्थशास्त्र राज्य के आर्थिक लाभ का शास्त्र है। चाणक्य के समय में राज-महलों की क्रांतियां हई, राजवंशों में रद्दोबदल हुआ।

36. कोंकण प्राचीन इतिहास में इसे अपरांत का उत्तरी भाग माना जाता है। **महाभारत** में शांति पर्व 49, 66, 67 में अपरांत भूमि का सागर द्वारा परशुराम के लिए उत्सर्जित किए जाने का उल्लेख है। अपरांत का प्राचीन साहित्य में अनेक स्थानों पर उल्लेख है। कोंकण का उल्लेख दशकुमार चरित्र के आठवें अध्याय में हैं।

37. कल्याण पहले अहमदनगर के निजामशाही सुलतानों के अधिकार में था। 1636 ई. में शिवाजी ने इसे बीजापुर के सुलतान अली आदिलशाह से छीन लिया था।

38. हालैंडवासियों को डच कहते हैं। डचों ने भारत के द्वीपों को अपनी व्यापारिक कोठियां बनाई। मालद्वीप समूह के अधिकांश भाग पर डचों ने शासन किया।

39. बीजापुर देखिए–महाराष्ट्र के किले। कोढ़ाण सिंहगढ़, टिप्पणी नं. 17, पृष्ठ संख्या 327

40. सिद्दी अबीसीनिया के समुद्री डाकुओं के सरदार थे। फलतः शिवाजी को उनका दमन करना पड़ा क्योंकि यह भारत के पश्चिमी समुद्र तट पर स्थित जंजीरा पर थे।

41. राजाराम छत्रपति शिवाजी का द्वितीय पुत्र था। जब इनके बड़े भाई शम्भु जी को मुगलों ने बंदी बनाकर मार डाला और उनके पुत्र शाहू जी को औरंगजेब ने 1689 ई. में बंदी बना लिया तब राजाराम कर्नाटक में जिंजी किले में चला गया और वहीं से उसने औरंगजेब के विरुद्ध मराठों के स्वातंत्र्य युद्ध का नेतृत्व किया। इस प्रकार 1689 ई. में मराठों का वास्तविक शासक बनकर मुगलों का वीरतापूर्वक सामना किया। राजाराम ने आठ वर्षों तक जिंजी दुर्ग की आक्रमणों से रक्षा की। फिर भी 1698 ई. में उस पर मुगलों का अधिकार हो गया। तब वह सतारा भाग आया और मृत्योपरांत मुगलों के विरुद्ध मराठों ने स्वतंत्रता युद्ध किया और उसका शासक बना रहा।

42. कोल्हापुर (महाराष्ट्र) का प्राचीन पौराणिक नाम है। इसे महाराष्ट्र के अंतर्गत माना गया है। इसका प्राचीन नाम कारवीर है। 'कोल्हापुर दक्षिण काशी' के नाम से पंचगंगा नदी के दक्षिणी तट पर स्थित है। कोल्हापुर अंग्रेजों के समय में एक प्रसिद्ध रियासत थी। 'कारवीर' क्षेत्र को पुराणों तथा **महाभारत** में पुण्यस्थली कहा गया है–

'क्षेत्रं वै करवीराख्यं क्षेत्रं लक्ष्मीविनिर्मितम्'
स्कंदपुराण, सह्याद्रि. उत्तरार्ध 2, 25।
'करवीरपुरे स्नात्वा विशालायां कृतोदकः
देवह्रदमुपस्पृश्य ब्रह्मभूतो विराजते'
महा. अनुशासन. 25, 44।

यहां रणकाल झील के किनारे पर नयनामिराम शलिनी महल बसा है। कोल्हापुर के नये और पुराने महल भी प्राचीन हिंदू स्थापत्य कला के सुंदर नमूने हैं।

43. रत्नागिरि सुवर्णदुर्ग राजगृह के निकट सप्त पर्वतों में से एक का वर्तमान नाम रत्नागिरि है। रत्नागिरि के दक्षिणी छोर पर एक प्रकाश-ग्रह है। रत्नागिरि को 'कोंकण की रानी' भी कहा जाता है। तिलक, गोखले, सावरकर, मावलंकर, श्री.जी. खेर और एस. के. पाटिल नेताओं की जन्मभूमि है। रत्नागिरि अपने अनेक सुषमामंडित स्थलों के स्वर्गीय सौंदर्य के लिए प्रसिद्ध है।

44. कान्होजी आंग्रे एक प्रसिद्ध मराठा जो जल सेनापति तथा समुद्री डाकू था, वह घेरिया तथा सुवर्ण दुर्ग और किलों के सहारे मुंबई से लेकर गोवा तक सारे समुद्रतट पर नियंत्रण रखता था।

45. सिराजुद्दौला अप्रैल 1756 ई. से 23 जून 1757 ई. तक बंगाल का नवाब रहा। वह अलीवर्दी खां का प्रिय दोहता और उत्तराधिकारी था। लेकिन उसके मौसेरे भाई, शौकतजंग ने नाना की गद्दी पर बैठने पर उसका विरोध किया। जब वह गद्दी पर बैठा तो उसकी उम्र केवल 20 वर्ष की थी। वह न तो कायर था और न ही युद्धों से घबराता था। उसने अपने मौसेरे भाई शौकतजंग से युद्ध में सफलता प्राप्त की और इसी युद्ध में शौकतजंग मारा गया।

सिराजुद्दौला अंग्रेजों से अप्रसन्न था क्योंकि अंग्रेजों ने कलकत्ता के किले की किलेबंदी कर ली थी और उसके विरोधी राजवल्लभ के पुत्र कृष्णदास को शरण दे रखी थी। केवल चार दिनों के घेरे के बाद ही कलकत्ता पर अधिकार हो गया था। तब अंग्रेज जहाजों द्वारा भाग गए। जो भागने में असफल रहे उन्हें बंदी बना लिया और काल कोठरी में डाल दिया। वह फाल्य की ओर भागने वाले अंग्रेजों की चाल को न समझ सका और कलकत्ता की सुरक्षा के पुख्ता प्रबंध भी नहीं किए। क्लाइव और वाटसन ने नवाब की फौज की ओर से कलकत्ता पर पुनः अधिकार कर लिया। फिर अंग्रेजों ने चंद्रनगर पर अधिकार कर लिया।

सिराजुद्दौला ने भी सेना एकत्र की और अंग्रेजों का मार्ग रोकने का प्रयास किया। 23 जून 1757 ई. की पलासी की लड़ाई में अपने हिंदू और मुसलमान सेनानायकों को धोखा दिया, जिससे उसकी पराजय हुई। पलासी से वह राजधानी मुर्शिदाबाद भागा लेकिन उसकी किसी ने मदद नहीं की, शीघ्र ही वह पकड़ा गया और उसका वध कर दिया। सिराजुद्दौला ने न तो अपने मित्र और न शत्रु को कभी धोखा दिया।

46. पुर्तगाली वास्को-द-गामा के नेतृत्व में, समुद्रमार्ग से आशा अंतरीप का चक्कर लगाकर भारत पहुंचने वाले पहले यूरोपीय व्यापारी पुर्तगाली थे, जो कालीकट में पहुंचे थे। उस समय दिल्ली में सल्तनत और दक्षिण में बहमनी साम्राज्य का शासन था। भारत के साथ पुर्तगालियों का व्यापार बढ़ता रहा और 1505 ई. में डोम फ्रांसिस्को द आल्मीदा को भारत का पहला पुर्तगाली वाइसराय नियुक्त किया। 1508 ई. में मिस्र और गुजरात के सुलतानों को हराकर समुद्री मार्ग पर पुर्तगालियों ने अधिकार जमा लिया। बीजापुर के सुलतान ने गोवा का टापू छीन लिया। पुर्तगालियों ने मुसलमानों पर अत्याचार किए और दंडित करने के लिए धार्मिक अदालतों की स्थापना की। पुर्तगालियों ने भारतीय स्त्री और कन्याओं से विवाह किया, जिससे वह भारत में शासन कर सकें। पुर्तगाल ने गोवा, दमन और द्वीव पर अपना स्वतंत्र साम्राज्य बनाए रखा।

47. तात्या टोपे प्रख्यात मराठा सेनानायक था। वह नाना साहब का विशेष सहयोगी और आंदोलनकारियों का सशक्त समर्थक और अंग्रेजों का विरोधी था। वह सेनानायक, रणनीतिवेत्ता और संगठनकर्त्ता था। बीस हजार सैनिकों की ग्वालियर सेना का नायक बनकर कानपुर में अंग्रेजी सेनानायक विढ़म को पराभूत किया। तात्या टोपे ने झांसी की रानी के साथ मिलकर मध्य भारत में भीषण युद्ध छेड़ दिया, लेकिन बेतवा के युद्ध में सर ह्यूग रोज ने इन्हें हरा दिया। कुछ महीनों बाद वह ग्वालियर की ओर चल दिया। सिंधिया की सेना को विजय किया। सिंधिया आगरे में अंग्रेजों की शरण में चला गया। नाना साहब को पेशवा घोषित किया गया और उसने सभी मराठों को अंग्रेजों के विरुद्ध लड़ाई लड़ाने

को प्रेरित किया। परंतु ह्यूग ने ग्वालियर पर कब्जा कर लिया और उसे मुरार तथा कोटा के युद्धों में हरा दिया।

इन्हीं युद्धों में झांसी की रानी भी लड़ते हुए मारी गई। तात्या भाग गया। अप्रैल 1859 ई. में सिंधिया के सामंत मानसिंह ने विश्वासघात करके उसे पकड़वा दिया। ब्रिटिश अदालत में तात्या टोपे पर हत्या और विद्रोह का मुकदमा चलाया। अंत में उसे फांसी दे दी गई।

48. अचलपुर बरार में है। 9वीं सदी से 12वीं सदी तक अचलपुर जैन संस्कृति का केंद्र रहा है। मुक्तागिरि की जैन गुफाएं देखने योग्य हैं। जैन विद्वान धन्यपाल ने अचलपुर में अपना ग्रंथ **'धम्म परिकखा'** समाप्त किया था। आचार्य हेमचंद्र सूरि ने भी अपने व्याकरण में अचलपुर का उल्लेख किया है कि अचलपुर के निवासियों के उच्चारण में च और ल का उलट-फेर हो जाता है। अचलपुर में अरि-केरारी नामक जैन नरेश भी हुए हैं।

49. गोंड आदिवासी दक्षिण में गोदावरी नदी तथा उत्तर में विंध्याचल तक फैले हुए हैं। इनकी मूल भाषा गौंडी है। मुगल शासनकाल तथा बाद में मराठा आक्रमण से पूर्व गोंडों का अपना शासन था। मांडला जिला (जबलपुर) गोंडों का प्रमुख केंद्र माना जाता है, गोंड लोग अपनी उत्पत्ति पांडव भीम और उसकी प्रसिद्ध आदिवासी पत्नी हिडिम्बा से मानते हैं।

गोंड़ स्त्रियां शरीर के काफी बड़े भाग में 'गोदन' करवाती हैं। वह चोली व लांगवाली धोती, पीतल तथा चांदी के जेवर पहनती हैं। वे पूजा, अर्चना एवं बलि के द्वारा आत्माओं को प्रसन्न करने का प्रयास करते हैं, गोत्र देवता तथा जल देवी की पूजा करते हैं, मांस तथा मदिरा का सेवन करते हैं और ये 'झूम कृषि' करते हैं।

उत्तराधिकार पिता से पुत्र को मिलता है, पुत्री को नहीं, गोंडों में पांच प्रकार के विवाह होते हैं। (1) सेवा विवाह (2) विधवा विवाह (3) हरण विवाह (4) विनिमय विवाह और (5) सहपलायन विवाह। इनमें बहुपत्नी विवाह की प्रथा थी। स्त्री-पुरुष साथ-साथ संगीत व नृत्य में भाग लेते हैं। ये संयुक्त परिवार में रहते हैं। सबसे बुजुर्ग पुरुष घर का मुखिया होता है।

50. फतेहउल्ला इमाद उल्ला ज्मुल्क ने हिंदू धर्म को छोड़कर **इस्लाम** अपना लिया था। बहमनी सुलतान महमूद के शासनकाल में बरार का चौदहवां सूबेदार था। सुलतान के नाबालिग होने और महमूद खां की हत्या होने के बाद अराजकता और विघटन की स्थिति का लाभ उठा कर फतेहउल्ला 1484 ई. में बरार का शासक बन गया था और उसने 'इमादुल्मुल्क' की उपाधि धारण की थी। इस प्रकार इमादशाही वंश का सूत्रपात हुआ। इस वंश ने 1574 ई. तक बरार में शासन किया। इसके बाद बरार को अहमदनगर में मिला लिया गया।

51. परसोजी भोंसले रघु भोंसले का पुत्र तथा उत्तराधिकारी था। वह जड़ बुद्धि का था। गद्दी पर बैठने के एक साल बाद उसके चचेरे भाई अफा साहब ने उसकी हत्या कर दी।

52. असद खान बादशाह औरंगज़ेब के शासन काल के उत्तरार्द्ध में वजीरे-आजम था। उसका बेटा जुल्फखार खान औरंगज़ेब का सबसे अच्छा सेनापति था।

53. आईन-ए-अकबरी, देखिए—उत्तर प्रदेश के किले अध्याय 5 टिप्पणी नं. 1 पृष्ठ संख्या 196

54. मुराद अकबर का सलीमा बेगम से 1757 ई. में उत्पन्न दूसरा बेटा था। वह काबुल तथा दक्षिण में कई महत्वपूर्ण पदों पर आसीन हुआ तथा दक्षिण में सफलता से बरार प्रांत को प्राप्त करने में सफल हुआ। मुराद अत्यधिक मदिरा पीता था, इसलिए उसकी मृत्यु 1599 ई. में हो गई।

55. नांदेड गोदावरी नदी के किनारे स्थित है। यह एक धार्मिक स्थान है, नांदेड में नरसिंह का मंदिर तथा बौद्ध और जैन मंदिर हिंदू काल के सुंदर स्मारक हैं। नांदेड की प्रसिद्धि का मुख्य कारण सिक्खों के दसवें गुरु गोविंद सिंह की समाधि है जो सिक्खों का पवित्र तीर्थ स्थान है। हर साल देश-भर से हजारों सिक्ख गुरु गोविंद सिंह के गुरुद्वारे में आते हैं।

56. मुम्बई के गेटवे ऑफ इंडिया से लगभग 9 किलोमीटर की समुद्री यात्रा के बाद एलिफेंटा द्वीप पहुंचा जा सकता है। पहले यहां हाथी की बड़ी मूर्ति थी (विक्टोरिया अजायबघर में रखी है)। इसीलिए इस द्वीप का नाम 'एलिफेंटा' पड़ा। यह द्वीप गुफाओं में बने मंदिरों की सुंदरता और कलात्मक मूर्तियों के लिए संसार में प्रसिद्ध है। त्रिमूर्ति विश्व की कलाकृतियों में प्रथम स्थान पा चुकी है।

चित्र 8.117 : एलिफेंटा गुफा में त्रिमूर्ति

द्वीपों में दो पहाड़ियां हैं जिन्हें एक संकरी घाटी ने अलग कर रखा है। इस द्वीप में लगभग 600 आदिवासी रहते हैं। इन्हें 'अग्रणी' कहा जाता है। गुफाओं में सातवीं सदी की शिव-पार्वती की मनमोहक मूर्तियां हैं। प्रवेश द्वार पर गंगाधर शिव की मूर्ति है। दाईं ओर शिव ताण्डव-नृत्य करते दिखाई देते हैं। शिव-पार्वती की यहां नौ मूर्तियां हैं।

पहले यह द्वीप मौर्य राजाओं के अधीन था। वे इसे गिरिपुरी कहते थे। जबकि इसका वास्तविक नाम धारापुरी है। एलिफेंटा बौद्ध-धर्म का एक महत्वपूर्ण केंद्र था। सोलहवीं शताब्दी में यहां पुर्तगालियों का अधिकार हो गया। इन्होंने हाथी की विशाल मूर्ति देखकर इसे 'एलिफेंटा' नाम दिया। कुछ समय तक मराठों ने इस पर शासन किया। फिर अंग्रेजों ने शासन किया।

57. प्रवरसेन द्वितीय राजा रुद्रसेन का दूसरा बेटा और उत्तराधिकारी था। उसका विवाह प्रभावती गुप्ता से हुआ था। 410 ई. में प्रवरसेन राजगद्दी पर बैठा और धीरे-धीरे गुप्त राजाओं की अधीनता से अपने-आप को स्वतंत्र कर लिया।

58. रामटेक नागपुर से 25 कि.मी. रमणीक और ऊंची पहाड़ी पर स्थित है। कहते हैं कि राम-सीता वनवास के समय यहां रहे थे। ऊंची पहाड़ी पर श्री रामचंद्रजी का मंदिर है। मंदिर के निकट वराह की मूर्ति है। रामटेक के पूर्व में सूर्य नदी बहती है। प्राचीन जनश्रुति के अनुसार श्रीरामचंद्रजी ने शंबुक का वध भी इसी स्थान पर किया था।

59. वर्धा नदी के तटवर्ती प्रदेश का अबुल फजल ने आईने-ए-अकबरी में उल्लेख किया है। वर्धा नदी के कांठे में स्थित होने के कारण ही विदर्भ कहा जाने लगा था।

60. रघुजी भोसले दुर्बल शासक था जिसे अंग्रेजों ने अपनी स्वार्थ-सिद्धि के लिए नागपुर के सिंहासन पर बैठाया था। इसकी कमजोरी का लाभ उठाकर अंग्रेजों ने 'भोसल' राज्य के नर्मदा नदी के उत्तर स्थित सभी भू-भागों पर अपना अधिकार जमा लिया था। उसकी कोई संतान नहीं हुई। गोद प्रथा की विरोधी नीति के कारण उसके राज्य को ब्रिटिश भारतीय साम्राज्य में मिला लिया।

गुजरात के किले

अहमदाबाद । पावागढ़-चांपानेर । जूनागढ़-ऊपरकोट

गुजरात के विभिन्न शहर

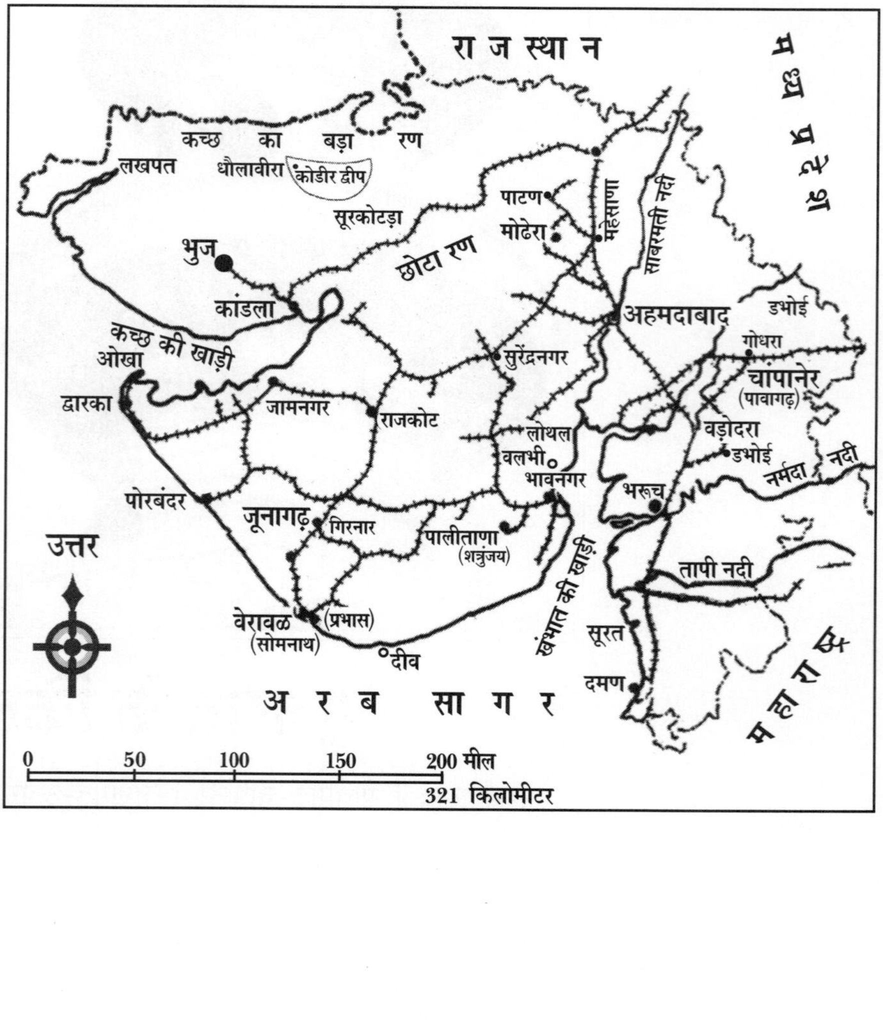

अध्याय-10

गुजरात के किले

अहमदाबाद

गुजरात के प्राचीन सोलंकी राजवंश की राजधानी अनहिलवाड़-पाटण[1] (महेसाणा जिला) में थी। इसकी स्थापना 746 ई. में हुई थी। सिद्धराज जयराज सोलंकी (1094-1143 ई.) एक प्रतापी

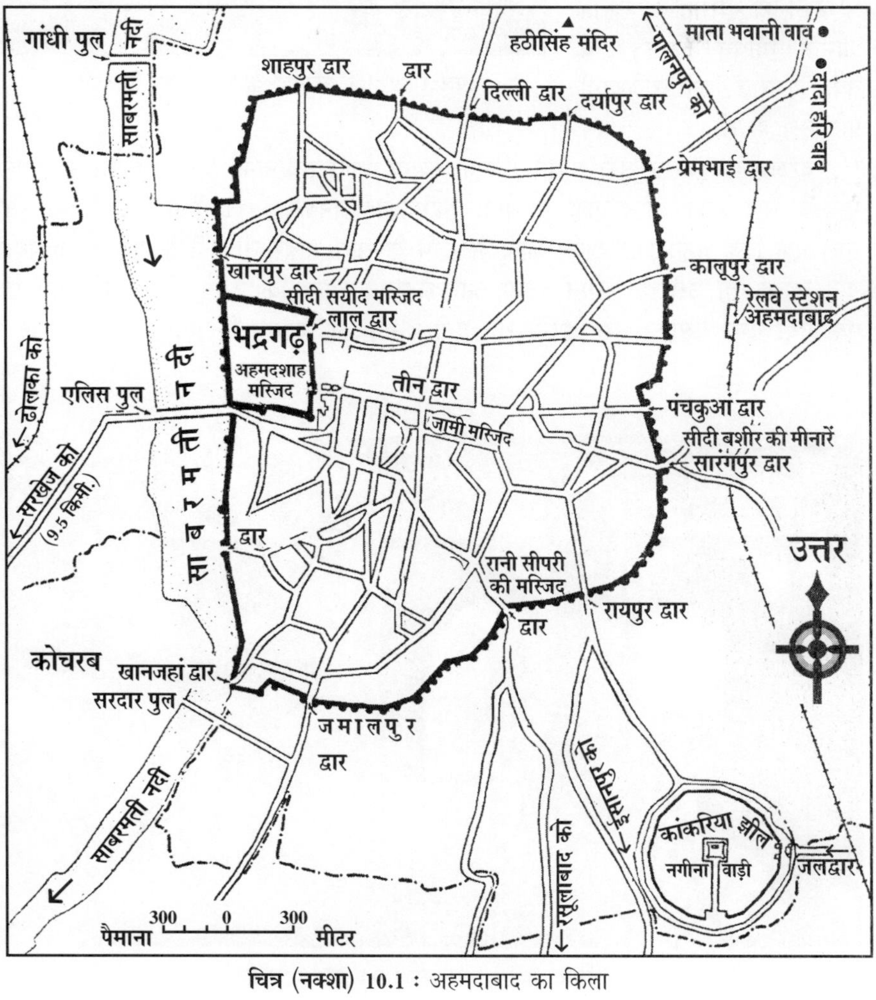

चित्र (नक्शा) 10.1 : अहमदाबाद का किला

और विद्याप्रेमी शासक था। बाद के सोलंकी शासक कमजोर निकले। अलाउद्दीन खिलजी ने 1297 ई. में गुजरात को जीतकर वहां अपना सूबेदार नियुक्त किया। फिर वहां तुगलकों के सूबेदारों का शासन चला। अंत में तुगलक सूबेदार मुज़फ़्फ़र ख़ान (मूल नाम ज़फ़र ख़ान) ने, जो राजपूत से मुसलमान बने कुल में पैदा हुआ था, 1408 ई. में अपने को गुजरात का स्वतंत्र शासक घोषित किया। तब तक गुजरात की राजधानी पाटण में ही थी।

चित्र 10.2 : अहमदाबाद के भद्रगढ़ का पिछवाड़ा

दरअसल, गुजरात सही मायने में एक स्वतंत्र राज्य तब बना, जब मुज़फ़्फ़र ख़ान की मृत्यु के बाद उसका बीस साल का पोता अहमदशाह जनवरी 1411 में गद्दी पर बैठा। उसी साल एक दिन अहमदशाह अपने शाही लवाजमे के साथ साबरमती नदी के पूर्व में आशावल गांव पहुंचा, तो उसे वह स्थान इतना अधिक पसंद आया कि उसने वहां अपने नाम पर एक नया नगर बसाकर उसे अपनी राजधानी बनाने का निश्चय किया।

चित्र 10.3 : अहमदाबाद का तीन दरवाजा

अहमदशाह ने अपनी नई राजधानी के लिए अपने धार्मिक गुरु सरखेज के शेख अहमद खट्टू गंजबख्श का आशीर्वाद प्राप्त किया। साथ ही, नए नगर की नींव रखते समय 27 फरवरी, 1411 को जो धार्मिक समारोह हुआ उसमें चार अहमदों (अहमदशाह और उसके गुरु सहित) के अलावा दिल्ली के हजरत निजामुद्दीन औलिया की शिष्य-परंपरा के 12 कलंदरों (फकीरों) ने भी भाग लिया। पता चलता है कि साबरमती नदी पर बने एलिस पुल के पूर्वी सिरे के पास जो 'माणेक बुर्ज' है वहीं पर अहमदाबाद की नींव रखी गई थी।

चित्र 10.4 : अहमदाबाद के भद्रगढ़ का पिछवाड़ा

इस प्रकार, सन् 1411 में नए अहमदाबाद नगर की नींव पड़ने के तुरंत बाद साबरमती के पूर्व में और पुराने आशावल गांव के नजदीक दुर्ग के निर्माण का काम शुरू हुआ। यही है, आज भी मौजूद वर्गाकार भद्र गढ़, जो लगभग 16 हेक्टेयर स्थान घेरता है। इस 'भद्र'

चित्र 10.5 : अहमदाबाद अडालज

चित्र 10.6 : अहमदाबाद की जामी मस्ज़िद

नामक गढ़ के पूर्वी द्वार के पास काफी बाद में निर्मित भद्रकाली मंदिर से इसका कोई संबंध नहीं है।

सुलतान अहमदशाह (1411-1442 ई.) अपने बत्तीस साल के शासनकाल में बहुत व्यस्त रहा। उसे अपने पड़ोसी राज्यों से अनेक लड़ाइयां लड़नी पड़ीं। उसने राजस्थान, मालवा और दक्खन में दूर तक अपने राज्य का विस्तार किया। इसलिए सहज ही माना जा सकता है कि वह अपने शासनकाल में भद्र गढ़ के अलावा एक अधिक विस्तृत नगर-कोट का निर्माण करने के लिए फुरसत का समय नहीं निकाल पाया।

इतिहासकार फरिश्ता (1570-1612 ई.), जो स्वयं कुछ साल अहमदाबाद में रहा था, जानकारी देता है कि इस शहर की दीवारें 1486-87 ई. में अहमदशाह के पोते सुलतान महमूद बेगड़ा के शासनकाल (1458-1511 ई.) में बनीं। उसी के चार सरदारों के नाम दर्यापुर, कालुपुर, सारंगपुर और जमालपुर दरवाजों को दिए गए हैं। नगर-कोट 10 किलोमीटर लंबा था और उसमें 12 दरवाजे, 139 बुर्ज, नौ कोने और शत्रु का सामना करने के लिए परकोटे के ऊपर के बाहरी भाग में छह हजार से अधिक कंगूरे (मराठी में 'पड़कोट') बनाए गए थे। इस नगर-दुर्ग के उत्तरी दिशा में शाहपुर, दिल्ली व दर्यापुर दरवाजे, पूर्व में कालुपुर, सारंगपुर व रायपुर दरवाजे; दक्षिण में अस्तोदिया, जमालपुर व धेधिया (अब बंद) दरवाजे; और पश्चिम में खानजहां, रायखण्ड व खानपुर दरवाजे हैं। प्रेमभाई और पंचकुआं दरवाजे उन्नीसवीं सदी में बने। नगर का विस्तार होने के कारण परकोटे का काफी हिस्सा अब नष्ट हो गया है।

महमूद बेगड़ा[2] 15वीं सदी के उत्तरार्ध में भारत का एक प्रमुख सुलतान था। उसने जूनागढ़ और चांपानेर के हिंदू राजाओं को हराया। द्वारिका और कच्छ को जीतने के बाद समूचे गुजरात पर उसका अधिकार हो गया। महमूद की बड़ी-बड़ी मूंछें थीं, जिन्हें घुमाकर वह ऊपर उठा देता था। जिस बैल के सींग काफी बड़े और ऊपर को घूमे हुए हों उसे

गुजराती में 'बेगड़ो' कहते हैं। इस तरह, सुलतान महमूद की विशिष्ट मूंछों के कारण जनता ने उसे 'बेगड़ा' उपनाम दिया!

अहमदाबाद के विगत वैभव की इतिहासकारों ने खूब प्रशंसा की है। बताया जाता है कि इस शहर में 360 पुर या मुहल्ले थे। प्रत्येक मुहल्ला दीवार से घिरा हुआ और सुख-सुविधाओं के मामले में आत्मनिर्भर था। 'आईन-ए-अकबरी' में अबुलफज़ल लिखते हैं कि "अहमदाबाद एक श्रेष्ठ और सम्पन्न नगर है। यहां की जलवायु बढ़िया है। यहां की दूकानों में दुनिया-भर की चीजें मिल जाती हैं।"

सन् 1573 में अकबर ने अहमदाबाद को जीत लिया। जहांगीर भी नूरजहां के साथ यहां कुछ महीने रहा, मगर उसे यह शहर नहीं भाया। यहां बहुत धूल उड़ती थी, इसलिए उसने इसे 'गर्दाबाद' नाम दिया। यहां आकर वह बीमार पड़ा, इसलिए उसने इसे 'बीमारीस्तान' व 'जहन्नमाबाद' भी कहा। लेकिन उसी दौरान अहमदाबाद में इंग्लैंड के राजदूत सर् टॉमस रो और जहांगीर ने दो ऐतिहासिक संधिपत्रों पर दस्तखत किए, जिनके जरिए अंग्रेजों को भारत में रहने और यहां व्यापार करने के अधिकार मिल गए। भारत और ब्रिटेन के व्यापारी संबंधों की नींव जहांगीर के शासनकाल में अहमदाबाद में पड़ी।

शाहजहां भी बेगम मुमताज महल के साथ कुछ साल अहमदाबाद में रहा। औरंगजेब की मृत्यु (1707 ई.) के बाद गुजरात पर मराठों के हमले शुरू हुए। पेशवा और गायकवाड़ के शासनकाल में अहमदाबाद की दुर्दशा हुई। सन् 1817 में अहमदाबाद पर अंग्रेजों का अधिकार स्थापित हुआ, तो स्थिति में सुधार होता गया। देश के आजाद होने पर 1960 ई. में अहमदाबाद शहर नए गुजरात की राजधानी बना।

सुलतानों के शासनकाल में गुजरात में एक नई वास्तुकला का विकास हुआ। यह हिंदू, जैन और इस्लामी वास्तुशैलियों के मेल-जोल से अस्तित्व में आई थी। इस दौर में अहमदाबाद में अनेक उत्कृष्ट मस्जिदों, मीनारों, महलों, मकबरों और रौजों का निर्माण हुआ। इनमें प्रमुख

चित्र 10.7 : रानी रूपमती मस्ज़िद

चित्र 10.8 : सीदी सयीद मस्जिद की खिड़की की नक्काशीदार जाली

हैं—जामी मस्जिद, अहमदशाह, सीदी सयीद, रानी रूपमती, रानी सीपरी व बीबी की मस्जिदें, शेख अहमद खट्टू व शाह आलम के मकबरे, बावलियां और मीनारें। यह शहर अपनी 'झूलती मीनारों' के लिए प्रसिद्ध रहा है। सीदी सयीद की मस्जिद की खिड़कियों में लगी पत्थरों की जालियों की नक्काशी का काम बेजोड़ है।

वस्तुतः आज का अहमदाबाद नगर एक मिली-जुली हिंदू-मुस्लिम संस्कृति की देन है।

पावागढ़-चांपानेर

चांपानेर मध्ययुगीन गुजरात का एक महत्वपूर्ण राजधानी-नगर था। यह स्थान बड़ोदरा[3] से करीब 40 किलोमीटर पूर्वोत्तर में है। उत्तर भारत से पश्चिम भारत के नगरों और बंदरगाहों तक जाने वाले एक मुख्य मार्ग पर स्थित होने के कारण इस स्थान का सैनिक एवं व्यापारिक दृष्टि से बड़ा महत्व था, इसलिए यहां की लगभग 800 मीटर ऊंची पहाड़ी पर एक सुदृढ़ दुर्ग बनाया गया था और नीचे तलहटी में चांपानेर नगर था। नगर के चारों ओर भी कोट था, जिसके अवशेष आज भी देखने को मिलते हैं। पहाड़ी का नाम पावागिरि था, इसलिए उस पर बने दुर्ग को पावागढ़ या पवनगढ़ कहते हैं।

जानकारी मिलती है कि चांपानेर (मूल नाम चंपानगर या चंपानेर) की नींव चावड़ा वंश के गुजरात-नरेश वनराज के मंत्री चंपा ने 697 ई. में रखी थी। फिर 1300 ई. के आसपास चांपानेर पर उत्तर भारत के चौहान राजपूतों की एक शाखा का शासन स्थापित हुआ, जो आगे करीब दो सदियों तक चला। सन् 1411 में अहमदाबाद में स्वतंत्र सल्तनत की स्थापना होने के बाद चांपानेर के शासकों के साथ उनका संघर्ष होना स्वाभाविक था।

अहमदाबाद के सुलतान महमूद बेगड़ा (शासनकाल 1458-1511 ई.) के समय में रावल जयसिंह चांपानेर का राजा था। दोनों के बीच झड़पें शुरू हो गईं। अंत में दिसंबर 1482 में महमूद बेगड़ा ने चांपानेर पर हमला बोलकर उसे घेर लिया। जयसिंह ने पहाड़ी पर बने पावागढ़ दुर्ग में शरण ली। बेगड़ा को पावागढ़ का परिसर बहुत पसंद आया। उसने दुर्ग पर कब्जा करके चांपानेर में एक नया शहर बसाकर उसे अपनी राजधानी बनाने का निश्चय कर लिया। उसने अपना घेरा जारी रखा। इतना ही नहीं, चांपानेर के पूर्वोत्तर में अपने सैनिक

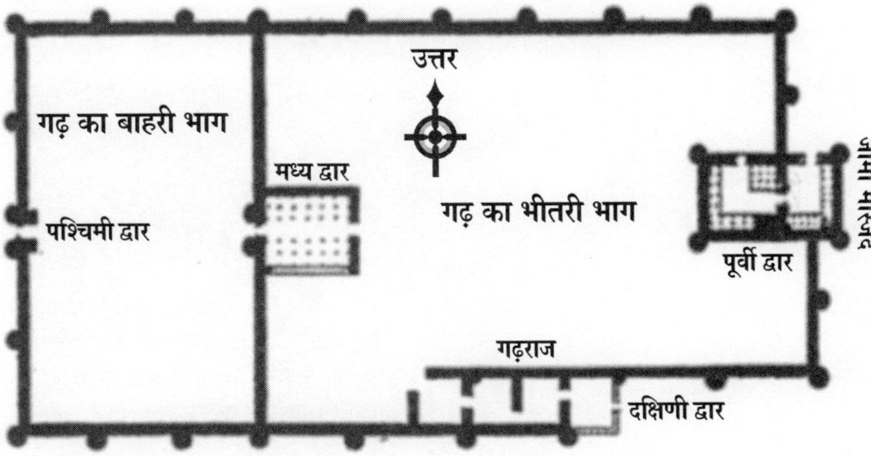

चित्र (नक्शा) 10.9 : चांपानेर का किला

चित्र 10.10 : चांपानेर का किला

कैंप के पास के मैदान में उसने एक मस्जिद का निर्माण-कार्य भी शुरू करवा दिया।

रावल जयसिंह ने मांडू के सुलतान गयासुद्दीन खिलजी[4] से मदद मांगी। सुलतान फौज लेकर काफी दूर तक आया भी, मगर बेगड़ा से उलझना उचित न समझकर वापस चला गया। इस बीच एक गोला गिरने से दुर्ग की दीवार में दरार पड़ गई। तब जयसिंह[5] ने दुर्ग से बाहर आकर लड़ने का निश्चय कर लिया। राजपूत स्त्रियों ने जौहर किया। जयसिंह के सैनिकों ने 'केसरिया' पहना और वे शत्रु पर टूट पड़े। लड़ाई में महमूद बेगड़ा की

चित्र 10.11 : चांपानेर किले का पश्चिमी दरवाजा

विजय हुई। नवंबर 1484 में चांपानेर-पावागढ़ में राजपूतों का राज्य समाप्त हो गया। महमूद बेगड़ा ने चांपानेर की मजबूत किलेबंदी करवाके उसे नया 'मुहम्मदाबाद' नाम दिया। चांपानेर जल्दी ही गुजरात का एक सम्पन्न नगर बन गया।

चित्र 10.12 : चांपानेर किले का पूर्वी दरवाजा

परंतु चांपानेर की सम्पन्नता ज्यादा समय तक कायम नहीं रही। सन् 1535 में हुमायूं ने चांपानेर को घेर लिया। मगर चार माह बीत जाने पर भी मुगल फौज को कोई सफलता नहीं मिली। उस समय नगर के चहुंओर घने जंगल थे। हुमायूं ने कुछ ग्रामवासियों से नगर-कोट के उस कमजोर भाग का पता मालूम किया जहां से दीवार लांघकर भीतर पहुंचा जा सकता था। वहां पहुंचकर ऊपर चढ़ने के लिए दीवार में खूंटियां गाड़ी गईं। चांदनी रात थी। एक-एक करके तीन सौ मुगल सैनिक दीवार पर चढ़े; उनमें हुमायूं का नंबर चालीसवां था ! इस अचानक हमले से घबराकर किले के रक्षकों ने आत्मसमर्पण कर दिया। हुमायूं ने यहां के दुर्ग से बेशुमार दौलत हासिल की। चांपानेर पर विजय प्राप्त करके हुमायूं को इतनी अधिक खुशी हुई कि उसने यहां से एक सिक्का जारी किया।

चित्र 10.13 : हुमायूं द्वारा जारी किया गया सिक्का

उसके बाद कुछ दशकों तक चांपानेर में अस्थिरता का दौर चला। अकबर को 1573 ई. में चांपानेर को पुनः हस्तगत करना पड़ा। आगे लगभग डेढ़ सौ साल तक चांपानेर मुगलों के कब्जे में रहा। सन् 1729 में यह शहर शिंदे के अधिकार में आ गया। फिर 1853 ई. में अंग्रेजों ने इसे शिंदे से लेकर बंबई प्रांत में मिला लिया। वर्तमान चांपानेर मुसलमानों द्वारा बसाई गई बस्ती है। राजपूतों के समय का चांपानेर कुछ दूर है।

चांपानेर नगर के बहुत कम स्मारक साबूत बचे हैं, परंतु दुर्ग की दीवारें अभी भी कहीं-कहीं टिकी हुई हैं। कुछ मस्जिदें और मकबरे भी कायम हैं। शहर का पश्चिमी प्रवेश-द्वार अब भी खड़ा है। दुर्ग का आयताकार घेरा लगभग 80 एकड़ क्षेत्र घेरता है। बलुआ पत्थर से निर्मित दीवारें करीब 9 मीटर ऊंची हैं और उनमें समान अंतर पर बुर्ज बने हुए हैं। भीतरी दुर्ग की दीवारों में दो बड़े दरवाजे बने हैं–एक पूर्व की ओर, दूसरा दक्षिण की ओर। इनमें से दक्षिणी द्वार अब पूरी तरह नष्ट हो चुका है। पूर्वी दरवाजा जैसे-तैसे अभी टिका

चित्र 10.14 : केवड़ा मस्जिद, चांपानेर

हुआ है। दुर्ग को एक उत्तर-दक्षिण दीवार द्वारा दो भागों में बांटा गया था और दुर्ग के पूर्व दिशा के भीतरी भाग में पहुंचने के लिए उसके मध्य में एक प्रवेश-द्वार बनाया गया था। प्रवेश-द्वार तो नष्ट हो गया है, परंतु यह द्वार अनेक स्तंभों पर खड़े जिस वर्गाकार भवन में खुलता था, वह आज भी मौजूद है।

महमूद बेगड़ा द्वारा 1483-90 ई. में बनवाई गई जामी मस्जिद दुर्ग के पूर्वी द्वार से करीब 50 मीटर बाहर है। आज भी लगभग पूर्णावस्था में कायम यह मस्जिद इस्लामी वास्तुकला का एक उत्कृष्ट नमूना है।

पावागढ़ की पहाड़ी पर एक प्राचीन काली-मंदिर है, जहां नवरात्र के दिनों में मेला लगता है। ऊपर कुछ जैन मंदिर भी हैं। पहाड़ की चढ़ाई लगभग पांच किलोमीटर है। मार्ग में जो सात दरवाजे पड़ते हैं वे अब भग्नावस्था में हैं। पहाड़ी पर बना पावागढ़ दुर्ग भी नष्ट-भ्रष्ट हो गया है।

जूनागढ़-ऊपरकोट

जूनागढ़ एक प्राचीन किला है। यह दुर्ग गिरनार पहाड़ी पर स्थित है। जूनागढ़ सौराष्ट्र के मुस्लिम राजा के राज्य की राजधानी थी। सूरत जिला अपनी वीरगाथाओं के लिए प्रसिद्ध है।

जूनागढ़ अहमदाबाद से 327 किलोमीटर और सोमनाथ के मंदिर से 91 किलोमीटर की दूरी पर है[6], जूनागढ़ की ऊंचाई 1100 किलोमीटर है। गिरनार की पहाड़ी का पुराणों में काफी गुणगान मिलता है। जूनागढ़ महाभारत के अनुसार रैवतक पर्वत[7] की कोट में बसा हुआ एक प्राचीन तीर्थस्थल है। स्कन्दपुराण के प्रभास खण्ड में वर्णित पहाड़ी के 21 शिखरों में पांच शिखर आज भी महत्वपूर्ण हैं, शिखर से दूर-दूर तक के मनोरंजक दृश्य

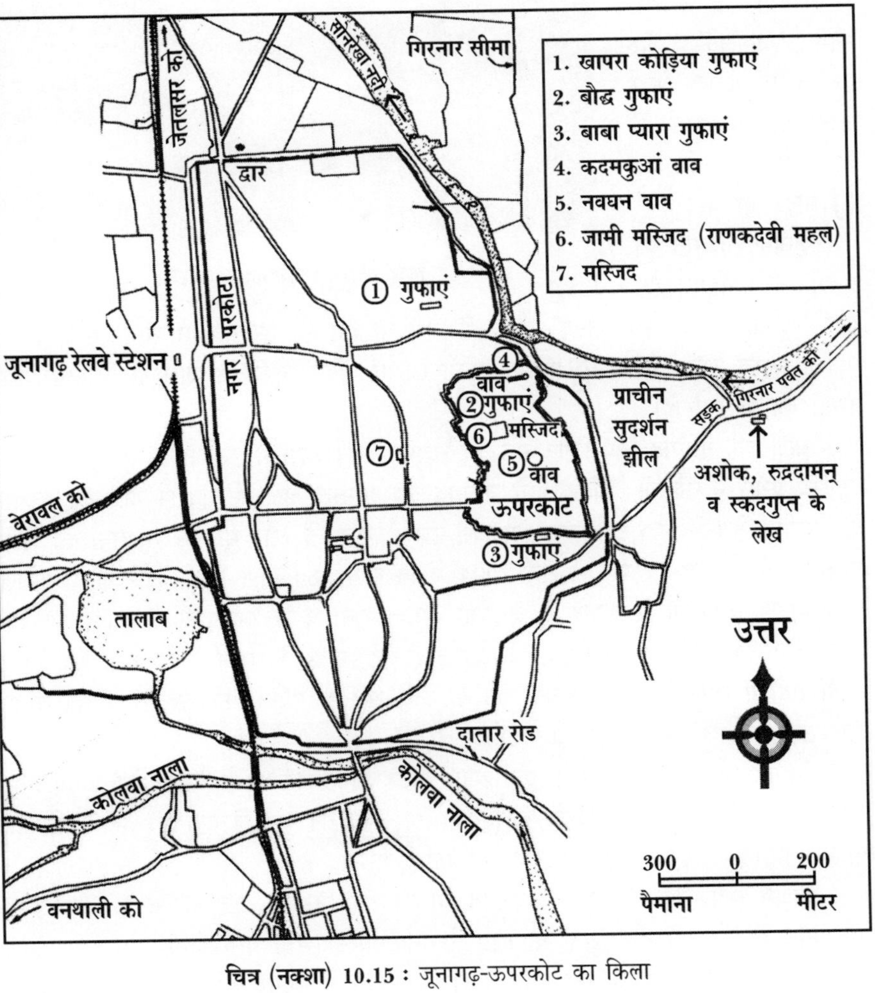

चित्र (नक्शा) 10.15 : जूनागढ़-ऊपरकोट का किला

दिखाई देते हैं जो हमें ताज़गी का अनुभव कराते हैं। गिरराज पर्वत पर तथा जूनागढ़ के निकट अशोक तथा स्कंदगुप्त के शिलालेख जैनों के मंदिर बावड़ियां, अंबा माता, दत्तात्रेय का मंदिर तथा वेलिंग्डन तालाब आदि प्रसिद्ध ऐतिहासिक एवं धार्मिक स्थल देखने योग्य हैं। अम्बामाता, गोरखनाथ, औगढ़, कालिका और गुरुदत्तात्रेय शिखर कहा जाता है, जैन धर्म के 22वें तीर्थंकर नेमिनाथ का मंदिर भी यहीं है।[8]

चित्र 10.16 : जूनागढ़ का किला

जूनागढ़ गुजरात की सबसे ऊंची पहाड़ी है। यहां अशोक कालीन शिलालेख[9] आज भी जैसे के तैसे हैं, जूनागढ़ दो भागों में बंटा है। एक खूबसूरत शहर और दूसरा प्राचीन किला जिसमें मंदिरों, गुफाओं, शिलालेखों, ऊपरी दुर्ग, कुण्डों की प्रचुरता है।

आज का जूनागढ़ ऊपरीकोट गढ़ की स्थापना सन् 875 में चण्डुसामा राजपूत वंश के ग्रहारिपु प्रथम ने की थी। इतिहास में जूनागढ़ का अस्तित्व 250 ई. पूर्व में भी था। गुजरात के जूनागढ़ क्षेत्र में मौर्य, गुप्तकाल, मैजक, छत्रपों, राजपूतों और मुस्लिम सुल्तानों की सत्ता बदलती रही है। राह खेंगण ने सन् 1094 में किले पर आक्रमण किया और जीत हासिल की। पाटण के राजा सिद्धराज ने जयसिंह की वाग्दत्ता पत्नी रणकदेवी से शादी की थी, उसके लिए किले में महल बनवाया। सिद्धराज से हुई लड़ाई में खेंगण मारा गया। इस प्रकार 15वीं सदी में राजपूतों की सत्ता का सदा के लिए अंत हो गया। फिर सुल्तान महमूद बेगड़ा और उसके वंशजों का शासन हो गया।

जूनागढ़—ऊपरकोट का फाटक एक हजार मीटर की ऊंचाई पर है। ऊपरकोट में ज्यादातर मंदिर हैं। मंदिरों का स्थापत्य शिल्प चालुक्यकालीन वैभव की याद दिलाता है। यहां आदियादि बाव, वनघनकूप, नीलम चूड़ावल तोपें और जामी मस्जिद है।

नवधन कूप (कुआं) और आदियादि बावड़ी का निर्माण बड़ा कठिन है। जाहिर है ऊपरकोट के किले में मीठे पानी के लिए कितना प्रयत्न किया गया होगा।

जामी मस्जिद रणकदेवी का महल था जिसे 1570 में महमूद बेगड़ा ने मस्जिद में बदल

चित्र 10.17 : जूनागढ़ की जामी मस्जिद

दिया था। 136 फुट लम्बे और 103 फुट चौड़े हाल में कुछ ग्रेनाइट पत्थरों के 140 स्तम्भ हैं। महमूद बेगड़ा ने किले का नाम मुस्तफाबाद रखा था।

मध्यकाल में यहां पुर्तगालियों का प्रभाव बहुत बढ़ गया था। इसलिए सुल्तान सुलेमानशाह ने सन् 1538 में तुर्की से नीलम और चूड़ावल दो तोपें मंगवाई थीं जो अभी भी किले में रखी हुई हैं।

जूनागढ़ किले में बौद्धकालीन गुफाएं और प्रियदर्शी अशोक के 14 शिलालेख हैं जो 257 ई.पू. की ऐतिहासिक धरोहर हैं। शिलालेख में खुदे शब्द नीति और धर्म से जुड़े हैं जिन्हें 4 से 15 पंक्तियों में लिखा गया है, प्रत्येक पंक्ति में 25 अक्षर हैं। ऐसे शिलालेख शहबाजगढ़ी, जोगुड़ा व धौली (उड़ीसा) में भी मिले हैं। इससे यह पता चलता है कि यहां मौर्य साम्राज्य रहा है। इन्हीं लेखों पर छत्रप रुद्रदामन[10] (150 ई.) और स्कन्दगुप्त[11] (459 ई.) द्वारा पुनर्निर्माण हुआ।

ये ग्रेनाइट जलाश्यों के पत्थरों पर खुदे हैं। गुफाओं के तोरण-द्वारों पर नक्काशी और खम्भों पर शिल्पकारी की गई है।

जूनागढ़ में बौद्ध गुफाओं के अलावा राजपूती महल, कुएं दामोदर कुण्ड तथा मुसलमान शासकों के शिलालेख गिरनार की पहाड़ी पर जैन मंदिरों का समूह है। अम्बा माता का

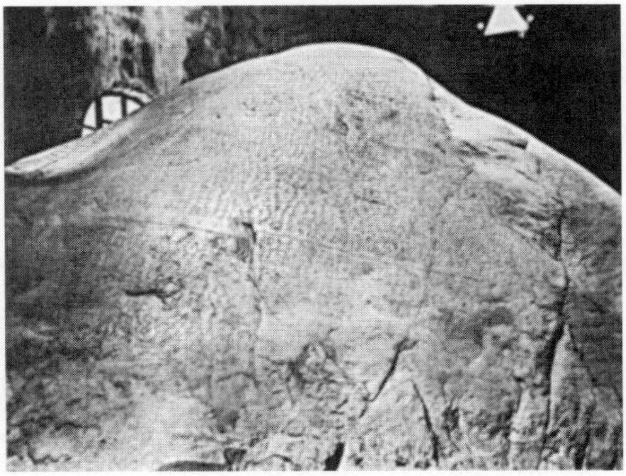

चित्र 10.18 : जूनागढ़ के निकट अशोक, रुद्रादामन और स्कंदगुप्त के शिलालेख

चित्र 10.19 : बावा प्यारा की गुफा

प्राचीन मंदिर और अनेक रमणीक स्थल हैं। किले के पूर्वी तरफ गुफाएं हैं जो दूसरी सदी और सातवाहन कालीन हैं। यहां की खापड़ा कोडिया और बावा प्यारा की गुफाएं देखने योग्य हैं। इन सब स्थानों को देखकर पर्यटक अतीत में खो जाता है। जूनागढ़ किला भारतीय पुरातत्व सर्वेक्षण के संरक्षण में है।

संदर्भ और टिप्पणियां

1. प्राचीन गुजरात की महिमामयी राजधानी पाटण की स्थापना चावड़ा वंश, वंदाज ने 740 ई. में की थी। वंदाज (वनराज) के पिता जयकृष्ण का राज्य, कच्छ की रन के निकट पंचसर नामक स्थान पर था। पाटण में चावड़ा वंश का राज्य 942 ई. तक रहा। इसी वर्ष चालुक्य वंश के नरेश ने गुजरात पर अधिकार कर लिया। इनके शासनकाल में गुजरात उन्नति के शिखर पर पहुंच गया। पाटण गुजरात की राजनीति, धर्म तथा संस्कृति का एक मात्र महान् केंद्र था।
   महमूद गजनी ने इस नगर को लूटा और पूरी तरह उजाड़ दिया। 15वीं सदी में गुजरात का सुल्तान पाटण से अपनी राजधानी अहमदाबाद में ले आया। पाटण अब छोटा-सा कस्बा है।
2. महमूद बेगड़ा-गुजरात का छठां सुलतान। वह तेरह वर्ष की आयु में गद्दी पर बैठा था और अपने वंश का प्रमुख सुलतान था। उसने बड़ौदा के निकट चांपानेर तथा जूनागढ़ जीत लिया तथा अहमद नगर के सुलतान को हराया। उसने पुर्तगालियों से युद्ध किया और पुर्तगाली जंगी बेड़े को हरा दिया। उसने 1459 से 1511 ई. तक राज्य किया।
3. बड़ोदरा गुजरात में है। प्राचीन काल में इस स्थान के निकट अनेक वटवृक्ष थे जिनके कारण नगर को वड़ोदरा कहा जाता था। वड़ोदरा, गुजराती नाम वटोदर शब्द का अपभ्रंश हो सकता है। वड़ोदरा रियासत की नींव मराठा सरदार दामाजी गायकवाड़ ने 18वीं सदी में डाली थी।

4. गयासुद्दीन खिलजी–अध्याय-4, देखिए–मध्यप्रदेश के किले। टिप्पणी नं. 15 पृष्ठ संख्या 158

5. जयसिंह मेवाड़ का महाराजा था जो पिता राजसिंह की गद्दी पर बैठा। उसने औरंगजेब की फौज का मुकाबला किया और 1681 ई. के अंत में उससे संधि कर ली थी। इस संधि द्वारा उसने जजिया के बदले मुगल बादशाह को तीन परगने सौंप दिए। आक्रमणकारी मुगल सेना वापस लौट आई।

6. सोमनाथ पश्चिमी समुद्रतट पर स्थित शिवोपासना का केंद्र है। यह प्रभासक्षेत्र के भीतर स्थित है जो भगवान् कृष्ण के देहोत्सर्ग का स्थान है। यहां से दो मील के लगभग सरस्वती, हिख्या और कपिला नामक तीन नदियों का संगम है। सोमनाथ का मंदिर भारतीय इतिहास में बहुत प्रसिद्ध है। मुसलमान आक्रमणकारियों तथा शासकों ने नष्ट-भ्रष्ट किया किन्तु बार-बार इसका पुनरुथान होता रहा। 1025 ई. में मुहम्मद गजनी ने कई बार सोमनाथ के मंदिर पर आक्रमण किया और लूटा।

   जयसिंह के उत्तराधिकारी नरेश कुमारपाल ने सोमनाथ में एक मेरू प्रासाद बनवाया था। राजा सोमनाथ ने सोने का, कृष्ण ने चांदी का और भीम ने पत्थरों का मंदिर बनवाया था।

   औरंगजेब के बाद सोमनाथ के निकट अहिल्याबाई ने एक नया मंदिर बनवाया, और सोमनाथ पर भी मराठों ने अपना अधिकार कर लिया। 1812 ई. में बड़ोदा के गायकवाड़ ने और जूनागढ़ के नवाब ने सोमनाथ के मंदिर पर अधिकार कर लिया। सोमनाथ का मंदिर पूर्णतः सोने से बना हुआ था, और भंडार रत्नों से भरा हुआ था। मंदिर के व्यय के लिए सहस्रगावों की जागीर लगी हुई थी।

7. रैवतक : सौराष्ट्र-काठियावाड़ का गिरनार नामक पर्वत ही महाभारत का रैवतक है। महाभारत और हरिवंश पुराण से पता चलता है कि रैवतक के निकट यादवों की बस्ती थी और लोग कार्तिक महीने में धूमधाम से रैवतक माह उत्सव मनाते थे जिसमें रैवतक पर्वत की 25 मील की परिक्रमा की जाती थी। विष्णु-पुराण में 41-64 के अनुसार आनंत का पुत्र रैवत राजा था जिसने द्वारिका (कुशस्थली) में राज्य किया। रैवत की पुत्री रेवती का विवाह कृष्ण के भाई बलराम से हुआ था।

8. जैनों के 22वें तीर्थंकर नेमिनाथ ने छत्र-शिला नामक स्थान के पास दीक्षा ली थी और अवलोकन नाम के शिखर पर उन्हें कैवल्य-ज्ञान की प्राप्ति हुई थी। इस पर्वत में 24 पवित्र गुफाएं हैं जिनका संबंध जैन सिद्धों से रहा है। यही रमणीयता का सच्चा स्वरूप है। जहां आनंद का अनुभव होता है।

9. मौर्यवंश के सम्राट अशोक ने अहिंसा और शांति का मंत्र शिलालेखों पर खुदवाया था। गिरनार की तलहटी में मिले ब्राह्मी लिपि में खुदे शिलालेख पुरातत्व की महत्वपूर्ण सम्पत्ति है। उनमें बौद्ध धर्म की आज्ञाओं का निर्देश और अशोक की धर्म-भावना अंकित हुई है।

10. रुद्रदामन : जयदामन का बेटा और चष्टन का पौत्र रुद्रदामन क्षत्रप (रुद्रदामा) महाक्षत्रप हुआ। उसने क्षत्रपों की कीर्ति को चरमोन्नति पर पहुंचा दिया। उस समय तक कुषाणों की शक्ति काफी क्षीण हो गई थी। रुद्रदामन ने यौधेयों का दमन किया और सातकर्णि नरेश (पुलुभावि) को दो बार हराया। उसका राज्य उत्तर में पंजाब से लेकर दक्षिण में नर्मदा नदी तक फैला हुआ था। उज्जयिनी में उसकी राजधानी थी।

11. स्कन्दगुप्त : कुमारगुप्त के उत्तराधिकारी स्कंदगुप्त (455-468 ई.) का शासन बड़ा संकटमय रहा। उसके समय में पश्चिमोत्तर भारत पर हूणों ने आक्रमण कर दिया था। स्कंदगुप्त ने अनेकों लड़ाइयां लड़ीं। उसके शासन की प्रतिकूल परिस्थितियों का प्रभाव उसकी मुद्राओं पर भी पड़ा। स्कंदगुप्त के समय से गुप्त साम्राज्य की अवनति आरंभ हुई।

आंध्र प्रदेश के किले

गोलकुंडा । वरंगल

आंध्र प्रदेश के विभिन्न शहर

अध्याय-11

आंध्र प्रदेश के किले

गोलकुंडा

गोलकुंडा का नाम आते ही इतिहास-प्रसिद्ध 'कोहेनूर' हीरे की याद आ जाती है। कहते हैं कि कोहेनूर, जो अब ब्रिटेन के शाही कोष की शान है, गोलकुंडा के पास की हीरों की खानों में मिला था। किसी समय गोलकुंडा भारत का एक वैभवशाली नगर था, व्यापार का केंद्र था। यहां जवाहरात का बहुत बड़ा बाजार लगता था। अरब, ईरान और तुर्की के व्यापारी मूल्यवान वस्तुएं खरीदने-बेचने के लिए गोलकुंडा पहुंचते थे। लेकिन आज गोलकुंडा का किला खंडहर बन गया है।

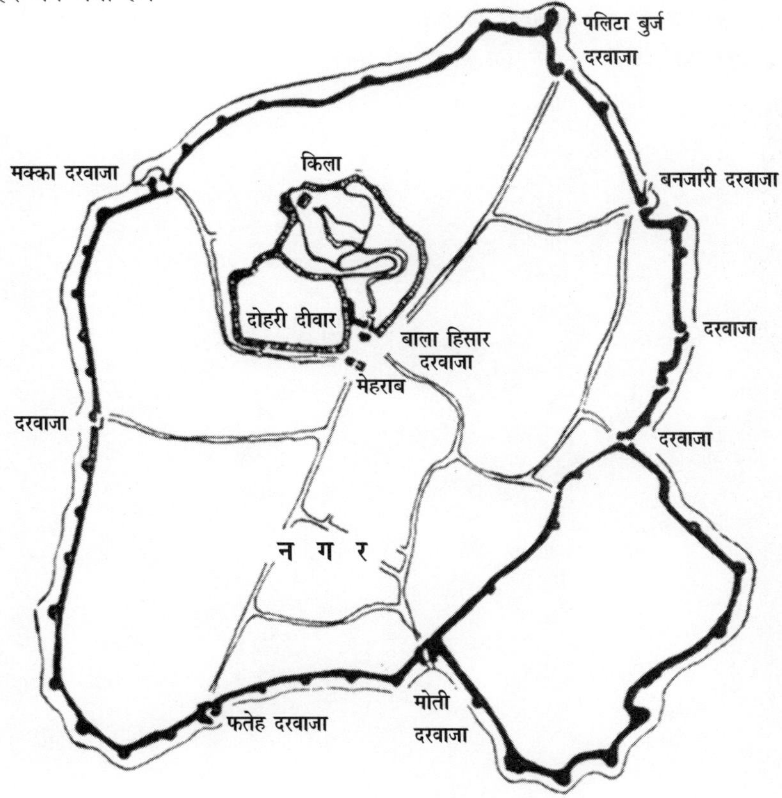

चित्र (नक्शा) 11.1 : गोलकुंडा का किला

चित्र 11.2 : गोलकुंडा का किला

गोलकुंडा का स्थान अब आंध्र प्रदेश की राजधानी हैदराबाद ने ले लिया है। दरअसल, गोलकुंडा के कुतुबशाही सुलतान मुहम्मद कुली[1] ने ही 1589 ई. में हैदराबाद की नींव रखी थी। गोलकुंडा का किला हैदराबाद से करीब 10 किलोमीटर दक्षिण-पश्चिम में जमीन से लगभग 130 मीटर ऊंची ग्रेनाइट की एक नोकीली पहाड़ी पर स्थित है। किले की चोटी से हैदराबाद का नजारा दूर-दूर तक देखने को मिलता है।

चित्र 11.3 : गोलकुंडा किले से हैदराबाद शहर का नजारा

बाला हिसार (ऊंचा गढ़) और नगर तिहरे परकोटे से घिरा हुआ है। बाहरी परकोटा पूरे नगर को घेरता है। बीच का परकोटा उस पहाड़ी को घेरता है जिस पर गढ़ बना है। भीतरी परकोटा गढ़ के ऊपरी हिस्से तक चला गया है। परकोटे में 87 बुर्ज, 52 झरोखे और 8 दरवाजे हैं, जिनमें से अब केवल चार दरवाजे ही इस्तेमाल होते हैं—फतेह, बंजारा, मोती और मक्की। हैदराबाद[2] से गढ़ की ओर जाने वाली सड़क फतेह दरवाजे से होकर गुजरती है। करीब 300 मीटर आगे जाने पर पर्यटक गढ़ के मुख्य बाला हिसार दरवाजे पर पहुंच जाते हैं। इन दोनों दरवाजों को जोड़ने वाली सड़क के दोनों ओर दूकानें और पुराने स्मारकों के अवशेष हैं।

बाला हिसार दरवाजे की बनावट देखने लायक है। हमलावरों को रोकने के लिए दरवाजे के सामने एक मजबूत दीवार का घेरा है। यह दीवार हमलावरों को रोकती थी और हाथी तथा तोप के गोले की सीधी मार से फाटकों की रक्षा करती थी। फाटकों पर लोहे के नोकीले कील ठुके हुए हैं। दरवाजे के ऊपर बने छज्जे से हाथियों और हमलावरों पर पिघला सीसा और उबलता तेल डालने की व्यवस्था थी।

चित्र 11.4 : गोलकुंडा में इब्राहिम कुतुबशाह की मस्जिद

दरवाजे के पिछले हिस्से में एक बड़ा-सा मंडप है। इसके बीचों-बीच खड़े रहकर ताली बजाई जाए तो उसकी आवाज पहाड़ी की चोटी पर बने राजदरबार (बारादरी) में सुनाई देती है। किले के गाइड पर्यटकों को इसका प्रदर्शन करके दिखाते हैं। लगता है कि उस जमाने की यह 'टेलीफोन' व्यवस्था मंडप की छत की विशिष्ट वास्तु-रचना से संभव हुई है।

आगे किले की चोटी पर जाने के लिए दो रास्ते हैं—एक दाईं ओर से, दूसरा बाईं ओर से। आमतौर पर पर्यटक दाएं रास्ते से चढ़कर बाएं रास्ते से वापस लौटते हैं। इस रास्ते में पड़ने वाले प्रमुख स्मारक हैं : (1) मंडप के दाईं ओर नगीना बाग; (2) आगे सैनिक बैरक और सुलतान अबुल हसन 'तानाशाह' के अक्कन्ना व मदन्ना नामक मंत्रियों के दो मंजिले भवन; (3) आगे जहां से सीढ़ियां शुरू होती हैं, उसके दाईं ओर एक बड़ी बावली यानी कुआं है; (4) 'रामदास' जेल : यहां कुतुबशाही जमाने के कंचन गोपन्ना उर्फ 'रामदास' नामक अधिकारी को बंदी बनाकर रखा गया था; (5) बारूद खाना; (6) मस्जिद; (7) महाकालि मंदिर; (8) सबसे ऊपरी बारादरी यानी राजदरबार।

चित्र 11.5 : सबसे ऊपर राजदरबार (बारादरी)

चोटी से लौटते वक्त सबसे ज्यादा आकर्षित करती है–किले में जल-आपूर्ति की विशिष्ट व्यवस्था। एक नहर के जरिए आठ किलोमीटर दूर से किले तक पानी लाया जाता था। फिर उसे रहटों की मदद से किले की चोटी पर स्थित तालाब में पहुंचाया जाता था। वहां से दीवारों में चुने गए मिट्टी के मजबूत पाइप पानी को अलग-अलग जगहों पर पहुंचा देते थे। उन पुराने पाइपों को अब भी देखा जा सकता है।

किले के दक्षिण-पश्चिम में कुतुबशाही जमाने के शानदार रानी महलों, हमामों, फव्वारों और

चित्र 11.6 : गोलकुंडा के रानी महल के वेरु खंडहर

बागों के अवशेष हैं। पास ही 'दाद महल' यानी न्यायालय का भवन है। उसके नजदीक शुतुरखाना यानी ऊंटघर है। किसी समय उसकी छत पर एक खूबसूरत बाग था। इस प्रकार, गोलकुंडा के लगभग सभी वर्तमान अवशेष कुतुबशाही सुल्तानों के काल (1518-1687 ई.) के हैं।

परंतु गोलकुंडा का किला अधिक प्राचीन है। पहले इसका नाम मंगलवरम् या मंकल था। पता चलता है कि ईसा की 12वीं सदी में इस किले की नींव वरंगल के काकातीय राजाओं ने डाली थी। उस समय वरंगल (हैदराबाद से करीब 150 किलोमीटर दूर, काजीपेट[3] के पास) आंध्र प्रदेश की राजधानी थी। गणपति देव और उसकी बेटी रुद्रम्मदेवी योग्य काकातीय शासक हुए। लेकिन उनके बाद दक्षिण भारत पर दिल्ली के सुलतानों के हमले शुरू हुए और अंत में 1347 ई. से दक्खन में बहमनी सुलतानों का शासन शुरू हुआ, जो आगे करीब डेढ़ सौ साल तक चला। बहमनियों की राजधानी गुलबर्गा में थी और गोलकुंडा उसके अधीन था।

चित्र 11.7 : गोलकुंडा का कुतुबशाही मकबरा

बहमनी शासन कमजोर पड़ गया तो उसके पांच स्वतंत्र राज्य हो गए। सुलतान मुहम्मद शाह बहमनी की मृत्यु (1518 ई.) के बाद तेलंगाना के सूबेदार कुली कुतुबशाह ने अपने को स्वतंत्र घोषित करके गोलकुंडा को अपनी राजधानी बनाया। पहले गोलकुंडा की पहाड़ी पर एक कच्चा गढ़ था। कुली कुतुबशाह ने गढ़ के चहुंओर पत्थरों की मजबूत दीवार बनवाई। उसने गढ़ के अंदर मस्जिद और कुछ इमारतें भी बनवाईं।

गोलकुंडा किले के बारे में एक लोककथा बताई जाती है : पहाड़ी पर पुराने कच्चे गढ़ के पास एक गड़रिया अपनी भेड़ें चरा रहा था। घूमते-घूमते सुलतान वहां पहुंचा, तो गड़रिए ने उससे कहा–'जो कोई इस पहाड़ी पर मजबूत किला बनवाएगा, उसकी सात पीढ़ियां यहां राज करेंगी।' सुलतान को गड़रिए की बात जंच गई और उसने वहां एक मजबूत किला बनवाया। तेलुगु भाषा में 'गोल्ल' का अर्थ है 'गड़रिया' और 'कोंड' का अर्थ है 'पहाड़ी'। इससे पता चलता है कि गोलकुंडा की पहाड़ी पर पहले पशुचारियों की कोई गढ़ी थी।

सुलतान कुली कुतुबशाह ने लंबे समय तक शासन किया। उसके बाद के दो सुलतान अयोग्य साबित हुए। कुतुबशाही की वास्तविक उन्नति चौथे सुलतान इब्राहिम शाह के शासनकाल (1550-80 ई.) में हुई। उसने नगर के चहुंओर करीब आठ किलोमीटर लंबा मजबूत परकोटा बनवाया। किले की पहाड़ी पर बनवाई उसकी मस्जिद आज भी मौजूद है।

इब्राहिम शाह का बेटा और उत्तराधिकारी मुहम्मद कुली (1580 - 1612 ई.) सुलतान की हिंदू बेगम भागीरथी का बेटा था। गोलकुंडा का यह नया रंगीला सुलतान दक्खिनी हिंदी का कवि और अन्य ललित कलाओं का प्रेमी था। बताया जाता है कि उसने तेलुगु में भी कुछ कविताएं कीं। पास के चंचलम् गांव की नर्तकी भागमती को वह अपना दिल दे चुका था। इसी चंचलम् गांव में मुहम्मद कुली ने अपनी प्रेमिका भागमती के नाम पर भागनगर बसाया। बाद में जब वह महारानी बनी और उसे 'हैदरमहल' की उपाधि दी गई, तो भागनगर को हैदराबाद कहा जाने लगा। हैदराबाद की चारमीनार, जामा मस्जिद आदि इमारतें मुहम्मद कुली के समय में ही बनी हैं।

चित्र 11.8 : हैदराबाद की चारमीनार

गोलकुंडा की समृद्धि मुगलों को आकर्षित करने लगी। अकबर और शाहजहां खिराज लेकर संतुष्ट हुए, परंतु औरंगजेब ने गोलकुंडा को हथियाने का निश्चय किया। उसने गोलकुंडा पर पहला हमला 1656 ई. में किया, किंतु उस समय उसे सफलता नहीं मिली। दूसरी बार, अंतिम सुलतान अबुल हसन 'तानाशाह' के शासनकाल में, 1686 ई. में, औरंगजेब ने हैदराबाद पर हमला किया और शहर को मनमर्जी से लूटकर तबाह कर दिया। उसने आगे बढ़कर गोलकुंडा के किले को घेर लिया और अंत में रिश्वत के बल पर उसे भी जीत लिया। तानाशाह को बंदी बनाकर दौलताबाद के किले में रखा गया। आज 'तानाशाह' का अर्थ 'निरंकुश शासक' हो गया है, पर सुलतान अबुल हसन उस जमाने के दूसरे अनेक हिंदू-मुस्लिम शासकों से कुछ कम ही निरंकुश था। उसके प्रधानमंत्री और सैनिक मंत्री, दोनों हिंदू थे।

सन् 1687 ई. में कुतुबशाही के अंत के साथ-साथ गोलकुंडा के वैभव का भी अंत हो गया। मगर गोलकुंडा के खंडहर, किले के पश्चिमोत्तर में कुछ दूरी पर निर्मित कुतुबशाही सुलतानों के खूबसूरत मकबरे और हैदराबाद शहर के चारमीनार व जामा मस्जिद जैसे भव्य स्मारक उस बीते जमाने की शान के लंबे समय तक मूक साक्षी बने रहेंगे।

वरंगल

आंध्र प्रदेश की पुरानी राजधानी वरंगल, जिसे आरंभ में 'ओरुक्कल्लु' या 'ओरंगल' (अर्थात् 'अकेली विशाल चट्टान') कहा जाता था, काजीपेट के पास है। ईसा की 11वीं सदी में कल्याणी[4] के चालुक्य साम्राज्य के काकातीय सामंतों ने स्वतंत्र होकर पहले हनुमकोंडा को और फिर वहां से चंद किलोमीटर दूर के वरंगल को अपनी राजधानी बनाया। काकातीयों ने यहां से करीब दो सौ साल तक शासन किया। हनुमकोंडा में काकातीय राजाओं द्वारा बनवाया 'सहस्त्र स्तंभों वाला मंदिर' है।

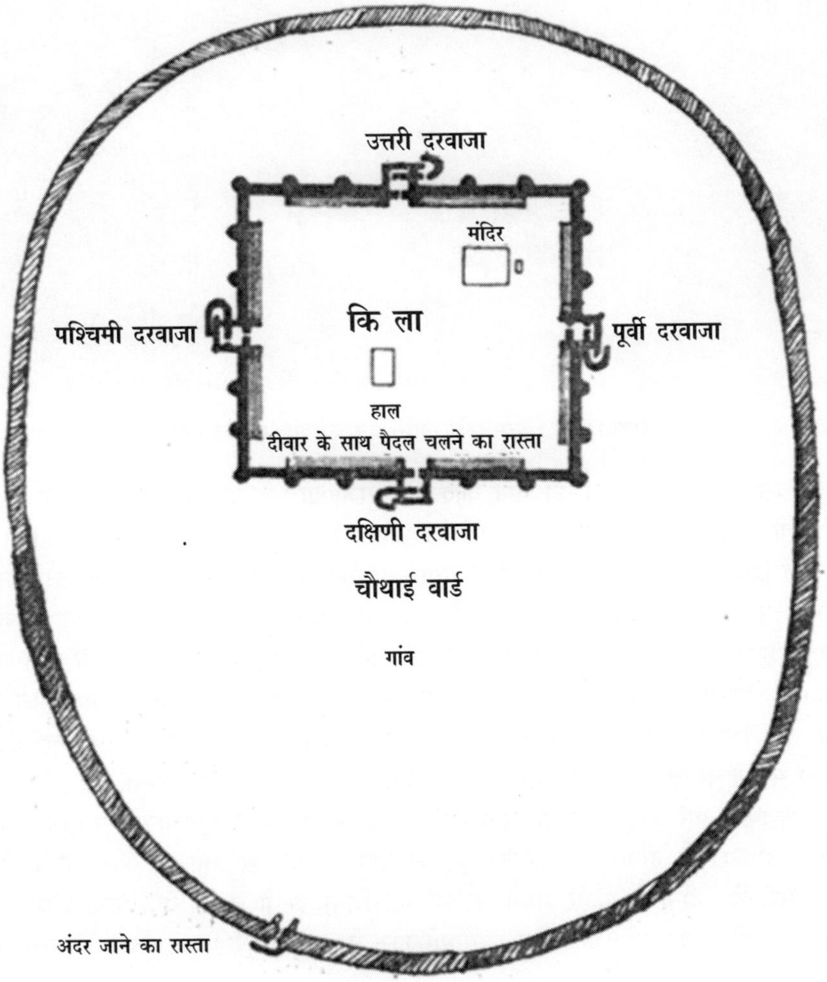

चित्र (नक्शा) 11.9 : वारंगल का किला

चित्र 11.10 : वरंगल के भीतरी दुर्ग का पश्चिमी प्रवेश-द्वार

वरंगल नगर और दुर्ग की नींव काकातीय राजा प्रोल-द्वितीय ने 12वीं सदी के पूर्वार्ध में रखी थी। फिर 13वीं सदी में गणपतिदेव और उसकी बेटी रुद्रम्मदेवी के शासनकाल में वरंगल अपने वैभव के शिखर पर पहुंच गया। गणपतिदेव ने रुद्रम्मा को बेटे की तरह पाला था। उसने 31 बरस तक राज किया और अंत में अपने पोते प्रतापरुद्र को राज्य सौंपकर निवृत्त हुई। मार्को पोलो नामक इतालवी यात्री 13वीं सदी के अंत में स्थलमार्ग से चीन गया था। वह भारत भी आया था। रुद्रम्मा के बारे में वह लिखता है, "वह बहुत विवेकशील स्त्री थी, और उसकी प्रजा उसे ऐसा चाहती थी जैसा पहले किसी राजा या रानी को नहीं। इस राज्य में बढ़िया नफीस कपड़े बनते हैं, जो सचमुच मकड़ी के जाल से लगते हैं।"

गणपति और रुद्रम्मा के शासनकाल में वरंगल के दुर्ग को विस्तृत करके मजबूत बनाया गया। दुर्ग की दो दीवारें थीं। भीतरी दुर्ग की दीवार पत्थरों से बनी थी और बाहरी किले की मिट्टी से। दोनों के बाहर गहरी खाइयां थीं, जिनमें पानी बहता था। परकोटे का घेरा 40 किलोमीटर का था। आज भी उस भूमिकोट के अवशेष देखे जा सकते हैं; रेल-पटरी उसे दो स्थानों पर काटती है।

विशाल प्रस्तर-खंडों से निर्मित वर्गाकार भीतरी दुर्ग के चार प्रवेश-द्वार हैं–प्रत्येक दीवार

चित्र 11.11 : वरंगल दुर्ग में स्थित अलंकृत तोरण-द्वार

के मध्य भाग में एक-एक। सबकी योजना लगभग एक-जैसी है। पश्चिमी द्वार के बाहर की दोनों दीवारों पर सिंह की आकृतियां खुदी हुई हैं। दुर्ग के भीतर राजभवन और एक मंदिर के अवशेष हैं। मंदिर के पूर्वी भाग में नंदी की मूर्ति है। दुर्ग के मध्य भाग में एक तालाब है। मंदिर लगभग पूर्णतः नष्ट हो गया है, परंतु आज भी उसके चार अलंकृत तोरण-द्वार काकातीय युग के कला-वैभव की गवाही देते हैं।

चित्र 11.12 : वरंगल दुर्ग में स्थित काकातीय कालीन (सहस्र स्तंभों वाला) मंदिर

तेरहवीं सदी के अंतिम दशक से वरंगल पर दिल्ली के सुलतानों के हमले आरंभ हुए। शुरू के हमले को झेलने में काकातीय शासक किसी तरह सफल रहे। परंतु अलाउद्दीन खिलजी के सेनापति मलिक काफूर[5] और गयासुद्दीन तुगलक के बेटे उलुग खान[6] (बाद में मुहम्मद तुगलक) के हमलों ने वरंगल को तबाह कर दिया। वरंगल का राज्य दिल्ली के अधिकार में चला गया। उसके कुछ साल बाद कपया नायक ने वरंगल पर पुनः अधिकार किया, किंतु अंत में यह दक्षिण के बहमनी राज्य का अंग बन गया।

संदर्भ और टिप्पणियां

1. कुतुबशाही : सुलतान मुहम्मद कुली ने कुतुबशाही वंश की स्थापना 1518 ई. में की थी। महमूदशाह के राज्यकाल में वह बहमनी राज्य के पूर्वी भाग का हाकिम था। महमूद शाह की मृत्यु के बाद उसने अपने को गोलकुंडा का स्वतंत्र सुलतान घोषित कर दिया और कुतुबशाही वंश की स्थापना की और 1687 ई. तक राज्य किया। इस वंश के प्रारंभिक सुलतान जमशेद (1543-1550 ई.), इब्राहीम (1550-1580 ई.) तथा मुहम्मद कुली (1587-1611 ई.) तक थे। जमशेद पितृघातक था। लेकिन इब्राहीम योग्य शासक था। उसने 1565 ई. में तालीकोट की लड़ाई में विजयनगर साम्राज्य को पराजित करने में भाग लिया। 1687 ई. में औरंगजेब ने कुतुबशाही वंश का अंत कर दिया।

2. हैदराबाद दक्षिण की भूतपूर्व रियासत और उसका मुख्य नगर है। काकातीय नरेश गणपति ने इस किले (गोलकुंडा) की पहाड़ी पर कच्चा किला बनवाया था। इसके बाद इस प्रदेश पर मुसलमानों का अधिकार हो गया। इस किले को पक्का बनाकर उसे राजधानी बनाया। कुतुबशाह ने अपनी प्रेमिका नागमती के कारण हैदराबाद को बहुत सुंदर बनाया गया। हैदराबाद वैभवशाली नगर और व्यापार का केंद्र था। नगर में चार बाजारों का निर्माण किया गया जिनके प्रवेश द्वार पर चार-कमान नामक तोरण बनवाए गए। दक्षिण की ओर चारमीनार स्थित है। हैदराबाद में कई ऐतिहासिक मंदिर भी हैं जिनमें झामसिंह का मंदिर प्रसिद्ध है। यह मंदिर बालाजी का है।

   हैदराबाद के रेजीडेंसी केप्टन एचीलीज क्रिकपेट्रिक ने अपनी मुस्लिम बेगम खैरून्निसा के लिए रेजीडेंसी के अंदर एक रंगमहल बनवाया।

3. काजीपेट : 19वीं सदी में एक काजी ने एक गुंबददार मकबरा बनवाया था। इन चट्टानों के शिखर पर तीन अति प्राचीन मंदिर हैं जिन पर हिंदू कालीन सुंदर नक्काशी की हुई है। दक्षिण में मुहडोंकोंडा नामक स्थान पर कई प्राचीन मंदिर हैं। द्रविड़ शैली में बने हुए शिव और विष्णु के मंदिर स्तूपाकार बने हैं। पास ही ग्राम में भी शिवमंदिर है।

4. कल्याणी अब आंध्रप्रदेश में स्थित है। मध्यकाल की दो शताब्दियों (973-1190 ई.) तक यह नगर चालुक्य राजाओं की राजधानी रहा। 11वीं शदी में चालुक्य राज सोमेश्वर प्रथम के राजत्वकाल में परम समृद्धिशाली नगरों में इसकी गणना की जाती थी। धर्मशास्त्र के प्रसिद्ध ग्रंथ मिताक्षरा का रचयिता विज्ञानेश्वर कल्याणी नरेश विक्रमादित्य चालुक्य की राजसभा का रत्न था।

5. मलिक काफूर मूल रूप में एक हिंदू हिजड़ा था जिसे एक दीनार में खरीद कर गुलाम बनाया गया था। इसीलिए वह 'हजार-दीनारी' कहलाता था। वह सुलतान अलाउद्दीन खिलजी को गुजरात विजय में तोहफे के रूप में मिला था। सुलतान ने शीघ्र ही उसे उच्च पद प्रदान किए और 1307 ई. में मलिक काफूर को सल्तनत का मालिक नायक बना दिया। मलिक काफूर बहुत ही योग्य सेनापति सिद्ध हुआ। उसने देवगिरि, ओरंगल, घोर समुद्र, मलाबार और मदुरा को जीत कर सुलतान के अधीन कर दिया और सल्तनत की सीमाएं रामेश्वरम् तक फैला दीं। इन सफलताओं के कारण वह अलाउद्दीन खिलजी का विश्वासपात्र अधिकारी बन गया। अलाउद्दीन की मृत्यु के बाद उसने नाबालिग लड़कों को गद्दी पर बैठाकर सारी सत्ता अपने हाथ में ले ली। मलिक काफूर ने नाबालिग को कैद कर लिया और अलाउद्दीन के परिवार से संबंधित सभी सरदार और गुलामों को मरवाने का इरादा किया। परंतु जिन लोगों को वह मरवाना चाहता था, उन्होंने संगठित होकर, उसके गद्दी पर बैठने के पैंतीस दिन बाद ही उसे मार डाला।

6. उलुग खान सुलतान गयासुद्दीन का सेनापति था। उलुग खान ने ओरंगल के काकातीय राजा प्रतापरुद्र को 1323 ई. में हराकर उसका राज्य छीन लिया।

कर्नाटक के किले

गुलबर्गा | बीदर | बीजापुर
विजयनगर | श्रीरंगपट्टण

कर्नाटक के विभिन्न शहर

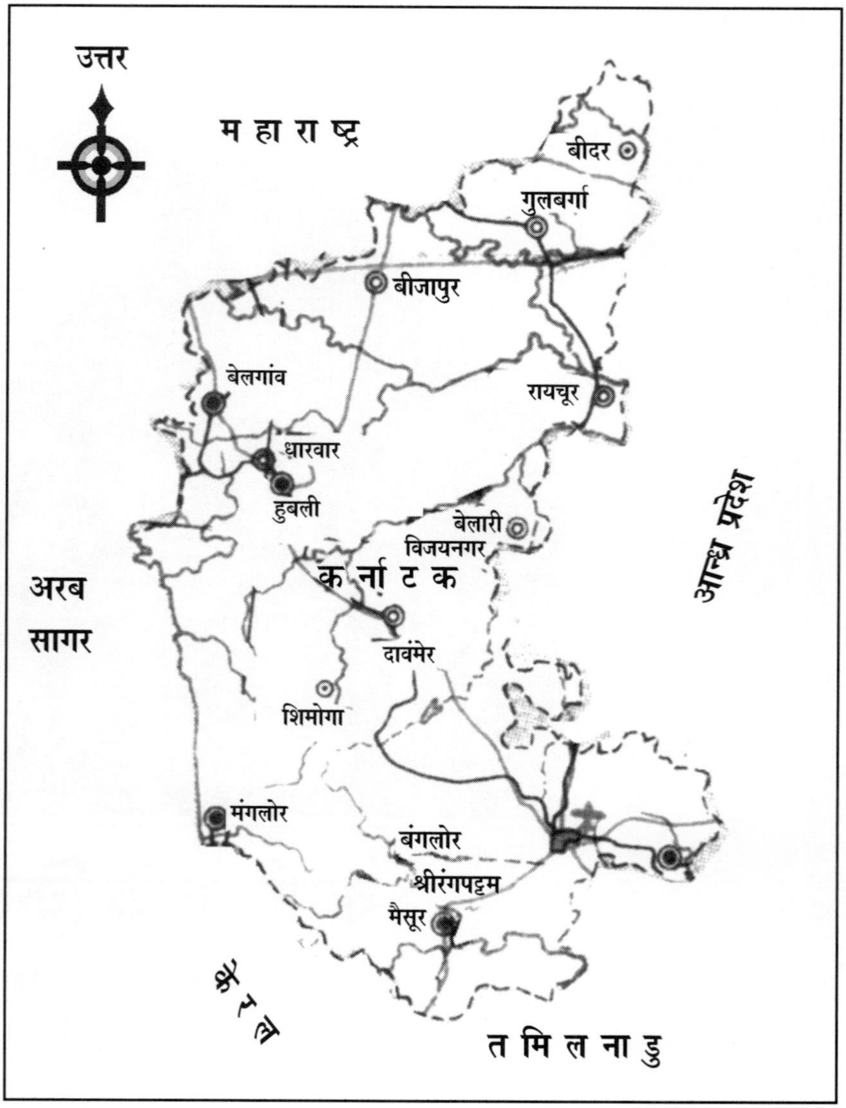

अध्याय-12

कर्नाटक के किले

गुलबर्गा

आमतौर पर समझा जाता है कि बड़े-बड़े किले उत्तर भारत में ही देखने को मिलते हैं। मगर सच्चाई यह है कि दक्षिण भारत में किलों की संख्या अधिक है और उनका स्थापत्य भी बहुत शानदार है। दक्षिण के देवगिरि (दौलताबाद), वरंगल, बादामी, शिवनेरी, पन्हाळा आदि अनेक किले काफी पुराने हैं। फिर ईसा की तेरहवीं सदी के अंतिम दशक से दक्षिण भारत में दिल्ली के सुलतानों का शासन शुरू हुआ। युद्ध में नए तरीकों और साधनों का इस्तेमाल होने लगा। तदनुसार दक्षिण भारत में कई नए किलों का निर्माण हुआ और कई पुराने किलों को नए सिरे से बनवाया गया।

अलाउद्दीन खिलजी ने 1292 ई. में नर्मदा नदी को पार करके देवगिरि के यादववंशी राजा रामचंद्र[1] को हराया। उसकी बेशुमार दौलत लूटकर वह वापस लौटा और उसके बाद दिल्ली का सुलतान बना। देवगिरि का अभेद्य दुर्ग भी यादव राज्य की रक्षा करने में असफल रहा। अलाउद्दीन के सेनापति मलिक काफूर ने पुनः हमले करके, न केवल देवगिरि के यादवों और वरंगल के काकातीयों को परास्त किया, बल्कि वह भारत के ठेठ दक्षिणी छोर तक पहुंच गया।

चित्र 12.1 : गुलबर्गा का किला

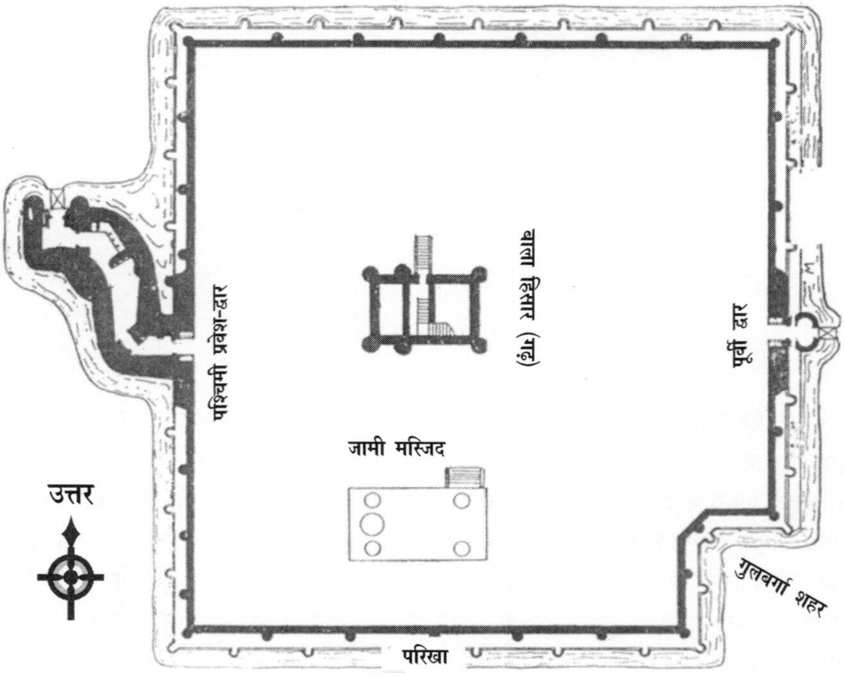

चित्र (नक्शा) 12.2 : गुलबर्गा का किला

खिलजी वंश के अवसान के बाद दिल्ली में तुगलक वंश का शासन शुरू हुआ। मुहम्मद तुगलक (1325-1351 ई.) दिल्ली से अपनी राजधानी देवगिरि ले गया (1327 ई.) और उसे नया दौलताबाद नाम दिया।[2] मगर कुछ साल बाद ही वह राजधानी को दिल्ली वापस ले आया। एक विशाल साम्राज्य को टिकाए रखना मुहम्मद के लिए बहुत कठिन हो गया। उसके सरदार जगह-जगह विद्रोह करके अपने स्वतंत्र राज्य स्थापित करने में जुट गए।

मुहम्मद तुगलक के दक्खन से वापस लौटने के बाद वहां के बागी अमीरों ने अपने में से एक सेनानायक–हसन गंगू–को सुलतान घोषित कर दिया, जो अलाउद्दीन हसन बहमनशाह के नाम से 1347 ई. में गद्दी पर बैठा। वह बहमनी राजवंश का संस्थापक था। एक समय बहमनी राज्य पश्चिम में अरब सागर से लेकर पूर्व में उड़ीसा तक और उत्तर में ताप्ती नदी से लेकर दक्षिण में कृष्णा-तुंगभद्रा नदियों तक फैल गया था। विजयनगर और बहमनी राज्यों के बीच युद्धों का सिलसिला लंबे समय तक चलता रहा।

बहमनी राज्य को चार सूबों में विभक्त किया गया था–गुलबर्गा, दौलताबाद, बीदर और बरार (विदर्भ)। बहमनी राज्य की पहली राजधानी दौलताबाद में नहीं, बल्कि गुलबर्गा में स्थापित हुई। बाद में 1426 ई. में राजधानी को गुलबर्गा से बीदर ले जाया गया। बहमनी सुलतानों ने गुलबर्गा और बीदर के किलों को नए सिरे से बनवाया और उनमें आलीशान महलों व मस्जिदों का निर्माण करवाया। इनके अलावा उन्होंने अपने राज्य में गाविलगढ़, नरनाळा, परिंडा आदि अनेक किले नए सिरे से बनवाए।

चित्र 12.3 : गुलबर्गा का पूर्वी दरवाजा

कर्नाटक राज्य के उत्तर-पूर्वी भाग में स्थित गुलबर्गा का पुराना नाम कलबुर्गा था। बताया जाता है कि पहले वहां राजा गुलचंद का बनवाया एक किला था। बहमनी राज्य की राजधानी बनाए जाने के बाद गुलबर्गा को नया 'अहमदाबाद' नाम दिया गया और वहां शहर के उत्तर-पश्चिम में नए किले और नई इमारतों को बनवाने का काम शुरू हो गया।

गुलबर्गा का किला एक भूमिदुर्ग है, यानी यह समतल जमीन पर बना है। किला वर्गाकार है और चारों ओर से करीब 12 मीटर चौड़े दोहरे परकोटे से घिरा हुआ है। जगह-जगह अर्धगोलाकार बुर्ज हैं। परकोटे के बाहर काफी चौड़ी और गहरी परिखा यानी खाई है। गोले दागने के लिए परकोटे के ऊपरी भाग में छेदों की व्यवस्था की गई है। तोपों को चलाने के लिए घूमने वाले चबूतरे बनाए गए हैं।

किले के दो प्रवेश-द्वार हैं—एक पूर्वी दीवार के मध्य में और दूसरा पश्चिमी दीवार के मध्य में। शहर की ओर से दिखने वाला पूर्वी द्वार काफी कुछ नष्ट हो गया है। यहां परिखा पर पहले लकड़ी का जो उठाऊ पुल था उसके स्थान पर अब सड़क का पुल है। पश्चिमी द्वार खुले मैदान की ओर खुलता है और उधर से ही हमला होने की ज्यादा संभावना थी। इसलिए सुरक्षा की दृष्टि से उसे मजबूत और

चित्र 12.4 : गुलबर्गा का पश्चिमी दरवाजा

काफी लंबा बनाया गया है। यहां भी परिखा पर पहले उठाऊ पुल था। उसके बाद एक लंबे घुमावदार मार्ग में चार फाटक बनाए गए हैं। यह मार्ग बुर्जों से घिरा हुआ और मेहराबों से ढंका हुआ है। हाथियों की टक्कर से फाटकों को बचाने के लिए उनमें खास बनावट की लोहे की कोणकीलें ठोंकी गई हैं।

चित्र 12.5 : गुलबर्गा का बाला हिसार (गढ़)

किले के भीतर की पुरानी शानदार इमारतें अब खंडहर बन गई हैं। उनके पत्थरों के ढेर जहां-तहां बिखरे पड़े हैं। किले में पहले शाह बाजार का एक सीधा रास्ता था। उसके दोनों तरफ बनी इमारतों के अवशेष बताते हैं कि यह व्यापार का एक बड़ा केंद्र था। उस समय फारस, अफ्रीका और भूमध्यीय सागरीय देशों के व्यापारी गुलबर्गा में पहुंचते थे।

किले का एक विशिष्ट स्मारक है–इसके मध्य में बना वर्गाकार ढांचे वाला गढ़ (बाला हिसार) है जो हमले के समय सबसे अंत में शरण लेने के लिए बनाया गया था। इसकी मोटी दीवारों में कोई झरोखा या खिड़की नहीं है। इसकी उत्तरी दीवार में बनी बहुत सारी सीढ़ियां चढ़ने के बाद ही इसके भीतर पहुंचा जा सकता है। इसकी छत अब नष्ट हो गई है और भीतर का भाग टूट-फूट गया है। इस तरह का गढ़ भारत में अन्यत्र कहीं भी देखने को नहीं मिलता।

गढ़ के दक्षिण में 1368 ई. में बनी अनूठी जामी मस्जिद है। यह देशभर में अकेली

चित्र 12.6 : गुलबर्गा की पूरी तरह ढकी हुई विशाल जामी मस्जिद

मस्जिद है जिसमें कोई खुला आंगन नहीं है। पूरी मस्जिद गुंबदों वाली छत से ढकी हुई है। बीच में बड़ा गुंबद है, कोनों पर भी गुंबद हैं और बीच में कई सारे छोटे-छोटे गुंबद हैं। मस्जिद के भीतर रोशनी मेहराबों से आती है। यह मस्जिद मूरों (अरबों) द्वारा स्पेन के कोरदोवा स्थान में बनाई मस्जिद के अनुकरण पर बनी है।

किले के बाहर आरंभिक बहमनी सुलतानों के गुंबदों वाले सादे चौकोर मकबरे हैं। प्रथम बहमनी सुलतान अलाउद्दीन हसन बहमनशाह की मृत्यु 1358 ई. में हुई। उसके उत्तराधिकारी मुहम्मद (प्रथम) ने वरंगल और विजयनगर के साथ कई खूनी लड़ाइयां लड़ीं। इतिहासकार फरिस्ता जानकारी देता है कि 1365 ई. में बहमनियों ने विजयनगर के साथ हुई लड़ाई में बारूद का इस्तेमाल किया था। यह बाबर द्वारा उत्तर भारत में बारूद का पहली बार प्रयोग किए जाने के करीब दो सौ साल पहले की बात है। आठवें बहमनी सुलतान फीरोजशाह के समय में गुलबर्गा में कई शानदार इमारतों और महलों का निर्माण हुआ। उसने भी विजयनगर के विरुद्ध लड़ाइयां लड़ीं। अंत में उसके भाई अहमदशाह ने ही उसकी हत्या कर दी। गुलबर्गा को असुरक्षित जानकर अहमदशाह 1426 ई. में अपनी राजधानी बीदर ले गया। उसके बाद गुलबर्गा का वैभव जाता रहा।

1520 ई. में विजयनगर के राजा कृष्णदेवराय ने गुलबर्गा पर हमला करके उसे तहस-नहस कर डाला। आगे जाकर बहमनी राज्य टूटकर पांच स्वतंत्र भागों में विभक्त हो गया। औरंगजेब जब दक्खन का गवर्नर था, तो 1657 ई. में उसने गुलबर्गा पर अधिकार कर लिया। अंत में गुलबर्गा निजामशाह का अंग बन गया। किले के भीतर के स्मारक अब उपेक्षित हैं, खंडहर बन गए हैं। किले के अंदर अब भी कई लोग रहते हैं।

बीदर

विजयनगर जैसा शक्तिशाली राज्य नजदीक होने के कारण बहमनी राजधानी गुलबर्गा को हमेशा खतरा बना रहता था। इसलिए नौवां बहमनी सुलतान अहमदशाह (1446-1481 ई.) अपनी राजधानी बीदर ले गया। बीदर गुलबर्गा से करीब सौ किलोमीटर पूर्वोत्तर में है। यहां की आबोहवा भी बेहतर थी। यहां स्वच्छ पानी के सोते और फलों के बाग थे। यह शहर एक ऊंचे पठार पर स्थित होने के कारण यहां प्रतिरक्षा के बेहतर साधन जुटाए जा सकते थे।

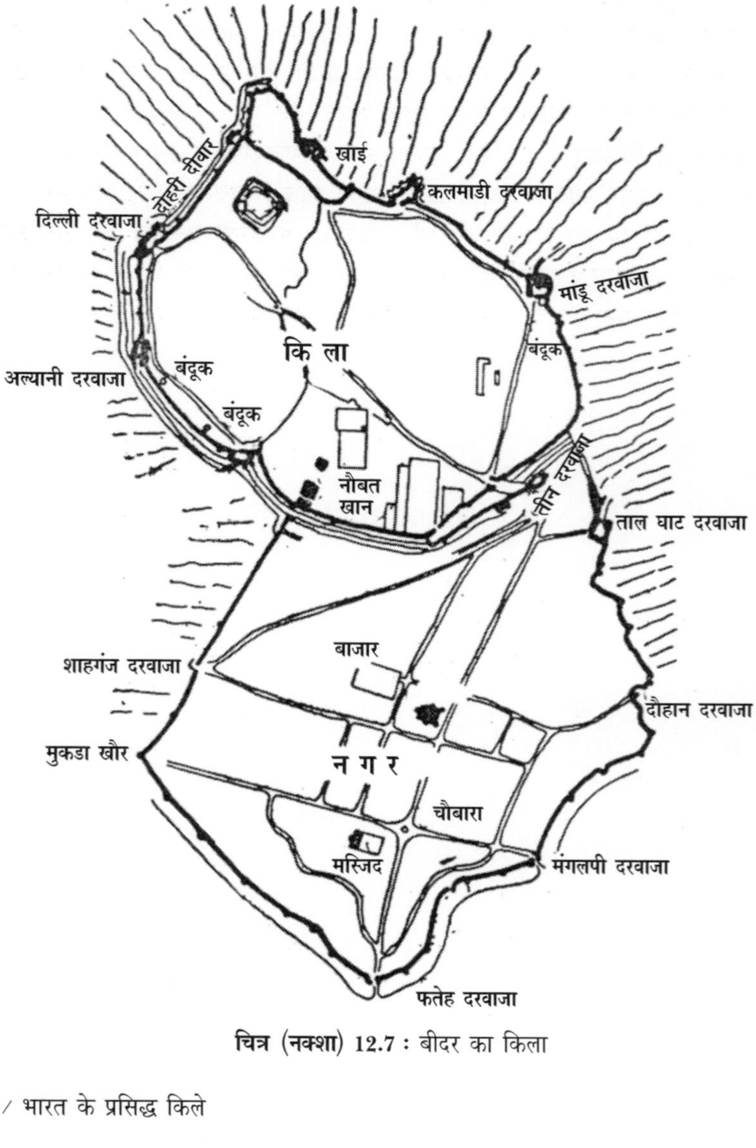

चित्र (नक्शा) 12.7 : बीदर का किला

बहमनियों के पहले बीदर में कल्याणी के चालुक्यों, देवगिरि के यादवों और वरंगल के काकातीयों का शासन रहा। पता चलता है कि बीदर में पहले से एक दुर्ग मौजूद था। बहमनियों ने उसके स्थान पर नया मजबूत किला बनवाया। किले के दक्षिण में नगर है। नगर से किले की ओर जाते समय ऊंचाई धीरे-धीरे बढ़ती जाती है। किले के उत्तरी सिरे पर बाला किला यानी गढ़ है। उसके आगे लगभग सौ मीटर गहरी खाई है। शहर को भी परकोटे और परिखा से घेरा गया है।

बीदर का किला बहुत मजबूत और शानदार है। किले का निर्माण कई चरणों में पूरा हुआ। यहां करीब डेढ़ सौ साल तक महल, मस्जिदें और मकबरे बनते रहे। किले का परकोटा 8 से 17 मीटर तक ऊंचा है। परकोटे पर चौड़ा रास्ता है और इसमें जगह-जगह पर विभिन्न आकार के विशाल बुर्ज हैं। इनमें मुंडा बुर्ज सबसे प्रभावशाली है। परकोटे के चारों ओर 11 मीटर गहरी और 16 मीटर चौड़ी खाई है। यह खाई शहर से लेकर किले के मुख्य गुंबद दरवाजे तक तिहरी है, जो इस किले की अपनी एक विशेषता है।

किले में प्रवेश के लिए सात विशाल दरवाजे हैं, जिनके नाम मांडू, कलमडगी, दिल्ली, कल्याणी आदि हैं। शहर से किले में जाने के लिए तिहरा दरवाजा है। पहला दरवाजा नष्ट हो गया है। दूसरे दरवाजे के ऊपर दो शेरों की आकृतियां हैं, इसलिए इसे शारजा दरवाजा कहा जाता है। तीसरे का नाम गुंबद दरवाजा है। प्रत्येक दरवाजे में भारी मेहराबें हैं।

किले के अंदर के प्रमुख भवन हैं—सोलह खंभा मस्जिद, तख्त महल, तरकश महल, रागिनी महल, शाही रसोईघर, गगन महल, दीवाने-आम, हजार कोठरी (तहखाना) और

चित्र 12.8 : बीदर का किला

चित्र 12.9 : बीदर का मुंडा बुर्ज

नौबतखाना। किलों में बगीचे बनाने की शुरुआत संभवतः यहीं से हुई थी। शहर के मुख्य स्मारक हैं–जामी मस्जिद, तख्त-ए-किरमानी और महमूद गवां[3] का मदरसा, जो बहमनी काल की एक बहुत प्रभावशाली इमारत है।

बहमनी राजवंश में कुल 18 सुलतानों ने लगभग 190 साल तक शासन किया। इनमें अंतिम चार केवल नाम के सुलतान रहे। बहमनियों का ज्यादा समय विजयनगर के साथ युद्ध करने और आपसी कलह में गुजरा। बहमनी अमीरों के दो दल थे–(1) दक्खनी, जो काफी पहले से दक्खन में रहते आ रहे थे, और (2) अफ़की, जो फारस तथा अन्य देशों से आए थे। अफ़की अधिकतर शिया थे, जबकि दक्खनी ज्यादातर सुन्नी थे। दोनों में सांप्रदायिक दुश्मनी चलती रही।

बहमनी राज्य तब अपने उत्कर्ष के शिखर पर पहुंचा था जब शासन की बागडोर वजीर महमूद खां (1446-1481 ई.) के हाथों में थी। वह एक कुशल राजनीतिज्ञ था। बीदर शहर में बनाया गया उसका मदरसा समरकंद में बने उलूगबेग[4] के मदरसे की शैली का है। वह विद्याप्रेमी था। मगर विरोधियों ने षड्यंत्र रचकर उसे मरवा डाला। उसके साथ बीदर का वैभव भी जाता रहा। महमूद गवां के समय में ही रूसी व्यापारी अफनासी निकीतिन बीदर आया था। उसने बहमनी सुलतानों की विशाल सेना, अमीर-उमरा के ऐश-आराम और शेष जनता की निर्धनता का वर्णन किया है।

बहमनी सामंतों में जारी आपसी कलह ने राज्य को कमजोर कर दिया। सोलहवीं सदी के आरंभ में बहमनी राज्य खंडित होने लगा। अंत में उसके पांच स्वतंत्र भाग हो गए। बीदर का अंतिम बहमनी सुलतान, जिसके हाथ में कोई सत्ता नहीं रह गई थी, भागकर बीजापुर चला गया। तब उसके वजीर कासिम बरीद[5] ने अपने को सुलतान घोषित करके बीदर में बरीदशाही की नींव डाली। बरीदशाही के जमाने में भी बीदर में अनेक इमारतें बनीं। आगे बीदर क्रमशः विजयनगर, औरंगजेब और हैदराबाद के निजाम के अधिकार में रहा।

बीजापुर

बीजापुर और विजयनगर—आज के कर्नाटक राज्य के दो इतिहास-प्रसिद्ध दुर्ग-नगर हैं। दक्षिण भारत के इन दोनों नगरों ने लगभग दो सौ साल तक वैभव व विलास के दिन देखे और दूर-दूर तक ख्याति अर्जित की। दोनों नगरों में मजबूत दुर्गों, भव्य महलों, विशाल मंदिरों और मस्जिदों का निर्माण हुआ। दोनों के नामों में साम्य था (विजयपुर का ही बिगड़ा रूप बीजापुर है)। मगर ये नगर एक-दूसरे के कट्टर दुश्मन बन गए और एक-दूसरे पर विजय प्राप्त करने के प्रयास में जुटे रहे। दोनों में लगातार लड़ाइयां होती रहीं। अंत में दोनों बरबाद हो गए, खंडहर बन गए।

अलाउद्दीन खिलजी उत्तर भारत का पहला सुलतान था जिसने 1294 ई. में देवगिरि पर हमला करके वहां के यादववंशी राज्य को समाप्त कर दिया। फिर उसके सेनापति मलिक काफूर ने कन्याकुमारी तक हमले करके दक्षिण भारत के बहुत-से राज्यों को दिल्ली सल्तनत में शामिल कर लिया। आगे मुहम्मद तुगलक के समय में अलाउद्दीन बहमनशाह ने विद्रोह

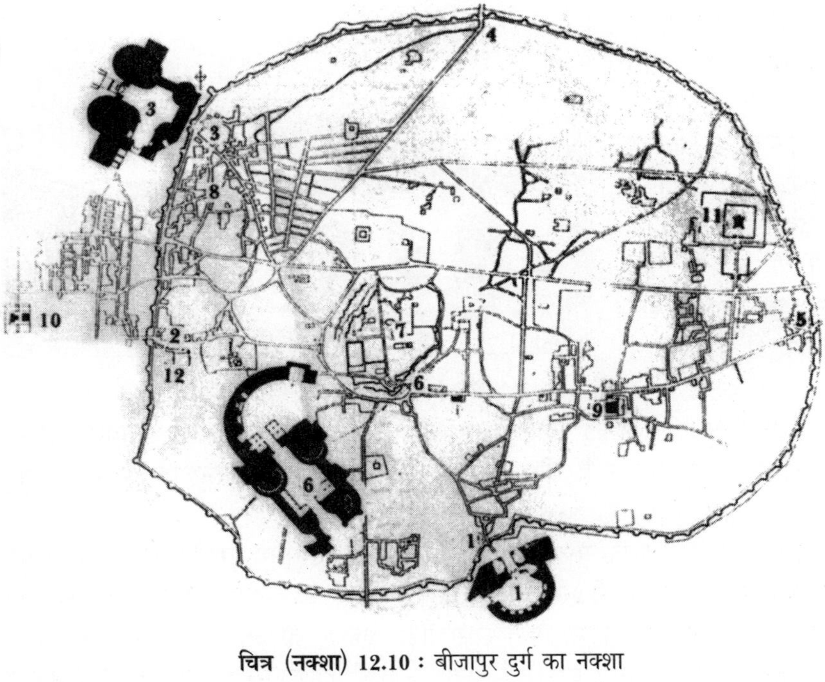

चित्र (नक्शा) 12.10 : बीजापुर दुर्ग का नक्शा

1. फतेह दरवाजा 2. मक्का दरवाजा 3. शाहपुर दरवाजा 4. बहमनी दरवाजा 5. अलीपुर दरवाजा 6. भीतरी किले का दरवाजा 7. भीतरी किला और महल 8. हैदर बुर्ज 9. जामी मस्जिद 10. इब्राहिम रौजा 11. गोल गुंबज 12. ताज बावड़ी

करके 1347 ई. में दक्खन में एक स्वतंत्र बहमनी राज्य की स्थापना की। मगर यह राज्य भी बहुत दिनों एकजुट नहीं रह पाया। इसका विभाजन हो गया और पांच स्वतंत्र सल्तनतें अस्तित्व में आईं—विदर्भ में इमादशाही, अहमदनगर में निजामशाही, गोलकुंडा में कुतुबशाही, बीदर में बरीदशाही और बीजापुर में आदिलशाही। इनमें आदिलशाही सबसे दक्षिण में और सबसे महत्वपूर्ण सल्तनत थी।

बीजापुर कर्नाटक प्रांत के पश्चिमोत्तर भाग में महाराष्ट्र की सीमा के पास है। पता चलता है कि ईसा की 11वीं सदी में यह स्थान, जिसका पुराना नाम विजयपुर था, पश्चिमी चालुक्यों के अधिकार में था। तदनंतर यहां देवगिरि के यादवों का शासन चला। फिर बीजापुर क्रमशः अलाउद्दीन खिलजी, तुगलकों और बहमनियों के अधिकार में रहा। अंत में 1489 ई. में बहमनी सूबेदार यूसुफ आदिलशाह ने अपने को स्वतंत्र घोषित करके बीजापुर को अपनी राजधानी बनाया। सन् 1668 में औरंगजेब द्वारा जीत लिये जाने तक बीजापुर आदिलशाही राज्य की राजधानी बना रहा।

यूसुफ आदिलशाह (1489-1510 ई.) एक योग्य और सहिष्णु शासक था।[6] उसने शासन-कार्य में हिंदुओं को शामिल किया और मराठी भाषा को प्रश्रय दिया। उसने गोवा तक अपने राज्य का विस्तार किया। बीजापुर पर कई बार हमले हुए, फिर भी यह राज्य टिका रहा। यूसुफ के बाद इस्माईल, इब्राहीम (प्रथम), अली (प्रथम), इब्राहीम (द्वितीय) और मुहम्मद (1627-56 ई.) कुशल आदिलशाही शासक हुए जिनके कारण भीतरी कलह और लगातार बाहरी हमलों के बावजूद आदिलशाही लगभग दो सौ साल तक टिकी रही और उन्होंने बीजापुर के किले को मजबूत बनाकर यहां भव्य इमारतों का निर्माण करवाया।

चित्र 12.11 : बीजापुर की जामा मस्जिद

दक्षिण के सुलतानों ने जो अनेक किले बनवाए उनमें बीजापुर का किला सबसे बड़ा है। किले की नींव यूसुफ ने रखी थी। परकोटा प्रथम अली के शासनकाल में पूरा हुआ।

किला वृत्ताकार है और इसके मध्य में दुर्ग (आर्क किला) है। समूचे परकोटे की लंबाई लगभग 10 किलोमीटर है। परकोटे में 106 बुर्ज बने हैं। बुर्जों के ऊपर तोपें लगाने की व्यवस्था की गई थी। परकोटे के बाहर काफी गहरी और चौड़ी खाई है, जो अब लगभग भर गई है।

परकोटे में बने पांच प्रमुख दरवाजे हैं—फतेह दरवाजा (दक्षिण में), मक्का दरवाजा व शाहपुर दरवाजा (पश्चिम में), बहमनी दरवाजा (उत्तर में) और अलीपुर दरवाजा (पूर्व में)। ये सभी दरवाजे बुर्जों, दोहरे फाटकों और घुमावदार प्रवेश-मार्गों से सुरक्षित रहे हैं। भीतरी दुर्ग, जिसे 'आर्क किला' कहते हैं, शहर के मध्यभाग में स्थित है। दोहरी परिखा और दोहरे परकोटे से घिरा हुआ यह

वृत्ताकार दुर्ग आज टूटी-फूटी अवस्था में है। यहां बने शानदार शाही महल अब खंडहर बन गए हैं। दुर्ग का मुख्य प्रवेश-द्वार भी आज भग्नावस्था में है।

किसी समय बीजापुर को 'दक्षिण का आगरा' कहा जाता था। यह शहर अपने महलों, मीनारों और मस्जिदों की विशिष्ट वास्तु-शैली के लिए विख्यात रहा है। यहां ऐतिहासिक महत्व के अनेक स्मारक आज भी मौजूद हैं। शेरजा बुर्ज पर स्थित 'मलिक-ए-मैदान' तोप की अपनी अलग ही कहानी है। करीब पौने पांच मीटर लंबी और 40 टन भार की पीतल में ढाली गई यह तोप लोहे के एक टन के गोले को दागने में समर्थ थी। अपने किस्म की संसार की सबसे बड़ी इस तोप को अहमदनगर में ढाला गया था। विजयनगर के विरुद्ध हुए तालीकोट के युद्ध[7] (1556 ई.) में इसका इस्तेमाल किया गया था। बाद में इसे परिंडा के किले के एक बुर्ज पर रखा गया था, जहां से 1632 ई. में आदिलशाह इसे बीजापुर उठा लाया। बीजापुर की सबसे बड़ी तोप दक्षिणी परकोटे के लंडा कसब बुर्ज पर स्थित है। लोहे से बनी इस तोप का भार 47 टन है।

चित्र 12.12 : बीजापुर का मलिका-ए-मैदान

शहर में ऐतिहासिक महत्व की अनेक इमारतें हैं। इनमें सबसे विशिष्ट है गोल गुंबद। संसार के किसी भी अन्य गुंबद के नीचे इतनी खुली जगह नहीं है।

चित्र 12.13 : सुलतान महमूद गोल गुंबद, बीजापुर

विजयनगर

विजयनगर के भग्नावशेष कर्नाटक राज्य के बेल्लारी जिले के हास्पेट तालुके में हंपी गांव के पास तुंगभद्रा नदी के दक्षिण में हैं। आज से लगभग पांच सौ साल पहले यह एक वैभवशाली नगर था। इतालवी, ईरानी, पुर्तगाली और रूसी यात्रियों ने इस नगर की भूरि-भूरि प्रशंसा की है। ईरान के राजदूत अब्दुर रज्जाक का 1443 ई. का उल्लेख है–"पुरी दुनिया में विजयनगर जैसा शहर न तो कहीं देखा और न कहीं सुना।" और, कृष्णदेवराय[8] के

चित्र (नक्शा) 12.14 : विजयनगर दुर्ग का नक्शा

1. राजप्रसाद (सिंहासन-मंच सहित) 2. टकसाल 3. हजार राम मंदिर 4. जनाना (कमल महल सहित) 5. अश्वशाला 6. अच्युतराय का मंदिर 7. सूलई बाजार 8. राजतुला 9. विरुपाक्ष मंदिर और हंपी बाजार 10. कृष्ण मंदिर 11. विट्ठल मंदिर 12. विष्णु मंदिर

चित्र 12.15 : ध्वस्त विजयनगर दुर्ग की हस्तिशाला

शासनकाल (1509-29 ई.) में विजयनगर पहुंचने वाले पुर्तगाली यात्री पाएस ने इसे रोम जैसा विशाल और सुंदर नगर बताया। लेकिन 1565 ई. में पराजय के बाद यह महान नगर विनष्ट हो गया और तब से खंडहर बना पड़ा है। अब इसके स्मारकों को विश्व धरोहर का सम्मान मिला है।

विजयनगर (नगर और राज्य) की नींव हरिहर[9] और बुक्क नामक दो भाइयों ने रखी–1336 ई. में। इस काम में उन्हें विद्यारण्य नाम के एक मुनि की मदद मिली थी, इसलिए कुछ समय तक इस नगर को 'विद्यानगर' कहा गया। नगर का निर्माण 1343 ई. में पूरा हुआ। तब तक राज्य का विस्तार पूर्वी समुद्र से लेकर पश्चिमी समुद्र तक हो चुका था। पहले हरिहर ने शासन किया और उसकी मृत्यु के बाद उसके भाई बुक्क ने बाईस साल (1377 ई.) तक राज्य किया। पर मजे की बात यह है कि राज्य की नींव रखने वाले इन दोनों भाइयों ने कोई राजपदवी धारण नहीं की। आगे 'महाराजाधिराज' की पदवी इनके उत्तराधिकारियों ने धारण की।

लगभग ढाई सौ साल तक विजयनगर पर चार राजवंशों का शासन रहा। विजयनगर के संस्थापक (हरिहर और बुक्क) संगम वंश के माने जाते हैं। संगम वंश का शासन 1485 ई. तक चला। इस वंश में देवराय-द्वितीय (शासन : 1422-46 ई.) एक शक्तिशाली शासक हुआ। उसने बहमनियों के साथ कई लड़ाइयां लड़ीं और श्रीलंका सहित समूचे दक्षिण भारत पर अपना राज्य स्थापित किया। वह एक विद्यानुरागी शासक था। उसी के समय में ईरान का राजदूत अब्दुर रज्जाक विजयनगर आया था।

संगम वंश के कमजोर पड़ने पर विजयनगर कुछ साल तक साळुव राजवंश के अधिकार में रहा। उसके बाद 1505 ई. में तीसरे तुळुव राजवंश का शासन शुरू हुआ। इस वंश में कृष्णदेवराय (1509-29 ई.) और अच्युतराय (1529-42 ई.) दो योग्य शासक हुए। कृष्णदेवराय के शासनकाल को विजयनगर का स्वर्णयुग कहा जा सकता है। उसने बहमनी सुलतानों को कुचलकर रायचूर के दोआब (कृष्णा और तुंगभद्रा के बीच) पर कब्जा कर लिया। वह

चित्र 12.16 : विजयनगर का कल्याणी जलाशय

एक विद्वान शासक था और उसने संस्कृत तथा तेलुगु में पुस्तकें लिखीं। पंपापति (विरूपाक्ष) मंदिर का गोपुर व रंगमंडप, नरसिंह की भव्य मूर्ति और कृष्ण मंदिर उसी के समय में बने। उसने सिंचाई की कई योजनाएं पूरी कीं और हास्पेट के पास एक बड़ा तालाब बनाया। कृष्णदेवराय और उसकी दो रानियों की खड़ी कांस्य मूर्तियों को सुप्रसिद्ध तिरुपति मंदिर में आज भी देखा जा सकता है।

कृष्णदेवराय के बाद अच्युतराय सिंहासन पर बैठा। वह भी विद्वान और विद्याप्रेमी शासक था। उसने अच्युतराय मंदिर बनवाया और अन्य कई मंदिरों का विस्तार किया। मगर अच्युतराय के बाद विजयनगर राज्य में आपसी कलह का दौर शुरू हो गया। राज्य की बागडोर कृष्णदेवराय के जमाता रामराय के हाथों में चली गई और इस प्रकार विजयनगर पर चौथे अरवीडु वंश का शासन शुरू हुआ। रामराय ने दक्षिण की सल्तनतों को आपस में लड़ाने की चालें चलीं। लेकिन दांव उलटा पड़ा। बीजापुर, अहमदनगर, गोलकुंडा और बीदर की मुस्लिम सल्तनतें विजयनगर के विरुद्ध एकजुट हो गईं। रामराय ने भी एक विशाल फौज खड़ी की। जनवरी 1565 में कृष्णा नदीतट के पास तालीकोट में दोनों फौजों में जो युद्ध हुआ उसमें विजयनगर की पराजय हुई और रामराय[10] मारा गया।

शत्रु सेना ने राजधानी में प्रवेश करके उसे कई दिनों तक लूटा और उसके स्मारकों को तहस-नहस कर डाला। विजयनगर राजधानी नहीं रहा और उसका वैभव सदा के लिए समाप्त हो गया। विजयनगर और उसके आसपास के क्षेत्र पर बीजापुर और गोलकुंडा की सल्तनतों का कब्जा हो गया। बाद में इस क्षेत्र पर क्रमशः औरंगजेब, हैदराबाद के निजाम और मैसूर के हैदर अली का शासन रहा। विजयनगर तो खंडहर बन गया है, परंतु हंपी गांव, यहां का विरूपाक्ष मंदिर और अन्य कुछ मंदिर आज भी तीर्थस्थल बने हुए हैं।

अपने उत्कर्ष-काल में विजयनगर अत्यंत समृद्ध नगर था। इस समृद्धि में विदेशी व्यापार का काफी योगदान था। नगर की किलेबंदी अत्यंत मजबूत और विस्तृत थी। एक-दूसरे के भीतर सात वलयाकार परकोटों से घिरी हुई राजधानी और उससे लगी बस्तियां लगभग 164

वर्ग-किलोमीटर क्षेत्र में फैली हुई थीं। बाहरी परकोटे की उत्तरी रक्षा-चौकी तुंगभद्रा के परे अनेगोंडी में थी। पूर्वी चौकी 19 किलोमीटर दूर के कंपिली स्थान में थी। दक्षिणी रक्षापंक्ति हास्पेट के करीब तीन किलोमीटर दक्षिण-पश्चिम से शुरू होती थी। नगर से सबसे दूर के तीन परकोटे कृषि-भूमि और उस पर स्थित गांवों और बागों की रक्षा करते थे। स्वयं नगर चार परकोटों से घिरा हुआ था। नगर में सबसे ऊंची जगह पर दुर्ग स्थित था। दुर्ग और उसकी दीवारों के भीतर उद्यानों और आनंद-महलों के बीच शासक का बहुमंजिला प्रासाद बना हुआ था।

परकोटों में कई छोटे-बड़े दरवाजे थे। सभी दरवाजे इतने बड़े थे कि उनमें से हाथी बड़े मजे में गुजर सकते थे। लेकिन अब विजयनगर की किलेबंदी के बहुत कम अवशेष बचे हैं। फिर भी वहां अभी बहुत कुछ बाकी है, जो गवाही देता है कि विजयगनर अपने जमाने में संसार का एक सर्वश्रेष्ठ शहर था।

श्रीरंगपट्टण

श्रीरंगपट्टण का जिक्र आते ही हैदरअली और उसके बेटे टीपू सुलतान के साहसी युद्धों का स्मरण हो आता है। दोनों ने अंग्रेजों के साथ कई लड़ाइयां लड़ीं। उनका लक्ष्य था, अंग्रेजों को भारत से भगाना। सन् 1857 के स्वाधीनता संग्राम के पहले के करीब डेढ़ सौ सालों के भारतीय इतिहास में हैदरअली और टीपू ही ऐसे दो शासक नजर आते हैं जिन्होंने कभी किसी अवसर पर अपने किसी देशवासी के विरुद्ध अंग्रेजों के साथ समझौता नहीं किया। सन् 1799 में श्रीरंगपट्टण में अंग्रेजों के साथ हुए युद्ध में टीपू ने अंतिम सांस तक लड़कर वीरगति प्राप्त की।

चित्र 12.17 : टीपू सुल्तान

श्रीरंगपट्टण मैसूर[11] से लगभग 15 किलोमीटर पूर्वोत्तर में और बेंगलूर लगभग 120 कि.मी. दक्षिण-पश्चिम में कावेरी नदी की दो धाराओं के बीच बने द्वीपनुमा टापू पर स्थित है। यह अंडाकार टापू लगभग 4 कि.मी. लंबा और 2 कि.मी. चौड़ा है। अलग-थलग और प्रकृति द्वारा भलीभांति सुरक्षित होने के कारण यह द्वीप कई शासकों की राजधानी रहा है।

चित्र (नक्शा) 12.18 : श्रीरंगपट्टण का किला

श्रीरंगपट्टण में भगवान रंगनाथ (विष्णु) का मंदिर है, इसीलिए इस स्थान को यह नाम मिला है। लोककथाओं में मंदिर को बहुत पुराना बताया जाता है, परंतु अभिलेखों से पता चलता है कि इसका निर्माण 1200 ई. के आसपास हुआ। विशेष अवसरों पर बड़ी संख्या में श्रद्धालु जन यहां आते हैं और कावेरी[12] में स्नान करके मंदिर में पूजा करते हैं।

चित्र 12.19 : श्रीरंगपट्टण का रंगनाथ मंदिर

विजयनगर साम्राज्य के दिनों में तिमन्ना नामक एक सामंत श्रीरंगपट्टण में शासन कर रहा था। उसने विजयनगर के शासक देवराय-द्वितीय (शासनकाल : 1422-46 ई.) से श्रीरंगपट्टण में मिट्टी के परकोटे वाला एक किला बनाने की अनुमति प्राप्त की। विजयनगर के पतन (1565 ई.) के साथ दक्षिण भारत के छोटे-मोटे सामंत स्वतंत्र हो गए और आपस में झगड़ने लगे। उसी समय मैसूर के ओडेयर नामक सामंत स्वतंत्र राजा बन गए। ओडेयर राजा ने श्रीरंगपट्टण पर कब्जा करके वहां अपनी राजधानी स्थापित की और किले को मजबूत बनाया। चिक्कदेवराज ओडेयर के शासन में मैसूर

चित्र 12.20 : श्रीरंगपट्टण दुर्ग का हाथी-द्वार

राज्य ने काफी तरक्की की।

बाद के ओडेयर शासक कमजोर निकले। उन्हें मुगलों और आरकट के नवाब के सामने पराजय स्वीकार करनी पड़ी। उसी समय मैसूर राज्य के सेनापति हैदरअली ने मराठों को हराकर राज्य की बागडोर अपने हाथ में ले ली। अकबर की तरह हैदरअली भी 'अनपढ़' था, मगर वह एक बहादुर, योग्य और न्यायप्रिय शासक था। उसने अपने राज्य का विस्तार करके उसे मजबूत बनाया। अंग्रेजों को हैदरअली से डर लगने लगा।

हैदरअली की मृत्यु (1782 ई.) के बाद उसके बेटे टीपू (1750-99 ई.) ने राज्य की बागडोर संभाली। पिता की तरह वह भी न्यायप्रिय, धर्म-सहिष्णु और साहसी योद्धा था। वह अंग्रेजों के साथ युद्ध करके उन्हें भारत से भगाना चाहता था। मगर उधर मैसूर की महारानी अपना खोया राज्य पुनः प्राप्त करने के लिए अंग्रेजों से मदद मांग रही थी। तब लार्ड कार्नवालिस के नेतृत्व में अंग्रेजों की फौज ने 1789 ई. में श्रीरंगपट्टण को घेर लिया। उस समय टीपू की स्थिति कमजोर थी, इसलिए उसे अंग्रेजों की कठोर शर्तें मानकर उनसे संधि करनी पड़ी।

टीपू ने अंग्रेजों से बदला लेने की ठान ली। उसने मदद के लिए कई देशों में अपने दूत भेजे और फ्रांस के शासक नेपोलियन को भी चिट्ठी लिखी। उस समय नेपोलियन मिस्र में अंग्रेजों की फौज पर हमला करने की तैयारी कर रहा था। अंग्रेजों को टीपू की इन गतिविधियों का पता चला, तो उन्होंने उसकी राजधानी श्रीरंगपट्टण पर हमला करने का निश्चय किया। आर्थर वेल्जली के नेतृत्व में मद्रास और मुंबई की अंग्रेजी फौज ने फरवरी 1799 में श्रीरंगपट्टण की ओर कूच किया। निजाम और पेशवा भी अंग्रेजों की मदद कर रहे थे। टीपू ने भी तैयारियां कीं। मगर श्रीरंगपट्टण में जो घमासान युद्ध हुआ उसमें टीपू के कुछ सरदारों ने उसके साथ विश्वासघात किया। फिर भी उसने अंग्रेजों की शरण में जाना स्वीकार नहीं किया। अंत में गोली लगने से युद्धस्थल पर ही 4 मई, 1799 को उसकी मृत्यु हो गई। उस समय टीपू 50 साल का था।

अंग्रेजों की सेना ने शाही महल में पहुंचकर हीरे-जवाहरात और खजाने को लूटा। टीपू के विशाल पुस्तकालय और दूसरे कीमती सामान को उन्होंने इंग्लैंड भेज दिया। फिर अंग्रेजों ने मैसूर की महारानी के साथ संधि करके कृष्णराज ओडेयर को गद्दी पर बिठा दिया। तदनंतर राजधानी मैसूर चली गई। आज श्रीरंगपट्टण का दुर्ग श्रीहीन है, मगर हैदरअली और टीपू के बनवाए स्मारकों को देखने बड़ी संख्या में पर्यटक वहां पहुंचते रहते हैं। अब श्रीरंगपट्टण में अच्छी-खासी बस्ती है।

हैदरअली और टीपू ने दुर्ग में और आसपास कई भवन बनवाए। उन्होंने किले के परकोटे की मरम्मत करवाई और बुर्जों, फाटकों, तहखानों आदि का निर्माण करवाया। बाहरी परकोटे से सटा हुआ बंदीगृह है। लकड़ी से निर्मित 'दरिया दौलत' महल किले से करीब आधे किलोमीटर की दूरी पर नदी के किनारे बना है और एक बाग के बीच में स्थित है। टीपू ने इसे 1784 ई. में बनवाया था। यह उसका ग्रीष्मकालीन महल था। इसकी दीवारें, खंभे, मेहराब और छतें नाना प्रकार की नक्काशी से अलंकृत हैं। इनमें बीच-बीच में सोने का सुंदर काम भी किया हुआ है। इसकी बाहरी दीवारों पर हैदर और टीपू के जीवनकाल में घटित युद्धों और युद्ध-यात्राओं के भव्य चित्र अंकित किए गए हैं। अब इस महल में

चित्र 12.21 : श्रीरंगपट्टण 'दरिया दौलत' महल

संग्रहालय है, जहां हैदर और टीपू की अनेक चीजें संग्रहित हैं।

टीपू सुलतान ने यहां 1787 ई. में एक शानदार मस्जिद बनवाई थी।[13] मस्जिद एक ऊंचे चबूतरे के आधे भाग में है और इसमें दो ऊंची मीनारें बनी हैं। द्वीप के पूर्वी भाग में टीपू का मकबरा अथवा 'गुंबद' स्थित है। गुंबद पीतवर्ण का है और खंभे काले संगमरमर के। यह मकबरा एक खूबसूरत उद्यान (लाल बाग) के बीच में है। इसे टीपू ने अपनी मां और पिता हैदरअली के लिए बनवाया था। अंग्रेजों ने टीपू की कब्र भी इसी में बनवा दी।

चित्र 12.22 : श्रीरंगपट्टण में टीपू सुल्तान द्वारा बनवाई मस्जिद

चित्र 12.23 : श्रीरंगपट्टण में टीपू सुल्तान का मकबरा

आज श्रीरंगपट्टण एक छोटा-सा कस्बा है, मगर इसके साथ इतिहास की अनेक यादें जुड़ी हुई हैं। श्रीरंगपट्टण का दुर्ग हमें हैदरअली और उसके बेटे टीपू द्वारा अंग्रेजों को भारत से निकाल बाहर करने के लिए किए गए साहसी युद्धों की याद दिलाता रहेगा।

संदर्भ और टिप्पणियां

1. रामचंद्र देवगिरि का यादव वंशीय शासक कृष्ण का पुत्र था। पिता की मृत्यु के समय वह बालक था। इसलिए चाचा महादेव शासक बना। महादेव की मृत्यु के बाद उसकी बेटी अय्यण को सिंहासन पर बिठाया तो रामचंद्र ने 1271 ई. में उसका वध कर दिया और स्वयं पैतृक राज्य ग्रहण किया। दिल्ली की गद्दी पर बैठने से पहले अलाउद्दीन खिलजी रामचंद्र के राज्य पर आक्रमण कर दिया। रामचंद्र की पराजय हुई तो रामचंद्र ने अत्यधिक धनराशि देकर संधि कर ली। साथ उसे एलिचपुर की वार्षिक आय भी देनी पड़ी। रामचंद्र ने जब वार्षिक आय देनी बंद कर दी तो अलाउद्दीन ने मलिक काफूर के नेतृत्व में रामचंद्र के राज्य पर आक्रमण कर दिया। फिर रामचंद्र की पराजय हुई। उसे दिल्ली लाया गया। लेकिन अलाउद्दीन ने उससे सहृदयतापूर्ण व्यवहार किया तथा रामचंद्र नियमित तरीके से वार्षिक आय दिल्ली भेजता रहा। 1307 ई. में वारंगल के हमले के समय रामचंद्र ने सुलतान की सहायता की थी।
2. मुहम्मद तुगलक देखिए, मध्यप्रदेश के किले, टिप्पणी नं. 25।
3. महमूद गवां एक ईरानी सरदार था जिसे ग्यारहवें बहमनी सुलतान हुमायूं ने नौकर रख लिया था। हुमायूं के नाबालिग लड़के ने निजाम के राज्यकाल में पदोन्नति कर ली थी। निजाम की ओर से उसकी मां शासन चलाती थी। उसने दो-दो मुख्य सलाहकार रख लिए थे जिनमें से एक महमूद गवां था। अचानक निजाम की मृत्यु हो गई और उसका भाई मुहम्मद गद्दी पर बैठा। मुहम्मद के राज्यकाल में मुहम्मद गवां को बजीर बना दिया गया। उसने सुयोग्य सिपाही और राजनेता के रूप में बहमनी राज्य के विस्तार में सबसे अधिक योगदान दिया।

   वह विद्वानों का आदर करता था। कला और वास्तुकला का प्रेमी था। बीदर उस समय बहमनी राज्य की राजधानी थी। वहां एक विद्यालय व पुस्तकालय खोला। दक्षिण के अमीर मुसलमान उससे दुश्मनी रखते थे। उसके खिलाफ षड़यंत्र रचा। उसके नाम की जाली चिट्ठियां बनाकर सुलतान मुहम्मद शाह को विश्वास दिला दिया कि वह विजय नगर के राजा के साथ मिल गया है। इससे बहमनी सत्ता को भारी क्षति पहुंची और बहमनी राज्य टुकड़ों में बंट गया।
4. उलूगबेग (1394-1449 ई.) उलूगबेग ने अपने पिता के उपराज के तौर पर 41 वर्ष तक समरकंद में शासन किया था। ज्योतिष और गणित के विकास में उसने खास तौर से सहायता की, तारों और ग्रहों के ठीक-ठीक वेध के लिए 1420 ई. में एक बहुत बड़ी तीन मंजिली वेधशाला समरकंद के पास कोहक नदी के ऊपर बनवाई थी जिसका आरंभ 11 अक्तूबर 1428 ई. से 1 सितंबर 1421 ई. में हुआ था। इसके दरबार में तथा वेधशाला के विद्वान काजी जादरूम गयासुद्दीन जमशीद मोहीउद्दीन काशानी इसराईल (यहूदी) सलाहुद्दीन थे। समरकंद को उलूग बेग ने मध्य-एशिया की उज्जयिनी बना दिया।

   उलूग बेग बहुत ही कोमल स्वभाव का आदमी था, कला और विज्ञान के पीछे तो वह पागल था। जयसिंह से पहले बादशाह शाहजहां ने भी भारत में समरकंद की एक वेधशाला बनवाने के बारे में सोचा था। शाहजहां ने अपने दरबारी विज्ञानी मुल्ला महमूद जौनपुरी को उलूग-बेग (1394-1449 ई.) की वेधशाला का अध्ययन करने के लिए समरकंद भेजा था। मगर अंत में यह काम सवाई जयसिंह के हाथों संपन्न हुआ।
5. कासिम बरीद बहमनी सुलतान महमूद का वजीर था। 1492 ई. में कासिम बरीद बहमनी राज्य बीजापुर बराड़-गोलकुंडा तथा अहमदनगर से निकल जाने के बाद राजधानी के आस-पास उसके हिस्से का शासक रहा। कासिम बरीद बरीदशाही वंश का संस्थापक माना जाता है, जिसने बीदर राज्य पर राज्य किया। 1619 ई. में बीजापुर ने बीदर पर अधिकार कर लिया।
6. युसूफ आदिलशाह (1489-1510 ई.) बीजापुर के आदिलशाही वंश का प्रवर्तक था। वह तुर्की के

सुलतान मुराद द्वितीय का बेटा था। गुप्त रूप से उसे फारस लाया गया और वहां से दास के रूप में बहमनी सुलतान मुहम्मद गवां के हाथ बेच दिया गया। युसूफ अपनी योग्यता के बल पर उच्च पद पर पहुंच गया और बहमनी सुलतान ने उसे बीजापुर का हाकिम बना दिया। जहां वह (1489-1490 ई.) में स्वतंत्र शासक बन गया और मृत्युपर्यंत शासक रहा। उसकी मृत्यु 1510 ई. में हुई। युसूफ से बीजापुर के आदिलशाही वंश की नींव पड़ी। युसूफ आदिलशाही वीर और सहिष्णु शासक था। उसने हिंदुओं को ऊंचे पदों पर नियुक्त किया। उसने एक मराठा स्त्री से विवाह किया जिसका नाम बूबूजी खानम रखा। वह उसके पुत्र और उत्तराधिकारी इस्माइल शाह की माता थी। युसूफ आदिलशाह विद्वानों और गुणवानों का संरक्षक था।

7. तालीकोट में युद्ध रामराजा विजयनगर की सेना का नेतृत्व कर रहा था, तथा अहमदनगर बीजापुर और गोलकुंडा के सुलतानों की संयुक्त सेना के बीच 23 जनवरी 1565 ई. को हुआ था। इस युद्ध में रामराजा परास्त होकर वीरगति को प्राप्त हुआ। विजयनगर की सेना पूर्णतः ध्वस्त हो गई। यह एक निर्णायक युद्ध था जिसके परिणामस्वरूप हिंदू राज्य का पतन हो गया था।

8. कृष्णदेवराय : विजयनगर शासकों में वह सबसे महान् राजा था जिसने 1509 ई. से 1523 ई. तक राज्य किया। उसने बीदर के हमले को असफल करके बीजापुर के सुलतान युसूफ आदिलशाह को युद्ध में हराकर मार डाला और रायचूर का किला वापिस ले लिया जिसके लिए दोनों राज्यों में लंबे समय से लड़ाई चल रही थी। अस्थायी रूप से बीजापुर पर अधिकार कर किला नष्ट कर दिया। उड़ीसा के राजा प्रतापरुद्र को भी हराया, और राज्य को कृष्णा नदी तक, बाद में तेलंगण होकर उड़ीसा में गोदावरी तक फैला लिया। इस प्रकार उसके राज्य में सारा मद्रास प्रांत, उत्तर में उड़ीसा का बड़ा भाग तथा सारा मैसूर राज्य आ गया।

   कृष्णदेव राय बड़ा वीर तथा पराक्रमी राजा था। उससे सभी प्रभावित थे। कृष्णदेव राय कवि व लेखक होने के कारण विद्वानों का आदर करता था। मंदिरों और ब्राह्मणों को खूब दान दिया। तेलुगू कवि अल्लसानि पेछन्त कृष्णदेव राय का राजकवि था।

9. हरिहर प्रथम संगम का पुत्र था। चार भाइयों में बुक्काराय सबसे मुख्य था। 1336 ई. में तुंगभद्रा के दक्षिणी तट पर विजयनगर की स्थापना की। इस प्रकार उस क्षेत्र में विजयनगर साम्राज्य की नींव डाली। इस कार्य में उसे दो ब्राह्मण आचार्यों, माधव विद्याराय और उनके भाई वेदों के भाष्यकार सायण से भी मदद मिली। पूर्वी और पश्चिमी समुद्रतट के बीच सारे भू-भाग पर अपना साम्राज्य स्थापित करने के बाद हरिहर प्रथम की 1354 में मृत्यु हो गई।

10. विजयनगर राज्य के शासक सदाशिवराव के शासनकाल में रामराय ही राज्य का सारा काम करता था। वह कुशल एवं योग्य राजनीतिज्ञ था। उसने विजयनगर साम्राज्य के खोये हुए गौरव को पुनः स्थापित करने का दृढ़ निश्चय किया।

11. मैसूर का नाम महिषासुर दैत्य के नाम पर प्रसिद्ध है। नगर के पास चौमुंडी की पहाड़ी पर चौमुंडेश्वरी देवी का मंदिर उसी स्थान पर है। जहां देवी ने महिषासुर का वध किया था। मैसूर का प्राचीन नाम महाशू भी कहा जाता है। **महाभारत** में मैसूर के जनपद का नाम माहिष है।

    मैसूर कर्नाटक की राजधानी है। इस राज्य की सीमा उत्तर-पश्चिम में मुंबई, पूर्व में आंध्रप्रदेश, दक्षिण-पूर्व में तमिलनाडु और दक्षिण-पश्चिम में केरल राज्यों से घिरा हुआ है। इसके प्राचीनतम शासक कदम्ब वंश के थे। कदम्बों को चेरा, पल्लवों और चालुक्यों से युद्ध करना पड़ा। 12वीं सदी में मैसूर का शासन होयसालों के हाथों में आया जिन्होंने आधुनिक हलेविड़ को अपनी राजधानी बनाया। अलाउद्दीन ने होयसल के राजा रामचंद्र से मैसूर जीत लिया था। फिर मैसूर को विजयनगर में सम्मिलित कर लिया गया। उसके विघटन के बाद 1610 ई. में मैसूर पुनः हिंदू राजा के अधिकार में आ गया। चिक्क देवराज ने मैसूर की शक्ति और सत्ता में वृद्धि की। किन्तु 18वीं सदी के मध्य में राजसत्ता हैदर अली

ने हथिया ली और उसके बेटे टीपू सुल्तान ने 1799 तक मैसूर पर राज्य किया।

टीपू की पराजय और मृत्यु के बाद अंग्रेजों ने कृष्णराज वाडियर को सिंहासन पर बैठाया। कृष्णराव की अयोग्यता के कारण अंग्रेजों ने शासन अपने हाथ में ले लिया। परन्तु 1867 ई. में कृष्ण के उत्तराधिकारी राजेंद्र को पुनः शासन सौंप दिया। मैसूर अति सुंदर नगर है।

12. कावेरी : दक्षिण भारत की प्रसिद्ध नदी है। इसका उद्‌गम कुर्ग में ब्रह्मगिरि नामक स्थान से है। कावेरी पांडिचेरी के दक्षिण में बंगाल की खाड़ी में गिरती है।

13. टीपू सुलतान : हैदरअली की मृत्यु के बाद उसका बेटा टीपू सुलतान गद्दी पर बैठा। पिता की तरह टीपू एक योग्य और न्यायप्रिय शासक था। लेकिन मराठों, अंग्रेजों और निजाम की आंखों में टीपू की शक्ति कांटे की तरह चुभ रही थी।

मैसूर युद्ध (1770-72 ई.) टीपू बड़े साहस के साथ लड़ा लेकिन उसे अंग्रेज से संधि करने के लिए विवश होना पड़ा और हरजाने के तौर पर अपना आधा राज्य और 3.50 करोड़ रुपये देने पड़े। 1209 ई. में चौथा मैसूर युद्ध हुआ। अपनी राजधानी की रक्षा करते-करते टीपू सुलतान मारा गया। अंग्रेजों ने श्रीरंगपट्टम् में लूट मचाई। टीपू का हीरे-जवाहरात और सोना अंग्रेजों के हाथ लगा। टीपू का विशाल पुस्तकालय और कीमती चीजें इंगलैंड भेज दी गईं। इससे, अंग्रेजों की शक्ति दक्षिण में मजबूत हो गई।

केरल के किले

बेकल । पल्लीपुरम् । चंद्रगिरि । पालघाट

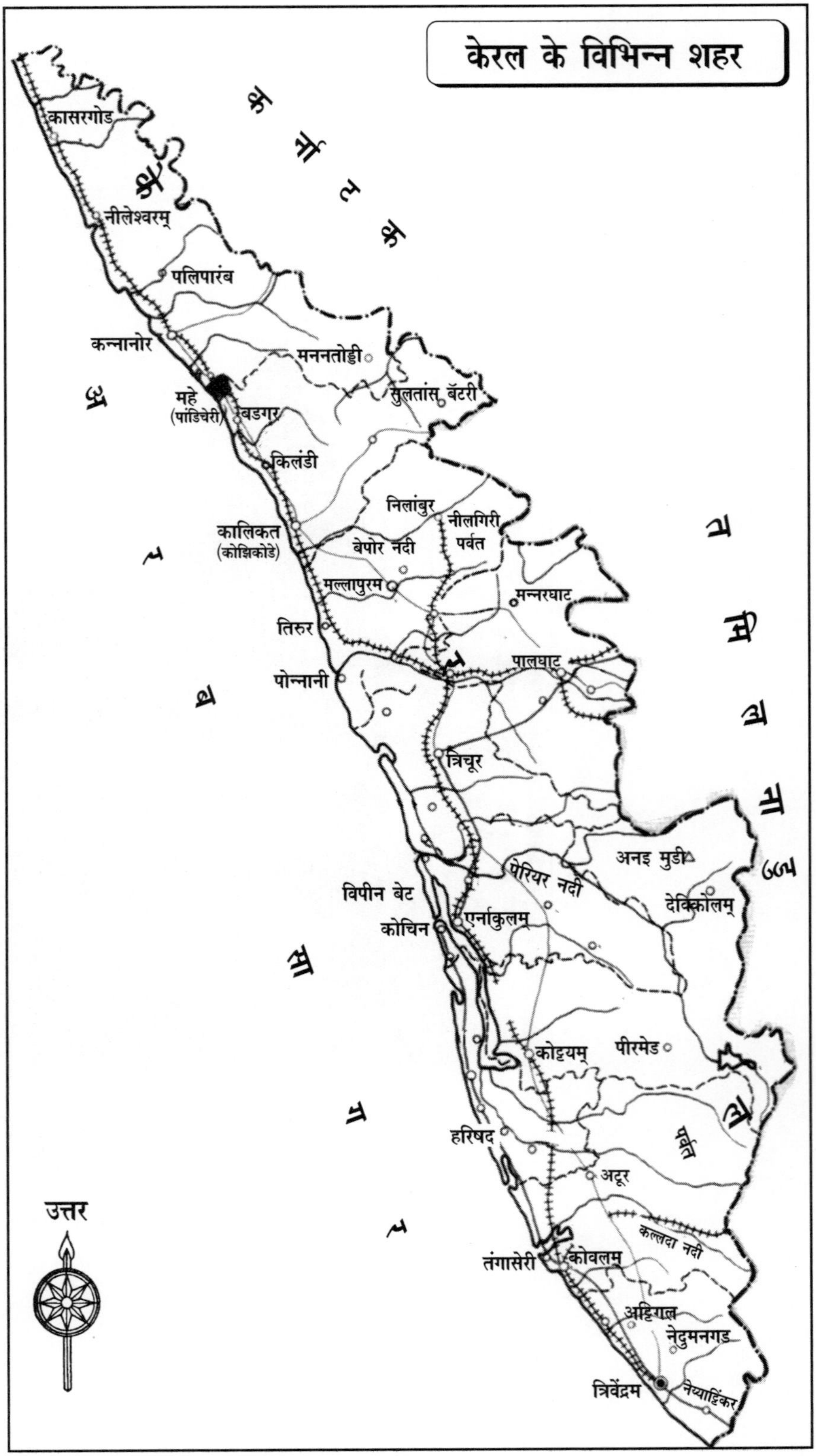

केरल के विभिन्न शहर

अध्याय-13

केरल के किले

बेकल

दक्षिण भारत अपने मंदिरों के लिए बहुत प्रसिद्ध है, लेकिन वहां के किलों के बारे में लोगों को कम जानकारी है जबकि दक्षिण भारत के किले अति प्राचीन और प्रसिद्ध हैं। हमारे इतिहास में दक्षिण के किलों ने बहुत बड़ी भूमिका अदा की है। ऐसे ही हैं केरल राज्य के किले।

केरल के उत्तर में कासरगोड जिले को किलों की भूमि कहते हैं। यहां छोटे-बड़े बहुत-सारे किले हैं। बेकल, चंद्रगिरि, पालघाट, होश दुर्ग, पल्लीपुरम् आदि।

बेकल सबसे बड़ा और रख-रखाव में सबसे मज़बूत तथा अभी भी अच्छी हालत में हैं। बेकल पल्लीखेरे के निकट समुद्रीपट्टी के किनारे की चट्टान पर बना हुआ है। इसकी बहुभुजी बनावट अपनी भव्यता को दर्शाती है। यह लगभग 40 एकड़ भूमि में फैला हुआ है। बेकल के निकट कंजनगुडु नगर पर्यटनों के लिए बहुत महत्व-का है।

बेकल का निर्माण 17वीं शताब्दी में हुआ था। फिर भी वेकल सीधा खड़ा होकर अपने वैभव और भव्यता को दर्शा रहा है। किले में हथियारघर हैं। किले पर बड़े-बड़े बुर्ज बने हैं। अंदर जाने के लिए छायादार रास्ते हैं। मीनार के ऊपर वेधशाला में जाने के लिए चौड़ी और मज़बूत सीढ़िया बनी हैं। रास्ते में बड़े-बड़े टैंक बने हुए हैं। बेकल की कलात्मक कारीगरी में इस्लामिक वास्तुकला की झलक मिलती है।

किला इतना विशाल बना है कि देखने वाला चकरा जाता है। भीतर का रास्ता टेढ़ा-मेढ़ा और भूल-भुलैया वाला है। इसे इतीककारी कारीगरी से नायकन पर्यटकों के लिए बनाया है। पर्यटक किले की चोटी पर जाकर भूतकाल में खो जाते हैं।

चित्र 13.1 : बेकल का किला

बेकल से संबंधित कुछ दंतकथाएं प्रचलित हैं। पेरूमाल राज्य के समय बेकल महोदयापुरम् का हिस्सा था।

कथानुसार शंकराचार्य महोदयापुरम् के राज-काज को देखते थे। उनके निर्वाण के बाद उनके शिष्य (परूमाल) ने कार्यभार संभाला। वह परूमालवंशीय थे। उसके बाद भास्कर रवि वर्मा द्वितीय महोदयापुरम् के कोल्लम् राजा थे। वह धर्म उपदेश देते थे और वर्षाकाल में काल-गणना करते थे।

राज्य में राजनैतिक कलह का अंत हो गया था और महोदयापुरम् में शासन व्यवस्था शांतिपूर्ण थी। 12वीं शताब्दी में पेरुमाल के समय महोदयापुरम् का पतन आरम्भ हो गया।

उत्तरी केरल[1] और बेकल की प्रभुसत्ता, कोलहनाडू के अधिकार में हो गई। बेकल का महत्व कोलतारियन के समय बढ़ गया और बेकल थूलूनाडू नगर का महत्वपूर्ण भाग बन गया।

1565 ई. के तालीकोट[2] युद्ध में शक्तिशाली विजयनगर का पतन हो गया। तालीकोट के युद्ध में परास्त सेना नायक राजराज (प्रथम) भाई तिरुमाल ने युद्धोपरांत नाममात्र के राजा सदाशिव (पेनूगोण्डा) परकोण्डा में आश्रय लिया। 1570 ई. में तिरुमाल ने सदाशिव से सिंहासन छीन लिया। तालीकोट के युद्ध के साथ ही विजयनगर का इतिहास समाप्त हो गया। राज्य के पतन का कारण सीमा के मुसलमान बहमनी राज्यों से निरंतर युद्ध था। अपने समय में विजयनगर अत्यंत समृद्ध अैर धन-धान्य से संपन्न था।

चित्र 13.2 : विजयनगर का किला

विजयनगर के पतन के साथ सामंतशाही और किलंडी नायकों ने महसूस किया कि राजनैतिक और आर्थिक ताकत को मजबूत करने के लिए थूलूनाडू (जिला कासरगोड) पर हमला करके राज्य की सीमा को बढ़ाया जाए। इसके लिए नायकों ने बेकल को केंद्र बनाया। फिर मलवार पर नायकों ने शासन (व्यापार) किया।

आर्थिक महत्व को देखते हुए नायकों ने समुद्रतटीय नगरों का विकास करना आरंभ कर दिया। खासतौर से बेकल के आस-पास। हिरिया बेंकटअप्पा ने किला बनवाना आरंभ किया जो शिवअप्पा नायक के समय तैयार हुआ। समुद्रीतट पर बने किलों के कारण मलावार[3] (कोधीवार) विदेशी हमलों से सुरक्षित रहा। इसी समय कासरगोड के पास चंद्रगिरि किले का भी निर्माण आरंभ हुआ।

सोमेश्वर नायक ने मनजेश्वर और तालीपरंबा पर अधिकार करके होशदुर्ग बनवाया। दूसरा किला कासरगोड की समुद्रीतटीय राज्य सीमा पर बनाया। जो मदीकीरी के रास्ते में थे। कहा जाता है कि बेकल में कोट्टियर समुदाय के लोग रहते थे। पालघाट और कासरगोड में नायकों ने और भी किले बनवाए। कोलतारियों और नायकों में इस क्षेत्र को हथियाने के लिए लगातार लड़ाइयां होती रहीं जब तक हैदर अली ने आक्रमण करके नायकों को हरा नहीं दिया। बेकल किला अब मैसूर के सुलतान हैदरअली के अधिकार में आ गया।

टीपू सुलतान ने बेकल के किलों को, मलावार को जीतने के समय सैनिक अड्डे की तरह इस्तेमाल किया। पुरातत्व विभाग को यहां से सिक्के और अन्य कलात्मक वस्तुएं मिली हैं। मैसूर सुलतान ने इसे और अच्छा बनाया। 1709 ई. में टीपू सुलतान अंग्रेजों से लड़ाई लड़ते मारा गया। किला ईस्ट इंडिया कंपनी की देख-रेख में चला गया।

चित्र 13.3 : टीपू सुलतान

मुंबई के दक्षिणी किनारे पर स्थित बेकल कंपनी का मुख्य भवन बन गया। 1862 ई. में दक्षिणी किनारा मद्रास प्रेंजीडेसी के अधिकार में हो गया और कासरगोड जिला बेकल जिला बन गया। आर्थिक और राजनैतिक महत्व बढ़ने से बेकल तथा उसके आस-पास का महत्व घटने लगा।

1956 ई. में कासरगोड जिला नये केरल राज्य में बदल गया। आज बेकल किले का रख-रखाव भारत के पुरातत्व सर्वेक्षण के संरक्षण में है।

पल्लीपुरम्

पल्लीपुरम् किला कोचीन के उत्तर में विपीन द्वीप के उत्तरी सिरे के अंत में स्थित है। यह शानदार किला यूरोप के सौदागरों उपनिवेशी पुर्तगालियों ने बनाया था। पल्लीपुरम् केरल के जिला एर्नाकुल में स्थित है। कोचीन के निकट पल्लीपुरम् की नींव 27 सितंबर 1503 ई. में रखी गई थी। इसे कोथापुरम् भी कहते हैं। सदियों पहले क्रांगनूर के लोग पल्लीपुरम् को अलिकोट्टयम् कहते थे।

चित्र 13.4 : पल्लीपुरम् का किला

ये किला षट्कोणीय बना हुआ है। उत्तर की तरफ से समुद्र का पानी रोकने के लिए यह किला गार्ड का काम करता है। यह पुर्तगाली वास्तुकला को दर्शाता है। कनानूर इन किलों को जोड़ने में ज़ंज़ीर का काम करता है। यह ज़ंज़ीर समुद्र की ओर से केरल की रक्षा करती है। पल्लीपुरम् हमारे देश में यूरोपीय स्मारक की तरह है। समुद्र के ओर मुड़ें तो विपीन द्वीप के महलों का सुंदर दृश्य दिखाई देता है। किले के साथ पल्लीपुरम् में दूसरा स्मारक कैथोलिक गिरजाघर भी देखने योग्य है। यह किला अभी भी अच्छी स्थिति में है और पुरातत्व विभाग के अंतर्गत है।

चंद्रगिरि

चंद्रगिरि का किला किला न लगकर चंद्रगिरि नदी के किनारे एक अनोखा चित्रमय दृश्य प्रतीत होता है। चंद्रगिरि कोट किले का अद्‌भुत दृश्य है। किले के चारों ओर हरी-भरी मखमली घास है। केरल की उत्तरी सीमा पर किले के पास से कल-कल करती चंद्रगिरि नदी बहती है। यह दृश्य देखकर संदेह होता है कि चंद्रगिरि किला है या महल।

चित्र 13.5 : चंद्रगिरि का किला

किले को देखने के बाद यह महसूस होता है कि किले में शत्रु का घुसना बड़ा मुश्किल है। किले में गहरी खाई है और उसके किनारे भेदक लोहे की छड़ियां लगी हुई हैं। उसके पास कर्त्तन-यंत्र रखा हुआ है। इतिहास बताता है, चंद्रगिरि में हुई लड़ाइयों और वहां के श्मशान के बारे में, जहां से अंधेरे भूतकाल की गंध आती है।

तालीकोट के प्रसिद्ध युद्ध 1565 ई. के बाद विजय नगर के राजवंश के लोगों ने चंद्रगिरि किले में शरण ली थी। किले के परकोटे के अंदर अनेक मंदिर हैं।

1585 ई. में विजय नगर के परवर्ती राजाओं की राजधानी चंद्रगिरि थी। 1639 ई. में चंद्रगिरि के राजा ने एक नायक ईस्ट इंडिया कंपनी के मि. डे को मद्रास की भूमि प्रदान कर दी थी। 1645 ई. में चंद्रगिरि के राजा रंग द्वितीय ने इस अनुदान की पुष्टि कर दी।

चित्र 13.6 : चंद्रगिरि किले की बाहरी बनावट

इसके बाद वहां सेंट डेविड नामक किले का निर्माण हुआ। इसी किले के चारों तरफ मद्रास नगर का विकास हुआ। 1956 ई. में यह केरल राज्य में आ गया।

अब चंद्रगिरि किले की देखभाल पुरातत्व सर्वेक्षण के अधीन है।

पालघाट

पालघाट मुगल वास्तुकला और राजसत्ता को दर्शाता है। इसे मैसूर के राजा हैदर अली ने 18वीं ई. में बनवाया था। पालघाट का नक्शा फ्रांसीसी सलाहकारों के अनुसार बनवाया था। यह किला चौकोर बना है और इसके चारों ओर खाइयां हैं। इसकी दीवारें दोहरी (मोटी) हैं। किले के ऊपर मजबूत बुर्ज बने हैं। बुर्ज ग्रेनाइट के पत्थरों से बने हैं। किले को पालघाट का द्वीप कहा जाता है।

चित्र 13.7 : पालघाट का किला

दक्षिण की तरफ से आने वाले ब्रिटिशों के लिए यह किला एक मीनार कड़ी का काम करता है। किले में एक हथियार घर है जहां तोप रखी हुई हैं। उसके साथ-साथ भयंकर डरावनी गहरी खाइयां हैं। पालघाट राज हैदर अली के उत्तराधिकारी, टीपू सुलतान के अधिकार में था। टीपू सुलतान दक्षिण का बहादुर राजा था।

कहा जाता है कि टीपू सुलतान ने किले में ब्रिटिश से खजाना छुपाए रखने के लिए खास कक्ष बनाया था ताकि उसे ब्रिटिश शासन न ले सकें। लेकन यह बात काल्पनिक लगती है। किले में एक जगह मेल-जोल बढ़ाने, मदिरादान के लिए तथा पार्टी करने के लिए बनी थी। शायद खजाने कक्ष की बात काल्पनिक है। अंत में पालघाट किले पर 22 सितंबर 1790 ई. को अंग्रेज़ों ने अधिकार कर लिया था। पालघाट अपनी बमबारी को दर्शाते हुए तोपों सहित खड़ा हुआ है और अच्छी स्थिति में है।

संदर्भ और टिप्पणियां

1. मलय पर्वत की क्रीट में केरल बसा हुआ है। यह भूतपूर्व त्रावणकोर और कोचिक रियासत में सम्मिलित है। महाभारत में कहा गया कि केरल में कैचेर और चोल नरेशों ने युधिष्ठर को चंदन, अगम, मोती, वैदूर्य तथा विचित्र रत्नों को भेंट में दिया था। केरल तथा दक्षिण के अन्य राज्यों को सहदेव ने अपनी दिग्विजय यात्रा के दौरान जीता था।
   अशोक के शिलालेख में पांड्य, खातिय पुत्र और केरल राज्यों का उल्लेख है। ताम्रपर्णी नदी तक इनका विस्तार माना जाता है। केरल की मुख्य नदियां मुरला, ताम्रपर्णी, नेत्रवती और सरस्वती है। केरल हरा-भरा अति मनोहर प्रदेश हैं।

2. तालीकोट का युद्ध विजयनगर के रामराजा की सेना के नेतृत्व में अहमदनगर तथा बीजापुर और गोलकुंडा सुलतानों की सेना के बीच 23 जनवरी 1565 ई. में हुआ। इस युद्ध में रामराजा परास्त हुआ और वीरगति को प्राप्त हुआ। विजयनगर की सेना पूर्णतः ध्वस्त हो गई।

   यह एक निर्णायक युद्ध था जिसके फलस्वरूप विजयनगर के हिंदू राज्य का पूर्णतः पतन हो गया।

3. कोचिन पांच छोटे-छोटे द्वीपों का समूह है। विलिंग्डन, विपीन, रामन थ्रुथ, वेलारपदम और बोलघाटी के पास पूर्व से पश्चिम की ओर स्थित है। यहां पुर्तगाली, डच, फ्रांसीसी और अंग्रेज व्यापार के लिए आते थे।

4. हैदर अली खां 18वीं शताब्दी का एक वीर योद्धा था जो अपनी योग्यता के बल पर मैसूर का शासक बना। पहले वह शक्तिहीन हिंदू राजा का प्रधानमंत्री बना, नानराज की सेवा में नियुक्त हुआ। बाद में हैदरअली ने दलबाई से शासन सत्ता अपने हाथ में ले ली।

   1761 ई. में वह स्वयं मैसूर की गद्दी पर बैठ गया। उसने बहुत जल्दी बदनौर, कनारा, दक्षिण भारत की छोटी-छोटी रियासतों को जीत कर अपने राज्य में मिला लिया। यद्यपि, वह अनपढ़ था लेकिन वह बहुत कुशल शासक और योग्य सेनापति सिद्ध हुआ। उस जमाने के मुस्लिम शासकों में हैदर सबसे सहिष्णु शासक माना जाता था।

   हैदराबाद के निजाम, मराठे और अंग्रेज़ हैदर अली के विरुद्ध हो गए। तीनों ने 1766 ई. में हैदर अली के विरुद्ध संधि कर ली। हैदर ने जल्दी ही मराठों को अपनी ओर मिला लिया और निजाम और अंग्रेजों से जमकर लोहा लिया। अंग्रेजी सेना की पराजय हुई। 1768 ई. में मद्रास पहुंच गया और अपने अनुकूल अंग्रेजों को संधि करने के लिए वाध्य किया कि जब कभी मैसूर पर हमला होगा तो अंग्रेज हैदर अली की मदद करेंगे। बाद में निजाम और मराठों से समझौता किया तथा तीनों ने मिलकर अंग्रेजों पर हमला किया। इस बीच अंग्रेजों ने फ्रांसीसी बस्ती पर कब्जा कर लिया जो हैदरअली के राज्य में थी।

   हैदर अली कर्नाटक पर चढ़ बैठा। लेकिन मराठों और निज़ाम ने हैदर अली को धोखा दिया। बाद में हैदर अली ने कर्नल वैथबेर की सेना को पराजित किया। हैदरअली कैंसर से पीड़ित था। युद्ध के दौरान 7 दिसंबर 1782 ई. में उसका देहांत हो गया। उसके लड़के टीपू सुलतान ने युद्ध जारी रखा और अंग्रेजों पर विजय प्राप्त की।

तमिलनाडु के किले

जिंजी । वेल्लूर

तमिलनाडु के विभिन्न शहर

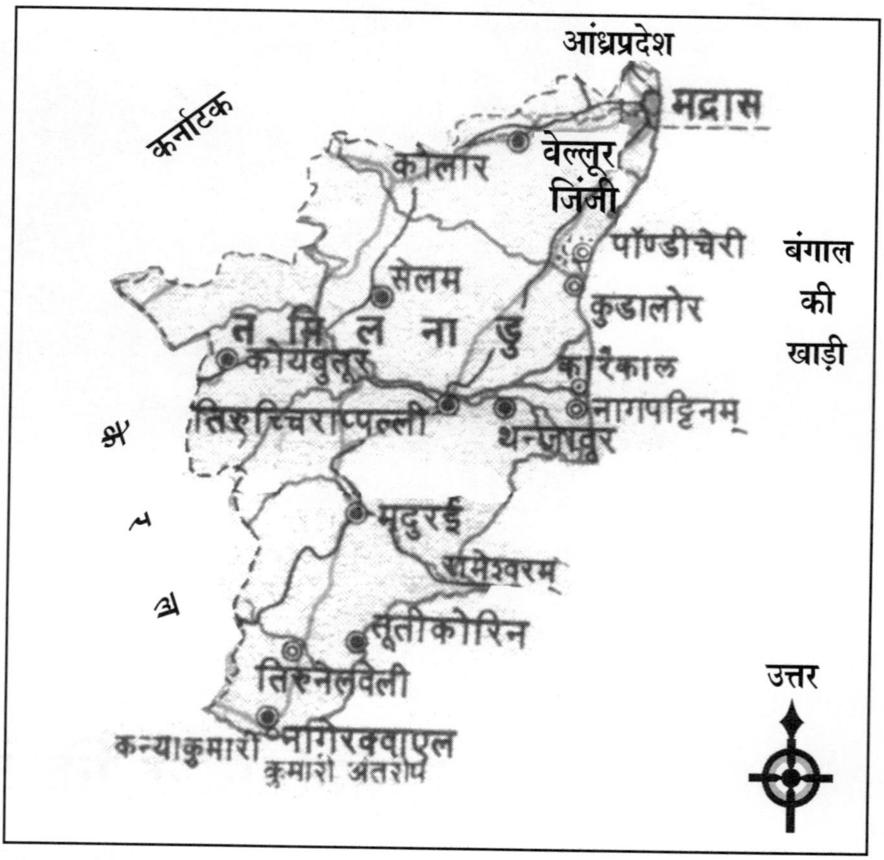

अध्याय-14

तमिलनाडु के किले

जिंजी

दक्षिण भारत के मंदिर दूर-दूर तक मशहूर हैं, मगर इधर के किलों की ओर बहुत कम लोगों का ध्यान जाता है। दरअसल, दक्षिण भारत के कई किले बहुत प्राचीन हैं और उनका इतिहास भी काफी शानदार है। ऐसा ही एक किला है–जिंजी, जो चेन्नै[1] (मद्रास) से करीब 140 कि.मी. दक्षिण-पूर्व में तमिलनाडु के विल्लुपुरम् जिले में स्थित है। स्थानीय लोग इसे 'सेंजी' के नाम से पुकारते हैं, क्योंकि यहां देवी सेंजी अम्मान का मंदिर है। इसी सेंजी से अंग्रेजों ने अपना जिंजी शब्द बनाया था।

चित्र 14.1 : जिंजी का दुर्ग

जिंजी दुर्ग तीन पहाड़ियों पर बसा हुआ है। एक बड़ा-सा त्रिभुज बनाने वाली इन पहाड़ियों के नाम हैं–राजगिरी, कृष्णगिरी और चंद्रगिरि। इन पहाड़ियों को करीब 5 किलोमीटर लंबे परकोटे से जोड़ दिया गया है। परकोटे के बाहर काफी चौड़ी खाई है। राजगिरि सबसे ऊंची पहाड़ी है और मुख्य दुर्ग इसी पर बसा हुआ है। इस मुख्य दुर्ग को भी मजबूत परकोटे और चौड़ी खाई से घेरा गया है। जिंजी की किलेबंदी कई

चित्र 14.2 : जिंजी दुर्ग का कल्याण महल (ऊपर दाएं) और सामने सभा-मंच

शासकों द्वारा कई चरणों में पूरी हुई।

जिंजी दुर्ग का इतिहास बहुत पुराना है। कुछ इतिहासकारों का मत है कि दक्षिण भारत के शक्तिशाली चोळ शासकों ने ईसा की तीसरी से नौवीं सदी के बीच इस दुर्ग की नींव रखी थी। एक अन्य जानकारी के अनुसार, कोनार (यादव) कबीले के सरदार आनंद कोन-प्रथम ने 1200 ई. में राजगिरि पहाड़ी पर एक दुर्ग का निर्माण किया था। फिर उसके उत्तराधिकारी कृष्ण कोन ने 1240 ई. के आसपास कृष्णगिरि पहाड़ी की किलेबंदी की।

दक्षिण भारत पर कब्जा जमाए रखने के लिए जिंजी दुर्ग को अधिकार में रखना आवश्यक था, इसलिए इसने समय-समय पर कई आक्रमण झेले हैं। जब यह दुर्ग विजयनगर साम्राज्य के अंतर्गत आ गया, तो यहां उनके प्रतिनिधि नायक सरदारों ने शासन किया। उनके कई साल के शांतिपूर्ण शासन में जिंजी के दुर्ग में कई रक्षा-साधन जोड़े गए। तालीकोट के युद्ध[2] (1565 ई0) में विजयनगर की हार के बाद जिंजी पर बीजापुर की आदिलशाही का शासन शुरू हुआ। फिर यह दुर्ग मुगलों के कब्जे में चला गया।

सन् 1677 ई. में छत्रपति शिवाजी[3] ने जिंजी दुर्ग मुगलों से जीत लिया। जब औरंगजेब ने 1689 ई. में शिवाजी के बड़े बेटे संभाजी को बंदी बनाकर मराठों की राजधानी रायगढ़ पर कब्जा कर लिया, तब शिवाजी के दूसरे बेटे राजाराम ने जिंजी जाकर वहीं से मुगलों के साथ अपनी लड़ाई जारी रखी। मुगलों द्वारा लंबे समय तक घिरे रहने पर भी उसने 8 साल तक जिंजी की रक्षा की। उस दौरान मराठों ने यहां कई नए रक्षा-साधन जोड़े। अंत में 1698 ई. में जिंजी पर मुगलों का कब्जा हो गया और उन्होंने यहां बेशुमार दौलत हासिल की।

मुगलों के बाद जिंजी पर आरकट के नवाब का कब्जा हो गया। फिर सन् 1750 में रात के समय अचानक हमला करके फ्रांसीसियों ने जिंजी को जीत लिया और आगे के 11 साल तक यह दुर्ग उनके अधिकार में रहा। उसके बाद करीब 20 साल तक जिंजी दुर्ग अंग्रेजों के कब्जे में रहा। सन् 1780 में श्रीरंगपट्टण (मैसूर) के शासक हैदरअली[4] ने जिंजी पर हमला किया तो अंग्रेज बहुत डर गए थे।

जिंजी दुर्ग तीन पहाड़ियों पर बसा है, इसलिए यह एक 'गिरिदुर्ग' है। परंतु इन पहाड़ियों के मध्य में घाटी होने के कारण इसे 'गुहा दुर्ग' भी कहा जाएगा। इन दोनों स्थितियों के कारण जिंजी को 'मिश्र दुर्ग' की श्रेणी में रखा जाता है। जैसा कि पहले बताया गया है, तीनों पहाड़ियों को एक बाहरी परकोटे से जोड़ा गया है। मुख्य दुर्ग राजगिरि पहाड़ी पर है। इसमें प्रवेश के लिए तिहरा दरवाजा है, जिसमें समकोण में कुल छह मोड़ हैं। इतने मोड़ वाला प्रवेश-मार्ग भारत के किसी अन्य दुर्ग में देखने को नहीं मिलता।

आगे दो और दरवाजे पार करने के बाद शिखर के ठीक नीचे एक खाई है, जिस पर लकड़ी का

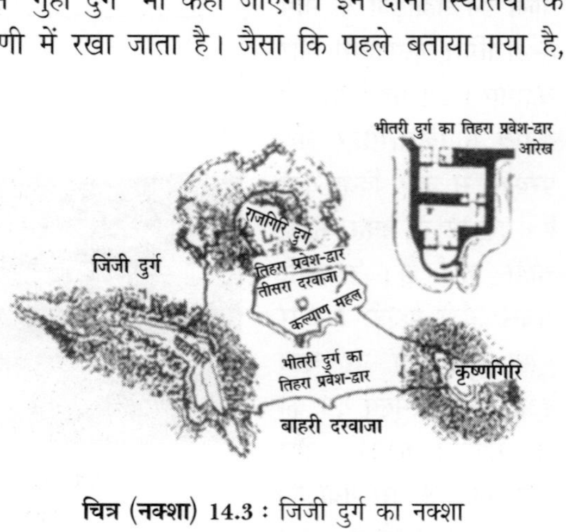

चित्र (नक्शा) 14.3 : जिंजी दुर्ग का नक्शा

उठाऊ पुल बना है। उसके परे एक छोटा दरवाजा है। फिर शिखर की चोटी तक पहुंचने के लिए सात फाटकों और घुमावदार मोड़ों से गुजरना पड़ता है। सारी रचना इस प्रकार की है कि यहां के थोड़े से सैनिक शत्रु के सैकड़ों सैनिकों का मुकाबला कर सकते हैं। दुर्ग की एक विशिष्ट चीज है—एक चट्टान पर प्राकृतिक रूप से खड़ा करीब 7 मीटर ऊंचा एक गोला-पत्थर, जिसके मध्य भाग में खोखली जगह बनाई गई है। मृत्युदंड पाए कैदियों को इसमें डाल दिया जाता था—भूखे मरने के लिए।

राजगिरि दुर्ग के तलहटी वाले हिस्से में मंदिर, मस्जिद, सभा-मंडप, आवास-गृह, धान्य-कोठार, तेल व घी के कुएं, कल्याण महल, शस्त्रागार आदि के अवशेष हैं। सबसे आकर्षक और स्थापत्य की दृष्टि से सबसे महत्वपूर्ण स्मारक है—विजयनगर शासनकाल में बना कल्याण महल। ऐसा महल देश के किसी अन्य किले में देखने को नहीं मिलता। वह वर्गाकार महल आठ मंजिला है और उसके ऊपर पिरामिड के आकार की छत है। महल में एक वर्गाकार चौक है, जिसके चारों ओर रानियों के निवास के लिए कमरे बने हैं। यहीं पर नायक शासकों द्वारा उपयोग में लाया गया वर्गाकार मंच वाला सभा-भवन है। कल्याण महल के पास ही स्नान के लिए एक खूबसूरत तालाब है, जिसमें उतरने के लिए चारों ओर सीढ़ियां बनी हुई हैं और बीच में मंडप है। कल्याण महल सहित समूचे परिसर में जल-आपूर्ति के लिए राजगिरि पहाड़ी पर स्थित स्रोतों से मिट्टी की भूमिगत पाइपों द्वारा पानी लाने की अद्‌भुत व्यवस्था की गई थी।

अंग्रेजों को हमेशा यह डर बना रहता था कि जिंजी जैसा मजबूत दुर्ग दुश्मन के हाथ में न चला जाए। इसलिए उन्होंने इसे नष्ट कर देने की योजना बनाई थी, मगर उसे अमल में लाना संभव नहीं हुआ। जिंजी दुर्ग बरबाद होने से बच गया। आज यह भारतीय पुरातत्व विभाग के संरक्षण में है। अभी कुछ साल पहले यहां की गई खुदाई और सफाई में दुर्ग से संबंधित कई नई बातों का पता चला है।

वेल्लूर

वेल्लूर का प्राचीन नाम बेलापुर है। यह स्थान मध्ययुगीन किले के लिए प्रसिद्ध है। वेल्लूर किला मद्रास से 160 किलोमीटर पश्चिम में स्थित है। 1274 ई. (13 वीं शदी) में बोम्मी रेड़ी ने बनवाया था। यह व्यक्ति भद्राचल[5] से यहां आकर बस गया था। समकालीन दुर्गों से वेल्लूर दुर्ग की बनावट भिन्न है। इसका निर्माण विजयनगर के राय राजाओं ने कराया था और यूरोपीय इंजीनियरों की सेवाएं ली गई थीं। इसी कारण दुर्ग की वास्तुकला यूरोपीय ढांचे पर है। दुर्ग का ढांचा वर्गाकार है। विजयनगर के नरेशों के समय वेल्लूर की बहुत उन्नति हुई थी।

किले की दोहरी प्राचीर है और चारों ओर गहरी व चौड़ी खाई से घिरा हुआ है। इस किले की खाई दूसरे किले की खाई से काफी अच्छी है। किले की दीवारों को जोड़ने के

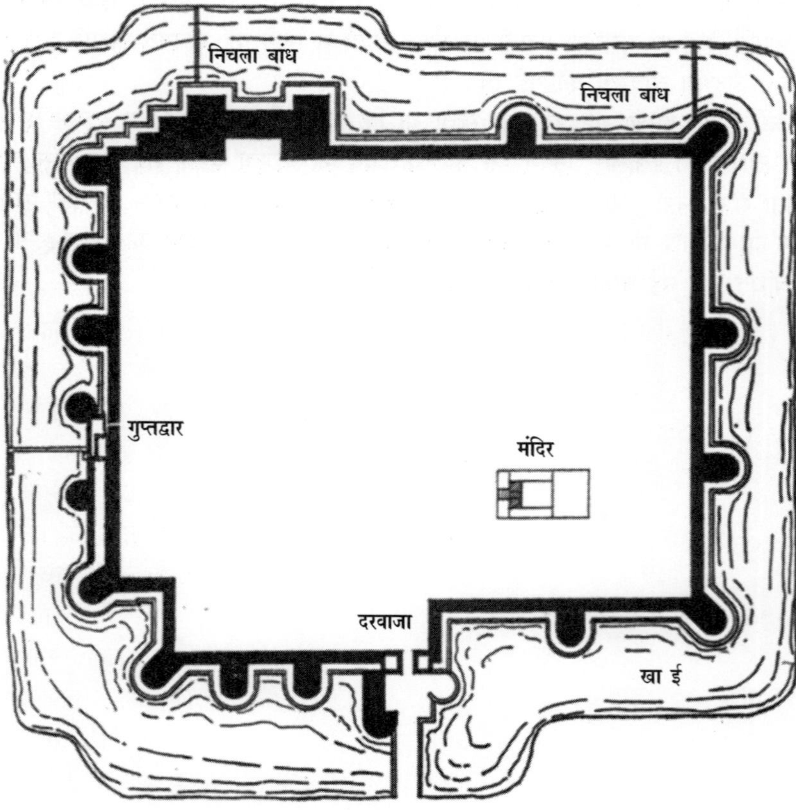

चित्र (नक्शा) 14.4 : वेल्लूर का किला

चित्र 14.5 : वेल्लूर का किला

लिए स्थान-स्थान पर गोलाकार बुर्ज बने हुए हैं। किले के आस-पास पहाड़ी है, लेकिन इस किले का निर्माण पहाड़ी पर न होकर समतल जमीन की सतह पर किया गया है।

किले की बाहरी प्राचीर के समानान्तर एक और प्राचीर है। दीवार पर चढ़ने के लिए सीढ़ियां बनी हुई हैं। दीवार के साथ से ही तोपखाने के लिए जाने का रास्ता जाता है। किले की पूर्वी दीवार में एक तोरणद्वार है और बाहरी दीवार में एक गुप्त द्वार भी है, जो 3 फीट ऊंचा और 8 इंच चौड़ा है जिससे दुश्मन को लाया जाता है।

चित्र 14.6 : निचला दरवाजा (गुप्तद्वार)

किले के अंदर 14वीं सदी का शिव मंदिर है जिसकी छतों की नक्काशी आकर्षक है। मुख्य प्रवेश द्वार पूर्व की ओर है। 18वीं सदी में इसे नये ढंग से बनाया गया था। 17वीं सदी के मध्य में बीजापुर के सुल्तानों ने यहां आक्रमण करके, यहां के किले पर घेरा डाला और किले पर अधिकार कर लिया, किन्तु 1707 ई. में मुगल सेनापति दाऊद ने इसे मराठों से छीन लिया। काफी समय तक किला मुसलमानों और मराठों के बीच लड़ाई का कारण रहा।

चित्र 14.7 : वेल्लूर का गोपूराम मंदिर

1760 ई. में यहां अंग्रेजों का राज्य हो गया। टीपू सुल्तान की मृत्यु के बाद उनके परिवार के सदस्यों को वेल्लूर किले में रखा गया। इसी किले में रह कर इन्होंने (टीपू परिवार) ने किले में स्थित भारतीय सैनिकों को अंग्रेजों के विरुद्ध बगावत करने के लिए उकसाया। यहीं से दक्षिणी भारतीय 1857 का, अंग्रेजों के प्रति विद्रोह की आग वेल्लूर से आरम्भ हुई।

1768 में अंग्रेजों ने किले पर अधिकार कर लिया। 10 जुलाई 1806 में किले में हुए सिपाही विद्रोह से अंग्रेज सरकार हिल गयी थी। किले में 69 बिटालियन और 23वीं रेजीमेंट थी जिसमें 1500 भारतीय और 370 अंग्रेज आफिसर थे। विद्रोह में 82 अंग्रेज मारे गये और 91 घायल हुए। अंग्रेजों ने बड़ी क्रूरता से विद्रोह का दमन किया। दीवार से सटकर कई एकाकी कैदीग्रह हैं जिनमें मुश्किल से एक कैदी रह सकता था। लेकिन श्रीरंगपट्टण के युद्ध के बाद टीपू सुल्तान के बेटों (शहजादों) को कैद करके वेल्लूर किले के कैदखाने में रखा गया था।

चित्र 14.8 : मंदिर के परकोटे में दोहरे खम्बे वाला मंदिर

आज भी किला अच्छी स्थिति में है। वेल्लूर किले के अंदर एक बहुत सुंदर मंदिर है जिसे अंग्रेजों की छावनी बनने से बहुत हानि पहुंची। इसके प्रवेश द्वारों पर शार्दुल-दानवों और अश्वारोहियों की मूर्तियां हैं। मंडपों के खम्बों की शिल्पकारी अनोखी जान पड़ती है। यह मंदिर 13वीं या 14वीं सदी के जान पड़ते हैं।

संदर्भ और टिप्पणियां

1. चेन्नै प्राचीन काल में मद्रास के स्थान पर बसा हुआ एक गांव था। 1639 ई. में अंग्रेज व्यापारी फासिस डे ने चेन्नापटम के हिंदू राजा से पट्टे पर यहां की जमीन प्राप्त की थी। बाद में चंद्रगिरि और गोलकुंडा के राजा ने भी इस अनुदान की पुष्टि की। 1640 ई. में फोर्ट जार्ज नामक किले की स्थापना की। यह ईस्ट इंडिया कम्पनी का भारत में पहला किला था। 1653 ई. में एक प्रेसीडेंसी स्थापित की गई। इसी केंद्र के चारों ओर मद्रास नगर का विकास हुआ।
2. तालीकोट का युद्ध, (1565 ई.) देखिए, बीजापुर का किला, टिप्पणी नं. 7, पृष्ठ 387
3. छत्रपति शिवाजी स्वतंत्र मराठा राज्य के संस्थापक थे। इनका जन्म 1627 ई. में और मृत्यु 1680 ई. में हुई। शिवाजी के पिता अप्रतिम शूरवीर थे तथा माता अत्यन्त बुद्धिमान एवं ममतामयी। शिवाजी के चरित्र पर माता-पिता तथा उनके गुरु, दादाजी कोंडदेव का बहुत प्रभाव पड़ा। बचपन से ही वह उस युग के वातावरण और घटनाओं को भली प्रकार समझने लगे थे। शासक वर्ग की करतूतों पर वह झल्लाते थे और बेचैन हो जाते थे। उसके बाल-हृदय में स्वतंत्रता की लौ प्रज्वलित हो गई। उन्होंने स्वामिभक्त साथियों का संगठन किया और विदेशी शासन की बेड़ियां तोड़ फेंकने का प्रण किया, और उनका प्रण प्रबलतर होता गया।
4. हैदर अली 18वीं शताब्दी का एक मध्यकालीन योद्धा था, जो अपनी योग्यता के बल पर मैसूर का शासक बना। हैदल अली हिंदू राजा के प्रधानमंत्री नानराज की सेवा में नियुक्त था। बाद में हैदर अली ने दलबाई से शासन सत्ता अपने हाथ में ले ली और 1761 ई. में मैसूर की राजगद्दी पर बैठ गया उसने बहुत जल्दी ही बदनौर कनारा और दक्षिण भारत की छोटी-छोटी रियासतों को जीत लिया और अपने राज्य में मिला लिया। हैदर अली अनपढ़ था, परन्तु वह बहुत कुशल शासक और योग्य सेनापति हुआ। वह राज्य के सारे काम बहुत तीव्र गति से करता था। हैदर अली मुस्लिम शासकों में सबसे अधिक सहिष्णु शासक माना जाता था। 1782 ई. में हैदर अली की मृत्यु हो गई।
5. भद्राचल गोदावरी नदी के उत्तरी तट पर बसा प्राचीन स्थान है। बनवास के समय श्री रामचंद्र ने यहां भद्र नामक ऋषि से भेंट की थी। श्री राम और लक्ष्मण, सीताहरण के पश्चात् अचलगिरि पर कुटी बना कर रहे थे। फिर गोदावरी नदी को पार करके दक्षिण की ओर गए थे। अचलगिरि पर श्री राम का मंदिर है जिसे रामदास अथवा गोपन्ना ने बनवाया था। वह गोलकुंडा के प्रधानमंत्री अकन्ना का भ्रातृज था। कहा जाता है कि गोपन्ना ने मालगुजारी से 6 लाख रुपये निकाल कर यह श्रीराम मंदिर बनवाया था। इसलिए गोलकुंडा के सुलतान ने गोपन्ना को जेल में डाल दिया था। लेकिन कथा के अनुसार श्रीराम ने अपने भक्त पर आंच नहीं आने दी और रहस्यमय रीति से सारा रुपया सरकारी खजाने में जमा करा दिया। गोपन्ना को स्वयं सुलतान ने कारावास से मुक्ति दिलवाई और राम का भक्त रामदास बन गया। रामनवमी के दिन भद्राचल में आज भी भारी मेला लगता है और राम-सीता का विवाह बड़ी धूम-धाम से मनाया जाता है। यह मंदिर दक्षिण भारत का सबसे धनी मंदिर कहा जाता है।

भारत में विदेशियों के किले

गोवा के किले । वसई का किला । सद्रास का किला । मद्रास का किला
मुंबई का किला । कोलकाता का किला । दीव-दमन

भारत में विदेशियों के विभिन्न शहर

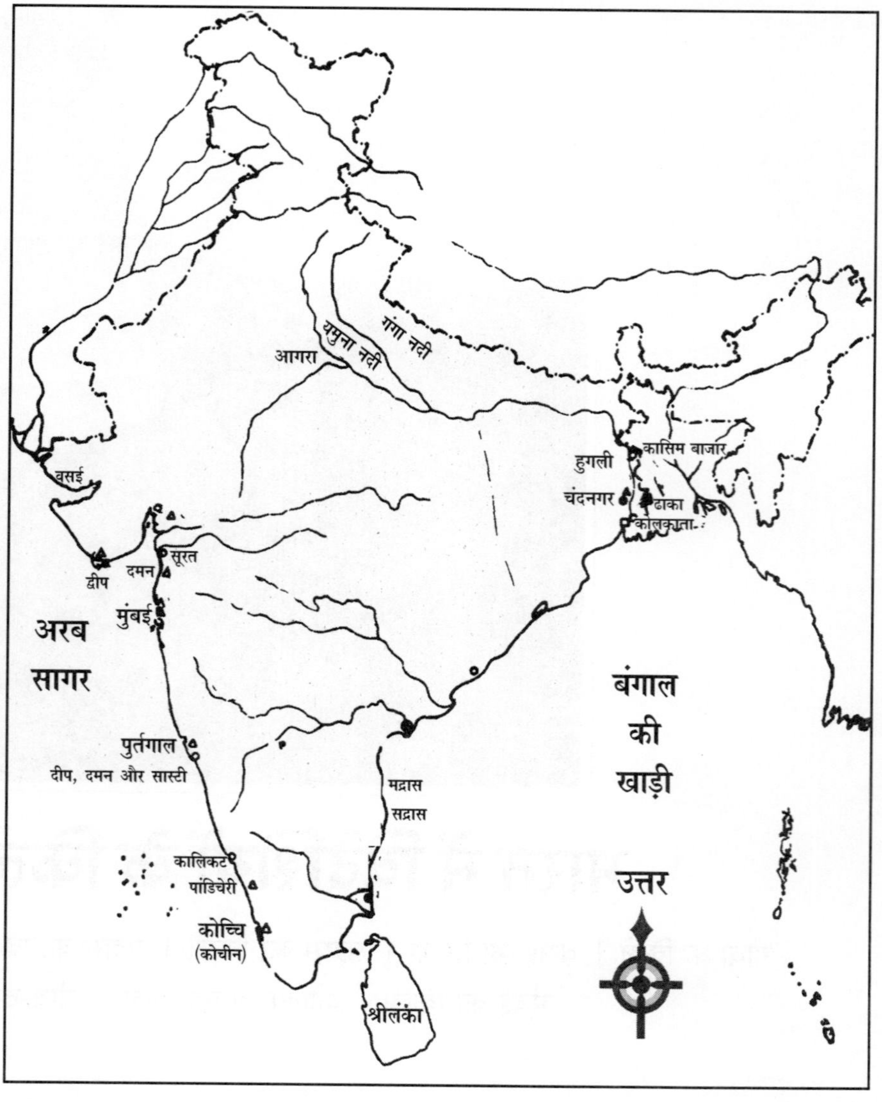

अध्याय-15

भारत में विदेशियों के किले

समय-समय पर अनेक विदेशी जन-समुदाय भारत में आकर यहां स्थायी रूप से बस गए। केवल मध्य युग की ही बात करें तो हम देखते हैं कि तुर्कों, अफगानों और मुगलों ने भारत में आकर यहां अपने राज्य खड़े किए। यहीं पर अपनी राजधानियां सजाईं। इन्होंने भारत के पुराने किलों की मरम्मत करवाई और कई सारे नए किले बनवाए। मुगलों ने दिल्ली, आगरा, फतेहपुर-सीकरी, इलाहाबाद आदि स्थानों में नए शानदार किलों का निर्माण किया। बहमनियों ने भी दक्खन में बहुत-से पुराने किलों को सुदृढ़ बनाया और कुछ नए किले भी बनवाए। यहां तक कि अबीसिनिया (पूर्वी अफ्रीका) से भारत में आकर बसे हुए सिद्दियों ने भी कई किलों के निर्माण में योगदान दिया।

लेकिन सोलहवीं सदी के पूर्वार्ध से स्थिति बदलती गई। यूरोप के पुर्तगाल, इंग्लैंड, हालैंड और फ्रांस जैसे देशों के सौदागर भारत में पहुंचने लगे और उन्होंने हमारे देश के समुद्र तट के महत्वपूर्ण स्थलों पर अपनी फैक्टरियां (कोठियां) स्थापित करने का काम शुरू कर दिया। जल्दी ही ये फैक्टरियां सैनिक अड्डे बन गईं। फिर इन विदेशियों ने अपने सैनिक अड्डों की किलेबंदी भी शुरू कर दी। इस तरह भारत के समुद्र तटों के अनेक स्थानों पर विदेशियों द्वारा किलों का निर्माण हुआ।

यूरोप के सौदागरों और उपनिवेशवादियों के लिए भारत की राह खोलने वाला पहला पुर्तगाली नाविक था—वास्को-द-गामा[1], जो अपने तीन जहाजों से दक्षिण अफ्रीका का चक्कर लगाकर 20 मई, 1498 ई. को केरल तट के कालीकट[2] बंदरगाह पहुंचा था। उस समय भारत में कई छोटे-छोटे राज्य थे। भारत में अभी मुगलों की सत्ता स्थापित नहीं हुई थी। पुर्तगालियों ने जल्दी ही कोच्चि जैसे बंदरगाहों में व्यापारी कोठियां खोलकर उनकी किलेबंदी शुरू कर दी। फिर पुर्तगाली गवर्नर आलबुकर्क ने 1510 ई. में बीजापुर की सल्तनत से गोवा छीनकर उसे भारत में अपने सामुद्रिक राज्य की राजधानी बनाया। पुर्तगालियों ने दीव और दमन पर भी अधिकार कर लिया। आगे जाकर उन्होंने वसई (मुंबई के उत्तर में) पर अधिकार करके उसे अपने उत्तरी अड्डों का मुख्यालय बनाया।

गोवा के किले

आग्वाद का किला

आग्वाद किला गोवा[3] के किलों में सबसे बड़ा और सुरक्षित किला है। इसे संरक्षण मिला हुआ है। आग्वाद की खाड़ी काबों आग्वाद अंतद्वीपों से मिलकर बनी है। पश्चिम की पहाड़ियां समुद्र से टकराने पर भी टूटी नहीं हैं। इसी स्थान पर आग्वाद का किला बना हुआ है।

चित्र 15.1 : अग्वाद का किला

आग्वाद किला, जिसे अरब सागर और मांडवी[4] नदी के मुहाने के पास की एक ऊंची पहाड़ी पर 1612 ई. में पुर्तगाल के कैथोलिक बादशाह डाम फिलिप द्वितीय के शासनकाल में बनाया गया था। यहां एक प्रकाश-स्तंभ भी है। प्रकाशस्तंभ बर्तुल बुर्ज की तरह है जिसका व्यास 11 मीटर और 12 मीटर है। गिरजाघर, तोपों, बारूद-खाना, बंदीगृह आदि का बंदोबस्त रहा है।

प्रकाश-स्तंभ का प्रकाश घूमते हुए सात मिनट में एक बार किले पर पड़ता है। किले में विशाल घड़ी है, जो संकेत-सूचक यंत्र है। किले में आवासगृह है। पेयजल का बहुत बड़ा हौज है। दो बारूदखाने, गोदाम, कैदियों के लिए बंदीगृह, सेंट लारेंस गिरजाघर है। गिरजाघर ऊंची पहाड़ी पर है। आग्वाद के किले में अब विट्ठल मंदिर बन गया है। किले में पानी के कई सोते व कुएं हैं। एक सोते का निर्माण वास्को-डी-गामा के बेटे के शासन में किया गया था। 1802 ई. में इस किले को ब्रिटेन ने अपने कब्जे में कर लिया था, और पुर्तगाल को सौंप दिया। किले के उत्तरी बुर्ज के पास ताज होटल, ताज गांव काटेज और आग्वाद का रमणीय समुद्री तट है। अब इस किले का आधा भाग कारागार और आधा भाग नौ-सेना के अधिकार में है।

राइसमागोस

आग्वाद किले से करीब दो किलोमीटर पूर्व में मांडली नदी के उत्तरी तट पर राइसमागोस किला

है, जिसका निर्माण पुर्तगालियों ने 1551 ई. में किया था। समय-समय पर इस किले का विस्तार और पुनर्निर्माण होता रहा। यह किला मुरगांव[5] का अपेक्षाकृत छोटा किन्तु शानदार किला है और आज भी अच्छी हालत में है। यहां एक सुंदर गिरजाघर है, जो देखने लायक है। इसका निर्माण 1559 ई. में हुआ। हर वर्ष जनवरी में यहां एक महोत्सव मनाया जाता है।

चित्र 15.2 : गिरजाघर गोवा

मुरगांव

वास्को रेलवे स्टेशन के पास मुरगांव किला बना है।
इसका निर्माण 1624 ई. में पुर्तगाल के बादशाह डाम-फिलिप के शासनकाल में हुआ था, मुरगांव छपोरा नदी के मुहाने पर बना है। किले में बारूदखाने, बंदीगृह, गिरजाघर और तटरक्षक गार्ड का घर है। जलकुण्डों की भरमार है और जल बहुत मीठा है।

तेरेखोल (तिराकोल)

छपौरा नदी से नौ किलोमीटर उत्तर में मांडवी नदी के बाएं मुहाने के पास तेरेखोल[6] किला बना है। तेरेखोल किला भयानक कत्लेआम के लिए चर्चित है। यहां 27 मई 1885 ई. में सैनिक विद्रोह हुआ था, जिसमें सैकड़ों सैनिक मारे गए। तेरेखोल के पास एक सुंदर बीच है। जो दो छोटे-छोटे बीचों से जुड़ा है। यह किला बहुत प्राचीन है। इसका निर्माण पुर्तगालियों ने अपनी सत्ता जमाने के लिए किया था।

चित्र 15.3 : तेरेखोल गोवा

वसई का किला

पुर्तगालियों का उत्तर की ओर का प्रमुख किला वसई में था। वसई शहर मुंबई से लगभग 48 कि.मी. उत्तर में है। यहां का दुर्ग तीन ओर समुद्र से और उत्तर की ओर एक खाई से घिरा हुआ था। खाई, जिसमें समुद्र का पानी पहुंचता था, अब पाट दी गई है। इस दशभुजाकर किले की साढ़े चार कि. मी. लंबी पत्थर की दीवार में 11 बुर्ज थे। किले के दो प्रवेश द्वार थे– पूर्व की ओर समुद्री द्वार और पश्चिम की ओर भूमि-द्वार। भीतर एक छोटा बालेकिल्ला (गढ़) भी था। किले में जलकुंडों, भंडार-गृहों, बारूदखाना, शस्त्रागार आदि के साधन मुहैया थे। किले के उत्तरी हिस्से में कुछ खेत भी थे। अब किले के लगभग सभी स्मारक खंडहर बन गए हैं।

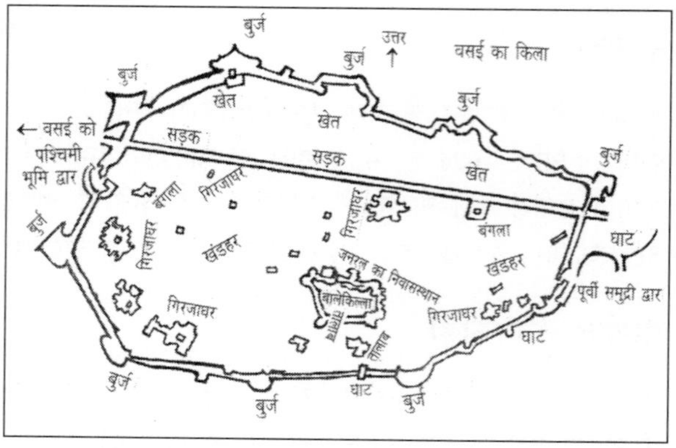

चित्र 15.4 : वसई (मुंबई के उत्तर में) के किले का नक्शा

गुजरात के सुलतान बहादुरशाह के एक सेनापति मलिक तोकन ने 1533 ई. में वसई में एक छोटा-सा किला बनाया था। लेकिन अगले वर्ष बहादुरशाह को वसई का यह क्षेत्र मजबूरन

चित्र 15.5 : वसई के किले का पूर्वी समुद्री द्वार

पुर्तगालियों को सौंप देना पड़ा। पुर्तगालियों ने पहले यहां एक बालेकिल्ला बनाया और फिर 1590 ई. तक किले की दीवार और उसके भीतर के स्मारक बने। आगे के करीब 150 वर्षों तक वसई में वैभव और सम्पन्नता का साम्राज्य रहा। पुर्तगालियों ने यहां कई शानदार आवासगृहों, कॉन्वेंट्स, गिरजाघरों आदि का निर्माण करवाया। तब किले के भीतर केवल कुलीन पुर्तगाली (हिडाल्गो) ही रह सकते थे।

चित्र 15.6 : वसई के किले का एक भग्न स्मारक (बाएं) किले के भीतर एक गिरज़ाघर का द्वार (दाएं)

वसई पुर्तगालियों का एक प्रमुख नौसैनिक अड्डा और जहाज निर्माण का केंद्र बन गया था। 1739 ई. में पेशवा बाजीराव (प्रथम) के भाई चिमाजी आप्पा ने कठोर संघर्ष और भारी जनहानि के बाद वसई के किले पर कब्जा कर लिया।[7] फिर 1802 ई. में पेशवा बाजीराव (द्वितीय) ने यहीं पर उस कुख्यात 'वसई की संधि' पर हस्ताक्षर किए जिससे मराठा संघ का सदा के लिए विघटन हो गया। अंत में 1817 ई. में वसई का किला अंग्रेजों के अधिकार में चला गया।

सद्रास का किला

पुर्तगालियों के साथ कुछ डच[8] (हालैंडवासी) व्यापारी भी भारत पहुंचने लगे थे। फिर 1602 ई. में पूर्व के देशों में व्यापार करने के लिए उन्होंने एक कंपनी स्थापित की और अगले वर्ष उनका एक जहाजी बेड़ा कालीकट पहुंच गया। तब तक पुर्तगाली काफी कमजोर पड़ गए थे। डचों ने अपनी व्यापारी कोठियां चोळमंडल (कोरोमंडल) के तट पर स्थापित कीं– पहले मसुलिपटनम् में और फिर निजामपटनम्, देवनपटनम् और पुलिकट में। पुलिकट में डचों ने एक किले का निर्माण करके उसे चोळमंडल तट के अपने प्रशासन का मुख्यालय बनाया। बाद में मुख्यालय नागपटनम् में स्थानांतरित हुआ। डचों ने उत्तर में बालासोर[9] (बालेश्वर), चिनसुरा, कासिमबाजार और पटना तक अपने पैर फैलाए। अंग्रेजों और डचों का संघर्ष शुरू हो गया। आगे जाकर अंग्रेजों ने डचों का भारत से पूरा सफाया कर दिया। भारत के पूर्वी तट पर डचों की ध्वस्त बस्तियों और किलों के अब कुछ ही अवशेष शेष बचे हैं।

चेन्नई (मद्रास) से 75 कि. मी. दक्षिण में समुद्र तट पर सद्रास नामक एक पुरानी बस्ती है। इसका प्राचीन नाम सदुरंगपट्टिनम् था, जो बिगड़कर पहले सदिराई और बाद में डचों की जबान में सद्रास हो गया। पहले यह बंदरगाह रेशमी कपड़ों और मोतियों के निर्यात के लिए बहुत प्रसिद्ध था। डचों ने इस पर कब्जा करके यहां एक मजबूत किला बनाया। यह आयताकार किला मजबूत ईंटों से बना है। इसकी पूर्वी दीवार में बुर्ज बना है। प्रवेश-द्वार पश्चिम की ओर था। डचों ने किलों में बारूदखाना, शस्त्रागार और दो माल-गोदाम बनवाए थे। भीतर पानी के निकास के लिए उत्तम व्यवस्था थी।

चित्र 15.7 : सद्रास (तमिलनाडु) के डच किले की भीतरी दीवार

अंग्रेजों ने 1796 ई. में सद्रास के किले को जीतकर इसे ध्वस्त कर दिया। अब भारतीय पुरातत्व सर्वेक्षण की ओर से सद्रास के डच किले का पुनरुद्धार किया जा रहा है।

मद्रास का किला

इंग्लैंड के व्यापारियों ने पूर्व के देशों में तिजारत करने के लिए 1599 ई. में 'ईस्ट इंडिया कंपनी' की स्थापना की और अगले वर्ष रानी एलिजाबेथ से आज्ञापत्र (चार्टर) प्राप्त किया। इंग्लैंड का एक जहाजी बेड़ा 1612 ई. में सूरत पहुंचा। पुर्तगालियों के कड़े विरोध के बावजूद अंग्रेज सूरत में अपने पैर जमाने में सफल हो गए।

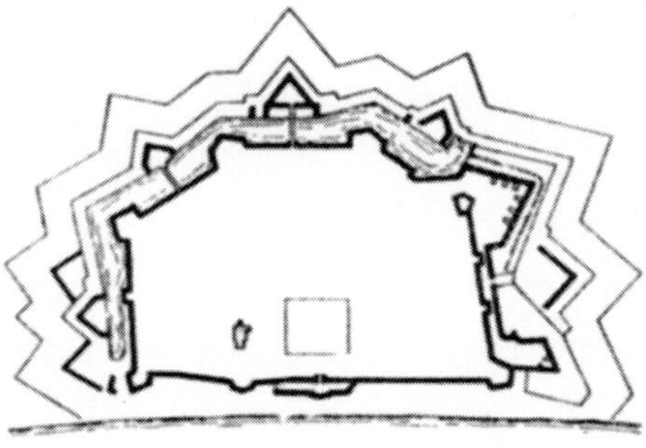

चित्र 15.8 : मद्रास (चेन्नई) के फोर्ट सेंट जार्ज की योजना

अंग्रेजों को पता चला कि चोळमंडल का सूती कपड़ा गुजरात के कपड़े से भी बेहतर है। तब मसुलिपटन् के अंग्रेज एजेंट ने चंद्रगिरि के नायक राजा से 1639 ई. में मद्रास (चेन्नै) में जमीन का एक टुकड़ा खरीदा और वहां एक किला बनाने की अनुमति प्राप्त की। लगभग आठ कि.मी. लंबा और डेढ़ कि.मी. चौड़ा जमीन का यह पट्टा भारत में अंग्रेजों द्वारा अर्जित और शासित पहला भूक्षेत्र था। अंग्रेजों ने 1640 ई. में यहां सितारे (स्टार) की शक्ल का एक किला बनवाया और उसे फोर्ट सेंट जार्ज (इंग्लैंड के संरक्षक संत) का नाम दिया। अंग्रेजों द्वारा भारत में निर्मित यह पहला किला था। आगे अंग्रेजों ने उड़ीसा, बिहार तथा बंगाल में बस्तियां बसाईं। इन सभी बस्तियों पर शासन करने के लिए अंग्रेजों ने फोर्ट सेंट जार्ज को प्रेसीडेंसी में तब्दील कर दिया।

फोर्ट सेंट जार्ज के भीतर का भाग व्हाइट हाउस (सफेद भवन) और बाहर का हिस्सा ब्लैक हाउस (काले भवन) के नाम से मशहूर हुए। ब्लैक हाउस क्षेत्र में सौराष्ट्र, राजस्थान और राजस्थान से व्यापारी तथा बुनकर आकर बसने लगे। इस तरह मद्रास नगर की नींव पड़ी और उसका विस्तार होने लगा। धीरे-धीरे आसपास के गांव इसमें सम्मिलित होने लगे। पुराने चेन्नापटनम्[10] नामक बस्ती के नाम पर ही अब मद्रास को चेन्नई कहा जाता है।

बाद में किले के बाहर की ब्लैक टाउन बस्ती को 'जॉर्ज टाउन' कहा जाने लगा।

चित्र 15.9 : फोर्ट सेंट जार्ज, मद्रास

आज तमिलनाडु की विधानसभा फोर्ट सेंट जार्ज के भीतर ही है। किले के अंदर एक संग्रहालय है, जिसमें ब्रिटिश काल की चीजें संजोई हुई हैं।

चेन्नई के फोर्ट सेंट जार्ज ने मुगलों और मराठों के हमलों को भी झेला है। कुछ साल तक इस किले पर फ्रांसीसियों का भी कब्जा रहा, मगर अंग्रेजों ने इसे पुनः हासिल कर लिया। मैसूर के शासक हैदरअली और उसके बेटे टीपू सुल्तान ने भी मद्रास के किले पर हमला करने की तैयारियां की थीं।[11] परंतु इस किले पर अंग्रेजों का कब्जा बरकरार रहा और इसने भारत में उनके राज्य विस्तार में अहम् भूमिका अदा की। आज इसके भीतर बने भवनों में सरकारी कार्यालय हैं।

मुंबई का किला

मद्रास के बाद अंग्रेजों ने अपना दूसरा गढ़ और बंदरगाह मुंबई में बनाया। गुजरात के सुल्तान ने 1534 ई. में मुंबई के द्वीप पुर्तगालियों को सौंप दिए थे। पुर्तगाली राजकन्या कैथरीन ब्रेगांजा का 1662 ई. में इंग्लैंड के राजा चार्ल्स द्वितीय के साथ विवाह हुआ, तो दहेज के रूप में मुंबई के द्वीप इंग्लैंड को दे दिए गए। आगे 1665 ई. में चार्ल्स ने मुंबई ईस्ट इंडिया कंपनी को दे डाली– प्रतिवर्ष 10 पौंड के किराए पर। यहां से कंपनी का प्रशासन 1668 ई. में शुरू हुआ।

चित्र 15.10 : मुंबई के ब्रिटिश जिले का पुराना चित्र (18वीं सदी)

मद्रास के बाद मुंबई भारत में दूसरा स्थान था जहां अंग्रेजों को अपनी स्वयं की जगह मिल गई थी। तब मुंबई सात द्वीपों में विभक्त थी। अंग्रेजों ने मुंबई के दक्षिण-पूर्वी भाग के कुलाबा द्वीप के समुद्र तट पर एक किले का निर्माण किया (1670 ई.)। टाउन हॉल (जिसके एक भाग में एशियाटिक सोसायटी का ग्रंथालय है) की इमारत से थोड़ी दूरी पर टकसाल है। उसके पीछे किले के अवशेषों को आज भी देखा जा सकता है। मुंबई का 'फोर्ट' नामक इलाका आज भी याद दिलाता है कि अंग्रेजों ने यहां एक किला बनवाया था। मुंबई का महत्व बढ़ने लगा, तो अंग्रेजों ने इसे प्रेसीडेंसी बना दिया।

कोलकाता का किला

अंग्रेजों ने अपना तीसरा किला कोलकाता में बनाया। 24 अगस्त, 1690 की घटना है। ईस्ट इंडिया कंपनी के एजेंट जॉब चारनाक के जहाज ने हुगली नदी में सूतानटी गांव के पास लंगर डाला। फिर सन् 1697 में कंपनी ने स्थानीय नवाब से मात्र 1200 रुपए में तीन गांव—सूतानटी, गोविंदपुर और कालीकोता—खरीद लिये और इन तीनों के मिलने से एक नई बस्ती बस गई, जो आगे चलकर 'कलकत्ता' के नाम से प्रसिद्ध हुई। 'कलकत्ता' कालीकोता का ही रूपांतर है। अब कलकत्ता को पुनः 'कोलकाता' नाम दिया गया है।

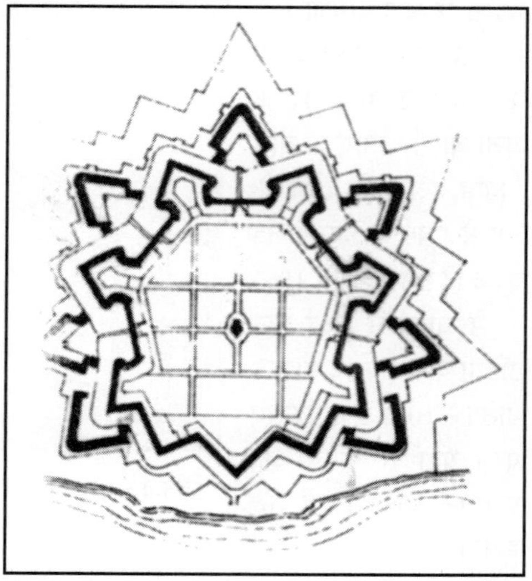

चित्र 15.11 : कोलकाता के फोर्ट विलियम की योजना

कलकत्ता में फोर्ट विलियम नामक किले का निर्माण 1696 से 1715 ई. के दौरान हुआ। इसके बन जाने से कलकत्ता में अंग्रेजों को सुरक्षा प्राप्त हो गई। बाद में इस किले को तुड़वाकर इसके स्थान पर कस्टम हाउस और जनरल पोस्ट आफिस की इमारतें बनवाई गईं। आज जिस स्थान पर किला है उसे बाद में चुना गया था।

चित्र 15.12 : कोलकाता का किला

अभी हाल तक समझा जाता था कि कलकत्ता नगर की नींव 1690 ई. में जॉब चारनाक ने डाली। परंतु नए पुरातात्विक सबूतों से प्रमाणित होता है कि पिछले कम-से-कम 2000 वर्षों से कोलकाता में लगातार बस्ती और बंदरगाह का अस्तित्व रहा है।

दीव-दमन

गोवा प्रदेश के दक्षिण-पश्चिम कोने के पास अंजदीव नामक पांच छोटे द्वीपों का एक समूह है। यहीं से पुर्तगालियों ने गोवा पर हमला किया था। अंजदीव में उन्होंने एक किला भी बनवाया था। पता चलता है कि यहीं पर सबसे पहले पुर्तगाली झंडा फहराया गया था और यही वह स्थान है जहां से पुर्तगाली झंडे को सबसे अंत में उतारा गया। हमारे लिए दीव-दमन का एक ऐतिहासिक महत्व है। यहां पुतगालियों ने 1549 ई. में एक विशाल किला बनाया है जो इस द्वीप के समुद्री तट पर स्थित है। इसके तीन तरफ समुद्र है। इसके खंडहरों के ऊपर आज भी अनेक बड़ी-बड़ी तोपें रखी हुई हैं जो मध्यकाल के उस युग की याद दिलाते हैं जबकि इस किले को दुर्जेय माना जाता था। यहां का किला एक दर्शनीय स्थल है। इसमें पुराने शास्त्रास्त्रों का एक कक्ष है। किले में घुसते ही सामने पुर्तगाल के प्रथम सम्राट डॉन नूनां डी कुन्हा की एक विशाल कांस्य प्रतिमा खड़ी है। पास ही सैकड़ों छोटे बड़े लोहे के गोले आज भी पड़े हुए हैं, जो लड़ाई के समय तोपों में दागने के काम आते थे। किले

चित्र 15.13 : दीव-दमन

की प्राचीर से थपेड़े मारता हुआ अथाह समुद्र निरंतर कलरव करता इतिहास की उस घटना का साक्षी है जब पुर्तगाली यहां उतरे थे, और इस द्वीप को अपने अधिकार में ले लिया था, क्योंकि यह उनके लिए एक सुरक्षित और सामरिक महत्व का स्थान था। सामने की मुख्य दीवार में पांच बड़ी-बड़ी खिड़कियां हैं जिनमें पत्थर की दीर्घाएं हैं (समस्त दुर्ग में एक विचित्र कुहरा छा जाता है तो यह और भी धुंधला नजर आता है)। किले के पास ही दक्षिण पूर्व में एक छोटा सा टापू है, जो एक बहुत बड़ी चट्टान है। उस पर एक कारागार अब भी है। उसके चारों ओर गहरा समुद्र है, जहां केवल नावों द्वारा ही पहुंचा जा सकता है। यहां एक प्रकाश स्तंभ भी है।

संदर्भ और टिप्पणियां

1. वास्को-द-गामा पहला पुर्तगाली था जो समुद्रमार्ग से आधा अंतरीप का चक्कर लगाकर भारत पहुंचा था। उस समय दिल्ली में सल्तनत और दक्षिण में बहमनी साम्राज्य का शासन था। भारत के साथ पुर्तगालियों का व्यापार बढ़ता गया और 1505 ई. में दो फ्रांसियो द-आल्मीहा को भारत का पहला पुर्तगाली वाइसराय नियुक्त किया। 1508 ई. में मिस्र और गुजरात के सुलतानों को हराकर समुद्री मार्ग पर पुर्तगालियों ने मुसलमानों पर अत्याचार किए और दंडित करने के लिए धार्मिक अदालतों की स्थापना की। पुर्तगालियों ने भारतीय स्त्री और कन्याओं से विवाह किए जिससे वह भारत में शासन कर सकें। पुर्तगालियों ने गोवा, दमन और दीप पर अपना स्वतंत्र साम्राज्य बनाए रखा।

2. कालीकट 1498 ई. में पुर्तगाली वास्को-द-गामा इसी नगर में पहुंचा था। किंवदंती है कि कालीकट नाम कोल्लीकौंड शब्द का रूपान्तर है जिसका अर्थ है, कुक्कर दुर्ग। यहां के राजा ने अपने एक सरदार को इतनी दूर तक जमीन जागीर दी थी जिसमें कुक्कुर का शब्द सुनाई दे सके। इस भूमि पर जो किला बना है उसे कोल्लीकौंडे नाम दिया गया है। गोवा का प्रकृति सौंदर्य देखकर मन खुश हो जाता है। गोवा करीब साढ़े चार सौ साल तक पुर्तगालियों के अधिकार में रहा।

3. गोवा महाराष्ट्र राज्य के कोंकण तट पर बसा हुआ है। परमवीर परशुराम ने गोवा और उसके आस-पास के इलाके को जीत कर उसे 'परशुराम-क्षेत्र' नाम दिया था। गोवा ऐसा राज्य है जो देश की आजादी मिलने के कई साल बाद हमारे देश का भाग बना। सम्मोहन विद्या में नई खोज करने वाले विद्वान एबे फारिया का जन्म हुआ। विख्यात गायिका लता और आशा भोंसले मूलतः गोवा की हैं। यहां का चर्च और प्रसिद्ध मंजेश मंदिर देखने योग्य है। यहां दोण पाडल प्राकृतिक सौंदर्य से पूर्ण एक लुभावना स्थल है।

4. मांडवी गोवा के निकट बहने वाली नदी है। यह सह्यादि से निकल कर अरब सागर में गिरती है।

5. मुरगांव का किला दक्षिण अंतद्वीप के उत्तर-पश्चिम में है। इसे पुर्तगाल के बादशाह डाम-फिलीप ने 1624 ई. में बनवाया था। किले में तीन बारूदखाने, पांच कैदी बैरकें, एक चर्च और एक तट रक्षक के आवास हैं। यहां जल कुण्डों की भरमार है, जिनका पानी काफी मीठा है। पश्चिमी तट पर यह 53 तोपों का किला है।

6. तेरेखोल का किला मांडवी के बाएं तट पर स्थित है। यह पुर्तगालियों ने 1776 ई. में मराठों से जीता था। तेरेखोल के किले में भयानक कत्लेआम हुआ था। 27 मई, 1885 ई. को सैनिक विद्रोह में सैकड़ों सैनिकों को मार दिया था। यह 12 तोपों वाला किला है। तरेखोल के पास एक सुंदर बीच है जो हर्मल, मनदर्म और छोटे-छोटे द्वीपों से जुड़ा हुआ है। यहां एक छोटा सुंदर बाजार भी है।

7. बाजीराव प्रथम, मराठा राज्य का दूसरा पेशवा था जिसकी नियुक्ति उसके पिता बालाजी विश्वनाथ के उत्तराधिकारी के रूप में राजा साहू ने की थी। बाजीराव महान् राजानायक और योग्य सेनापति था। उसने हिंदू राजाओं की सहायता से मुगल साम्राज्य के स्थान पर हिंदू-पद्-पादशाही की स्थापना की।

   ग्वालियर के शिंदे, बड़ौदा के गायकवाड़ इंदौर के होल्करं और नागपुर के भोंसले शासकों ने मराठा शक्ति के प्रसार में सहयोग दिया। लेकिन सामंतवादी व्यवस्था के कारण मराठों की शक्ति छिन्न-भिन्न हो गई। लेकिन 1840 ई. में बाजीराव प्रथम की मृत्यु हो गई जिससे हिंदू-पद-पदशाही की स्थापना के लक्ष्य को गहरी क्षति पहुंची।

8. डच हॉलैंडवासियों को डच कहते हैं। डचों ने भारतीय द्वीपों पर अपनी व्यापारिक कोठियां बनाईं। मालद्वीप समूह के अधिकांश भाग पर इन्होंने शासक किया।

9. बालासोर 1633 ई. में राल्फ कार्टराइट ने इस बंदरगाह तथा हरिहर में पहली बार अंग्रेजी ईस्ट इंडिया

कम्पनी की व्यापारिक कोठियां स्थापित की थीं। 1658 ई. में यह कांठी मद्रास के अधीन कर ली गई। बालासौर का प्राचीन नाम बालेश्वर था। फारसी में बालासोर का अर्थ है–समुद्र पर बसा हुआ नगर।

10. चेन्नापटम् मद्रास के स्थान पर बसा हुआ प्राचीन गांव था। 1639 ई. में अंग्रेजी व्यापारी फ्रांसिस डे ने चेन्नापटम् के हिंदू राजा का दानपत्र लिया था। 1640 ई. में फोर्ट सेंट जॉर्ज नामक किले की स्थापना की। यह ईस्ट इंडिया कम्पनी का पहला किला था। 1653 ई. में फोर्ट सेंट ने प्रसीडेंसी स्थापित की। इसी के चारों और मद्रास नगर का विकास हुआ।

11. टीपू सुल्तान हैदर अली की मृत्यु के बाद उसका बेटा टीपू सुल्तान गद्दी पर बैठा। पिता की तरह टीपू एक योग्य और न्यायप्रिय शासक था। लेकिन मराठों, अंग्रेजों और निजाम की आंखों में टीपू की शक्ति कांटे की तरह चुभ रही थी।

    मैसूर युद्ध (1770-1772 ई.) टीपू बड़े साहस के साथ लड़ा लेकिन उसे अंग्रेज से संधि करने के लिए विवश होना पड़ा और हरजाने के तौर पर अपना आधा राज्य और 3.50 करोड़ रुपये देने पड़े। 1209 ई. में चौथा मैसूर युद्ध हुआ। अपनी राजधानी की रक्षा करते-करते टीपू सुल्तान मारा गया। अंग्रेजों ने श्रीरंगपट्टम् में लूट मचाई। टीपू के हीरे-जवाहरात और सोना अंग्रेजों के हाथ लगा। टीपू का विशाल पुस्तकालय और कीमती चीजें इंग्लैंड भेज दी गईं। इससे, अंग्रेजों की शक्ति दक्षिण में मजबूत हो गई।

परिशिष्ट

1. दुर्ग शब्दावली
2. हिंदी-अंग्रेजी पारिभाषिक शब्दावली
3. चित्र-सूची
4. सहायक ग्रंथ
5. अनुक्रमणिका

परिशिष्ट-1

दुर्ग शब्दावली

दुर्ग (Fort, Fortress) : यह शब्द संस्कृत के 'दुर्गम' शब्द से बना है, जिसका अर्थ है–जहां पहुंचना दुःखदायक हो (दुःखेन गच्छत्यत्र)। दुर्ग के अर्थ में अन्य प्रचलित शब्द हैं–किला, कोट और गढ़। 'किला' शब्द अरबी का है, जिसका अर्थ है 'लड़ाई के समय बचाव का एक सुदृढ़ स्थान'। इसी से 'किलेदार' और 'किलेबंदी' जैसे शब्द बने हैं। मराठी में 'किला' को 'किल्ला' कहते हैं। 'कोट' शब्द संस्कृत के 'कोट्ट' से बना है। हिंदी के 'गढ़' शब्द के लिए मराठी में सर्वत्र 'गड' शब्द का प्रयोग होता है; जैसे, रायगड, सिंहगड आदि। इसी से मराठी का 'गडकरी' शब्द बना है। वस्तुतः संस्कृत का मूल शब्द 'गड' ही है, जिसका अर्थ है 'घेरा हुआ स्थान'। 'दुर्ग' शब्द पहली बार ऋग्वेद में देखने को मिलता है। वैदिक काल में 'पुर' शब्द का अर्थ था–दुर्ग-सदृश बस्ती।

बालेकिल्ला (Citadel) : मराठी में प्रचलित यह शब्द फारसी के 'बाला-ए-किला' के आधार पर बना है। फारसी के 'बाला' शब्द का अर्थ है 'ऊपर का', इसलिए 'बालेकिल्ला' का अर्थ हुआ 'गिरिदुर्ग में सबसे ऊपर बना किला'। बालेकिल्ले में राजा अथवा किलेदार का निवास होता था।

प्राकार (Rampart) : किले की ऐसी दीवार जिसका ऊपरी भाग काफी चौड़ा हो। इसे परकोटा या फसील भी कहते हैं। वास्तुशास्त्र के भारतीय ग्रंथों में निर्देश है कि प्राकार का ऊपरी भाग इतना चौड़ा होना चाहिए कि उस पर एक रथ आसानी से चलाया जा सके। प्राकार का उपयोग पहरेदारी के लिए होता था।

प्राचीर, दीवार (Wall) : ऐसी रक्षात्मक दीवार जिसके ऊपरी भाग पर चौड़ा रास्ता न हो। इसे परकोटा भी कहते हैं।

चिलखत (Cilakhata) : इसका शाब्दिक अर्थ है–जिरह, बख़्तर या कवच। पास-पास बनाई गई दो रक्षात्मक दीवारों को चिलखत कहते हैं। इसमें भीतरी दीवार से बाहरी दीवार अधिक ऊंची होती है। राजगढ़ और प्रतापगढ़ में चिलखत देखने को मिलते हैं।

पडकोट (Parapet or Battlement) : प्राकार के ऊपर उसके बाहरी किनारे के साथ बनाई गई एक से दो मीटर तक ऊंची दीवार, जिसका उपयोग सामने के शत्रु की गोलाबारी से सैनिकों की रक्षा के लिए होता था।

जंग्या (Loop-holes) : पडकोट में बनाए गए छिद्रों को मराठी में 'जंग्या' कहते हैं। फारसी के जंग (युद्ध) से 'जंग्या' शब्द बना है। नीचे के शत्रु पर गोलाबारी करने के लिए इनका उपयोग होता था।

अर्धदल (Merlon) : पडकोट में फालिका (देखिए आगे) के बीच में एकांतर में बनाए गए ऊंचे भाग। इनके पीछे खड़े रहकर सैनिक अपनी रक्षा कर सकते थे, और साथ ही जंग्या में

से शत्रु पर गोलाबारी भी कर सकते थे।

फालिका (Embrasures) पडकोट में बनाए गए खाली स्थान, जिनका उपयोग बाहर देखने और गोलाबारी के लिए होता था।

झरोखा (Machicolations) : दुर्ग-द्वार के ऊपर बनी गैलरी के तल में बने छिद्र, जिनका उपयोग शत्रु पर ठोस या तरल चीजें गिराने के लिए होता था।

बुर्ज (Bastions) : इसके लिए संस्कृत का पुराना शब्द 'अट्टालक' है। किले की दीवार या प्राकार में बना बाहर की ओर निकला हुआ उसका भाग, जो प्रायः अर्धगोलाकार होता है, बुर्ज या अट्टालक कहलाता है। इन्हें संपूर्ण प्राकार में और प्रायः प्रवेश-द्वार के दोनों ओर बनाया जाता था। आगे बढ़ रही शत्रु-सेना पर एक सिरे से दूसरे सिरे तक लगातार मार कर सकने के लिए इनका उपयोग होता था।

परिखा (Moat) : दुर्ग के चहुंओर बनी चौड़ी और गहरी खाई। शत्रु को दुर्ग की दीवार से दूर रखने के लिए खाई में प्रायः पानी भरा जाता था, उसके स्तर को आवश्यकतानुसार कम-ज्यादा किया जाता था और उसमें मगरमच्छ छोड़े जाते थे। आवश्यकता पड़ने पर दो, तीन या इससे भी अधिक परिखाएं बनाने की व्यवस्था थी।

ग्लैसिस (Glasis) : परिखा के बाहरी तट पर चहुंओर बना मिट्टी का ढालू टीला। ऐसे टीले के अवशेष अहमदनगर किले की परिखा के बाहर देखे जा सकते हैं।

दुर्ग-द्वार (Gateways) : दुर्ग में आने-जाने के लिए प्राकार या दीवार में बनाई गई खुली जगह को द्वार कहते हैं। गिरिदुर्गों में आमतौर पर भीतरी द्वार के समकोण में एक भव्य मुख्यद्वार होता था। कहीं-कहीं एक के बाद एक कई द्वार बनाए जाते थे। द्वारों के बीच का मार्ग सामान्यतः टेढ़ा-मेढ़ा होता था। प्रवेश-द्वारों में बनाए गए फाटक मोटी लकड़ी के होते थे और उन्हें हाथियों की टक्कर से बचाने के लिए उनमें लोहे की नुकीली और मोटी कोणकीलें (मेखें) ठोकी जाती थीं।

गढ़गज (Barbican) : दुर्ग-द्वार पर बना रक्षक बुर्ज।

गरगच : एक प्रकार का चलता-फिरता मचान, जिसे ऊंचा करके किले की दीवार के बराबर कर दिया जाता था; इससे किले पर आक्रमण करने में सुविधा होती थी। कभी-कभी इन पर छत भी होती थी, जिससे किले के भीतर से आक्रमण करने वाले इन्हें कोई क्षति न पहुंचा सकें।

नगारखाना (Nagarakhana) : प्रवेश-द्वार के ऊपर बनी गैलरी, जहां बैठकर संगीतज्ञ निश्चित समय पर वाद्य बजाते थे।

पश्चद्वार (Postern) : दुर्ग की दीवार में बना पिछला छोटा दरवाजा।

कगार : प्राकृतिक या कृत्रिम रूप से निर्मित लगभग खड़ी चट्टान। सातारा और पन्हाळा दुर्ग कृत्रिम कगारों पर बने हैं।

मंजनीक (Catapult) : किले पर गोले या आग की चीजें फेंकने की एक मशीन।

मगरबी : संभवतः एक किस्म की तोप या आग फेंकने वाली कोई मशीन।

माची (Machi) : मराठी में प्रचलित यह शब्द संस्कृत के 'मंच' शब्द से बना है। गिरिदुर्ग की चोटी के नजदीक की अथवा चोटी और तलहटी के मध्य में स्थित समतल भूमि या

मैदान को 'माची' कहते हैं। माचियों की भी किलेबंदी की जाती थी और ये कभी-कभी स्वतंत्र किलों के रूप में भी काम करती थीं। उदाहरणार्थ, राजगढ़ की तीन माचियां। लेकिन माची को मुख्य किले का ही अंग समझा जाता था।

मेट (Machi) : गिरिदुर्ग की ढलान पर बनी पहरेदारी की छोटी समतल जगह। परंतु इसकी किलेबंदी नहीं की जाती थी। गिरिदुर्ग की चढ़ाई के रास्ते पर अक्सर एक से अधिक मेट बनाए जाते थे।

गजशार्दुल (Sculpture decoration on a fort gate) : दुर्ग के द्वार पर प्रायः बनाए जाने वाले इस शिल्पांकन में एक सिंह या व्याघ्र द्वारा हाथियों को रौंदते हुए दिखाया जाता है।

गंडभेरुंड (Sculpture decoration on a fort gate) : दुर्ग के द्वार पर बनाए जाने वाले इस शिल्पांकन में एक सिंह या व्याघ्र के पिछले दोनों पैरों के नीचे छोटे हाथियों को और अगले पैरों के नीचे दो मुंह वाले गरुड़ को दिखाया जाता है।

जौहर (Voluntary immolation of women) : 'जीव' व 'हर' के मेल से बने इस शब्द का अर्थ है–प्राण-हानि या आपात-काल; जैसे, आक्रमण के समय स्त्रियों (विशेषकर राजपूतों में) का सामूहिक रूप से अग्नि में भस्म हो जाना। राजस्थान में जौहर को 'साका' भी कहते थे।

हक्का (Sc) : आग और पत्थर फेंकने वाला एक यंत्र – एक प्रकार का राकेट।

हरम (Women's quarters in royal palace) : शाही महल में स्त्रियों का निवासस्थान।

पाशेब या **पाशीब** : दुर्ग की दीवारों पर हमला करने के लिए मिट्टी, रेत आदि वस्तुओं से निर्मित ऊंचा मचान, जिस पर आग व पत्थर फेंकने वाले यंत्र (हक्का) रखे जाते थे।

साबात : एक प्रकार का ढंका हुआ चौड़ा मार्ग, जिससे होकर हमलावर किलेवालों की मार से सुरक्षित बचकर किले के काफी नजदीक पहुंच जाते थे। साबात गाय-भैंस के मोटे चमड़े की छावन से ढका होता था।

गजनाल व **नरनाल** : तोपों के लिए प्रयुक्त नाम।

परिशिष्ट-2

हिंदी-अंग्रेजी पारिभाषिक शब्दावली

अंतःपुर, जनानखाना, रनिवास	the female apartments
अटारी, अलिंद, छज्जा	balcony
अट्टालक, अट्टालिका	tower
अधिष्ठान	basement
अर्धदल	merlons, raised
अलंकरण	ornamentation
आधार, टेक	buttress
इंद्रकील	the bolt of a door, a pin
इंद्रकोष	a projection of the roof, balcony, crenelle
उत्खनन, खुदाई	excavation
उद्यान	garden
उभरवां	relief
ओसारा, ड्योढ़ी	portico
कमानी, मेहराब	arch
कंगूरे (दीवार के ऊपर के फसील)	battlements
कंगूरों के छिद्र	loop-holes
कगार	scarp
कटहरा	railing
कड़ी	beam
कडेलोट (मराठी)	very high precipice
कपिशीर्षक	battlement
कमानी	arch
कवच, बख्तर, वर्म	armour
कीलें	wedges
कोट, कूट	fort
कोट-घेरा	city-wall
कोट्ठक	granary
कोष	treasure
खड़ंजा	brick or stone floor
खड़ी चट्टान	cliff
खाई, परिखा	moat, trench
गढ़, गड (मराठी)	fort, fortress

गढ़राज	barbican
गढ़ी, चौबुर्जी	small fort
गर्भगृह	inner shrine
गवाक्ष	a latticed window
गिरिदुर्ग	mountain fort
गिरिपार्श्वदुर्ग	fort built on the slope of a mountain
गुंबद	dome
गुंबदी लदाव	domical roof
गोपुर	main gateway and tower over it
ग्लैसिस, पुश्ता	glacis, a gently sloping earthen mound built round the outer edge of a moat
घोकस, घूंघट	barbican
चारदीवारी	city-wall, boundry
चौबारा	balcony
चौक	courtyard
चबूतरा, चौतरा	platform
चौखट का बाजू	door-jamb
छत्ता	archade
छत्री	memorial canopy
छिद्र	loop-holes
जंजीरा	island fort
जंघ्या (मराठी)	loop-holes
जलदुर्ग, अंबुदुर्ग	water-fort
जिरहबख़्तर	chain armour, Chain mail
जौहर, साका	voluntary immolation of women and children
झरोखा	machicolations
डाट, मेहराब	arch
तटबंदी	fortification
तल	floor
तहखाना	basement
ताजदार खिड़की	balconid window
तोरण	arch, lintel
दालान	corridore, veranda
दुर्ग	fort, fortress
देवालय, देवायतन, देउल, देवड़ा	shrine, sanctuary
दुर्ग-द्वार	gateway
दुर्ग-नगर	fort town, castle town
द्वार, फाटक, कपाट	gate
धन्व या धान्वदुर्ग	desert fort
नगर-द्वार	city-gate
नगारखाना	a gallery at the top of the gate where musicians played

नदीदुर्ग	river-fort
नरदुर्ग	man-fort
पश्चद्वार, पिछला दरवाजा	postern
पडकोट (मराठी)	parapet, battlement
परकोटा, घेरा, प्राचीर	enceinte
परिखा, खाई	moat
परिधि	periphery
पर्दे की दीवार	barbican
पुर	city, fort
पुश्ता	battress
पोल	gate
प्रतोली	gateway
प्राकार	rampart
प्राचीर, परकोटा	city-wall
प्रासाद, महल	palace
फ़सील	forewall
फर्श	floor
फाटक, द्वार	gate
फालिका	embrasures, openings made into the parapet for observing and firing
बांध, तटबंध, बंद, पुश्ता	embankment
बारादरी	audience hall
बालेकिल्ला	the upper fort, fortress
बुर्ज	bastion
भूतल	floor
मंडप	pavilion
मरुदुर्ग	desert fort
महराब	arch
महल, प्रासाद	palace
महीदुर्ग	earth fort, land fort
माची (मराठी)	a fortified level ground near the top
मिश्रदुर्ग	mixed fort
मेट (मराठी)	a small observational post on the slope of a fort
मेहराब, डाट	arch
मेहराबदार छत, डाटदार छत	arched-roof
वनदुर्ग	forest fort
वप्र	rampart, butress
वास्तु	architecture
वितान	domical roof
विधान	design
शहरपनाह	city-wall

शिखर	spire
संक्रम	wooden bridge on a moat
संगतराश	sculptor
सहन	courtyard
सहायकदुर्ग	ally-fort
सिंहद्वार	royal gate
सीधा ढाल, खड़ा ढाल	steep
सुरंग	tunnel, hollow way
सूच्याकार	pyramidal
सेतु	causeway
सोपान	stairs, steps
स्तंभ, सुतून	pillove
स्थपति	architect
स्थलदुर्ग	landfort
स्थापत्य	architecure
हर्म्य	belvedere, balcony
हवेली	palace

परिशिष्ट-3

चित्र-सूची

अध्याय-1 : **विषय-प्रवेश**

चित्र 1.1 : शैलाश्रय-गुफाघर, भीमबेटका (मध्यप्रदेश)
चित्र 1.2 : वास्तुशिल्पों में दुर्ग-दृश्यों का अंकन
चित्र 1.3 : सांची की नगर से दक्षिण से पूर्व की ओर का एक दृश्य
चित्र 1.4 : मोहेंजो-दड़ो की अभिन्यास योजना
चित्र 1.5 : हड़प्पा की अभिन्यास योजना
चित्र 1.6 : कालीबंगा की अभिन्यास योजना
चित्र 1.7 : लकड़ी की बाड़ से घिरा वैदिक काल का एक गांव (पुर)
चित्र 1.8 : हवाई जहाज से लिया गया शिशुपालगढ़ (भुवनेश्वर, उड़ीसा) के उत्खनन का छायाचित्र
चित्र 1.9 : प्राचीन भारत के दुर्ग-नगर
चित्र 1.10 : मौर्य काल के एक दुर्ग-नगर का परकोटा, परिखा और प्रवेश-द्वार
चित्र 1.11 : उज्जैन के दुर्ग की अभिन्यास योजना

अध्याय-2 : **दिल्ली के किले**

चित्र 2.1 : लौहस्तंभ
चित्र 2.2 : कुतुब मीनार का परिसर
चित्र (नक्शा) 2.3 : लालकोट, किला रायपिथौरा, सीरी, जहांपनाह और तुग़लकाबाद-आदिलाबाद
चित्र (नक्शा) 2.4 : तुग़लकाबाद और आदिलाबाद के किले
चित्र 2.5 : तुग़लकाबाद के किले की भग्न दीवार
चित्र 2.6 : फीरोजशाह कोटला की तीन मंजिली इमारत पर खड़ा अशोक-स्तंभ
चित्र (नक्शा) 2.7 : पुराना किला, जो पहले यमुनातट पर स्थित था।
चित्र 2.8 : पुराने किले का पश्चिमी दरवाजा
चित्र 2.9 : पुराने किले के दक्षिण-पश्चिमी कोने का खंडित बुर्ज (ऊपर) व झील (नीचे)
चित्र 2.10 : शेरमंडल (पुराना किला)
चित्र 2.11 : शाहजहानाबाद का पुराना चित्र
चित्र 2.12 : शाहजहानाबाद का पुराना नक्शा
चित्र (नक्शा) 2.13 : दिल्ली का लाल किला
चित्र 2.14 : लाल किले के उत्तर-पूर्वी भाग का, यमुना नदी की ओर का नजारा। दाईं ओर सामने है उस समय का शानदार तीन मंजिला शाही बुर्ज (टॉमस डेनियल द्वारा 1796 ई. में बनाया गया चित्र)
चित्र 2.15 : लाल किले का लाहौरी दरवाजा
चित्र 2.16 : दीवान-ए-आम, साथ में छतरी (बाईं ओर नीचे)

चित्र 2.17 : दीवान-ए-खास, लाल किला, दिल्ली
चित्र 2.18 : लाल किले के मूल दीवान-ए-खास का भीतरी नजारा
चित्र 2.19 : (दाएं) लौहस्तंभ (पृष्ठभूमि में कुतुब मीनार) और उस पर लगभग 400 ई. के गुप्त-ब्राह्मी अक्षरों में अंकित छह पंक्तियों का श्लोकबद्ध संस्कृत लेख (ऊपर बाएं)
चित्र 2.20 : चोर मीनार
चित्र 2.21 : अलाई दरवाजा, बाईं ओर पीछे है कुतुब मीनार का निचला खंड

अध्याय-3 : **राजस्थान के किले**
चित्र (नक्शा) 3.1 : चित्तौड़गढ़
चित्र 3.2 : चित्तौड़ का चौथा गणेश पोल दरवाजा
चित्र 3.3 : कुंभा महल का भीतरी भाग
चित्र 3.4 : विजय-स्तंभ, चित्तौड़गढ़
चित्र 3.5 : सरोवर के बीच छोटा पद्मिनी महल
चित्र 3.6 : जैन कीर्तिस्तंभ
चित्र (नक्शा) 3.7 : कुंभलगढ़
चित्र 3.8 : कुंभलगढ़ का मुख्य प्रवेश-द्वार 'हनुमानपोल'
चित्र 3.9 : कुंभलगढ़ का शिखर-दुर्ग 'कटारगढ़'
चित्र 3.10 : कुंभलगढ़ के एक पुराने रेखाचित्र के साथ राणा कुंभा (बाएं) और राणा प्रताप (दाएं)। बीच में मेवाड़ का राजचिह्न।
चित्र 3.11 : कुंभलगढ़ की विशाल दीवार
चित्र 3.12 : ऊपर पहाड़ी पर जयगढ़ और नीचे ढलान पर आमेर का दुर्ग (एक पुराना रेखाचित्र)
चित्र 3.13 : सवाई जयसिंह (1686-1743 ई.)
चित्र 3.14 : आमेर के महल
चित्र 3.15 : शीश महल, आमेर
चित्र 3.16 : जयगढ़ दुर्ग में निर्मित एक मनोरम उद्यान
चित्र 3.17 : जयगढ़ के टांकों में पानी एकत्र करने की व्यवस्था
चित्र 3.18 : जयगढ़ किले में स्थित विशाल जयबाण तोप
चित्र 3.19 : जयपुर की वेधशाला (जंतर-मंतर) और ऊपर पहाड़ी पर नाहरगढ़
चित्र (नक्शा) 3.20 : रणथंभौर का गिरिदुर्ग
चित्र 3.21 : रणथंभौर दुर्ग का चौथा दरवाजा
चित्र 3.22 : ऊपर रणथंभौर दुर्ग, नीचे जोगी महल (विश्रामगृह)
चित्र 3.23 : रणथंभौर के परकोटे के ऊपर खंडहर बने महल और मंदिर
चित्र (नक्शा) 3.24 : बूंदी शहर की प्राचीर व तारादुर्ग
चित्र 3.25 : बूंदी : ऊपर पहाड़ी पर तारागढ़ दुर्ग, ऊपर दाईं ओर भीमबुर्ज...
चित्र 3.26 : तारागढ़ से नीचे का नजारा
चित्र 3.27 : बूंदी दुर्ग का प्रवेश-द्वार
चित्र 3.28 : चित्रशाला और रंगविलास उद्यान, बूंदी
चित्र 3.29 : चित्रशाला का भीतरी दृश्य
चित्र 3.30 : रानीजी की बावड़ी, बूंदी
चित्र 3.31 : चौरासी स्तंभों की छत्री, जो बूंदी से कोटा जाने वाले मार्ग पर स्थित है।
चित्र 3.32 : बूंदी शैली के दो चित्र

चित्र (नक्शा) 3.33 : दुर्ग-नगर जोधपुर
चित्र (नक्शा) 3.34 : मेहराणगढ़, जोधपुर
चित्र (नक्शा) 3.35 : मेहराणगढ़
चित्र 3.36 : दूसरा दरवाजा
चित्र 3.37 : पांचवां दरवाजा व पश्चद्वार (बाएं)
चित्र 3.38 : दक्षिण-पश्चिम पार्श्व से मेहराणगढ़, सामने जसवंत थड़ा
चित्र 3.39 : मेहराणगढ़ के पश्चिमी पार्श्व में खूबसूरत छज्जे व झरोखे
चित्र 3.40 : जनाना महल के जालीदार झरोखें और कमरों के सामने की संकरी दीर्घाएं
चित्र 3.41 : मेहराणगढ़ की एक तोप
चित्र 3.42 : दुर्गादास राठौड़ (1638-1718 ई.)
चित्र (नक्शा) 3.43 : जूनागढ़, बीकानेर
चित्र 3.44 : जूनागढ़ किला, बीकानेर
चित्र 3.45 : सूरजपोल : दोनों ओर जयमल राठौड़ और पत्ता सिसोदिया की गजारूढ़ मूर्तियां
चित्र 3.46 : सतियों के हाथ
चित्र 3.47 : अनूप महल, दाईं ओर स्वर्णछत्र के नीचे राजगद्दी
चित्र 3.48 : अनूप महल का कलात्मक हिंडोला
चित्र 3.49 : रतनबिहारी मंदिर, बीकानेर
चित्र 3.50 : सरस्वती, 11वीं सदी
चित्र (नक्शा) 3.51 : जैसलमेर का सोनगढ़
चित्र 3.52 : जैसलमेर दुर्ग
चित्र 3.53 : पटवों की हवेलियां, प्रवेश-द्वार
चित्र 3.54 : सालिम सिंह की हवेली
चित्र 3.55 : नथमल की हवेली
चित्र 3.56 : जैसलमेर दुर्ग, ऊपर से
चित्र 3.57 : सूरजपोल, दुर्ग का प्रमुख द्वार
चित्र 3.58 : घड़सीसर का प्रवेश द्वार
चित्र 3.59 : अमर सागर की खड़ी भुजा
चित्र 3.60 : यशवतराव होळकर (1798-1911 ई.)
चित्र (नक्शा) 3.61 : सूरजमल का राज्य (1763 ई.), (कुं. नटवरसिंह के आधार पर)
चित्र 3.62 : प्रवेश-द्वार सूरजपोल, डीग
चित्र 3.63 : गोपाल भवन (बीच में) और दाएं-बाएं 'सावन' व 'भादों' मंडप
चित्र 3.64 : गोपाल भवन, ऊपर खड़ा है संगमरमर का मुगल झूला
चित्र 3.65 : डीग के किले का प्रवेश-द्वार
चित्र 3.66 : रणजीतसिंह (1776-1850 ई.)
चित्र 3.67 : भरतपुर के दुर्ग का प्रवेश-द्वार; सामने पानी से भरी चौड़ी खाई और उस पर बना हुआ पुल
चित्र 3.68 : भरतपुर की पीतल की एक बड़ी तोप
चित्र 3.69 : भरतपुर के लोहागढ़ का प्रवेश-मार्ग
चित्र 3.70 : भरतपुर दुर्ग के एक महल का पुराना रेखाचित्र
चित्र 3.71 : चित्तौड़ पर अकबर के हमले के समय साबात का एक रेखाचित्र

चित्र 3.72 : जैसलमेर का घड़सीसर तालाब

अध्याय-4 : **मध्य प्रदेश व छत्तीसगढ़ के किले**

चित्र (नक्शा) 4.1 : ग्वालियर और आसपास के प्रमुख ऐतिहासिक स्थल

चित्र (नक्शा) 4.2 : ग्वालियर के किले की विन्यास योजना

चित्र 4.3 : मानसिंह द्वारा पुनर्निर्मित ग्वालियर दुर्ग का भव्य हाथीपोल

चित्र 4.4 : सास-बहू मंदिर : ऊपर बहू का; बीच में सास का और नीचे इसका अंतर्भाग

चित्र 4.5 : तात्या टोपे व रानी लक्ष्मीबाई का ग्वालियर शैली का चित्र (गूजरी महल संग्रहालय, ग्वालियर)

चित्र 4.6 : मानमंदिर व विक्रममंदिर, ग्वालियर दुर्ग

चित्र 4.7 : ग्वालियर दुर्ग के ऊपर से नीचे गूजरी महल का नजारा

चित्र 4.8 : गूजरी महल संग्रहालय की एक अनूठी मूर्ति : 'वृक्षिका', ग्यारसपुर से (लगभग 1000 ई.)

चित्र 4.9 : 'तेली का मंदिर'

चित्र 4.10 : सूफी संत शेख मुहम्मद गौस का शानदार मकबरा, ग्वालियर

चित्र (नक्शा) 4.11 : मांडू और आसपास के प्रमुख स्थल

चित्र 4.12 : मांडवगढ़ के प्रमुख स्मारक

चित्र 4.13 : परमार भोज (1018-60 ई.) द्वारा प्रतिष्ठापित सरस्वती (ब्रिटिश संग्रहालय, लंदन)

चित्र 4.14 : जामी मस्जिद दूर से (बाएं) और उसका भीतरी भाग (दाएं)

चित्र 4.15 : जहाज महल

चित्र 4.16 : बाजबहादुर का महल

चित्र 4.17 : मांडू के दुर्ग का मुख्य दिल्ली दरवाजा

चित्र 4.18 : हिंडोला महल (बाएं) और उसका सुंदर मेहराबों वाला भीतरी भाग (दाएं)

चित्र 4.19 : उजाला बावड़ी

चित्र 4.20 : होशंगशाह का मकबरा (बाएं) और उसमें संगमरमर की जाली का काम (दाएं)

चित्र 4.21 : अशरफी महल के अवशेष

चित्र 4.22 : रूपमती का मंडप

चित्र (नक्शा) 4.23 : चंदेरी और आसपास के प्रमुख स्थल

चित्र 4.24 : चंदेरी किला

चित्र 4.25 : बादल महल द्वार

चित्र 4.26 : कुशक महल

चित्र 4.27 : चंदेरी दुर्ग के दिल्ल दरवाजे पर शार्दूल का शिल्पांकन

चित्र 4.28 : दुर्ग-विन्यास

चित्र 4.29 : कौशक महल

चित्र 4.30 : शहजादी का रोजा

चित्र (नक्शा) 4.31 : असीरगढ़ और आसपास के प्रमुख स्थल

चित्र 4.32 : असीरगढ़ का किला

चित्र 4.33 : अकबर द्वारा बनवाई गई सोने की मुद्राएं

चित्र 4.34 : गन टॉवर के नाम से प्रसिद्ध विशाल बुर्ज

चित्र 4.35 : बुरहानपुर में फारुखी का शाही किला

चित्र 4.36 : बुरहानपुर में जामा मस्जिद

चित्र 4.37 : बुरहानपुर में आदिलशाह और नादीरशाह का मकबरा
चित्र 4.38 : बुरहानपुर में गुरुद्वारा
चित्र 4.39 : बुरहानपुर में तीन प्रसिद्ध संतों की सफेद दरगाह
चित्र (नक्शा) 4.40 : गढ़ा-मंडल का दुर्ग और आसपास के प्रमुख स्थल
चित्र 4.41 : गढ़ा-मंडल दुर्ग
चित्र 4.42 : मदन महल
चित्र 4.43 : गढ़ा-मंडल दुर्ग का भीतरी भाग
चित्र 4.44 : रानी दुर्गावती (1524-1564 ई.)
चित्र 4.45 : रानी दुर्गावती की समाधि
चित्र (नक्शा) 4.46 : हिंगलाजगढ़ का दुर्ग और आसपास के प्रमुख स्थल
चित्र 4.47 : हिंगलाजगढ़ का किला
चित्र 4.48 : नटराज शिव
चित्र 4.49 : उमा महेश्वर
चित्र 4.50 : कलचुरिकाल का ऐतिहासिक जीर्णशीर्ण गजकिले
चित्र 4.51 : कल्चुरिकाल का ऐतिहासिक गजकिले के भीतर का उजाड़ परिदृश्य...
चित्र 4.52 : महामाया मंदिर
चित्र 4.53 : शिव मंदिर
चित्र 4.54 : बीस स्त्रियों के आत्मदाह के सामूहिक आत्मदाह का ऐतिहासक स्थान बीस दुअरिया
चित्र 4.55 : ग्वालियर दुर्ग के मानसिंह व विक्रमजीत के महलों का निरीक्षण करते हुए बाबर...
चित्र 4.56 : 'नियामतनामा' का एक चित्र, जिसमें सुलतान गयासुद्दीन खिलजी के लिए भाप से सुस्वादु चावल पकते हुए दिखाया गया है।

अध्याय-5 : **उत्तर प्रदेश के किले**
चित्र (नक्शा) 5.1 : कालिंजर और आसपास के प्रमुख ऐतिहासिक स्थल
चित्र 5.2 : कलिंजर का किला
चित्र 5.3 : नीलकंठ महादेव का प्राचीन मंदिर
चित्र 5.4 : गणेश दरवाजा
चित्र 5.5 : कालिंजर का दुर्ग
चित्र 5.6 : कालिंजर के किले में मंदिर
चित्र 5.7 : राजा अमन सिंह का महल
चित्र 5.8 : गंगा-यमुना के संगम की ओर की इलाहाबाद के किले की पूर्वी प्राचीर
चित्र 5.9 : इलाहाबाद के किले में स्थित एक महल
चित्र 5.10 : इलाहाबाद के पास सुल्तान पुर्वेज (Mausaleum Sultan Purvez)
चित्र 5.11 : इलाहाबाद के किले में खड़ा अशोक-स्तंभ
चित्र 5.12 : इलाहाबाद के अशोक-स्तंभ पर उत्कीण अभिलेख...
चित्र 5.13 : चुनारगढ़ का किला
चित्र (नक्शा) 5.14 : आगरा के लाल किले की विन्यास योजना
चित्र 5.15 : किले से ताज महल का एक दृश्य
चित्र 5.16 : नदी के सामने से लाल किले का दृश्य
चित्र 5.17 : जहांगीरी महल (जनानबाड़ा)
चित्र 5.18 : अमर सिंह का द्वार

चित्र 5.19 : खास महल और अंगूरी बाग
चित्र 5.20 : दीवान-ए-खास
चित्र 5.21 : आगरे के किले को बनाते हुए कामगार...
चित्र (नक्शा) 5.22 : फतेहपुर-सीकरी
चित्र 5.23 : शेख सलीम चिस्ती की दरगाह
चित्र 5.24 : दीवान-ए-खास
चित्र 5.25 : एक स्तंभ पर टिका हुआ अकबर का सिंहासन गोलपीठ
चित्र 5.26 : फतेहपुर-सीकरी का पंच महल
चित्र 5.27 : फतेहपुर-सीकरी का बुलंद दरवाजा
चित्र 5.28 : जामी मस्जिद
चित्र 5.29 : चमन टैंक फतेहपुर-सीकरी
चित्र 5.30 : झांसी के दुर्ग का एक पुराना चित्र
चित्र 5.31 : लक्ष्मीबाई व गंगाधर राव के विवाह का दृश्य।
चित्र 5.32 : रानी लक्ष्मीबाई
चित्र 5.33 : झांसी में अंग्रेजों से लड़ती घोड़े पर सवार रानी लक्ष्मीबाई

अध्याय-6 : **हरियाणा के किले**
चित्र (नक्शा) 6.1 : हांसी का किला
चित्र 6.2 : हांसी का किला
चित्र 6.3 : बड़सी दरवाजा-हांसी
चित्र 6.4 : चार कुतुब दरगाह
चित्र 6.5 : नागोरी दरवाजा
चित्र 6.6 : हिसार का किला
चित्र 6.7 : लाट की मस्जिद में श्री सुरजभान एवं श्री गुणाकर मुळे
चित्र 6.8 : जहाज की कोठी
चित्र 6.9 : हिसार की प्राचीन गुम्बद
चित्र 6.10 : हिसार का गुर्जरी महल

अध्याय-7 : **बिहार और बंगाल के किले**
चित्र 7.1 : बारादरी, रोहतासगढ़
चित्र 7.2 : रोहितासन मंदिर
चित्र 7.3 : महाराज महेश्वरनाग की लाहौर मुहर
चित्र 7.4 : महासामंत शशांक देव की रोहतासगढ़ स्थित मुहर योनि
चित्र 7.5 : प्रकटादित्य का सारनाथ लेख
चित्र 7.6 : रोहतासगढ़ का तख्तपादशाही महल
चित्र 7.7 : रोहतासगढ़ का गाज़ी दरवाजा
चित्र 7.8 : गौड़-दुर्ग का दाखिल दरवाजा
चित्र 7.9 : गौड़ की राजधानी पांडुआ
चित्र 7.10 : गौड़-दुर्ग का फीरोजशाह मीनार
चित्र 7.11 : कदम रसूल मस्ज़िद

अध्याय-8 : **उड़ीसा के किले**
चित्र 8.1 : वायुयान से दिखता हुआ प्राचीन भुवनेश्वर का दृश्य
चित्र 8.2 : शिशुपालगढ़ का पश्चिमी दरवाजा
चित्र 8.3 : धौली में अशोक का अभिलेख
चित्र 8.4 : खंडगिरि और उदयगिरि की पहाड़ी पर रानी गुफा
चित्र 8.5 : कटक के बाराबाटी किले का दरवाजा
चित्र 8.6 : भगवान् जगन्नाथपुरी मंदिर का मुख्य द्वार

अध्याय-9 : **महाराष्ट्र के किले**
चित्र (नक्शा) 9.1 : देवगिरी-दौलताबाद का किला
चित्र 9.2 : देवगिरी-दौलताबाद का किला
चित्र (नक्शा) 9.3 : देवगिरी-दौलताबाद का नगर मानचित्र
चित्र 9.4 : दौलताबाद का बाहरी नगर का दृश्य
चित्र 9.5 : चट्टानों को काटकर बनाया गया भूमिगत मार्ग
चित्र 9.6 : दौलताबाद का शंकवाकार बुर्ज
चित्र 9.7 : दौलताबाद के किले का सुरंग द्वारा
चित्र 9.8 : दौलताबाद का भूल-भुलैया सुरंगी रास्ता
चित्र 9.9 : जुम्मा मस्जिद का प्रांगण, पुराने अलंकृत स्तंभों सहित
चित्र 9.10 : मेढ़े के सिर वाली 'किला शिकन' तोप
चित्र 9.11 : मेढ़े के मुंह वाली 'किला शिकन' तोप
चित्र 9.12 : दौलताबाद का प्रेक्षणीय स्थल
चित्र (नक्शा) 9.13 : शिवनेरी का किला
चित्र 9.14 : शिवनेरी किले में प्रवेश के लिए दरवाजा
चित्र 9.15 : शिवनेरी दुर्ग के दरवाजे पर 'शरभ' का शिल्पांकन
चित्र 9.16 : शिवाजी का जन्मस्थान पुनर्निर्मित
चित्र 9.17 : शिवाजी और माता जीजाबाई की पंचधातु से बनी मूर्ति
चित्र 9.18 : शिवनेरी की कमानी मस्ज़िद
चित्र (नक्शा) 9.19 : राजगढ़ का किला
चित्र 9.20 : राजगढ़ का पाली दरवाजा
चित्र 9.21 : दोहरी दीवार और बुर्जों से घिरी संजीवनी माची
चित्र 9.22 : राजगढ़ का बालेकिला
चित्र (नक्शा) 9.23 : रायगढ़ का किला
चित्र 9.24 : रायगढ़ का किला
चित्र 9.25 : रायगढ़ के भग्नावशेष
चित्र 9.26 : गंगासागर तालाब
चित्र 9.27 : बारह कोने वाली दो ऊंची मीनारें
चित्र 9.28 : मीनार में ईरानी वास्तुशैली
चित्र 9.29 : शिवाजी की अष्टाकोणकार समाधि
चित्र 9.30 : शिवाजी के वाघ्या वफादार कुत्ते का स्मारक
चित्र (नक्शा) 9.31 : कोंढाणा-सिंहगढ़ का किला
चित्र 9.32 : कोंढाणा-सिंहगढ़ का विजेता तानाजी मालुसरे

चित्र 9.33 : सिंहगढ़ के दो कल्याण दरवाजे
चित्र 9.34 : सिंहगढ़ के बुर्ज का दूरदृश्य
चित्र 9.35 : सिंहगढ़ का प्रथम पुणे दरवाजा
चित्र (नक्शा) 9.36 : लोहगड़ का किला
चित्र 9.37: लोहगढ़ का मुख्य दरवाजा
चित्र 9.38 : लोहगढ़ की पवनी नदी
चित्र 9.39 : लोहगढ़ मुख्य दरवाजे तक ले जाने वाली सिढ़ियां
चित्र 9.40 : लोहगढ़ किले के ऊपर से इसके
चित्र (नक्शा) 9.41 : पुरंदर-वज्रगढ़ का किलाप्रवेश-द्वारों की अनोखी व्यूह-रचना का भव्य दृश्य
चित्र 9.42 : पुरंदर का गिरिदुर्ग
चित्र 9.43 : पुरंदर के बालेकिल्ले पर पहुंचने का एक प्रवेश-द्वार
चित्र (नक्शा) 9.44 : पन्हाळा का किला
चित्र 9.45 : पन्हाळा के 'तीन दरवाजा' प्रवेश-द्वार का बाहरी दृश्य
चित्र 9.46 : पन्हाळा के किले में बनी श्रृंगार व अंधार बाव
चित्र 9.47 : पन्हाळा की सज्जा कोठी, जहां शिवाजी ने अपने बेटे संभाजी को नजरबंद करके रखा था
चित्र (नक्शा) 9.48 : प्रतापगढ़
चित्र (नक्शा) 9.49 : प्रतापगढ़ का किला
चित्र 9.50 : प्रतापगढ़ का दूरदृश्य
चित्र 9.51 : प्रतापगढ़ के किले की दीवार पर उत्कीर्ण शार्दुल का प्रतिक
चित्र 9.52 : प्रतापगढ़ किले में बना कुलदेवी भवानी का मंदिर
चित्र 9.53 : अफजल खान से मुलाकात के पहले शिवाजी द्वारा धारण किए गए रक्षा-साधन
चित्र 9.54 : प्रतापगढ़ का अफजल खान बुर्ज और उसके दाईं ओर नीचे वह स्थान जहां खान और शिवाजी की मुलाकात हुई थी।
चित्र 9.55 : प्रतापगढ़ बालेकिल्ले पर शिवाजी की अश्वारोही प्रतिमी
चित्र 9.56 : त्र्यंबक गिरिदुर्ग का दूरदृश्य
चित्र 9.57 : चाकण स्थलदुर्ग का खंडित परकोटा
चित्र 9.58 : अजिंक्यतारा किले का दृश्य
चित्र 9.59 : अजिंक्यतारा-सातारा किले का मुख्य प्रवेश-द्वार
चित्र 9.60 : अहमदनगर किले का विशाल बुर्ज
चित्र 9.61 : अहमदनगर के किले का मुख्य प्रवेश-द्वार, जिसके दो दरवाजे समकोण में बने हुए हैं
चित्र 9.62 : भीतरी दराजे के बाएं पार्श्व की दीवार पर जल-निकास के लिए बना शिल्प...
चित्र 9.63 : चांद बीबी का महल
चित्र (नक्शा) 9.64 : परिंडा का किला
चित्र (नक्शा) 9.65 : परिंडा का किला
चित्र 9.66 : विध्वंश परिंडा किला
चित्र 9.67 : परिंडा किले के ऊपर रखी तोप
चित्र (नक्शा) 9.68 : मुरुड-जंजीरा
चित्र 9.69 : मुरुड-जंजीरा जल दुर्ग
चित्र 9.70 : मुरुड-जंजीरा जल दुर्ग का पूर्व की ओर से नजदीकी दृश्य...

चित्र 9.71 : मुरुड-जंजीरा दुर्ग के ऊपर बंदुकें
चित्र 9.72 : पद्मदुर्ग
चित्र 9.73 : जंजीरा किले के भीतर मीठे पानी का विशाल ताल
चित्र (नक्शा) 9.74 : सिंधु दुर्ग का किला
चित्र 9.75 : सिंधु दुर्ग का मुख्य दरवाजा दो बुर्जों के बीच छिपा हुआ
चित्र (नक्शा) 9.76 : सिंधु दुर्ग का परिसर
चित्र 9.77 : सिंधु दुर्ग में शिवाजी की बिना दाढ़ी की मूर्ति
चित्र 9.78 : सिंधु दुर्ग के पश्चिमी दीवार के बाहर 'रानीची वेळा' नामक एक छोटा सा बालू-तट है...
चित्र 9.79 : कान्होजी आंग्रे (1667-1729 ई.)
चित्र (नक्शा) 9.80 : सुवर्णदुर्ग
चित्र 9.81 : सुवर्णदुर्ग का दूरदृश्य
चित्र 9.82 : सुवर्णदुर्ग की बुर्जो सहित गोवा किले की एक दीवार
चित्र (नक्शा) 9.83 : विजयदुर्ग
चित्र 9.84 : विजयदुर्ग का दृश्य, सामने हैं मछुआरों की नौकाएं
चित्र 9.85 : विजयदुर्ग की दीवार और उसके बुर्ज
चित्र (नक्शा) 9.86 : कुलाबा-अलीबाग
चित्र 9.87 : कुलाबा किले का महादरवाजा
चित्र 9.88 : कुलाबा किले का दक्षिणी द्वार
चित्र 9.89 : कुलाबा किले के उत्तरी कोने पर स्थित दो अंग्रेजी तोपें
चित्र (नक्शा) 9.90 : विदर्भ के किले
चित्र 9.91 : गाविलगढ़ का किला
चित्र 9.92 : गाविलगढ़ का दिल्ली दरवाजा
चित्र 9.93 : गाविलगढ़ किले की पठानी शैली की भव्य मस्जिद
चित्र 9.94 : गाविलगढ़ किले के दक्षिणी सिरे पर स्थित विशाल तोप
चित्र 9.95 : नरनाला किले का शाहणुर अथवा महाकाली दरवाजा
चित्र 9.96 : नरनाला किले का महाकाली दरवाजे के बाएं पार्श्व में लटकते छज्जों वाली दो...
चित्र 9.97 : नरनाला किले की 'नौ गजी तोप'
चित्र 9.98 : बाळापुर का किला
चित्र 9.99 : बाळापुर किले का प्रमुख प्रवेश-द्वार
चित्र 9.100 : बाळापुर किले के दोहरे तटबंद उनके बुर्जों सहित
चित्र 9.101 : बाळापुर किले की भीतरी दीवार, प्रवेश-द्वार
चित्र 9.102 : माहूर किले के दक्षिण-पश्चिम दिशा के परकोटे और बुर्ज के अवशेष...
चित्र 9.103 : माहूर किले का 'हाथी दरवाजा' उत्तरी प्रवेश-द्वार
चित्र (नक्शा) 9.104 : पूर्वी महाराष्ट्र के किले
चित्र 9.105 : पौनी के दुर्ग का दूरदृश्य; सामने है मौसमी झील, जो पहले किले के बाहर की खाई थी
चित्र 9.106 : किले का चौड़ा प्राकार और उसकी ऊंची कगार
चित्र 9.107 : नगरधन किले की सामने की दीवार, मुख्य प्रवेश-द्वार
चित्र 9.108 : नगरधन किले का मुख्य प्रवेश-द्वार (आंतरचित्र)

चित्र 9.109 : बल्लाळपुर किले का वर्धा नदीतट के समीप का तटबंद और बुर्ज
चित्र 9.110 : बल्लाळपुर किले के मुख्य द्वार का भीतरी दृश्य
चित्र 9.111 : चंद्रपुर किले के परकोटे का एक भाग
चित्र 9.112 : माणिकगढ़ किले का भग्न प्रवेश-द्वार
चित्र 9.113 : एलोरा में कैलाश मंदिर
चित्र 9.114 : अजंता गुफाओं का भौगोलिक नक्शा
चित्र 9.115 : इस भित्तिचित्र में भगवान बुद्ध पर स्वर्ग से पुष्प वर्षा होते
चित्र 9.116 : महाराष्ट्र के लोकप्रिय संत एकनाथहुए दिखाया गया है।
चित्र 8.117 : एलिफेंटा गुफा में त्रिमूर्ति

अध्याय-10 : **गुजरात के किले**
चित्र (नक्शा) 10.1 : अहमदाबाद का किला
चित्र 10.2 : अहमदाबाद के भद्रगढ़ का पिछवाड़ा
चित्र 10.3 : अहमदाबाद का तीन दरवाजा
चित्र 10.4 : अहमदाबाद के भद्रगढ़ का पिछवाड़ा
चित्र 10.5 : अहमदाबाद अडालज
चित्र 10.6 : अहमदाबाद की जामी मस्ज़िद
चित्र 10.7 : रानी रूपमती मस्ज़िद
चित्र 10.8 : सीदी सयीद मस्जिद की खिड़की की नक्काशीदार जाली
चित्र (नक्शा) 10.9 : चांपानेर का किला
चित्र 10.10 : चांपानेर का किला
चित्र 10.11 : चांपानेर किले का पश्चिमी दरवाजा
चित्र 10.12 : चांपानेर किले का पूर्वी दरवाजा
चित्र 10.13 : हुमायूं द्वारा जारी किया गया सिक्का
चित्र 10.14 : केवड़ा मस्जिद, चांपानेर
चित्र (नक्शा) 10.15 : जूनागढ़-ऊपरकोट का किला
चित्र 10.16 : जूनागढ़ का किला
चित्र 10.17 : जूनागढ़ की जामी मस्जिद
चित्र 10.18 : जूनागढ़ के निकट अशोक, रुद्रादामन और स्कंदगुप्त के शिलालेख
चित्र 10.19 : बावा प्यारा की गुफा

अध्याय-11 : **आंध्र प्रदेश के किले**
चित्र (नक्शा) 11.1 : गोलकुंडा का किला
चित्र 11.2 : गोलकुंडा का किला
चित्र 11.3 : गोलकुंडा किले से हैदराबाद शहर का नजारा
चित्र 11.4 : गोलकुंडा में इब्राहिम कुतुबशाह की मस्जिद
चित्र 11.5 : सबसे ऊपर राजदरबार (बारादरी)
चित्र 11.6 : गोलकुंडा के रानी महल के वेरु खंडहर
चित्र 11.7 : गोलकुंडा का कुतुबशाही मकबरा
चित्र 11.8 : हैदराबाद की चारमीनार
चित्र (नक्शा) 11.9 : वारंगल का किला

चित्र 11.10 : वरंगल के भीतरी दुर्ग का पश्चिमी प्रवेश-द्वार
चित्र 11.11 : वरंगल दुर्ग में स्थित अलंकृत तोरण-द्वार
चित्र 11.12 : वरंगल दुर्ग में स्थित काकातीय कालीन (सहस्र स्तंभों वाला) मंदिर

अध्याय-12 : **कर्नाटक के किले**
चित्र 12.1 : गुलबर्ग का किला
चित्र (नक्शा) 12.2 : गुलबर्ग का किला
चित्र 12.3 : गुलबर्ग का पूर्वी दरवाजा
चित्र 12.4 : गुलबर्ग का पश्चिमी दरवाजा
चित्र 12.5 : गुलबर्ग का बाला हिसार (गढ़)
चित्र 12.6 : गुलबर्गा की पूरी तरह ढकी हुई विशाल जामी मस्जिद
चित्र (नक्शा) 12.7 : बीदर का किला
चित्र 12.8 : बीदर का किला
चित्र 12.9 : बीदर का मुंडा बुर्ज
चित्र (नक्शा) 12.10 : बीजापुर दुर्ग का नक्शा
चित्र 12.11 : बीजापुर का मलिका-ए-मैदान
चित्र 12.12 : बीजापुर की जामा मस्जिद
चित्र 12.13 : सुलतान महमूद गोल गुंबद, बीजापुर
चित्र (नक्शा) 12.14 : विजयनगर दुर्ग का नक्शा
चित्र 12.15 : ध्वस्त विजयनगर दुर्ग की हस्तिशाला
चित्र 12.16 : विजयनगर का कल्याणी जलाशय
चित्र 12.17 : टीपू सुल्तान
चित्र (नक्शा) 12.18 : श्रीरंगपट्टण का किला
चित्र 12.19 : श्रीरंगपट्टण का रंगनाथ मंदिर
चित्र 12.20 : श्रीरंगपट्टण दुर्ग का हाथी-द्वार
चित्र 12.21 : श्रीरंगपट्टण 'दरिया दौलत' महल
चित्र 12.22 : श्रीरंगपट्टण में टीपू सुल्तान द्वारा बनवाई मस्जिद
चित्र 12.23 : श्रीरंगपट्टण में टीपू सुल्तान का मकबरा

अध्याय-13 : **केरल के किले**
चित्र 13.1 : बेकल का किला
चित्र 13.2 : विजयनगर का किला
चित्र 13.3 : टीपू सुलतान
चित्र 13.4 : पल्लीपुरम् का किला
चित्र 13.5 : चंद्रगिरि का किला
चित्र 13.6 : चंद्रगिरि किला की बाहरी बनावट
चित्र 13.7 : पालघाट का किला

अध्याय-14 : **तमिलनाडु के किले**
चित्र 14.1 : जिंजी का दुर्ग
चित्र 14.2 : जिंजी दुर्ग का कल्याण महल (ऊपर दाएं) और सामने सभा-मंच
चित्र (नक्शा) 14.3 : जिंजी दुर्ग का नक्शा

चित्र (नक्शा) 14.4 : वेल्लूर का किला
चित्र 145 : वेल्लूर का किला
चित्र 14.6 : निचला दरवाजा (गुप्तद्वार)
चित्र 14.7 : वेल्लूर का गोपूराम मंदिर
चित्र 14.8 : मंदिर के परकोटे में दोहरे खम्बे वाला मंदिर

अध्याय-15 : **भारत में विदेशियों के किले**
चित्र 15.1 : अग्वाद का किला
चित्र 15.2 : गिरजाघर गोवा
चित्र 15.3 : तेरेखोल गोवा
चित्र 15.4 : वसई (मुंबई के उत्तर में) के किले का नक्शा
चित्र 15.5 : वसई के किले का पूर्वी समुद्री द्वार
चित्र 15.6 : वसई के किले का एक भग्न स्मारक (बाएं) किले के भीतर एक गिरज़ाघर का द्वार (दाएं)
चित्र 15.7 : सद्रास (तमिलनाडु) के डच किले की भीतरी दीवार
चित्र 15.8 : मद्रास (चेन्नई) के फोर्ट सेंट जार्ज की योजना
चित्र 15.9 : फोर्ट सेंट जार्ज, मद्रास
चित्र 15.10 : मुंबई के ब्रिटिश जिले का पुराना चित्र (18वीं सदी)
चित्र 15.11 : कोलकाता के फोर्ट विलियम की योजना
चित्र 15.12 : कोलकाता का किला
चित्र 15.13 : दीव-दमण

परिशिष्ट-4

सहायक ग्रंथ

हिंदी

अमर सिंह : **प्राचीन भारतीय दुर्ग-स्थापत्य,** नई दिल्ली, 1955.

अशरफ, के. एम. : **हिंदुस्तान के निवासियों का जीवन और उनकी परिस्थितियां** (अनुवादक : के. एस. लाल), शब्दावली आयोग, नई दिल्ली, 1969.

इब्नबतूता : **इब्नबतूता की भारत-यात्रा या चौदहवीं शताब्दी का भारत** अनुवादक : मदनगोपाल), नेशनल बुक ट्रस्ट, नई दिल्ली, 2003.

काळे, दिनकर विनायक : **छत्रपति शिवाजी महाराज** (मराठी से अनुवाद : ह. रा. दिवेकर), पुणे, 1975.

कोरोत्काया, अ. : **भारत के नगर**, मास्को, 1984.

गुलबदन बेगम : **हुमायूंनामा** (अनुवादक : ब्रजरत्नदास), नागरीप्रचारिणी सभा, काशी, सं. 2008.

चांदीवाला, ब्रज कृष्ण : **दिल्ली की खोज** (अठारह दिल्लियों की कहानी), प्रकाशन विभाग, भारत सरकार, नई दिल्ली, 2005.

जैन, बलभद्र : **भारत के दिगंबर जैन तीर्थ** (भाग 2 : बिहार-बंगाल-उड़ीसा; भाग 3 : मध्यप्रदेश; भाग 4 : राजस्थान-गुजराज-महाराष्ट्र; भाग 5 : कर्नाटक), बंबई, 1975-1988.

दुबे, दीनानाथ : **भारत के दुर्ग**, नई दिल्ली, 1993.

नटवरसिंह : **महाराजा सूरजमल** (1707-1763) जीवन और इतिहास, राधाकृष्ण, नई दिल्ली, 1987.

परमात्मा शरण : **दिल्ली की कहानी**, दिल्ली, 1958.

परिहार, जी. आर. : **मराठा-मारवाड़ संबंध**, जयपुर, 1984.

बर्नियर, फैंक्विस (अनुवादक : गंगाप्रसाद गुप्त) : **बर्नियर की भारत-यात्रा**, नेशनल बुक ट्रस्ट, नई दिल्ली, 2001.

मनोहर, राघवेन्द्र सिंह : **राजस्थान के प्रमुख दुर्ग**, जयपुर, 1997.

महेश्वर दयाल : **दिल्ली जो एक शहर है,** दिल्ली, 1991.

मिश्र, अनुपम : **आज भी खरे हैं तालाब**, गांधी शांति प्रतिष्ठान, नई दिल्ली, 1995.

मिश्र, अनुपम : **राजस्थान की रजत बूंदे**, गांधी शांति प्रतिष्ठान, नई दिल्ली, 1995.

मीतल, प्रभुदयाल : **ब्रज का सांस्कृतिक इतिहास**, (प्रथम भाग), राजकमल, दिल्ली, 1996.

राय, उदय नारायण : **हमारे पुराने नगर**, हिन्दुस्तानी एकेडेमी, इलाहाबाद, 1968.

रिज़वी, सैयद अतहर अब्बास (अनुवादक) : **आदि तुर्क कालीन भारत**, राजकमल प्रकाशन, नई दिल्ली, 2005.

रिज़वी, सैयद अतहर अब्बास (अनुवादक) : **ख़लजी कालीन भारत**, राजकमल प्रकाशन, नई दिल्ली, 2005.

शर्मा, गोपीनाथ : **राजस्थान का सांस्कृतिक इतिहास**, जयपुर, 2003.

शर्मा, राजकुमार : **मध्यप्रदेश के पुरातत्व का संदर्भ-ग्रंथ** (पूर्व-मुस्लिम काल), मध्यप्रदेश हिन्दी ग्रंथ अकादमी, भोपाल, 1974.

शुक्ल, द्विजेन्द्रनाथ : **भारतीय स्थापत्य**, लखनऊ, 1968.

सांकृत्यायन, राहुल : **अकबर**, किताब महल, इलाहाबाद, 1957.

सुंदरलाल : **भारत में अंग्रेजी राज** (दो खंड), प्रकाशन विभाग, भारत सरकार, नई दिल्ली, 1982.

हीरालाल, राय : **मध्य प्रदेश का इतिहास**, काशी नागरीप्रचारिणी सभा, काशी, 1939.

मराठी

अमात्य, रामचंद्रपंत : **आज्ञापत्र**, पुणे, 1995.

आवळसकर, शांताराम विष्णुः **रायगडाची जीवनकथा**, पुणे, 1995.

काळे, यादव माधव : **नागपूरकर भोसल्यांचा इतिहास**, विदर्भ संशोधन मंडल, नागपूर, 1979.

काळे, यादव माधव : **वऱ्हाडचा इतिहास**, बुलढाणे, 1924.

काळे, यादव माधव : **नागपूरकर भोसल्यांचा इतिहास** (द्वितीयावृत्ति), विदर्भ संशोधन मंडळ, नागपूर, 1979.

कुळकर्णी, अ.रा. आणि खरे, ग.ह. (संपादक) : **मराठ्यांचा इतिहास**, तीन खंड, पुणे, 1984.

कोलारकर, श.गो. आणि पुरंदरे, गो.मा. : **विदर्भाचा इतिहास**, नागपुर, 1997.

दांडेकर, गोपाल नीलकंठ : **दुर्गभ्रमणगाथा**, मुंबई, 1995.

पगड़ी, सेतुमाधव : **हिंदवी स्वराज्य आणि मोगल**, व्हीनस प्रकाशन, पुणे, 1966.

परांजपे, शिवराम महादेव : **मराठ्यांच्या लढायांचा इतिहास**, पुणे, 1934.

भावे, वासुदेव कृष्ण : **पेशवेकालीन महाराष्ट्र**, भारतीय अतिहास अनुसंधान परिषद, नई दिल्ली, 1976.

हेरवाडकर, र. वि. (संपादक) : **पेशव्यांची बखर** (कृष्णाजी विनायक सोहनी विरचित) : व्हीणस प्रकाशन, पुणे, 1975.

हिंदी-अंग्रेजी

CCRT Books

गजेटियर

Delhi Gazetteer : Delhi Administration, Delhi, 1976.

East Nimar : P. N. Shrivastav, District Gazetteers Department, M.P. Bhopal,1969.

अंग्रेजी

Abu'l Fazl (Translated by : H. Blochmann) : **Ain-i- Akabari**, Delhi, 1965.

Acharya, G. S. : **Visit Chittaur** (A brief History and guide to Chittaur Fort), Shiva Prakashan, Bikaner, 1994.

Banga, Indu (Editor) : **The City in Indian History**, Manohar Publications, New Delhi, 1991.

Begde, Prabhakar V. : **Forts and Palaces of India**, New Delhi, 1982.

Dikshit, S.K. : **A Guide to The Central Archaeological Musium**, Gwalior, 1962.

Elliot, H.M. : **The History of India As Told by Its Own Historians** (Vols. V, VI, VII), Sushil Gupta Private Ltd. Calcutta, 1958-59.

Fass, Virginia : **The Forts of India**, Rupa & Co.Delhi, 1986.

Ghosh, A. (Editor) : **Archaeological Remains : Monuments and Museums**, 2 Parts, ASI, New Delhi, 1996.

Habib, Mohammad : **Politics and Society During Early Medieval Period** (Collected Works, 2 vols, Edited by K.A. Nizami)] People's Publishing House, New Delhi, 1971.

Hai, Maulana Hakim Syed Abdul : **India During Muslim Rule** (translated by Mohiuddin Ahmad), Lucknow, 1977.

Joshi, M.C. : **Dig** (Third edition), ASI, New Delhi, 1982.

Joshi, N. P. : **Life In Ancient Uttarâpatha**, BHU, Varanasi, 1967.

Lamb, Harold : **Babur the Tiger** : First of the Great Moguls, Bantam edition, 1964.

Majumdar, R.C. (Gen. Editor) : **The Delhi Sultanate**, Bharatiya Vidya Bhavan, Bombay, 1968.

Majumdar, R.C. (Gen. Editor) : **The Mughul Empire**, Bharatiya Vidya Bhavan, Bombay, 1960.

Marshall, John : **A Guide to Sâñchî** (Third Edition), Delhi, 1955.

Mukherjee, Ramkrishna : **The Rise and Fall of the East India Company**, Berlin, 1955.

Patil, D.R. : **Mandu**, ASI, New Delhi, 1982.

Puri, B.N. : **Cities of Ancient India**, Meenakshi Prakashan, Meerut, 1966.

Rahman, A. : **Maharaja Sawai Jai Singh II and Indian Renaissance**, Navrang, New Delhi, 1987.

Rowland, Benjamin : **The Art and Architecture of India** (Buddhist-Hindu-Jain), Penguin Books, 1967.

Sarkar, Jadunath : **Sivaji and his Times**, Orient Longman, New Delhi, 01973.

Sarkar , Jadunath : History of Aurangzib, vol- V, Orient Longman Ltd., New Delhi, 1974.

Setu Madhav Rao, P. : **Lectures on Maratha Mughal Relations**, Nagpur University, 1966.

Sharma, Y.D. : **Delhi and its Neighbourhood**. New Delhi, 1990.

Suleiman, Hamid (Compiler & preface writer) : **Miniatures of Babur-Nama**, Tashkent, 1970.

Toy, Sidney : **The Fortified Cities of India**, Heinmann, London, 1965.

विविध : विश्वकोश, कोश, एटलस, पत्र-पत्रिकाएं, ...

(संपादित) : **तीर्थांङ्क,** गीताप्रेस, गोरखपुर

माथुर, विजयेन्द्र कुमार : **ऐतिहासिक स्थानावली,** राजस्थान हिंदी ग्रंथ अकादमी, जयपुर, 1990.
भट्टाचार्य, सच्चिदानंद : **भारतीय इतिहास कोश,** हिंदी समिति, लखनऊ, 1976.
लाहा, विमल चरण : **प्राचीन भारत का ऐतिहाकि भूगोल** (अनुवाद : रामकृष्ण द्विवेदी), उत्तर प्रदेश हिंदी अकादमी, लखनऊ,1972.

Dey, Nundo Lal : **The Geographical Dictionary of Ancient and Mediaeval India**, Luzac & Co. London, 1927.
Habib, Irfan : **An Atlas of Mughal Empire**, New Delhi, 1986.

ASI Journals : Ancient India, Books etc.

परिशिष्ट-5

अनुक्रमणिका

अ

अकबर 37, 39, 52, 53, 54, 58, 59, 60, 63, 70, 73, 77, 84, 87, 106, 107, 120, 124, 127, 131, 138, 141, 157, 169, 170, 171, 173, 175, 179, 180, 181, 183, 184, 185, 186, 187, 188, 189, 190, 195, 196, 208, 216, 218, 223, 225, 237, 286, 313, 316, 330, 333, 340, 345, 360, 384

अकबरनामा 171

अचलपुर (एलिचपुर) 233, 239, 308, 309, 310, 311, 314

अजंता 204, 326

अजिंक्यतारा 235, 282

अजमेर 71, 74, 159, 160, 195, 210, 211

अजित सिंह 84, 85

अनंगपाल 29, 30, 44, 46, 194

अनूप सिंह 90

अफगानिस्तान (अफगान) 17, 43, 92, 117, 184, 195, 211, 215, 224

अफजल खां 252, 272, 274, 279, 326, 328

अबुल कलाम आजाद 284

अबुल फजल 58, 70, 144, 170, 190, 334, 340

अबुल हसन 357, 360

अब्दुल हसन 243

अमर सिंह 53, 181, 216, 219

अमीर अली 95

अरावली 51, 58, 73, 74

अलाउद्दीन अलीशाह 222

अर्थशास्त्र 14, 28

अलाउद्दीन खिलजी 3, 32, 46, 47, 52, 54, 56, 71, 72, 94, 101, 104, 105, 106, 108, 125, 139, 160, 204, 237, 239, 241, 324, 338, 363, 367, 375, 376, 386, 387

अलाउद्दीन हसन 113, 371

अली आदिल शाह 286, 368, 371

अलीकुली खां 170, 174

अल्बेरूनी 45, 113

अशोक 177, 204, 208, 348, 351, 392

असीरगढ़ 14, 132, 137, 138, 139, 147

अहमदनगर 235, 241, 262, 281, 284, 285, 286, 292, 310, 316, 331, 376, 377, 380, 386, 397

अहमद निजामशाह 284, 285

अहमदशाह 43, 309, 312, 338, 339, 340, 371, 372

अहमदाबाद 14, 285, 337, 339, 340, 341, 342, 343, 347, 350

आ

आईन-ए-अकबरी 170, 172, 196, 316, 333 334, 340

आईना-उल-मुल्क 125

आगरा 14, 39, 91, 97, 113, 115, 127, 130, 132, 141, 159, 165, 179, 180, 181, 183, 185, 186, 199, 200, 252, 256,

260, 264, 271, 296, 330, 410
आग्वाद 412
आजमशाह 314, 315
आदमखान 127
आदिल खां 138, 159
आदिलाबाद 27, 37
आनंदपाल 204, 208, 210, 211
आन्ध्रप्रदेश 63, 249, 354, 356, 361, 364
आबू पर्वत 71
आमेर 14, 49, 50, 52, 63, 64, 65, 66, 67, 73, 74, 78, 91
आला-उदल 176, 177, 198

इ
इंदौर 115, 123, 149, 422
इंद्रप्रस्थ 28, 29, 37, 40
इंद्रायणी 266
इख़्तियारुद्दीन मुहम्मद बिन
इब्नबतूता 34, 35, 47, 114, 155, 206
इब्राहिम शाह 360
इब्राहीम लोधी 119, 157, 179, 364, 376
इलाहाबाद 14, 170, 171, 172, 174, 175, 185, 197, 200 233, 410
इल्तुतमिश 71, 113, 118, 121
इस्माइल खान 311, 314, 315, 328, 376, 387

ई
ईश्वरसेन 320

उ
उग्रसेन 162
उज्जैन (उज्जयिनी) 23, 64, 71, 125, 132, 134, 210, 351
उड़ीसा 225
उत्तर प्रदेश 17, 50, 194
उदयगिरि 45, 232, 233
उदयपुर 50, 51, 52, 53, 55, 58, 60, 62, 84
उदयमान राठौर 261, 262
उदयसिंह 52, 53, 57, 59, 60, 84
उलुग खान 633, 634
उलुग बेग 374, 386
उस्मानाबाद 287, 331

ऊ
ऊदा 59, 62

ऋ
ऋग्वेद 15

ए
एकनाथ 244, 325
एरण (ऐरिकिण) 21, 22
एलिचपुर 315, 324, 331, 386
एलिफेंटा 318
एलोरा 240, 244, 324

ओ
ओरछा 190, 191

औ
औरंगजेब 40, 42, 43, 44, 84, 85, 99, 120, 159, 161, 172, 180, 183, 241, 243, 244, 249, 259, 260, 263, 267, 269, 281, 282, 283, 288, 296, 313, 314, 315, 318, 327, 328, 329, 330, 331, 333, 341, 351, 360, 364, 371, 374, 376
औरंगाबाद 240, 244, 324, 325, 326

क
कटक 14, 231
कटारगढ़ 56, 61, 62, 107
कनिष्ठ 196
कन्नौज 45, 72, 117, 133, 173, 194, 195, 196, 197, 210, 211, 225
कमलराज 152, 153
करणी सिंह 89

कर्नल जेम्स टाड 75
कर्मवती 52, 72
कलकत्ता (कोलकाता) 43, 92, 409
कल्याण सहाय 154, 155
कश्मीर 14, 17
काजीपेट 361, 364
कान्होजी आंग्रे 298, 300, 304, 306
काबुल 67, 84, 87, 195, 225, 333
कारूवाकी 173, 175
कार्ले 266, 267
कालिंजर 45, 165, 166, 167, 168, 169, 194, 195, 225
कालिदास 161
कालीबंगा 50
काशी 170, 177
कासरगोड्ड 391, 392
कासिम बरीद 374, 366
कीरतपाल 169, 195
कुंभलगढ़ 49, 50, 53, 57, 58, 59, 60, 61, 62, 107
कुंभश्याम 53
कुतुबमीनार 30, 32, 45, 46
कुतुबशाह 359, 364
कुतुबुद्दीन ऐबक 31, 60, 71, 118, 166, 169, 194, 195
कुमार गुप्त 351
कुरान 258, 327
कुलाबा 235, 305, 306
कुव्वत-उल-इस्लाम 32, 45, 46
कुशीनगर 17
केरल 14, 387, 391, 395, 396
केलवाड़ा 58
कोंकण 235, 260, 272, 276, 281, 291, 292, 294, 296, 303, 326, 331
कोंडदेव 281, 329, 407
कोल्हापुर 272, 273, 282, 298, 331
कौटिल्य 16, 17, 22, 23, 291, 331
कौशांबी 22, 173
क्षहरात नरेश नहपान 326

ख

खंडगिरि 232
खांडवप्रस्थ 44
खानवा 72
खिज्र खां 52, 154, 106, 208
खूनी दरवाजा 38
खैरूल 37

ग

गंगाधर राव 191, 192, 334
गंगा सिंह 90
गढ़ा-मंडला 14, 143
गणपति देव 362
गयासुद्दीन खिलजी 127, 129, 158, 208, 344, 351, 364
गयासुद्दीन तुगलक 33, 196, 209, 363
गयासुद्दीन बलवन 45
गाविलगढ़ 235, 308, 309, 310, 312, 313, 314, 368
गिरिदुर्ग 60, 61, 70, 123, 132, 165
गीता 327
गुजरात 50, 52, 60, 72, 79, 87, 124, 127, 186, 188, 338, 340, 341, 343, 345, 348, 350, 364, 417, 419, 422
गुरु गोविन्द सिंह 142, 333
गुलबर्गा 14, 365, 366, 368, 369, 370, 371, 372
गोंड 14, 221, 222, 223, 224, 225
गोपगिरि (गोपाद्रि) 116
गोपाल सिंह 149
गोबिंद राज 71
गोलकुंडा 14, 331, 353, 356, 358, 360, 364, 376, 380, 386, 387, 409, 412
गोलीगढ़ 139
गोवा 14, 295, 296, 300, 376, 409, 411, 412, 421, 422
गोविंद वल्लभ पंत 284
गौरी शंकर ओझा 70
ग्वालियर 14, 45, 65, 113, 115, 116, 118,

120, 121, 122, 132, 133, 134, 156, 157, 159, 165, 194, 195, 200, 210, 330, 333, 422

च

चंदेरी 165
चंद्रगिरि 14, 392, 395, 407, 417
चंद्रगुप्त मौर्य 21, 22, 45, 331
चंद्रपुर 235, 322, 323
चंद्रराव 225
चांद बीबी 330
चांपानेर 14, 340, 343, 345
चाणक्य 331
चिक्कदेवराज 384
चिक्खलदरा 308
चित्तौड़ 51, 52, 53, 57, 58, 59, 60, 61, 67, 73, 101, 104, 105, 106, 135, 158
चिब्बरनाला 148
चुनारगढ़ 176, 177, 215, 224, 225
चूनामल 97
चेतसिंह 117
चेन्नई 14, 92, 401, 416, 417

छ

छत्रप रुद्रदामन 349, 351

ज

जंजीरा 235, 290, 291, 292, 293, 294, 295, 302, 303, 304
जगन्नाथपुरी 231, 233
जबलपुर 143, 144, 161, 333
जयगढ़ 46, 63, 67, 68, 69, 74, 207, 254
जयचंद्र 173, 211
जयमल राठौड़ 88, 101
जयपुर 14, 50, 63, 64, 68, 69, 73, 78, 85, 156
जलाल खां 169, 224
जलालुद्दीन (खिलजी) 31, 125, 160, 237, 239, 324
जवाहर लाल नेहरू 284
जसवंत सिंह 263, 269
जसवंत सिंह मारवाड़ 328, 329
जहांगीर 39, 47, 53, 54, 63, 78, 87, 120, 124, 126, 127, 128, 156, 159, 172, 174, 175, 177, 178, 180, 181, 183, 185, 187, 189, 198, 199, 219, 318, 341
जामिया मिलिया इस्लामिया 31
जामी मस्जिद 35
जिंजी 14, 33, 339, 400, 401, 402, 403
जुन्तर 24, 246, 248, 249, 266, 281, 396
जूनागढ़ 14, 49, 87, 90, 340, 347, 348, 349, 350, 351
जोधाबाई 86, 187

झ

झलकारीबाई 193, 194
झांसी 14, 50, 113, 115, 190, 191, 192, 193, 194, 202, 203, 207, 333
झूंसी 170, 172, 195

ट

टालेमी 14
टीपू सुल्तान 328, 382, 384, 385, 388, 393, 397, 398, 406, 418, 423

ड

डच 292, 416, 422
डाम फिलिप 412, 413
डूंगर सिंह 116

त

तख्ते-ताऊस 42, 43
तलवारबाज सैयद बंडा 278, 279
ताजमहल 183
ताता खां 157
तात्या टोपे 120, 193, 200
तानसेन 122, 157
ताना जी मालुसरे 260, 261, 264

तारागढ़ 49, 76, 77
ताराबाई 282, 298, 329, 330
ताली कोट 364, 377, 380, 387, 392, 395, 398, 402, 407
तुकोज जी राव 151, 162
तुगलकाबाद 27, 28, 29, 32, 33, 47
तुजुक-ए-जहांगीरी 178, 180, 198
तेरेखोल 413, 422
त्र्यंबक और चाकण 275, 280
त्र्यंबकेश्वर 280

थ
थानेश्वर 43, 45
द
दमयंती 133, 134
दलपतिशाह 144
दाऊद 406
दिलावर खां गोरी 125
दिलेर खां 264, 263, 271, 329
दिल्ली 27, 28, 29, 31, 32, 34, 35, 37, 38, 39, 40, 43, 44, 47, 48, 50, 52, 63, 64, 65, 70, 71, 79, 84, 89, 81, 97, 98, 104, 110, 115, 118, 125, 127, 133, 134, 140, 143, 159, 160, 161, 165, 169, 173, 178, 180, 184, 194, 195, 196, 198, 204, 208, 210, 211, 222, 225, 237, 239, 262, 270, 297, 330, 339, 363, 367, 368, 373, 375, 410
दीवान-ए-आम 40, 66, 182, 186
दीवान-ए-खास 42, 43, 66, 67, 182, 186
दुर्गादास राठौर 84, 85
देवगढ़ 139
देवगिरि (दौलताबाद) 34, 160, 235, 237, 238, 239, 241, 242, 244, 280, 364, 367, 373, 375
देवराय 379, 383
देवसिंह 74
दौलतराव शिंदे 120, 159, 284, 286
दौलताबाद 235, 241, 242, 244, 360, 368

ध
धृतराष्ट्र 44
धौली 231, 349

न
नगरधन 235, 320, 321
नयाबत खां 170
नरनाला 139, 235, 312, 313, 314
नरेंद्र शाह 144
नरेशनृपति केशरी 231
नरेश प्रवरसेन 321
नसरुद्दीन 208
नसीरुद्दीन महमूद शाह 222
नांदेड़ 317, 333
नागपुर 320, 323, 334, 422
नागौर 89,
नाना फडणीस 256, 268, 284, 328, 330
नारोशंकर 191
नासिक 280
नाहरगढ़ 69
नाहरसिंह ओमिया 69
नुसरतशाह 222
नूरजहां 124, 183, 199, 219, 341

प
पंजाब 50, 225, 351
पचमढ़ी 15
पन्ना शहर 147, 161
पद्मदुर्ग 293
पद्मावती 161, 231,
पन्हाता 14, 61, 148, 235, 272, 273, 274, 275, 283, 367
परमार्दिदेव 168, 169
परसोजी भोंसले 313, 333
परिंडा 14, 235, 287, 288, 289, 377
पल्लीपुरम् 14, 391, 394, 397
पाटण 337, 350
पाटलिपुत्र 21, 22
पानीपत 119, 150, 157, 195, 197, 328

पावागढ़ 343, 345, 346
पुणे 14, 25, 266, 281
पुरंदर (वज्रगढ़) 235, 252, 269, 270, 271, 281, 283
पुर्तगाली 290, 296, 306, 328, 410, 412, 416, 419, 421, 422
पृथ्वीराज चौहान 166, 169, 204, 211
पैठन 249, 326
प्रतापगढ़ 272, 276, 277, 278, 279, 313, 326, 328
प्रतापरुद्र 362, 364
प्रवरसेन 326

फ

फतेहउल्ला इमाम-उल-मुल्क 310, 312, 313, 333
फतेहपुर सीकरी 102, 180, 184, 186, 187, 188, 189, 410
फतेहाबाद 207, 211
फरीद खां 215
फर्रूखसियर 177, 198
फाहियान 197
फिरोजाबाद 27, 35, 44, 222
फीरोज (फिरोजशाह) तुगलक 31, 36, 44, 94, 196, 206, 207, 208, 211, 371
फीरोजशाह कोटला 31, 35, 173
फ्रांसीसी 16, 290, 292, 397, 398

ब

बंगाल 67, 215, 216, 221, 222, 225, 226, 263, 304, 328
बख़्तियार खिलजी 221, 222
बड़ोदरा 343, 350, 422
बर्नियर 13, 44, 48
बल्लालपुर 235, 322
बहादुर खां 210
बहादुर शाह 38, 43, 52, 72, 127, 161, 414
बाज बहादुर 127, 128, 130, 131, 144
बाजीप्रभु 275
बाजीराव 200, 286, 304, 415, 422
बादलसिंह 178
बाबर 57, 59, 72, 113, 119, 135, 156, 157, 166, 184, 224, 371
बालापुर 235, 314, 315, 316,
बिहार 215, 224
बीकानेर 79, 86, 90, 108
बीजापुर 14, 153, 262, 274, 278, 279, 281, 285, 286, 287, 288, 292, 299, 326, 327, 328, 330, 365, 366, 374, 375, 376, 379, 386, 387, 402, 406, 410
बीदर 14, 365, 366, 372, 373, 380, 384
बीरबल 169, 175, 187, 195
बीरालदेव चाहमान 35
बीसलदेव 31
बुंदी 49, 50, 74, 77
बुंदेलखंड 165, 193, 194, 135
बुरहानपुर 14, 161, 309
बेकल 14, 389, 392, 393
बेगम समरू 210

भ

भगवद्गीता 325
भगवानदास 50, 73, 78
भड़ौच (भरुकच्छ) 291
भद्रगढ़ 339
भद्राचल गोदावरी 40, 407
भरतपुर 43, 97, 99, 100, 101, 102, 103, 104, 110, 184, 198, 199, 208
भरहुत 17
भर्तृहरि 198
भारमल 63
भास्कर रवि वर्मा 392
भिल्लम-पंचम 241
भीम बेटका 15
भुवनेश्वर 21, 232, 233

म

मंडोर 61, 62, 72, 83, 108

मंदसौर 155, 161
मथुरा 45, 64, 132, 194
मद्रास 14, 403, 407, 409, 419, 423
मध्य प्रदेश 50, 326
मनुस्मृति 16, 25
मलिक अम्बर 292
मलिक काफूर 160, 239, 363, 364, 367, 375
मल्हारराव होलकर 150
महमूद खिलजी 60, 126, 127, 130,
महमूद गजनी 165, 194, 350, 351, 374, 384, 387
महमूद गवां 374, 384, 387
महमूद बंगड़ा 374, 384, 387
महमूद बेगड़ा 340, 344, 345, 346, 348, 349
महमूद शाह 135, 158, 304
महागोंडवाना 144
महाबलेश्वर 277, 329
महाभारत 16, 23, 25, 29, 32, 44, 133, 134, 138, 159, 160, 166, 195, 196, 197, 207, 211, 326, 327, 331, 347, 351, 387, 397
महाराष्ट्र 23, 108, 138, 150, 200, 231, 240, 241, 245, 248, 249, 250, 254, 259, 265, 266, 268, 287, 290, 291, 293, 290, 302, 303, 308, 309, 317, 318, 319, 322, 323, 324, 327, 330,331, 376, 422
मांडला 143, 144, 145, 146, 333
मांडवगढ़ 123, 124, 125, 128
मांडवी 412, 413, 422
माणिकगढ़ 235, 322, 323
माधोराव पेशवा 328
मानसिंह 53, 60, 63, 68, 115, 118, 120, 156, 157, 159, 216, 278, 219, 225
मालदेव 55, 67
मालवा 55, 59, 73, 123, 125, 127
मालिक मैदान 288
मालेजी भोंसले 249, 270, 281
माहूर 317, 318, 335
मिहिरकुल 117, 155, 161
मीर कासिम 216, 219
मीर मुहम्मदशाह 71
मुजफ्फर खान 338
मुमताज 341
मुम्बई 14, 70, 92, 249, 254, 265, 266, 291, 300, 305, 333, 384, 387, 392, 409, 414
मुरुड 235, 290, 291, 293
मुहम्मद कासिम खां 180
मुहम्मद कुली 356, 360, 304
मुहम्मद गोरी 31, 158, 204, 211, 222
मुहम्मद तुगलक 34, 45, 162, 196, 197, 208, 225, 239, 241, 262, 327, 330, 368, 375
मेदिनी राय 166
मेलघाट 308
मेवाड़ 51, 52, 53, 57, 58, 59, 60, 61, 71, 77, 126, 128, 132, 158, 199
मोरोपंत 273, 277

य

यशवंत राव होल्कर 27, 100, 103 151, 162
युवान्-च्वाङ् 173
यूसुफ आदिलशाह 327, 328, 376, 386, 387
योगिनीपुर 30

र

रघुनाथ राव 191
रघु भोंसले 310, 320, 321, 323, 333, 334
रणजीत सिंह 97, 100, 103, 210, 211, 212
रणथंभौर 108, 160
रतनपुर 14, 49, 50, 70, 71, 72, 73, 77, 144
रतन सिंह हाड़ा 78, 104, 105, 141
राजगढ़ 235, 250, 252, 253, 264, 274, 278, 296
राजस्थान 50, 51, 52, 58, 63, 64, 70, 75, 76, 79, 84, 87, 105, 108, 155, 159,

178, 340, 417
राजाराम 225, 275, 282, 297, 298, 329, 331, 402
राणाकुंभा 52, 56, 61, 62, 71, 130, 158
राणा सांगा 57, 59, 135, 162
राणा हम्मीर 52
रामचंद्र देव 237, 324, 386
रामचंद्र पंत अमात्य 24, 295
रामटेक 321, 334
राय पिथौरा 27, 31, 47
राय सिंह 87, 88, 89, 108,
राव कांधल 86, 87
राव जोधा 79, 80, 82
राव बीका 86, 87, 89
रुद्रम्मदेवी 362
रोहतासगढ़ 215, 216, 217, 218, 219, 220

ल

लक्ष्मीबाई 116, 120, 122, 190, 192, 193, 194, 200
लखनौती 221, 224
लार्ड डलहौजी 192
लाल किला 27, 43, 44, 45
लाल कोट 28, 29, 30, 46, 47
लोकमान्य तिलक 256, 264, 327
लोहगढ़-विसापुर 235, 266, 267, 268

व

वरंगल 361, 362, 363, 367, 371, 373, 386
वसई 292, 330, 409, 410, 414, 415,
वहलोल लोधी 225
वास्को-द-गामा 410, 412, 422
विक्रमादित्य 176, 364
विजय दुर्ग 235, 231, 300, 302, 303, 304, 306
विजयनगर 197, 254, 364, 365, 366, 371, 372, 375, 376, 377, 378, 379, 380, 381, 383, 387, 392, 395, 402, 403, 404
वीरसिंह 109, 191
वेल्लूर 399, 400, 404, 406

श

शंकरदेव 237, 239, 324
शशांक (शंशाक देव) 197, 217, 218, 221, 225
शहाबुद्दीन गोरी 117, 173, 194, 195
शायस्ता खां (शाहिस्ता) 263, 269, 328
शाहआलम 43, 110
शाहजहां 40, 43, 44, 47, 54, 90, 98, 127, 141, 172, 180, 181, 182, 183, 189, 216, 243, 287, 318, 328, 341, 360, 386
शाहजहानाबाद 27, 28, 35, 38, 44
शाहजी 249, 262, 287
शाहबाज खां 60
शिवनेरी 14, 235, 245, 246, 248
शिवराम झा 249, 266, 274, 326, 367
शिवराम भाऊ 191
शिवा जी 24, 65, 84, 233, 245, 247, 248, 249, 251, 253, 254, 255, 256, 258, 259, 260, 262, 263, 267, 268, 269, 270, 271, 273, 274, 235, 276, 278, 281, 282, 289, 290, 292, 293, 295, 296, 297, 299, 303, 304, 313, 325, 326, 329, 330
शिशुपाल गढ़ 14, 21, 232
शुजाउद्दौला 124, 197
शेख अहमद खट्टू 342
शेख मुहम्मद गौस 122, 157
शेख सलीम चिश्ती 185, 189
शेरशाह सूरी (शेर खां) 37, 38, 44, 73, 89, 113, 127, 166, 169, 179, 195, 208, 215, 216, 218, 223, 224, 225
श्रावस्ती 21
श्रीरंगपट्टम 14, 365, 366, 382, 383, 384, 385, 388, 402, 406, 423

स

संग्रामशाह 144
संग्रामसिंह 142, 150, 162
संभाजी 84, 85, 118, 154, 259, 264, 270, 273, 275, 293, 295, 306, 374, 386
सतारा 235, 273, 387
सदाशिव भाऊ 286, 387
सदाशिव राव 43, 392
सद्रास 409, 416
समरकंद 155, 348, 349, 351
सवाई जयसिंह 63, 64, 68, 69, 78, 150
सांची 17, 22
सादुल्लाह खां 48
सिंहगढ़ 14, 28, 262, 264, 265, 269
सिकन्दर लोधी 119, 178
सिन्धु दुर्ग 14, 235, 291, 292, 295, 296, 297, 298, 302
सिराजुद्दौला 302
सीकरी 14, 28
सुरजन कुंड 28, 29, 44
सुलेमान शाह 349
सुल्तान खान 310
सुल्तान गजनवी 210
सुवर्ण दुर्ग 235, 291, 299, 300, 301, 302, 304
सूरजन हांडा 73, 77, 78
सूरजमल 98, 99, 100, 140, 110, 180, 198, 208
सोमनाथ 347, 351
सोमेश्वर 392
स्कंदगुप्त 162, 173, 175

ह

हजरत निजामुद्दीन औलिया 339
हड़प्पा 20, 207
हमीरपुर 194
हम्मीर 72, 108
हरियाणा 50, 202, 203
हरिहर 379, 387, 423
हर्ष वर्धन 116, 123, 197, 218, 201, 225
हसन गंगू 330, 368
हिंगलाजगढ़ 14, 147, 148, 149, 150, 151
हिरोजी इंदुलकर 277, 296
हिसार 14, 207, 357
हुमायूं 37, 39, 127, 166, 169, 177, 223, 224, 225, 345, 386
हुशंगशाह 125, 126, 130, 158
हुसैन निजामशाह 285, 286, 330
हुसैनशाह 222, 226, 285
हैदरअली 380, 382, 384, 385, 388, 392, 397, 398, 402, 407, 418
हैदराबाद 14, 356, 364, 374, 398
ह्यू रोज 190, 192, 193, 200
ह्वेन सांग 197

●●●